The Inner Quarters
—Marriage and the Lives of Chinese Women in the Sung Period—
송대
중국여성의
결혼과 생활

내일을여는지식 역사 5

The Inner Quarters
—Marriage and the Lives of Chinese Women in the Sung Period—

송대 중국여성의 결혼과 생활

P.B.이브리 저 / 배숙희 역

한국학술정보[주]

보니 스미스(Bonnie Smith)의 추천사

패트리샤 버클리 이브리(Patricia Buckley Ebrey)는 "중국의 오랜 역사에서 전환점"이 되는 "송대(宋代)는 유례없는 변화의 시대였다."고 서술했다. 여성은 변화의 범주 밖에 있었고, 역사의 바깥에 있었으며, 역사와 무관하다고 생각한 것이 그다지 오래전 일은 아니다. 법률과 관습의 제한을 받아 중요한 사건들이 일어나는 공식적인 무대에서 여성들의 생활을 엿볼 수 있었고, 아내나 어머니 또는 딸이라는 변함없는 역할 속에 묻혀 버렸다. 여성들의 삶은 흔히 종족을 보존하는 데만 중요한 존재로 여겨졌으나, 역사적으로 볼 때 반드시 그러했던 것은 아니다. 규방(The Inner Quarters)은 이러한 전통적이고 역사적인 고정관념에 반론을 제기했다. 즉 천년 전에 송대사회의 법률과 문화생활의 구조적인 복잡성, 여성들이 겪어야 했던 투쟁, 경쟁과 노력을 잘 분석하고 규명해 냈다. 여성들은 투쟁에 참여함으로써 그들이 살았던 사회와 역사의 발전과정에 참여하였다. 이브리가 애써서 재현한 것처럼, 송대 여성들은 법적인 제한을 받으면서 생활하였으나, 여성들의 삶은 현대 역사의 목적인 자유와 행위에 참여한 것이었다. 그러나 여성들은 송대 역사의 거대한 드라마에서 특정한 역할뿐만 아니라 장기적인 역할을 담당하였다. 그러나 이 세계는 자신들에게 불리하기도 했으나 여전히 탁월한 임기응변에 능숙하였다.

송대 여성들에게 주어졌던 역할은 아내의 역할이었다. 아내의 역할을 준비하기 위해 그들은 유용한 가사능력을 배웠을 뿐만 아니라 또한 남자들에게 매력적으로 보이기 위한 수양을 쌓았는데, 이것은 심지어 성 방면이라고 말할 수 있다. 매력적으로 보이기 위해 전족이라는 고통스런 관습까지도 행하였다. 그리고 마침내 품위 있는 여성들까지도 남편의 사랑을 얻기 위해 경쟁해야만 했던 무희나 기생들로부터 (전족을) 모방하게 되었다. 일단 결혼하면, 남편의 가정에 봉사하는 것이 여성의 중요한 임무가 된다. 아내의 경우, 친정을 떠나 부계(父系)나 시가(媤家)에서 사는 친족 구성원의 일부가 된다. 남편 가정에 속하는 죽은 선조들의 제사를 지내는 것이나 또는 남편의 첩이 낳은 자식을 돌보는 것이 자신의 아이를 임신하고 양육하는 것과 마찬가지로 아내의 중요한 임무의 일부분이었다. 법률, 종교, 윤리, 수준 높은 문화나 낮은 문화, 이 모든 것들이 여자들이 결혼생활에서 해야 되는 역할이었고, 결과적으로 확고부동한 형태로 고정시켰다. 역사상에 나타난 위대한 남자의 이야기는 흔히 경쟁자나 또는 그들의 적과 정면으로 대결하는 치열한 전쟁에서 나오는 이야기로 듣게 된다. 송대 여성들은 세상에 알려지지 않게 제한된 환경 속에서 기본적인 규범과 의무, 그리고 사회적인 제재와 맞서 싸웠다. 이런 대결의 결과로서, 이브리는 여성들이 역사적인 활동가로 역사상의 지위를 확보해 나갔다고 보았다.

송대 여성들은 지참금이라는 제도와 이혼법, 재혼할 권리, 그리고 자기 자신의 행복이나 또는 자녀들의 행복에 영향을 미치는 많은 다른 사회적인 관습의 혜택을 유용하게 이용했다. 게다가 모범적인 아내와 며느리로서 행동했던 여성들은 신뢰와 위상을 얻었으나, 그렇지 못한 여성들은 수치감을 느꼈고 망각 속에서 잊히게 되었다. 자식들이 출세했고, 공경하고 복종하도록 키운 여성은 그들 자신이 노년기에 안락함과 존경도 보장받게 되었다. 여성들은 이러한 목적을 달성하기 위해서 문학까지도 하나의 방법으로 활용하였다. 즉 아들이 과거시험을 치는 데 거쳐 가야 할 험난한 길을 따르도록 격려하여 관료 사회에서 장래성 있는 미래를 보장받도록 했을 뿐 아니라, 또한 여성들 스스로도 쓰거나 또는 종교적이고 윤리적인 고전을 공부하였다. 특별히 학식 있는 남편들과 아들이 있는 여성들의 경우에는 묘지명을 통해 명성을 얻게 된다. 가정의 단결을 유지함에 있어서 빈곤, 종교적인 헌신, 그리고 인내는 비록 여성들에게 항상 안락한 삶을 보장하지 않았다 할지라도 죽은 후에 명성을 가져다 주었다.

역사에 매료된 사람은 누구든지 변화의 본질, 의미 그리고 원동력이 과거의 역사에서 가장 호기심을 자아내는 요인이라는 것을 인식하고 있다. 왜냐하면 변화는 인간의 능력에 대한 질문을 다루고 있기 때문이다. 나폴레옹은 역사의 발전과정을 어떻게 바꾸어 놓았는가? 모택동이나 고르바초프는 어떠했나? 이러한 변화를 일으키는 행위의 주체자들이 누구인가를 찾아내는 것은 사회와 개인에게 인간의 삶이 궁극적으로 의미를 가지고 있다는 희망을 준다. 변화를 가져온 개별 영웅들의 긴 발전과정은 우리 모두가 역사라는 무대에서 활동가로서 설 땅이 있다는 것을 믿게 해 준다. 즉 우리는 단지 역사에 수동적으로 따라가는 존재가 아니다. 아마도 위대한 역사적인 변화를 수행하는 역사적인 활동가들의 집요한 환상이 우리들로 하여금 역사를 공부하게 하는 첫 번째 이유인 것 같다. 그러나 송대 여성들이 일으킨 변화를 생각해 볼 때, 이브리의 연구가 남성의 역사를 모방해서 여성의 역사를 연구한 경우가 아닌가 하는 질문을 해 보게 된다. 간단히 말해서, 우리는 여성들의 생활영역에 있을지도 모르는 환상을 만들어 내도록 고무된다. 그래서 심지어 여인천하까지도 상상해 볼 수 있을 것이다.

중국 여성들에 대한 주제가 귀신, 첩, 중매쟁이, 그리고 서양 사람들에게는 이상하게 보일지도 모르는 송대사에 나타난 다른 특성들 때문에 상상 속에 존재하는 여성들만의 고유한 영역을 더욱더 이국적이고 매혹적으로 만들지 않았는지 자문해 보아야 한다. 제국주의가 성행하기 이전 시대에도, 영국인 여행가 겸 작가인 메리 몬태규 여사(Mary Montagu)와 같은 서구 사람들은 하렘(harem)에서의 생활을 발견하고, 그것에 대해서 기록하는 데 매혹을 느꼈다. 그녀의 편지 내용에 의하면 터키제국 여성들의 성욕, 품행 그리고 사회적인 지위가 몬태규 여사에게 색다른 성관행(sexual economy)에 관해서 얼마나 참신하고 흥분되는 새로운 관점을 불러일으켜 주는지 알 수 있다. 몬태규 여사는 그러한 사실을 런던 왕실에 보고했다. 그녀의 편지에 기술된 내용은 터키의 목욕탕과 하렘에 관한 이후의 묘사에 기저가 되었다. 이러한 현상은 19세기 후반에 등장한 사진작가들의 진출로 좀 더 다른 비(非)서방 세계에 사는 여성들의 색다른 면이 밝혀질 때까지 영향을 주게 되었다. 그런데 이브리의 작업이 몬태규 여사가 했던 것과 같은 일을 중국 여성들에게 한 것은 아닐까? 즉 자유, 행위 그리고 변화를 추구하기 위한 투쟁에서 나타난 여성 영웅들을 우리에게 소개해 줌으로써 우리의 환상을 배가시켜 주며, 여성 영웅들이 모두 동양적인 특수한 색채를 띠었기 때문에 더욱 흥미롭게 만드는 것은 아닐까?

이브리의 책은(아마도 다른 여성에 관한 역사서와 마찬가지로) 독자들이 송대 여성의 세계로 들어가는 것이 쉽지 않았으나 그 과정이 불가능한 것도 아니었다. 말하자면 히틀러의 억압과 정복에 관한 잔인한 역사를 흥미롭게 읽는 대신, 근친결혼을 제한하는 부계 중심이고, 부권 중심이며, 시가 중심이라는 복잡한 결혼관습을 수수께끼를 풀듯이 풀어야만 한다. 환상으로 인해 차이점이 생겨나는 것이 아니라, 성실하고 엄밀한 지적인 작업을 통해서 오는 것이다. 이 책에서 이브리가 택한 길은 300년간의 어려운 자료를(이들 자료들은 여성 자신의 손으로 쓰여진 것은 거의 없다.) 근거로 해야 되기 때문에 고문을 섭렵해야 되었다. 그리고 그 길로 인해 상상력을 동원해야 될 때 나타나는 수많은 걸림돌을 헤쳐 나가야 했다. 결과적으로 위대한 여성에 대한 이야기는 없고, 단지 삼베를 꼬아서 잇거나 하인을 부리는 것과 같은 일상적인 임무에 대한 개인적인 묘사가 있을 뿐이다. 일상적인 임무는 상상을 뛰어넘는 고통과 일상적인 고달픔이 있으며, 잔잔한 즐거움도 있고, 몹시 사치스러운 것도 있다. 이런 여성들이 지니는 중요성에 대해 우리가 남성 정복자들이 불러일으키는 가슴을 두근거리게 하는 이야기를 할 때보다 좀 더 쉬우면서도 만족스럽게 이야기해 볼 수도 있다. (중국 여성에 대한) 역사적인 이해는 젠더(gender)와 문화적인 차이를 초월하게 된다. 이 차이는 시간의 차이만이 아니라 또한 남성 영웅들이 가지는 환상을 퇴색시키는 것이다. 이것은 이브리가 '나의 상상력을 너무 자유롭게' 해서는 안 된다고 우려를 나타낸 것에도 잘 드러났다. 결과적으로 역사라는 무대에서 펼쳐지는 이 연극에서는 배경이 다르고, 나오는 배우들의 수도 많으며, 주인공이 없다. 그리고 관객에게 전달되는 목소리가 그다지 분명하지 않으며, 토막 난 대사가 이어질 뿐이기 때문에 전달하려고 하는 메시지를 파악하기 위해서 좀 더 경청해야 한다.

그러나 여기서 우리는 다시 한 번 환상으로 이루어진 영역으로 접근하게 된다. 이 환상의 영역에서는 여성을 연구하는 많은 역사가들 사이에(연구자들과 저자들) 일반적으로 받아들여지는 통념이 있다. 이 통념에 따르면 여성의 역사는 어떤 면에서는 웅대한 장르라는 것이다. 왜냐하면 여성을 연구하는 역사가들의 총체적인 작업은 과거를 다르게 재구성하게 만들고, 역사를 전공하는 사람들이 연구를 분석적으로 수행할 때 성차별과 편견이 감소되어 다른 형태의 영향력을 행사하게 되기 때문이다. 나는 역사가로서의 이브리 여사가 내세우고 싶은 것을 묵묵히 기록했다는 사실을 거듭 지적하고 싶다. 그녀는 중국역사의 주류에 대항하여 제기했던 질문으로 축적되어 온 통찰력을 가지고 있다. 그것은 우리의 지식이 세상을 재구성할 것이라고 상상할 수 있기 때문에 중요하다. 그러나 동시에 우리는 방법론상의 환상이 질문으로서 제기되는 것을 책임져야 한다. 그래서 다른 형태의 해석과 다른 역사적인 이야기가 가능하도록 여백을 남겨 두자. 본서(The Inner Quarters)는 최종적인 결론을 내리는 것이 목적이라기보다는 독자들의 질문이나 다른 학자들의 통찰력에 기회를 주고자 한다.

이 책은 독자들에게 쉽게 수긍이 가는 재미있는(또는 무시무시한) 이야기를 제공해 주지도 않고, 송대 중국 여성들의 삶에 대한 이색적인 차이에 빠져들게 하는 것도 아니다. 그 대신 이 책은 때때로 우리가 이해하기 힘든 요소를 알려 주며, 다른 면에서 우리 자신의 생활에 아주 친밀한 요소를 보여준다. 이브리는 여성의 삶이 무엇이고, 젠더는 무엇이며, 왜 우리가 역사를 읽고, 어떻게 역사를 써야 할 것인가에 대한 질문을 제기함으로써 본서를 입문해 볼 필요성이 있는 책으로 만들어 놓았다.

저자 서문

　나는 십 년 이상이나 송대(宋代, 960~1279)의 가정(家族), 친족(親族) 그리고 결혼(結婚)을 연구해 왔고, 오랫동안에 걸쳐 여성을 중심으로 하는 책을 쓸 계획을 세워 왔다. 또 한편으로 재산법(財産法), 가례(家禮) 그리고 유교 이데올로기와 같은 내 연구와 관련이 깊은 문제들을 다룰 필요성도 느꼈다. 나는 또한 여성문제에 대한 만족스러운 접근방법이 없다고 느끼는 것을 극복하기를 바라면서 저술을 지연해 왔다. 나는 여성매매(女性賣買), 전족(纏足) 또는 여영아 살해(女嬰兒殺害)와 같은 불쾌한 사실을 얼버무리기를 원하지 않는다. 나는 종족우월적인 방식으로 중국사회의 젠더[*젠더(gender)는 사회적이고 문화적인 것이지 천성적인 것은 아니다. 젠더가 섹스(Sex)라는 용어와 구분되면서 성과 관련된 인간을 설명하는 데 쓰이기 시작한 것은 로버트 스톨러(Robert J. Stoller)의 『섹스와 젠더(Sex and Gender)』(1968)에서 비롯되었다. 1970년대 여성해방운동에서 성은 생물학적 성이고 젠더는 사회적으로 형성되고 구성된 것이라고 성과 젠더의 개념을 구별하였다. 이하 젠더는 번역하지 않고 그대로 사용한다]의 차이를 기술한다거나, 근대 서구의 기준으로 암암리에 판단하는 것도 원하지 않는다. 나는 역사가(歷史家)로서 '전통 중국에서 여성의 위치'에 대한 묘사가 너무 단순하다는 것을 발견했다. 역사가들은 왜 그런지 여성이 역사 밖에 있었고, 여성들의 삶이 문화, 사회 또는 경제의 변화에 의해 영향을 받지 않았다고 암시했다. 무엇보다도 여성을 희생자로서 간주하는 것은 여성을 과소평가하는 것 같아 항상 만족스럽지 못했다. 대부분의 중국 여성들은 그들의 생활 속에서 스스로 움직일 수 있는 어느 정도의 자유를 가지고 있지 않았을까? 또한 최소한 악명 높은 포악한 시어머니의 경우에서 볼 수 있듯이 어떤 중국 여성들은 다른 사람에 대해서 엄청난 통제력을 행사하지 않았을까? 나는 일차적인 역사적 증거의 상당 부분이 오늘날 우리가 반드시 공감하지 않는 도덕적인 전제에 의거하여 그 당시[송대(宋代)]의 남성 저술가들에 의해 쓰였다는 것을 알았다. 충실한 며느리와 자기를 희생하는 어머니뿐만 아니라 질투심이 있었던 부인들, 다른 사람들에게는 모든 신뢰를 잃었으나 사랑을 차지하는 데만 시간을 투자했던 첩들, 그리고 재혼하기 위해 자식들을 포기했던 과부들까지, 모든 종류의 여성을 호의적으로 보기 위한 방법을 찾을 수 있을까?

이러한 의문점이 있었지만, 나는 차츰 책을 쓰기 위해 단편적인 자료들을 수집하기 시작했다. 나의 목표는 결혼에 대한 학문적인 전문서를 쓰는 것이었다. 그래서 결혼에 대한 특정한 면을 검토하는 몇 편의 논문을 먼저 썼다. 1990년에 마침내 내가 이 책을 쓰기 위한 충분한 시간을 가졌을 때, 나는 전문가를 위해 글 쓰는 것을 포기했다. 그 대신 결혼이 여성의 삶을 형성해 나가는 방법에 대해 폭넓게 연구하기로 결심했다. 총체적인 이야기를 서술하는 것은 힘들기도 하지만 흥미 있기도 하다. 내가 동료 역사가들 앞에서 논문을 발표할 때, 나는 유교사상이나 재산법과 같은 충분한 기록이 남아 있는 문제에만 노력을 제한해 왔다. 그렇지만 총체적으로 파악하기 위해서 성욕, 질투심 그리고 젠더의 상징성과 같은 까다로운 문제들을 다루어야 했다.

전체적인 윤곽을 파악하기 위해서 노력해 본 결과 나는 연구가 많이 진척된 주제에 대해서는 새로운 안목을 갖게 되었다. 그런데 어떤 한 가지 특정한 주제를 짧게 처리해야만 되는 희생이 뒤따랐다. 이혼이나 과부의 재혼 그리고 친척 간의 결혼과 같은 주제를 5페이지 내지 10페이지로 한정하지 않고, 50페이지를 할애했더라면 확실히 좀 더 미묘한 차이를 밝힐 수 있었을 것이다. 그렇게 되었다면 이 책은 손댈 수 없을 정도로 광범위해져서 처음에 의도했던 목적을 만족시키는 데는 실패했을 것이다. 중요한 주제에 대해 간략히 기술한 것은 열성적인 학자들이 그런 문제를 좀 더 철저하게 연구하는 데 동기를 유발시킬 것이라는 희망에 만족해야 할 것이다.

전체적인 윤곽에 초점을 맞추려고 노력하면서, 나는 내가 연구를 시작했을 때 방법론상 늘 따라다녔던 문제를 부분적으로는 해결할 수 있었다. 역사의 전후관계와 여성들의 행위를 강조함으로써, 나는 역사의 복잡성에 대한 나의 생각을 방해받지 않으면서 여성들에게 합당한 위치를 부여할 수 있게 되었다. 송대 여성의 삶의 총체적인 내용은 권력의 구조와 그 구조 내부에서 여성들 스스로의 위치를 결정하도록 도와주는 생각이나 상징을 포함하고 있다. 송대 중국 여성들의 삶의 전체적인 모습은 역사에 깊이 각인되었고, 그러한 특징들은 사회적·정치적·경제적·문화적인 과정을 통해 형성되었고, 이러한 과정에 영향을 끼쳤다. 결과적으로 친족과 젠더 시스템은 분리되어 있지 않다. 여성의 행위를 강조하는 것은 여성을 중요한 행위자로 간주하는 것을 의미한다. 여성은 남자들이 했던 것과 마찬가지로 광범위하게 다른 권력의 영역을 차지했고, 가정과 친족제도를 재창조하고, 미묘하게 변하도록 도왔다. 현존하는 사료의 해독은 여성들에게 열려 있는 기회를 활용하고 이렇게 여성들을 둘러싸고 있는 기회를 수용하거나 배척하는 여성의 모습을 전면에 부상하게 하였다.

오늘날 대학교수들은 연구하고 글을 쓰는 데 시간과 자금을 허락해 준 분들에게 어쩔 수 없이 빚을 지고 있다. 1983년에서 1984년에 걸쳐 대부분의 연구가 행해졌는데, 1년간 나는 미국평의회 학회와 사회과학 평의회의 중국 연구에 관한 위원회(Committee on Chinese Studies of the American Council of Learned Societies and the Social Science Research Council)로부터 연구비를 받아 프린스턴(Princeton)에서 연구했다. 일리노이 대학(Research Board)에서도 수차례에 걸쳐 연구보조원의 비용을 제공해 주었다. 사보화(謝保華) 양은 이 책을 시작할 때 도와주었고, 뢰추월(賴秋月) 양은 이 책이 끝날 때에 도와주었다. 일리노이 - 담강(Illinois – Tamkang) 교류 프로그램에서 제공된 연구비를 받아서 1990년 여름 타이완에서 연구할 수 있었다. 동아시아와 태평양 연구를 위한 센터(Center for East Asian and Pacific Studies)에서는 삽화를 수록하는 데 필요한 비용을 도와주었다. 1990~1991년에 일리노이 대학의 센터에서 나온 연구비를 받아서 나는 이 책을 쓰는 데 전력할 수 있었다. 그해의 6개월 동안 경도대학 인문학연구소(Institute for Humanistic Research)에서 자료를 점검하고 좀 더 광범위한 주제에 대해서 생각해 볼 수 있었던 완벽한 환경이었다.

위에서 열거한 기관들에 대해서 감사할 뿐만 아니라 나는 또한 나에게 시간을 할애해 주고 조언을 해 준 동료들에게도 감사드린다. 줄리아 머레이(Julia Murray)는 삽화에 대해, 프란체스카 브레이(Francesca Bray)와 안젤라 셩(Angela Sheng)은 여성의 방직활동의 기술에 대해 조언해 주었다. 일리노이 대학의 동료 — 주기용(周起蓉), 토마스 헤이븐스(Thomas Havens), 소냐 미셸(Sonya Michel)과 로널드 토비(Ronald Toby) — 들은 빠른 시일 내에 교정한 원고를 읽어 주었다. 나는 전체 원고를 읽은 친구들에게 대단히 감사드린다. 즉 존 차피(John Chaffee), 샬로트 퍼스(Charlotte Furth), 피터 그레고리(Peter Gregory), 자훈 하보시(JaHyun Haboush), 도로시 고(Dorothy Ko), 수잔 만(Susan Mann), 브라이언 맥나이트(Brian McKnight), 앤 왈트너(Ann Waltner), 그리고 루비에 왓슨(Rubie Watson) 등이다. 이분들은 내가 쓴 글이 명확해지도록 도와주었다. 그들은 내가 좀 더 배경설명을 해야 할 곳이나, 나 스스로가 자기모순에 빠진 부분이나, 어느 부분에서 내가 좀 더 강력하게 주장을 펴야 될지 알려 주었다. 나는 또한 이 책에 실린 주제들에 관해 내가 구두로 발표하거나 논문으로 발표할 때 관심을 보여준 분들에게도 감사드린다. 여기에는 스탠포드(Stanford), 데이비스(Davis), 러트거스(Rutgers), 하버드(Harvard), 그리고 워싱턴(Washington) 대학에서 했던 세미나 등이 있다. 경도(京都)의 전근대 중국연구회에서 있었던 발표, 동경(東京)의 중국사에 있어서 여성에 관한 연구회에서 했던 발표, 그리고 일리노이(Illinois) 대학의 사회사 모임에서 했던 발표 등이 있다. 그리고 족보 통계에 의한 인구학(Asilomar, 1987)에 대한 학술회의에 제출한 논문, 중국사에 있어서 결혼과 불평등(Asilomar, 1988)에 관한 학술회의에서 제출한 논문, 초기의 근대 중국 사회와 문화사(대북, 1990), 그리고 후기 중화제국에 있어서 가정의 발전과 정치적인 발전에 관한(대북, 1992) 논문 등이다. 마지막으로 나는 중국여성사 세미나에 참여했던 학생들에게도 감사드리고 싶다. 그들은 그 주제에 대해 열정을 보여주고, 다각도에서 여러 가지 문제를 토론해 주었다.

1. 가능한 한 여성들은 한 남자의 딸, 아내 또는 어머니로서 표기되기보다는 (고유한) 성을 사용하여 신원을 밝혔다. 예를 들면 사마광(司馬光)의 부인은 장씨(張氏, 1023～1082)라고 칭했다. 장씨라는 성은 시집가기 전 생가(生家)의 성으로, 그 여자의 전 생애 동안 사용되었다. 여성의 이름이 기록으로 남아 있을 경우에는 성 다음에 이름을 써서 한자(漢字)로 표시했다. 그 예로서 심덕유(沈德柔, 1119～1179)를 들 수 있다. 대부분의 경우에는 이름이 잘 알려져 있지 않다. 일상 사회생활에서 결혼한 여성들은 대체로 씨(氏)라는 공손한 말을 성 뒤에 붙여서 부르게 되어 있었다. 씨는 이 책에서는 미스(Miss)라고 번역했는데, 그것은 결혼하기 전의 성이며, 결혼한 후의 남편의 성이 아니다. 미스라는 것 자체로써 이 책에서는 결혼의 유무를 나타내지 않는다. 씨를 남자의 성에 붙여 사용하기도 했는데, 보통 남자의 경우는 성과 이름을 둘 다 표기했다. 흔하지는 않지만 이름이 밝혀진 남자의 부인으로서 알려져 있기도 한데, 이때에는 남편의 성 앞에 미세스(Mrs)를 붙여서 여성을 나타냈다. 남성을 나타낼 때 미스터(Mr)를 빼고서 성과 이름만으로 표기하거나(미스터 사마광이라고 하지 않고, 미스터를 빼는 경우) 여성에게 미스나 미세스를 꼭 붙여서 나타내는 것은 남녀를 차별하는 용어를 피해야 한다는 현행 미국 사회의 관습에 위배되는 것이다. 그런데 이 책에서는 이러한 방법이 위배되는 것이라 할지라도 사용했는데, 그것은 최선책은 아니지만 차선책은 되기 때문이다. 이 책에서 사용한 방법은 중국식 표기법을 꽤 정확하게 나타낸 것이다. 남자의 경우에는 미스터를 사용하지 않는

것이 사용하는 것보다 덜 번거롭고, 독자에게 여기에 언급된 개개인의 성(性)을 잘 전달하기 때문이다.

2. 서론에서 논의했던 6명의 저자[홍매(洪邁), 사마광(司馬光), 원채(袁采), 정이(程頤), 주희(朱熹) 그리고 이청조(李淸照)]를 제외하고 모든 남성과 여성의 경우 생몰년이 알려져 있을 경우에는 표기했다. 또한 생몰년은 문장의 내용과는 별로 관련이 없을 때에도 밝혔다. 이러한 남성과 여성들이 보편적이며 일반적인 사람이 아닌 특정한 사람이라는 것을 나타낸다. 또한 같은 장씨라는 성을 가진 사람끼리도 구별이 될 것이고, 같은 우씨(虞氏)라는 성을 가진 사람끼리도 구별이 될 것이다. 생몰년을 제시하는 것은 깊은 관심을 가지고 책을 읽는 독자들에게는 생몰년 시기에 일어난 역사적인 변화까지도 생각해 볼 수 있게 해 준다. 그 예로서 신유학의 영향력이 점차로 증대된 것과 같은 변화를 들 수 있다.

3. 나이는 중국식 계산법에 의해 세(歲)로 나타냈다. '그가 40에 죽었다.'라는 말은 그가 40세에 죽은 것을 의미한다. 세로 계산한 중국식 나이는 서양방식으로 계산한 나이보다 1세가 많게 된다. 세를 사용해서 나이를 계산하면 날 때부터 시작해서 첫 새해가 돌아올 때까지(직전) 1세이며, 그 첫 새해에 2세가 된다. 그래서 어떤 여자가 중국식 나이로 18세에 결혼했다는 것은 서양의 나이법에 의하면 16세 1일 경우에서부터(만약 그녀가 1000년 12월 31일에 태어나서 1017년 1월 1일에 결혼했을 경우) 하루 부족한 18세이기도 하다(만약 그녀가 1000년 1월 1일에 태어나서 1017년 12월 31일에 결혼한 경우).

4. 편의를 위해서 지명은 송대 로(路)보다는 현대의 지명으로 썼다. 이는 중국 본토의 현대식으로 구분된 지역들 위에 북송 및 남송 시대의 경계선이 겹쳐서 표시된 다음의 지도를 참고하라.

5. 여기에 나타난 모든 사료에 대한 번역은 나 개인의 번역이다. 영어로 이미 번역된 것이 있을 때는 독자의 편의를 위해 원사료를 표시하고 그 옆

---

* 저자가 인용문에서 인용한 사료는 영문을 번역할 경우 미묘한 어감을 제대로 전달할 수 없다는 생각에서 가능한 한 원사료를 직접 번역하였다. 그러나 크게 의미상 차이가 없을 경우는 영문을 번역하고 역자주로 처리하였다. * 표시는 역자주를 의미한다.

에 영어 번역본을 표시했는데, 이것은 전체 문장을 점검하기를 원하는 독자를 위해서이다.

6. 다만 이 책에서 약자로 쓰인 유일한 글자는 날짜를 표시할 때 사용한 c.s.이다. 이 c.s.는 어떤 사람이 진사과(進士科)에 합격된 해를 의미하며, 그 개인의 생몰년이 알려지지 않았을 경우에 사용했다.

송대의 강역도(960∼1279)
오늘날의 省의 경계를 기준으로 나타냄

저자의 한국어판 서문

Inner Quarters(원제, 閨房)가 한국어로 번역되어 출판되는 이번 계기로 인해서 나는 여성사 연구의 변화하는 국제적인 상황을 돌이켜 볼 수 있는 기회를 갖게 되었다. 1980년대, 내가 송대 중국 여성의 삶을 형성해 나간 제도와 이데올로기에 관해서 연구하기 시작했을 때, 미국의 사학과 내에서 여성사는 하나의 분야로 확립되어 가고 있었다. 그러나 대부분의 여성사를 연구하던 역사가들은 유럽이나 미국에 관해서 연구했다. 중국을 연구하는 중국학 연구자들 사이에서, 여성사에 대한 관심은 20세기 중국 여성에 관한 연구로 한정되는 경향이 있었다. 즉 중국 여성들이 봉건적이고 유교적인 과거의 속박에서 해방되었다는 고무적인 내용이었는데, 이에 대해서 역사학자, 인류학자, 사회학자 그리고 정치학자들이 의문을 제기하기 시작했다. 이러한 학자들은 미국의 여성운동에 관해서 이미 경험이 있었기 때문에, 미국 사회에 널리 만연되어 있던 성차별에 관한 다방면의 문제를 잘 파악하고 있었다. 이 학자들이 중국에 관심을 돌렸을 때, 그들은 중국 사회의 모든 면에서 정부가 주장하는 남녀평등의 원칙과 일상생활에서 중국 여성들이 처해 있는 현실 간에는 커다란 괴리가 있다는 것을 알았다. 1980년대 중반에 와서 여섯 권 정도의 책이 출간되었다. 이 책들은 여러 다른 상황에 처해 있던 여성들이 경험하게 되는 기회의 구조에 관해서 훨씬 더 섬세한 해석을 내렸다. 그런데 이 책의 저자들도 저명한 중국의 학자들이 일반적으로 생각했던 것과 같은 전제하에서 출발했다. 즉 20세기 이전까지 중국 여성들은 세계에서 가장 억압적인 가부장제도하에서 신음하고 있었다. 전통적인 시기에 있어서 여성들의 특성에 관해서 역사적인 깊이나 또는 복잡성을 고려해 보는 것은 그다지 중요하지 않았다.

중국의 좀 더 이른 시기를 연구했던 역사가들은 현대 중국 여성들에 대한 이러한 도전적인 연구로 고무되어졌다. 그러나 중국의 과거를 거의 변화가 없는 하나의 단일체로서 특징짓는 것에 대해서 동조하기 힘들었다. 그래서 상당수의 역사학자들은 자기들이 잘 알고 있던 시대에 살았던 여성들의 생활 모습의 특색을 연구하기 시작했다. 미국에는 현재 수십 명의 학자들이 전근대 중국 여성 생활의 다양한 측면을 역사 분야뿐만 아니라 문학, 종교, 예술 분야에서 연구하고 있다. 1993년에 본서가 출간되고 나서 6년 정도 지나 20세기 이전의 중국 여성에 관한 역사서가 미국에서 여섯 권 정도 출판되었고, 몇 권의 책은 준비 중이다.

동아시아에서 여성사에 대한 관심이 높아진 것은 미국 내의 중국학 학자들 사이에서 일어났던 변화만큼 극적인 것이다. 이러한 문제에 대해서 중국, 대만, 일본 그리고 한국 학자들은 다른 시각에서 접근하게 되었고, 그 결과 이들 학자들이 가장 흥미를 느끼는 문제도 차이가 있다. 그러나 중요한 것은 오늘날 전 세계에서 전문적으로 잘 훈련받은 역사가들이 그들의 역사연구방법을 여성의 삶에 가장 지대한 영향을 끼쳐 온 관념이나 제도에 관한 연구에 적용하고 있다는 것이다. 오늘날 전 세계의 학자들 간에 많은 학문적인 상호 교류가 있어, 우리의 지식에 진정한 발전이 이루어지게 하고 있다.

나는 전근대 중국에서 여성들이 차지하고 있던 세계에 대해서 좀 더 완전하고 풍부하게 이해하게 되어 중국사의 흐름을 다시 생각할 수 있기를 바란다. 우리는 경제나 지성을 연구하는 역사가들의 연구결과가 중국의 일반적인 역사[통사(通史)]에 수용될 것이라는 것을 당연하게 생각한다. 통사는 지성의 동향이나 경제적인 변화에 대한 담론을 늘 포함하고 있기 때문에 새로운 발견이나 재해석된 내용을 수용할 여지는 분명히 있다. 그러나 중국어로 쓰인 것이나 또는 영어로 쓰인 것이든지 간에 중국의 통사에서는 여성에 대한 언급이 별로 없다. 그래서 반전족운동의 배경을 설명하기 위해서 전족에 대해 몇 안 되는 구절을 포함하게 되는 19세기 후반까지 여성에 관한 언급은 한 마디도 없었다. 만약 중국의 젠더 시스템에 대한 우리의 연구결과가 중국의 역사, 문화 그리고 사회에 대한 이해를 다양하게 만들어 줄 것이라고 믿는다면 중국의 변화에 대한 통사 속에 그 발견한 결과를 수용시킬 방안을 모색할 수 있어야 한다. 이것은 남녀 모두가 자기네들이 살아온 삶의 방법에 대해서 새로운 구조나 생각, 또는 상황이 어떻게 영향을 미쳤는지 밝혀냄과 동시에, 여러 차례의 작은 과정을 통해 통사 속에 수용될 수 있을 것이다.

역자 서문

이 책은 패트리샤 버클리 이브리(Patricia Buckley Ebrey) 교수의 『규방(閨房) – 송대 중국 여성의 결혼과 생활(The Inner Quarters – Marriage and the Lives of Chinese Women in the Sung Period –)』(Univ of California Press, 1993)을 완역한 것이다.

‘전통 중국에서 여성’에 대한 묘사는 아주 단순했다. 역사가들은 왜 그런지 여성은 역사의 밖에 있었고 여성의 삶이 정치·사회·경제·문화의 변화에 영향을 받지 않았다고 생각했다. 그러나 1980년대 들어서 활발해진 구미 학계의 중국 여성사 연구에 자극을 받아 동아시아에서도 여성사에 대한 관심이 고조되고 있다. 이러한 상황에서 역자는 중국 여성사에 관한 국내의 연구가 그다지 활발하지 못하므로 송대 여성사 분야에 일조하기 위해 훌륭한 연구서를 하나쯤 소개해도 되지 않을까 하는 바람에서 이 책을 번역하게 되었다.

송대 과거제도를 전공하고 있는 역자는 수나라 때 창시되어 청 말에 과거제도가 폐지될 때까지 단 한 명의 여성 급제자도 없었던 그 시기 여성들은 도대체 어디에서 무엇을 하고 있었을까 하는 의문으로부터, 중국의 오랜 역사에서 전환점이 되는 당송변혁은 여성에게 어떠한 변화도 주지 않고, 여성과는 무관하게 진행된 것일까? 송대의 정주학이 과연 여성을 억압했을까 등의 문제를 나름대로 생각하던 중 이브리의 저서를 접하게 되었다. 이 책은 전체 14장으로 구성되어 있는데 3분의 1 이상이 결혼에 관한 내용이다(결혼의 의미·중매서기·의식과 축하연·지참금·재혼). 그 외에 어머니·과부·첩으로서의 여성의 역할과 여성의 노동·부부관계·여성을 통한 가계의 계승, 간통·근친상간·이혼과 같은 주제를 다루고 있다.

여성사를 연구하는 사람들은 당대에 매력을 느껴 소수 정예의 여성들이 상당한 자유를 누리면서 사회에 참여했다는 것을 보여주고자 했다. 그래서 몇몇 당대의 여성들이 선구적인 역할을 담당한 측면을 강조했다. 이와는 대조적으로 여성들에게 가해졌던 잔혹한 행위를 밝혀내려는 학자들은 전족·영아 살해·매춘 그리고 과부의 재혼금지와 같은 잔혹한 행위가 행하여졌던 청대로 눈길을 돌린다. 이 책의 저자는 송대에 와서 여성의 상황이 눈에 띄게 악화된 시기였기 때문에 매력적이라고 주장한다. 그것은 전족의 보급과 과부의 재혼에 대한 강한 비난과 관련이 있다. 또한 겉으로 보기에는 꽤 상반되는 것 같지만, 송대에 여성의 재산권이 특별히 강했다. 이렇게 여성의 지위와 관련되어 두 가지 서로 다른 형태의 연관성 때문에 저자는 송대에 초점을 맞추게 된 것이다.

2000년에 책을 절반 정도 번역하고 출간할 뜻이 있어 저작권 문제로 이브리 교수와 연락한 이후 구하기 힘든 사료나 뜻이 명확하지 않은 영어 문장 그리고 영문으로 표기된 고유명사 등에 관하여 자문을 구하기 위해 역자가 목록을 만들어 보내면 바쁜 와중에도 이브리 교수는 일일이 답변해 주셔서 이 책이 모양새를 갖추어 완성되는 데 많은 도움을 주셨다. 이러한 선생님의 배려와 자상하심에 다시 한 번 감사드린다.

본서는 2000년 1월에 출판되었다. (삼지원) 책의 체제나 내용상의 오류 등을 바로잡을 시간이 없어 차일피일 미루다가 이번 학기에 시간이 되어 전체적으로 잘못된 부분을 바로잡을 수 있었다.

요즘 같은 불경기에 전공서를 선뜻 출판하도록 허락해 주신 한국학술정보(주) 채종준 사장님께도 진심으로 감사드린다.

2009년 11월

역자 배숙희 씀

목 차

보니 스미스(Bonnie Smith)의 추천사 / VI
저자 서문 / XI
일러두기 / XV
저자의 한국어판 서문 / XVIII
역자 서문 / XXI

서 론 / 1

제1장 남녀의 차이 / 29

안과 밖 / 33
음과 양 / 39
미학으로 본 여성상: 학식이 있는 남자들에게
　　　　　　　　시중드는 젊고 사랑스런 여성들 / 42
신체상의 이미지 / 49
전족 / 52

제2장 결혼의 의미 / 65

언어에 내포된 의미 / 68
법률상의 구조 / 70
유교 윤리와 의례적인 모델 / 74
문학작품에 나타난 이미지 / 79

제3장　결혼의 성립 / 91

부모들의 부담 / 94
친구나 동료 간의 사돈관계 / 98
친척들 간의 사돈관계 / 101
사위 보기 / 109
중매쟁이에 의해 주선된 결혼 / 111
결혼연령 / 113
자기감정을 중시하는 젊은 남녀들 / 118

제4장　의식과 축하연 / 125

약혼식 / 128
약혼선물 / 131
마지막 예물 교환 / 133
결혼식 날 / 136

제5장　지참금 / 153

함 속의 내용물 / 155
지참금의 급상승 / 157
가산의 일부로서의 지참금 / 161
아내의 지참금에 대한 권한 행사 / 167
가정불화의 한 요소로서의 지참금 / 170

제6장 상류계층 아내의 내조 / 179

복잡한 가정관계에서 본분을 다하는 며느리 / 182
유능한 가정 관리자 / 185
현명한 충고자 / 189
재주 있는 여성 / 191
경건한 아내 / 196

제7장 천을 짜는 여성의 노동 / 207

실 가닥을 꼬아 잇고 실을 잣는 일 / 213
누에 치고, 명주실 뽑기 / 218
천짜기, 염색하기, 마무리 작업 / 223
직물 생산의 상업화 / 227

제8장 부부간의 관계 / 237

인구 통계적인 단서 / 241
서로 사랑하는 혼인의 모습 / 243
동반자 유형의 결혼 / 246
마음대로 하는 아내와 거친 남편 / 249
부부간의 성관계 / 252
질투 문제 / 257

제9장 어머니의 역할 / 267

임신과 출산 / 269
갓난아이 살리기 / 276
유산와 영아살해 / 280
자녀들의 감정적인 욕구를 도와주고 정신적인 계발 / 284

제10장 과부살이 / 291

과부가 겪는 어려움 / 295
도덕적 영웅으로서의 청상과부 / 303
장성한 아들을 둔 늙은 과부 / 311

제11장 재혼 / 319

여성의 재혼 / 321
홀아비와 후처 / 333

제12장 첩살이 / 341

첩들이기 / 346
첩이 되는 경우 / 350
남자와 첩 / 355
변변치 못한 가족구성원으로서의 첩 / 359
어머니가 된 첩 / 363
과부가 된 첩 / 365

제13장	여성을 통해 가계를 계승하기	/ 371

딸을 친정에 머물게 하는 것 / 374
친정에 사는 딸에게 재산 물려주기 / 381
비남계친척의 양자채택 / 390

제14장	간통 · 근친상간 · 이혼	/ 397

간통(姦通) / 399
근친상간(近親相姦) / 401
이혼(離婚) / 406

제15장	여성 · 결혼 · 변화에 대한 몇 가지 의견	/ 415

이미지와 감정, 행위와 만족 / 417
결혼과 계층간의 불평등에서 오는 역학관계 / 421
변화에 나타난 여성들의 역할 / 423
가부장제도의 지속성 / 427
여성의 역사와 중국의 역사 / 432

미주 / 435

영문 참고문헌 / 481

색인 / 499

송대(宋代)는 약 1천 년 전인 960년에 시작되어 1279년까지 3세기 이상 지속되었다. 송대의 예술은 현대의 취향에 맞기 때문에 장기간 중국을 연구하는 서양학자들 사이에서 가장 애호되어진 시기중의 한 시기였다. 왜냐하면 송대의 회화, 서예, 비단, 자기의 절제와 완숙, 정교함과 세련미를 가지고 있기 때문이다. 따라서 우리는 정교하게 채색된 자기 접시, 번창한 도시에 대한 세밀한 묘사, 우뚝 솟은 산 앞에 홀로 서 있는 인물화 그림을 보고 있을 때, 그 예술작품들과 예술작품을 만들거나 소장해 온 사람들과 함께 살아가는 것이 얼마나 즐거운가를 느끼게 된다. 우리가 알고 있는 송대의 정치는 이러한 문화적으로 만개한 모습과 일치된다. 그것은 송대가 전제적이고 잔폭한 군주 또는 타락한 환관이나 지방의 호족에 의해 기억되는 것이 아니라, 잘 훈련된 사대부들을 기억된다. 이들 사대부는 치열한 경쟁의 과거(科擧)를 거쳐 관료가 되었던 사람들로, 그들은 황제에게 충성하고 일반민을 돕겠다는 강한 열망을 가졌다.

중국 사람들 사이에 송대에 대한 인상은 그다지 긍정적이지 못하고 송 이전의 시대인 당대(唐代, 618~907)를 더 선호한다. 왜냐하면 중국인들은 당대는 아주 활기찬 시대로 강력한 황제, 군사적 팽창, 열정적인 시, 문화적인 자신감과 관련지어 생각하고, 송대는 나약한 시대로서 지도자들이 국익을 위해 너무 교묘하고 지나칠 정도로 사변적인 시대로 생각하기 때문이다. 이러한 지도자들의 고결한 정신적 성향으로 말미암아, (송)왕조 초기에는 이전에 당이 고수했던 국경으로부터 거란을 쫓아낼 수도 없었고, 왕조 중기에는 여진이 중국 고대 북쪽의 중심부를 정복하는 것을 막지도 못하였다. 마지막

(멸망하기) 반세기에는 급속히 팽창하는 몽골의 끊임없는 침략을 저지하는
데 전혀 도움이 되지 못했다.

그러나 송대는 좋은 점과 나쁜 점으로 양분시켜 단정해서는 안된다. 근대
중국, 일본, 서양 역사가들은 송대는 전대미유의 변화의 시기이고, 중국역사
의 긴 시기에서 전환점이었다.[1]고 생각한다. 당(唐) 중 엽부터 송 중기 사이
에 일어났던 변화는 중국역사상 항상 있었던 반란, 침략, 왕조 간의 전쟁만
이 아닌 그 이상이었다. 이러한 변혁은 중국 문명의 가장 기초가 되는 사회
적·문화적·정치적·경제적인 구조에까지 영향을 미치는데, 그 변혁은 긴
세월에 걸쳐 서서히 일어나는 것이 상례(常例)이다. 당 후기 정부는 토지의
분배에 관한 정책을 완화시켜 토지를 자유롭게 사고 팔 수 있게 되었다. 조
정에서는 세금을 거두는 정책을 완전히 바꾸어, 전세를 감소하고, 상세를 늘
렸다. 700년과 1100년 사이에 인구는 배가 되어 약 1억이 되었다. 인구가
남쪽으로 대규모로 이동하게 되어 중부와 남 중국에 살고 있는 사람들은 전
체인구의 약 4분의 1에서 절반 이상으로 증가했다.

사람들은 전쟁을 피해서 남쪽으로 이주해 갔고, 남쪽으로 이주해 온 사람
들은 경제적인 호기를 이용했다. 즉, 편리한 수상운송수단과 온화한 기후로
상업, 농업이 급속하게 발전하였다. 논농사에 의한 쌀생산량이 계속 증가하
여 이 지역에 더 많은 사람들이 정착할 수 있게 되었다. 상업도 발달했는데,
지역적으로 농산물이 교역되는 것을 비롯하여 동남아시아 전역에 걸쳐 해상
을 통해 도자기도 교류되었다. 정부는 화폐의 통화량을 증가시켜 상업이 발
전하는 것을 도와 주었고, 심지어 지폐도 발행하게 되었다. 11세기 말에 이
르러 당대에 유통되었던 통화량보다 훨씬 많은 10배 내지 20배 정도의 현
금이 유통되었다. 즉, 1107년에 동전과 은괴 외에 지폐로 된 2천6백만 민
(緡) 이상의 돈이 유통되었다. 여기서 1관전은 1천개의 동전을 뜻한다.

상업의 팽창은 도시의 성장을 부추겼다. 북송의 수도인 개봉(開封)(960~1126,
송왕조가 '중국본토'의 대부분을 차지했던 시기)은 석탄과 철이 매장되어 있는
주요 광산에서 그리 멀지 않은 대운하의 북쪽 끝 가까운 곳이다. 개봉은 당의
수도였던 장안(長安)이 전성기에 누렸던 것만큼 인구가 많았고, 또 궁정이나

정부의 건물들이 많았던 만큼 그에 못지 않게 여러 가지 형태의 시장이 다양한 특색을 갖춘 발달된 상업도시였다. 다른 도시들도 전례가 없는 속도로 성장해 갔고, 10개 정도의 도시는 인구가 5만이나 혹은 그 이상이 되었다. 그로 인해서 다른 어떤 전시대보다도 농촌과 도시의 문화적인 차이가 크게 벌어지게 되었다. 남송대에는 대운하의 남쪽 끝에 위치하였던 수도인 항주(杭州)(1127~1279, 송왕조가 전국토의 3분의 1이나 되는 북쪽 지역을 상실했던 시기)가 급속히 팽창해 인구는 어림잡아 200만 정도였다. 이곳은 그 당시 세계에서 가장 큰 도시였다.[2]

송대는 여러 선진기술이 나타났는데, 그 중에서도 인쇄술의 발명은 특히 주목할 만하다. 왜냐하면 인쇄술의 발명으로 과거에 필사했던 책을 이제는 더 이상 힘들게 손으로 베껴 쓸 필요가 없어 신구(新舊)의 지식을 보급시키는데 혁신적인 변화가 생겼다. 이로 인해 사회구조상 기본적인 변화를 야기시켜 당 중엽부터 송 중기까지 책의 가격은 이전보다 10분의 1로 떨어졌고, 유교(儒敎)·불교(佛敎)·도교(道敎) 경전을 전부 출판하게 되었다. 그러나 이런 책들만이 대규모로 유통되는 유일한 책은 아니었다. 앞의 이런 종교서 외에도 농업, 의학, 점복 및 필기소설, 별집, 소책자, 종교경문이 있었다. 그리고 또한 여러 가지 종류의 참고문헌들이 간행되었는데, 그 중에는 지방관이 필요로 하는 것이나 과거(科擧) 응시자, 훌륭한 문장을 쓰기를 원하는 사람들에게 필요한 유서(類書) 등이 있었다.[3]

경제적인 성장과 서적의 보급은 지식인 계층의 성장을 촉진시켰다. 이러한 변화가 더욱 촉진된 것은 오랫동안 가장 명예로운 직업이었던 정부의 관료를 선발하는 방법이 변화되었기 때문이다. 당 후기에 와서 이미 수세기에 걸쳐 정치적으로 영향력을 행사했던 귀족 가문들은 그들만의 특권으로서 중앙정부에서 차지하던 위치를 잃어버리게 되었다. 송대초기는 1세기에 걸친 번진할거가 끝난 후, 송조정에서는 과거제도를 확대실시하려는 조처를 취했다. 송대 중반에 이르러 정부 관직의 거의 절반정도가 과거 출신자로 충당되었다.(나머지 절반정도의 관직은 고위관료들의 친인척들에게 주어지는 특권[*음(蔭)]을 받은 사람들로 충원되었다.) 송왕조 전반에 걸쳐 과거에 합격하여 관직을 얻으려는 경쟁은 지속적으로 증가하였다. 즉, 11세기 초에는 채 3만명도 안되는 응시자들이 해시(解試)에 응시했으나 11세기 말에는 8만명으로 증가했고, 송왕조의 멸망전에는 40만 명에 이르게 되었다. 따라서 11세기 중반 사회적·정치적 주도세력은 지식인 계층[사대부(士大夫)]에 의해 장악되었다. 그러므로 지식인 계층인 지주들은 자식을 과거에 응시케 해서 정치와 문화에 있어서 지방 및 중앙 무대에서 지도적인 위치를 차지하도록 준비시켰다는 것은 그럴 듯하다. 이리하여 중국역사상 처음으로 지배계층의 대부분이 중부 및 남부지역 출신자들로 채워지게 되었는데 대다수는 당이 멸망한 후에 왔거나 심지어 더욱 늦게 정착한 가정도 있었다.[4]

송대는 과거제의 발전과 지식인 계층의 지속적인 증가로 지적인 열정이 충만되었다. 불교의 기초적인 교리와 관습이 완전히 중국화되어 중국 문화 속으로 흡수되었다. 그렇지만, 불교의 철학과 형이상학은 중국인의 창의적인 사색에 영향을 미치지 못했다. 최고의 지성인들은 결과적으로 사대부 계층의 예술을 완성하는데 힘을 쏟았다. 즉, 시, 그림, 서예, 역사, 철학, 고전에 대한 이해이다. 유학의 가르침은 아주 새로운 형태로 다시 나타났기 때문에 일반적으로 영어로는 신유학(新儒學, Neo-Confucianism)이라고 부른다. 서원(書院)의 선생에게 수백명의 학생들이 모여들었는데, 비록 시험을 준비할 목적이 있었지만, 성인(聖人)의 본질이나 성인의 치도(治道)를 회복하는 토론에 관심을 가졌다. 따라서 유학부흥운동을 하는 지도자들은 송대에 급속하게 변화하는 사회적·정치적 질서를 고전에 보이는 이상적인 질서와 부합시킬 수 있는 방법을 모색했다. 이들은 종종 과거제에 대해서 격렬하게 논의하고 오래된 예의를 회복시키려 했고 화장(火葬)과 같은 불교 관습에 반대했고, 교육받은 사람들이 친인척에 대해 책임져야 할 예의의 규정을 제정하였다. 특히 정이(程頤, 1033~1107)와 주희(朱熹, 1130~1200)를 추종하는 사상가들이 사이에서 주로 관심을 가졌던 문제는 개인적인 수양(self-cultivation)이다. 남송대(南宋代) 유학자들은 조정에 의해 북부지역을 수복하는 것이 좌절되었다. 그래서 하층에서부터 좀 더 이상적인 사회를 건설하는 데 점차 관심을 갖게 되었다. 가정과 지역 공동체를 다시 조직하고, 서원을 건립하

고, 출판을 통해서 정보를 전파하는 것이었다.[5]

　일반대중들은 대체로 문맹이었으나, 문화적인 변화에 의해 영향을 받았다. 즉, 도시화 현상, 조밀한 인구밀도, 확대된 지역상호간의 상업, 지식인 계층의 성장은 문화적인 교류의 양상을 바꿔 놓았다. 그 결과 다른 마을로부터 고립되었던 공동체가 빈번하게 접촉하게 되면서 지방의 독특한 의식이 나라 전체로 퍼져나갔다. 동시에, 새로운 형태의 지역적인 색채를 띈 친족집단이 출현하게 되었다. 이들 친족집단은 교육받은 인척과 농부출신의 친척들이 함께 모여 제사를 지내고, 무덤을 관리하고, 또한 다른 공통의 이익도 도모했다. 과거시험에 응시했던 1명당 열 몇 명은 학교에 오랫동안 다녀서 읽고 쓰는 것을 배웠음에 틀림없지만, 고전을 완전히 터득하지는 못했다. 그래서 장이 서는 모든 마을은 아니라 할지라도 모든 현(縣)에는 학교가 있었고 배운 사람들이 있었다.[6]

송대와 중국 여성사

　서구에서 시작된 온 여성의 역사는 페미니즘과 여성의 생활을 개선시키려는 목적과 밀접하게 관련되어 있다. 여권신장론자들이 그들의 슬로건이나 목표를 바꾸어 왔기 때문에, 역사가들은 과거에 대해서 새로운 질문을 던져보게 되었다. 과거 20년 동안, 역사가들은 여성의 복종을 요구하게 된 이념적인 근거와 특정한 사회성별의 차이의 구조와 구조가 받아들여지는 역사의 과정을 분석하였다. 이러한 분석의 엄밀한 조사를 통해서 여성들이 전에 추측했던 것보다 훨씬 광범위한 기록을 남겼다는 것을 발견했다. 여성에 관한 역사를 기술하는 것은 역사가들이 던지는 질문을 더욱 풍부하게 하고, 새로운 문제를 제기해보게 한다. 예를 들면, 남성이나 여성의 삶에서 개인과 감정에 대해 새로운 관심을 불러 일으키게 된다. 오늘날은 중세기나 문예부흥기와 같은 초기 시대에 조차도 여성들이 무엇을 하고 있었는지 보여주고, 젠더에 관한 문제를 문화와 사회의 근본적인 구조에 대한 중요한 부분으로

분석하는 광범위한 학문적인 연구가 이루어지고 있다.[7)]

중국에서 여성에 관한 연구는 서구의 연구보다 훨씬 적다. 그러나 우리는 점차 여성의 체험이 중국사의 발전과 어떠한 관련을 가지는지에 관해서 좀 더 자세하게 이해하게 되었다. 예를 들면, 여성들이 황제의 어머니, 아내, 여자 형제들로서 어떠한 역할을 담당했는지, 황실의 결혼 정책이 전반적인 정치구조안에서 어떠한 기능을 했는지에 관해서 치밀한 분석을 할 수 있다.[8)] 즉, 젠더 차이와 근본적인 종교와 철학적인 사고간의 관련성을 분석하게 되었고, 또한 여자들의 역할에 대해서 설명해 놓은 교훈서에 다소나마 관심을 갖게 되었다.[9)] 지금 우리의 시각에서 볼 때, 여성들의 고유영역에 대한 생각은 여성들이 종교와 예술분야에서 담당하였던 공적인 역할에 지대한 영향을 끼쳤다[10)] 오락장소는 일부 여성들에게 그들의 문학적·음악적·예술적인 재능을 발휘할 기회를 주었지만, 그러한 환경에 휩쓸리기를 원하지 않은 여성에게는 금지되었다.[11)] 그러나 명(明) 후기(1368~1644) 여성 작가들과 예술가들이 많이 등장하기 시작했고, 그러한 변화는 18세기에 이르러 여성의 역할에 대한 논쟁을 야기시켰다.[12)] 그런데 과부의 정절에 대한 예찬은 아이러니컬하게도 이 시기에 극도에 달했다. 재혼을 단념했거나 심지어 자살을 한 젊은 여성들에게 주어졌던 특별한 영광과 보상은 다양한 시각에서 분석되어 왔다. 즉, 국가에서 권장했을 수도 있고, 또 (본인들의) 자살에 대한 호의적인 태도나 지역의 경제적 상황, 지식인 계층간의 가정구조, 재산에 대한 과부의 권리에 이르기까지 광범위하다.[13)] 사실상, 현재 분명히 알 수 있는 것은 과부들이 능동적으로 선택했고, 그러한 선택을 하게 한 문화적인 틀이 어떠한 형태의 자기 희생에 대해서 보상을 했다는 것이다. 20세기 중국 여성에 관해 더 많은 연구가 진전되었는데, 특별히 정치적인 수단을 통해 여성의 지위를 향상시키려는 노력에 관한 것이다. 이들 연구의 초점은 페미니스트 운동과 지속적인 정치적 개혁, 혁명간의 연관성에 관한 것이다. 그런데 대부분의 학자들은 젠더관계에 대해서 기본적인 변화를 불러 일으키거나 또는 여성들에게 방해가 되는 모든 제도화된 불이익을 없애는 것이 어렵다고 강조했다.[14)]

왜 송대를 선택하여 중국 여성을 연구하였나? 중국 여성을 연구하는 사가들은 항상 현재 일어나고 있는 문제와 관련성이 있다는 것을 나타내기 위해 과거의 어떤 특별한 시기를 선택해 왔다(이 방법은 현재를 비판하기 위해 과거를 사용한다고 하는 중국인 역사가들 사이에 오랫동안 통용되어 온 관행이다.). 그래서 역사가들은 당대(唐代, 618～907)에 매력을 느꼈다. 역사가들은 당대와 같이 번영을 누리고 활기찬 시대에 소수 정예의 여성들이 상당한 자유를 누리면서 사회에 참여했다는 것을 보여주기를 원했다.[15] 역사가들은 몇몇 당대의 여성들을 선구적인 역할을 담당한 본보기로 지적하였다. 그들은 여성들에게 더 큰 자치권을 부여하는 것이 중국 문화와 상반되지 않는다고 설명하였다. 이와는 대조적으로, 여성들에게 가해졌던 잔혹한 행위를 밝혀 내려는 학자들은 전족, 영아살해, 매춘, 과부의 재혼금지와 같은 그러한 잔혹한 행위가 기록으로 잘 남아있는 청대(淸代, 1644～1911)로 눈길을 돌렸다.[16]

송대는 여성의 상황이 눈에 띄게 악화된 시기였기 때문에 학자들에게 매력적이다.[17] 그것은 전족의 보급과 과부의 재혼에 대한 강한 비난과 관련이 있다. 중국사에서 남성 우월주의는 자주 이데올로기 문제로서 설명해 왔기 때문에, 학자들은 송대에 와서 여성들의 악화된 위치를 설명하기 위해 유학의 부활에 주안점을 두게 되었다. 예를 들면, 진동원(陳東原)은 자신의 영향력 있는 책인 『중국부녀생활사(中國婦女生活史)』(1928)에서 철학자 정이와 주희가 "여성들은 수절을 귀하게 여겨야 한다는 생각"을 제창해서 송대가 "여성의 삶에서 전환점"이 되어 여성들의 삶이 악화되기 시작했다고 주장했다.[18] 어떤 저자들은 특별히 송대 학자들이 적극적으로 전족, 영아살해, 과부의 자살을 조장했다고 믿기까지 했다.[19] 이처럼 신유학에 책임이 있다고 비난하는 관점은 현대의 역사가들에게는 중국 문화전체를 비난하지 않으면서 중국의 가부장제도를 비난할 수 있는 첩경이 되었다.

송대에 초점을 맞추는 또 다른 이유는 겉으로 보기에는 꽤 상반되는 것 같지만 송대에 여성의 재산권이 특별히 강했다는 것이다.[20] 현존하는 법적인 사례에 의하면, 송대의 재판관들이 재산의 분할을 감독할 때, 아들이 유산으로 받는 몫의 절반 가량을 딸들이 지참금으로 가질 수 있도록 일부를 분배했다. 게다가, 결혼할 때 지참금을 가져왔던 여성들은 살아있는 한, 지참금을 사용하고 처분하는데 상당한 권한을 가지고 있었으며, 심지어 재혼할 때 가져가기 조차 하였다. 여성의 손을 통해서 그렇게 많은 재산이 전해진 적은 송대 전에도 후에도 없었다.

이러한 여성의 상황에 있어서 두개의 다른 형태의 연관성이 내가 송대에 초점을 맞추어 보게 된 동기가 되었다. 당-송 시기의 커다란 역사적인 변화[당송변혁]는 여성들의 상황에 어떠한 영향도 끼치지 않고 지나갈 수 없었다. 왜냐하면 가정은 재산소유와 납세의 기본단위로서, 재산을 보유하고 늘리는 전략은 토지소유제와 부세정책의 변동에 영향을 받기 때문이다. 노동력 밀집을 특징으로 하는 수전도작(水田稻作)방식은 가정 내부의 노동력의 분배에 영향을 미쳤다. 도시화와 상업화는 여성들이 자활할 수 있는 기회에 어느 정도 영향을 미쳤다. 젠더의 차이점에 대한 문화의 개념은 인류 존재의 본질적인 특성, 개인들간의 유대관계와 자주권의 도덕적인 기초로서 이루어져 있는 광범위한 사상적 범주와 긴밀한 관계가 있다. 이렇게 광범위한 문화적인 변화는 불교의 중국화와 유학의 부흥과 같이 근본적인 문제에 대한 사람들의 생각에 영향을 미쳤다. 이러한 상세한 상황 설명을 전제로 생각해 볼 때, 계급의 특성을 분명히 가지고 있는 가정에 대해서 새로운 계급구조와 새로운 유형의 상호교류로 인식을 바꾸어 놓았다. 우리의 임무는 송대 여성의 역사가 그 당시에 있었던 광범위한 역사적인 변화에 대한 이해속에서 어떠한 위치를 차지하고 있는지 밝혀내는 것이다.[21] 전족의 확산이 여성의 재산에 대한 권리가 특별히 강했던 시기에 동시에 발생했던 것을 어떻게 이해해야 할까? 송대 신유학에 대한 비난이 얼마나 정당한가? 경제적인 성장과 새로운 형태의 지식인들의 영향은 무엇이었을까? 여성들에게 일어났던 사실들을 안다고 해서 이러한 역사적인 변화에 대해 새로운 질문을 제기할 수 있을까?

결혼과 여성의 삶

이 책에서 나는 여성과 결혼의 공통점에 초점을 맞추었다. 송대 여성의 대부분은 결혼했고, 공적인 직업이 없었다. 실질적으로 공적인 영역은 남자들의 차지였다. 남자들은 정치를 담당했고, 사업을 했고, 저술을 했고, 그리고 사원을 세웠다. 대다수 여성의 삶을 이해하기 위해서, 우리는 그들이 있었던 곳인 가정에서 여성들을 관찰해야 한다. 이런 관점을 중심으로 가정에서 여성이 여성과 갖는 관계와 여성이 남성과 갖는 관계는 각 여성들 스스로의 정체성과 남성들이 여성을 인간적인 면에서나 혹은 인간이라는 하나의 범주로서 보게 된다.

사회에서 여성의 위상에 대한 고정관념을 불식시키기 위한 수단으로서 여성의 역사를 연구하는 역사가들은 아이를 기르거나 가정일을 돌보기 위해 가정에 머물렀던 결혼한 여성을 소홀히 하는 경향이 있다. 그 대신 통치자, 예술가, 저술가, 또는 반역자로 이루어진 남성들의 세계에서 권력이나 명성을 얻었던 특출한 여성들을 부각시키는 것을 선호했다. 전근대 사회에서, 대부분의 여성들은 가정에서의 역할로 그들의 위치를 대변했음에도 불구하고, 여성사와 가정사는 완전히 두 개의 다른 분야로서 간주되어 왔고, 때로는 심지어 상반된다고 생각하였다. 가정이 여성들을 압박하는 중심기관이라고 생각하는 여성사가들은 가정사학가들이 연구의 관심, 자료, 목표의 여러 방면에서 남성과 여성이라는 성차별을 약화시키는 관점에서 가정사를 서술한다고 비난했다. 여성사가들은 가정안에서 남성과 여성이 겪는 경험이 완전히 다르다고 주장하고, 대부분의 역사가들이 연구한 가정은 남성들이 주도한 가정이라고 생각했다.[22]

중국 가정의 뿌리깊은 남성 위주의 이데올로기에 대한 혐오감 때문에 가정내에서 여성에게 초점을 맞추기를 꺼린다. 아버지로부터 아들, 손자로 이어지는 가계(家系)가 가정의 중심이라고 생각한다. 조상들에 대한 제사의 의무, 가정의 재산, 그리고 가정의 성이 모두 부계를 따라 전해진다. 광범위하게 유학이라고 간주되어지는 전적에서는 가정과 가정의 본질을 남자들간의 관계로 서술한다. 확실히 가보(家譜)를 만드는 사람들은 여성을 기록하지 않았다. 법률문헌에서도 유학에 근거를 둔 가정내부의 이상화된 권력관계를 보여준다. 손위의 세대들은 젊은 세대들보다 권위를 가졌고, 남자들은 여성들보다 권위를 가졌다. 모든 사회계층에서 토지, 차지(借地), 가옥, 가구, 대부분의 다른 모든 재산들은 가정의 재산으로 간주되었다. 다음 세대로 전해질 때 아들들만이 몫을 받았다. 왜냐하면 아들들은 대를 잇기 위해서 집에 머물러 있기 때문이다. 아내될 사람은 외부에서 맞아들이게 되고, 결혼을 통해 여자는 한 가정에서 다른 가정으로 옮겨갔고, 친정 아버지에게 순종하던 것을 남편과 남편의 부모들에게 순종하는 것으로 바꾸게 되었다. 이런 아내들은 마음대로 남편과 이혼하거나 남편을 버릴 자유가 없는 반면에, 남자들은 다양한 이유를 내세워 아내와 이혼할 수 있었다. 그들은 또한 첩을 들일 수 있었다. 비록 일부일처제가 남성들에게 아내를 한명으로 제한했지만, 남성들에게 여성을 한명으로 제한한 것은 아니었다. 그 당시의 지배적이었던 도덕적·법적인 모형에 따르면, 중국의 가정은 철저히 부계(父系)중심, 부권(父權)중심 그리고 시가(媤家)중심이었다. 여성들은 그런 사회 형태와 그 사회속에서 미약한 존재라는 사실을 잘 알고 있다. 그렇지만, 대부분의 여성들은 이런 가족제도가 여성들에게 가져다 주는 보상이나 격려에 만족하고, 그러한 가족제도에서 살아간다는 것이 여성 자신들에게 이득이 된다는 것을 알았다.[23]

중국의 남성 개혁가나 여성 개혁가를 막론하고 20세기 초부터 주장해 왔던 것처럼 중국고대 전통적인 가족체계가 여성을 억압한다고 비난하기는 쉽다. 그러나 이러한 가족체계를 재구성해 보고자 노력하는 사람은 아무도 없었다. 그래서 가족체계의 논쟁점을 지적하는 것은 그다지 도움이 안된다. 그 대신 여성들이 이 제도안에서 어떻게 자신들의 삶을 꾸려 나갔고, 그 가정체계를 이끌어 나가는데 남자들 못지 않게 노력했는지 연구해 보는 편이 나을 것이다. 바꾸어 말하면, 여성이 희생당했다는 것을 강조하는 것은 여성들이 성취해 낼 수 있었던 것을 미미하게 보이게 만들 뿐이다.

그 당시에 주류를 이루었던 이데올로기와 법률적 역량이 가지는 영향력을 인정한다 하더라도, 그 이데올로기와 법적 체계라는 틀 안에서만 여성의 삶을 연구한다는 것을 의미하지 않는다. 이 책에서 나는 여성의 체험에 대해서 좀더 정확한 모습을 알아내기 위해 두 가지 방법을 사용했다.

첫번째 방법은 가정보다는 결혼에 더 초점을 맞추었다. 그것은 결혼을 중심으로 생각함으로써 여성의 시각에서 가정생활을 볼 수 있고, 또한 결혼은 많은 의미를 내포하고 있다. 즉, 결혼은 연속적으로 의식이 행해지게 마련이고, 사람들과 물품에 대해 결정권을 부여하는 법률체계이며 결혼은 남녀 양쪽이 어떻게 상대방을 대우할지의 기대치가 포함되어 있다. 결혼은 성의 결합이다. 결혼은 부모와 자식의 관계를 맺어주고, 가정의 구성원이 되는 초석이다. 결혼에는 인정된 여러 가지 형태가 있다. 보편적으로 시집살이를 하는 첫번째 결혼, 남성·여성 둘다의 두번째 결혼, 딸이나 과부가 하는 데릴사위를 불러들이는 결혼, 그리고 첩들이 하는 사실혼(quasi-marriages)이다. 대다수 남자와 출생한 가정간의 관계의 유대는 연속적이다. 여자에게 가장 좋은 상황은 한차례 결혼할 때 움직이는 것이고, 또 환경이 별로 좋지 않은 여성은 여종이나 첩으로서 팔리거나 팔려질 수 있다. 이혼을 당하거나 과부가 되었을 때 다른 곳으로 쫓겨날 수도 있다.

두번째 방법은 결혼을 부분적으로는 모순되고 또 가끔 명확하지 않은 여러 관념과 형상으로 이루어진 문화적인 체계속에서 파악하고자 하는 것이다. 이러한 관념과 형상을 규명하기 위해서 평상시의 사고방식을 접어 두어야 한다. 오늘날 우리의 정서에 의하면(오늘날의 중국인의 정서도 포함해서) 개인의 행복과 사회의 질서를 위한 최상의 기반은 무엇보다도 남편과 아내간의 사랑에 바탕을 둔 강력한 유대관계이다. 우리는 개인이 애정을 추구하는 것이 항상 성공적인것은 아니지만 전반적인 인간의 행복은 사랑하는 배우자를 찾기 위해 충분한 자유를 누릴 때, 잘 실현된다고 생각하는 경향이 있다. 이에 비해서, 중국 고대의 개인의 행복과 사회의 질서는 부모와 자식간의 유대관계가 중심이 된다. 여자와 부모의 관계는 여자가 시집간 후에 유대관계가 약해졌다. 그 반면, 아들은 집에 머물게 된다. 그래서 어머니는 생명이 끝날 때 자기가 남편과 함께 살았던 세월보다 두배나 더 긴 세월을 아들과 살았다는 것을 발견한다. 부모와 자식간의 유대를 강조하는 것은 여성이 어머니로서 만족한 삶을 누릴 수 있는 충분한 기회를 갖게 해 준다.

그러나, 일반적으로 보면, 어머니로서의 역할과 부모와 자식간의 유대관계가 가지는 가치로 인해 중국 여성들의 삶이 지금 우리들의 삶보다 덜 모순적이었던 것은 아니다. 젠더의 차이, 성욕, 애정이 갖는 부분적으로 모순되는 관념들은 중국 여성이 그들의 삶을 꾸려 나갔던 문화적인 체계의 일부분이었기 때문이다. 송대의 많은 사료에는 가정의 질서를 무너뜨리게 하는 욕망과 질투심에 관한 이야기는 말할 필요도 없고, 운명이라는 힘에 의해 서로 맺어진 남편과 아내들, 재산 때문에 친척을 고소했던 과부들, 딸을 집에 계속 두기 위해서 남편을 설득하여 딸을 위해 배우자를 집으로 불러들이려고 하는 아내들에 관한 이야기가 가득하다. 이러한 생각이나 관습이 하나의 통일되고 일관된 형태로 융합되지는 않았다 할지라도, 다양한 생각과 관습이 널리 인정되었고, 묵시적으로 용납되었다. 법적이고 유교적인 모형에서 요구되는 것이 무엇이든지 간에 대부분의 사람들은 가정내에서 구성원들간에 권리나 의무, 이해득실, 목적이 획일적으로 분배되어 있지 않다는 것을 알고 있었다. 오히려 총체적인 의미를 띤 집합체로서 가정에서 남녀(男女), 노소(老少), 처첩(妻妾)들이 서로간의 관계를 의논했으며, 흔히 다른 이해관계를 추구하면 불화에 빠지게 된다.

이러한 점에서 송대 사회가 현재 우리가 살고 있는 사회와 다르다고 생각하지 않는다. 우리가 살고 있는 사회에서 행위가 애매모호하지 않은 의미를 가지는 경우가 매우 드물다. 부모가 자식에게 좀더 먹으라고 이야기할 때, 항상 같은 의미를 전하는 것은 아니다. 사람들의 옷차림이 남성과 여성을 분명히 구별해 주지도 않는다. 사람들이 항상 일관되게 행동하는 것도 아니다. 아내가 한때는 남편의 의견에 따를 수도 있지만, 다음번에는 남편을 무시할 수도 있다. 그러한 모순이 반드시 계층, 지역, 또는 젠더의 차이에서 오는 것은 아니다. 결국, 누구든지간에 개인은 모순된 생각을 가질 수 있고, 상반되는 감정을 느낄 수 있다. 다양하고, 애매모호하고, 종종 상반되는 생각들이 공존하므로 인해 삶이 혼란스러워지기도 한다. 그러나 그 자체가 반드시 나쁘다는 것은 아니다. 왜냐하면 그것은 사람들에게 활동할 수 있는 여지를 주고, 그들이 살아가는 주위환경을 미약하게나마 변화시킬 수 있기 때문이다. 오늘날 우리가 살고 있는 세상과 마찬가지로 송대 여성들도 복잡하고, 유동적이며, 그리고 모호함으로 가득찬 세계에서 살았다는 가정하에서 볼 때, 그들의 삶이 좀더 흥미있고 실감이 난다. 나는 남성들은 당시의 지배적인 이념을 통해 자신들의 인생의 의미를 찾은데 반해, 여성들에게는 자기네들 주위에 언제나 있어 온 상반된 생각이나 애매모호한 개념들이 중요했다고 주장하고 싶다.

서사(Narratives)

나는 이 책에서 많은 것을 서술하고 싶었다. 즉, 변화하는 사회의 복잡성을 탐구하고, 개인과 사회의 구조를 파악하며, 협의를 통한 가능성과 인습의 중요성을 다루어 보고자 했다. 내가 찾을 수 있는 모든 자료를 활용했다. 법률을 이해하기 위해 정사(正史)와 정부문서 모음집과 송대 법조문서인 송형통(宋刑統)을 참조했다. 지방의 풍속에 대한 서술을 통해 결혼식과 여종, 첩을 매매하는 시장에 관해서 자세하게 알아낼 수 있었고, 의학서의 내용에서 임신과 출산에 대한 정보를 입수했다. 또 사람들의 사고방식에 영향을 끼쳤던 관념이나 상징을 알아내기 위해 싯구나 청혼서와 허혼서, 결혼할 때 집을 장식하는데 사용했던 글귀들과 같은 자료들에 관심을 두어 활용했다. 회화는 젠더의 차이점을 밝히는 좋은 매개체가 되었다. 끝으로 가족관계와 가정의 윤리에 관한 용어들을 살펴보기 위해 사마광(司馬光, 1019~1086)의 『가범(家範)』, 『거가잡의(居家雜儀)』와 원채(袁采, 약 1140~약 1195)의 『원씨세범(袁氏世範)』과 같은 교훈서들을 활용하였다.24) 이 두 저자는 다른 시각에서 문제를 보았기 때문에 상호 보완적이었으며, 당시 통용되던 관습을 확인시켜 주거나 또는 지식인들이 서로 의견을 달리하는 점을 지적해 주기도 했다. 철학서도 도움이 되었는데, 사마광이나 원채보다도 부계원칙을 더욱 강조했던 영향력있는 사상가였던 정이(程頤, 1033~1107)와 주희(朱熹, 1130~1200)가 쓴 철학서가 그러했다.[25]

이와 같은 관례적이고 광범위한 책들의 결점은 다양성과 변화를 원치 않는 성향의 의식구조를 가진 남성들에 의해 저술되었다는 것이다. 글을 쓰는 사람들은 주위에서 일어나는 것 가운데 적은 부분만을 기록한다. 더구나 글을 쓴다는 행위는 저자들에게 대상, 쟁점, 또는 문제가 되는 사건에 대해 체계를 세우도록 강요하기 때문에 사건을 단순화시키고 합리화시킨다. 중국에서 저자들에게 부여된 체계는 일반적으로 변화를 부정하는 체계이다. 그래서 저자들이 가정·결혼·젠더 관련 주제들에 대해서 무엇을 이야기해야 할 것인가를 결정할 때, 그들이 보았던 것 중에서 가장 진실하다고 생각하는 것에 초점을 둔다. 그리고 가장 진실된 것은 영구불변한 패턴과 일치되는 것이다. 즉, 부모와 자녀간의 유대와 같은 기본적인 인간관계는 시간의 흐름에 영향을 받지 않는다. 그 결과 가정 조직의 원칙을 설명하려는 법적·의례적·철학적인 저술에서는 사회생활의 복잡한 면뿐만 아니라 시간에 따른 변화조차도 애매모호하다.

저술가들의 일반화로 많은 내용을 생략했기 때문에 나는 이 책에서 가능한 한 특수한 상황에 처해 있는 특수한 사람들의 서사(敍事)사료를 활용하였다. 서사의 이점은 이 책에서 두번 이상이나 인용되었던 이야기에 의해 증명된다. 한번은 첩을 이야기하는 장에서 사용되었고, 또 다른 한번은 이혼을 이야기하는 장에서 사용되었다. 송대의 가장 활동적이던 저술가 중의 한 사람인 홍매(洪邁, 1123~1202)에 의해서 기록된 것으로 다음과 같은 것이 있다.

당주 비양(唐州 比陽)의 부자인 왕팔랑(王八郞)은 해마다 강회(江淮)에 가서 크게 장사를 하였는데, 그곳에서 기생과 사이좋게 지내고 귀가할 때마다 부인을 매번 구박했고 부인을 쫓아내려고 결심했다. 부인은 지혜로운 사람으로 딸 4명을 낳아 이미 3명은 시집보냈고, 막내딸은 겨우 두 세살이므로 떠날 수 없다고 생각하고, 공손하게 "당신과 함께 부부가 된지 20여년이라. 딸을 시집보냈고 손자도 있다. 지금 나를 내쫓으면 나더러 어디로 가라는가?"하고 거절하자 왕서방은 또 밖으로 나가, 마침내 기생을 데리고 와서 인근 마을의 객관(客館)에 머물렀다. 부인이 집에서 점차 기물(器物)을 저당잡히고 팔았으며, 깊이 상자에 넣어둔 것을 모두 팔아서, 집안이 텅비어 가난한 사람의 집과 같았다. 이러한 집을 왕이 다시 돌아와서 보고 더욱 노하여 "내가 너와 다시 합칠 수 없으니, 오늘 마땅히 결판을 내겠다"고 하였다. 부인이 비로소 분연히 "과연 이와 같이 하려면 관아에 고하지 않으면 안되겠다"고 말하고 즉시 남편의 소매를 잡고 현(縣)에 이르렀다. 현에서 이혼을 허락하고, 그 자산을 나누게 했다. 왕이 어린 딸을 데려가려고 하였으나, 부인이 하소연하여 "남편은 못된 사람이어서 부인을 버리고 기생에게 장가들려고 한다. 이 딸이 만약 남편을 따라가면 반드시 유락(流落)할 것이다"고 하였다. 현재(縣宰)도 옳다고 여겼다. 부인은 드디어 딸을 데려가게 되었고 별촌(別村)에 거주하면서 동이와 질그릇같은 것을 문앞에 쭉 벌려놓아 마치 장사하는 사람과 같았다. 그 후에 전 남편이 문앞을 지나다가 옛정이 생각나서 "이 물건들을 팔아 얼마나 이익을 얻겠는가? 어찌 계획을 바꾸지 아니하는가?"고 말하였다. 아내가 욕을 하면서 내쫓으며 "이미 인연을 끊어져 길가는 사람(남)과 같은데 어찌 우리집 일에 간여하는가?"고 하였다. 이로부터 다시 서로 연락이 없었다. 딸이 시집갈 나이가 되어, 방성(方城)의 전씨(田氏)에게 시집보냈는데, 이 때에 저축한 돈이 이미 10만민(萬緡)이 되었는데, 그것을 모두 전씨가 갖게 되었다. 왕서방은 기생과 함께 살다가, 회남(淮南)에서 객사했다. 후에 여러해 지나, 부인도 또한 죽었다. 이미 입관해서 안치해 두고, 이장하려고 했는데, 딸이 아버지의 해골이 돌아오지 못한 것을 생각하여 사람을 보내 아버지의 시신을 얻고 어머니와 함께 합부(合祔)할려고 했다. 각기 (시체를) 씻어서 염하고 한 침대위에 눕혀 놓았는데, 지키는 사람이 약간 소홀히 하면 두 몸뚱이가 동서의 반대방향으로 향했다. 우연히 그러한 것이라고 여겨 울면서 원래 위치대로 옮겨 놓아도, 조금 지나면 또 이전과 같이 반대방향으로 향했다. 이에 부부의 정은 사생(死生)하고 이별함에 원수짐이 이와 같다는 것을 알았으나 결국 같은 무덤에 묻었다.26)

이 이야기는 송대에 쓰여진 여성에 대한 현존하는 수 천개의 일화 가운데 단지 하나에 불과하다. 이 이야기는 그럴듯한 이미지들로 가득차 있다. 즉, 기생에게 매료되었기 때문에 아내와 사이가 나빠져서 고통받는 남자를 묘사하였다. 또 자기가 원하는 것을 할 수는 없었지만, 그래도 압력에 저항하고 목적을 달성할 수 있었던 재치있는 여성을 묘사한 부분도 있다. 이를 통해 몇 가지 상황에 대해서 알 수 있다. 즉, 여성은 결혼생활의 안과 밖에서 주어진 법적·경제적인 한계안에서 삶을 꾸려나가야 했다는 것을 알 수 있다. 이혼에 관한 법조항은 남편이 이유없이 아내와 이혼할 수 없고, 가령 이유가 있다 할지라도 아내가 갈 곳이 없다면 이혼할 수 없다고 되어 있다. 그러나 만약 남편이 아내를 내쫓을 경우에는 이런 것들이 아무런 효력이 없다는 것을 보여준다. 법을 잘 적용하면 여자들이 법적인 보호를 받을 수 있다. 이 경우에서 알 수 있는 것처럼, 지방관은 자식의 양육권에 대한 남편의 주장을 거절했다.

이 일화에서 볼 수 있듯이, 아내와 딸은 흔히 언급되지 않았던 가능성을 가지고 있었다는 것을 알 수 있다. 아내들은 자기네들의 재산을 가졌고, 그 재산을 자유롭게 팔 수 있었다. 딸도 통상적으로 아들이 해야 할 것으로 기대되는 장례식과 같은 의례적인 의무를 이행했다. 이 일화는 부부간의 갈등을 보여준다. 왕의 아내는 자기의 관심이 남편의 관심과 다르다는 것을 알았다. 그러나 이것은 동시에 도덕적인 노력을 통해 부부간의 갈등을 해소할 것을 장려하는 유교적인 가치관이 지니는 효과를 강조한다. 그런 가치관 없이 딸이 부모의 합장을 시도하지 못했을 것이다. 딸은 부모의 명백한 거부에도 불구하고, 억지로 부모를 같은 무덤에 묻었다. 이리하여 우리는 많은 이질적이며 융합되지 않은 사실들과 직면하게 된다. 즉, 남성 우월주의와 기략이 풍부한 재능을 가진 여성, 성적인 매력이 주는 위력과 자식의 행복한 장래를 위한 어머니의 헌신적인 힘, 결혼생활의 불화와 부모의 화합에 두었던 가치 등이다.

왕팔랑(王八郎)과 그의 아내의 이야기와 비슷한 서사가 많이 남아 있다. 홍매(洪邁)는 집안의 하인들, 승려들, 그가 선술집에서 만났던 낯선 사람들, 그리고 지방관으로 재직하는 동안 알았던 동료들을 포함해서 각 계층 사람들로부터 이야기를 모았다.[27] 홍매가 쓴 『이견지(夷堅志)』에는 2,692개의 일화의 대부분은 왕과 아내 사이에 있었던 사후(死後)의 증오와 같은 괴기한 이야기에 관한 것이다. 그러나 이상한 사건들이 종종 집에서 일어났기 때문에, 그 이야기들은 불가피하게 가정 생활의 변천의 일부를 반영해 준다. 홍매가 쓴 일화는 교훈적인 틀속에 맞추려고 정교하게 다듬은 것이 아니라, 평범한 사람들의 생각에 떠올랐던 모순들을 억제하거나 해결하려고 하지도 않았다. 우리들이 아주 창의력이 풍부한 귀신이야기와 같은 극단적인 이야기를 읽는다 할지라도, 홍매는 실제로 일어난 사건의 확실한 근거를 제시했다. 아마 설명하기 힘든 사건이겠지만, 실제로 일어났던 사건이다.

홍매 이외에 많은 다른 저술가들도 여성의 삶에 나타나는 사건들에 관한 짧은 서사사료를 기록했는데, 그 가운데 유명한 남자에 대한 소문을 근거로 한 일화가 특히 많다.[28] 자세한 설명에 대해서 소문이 항상 정확하지 않을 수도 있다. 그렇다고 해서 어느 정도의 역사적인 중요성이 없는 것은 아니다. 덕망있는 사람들에 대한 묘사를 검토하기 위해서, 그러한 일화에 많이 나오는 내용을 알 필요가 있다. 즉, 어떤 것이 흥미가 없고, 무능하고, 바보스럽거나, 또는 수치스러운가 하는 것이다. 우리는 탐탁하지 못한 행위에 대해서 어떤 것이 적절한 설명으로 받아들여졌는지에 관해서 간파해야 한다. 이를테면 저자들은 독자들의 이해를 돕기 위해서 기술한 남자들이 왜 첩을 사고 팔며, 아내들은 왜 남편을 버리고 떠나가는가 하는 것 등이다.

이러한 자료들 가운데 한 예로 주밀(周密, 1232~1308)이 기록한 짧은 일화를 제시할 수 있는데, 그 일화는 원한을 많이 샀던 재상 한탁주(韓侂胄, 1207년에 죽음)의 부계(父系)를 비난하는 이야기이다.

> 왕선자(王宣子)가 일찍이 태학박사(太學博士)가 되었는데, 마침 한명의 여자종이 임신하여 안에 둘 수가 없어 내쫓아 여승(女僧)의 집으로 가게 했다. 한평원(韓平原)의 아버지는 왕선자와 동향(同鄕)이고, 함께 관직생활을 했는데 자식이 없었다. 왕씨(王氏)의 임신한 여자종이 쫓겨나 여승집에 있다는 것을 듣고, 한평원의 아버지는 다음 날 왕선자에게 말하고, 이 여자종을 받아들였다. 얼마 지나지 않아 득남(得男)했는데, 이가 바로 평원(平原)이다.[29]

이 이야기를 읽는 사람들은 한이 아들을 원했고, 마침 임신한 종에게서 친아들처럼 기를 수 있는 아이를 얻는 행운을 잡았다는 것을 이해할 수 있다. 이같은 이야기의 사실적인 근거에 대해서 의심할지 모른다. 그러나 그 시대의 사람들은 이런 사실들을 인정하고 받아 들였다. 이런 이야기는 가끔씩 『송사(宋史)』에서 유력한 정치적인 인물에 대한 관력(官歷)에 기록되어 있다[*열전(列傳)]. 예를 들면 왕안(王晏, 890~966)의 전기는 아래와 같은 사건을 기록하고 있다.

초에 안(晏)이 군교(軍校)가 되어 평륙인(平陸人)인 왕흥(王興)과 사이좋게 지냈고, 그 아내들도 또한 서로 동서지간이 되었다. 안이 이미 귀하게 되어, 흥을 박하게 대우하자, 흥이 편안치 못했다. 안의 아내가 병이 나자 흥이 사람들에게 "내가 능히 고칠 수 있다"고 했다. 안이 갑자기 흥을 방문하자, 흥이 "내가 의술을 할 수 있는 것은 아니나 다만 그대가 섬(陝)에 있을 때는 단지 아내만을 거느렸으나, 지금 기첩(妓妾)이 아주 많고, 조강지처(糟糠之妻)를 박하게 대우하므로 부인이 만족스럽지 못하여 병이 난 것이 아니겠는가? 만약 여시(女侍)들을 옆에 두지 않는다면 부인의 병이 나을 수 있을 것이다"고 말하자, 안은 자기를 비방한다고 생각하여 다른 일로 모함하여 그 부처(夫妻)를 죽였다.[30]

이와 같은 소문성의 일화에는 성욕이나 성적인 매력에 대한 생각이 내포되어 있기 때문에 내면세계를 통찰하는데 특히 유용하다. 소문 일화는 상류층 남자들이 시장에서 여성들을 사고파는 것과 관련이 있는 전반적인 문제를 다루고 있다. 남자들은 첩을 사서 손님들에게 시중들게 한다. 그러나 남자들이 첩을 잘 거느리지 못했을 때, 문제가 발생하게 되는 것도 볼 수 있다. 아내들이 질투심을 참지 못하고, 아들이 아버지의 첩과 간통하는 혐의를 받는 사실도 볼 수 있다. 하류층의 부모는 상류층에서 요구하는 젊고 매력적인 딸을 이용해서 경제적인 이득을 얻을 수 있는 방법을 기대했다는 것을 알 수 있다. 이러한 이야기를 말하는 것은 남성들이 여성들과의 관계에서 수반되는 취약성과 위험성에 대한 그들의 감정의 일부를 해소시켜 주었다.

정사(正史)에서도 또한 특정한 여성에 관한 서사사료를 찾아낼 수 있다. 예를 들면 법원의 판결문 『명공서판청명집(名公書判淸明集)』은 정부 법정에 제소된 가정분쟁에 관한 200건 이상의 판례를 싣고 있다. 그 판례들은 교육받은 남자들인 재판관에 의해 쓰여졌으나, 소송 당사자들은 다양한 직업을 가진 평범한 사람들이었다. 이 책과 가장 관련이 깊은 사항들로는 근친상간, 결혼의 타당성, 딸, 부인, 과부들의 지참금과 다른 재산권에 대한 주장들, 그리고 상속인을 택하거나 가정일을 결정하는데 과부들의 권리에 관한 논쟁 등이다.[31]

송대 저술가들의 문집에는 묘지명에 대한 자료가 풍부하다. 묘지명은 송덕문(頌德文)이기 때문에 정해진 틀에 의해 쓰여졌고, 안타깝게도 교육받은 계층의 사람들에 대해 쓴 것만 남아 있다.[32] 각 묘지명은 그 주인공에 대한 기본적인 설명을 해 준다. 즉, 생몰년, 선조, 본적, 배우자, 자녀, 인품, 업적, 덕행 등이다. 이들 묘지명의 주인공은 대체로 관료들이거나 또는 관료의 친척들이었던 남성이나 여성이었다. 묘지명의 대부분은 유명한 저술가들의 친구거나 친척의 것이었다. 왜냐하면 이러한 사람들이 모아 놓은 작품이 잘 보존되어있기 때문이다.

자기들과 가까웠던 죽은 여성 — 어머니, 여자형제, 부인, 딸, 며느리 — 에 대해서 어떠한 내용을 쓸까 결정했던 남성 작가들이나 때때로 여성 저자들이 죽은 여성의 모습을 재현해 낼 때, 저자 자신의 개성도 나타난다. 능숙한 저술가(거의 항상 남자들)가 묘지명의 주인공에 대해 좀더 체계를 갖추고 내용을 고쳤을 때, 자연히 창의적인 문학적 특성을 더욱 드러내게 된다. 그렇다고 전기가 허구라는 것은 아니다. 저자들이 쓰고자 했던 주인공들을 잘 알았을 때, 특히 자기 어머니, 아내, 여자 형제에 대해서 썼을 때, 저자들의 감정이 분명하게 나타난다. 예를 들면 과부가 되었던 여자들의 행동은 분명히 사실에 근거해서 쓰여지게 된다. 묘지명을 주의 깊게 읽어보면, 부모가 자식들의 배우자를 선택했던 기준이 되었던 자세한 내용들이 있다.[33] 송대의 묘지명에서 볼 수 있는 가장 중요한 내용은 결혼 연령, 자녀 수, 결혼 기간, 과부생활의 기간과 같은 것들이다. 이와 같은 생생한 자료로부터 중요한 정보를 얻을 수 있다. 이들 자료를 활용하기 위해서, 남편들의 묘지명이 있는 여성의 묘지명을 모았다. 송대 묘지명의 표준 색인을 조사해서 남편과 아내 두 사람의 묘지명이 남아 있는 189쌍을 발견했다. 이 묘지명 중에서 166쌍은 배우자의 생년월일이 있어서 구체적인 목적을 위해 유용하게 활용할 수 있었다. 166쌍 가운데 135쌍은 남편과 첫번째 아내에 관한 것이고, 31쌍은 남편과 두번째, 세번째, 또는 네번째 아내에 관한 것이다. 본서에 나타난 모든 통계의 내용은 이러한 부부 묘지명에 의거한 것이다.[34]

여기에 전형적인 묘지명의 첫 절반이 수록되어 있는데, 이것은 한원길(韓元吉, 1118~1187)이 친구의 어머니인 상관씨(上官氏, 1094~1178)에 대해 쓴 것이다.

영국태부인상관씨묘지명(榮國太夫人上官氏墓地銘)

상관씨(上官氏)는 [복건] 소무(邵武)의 훌륭한 집안의 후손이었다. 아버지는 유학으로써 좌중대부(左中大夫)에까지 빠르게 승진했고, 여러 중요한 직책들을 맡았다. 이로 인해 처음으로 그 가문에서 훌륭한 이름이 드러나게 되었다. 상관씨는 태어나면서부터 침착했고, 쓸데없이 말하거나 웃지 않았다. 아버지는 딸을 기특하게 생각하여 딸의 배우자를 고르는데 오랜 시간을 보냈다. 이미 작고한 계씨(季氏)는 호부시랑(戸部侍郎)의 직책에까지 올랐는데, 태학(太學)에서 명성이 있어 상사(上舍)에 뽑혔다. 그래서 상관씨는 계씨에게 시집가게 되었다. 계씨의 집은 처주(處州)의 용천(龍泉)인데, 어렸을 적에 고아가 되었고 가난하였다. 그래서 상관씨는 시부모를 모시지 못했으나 계절에 따라 지내는 제사에서는 가정의 재산 정도에 따라서 제물을 올렸는데, 항상 청결하게 했다. 상관씨와 남편은 둘다 시부모를 사모하여 생전에 모셔 본 사람과 똑같이 하였다. 상관씨는 한 때 탄식하여 "나는 당신의 아내가 되어 내가 산 사람을 공경하는 것과 똑같이 죽은 사람에게 공경해야 한다"라고 말했다.

남편이 벽옹(辟雍)의 직강(直講)이 된 후에 계씨 집안의 어떤 나쁜 사람이 청평리(淸平里)에 있는 조상들의 선산을 승사(僧寺)에 몰래 팔았다. 상관씨의 남편이 휴가를 받고 돌아와 그 땅을 찾으려고 했는데, 저축한 돈이 없어 빌리려고 하였다. 상관씨는 눈물을 흘리면서 "나의 부모가 지참금을 주어 시집보낸 것은 당신의 가정을 도울 수 있도록 하기 위해서이다. 당신 집안의 무덤이 보존되지 못하는데, 내가 이 돈을 어디에 쓸 수 있겠는가?"라고 말했다. 그리고 나서 상관씨는 지참금이 든 상자를 다 비워서 그 선산을 사고, 남은 돈으로 더 많은 땅을 샀다. 그래서 여사(盧舍)를 두어 [선산을] 지키게 했다. 이렇게 하는 것은 "후손들에게 그대가 이것을 얻었으니 외부 사람들은 감히 간여할 수 없을 것이다."는 것을 알게 하는 것이다. 이 일로 인하여 계씨 집안의 모든 사람들은 노소를 막론하고 상관씨를 훌륭하다고 칭찬했으며, 그녀의 계획에 따랐다. 오늘날까지도 나무꾼들은 감히 그 묘역에 있는 나무들을 쳐다보지도 못하며, "이 선산은 상관씨가 마련해 놓았다"라고 말한다[*지금에 이르러 감히 땔감나무도 하지 못하며, 그 묘림(墓林)을 바라보며, 이것은 상관씨가 사(賜)한 것이라고 말한다.].

상관씨의 남편이 휘유각대제(徽猷閣待制)로써 광주(廣州) 지역을 경략(經略)했다. 3년 후에 그는 봉사(奉司)를 허락받았는데 광주를 떠나기 전에 죽었다. 여러 아들들은 아직 미관(未冠)이었다. 그래서 상관씨는 남편의 상을 치르려고 홀로 수천리를 가서 청평의 선산에 묻었다. 장례 치루는 일은 모든 것이 잘 갖추어졌다. 그 일이 끝났을 때 상관씨는 개연히, "나는 계씨를 저버린 것이 없다. 계씨 자식들을 교육시켜서 사대부의 반열에 들게 할 것이다. 그러나 남편의 집안에는 의지할 사람이 아무도 없다. 친정부모에게 의존한들 어떠랴?"고 말했다. 그녀는 산을 넘어 자기의 친정 아버지와 함께 살기 위해서 자식들을 데리고 갔다. 그 때에 [그녀의 아버지의] 아들은 모두 이미 죽었고, 상관씨만이 유일하게 살아있는 자식이었다. 날마다 [상관씨는] 친정부모를 섬겼고, 그리고 몸소 아들들이 읽고 암기할 수 있도록 가르쳤으며, 자정이 되어서야 잠자리에 들었다. 이것이 그녀의 일상생활 일정이었다.

상관씨의 부모는 죽을 때 나이가 모두 90이 넘었다. 친정 부모가 돌아가신 후에 [상관씨는] 친정부모의 집을 떠나 군성(郡城)에 집을 지었고, 그곳에서 100명[*십지(十指)] 이상이나 되는 대가정속에서 살았다. 상관씨의 아들들은 유능했고 서로 이어 고위직에 올랐다. 상관씨는 10명 이상이나 되는 손자가 있었으며, 어떤 손자는 관직을 받았고, 어떤 손자는 과거시험을 보기 위해서 공부했다(*향천(鄕薦)에 참여되었다.). 6명 내지 7명이나 되는 손자 사위들도 유교적인 소양과 지방관으로 이름을 날렸다. 불행하게도 10여년 동안에 3명의 아들이 먼저 죽었고, 단지 막내아들 규(圭)만이 곁에서 80세가 넘은 상관씨를 모셨다. 이러한 불행에 다른 사람들은 슬픔을 참아내기가 힘들었으나, 상관씨는 어려서부터 배워온 불교 교리에 친숙해 슬퍼하는 근심없이 침착할 수 있었다. 상관씨가 죽기 전날 저녁에 약간 병이 났으나, 두 눈을 감고 단정히 앉아 화엄경을 암송했는데 말 한마디도 틀리지 않고 줄줄 흘러 나왔다.35)

이렇게 상관씨의 죽음에 대해 넌지시 암시한 후에, 한원길은 상관씨의 아들이 자기에게 상관씨 가정과 자기와의 관계, 상관씨의 미덕에 대한 찬탄을 쓰도록 요청한 경위를 설명하였다. 한씨는 또한 상관씨의 선조들과 상관씨의 네아들의 이름과 관직, 열여섯명의 손자의 이름과 여덟명의 손녀 남편의 이름도 자세히 기록했다.

이 묘지명도 다른 묘지명과 마찬가지로, 주인공을 아주 긍정적인 면에서 조명하고 있다. 즉, 상관씨는 어떻게 하면 친정과 시댁에서 친척들의 애정과 흠모를 얻는지를 알게 된 것과, 또한 함부로 말하거나 웃지 않는 전형적인 여성의 덕목을 갖춘 사람으로 묘사되어 있다. 이 묘지명을 쓴 저자의 가치관에 대한 풍부한 자료에 의하면 한원길이 고난을 극복하는 이야기에 감명을 받았다는 것을 알 수 있다. 한씨는 여성이 특히 아들에게 행하는 교육에 긍정적인 태도를 나타냈다. 또한 한씨는 죽음에 직면해서 불경을 암송하는 침착함과 종교적인 신앙심으로 높은 평가를 받았다. 많은 묘지명을 읽어봄으로써, 남성 저술가들이 여성과 함께 하는 인생에서 특별하게 여겼던 것이 무엇이었으며, 또 남성 저자들이 가정생활을 생각할 때 어떤 것이 그들에게 따뜻한 감정을 불러 일으켰는지 알 수 있다.

더구나, 나는 이러한 묘지명의 내용은 저자의 가치관 이상의 것을 나타낸다고 생각한다. 예를 들면 이 묘지명은 상관씨의 삶에서 특별한 사건들을 구체적으로 상세히 설명하고 있다. 이 책에서 나는 묘지명을 양적 요약에 사용했을 뿐만 아니라(예를 들면 다른 지역[로(路)] 출신자들간의 결혼이나, 40세 내지 45세 사이에 과부가 되었던 경우 등이다.) 남편이 지방관으로 부임할 때 동행했으며, 불교에 관심을 가지고 있는 부유한 집안출신의 교육받은 여성의 예로서도 사용하였다. 이 비문에 의해 아내가 남편보다도 더 잘 사는 집안일 경우 일어날 수 있었던 일들에 관한 몇 가지의 현상을 알 수 있다. 즉, 아내는 시집의 선산을 사는 것과 같은 집안의 목적에 지참금을 사용했고, 과부가 된 후 자식들을 친정으로 데리고 와서 교육시킨 것 등이다.

서사사료를 근거로 해서 결혼과 결혼생활이 여성의 삶을 형성해 나간 사항에 대해 해석해보는 것이 힘들지 모르지만, 이 방법만이 복잡한 동기와 전반적인 배경에 접근할 수 있는 유일한 방법이다. 홍매, 주밀, 한원길이 이혼과 과부의 문제에 관한 자신들의 의견을 (사마광과 원채가 썼던 것처럼) 글로 썼을 수도 있다. 그런데 그 저자들이 썼을 수도 있는 일반화된 서술들은 그들의 사고방식에 관해서 흥미로운 증거를 제시해 줄 수 있을지도 모른다. 그러나 주어진 상황에서 특정한 여성들이 무슨 말을 하고, 어떻게 행동했을지에 관해서는 그들이 쓴 일화만큼 많은 내용을 전해주지 못할 것이다. 많은 서사사료를 읽고 나서, 나는 송대의 저자들이 서술해 놓은 일반화된 내용 중의 일부는 사실처럼 생각되었다. 그러나 많은 경우에 있어서 무슨 일이 일어났는지에 대한 중요한 부분은 이해하지 못했다. 예를 들면, 계층에서 오는 편견, 성욕, 어머니에 대한 느낌과 같은 감정의 표출은 개설적으로 서술된 교재에서는 상대적으로 비중이 크지 않았다. 그러나 특정한 개인의 서사사료에서는 분명히 나타났다.

사료에 나타난 계층과 젠더에 바탕을 둔 편견

내가 활용한 자료들은 상호 보완적이기는 하지만, 밝히고 싶었던 모든 질문에 대해서 각 질문마다 똑같이 풍부한 증거를 제시하지는 못하였다. 여성에 관한 문제거나 결혼과 관련된 제반 문제를 재연한다는 점에서 증거는 충분하다. 또한 남성과 여성 모두에게 그들의 사고방식, 느낌, 행위가 어떠한지를 알아내는 데에도 꽤 쓸만한 증거가 남아 있으며, 어떠한 상황이 어떤 행동을 유발하는가와 같은 전후관계에 관한 문제도 상당히 잘 내포되어 있다. 그러나 어떠한 특정한 형태의 행위가 실제로 일어났는지를 판단하는 것은 거의 불가능하다. 다만 행위가 자주 일어나는 것, 흔하기는 하지만 같지 않은 것, 흔하지 않으나 생각해 볼 수 있는 것으로 구별해 볼 수 있다. 그러나 이러한 구별이 특정한 장소에서 10%, 20%, 또는 30% 사람들의 특성을 나타낸다고 말할 수는 없다.

사료에서 계층간의 편견이 나타난다는 것도 또한 염두에 두어야 한다. 이 책의 대부분의 내용은 교육받지 못한 계층의 사람들에 관한 것이다. 법적인 사례에 나타난 대부분의 소송자와 홍매나 그와 유사한 이야기꾼들이 묘사한 사람들의 절반 가량은 관료도 아니고, 관료의 친척도 아니며, 반드시 교육받았던 사람도 아닌 평범한 사람들이었다. 예를 들면 왕팔랑은 상인이었고, 그의 아내는 완전히 문맹이었을지도 모른다. 데릴사위를 맞아들이는 혼인, 간통, 근친상간, 이혼과 과부들의 고생, 그리고 두번째 남편을 맞아들였던 과부들에 관한 상세한 이야기는 이러한 종류의 사료에서 주로 발췌했다. 이와는 대조적으로 묘지명에서는 중매결혼이나 여성에게 요구되는 덕목에 관한 증거로서 가장 좋은 자료는 대부분 교육받은 계층과 그 계층의 권속들(첩, 유모, 그리고 아이보는 여자를 포함해서)에 관한 것을 알 수 있다. 결과적으로 뚜렷한 불균형이 나타나게 된다. 이상적인 여성에 대한 이야기는 주로 상류층 여성의 생활에 관한 이야기에서 채집했다. 반면에, 비정상적인 결혼이나 무례한 행동, 그리고 불우한 환경에 관한 이야기는 주로 평범한 남녀의 삶에 관한 서사사료에서 가져왔다.

오늘날 상류계층에만 미덕이 편중되어 있고, 악행은 하류계층에만 심하게 편중되어 존재했다고 생각할 사람은 아무도 없다. 나는 대체로 이 두가지 특성을 특정한 계층과 관련시켜 생각하는 것을 피했다. 오히려 문장상에 나타난 불균형을 계층의 표시로 해석했다. 상류층의 여성들이 덕행을 지니고 있다고 주장하는 것은 교육받은 계층의 정통성에 도움이 되기 때문이다. 만약 상류층 사람들이 간통이나 근친상간과 같은 사건과 관련이 없었다면, 저자들은 언급하기가 더 쉬웠을 것이다. 그런 행위는 도덕적인 가치관에 익숙하지 않은 사람들의 부정한 행위였다. 그러나 나는 계층간에 가치관이나 행위의 차이가 존재하지 않았다고 말하는 것은 아니다. 여성들에게 무엇이 매력적인가라는 점을 생각해볼 때, 농가 여성들에게 절제있고 얌전한 몸가짐은 상류층 여성들이 중시했던 것만큼 중요한 문제는 아니었다. 자식이 없는 아내와 이혼하는 것은 첩을 들일 수 없었던 사람들에게 덜 수치스러웠을 것이다. 상속받은 땅 이외에 다른 수입원이 없던 남자들은 자기 아들을 상속자로 만들기 위해 형제나 사촌의 아내로서 과부가 된 여성들이 정해 놓은 상속인을 내쫓으려고 노력했을지도 모른다. 그러나 계층간에 존재하는 편견 때문에 이러한 차이점에 대한 증거는 사료에 기록되어 있지 않다.

자료에 대한 더 심각한 한계는 모든 자료가 실제로 남자들에 의해 쓰여졌다는 것이다[저술을 많이 남긴 유일한 여성은 이청조(李淸照, 1084~약1160)이다. 그녀가 여러번 인용되었지만, 이청조가 남긴 글은 주로 사랑이나, 슬픔, 그리고 절망의 감정을 뜻하는 시적인 사(詞)이다. 그러나 그녀의 생애에 대해 구체적으로 상세하게 기술한 내용은 거의 없다.]. 물론 남성 작가들은 당시의 여성들과는 다른 관점에서 사물을 관찰했다. 어떤 사회에서나 여성들은 남성과 섞여있을 때에 여성들끼리 있을 때와는 다르게 행동한다. 더구나 여성들은 자기네들이 잘 아는 여성들끼리 있을 때 특히 더 그렇다. 남자들이 있을 때, 여성들은 전적으로 구분되게 행동하는데, 여성들끼리만 있을 때는 남성들의 우쭐대는 태도나 남성들이 가지는 편견을 조롱한다. 현대 중국에서 농촌 여성을 연구해 온 한 인류학자는 여성들이 말하는 장소에 남성들이 없다고 생각할 때, 여성들은 그들만이 가진 힘을 인정한다는 것을 발견했다.36) 이 외에도, 여성의 신체와 관련되는 주제는 — 월경, 임신, 매력적으로 보이는 것, 나이가 들어간다는 것 — 남성과 여성이 같이 있을 때보다는 여성들만 있을 때에 훨씬 더 자주 이야기했음이 확실하다. 예를 들면 여성들은 자기들의 발이나 또는 딸의 발을 감는 것에 대해 이야기했음에 틀림없다. 그러나 남자들이 관찰한 기록에는 이러한 대화에 대한 내용이 없다는 것을 알 수 있다. 여성이라면 일상생활의 즐거움과 자녀를 양육할 때 어려웠던 일을 이야기하지 않을 수 있었겠는가? 그런데 안타깝게도 여성들 사이에 무슨 이야기가 오고 갔는지 알 수 없다. 여성작가들이라도 남성작가들에 의해서 인습적으로 쓰여졌던 이별의 슬픔 같은 주제를 벗어날 수가 없었다. 여자들과의 교제를 즐겼던 남성들이나 어머니, 아내, 그리고 딸에게 애착을 느꼈던 남성들은 그들이 관찰한 것을 동정적으로 솔직하게 기록했다. 그러나 그 남성들은 그들이 소문으로 들은 것 가운데 일부를 잘못 해석했을지도 모른다. 저술가들은 여성들과 관련된 모든 점을 매우 좋은 면(온순함, 사랑스러움, 신뢰감, 아름다움)과 매우 불쾌한 것(시기하는 것, 수다떠는 것, 인색한 것, 탐욕스러운 것, 음탕한 것)의 두 가지 측면으로 분류하려는 경향이 있다. 아마도 이러한 경향은 저자들이 어머니를 아주 훌륭하게 여기는 반면에 다른 여자들은 아주 위험스럽다고 여기는 생각 사이에 어떠한 관련성이 있다는 것을 깨닫지 못했기 때문일 것이다. 그래서 나는 항상 서사사료를 읽을 때, 어느 정도까지 이해해야 할 것인가에 대해서 자문해 보았다. 서사의 저자들이 의도하지 않았던 서사에 쓰인 내용에 대한 나의 주장은 내가 밝혀내고 싶은 문제점이 그들과 다르다는 것이다. 그것에 대한 반론은 송대의 남성들은 그들의 세계에서 일어나는 모든 종류의 일을 알고 있었다는 것이다. 그런데 지금은 송대로부터 너무 많은 시간이 흘러서 송대의 남성들이 알았던 모든 사실을 알 수가 없다. 만약 내가 너무 많은 추론을 할 경우, 내 상상력이 지나치게 동원될지도 모른다. 내가 바랄 수 있는 전부는 합리적인 균형을 유지하는 것이다. 나는 이 책에서 송대 중국의 여성과 남성이 생각했던 것과는 다른 관점에서 결혼에 대한 증거를 제시했다는 것을 잘 알고 있다. 그러나 나는 자료에 꽤 충실하게 접근해서 어떤 특정한 여성이나 또는 여성 전반에 관해서 누가 무슨 이야기를 했는지 밝히고자 노력했다.

변화에 대한 발견과 설명

이 책을 관통하는 것은 변화의 문제이다. 어떤 방향으로 여성들의 상황이 변했는가? 일어났거나 또는 일어나지 않은 변화라 할지라도, 그것을 어떻게 설명할 수 있을까? 당대의 자료는 송대만큼 풍부하지 못하고, 흔히 송대와는 비교할 수 없기 때문에, 송대에 일어난 변화의 정도를 과대평가하거나 단순히 자료가 많다고 해서 많은 사건이 일어났다고 하는 실수를 범하지 않는 것이 중요하다. 대부분의 자료들이 모든 시기에 필적할 만한 형태로 남아 있지 않기 때문에 송대라는 시간의 흐름속에서 일어난 변화를 확실하게 밝혀내기 어렵다. 법원의 판결[*청명집(淸明集)]은 대체로 13세기부터 기록되었다. 이와는 대조적으로 법과 칙령은 더 이른 시기의 것도 잘 남아있다. 홍매가 수집한 일화식의 서사는 11세기 후반과 12세기의 것이 온전히 남아 있다. 모든 시기의 자료가 남아있는 묘지명조차도, 조심스럽게 접근해야 한다. 왜냐하면 묘지명들간의 차이점은 시간의 변화에 따라 일어난 것이 아닐 수도 있기 때문이다. 그 변화는 오히려 계층이나 지역간의 차이를 나타낼 수 있고, 상황에 따른 부수적인 차이나(예를 들면 과부가 되었을 때의 나이) 또는 사람들의 개성에서 오는 차이를 반영할 수도 있다. 만약 내가 천 가지나 되는 많은 사례를 가지고 있다면, 통계적인 분석법을 사용하여 어떤 가능성들은 배제할 수도 있겠으나, 내가 가지고 있는 일 이백개의 사례로는 거의 불가능했다. 그래서 변화를 고려함에 내가 먼저 해야 할 일은 변화가 일어났다고 믿을만한 증거가 충분해서 좀더 깊게 토론해 볼만하다고 확신하는 것이다.

나는 서사사료에 많이 의존했기 때문에, 변화가 일어났다는 것을 암시해 주는 자료는 변화를 설명해 주지 못한다. 무엇 때문에 견해나 관습이 변했는지 분석하기 위해서 나는 상응하는 역사상에 나타나는 다른 변화를 찾아보아야 했다. 특히 나는 경제적인 변화와의 관련성을 찾아보아야 했는데, 상업화의 진전과 도시화, 재산이 상속되는 방법상 나타나는 변화까지 포함된다. 송대의 지리적인 상황에서 나타난 변화도 고려해 보았다. 그 변화는 한족이 아닌 유목민족들에 의한 북쪽 지역의 점령과 한족이 점차로 남쪽으로 이주한 것 등이다. 지배계층이 갖는 특성의 변화도 주목해 보았다. 이것은 특히 남성들이 관직을 차지하고, 사회적인 지위를 얻거나 유지하는 방법상의 변화이다. 또한 유학의 부흥과 정이나 주희가 주창한 유학의 특정한 학파가 점차로 자리를 잡아간 것과의 관련성도 포함된다.

나는 이들 역사적인 추세와 결혼 풍습, 여성의 생활에서 일어난 변화간에 끌어냈던 관련성이 설득력이 있거나 또는 적어도 그럴 듯하기를 바란다. 예를 들면 과거제는 바람직한 사위를 선택함에 있어서 경쟁을 조장했고, 지참금의 액수도 증대시켰다. 또한 도시화와 경제적인 풍요, 지식인 계층의 숫적인 증가로 하층의 여성들을 여종이나 첩, 기녀로 시중들게 하고 싶은 상류층 남성들의 요구가 촉진되었다. 이렇게 여성을 사고파는 시장이 커져서 여성이 지니는 매력과 남성 – 여성의 관계에 대한 관념을 미묘하게 바꿔놓았다고 생각한다. 그러나 이러한 역사적 관련성에 대한 나의 주장은 가설로 남아 있다. 왜냐하면 이러한 인과관계를 입증할 만한 증거가 존재하지 않기 때문이다. 내가 상상 속에 있는 가설 밖에 가지고 있지 않다 할지라도, 변화에 대한 문제는 연구해 볼 만한 가치가 충분하다.

제1장

남녀의 차이

송대(宋代)부터 보존되어 온 많은 그림을 보면 송대 사회가 어떠했는지를 알 수 있다. 12세기 초에 수도인 개봉(開封)의 북적대는 거리를 장택단(張擇端, 창작 활약기 1100~1130)이 한 폭의 長卷(긴 두루마리)에 그렸다. 이 그림에는 600명 이상이나 되는 사람들이 화창한 봄날 길거리에 나와서 일을 하거나, 물건을 사거나, 수다를 떨거나, 떠들썩한 광경을 구경하고 있고, 짐꾼들은 어깨에 메고 다니는 장대에 짐 꾸러미를 매달아 나르고 있다. 그리고 지식인들과 승려들은 서로 인사를 하고 수레바퀴 만드는 목수들, 점쟁이들, 여인숙 주인들은 서로 앞다퉈 손님을 끌고 있다. 그러나 여기에 나난 한 무리에 섞여 있는 사람들에게는 한 가지 공통점이 있다. 즉 거의 예외 없이 모두 남자들이라는 것이다. <그림 1>에 나타난 그다지 크지 않은 장면에는 다양한 유형의 남자들이 보인다. 그런데 여자라고는 가마에 타고서 밖을 내다보는 단 한 명이 보일 뿐이다. 남성들은 도성의 상업구역 어디에서나 볼 수 있지만, 여성들의 모습은 드물게 보인다.

미상의 송대 화가가 그린 다른 장화(長畵)는 여성들이 어디에 있었는가를 말해준다. 이 그림은 한대(漢代, 기원전 202~220)에 일어났던 한 가지 사건을 설명해 준다. 즉 채문희(蔡文姬)는 흉노족에 의해 12년 동안 포로생활을 한 후 본국으로 송환되었다. 화면(畵面)의 마지막 장면은(<그림 2>) 그녀를 데려온 한 무리의 사람들이 친정집에 도착한 것인데, 다른 상류층의 집과 마찬가지로 안뜰을 중심으로 건축되었다. 호송했던 대부분의 남자들은 대문 밖에 머물러 있다. 이 대문 뒤에는 벽이 있어서 지나가는 사람들이 그 집의 안채를 들여다볼 수가 없다. 마당의 한쪽에는 여성들이 문희가 돌아온 것을 환영하기 위해 모여 있는데, 흥분해서 안채로 통하는 문에서 약간 바깥쪽으로 밀려 나와 있는 사람도 있다. 그러나 여전히 여성들 스스로가 낯선 사람들의 눈에 띄지 않도록 처신하고 있다.[1]

〈그림 1〉 개봉의 거리

장택단(張擇端, 창작 활약기1000~1130)의 작품인 권화(卷畵) 『청명상하도(淸明上河圖)』의 세부묘사. 북경 고궁박물원 (1981, 78).

"채문희가 포로생활에서 귀환한 그림" 데먼 왈도로스 소장, 보스턴 박물관(1928, 62-65).

안(內)과 밖(外)

이 두 폭의 그림은 분명하게 남성과 여성 양성은 반드시 같지 않은 곳에 있어야 한다는 것을 강조하였다. 이것은 유교의 관습이나 윤리적인 가르침에서도 높은 가치를 인정받았다. 고전 『예기(禮記)』에는 '남성과 여성의 분리'[남녀지별(男女之別)]에 각별히 주의하였다. 남성과 여성들은 대부분의 시간을 함께 지내서는 안 되며, 함께 있어야 할 경우에는 신체적인 접촉을 피해야만 했다. 사마광(司馬光)의 『거가잡의(居家雜儀)』에는 『예기(禮記)』의 "내칙"(內則)에 기록된 남성과 여성의 분리에 관한 규칙을 상세하게 부연 설명했는데 그 내용은 상당히 부유한 사람들만이 실현할 수 있는 이상적인 상황을 제시하고 있다.

무릇 궁실(宮室)을 만듦에 반드시 내외(內外)를 분별해야 한다. 궁(宮)을 깊게 하고 문(門)을 견고히 하며, 내외가 우물과 목욕탕과 화장실을 함께 쓰지 않는다. 남자는 바깥일을 다스리고, 여자는 집안일을 다스린다. 남자는 낮에 일없이 사실(私室)에 거처하지 않고, 부인은 이유 없이 중문(中門)을 엿보지 않는다. 부인이 일이 있어 중문을 나갈 때는 반드시 얼굴을 가린다[이를테면 개두면모(蓋頭面帽)와 같은 종류이다]. 남자가 밤에 외출할 때는 촛불을 들고 나가며, 남복(男僕)은 집 안을 수리하지 않는다. 큰일이 생기면 반드시 소매로 얼굴을 가린다. 여복(女僕)은 일이 없이 중문을 나가지 않는다 [대체로 소비(小婢)도 또한 마찬가지이다.]. 일이 있어 중문을 나갈 때는 또한 반드시 얼굴을 가려야 한다. 다만 영하(鈴下)와 창두(蒼頭)가 안과 밖의 전갈과 물건을 전달해 준다. 그러나 번번이 당실(堂室)에 올라가거나 부엌에 들어가게 해서는 안 된다.[2]

사마광은 또한 직접적이고 적나라하게 위의 원칙을 요약하여 서술하였다. 즉 "10세가 넘은 여자아이가 밖으로 나가지 않는 것은 영원히 집 안에 머무르는 것을 의미한다."[3] 또한 사마광은 아버지는 딸이 약혼한 후 딸의 방에 들어가서는 안 되며, 남자형제는 결혼한 여자형제가 친정에 다니러 왔을 때 옆에 앉아서도 안 된다[4]고 했다. 원채(袁采)는 남성과 여성은 신체적으로 떨어져 있어야 한다는 사마광의 가르침을 칭찬했는데, 그의 책에 "집안을 관리하는 데 필요했던 것의 절반 이상"[5]이 포함되어 있다고 말했다. 여성이 남자들의 눈에 띄지 않도록 처신해야 한다는 것은 당대(唐代)에 씌여진 『여논어(女論語)』에서 "내외는 각기 자기들이 있어야 할 곳이 있고 여성과 남성은 따로따로 모인다. 여성들은 벽을 통해서 들여다보지도 않고, 바깥마당으로 나서지도 않는다. 만약에 여자들이 외출할 경우에 얼굴을 가려야 하고, 밖을 내다볼 때에는 자기네들의 모습을 숨겨야 한다."[6]고 그 중요성을 강조했다.

남성과 여성이 신체적으로 떨어져 있어야 한다는 개념은 이와 비슷하게 기능도 분리되어야 하고 행동에도 차이가 있어야 된다는 것까지 포함된다. 남자와 여자는 다른 일을 해야 되거나, 또는 같은 일을 하더라도 다르게 해야 된다. 예를 들면 상복에도 여러 등급이 있는데, 각 등급별로 남자와 여자의 상복은 각기 달랐다. 그러므로 딸이나 아들이 똑같이 상복의 책임을 가지고 있다 할지라도 책임을 지는 방식은 아주 다른 것처럼 보인다.[7] 이러한 차원에서 남성과 여성의 차이는 가정에서 남편과 아내의 의무와 예의범절에서 나타나는 차이와도 관련이 있었다. 사실상 남녀 내외가 서로 보완적인 영역이라는 것은 사실상 남편과 아내를 염두에 둔 것이다. 즉 남자는 한 영역(밖)을 지배하고, 여자는 다른 영역(안)을 지배한다는 것이다. 주희(朱熹)는 『소학(小學)』에서 『예기(禮記)』를 인용했다. 즉 "남자는 집안일에 관여하지 않고, 여자는 바깥일에 간섭하지 않는다." 그러나 남자들은 아내가 하는 일에 간섭하지 못하도록 요구되는 일이 있다 할지라도 거의 그런 일이 없다. 그 대신 남자들은 여자들이 자신들의 영역에 끼어들지 못하도록 경계해왔다. 주희는 오래전에 쓰여진 예교서를 인용해서 "여자는 여성들의 처소에서 하루 종일 지내야 한다."고 했으며 "절대로 스스로 일을 시작하거나 행동을 개시해서는 안 된다."[8]고 했다. 또한 주희는 안지추(顔之推)의 말을 인용해 여성들이 조정이나 또는 가정에 참여함으로 인해 생기는 위험에 관해서 이야기했다. 즉 "암탉이 울어서 새벽을 알리는 재앙이 생겨서는 안 된다."[9]는 것이다. 그 밖에 주희가 지은 『시전집(詩集傳)』에서 시 중의 한수를 해석하여 "남자는 밖에서 기반을 닦으며 국가의 지배자가 된다. 그래서 남자가 현명하면 나라를 세울 수 있다. ……반대로 아름답고 재능 있는 여성은 흉조다. 왜냐하면 말을 너무 많이 함으로써 일을 일으켜 재앙을 초래하기 때문이다."[10]라고 썼다.

남성과 여성의 차이에 대한 유학자들의 생각이 얼마나 널리 받아들여졌을까? 실질적으로 많은 현존하는 기록을 남겼던 교육받은 계층들에게는 당연시되었다. 상류층의 부인들은 남자들의 활동에 관심이 있었다 할지라도 병풍 뒤에서 남편과 손님의 대화하는 내용에 귀를 기울이는 정도였지, 결코 대화에 참여할 수 없었다. 더구나 유학자들이 계속해서 남성과 여성의 차이의 중요성을 강조할 때 유학자들은 사실상 일부의 소녀들과 아내들은 천성적으로 고분고분하지 못하다는 점을 지적했다. 그리고 그러한 몇 명의 여성들은 역사에 기록이 남아 있다. 1212년에 오지단(吳志端)이라는 여자아이가 조숙한 아이들을 위한 시험을 치르려고 했지만[동자과(童子科)], 담당관들은 『예기(禮記)』를 읽은 사람이라면 누구든지 여성들의 임무는 실을 잣고, 옷감을 짜고, 바느질하는 것이라는 것과 또한 여자들이 집 밖으로 나갈 때 얼굴을 가려야 한다는 것을 알았을 것이라고 반론을 제기하면서 반대했다. 이 소녀가 공부를 많이 했다고 하는 것은 거짓말이다. 왜냐하면 그 소녀는 아무런 수치심도 없이 무리하게 행동했기 때문이다.[11] 남녀가 엄격하게 분리되어야 한다는 것에 대해 저항을 나타내는 다른 증거는 여성들의 전기(傳記)를 쓸 때 작가들이 가졌던 태도에서 알 수 있다. 즉 작가들은 여성들이 집 안에 머무는 것을 정말로 만족했을 때, 특별히 기록할 만한 가치가 있다고 생각했다. 남편과 아들이 여러 직책으로 옮겨 다닐 때 동행했던 여성은 근처에 명소, 이를테면 '여음(汝陰)에 있는 서호(西湖), 남양(南陽)에 있는 백화주(百花洲), 금릉(金陵)에 있는 소금산(小金山)과 같은 곳'을 구경하러 가는 것을 원하지 않았다고 해서 칭찬을 받았다. 범씨(范氏)의 전기에서 범씨(1015~1067)가 궁중의 화려한 예식을 보기 위해 집을 떠난 적이 한 번도 없으며, 항상 집 안에 남아 있기를 원했다고 했다. 장계란(張季蘭, 1108~1137)은 집 안에 머물기를 원하는 전형적인 여성이었다. 밖에 나가 구경하는 것은 여성이 해야 될 일이 아니라고 말하면서, 남편과 함께 구경 가는 것을 정중하게 사양했다.[12]

유송년(劉松年. 약 1150 - 1125년 이후)이 그린 화첩. 대북 고궁박물원.

　　물론 상관없는 남녀가 다 떨어져 있었던 것은 아니다. 시에서는 집 밖에서 흔히 차나 뽕잎을 따는 것과 같은 경작일을 하고 있는 여성들을 묘사해 놓았다(제7장을 참조하라). 위에서 언급했던 채문희(蔡文姬)의 귀국을 나타내는 그림에 몇몇 여성들이 거리에 나와 있다(<그림 2>를 보라). <그림 3>은 몇 점의 송대 그림 가운데 하나로 옆에 아이들을 데리고 있는 일하는 부류의 여인이 행상인과 흥정하는 것을 보여준다.[13] 이 그림에서 여자는 두세 명의 남자들과 함께 있는 것을 전혀 대수롭지 않게 여기는 것이 확실하다. 화가들은 남성과 여성을 엄격하게 분리시키는 것은 대갓집과 심부름을 시킬 하인

들을 거느리고 있는 부유층에서 가장 두드러지게 나타났다는 것을 분명히
알았다. 그러므로 젠더 차이는 계층 간의 차이와 밀접한 관련이 있다. 다시
말하자면 상류 계층들을 좀 더 구별되어 보이도록 하는 한 가지 방법은 상
류층의 여성들이 눈에 띄지 않도록 하는 것이었다.

〈그림 4〉 마을 사람들이 황제를 알현하는 그림

황제를 환영하기 위해서 출두한 마을 사람들. 익명의 남송대(南宋代) 그림. 상해박물관.

그러나 상류층은 남녀의 유별을 주장했고, 평범한 사람들은 남녀의 유별
을 무시했다는 피차간의 관련이 없는 표준이 있다고 생각하는 것은 정확하
지 않다. 왜냐하면 나이에 따라서 다르게 나타나는 성적 매력이 은연중에
작용하기 때문이다. 모든 계층에서 성적인 매력이 있거나 남성의 주목을 끌
게 되는(10세부터 35세나 또는 40세까지) 나이의 여성은 나이가 아주 많거
나 또는 나이가 아주 어린 여자들보다는 남자들의 눈에 띄지 않도록 할 의
무가 있었다. 한 시골 마을에 황제가 방문한 것을 묘사한 그림에서 남자들
과 소년들은 밖에 많이 나와 있었다. <그림 4>를 자세히 보면 남자들은

절을 하고, 경의를 표하고, 엎드려 있다. 3명의 나이 많은 여성들도 또한 거리로 나왔는데, 두 명은 약간 뒤에서 머물러 있으나, 한 명은 황제의 앞에서 정면으로 절을 하고 있다. 그런데 치맛자락을 잡고 있는 어린애가 딸린 두 명의 젊은 어머니는 초라해 보이는 담 뒤에 서서 남들에게 모습을 완전히 드러내 보이지 않으면서 멀리서 그 광경을 지켜보고 있다.

음(陰)과 양(陽)

안과 밖(內外)의 개념이 이어 남성과 여성의 구별을 총체적으로 나타내는 데 가장 흔히 사용되는 한 쌍의 용어는 음(陰, 어둡고, 피동적이고, 여성적)과 양(陽, 밝고, 주동적이고, 남성적)이다. 음양은 우주에서 일어나는 움직임과 변화를 설명하는 상호 보완적인 뜻이 내포되어 있다.[14] 음양(陰陽)이론의 기초에는 모든 현상이 상호 관련되고, 의존적이라는 가정에서 어느 한 부분도 그 자체만으로는 생명력이 없다는 것이다. 왜냐하면 각 부분은 연속적인 상호 관계 속에서 다른 구성 요소에 의해 만들어지고 반작용되기 때문이다. 비록 모든 사물에는 음과 양이 포함되어 있으나 대부분의 경우에 음이나 양 어느 한 가지가 두드러지게 나타난다. 음양의 이론을 해석한 고전(古典)의 사료로 점복서인 『주역(周易)』과 그 책에 대한 전통적인 주석서가 있다.

음양이론은 『주역』에서뿐만 아니라 생태, 의약, 기후 혹은 다른 어떤 자연 현상에 대한 연구와 마찬가지로 본질적이고 중요한 이론으로 널리 인식되어 왔다. 의학문헌에 남자는 양적인 요소를 좀 더 가지고 있고, 여자는 음적인 요소를 좀 더 가지고 있다는 사실로서, 남녀의 생활양식상에 나타나는 차이를 설명하고 있다. 여성에게 있어서 7은 중요한 숫자이다. 즉 7세에 치아가 모두 나고, 14세에 성적(性的)으로 성숙하며, 21세에는 여성으로서 정점에 이르며, 49세에는 폐경을 맞는다. 남자에게 있어서 중요한 숫자는 8이다. 즉 8세에 치아가 모두 나며, 16세에 성적으로 성숙하며, 24세에 남성으로서 정점에 이르며, 64세에는 생식능력을 잃게 된다. 이러한 개념의 틀에서 볼 때, 남성과 여성은 대립되는 것이 아니라 단지 여성의 순환주기는 남자보다 조금 짧다는 것이다. 여성들의 연령의 시기가 짧고 성숙과 노화의 속도가 남자보다 빠르다. 그러므로 남성과 여성은 그들 각자에게 생기는 병을 각각의 경우에 따라 다르게 치료해야 한다. 왜냐하면 남자들의 생리학은 기(氣)에, 여자들은 피(血)에 바탕을 두고 있어 '여성에게 있어서 피가 기본 원리이기' 때문이다.[15]

사회적인 상호 관계에 대한 유교의 모형에서는 양은 음보다 우수해서 능동적인 행위와 일을 착수하는 능력이 인내와 보충하는 것보다 더욱 가치 있다고 은연중에 인정되어 왔다. 그래서 음 - 양의 우주론은 젠더의 등급을 설명하는 데 사용되었고 남성의 우월성을 당연한 것으로 생각하게 되었다. 『여효경(女孝經)』에서는 다음과 같이 주장했다.

> 하늘을 이루는 도(道)를 음과 양이라고 하고 땅을 세우는 도는 유(柔)와 강(剛)이라한다. 음과 양, 유순함과 강함은 천지(天地)의 시작이다. 남과 여, 남편과 아내는 인간이 사회적인 관계를 맺는[인륜(人倫)] 시작이다. ……아내는 땅이고 지아비는 하늘이니, 어느 하나도 없어서는 안 된다. 남자들은 여러 가지 행동을 수행하고, 여성들은한 가지 목적에 집중하게 된다(*뜻을 한결같이 한다).[16]

이러한 견해를 사마광(司馬光)은 가범(家範)을 저술할 때, 다음과 같이 부연 설명했다.

> 남편은 하늘이고, 아내는 땅이다. 남편은 해이고, 아내는 달이다. 남편이 양인 것은하늘이 높아서 위에 처하는 것이고, 땅은 낮아서 아래에 처하는 것이다. 해는 이지러짐이 없고, 달은 둥근 때도 있고 그렇지 않은 경우[원결(圓缺)]도 있다. 양은 인도해서 만물을 내고, 음은 동참하여 만물을 완성시킨다. 그러므로 부인(婦人)은 전적으로유순(柔順)한 것으로서 덕을 삼아야지, 억지를 부리는 것으로 아름다움을 삼아서는안 된다.[17]

주희는 결혼식 때, 왜 신랑이 신부를 데리러 가는지에 관해 『예기(禮記)』

에 나오는 설명을 인용하여 이러한 견해를 해석하였다. 즉 "남자가 여자보다 우월하다는 것은 남자는 강하고, 여자는 유순하다는 원칙에 근거한 것이다. 그 원칙은 하늘은 땅보다 우선하며, 지배자는 피지배자보다 우위를 점한다는 것과 마찬가지이다."[18]

정이는 주역에 관한 주석서에서 젠더의 차이점을 부각시켰다. 한 괘(卦)에 대한 설명 가운데, "여자는 안에 위치를 정하는 것이 옳고, 남자는 바깥쪽에 위치를 정하는 것이 옳다." "양은 다섯 번째 위치를 차지하고 바깥쪽에 속하고, 음은 두 번째 위치를 차지하고 안쪽에 머문다. 그래서 남자와 여자는 각기 그들의 바른 자리를 얻는다. 귀한 것과 낮은 것, 안과 밖이라는 이치는 하늘과 땅, 음과 양이라는 큰 뜻에 바로 부합되는 것이다."[19]고 했다. 다른 곳에서 정이는 네 개의 괘(卦)가 남녀 결합의 원칙에 대한 내용을 전해 준다고 서술했다. 아래에서 정이는 네 개의 괘에 나타난 남자와 여자의 차이점에 관해서 논평해 놓았다.

남자의 뜻이 독실하여 아래로 낮추어 사귀면
여자의 마음은 기뻐서 위에서 응하니, 남자가 감동시키기를 먼저 하는 것이다.

무릇 순종과 복종으로 인내하는 것이 부인의 도리이다. 여자에게 있어서 순종과 복종은 바른 것이며, 상서로운 것이다. 남편이 다른 사람에게 순종과 복종하는 것은 양이 마땅히 가져야 하는 강인함을 잃는 것이니, 불길한 것이다.

양이 위에 있고 음이 아래에 있는 것은 존비의 바름을 얻는 것이다. 남자와 여자는 각자 올바름을 얻고 각자의 위치를 얻는 것이다.

남녀 간의 차이를 설명한 것으로 아무리 신분이 높은 여자라 할지라도 유순함과 온순함을 잃어서는 안 되고, 교만하게 행동해서는 안 된다.[20]

우리의 관점에서 볼 때, 정이는 자기가 살던 시대와 환경에서 남녀에 대한 견해가 자연스럽고 당연하고 본질적이었다는 것을 알 수 있다. 그러나 이것이 문제의 핵심은 아니다. 그래서 정이와 그 당시에 살았던 사람들에게 여자는 음이고 남자는 양이라는 사실은 남자는 왜 의지에 따라서 행동하고,

여자는 감정에 따라 행동하는지를 설명하는 것으로 충분하다. 왜 남자는 일을 만들고 여자는 인내심을 가지고 따라가는지, 왜 남자는 밖에서 활동하고 여자는 안에서 활동하는지 이다.

여성들이 남성들보다 선천적으로 좀 더 감정적이라는 관점은 철학자들로 이루어진 작은 집단에만 국한된 것은 아니므로, 음양의 이론으로 설명할 필요는 없다. 시인들은 흔히 여성들이 감성에 의해 움직인다고 묘사하였고, 심한 감정의 기복으로 인해서 행동을 자제할 수가 없다고 했다. 원채는 여자들이 남자들보다도 더욱더 자녀들에게 관대해서 형편이 어려운 출가한 딸에게 돈을 준다든가, 하인들에게 심하게 화풀이를 하는 경향이 있다고 하였다. 그러므로 남자들은 여성들이 선천적으로 남자보다 더 감정적인 데서 생겨나는 관용과 변덕스러운 면을 경계해야 한다[21]고 관찰했다.

미학으로 본 여성상: 학식이 있는 남자들에게 시중드는 젊고 사랑스런 여성들

남성과 여성에게 각자의 영역이 있음을 강조하고, 그들의 역할이 상호 보완적이라고 기술하는 유교 문헌에서는 아내들에게 상당한 권위를 부여한다.[22] 시각예술이나 시를 보면, 우리들은 어떤 모습이 여성에게 바람직한가에 대한 또 다른 견해이 있다는 것을 알게 된다. 즉 아름다움, 겸허함, 정중하게 남자에게 시중드는 것이다. 남성들은 젊고, 옷을 잘 차려입고, 상냥하고 고분고분한 여자가 자기네 곁에서 시중들어 준다고 상상하는 것을 즐겼던 것 같다. 남성과 여성의 차이는 남성이 주위에 여성을 둘 수 없다는 이야기가 아니다. 단지 남성들 주변에 있는 여성들은 자기들의 영향력하에 있다고 생각하는데, 그것은 사회적, 정욕적으로 향유하는 측면도 포함된다. 그런데 이러한 상황은 앞으로 결혼하게 될 미혼녀나 또는 이미 다른 남자와 결혼한 기혼녀는 이 예 속에 포함되어 있지 않다. 그림속에 묘사된 남성들에게 시중드는 여성에 대한 묘사에 의하면, 여성들은 남성들보다 수적으로 더 많다. 그러나 남성들은 중심인물이고, 여성들은 남성들의 생활녀 좀 더 즐겁게 하기 위한주변인물이다. 그런 여성들은 일반적으로 황제에게 시중드는 궁중 여성들이나, 학자들에게 시중드는 여종이나 첩들 그리고 손님으로 찾아온 학자들에게 시중드는 기생들로서 묘사되고 있다. 다시 말해서 많은 여성들이 시중들고 있다는 것은 남성이 많은 여성들의 시중을 받을 수 있을 만큼 권력이 있다는 것을 보여준다.

〈그림 5〉 통치자에게 시중들고 있는 여성들

이당(李唐, 창작 활약기 1120~24)이 그린 "진문공(晉文公)복국도(復國圖)". 메트로폴리탄 박물관 소장. 딜런 재단 기증(1973, 120. 2).

송대의 작품. 데먼 왈도로스 소장. 보스턴 박물관(31, 123).

<그림 5>는 진문공이 기원전 636년에 왕위를 얻기 전에, 20년간 망명생활을 했던 이야기를 그림으로 표현한 것이다. 문공(文公)이 진(晉)나라를 방문했을 때, 진(秦)의 황제는 그에게 5명의 여성을 보냈다. 이 그림에서는 그 여성들 중의 3명이 손을 씻는 것을 도와주고 있다. 즉 한 사람은 대야를 들고, 한 사람은 물을 붓고, 그리고 한 사람은 수건을 손에 들고 있다.[23] 학자들도 여성들이 시중들어 주는 것을 좋아했다. <그림 6>은 전적을 교정하는 6세기경의 학자들을 그린 것으로, 4명의 남자들이 바쁘게 책을 교정하거나 필사하고 있다. 시중드는 한 소년은 신발을 벗기고 있으며, 옷차림과 머리 모양이 비슷한 5명의 여성들은 작은 탁자, 수건, 물 그리고 학자들이 필요로 하는 다른 물건을 들고 있다.

북제(北齊) 학자들이 전적을 수정하고 있는 모습을 그린 회화 작품.

　　남성들에게 시중드는 여성들은 흥을 돋우거나 즐겁게 하기 위해서 참석할 수도 있었다. 이 한 폭의 긴 두루마리 그림은 한희재(韓熙載)의 집에서 열린 연회를 그린 것이다. 이 사적인 모임에서 25명의 여성들이 19명의 남자들을 즐겁게 해주고 있는데, 남자들 중에서 한 사람은 승려이다. 여성들은 그날 저녁에 손님들을 즐겁게 하기 위해 데리고 온 기생들이었을 것으로 생각되는데, 한희재의 여종들이나 첩도 도와주었을 것이다. 즉 몇 명의 여성들은 악기를 연주하고(자세한 것은 <그림 7>을 보라), 몇 명의 여성은 음식이 담긴 쟁반을 나르고, 일부 여성은 남자들과 함께 수다를 떨면서 앉아 있고 어떤 여성은 명령을 기다리고 있다. 그리고 어떤 여성은 한 남자와 은밀하게 이야기하고 있다. 두 번째 장면에서는 커튼이 열려 있어 침대를 볼 수 있는데, 헝클어진 침구가 보인다. 다른 장면은 한 명의 남자가 어떤 여자를 팔로 감싸 안고, 자기와 함께 어디론가 가자고 설득하는 것처럼 보인다. 다시 말해서 이 그림은 여성들이 남성들의 흥을 돋우고 있을 때, 호색적인 분위기도 감돈다는 것을 숨기지 않고 있다. 이곳에서는 여성들이 특별히 젊게 보이지 않는다. 그렇지만 다른 사료에 의하면 젊은 기생들이 우대를 받았다는 것을 알 수 있다. 예를 들면 유영(劉永, 987~1053)이 시가에서 묘사한 기녀는 윤기 흐르는 검은 머리와 잘록한 허리의 몸매이며 갓 15세라고 읊고 있고, 또 다른 기생은 막 16세가 지났다고 읊었다(서양의 계산법에 의하면 14세이거나 또는 15세이다. '일러두기'를 보라)[24]

그림속에 시중드는 여성의 형상은 여종이나 첩 또는 궁녀(즉 정식부인이 아닌)로 그려지는데, 예의가 바르고 정중하게 시중드는 것이 여성들의 매력이라는 것은 부부간의 관계에서도 마찬가지이다. 전기에서 아내들은 상냥하고, 싹싹하고, 고분고분하다는 의미를 가진 완(婉)이라는 용어로 자주 칭송되는데, 이 용어는 유일하게 여자들을 묘사할 때에만 사용된다. 오래된 관습에 따라 문인들은 '수건과 빗을 가지고' 남편에게 시중드는 아내를 나타냈다. 시인 하주(賀鑄, 1063~1120)는 부인의 죽음을 애도하는 시에서 지금 누가 나를 위해 등불의 심지를 잘라 주고, 옷을 수선해 줄 것인가라고 탄식하였다.[25]

고굉중(顧閎中, 약 950)이 그린 송대(宋代)의 그림으로 "한희재 야연도(夜宴圖)"의 일부분. 북경 고궁박물원. 중국미술 1984, 회화편 2, 131.

다른 사람에게 시중드는 일을 여성들만 했거나 또는 여성들이 남성들만을 위해서 했던 것은 아니다. 남자 종도 남자를 시중들 수 있었으며, 하녀들과 젊은 소년들도 여성들을 시중들 수 있었다. 심지어 때때로 여성을 시중드는 남자도 있었다. 그런데 이러한 경우, 대다수 남자들은 환관이었다. 그렇지만 송대의 그림에 나타난 대부분의 여성은 남성들의 요구를 충족시켜 주기 위해서 시중드는 것을 보여주고 있다. 물론 이것은 남자다움과 여성미를 나타내주는 것이다. 즉 출세한 남자는 여성이 곁에서 시중을 든다는 것이다. 이

때 남성들에게 시중을 들고 있는 여성들은 대체로 심미적으로 매력적이 있었을 것이다. 여성들은 자신들의 용모로 시중을 들어 줌으로써 남자들을 즐겁게 해 준 대가를 받았다. 그런 여성들은 출세한 남자들이 자기들의 모습을 보는 것을 즐거워하고, 자기네들을 주위에 두고 싶어 했다는 것을 알고 만족해 했다.

다른 측면에서 본 남자들에 대한 묘사도 또한 주목해 볼 만하다. 여성에게 시중을 받는 남성들은 일반적으로 말을 타기보다는 시를 짓거나 전적을 교감하는 지식계층의 사람들이다. 송대에서 이상적인 남성의 모습이 지식인을 선호하는 쪽으로 변화했다는 것은 오래전부터 주지해 온 사실이다. 이러한 문화적인 변화는 여러 방면에서 드러나는데, 그 예로 가마를 많이 사용한 것에서부터, 골동품이나 섬세하고 아름다운 자기(瓷器)를 수집하는 데 열중했으나, 사냥은 인기가 없었다는 것이다. 그러므로 지식인의 이상적인 이미지는 우아하고, 학구적·호학적·사색적·예술적이었다. 따라서 힘이 세거나, 또는 신체적으로 강할 필요는 없었다. 이러한 지식인의 모습이 유행한 것은 확실히 인쇄술의 보급과 교육의 확대, 그리고 관료를 충원하기 위한 과거제(科擧制)의 발달과 유교의 부흥 덕분이었다. 또한 외부 환경의 영향도 있었다. 송대 지배계층의 엘리트 남성들이 품위 있는 지식인의 모습을 만들어 낸 것은 그들의 경쟁상대였던 북방민족과의 차이점을 더욱 드러나게 했다. 즉 북방민족들은 돌궐인·거란인·여진인·몽고인은 모두 상무적(尚武的)인 이미지이다. 이렇게 문(文)을 숭상하는 생활방식을 우월하다고 여기는 것은 한족(漢族)문화가 비한족(非漢族)문화보다 우월하다는 것을 강조하는 것이다.

신체상의 이미지

화가들은 회화작품에서 처음 의도했던 것보다 더 많은 젠더의 차이를 드러내었다. 그림에서 표현된 차이가 널리 보급되어 사람들의 사고방식에 영향을 끼친 것은 아니다. 그러나 송대 사람들은 옷차림, 머리 모양, 화장품, 장신구를 통해 일상생활에서 시각적으로 남성과 여성의 모습이 다르다는 것을 잘 느끼게 했다. 직접 몸에 표현한 상징적인 장식물은 남성과 여성의 차이에 대한 관념을 잘 전달해 준다.

〈그림 8〉 남편과 아내가 아들과 며느리로부터 봉양을 받고 있는 그림

1099년대 하남(河南)의 무덤에서 출토된 벽화. 숙백(宿白) 《백사송묘(白沙宋墓)》, 북경문물출판사, 1957.

968년에 그려진 관음보살상의 하단 부분. 프리어 갤러리 소장, 워싱턴 디시의 스미소니언 박물관(30. 36).

위에서 언급했던 것처럼 유교적인 이데올로기에서는 남자와 여자가 그들의 차이를 뚜렷이 드러내기 위해 서로 다르게 행동하는 것이 중요했다. 유교의 예교서에서 몇 가지 사소한 예를 보면 부모에게 아침 문안을 드릴 때 남편은 "뭘 해 드릴까요?"라고 말할 것이고, 그 반면, 아내는 "복을 받으시옵소서."라고 말할 것이다. 의식에 함께 참여할 때 남자는 두 번 절하고, 여자는 네 번 절한다.[26] 이미 다루었던 몇 개의 그림에서 나타났듯이 남성과 여성을 구별 짓고 싶어 하는 사람들의 소망은 남성과 여성이 각자의 신체를 남에게 드러내는 방법에도 영향을 미치게 된다. 이러한 것은 특히 한희재(韓熙載)의 야연(夜宴)과 채문희(蔡文姬)의 귀국(歸國)을 다룬 그림에서 잘 드러내고 있다. 두 폭의 그림을 더 보면, 호색적인 의미가 없는 종교 그림이다. <그림 8>은 1099년으로 추정되는 송무덤에서 출토된 벽화로, 두 쌍의 부부가 있는데 고인(古人)이 된 시부모가 탁자에 앉아 있고, 아들과 며느리가 시중들고 있다(아들과 며느리 뒤에 여종 혹은 다른 친척들이 보인다). <그림 9>는 968년이라고 추정되는 관음보살(觀音菩薩)상의 밑부분에 있던 것으로 두 사람은 그림의 기증자인 남편과 아내이다.

비록 이들 네 개의 그림이 송대의 다른 시기이며, 다른 목적으로 그려진 것이긴 하지만 공통된 부분이 있다. 즉 적어도 상층 사회에서는 남성·여성의 구별이 뚜렷하지 않은 중성(中性)의 모습은 별로 호감을 받지 못한 것이 확실한 것 같다. 그러나 상류 사회에서는 옷차림, 머리 모양, 장식으로 남성과 여성의 차이를 강조하였다. 심지어 평범한 사람의 옷차림도(<그림 3>과 <그림 4>를 보라) 대체로 이러한 유형을 따랐다.

옷차림새가 가장 인상적이다. 모든 사례(事例)에서 여성들은 남자들보다 더 화려하게 차려입었다. 남자들은 주로 한 가지의 단순한 색상, 일반적으로 검은색이나 또는 회색이 도는 흰색을 입었다. 그러나 여성들은 한 가지 이상의 패턴이나 색채가 화려한 몇 가지 도안과 색깔로 만들어졌다. 남자들은 일반적으로 전체가 하나로 된 긴 옷을 입었던 반면에, 여성들은 몇 개의 부분으로 만들어진 옷을 입었다. 이 옷들은 치마나 드레스와 같이 입는 웃옷이나 조끼이며, 때로는 스카프나 채대(彩帶)를 어깨에 한두 개 걸치기도 했다.

또한 머리손질에도 차이가 있다. 남자들은 머리를 위로 잡아당겨 상투를 틀었고, 때로는 머리에 작고 검은 모자를 썼다. 이런 종류의 모자를 쓰는 것은 고대부터 성인(成人)의 상징으로 생각되어 왔다. 사실상 그런 모자를 처음 쓰는 것이 소년들에게는 유교적인 관점에서 보면 예의의 일급이었다.[27] 반대로, 그림에서 여성들과 소녀들도 머리를 묶었으나 모자는 쓰지 않았다. 때로는 보석이나 또는 머리장식으로 단장했다. 그러나 항상 상당히 많은 머리카락이 눈에 띌 수 있었다. 머리 모양은 다양했는데, 그것은 아마도 (개인의) 기호나 지역적인 차이, 또는 계층 간의 차이를 반영한 것 같다. <그림 4>에서도 알 수 있는 것처럼, 하류층의 여성들은 자신을 낮추는 표시로서 집 밖으로 나갈 때는 머리에 덮개를 썼다. 이를테면 학자들이 외출할 때 여성은 '머리덮개'를 써야 한다고 말했기 때문이다.[28]

여성들이 얼굴에 화장을 하는 것은 자기들이 여성이라는 성(性)의 정체성을 드러낸 것이다. 그림에서 남자들은 피부에 아무런 색깔도 칠하지 않았으나 여성들 피부는 하얗게 칠하였다. 이것은 아마도 여성과 남성의 피부색에 대한 다른 견해를 보여주는 것이며, 또한 여성들이 화장한다는 관습을 반영해 주는 것 같다. 외출하는 남성들은 얼굴색을 하얗게 할 필요가 없었다. 여성들은 집 안에 머물러야만 했기 때문에 얼굴을 창백하게 칠하였다. 여성들은 또한 남성들보다 장식을 더 많이 사용했다. 이 그림에는 분명히 나타나지 않았지만, 여성들은 귀걸이를 달기 위해서 귀를 뚫었다.

송대에 남성인지 여성인지 분명치 않았던 중성(中性)의 이미지가 없었던 것은 아니었다. 다만 불교의 목표의 하나는 남성과 여성 간의 차이, 계층 간의 차이, 민족 간의 차이를 초월하는 것이었다. 불경(佛經)에서 보살이라는 것을 깨달은 사람[각자(覺者)]은 남성도 여성도 아니며, 남성과 여성의 특성을 겸비한 것으로 묘사되었다. 그래서 중국 화가들은 흔히 보살을 남성도 여성도 아닌 애매한 성으로 나타냈다. 그렇지만 중성을 나타내는 그림에서조차도 남성과 여성을 분명히 다르게 표시하고자 하는 경향이 뚜렷이 나타나면서 송대 전반에 걸쳐 가장 존경받았던 관음보살(觀音菩薩)이 점차 여성의 모습으로 표현되었다.[29]

전족(纏足)

앞에서 예시한 그림에 의하면, 여성은 남성보다 신체적으로 더 작고, 일반적으로 어깨 곡선이 좀 더 완만했던 것 같다. 송대 예술가들은 당대 예술가들과는 달리 여성들을 날씬하고 심지어 연약하게 그렸다. 이러한 여성상은 여성들 스스로도 가지고 있었던 자기들의 모습이기도 했다. 이청조(李淸照)는 어떤 사(詞)에서 자기 자신을 꽃보다도 더 가냘프게 묘사했다.[30]

일반적으로 여성의 몸을 가냘프고 작게 나타내고 싶었던 바람은 아마도 송대에 전족이 점차 보급된 것과 관련이 있을 것이다. 20세기에 들어와서

― 중국인이거나 혹은 중국인이 아니거나 할 것 없이 모든 사람들은 ― 전족이 지난날의 악 중에서도 가장 두드러진 악의 상징 중의 하나라고 생각했다. 중국인들에게 전족이라는 것은 여성의 예속을 상징할 뿐만 아니라 또한 중국이라는 나라가 자기 스스로를 예속시킨 것을 의미하기도 한다.[31] 급진적인 서구의 여권신장론자들에게 있어서 전족은 여성들이 미(美)의 기준에 맞추기 위해서 고통과 괴로움과 불편을 감수하도록 강요되었던 여러 가지 방법 중에서도 가장 극단적인 것으로 악명이 높다. 그런데 이러한 아름다움에 대한 기준은 여성들이 진심으로 원했다 할지라도, 해(害)가 되면 되었지 좋을 것이라곤 하나도 없는 것이었다.[32] 송대 중국인의 사고방식을 이해하기 위해서 감수해야 할 첫 번째 과제는 전족이 갖는 상징성에 관한 이러한 현대적인 견해를 접어 두자는 것이다. 그리고 송대에 와서 적어도 상류층에서 남성과 여성들 모두가 전족을 압박이 아닌 아름다운 상징으로 생각하게 된 이유를 찾아보자.

전족은 송대에 궁정과 환락가에서 퍼져 나가, 이러한 장소에 자주 드나들었던 지역사회의 엘리트 가정으로 보급되었던 것 같다.[33] 주밀(周密, 1232∼1308)은 3세기 이전인 후당(後唐, 923∼935)의 궁정에서 어떤 무희(舞姬)가 발을 작게 보이도록 하기 위해서 감았으며, 초승달처럼 위쪽으로 휘게 했다[34]는 현존하지 않은 사료에서 이야기를 찾아내었다. 아마도 이러한 관습은 10세기경에 무희들 사이에서 시작되었다고 보는 것이 타당할 것 같다. 이들은 발을 더 강하고 좀 더 우아하게 보이기 위해 헝겊으로 감았던 것 같다. 이러한 관습에 대해서 11세기 엄숙한 학자인 서적(徐積, 1028∼1103)은 어느 정도 알고 있었던 것이 분명하다. 왜냐하면 그는 어떤 과부를 칭송할 때 "장례를 치르기 위해서 시신의 두 팔과 두 다리를 어떻게 놓아야 되는지를 알았다고 칭찬했지만, 그녀가 두 발을 감았다는 것에 대해서는 언급하지 않았다."[35]고 기록하였다. 12세기 초에, 전족하는 관습이 널리 확산되어 있었으므로 장방기(張邦基)라는 학자가 그러한 관습의 기원을 조사하게 되었다. 장방기는 진정한 의미의 전족은 발이 활처럼 휘게 하는 것인데, 이것은 선천적으로 작은 것이 아니라 인위적으로 작게 만든 것이다. 당대나 혹은 그 이

전 시기에는 시인들이 전족하는 풍습을 언급한 적이 없기 때문에, 근래에 생긴 현상이라고 자신의 견해를 밝혔다.36)

　12세기 말부터 전족에 대한 언급이 상당히 보편화되었다.37) 이즈음에 와서 전족은 무희에게만 관련된 일도 아니고, 기녀에게만 국한되었던 것도 아니었다. 심지어 부유한 가정에서는 식모도 전족을 했다는 자료가 있다.38) 13세기의 고고학적 증거에 의하면 관료들의 딸이나 그들의 아내들 간에도 행해졌던 것 같다(<그림 10>). 절강(浙江) 출신의 관료의 부장품 안에 하나의 물건이 학술의 의미를 지니고 있다. 그것은 그가 1240년에 죽은 전처(前妻)의 전족을 했던 발에 신은 은으로 만든 신발이 발견되었는데, 그 신발에 그녀의 이름이 새겨져 있었다. 그 신발의 길이는 14cm였고, 폭은 4.5cm였으며, 가장 넓은 곳에서 바로 정면으로 위쪽을 향해 감아올린 신발 끝이다.39) 이 한 쌍의 신발은 아마도 실제로 신었던 신발은 아니었던 것 같다. 그러나 남편에게 첫 번째 부인이 전족한 발을 기억나게 해 주는 유품이었을 것이다. 전족한 발에 실제로 신었던 신발은 복주(福州, 복건) 출신의 고위관료의 딸인 황승(黃升, 1227~1243)의 무덤에서 발견되었다. 1242년 16세에 황제의 먼 친척이었던 종실 남자와 결혼했다. 아버지는 죽었으나 할아버지는 여전히 생존해 있었으며, 출세한 관료였다. 그녀의 관(棺)에는 전족한 발에 신었던 여러 컬레의 신발이 놓여 있었는데, 길이는 약 13.3cm에서 14cm였다. 그녀의 발은 사실상 얇고 성글게 짠 긴 가제로 감겨 있었다.40) 또 다른 증거는 강서(江西) 지역의 주씨(周氏, 1240~1274)의 무덤에서 발견되었는데, 그녀도 마찬가지로 관료의 딸이었고 관원의 부인이었다. 그 여자의 무덤에서 발견되었던 일곱 컬레의 전족한 발에 사용된 신발은 다른 무덤에서 발견된 것보다 약간 컸다(길이는 18cm에서 22cm이고, 넓이는 5cm에서 6cm이다).41)

복건성 박물관『福建 南宗黃昇墓』, 北京, 文物出版社, 1982.

송대의 문인들은 전족한 발을 절묘할 정도로 아름답다고 생각했다. 소식(蘇
軾, 1036~1101)은 한 명의 무희가 이 궁(宮) 양식의 신발을 신기 위해 애썼으나, 고통스럽다는 것을 알았다는 사(詞)를 지었다. 이 시에서 작은 발은 손바닥에 올려놓을 정도로 앙증맞다고 묘사하였다. 어떤 시(詩)에서는 "초승달은 언제나 새롭다."는 구절을 사용해 전족한 발의 날씬한 곡선에 경탄을 보냈다.[42] 장순(章惇, 1105년에 죽음)은 자기의 나이가 세 가지 점에서 이미 때늦었다고 이야기한 적이 있는데, 그 세 가지 중의 하나는 여성의 발을 두고 하는 이야기였다. 진량(陳亮, 1143~1194)은 30세나 40세가 된 못생긴 여자가 전족을 하기 위해 쓸데없이 고통을 참으려고 하는 것 같다고 자기 자신을 자조하였다.[43] 진량은 여성들이 자발적으로 스스로를 예쁘게 보이기 위해서 전족했는데, 전족은 어려서 시작해야만 효과가 있다고 언급했다.

전족은 아름다워지려는 여성들의 노력과 관련되었지만, 적어도 송대에 살았던 한 명의 남자는 전족의 장점을 의심하였다. 차약수(車若水)는 13세기 중엽에 처음으로 전족에 대해 불만을 제기했다. 즉 "아직 4~5세도 안 된 어린 여자아이가 아무런 잘못이 없는데도, 발을 작게 만들기 위해 무한한 고통을 당하고 있다. 나는 발을 감아서 작게 하는 것이 무슨 소용이 있는지 알지 못하겠다."[44]고 하였다. 또한 어떤 남자는 아름답게 보이기 위해서 전족한다는 바로 그 이유 때문에 다른 남성들도 전족을 탐탁지 않게 여겼다. 원대 초기에 어떤 사람은 엄격한 도덕주의자인 정이(程頤)의 6대 후손들 가운데 여성들이 전족하지 않았을 뿐만 아니라 귀도 뚫지 않았다[45]고 주목했다.

송말에 전족하는 풍습은 이미 확고하게 정착되었다. 작가 도종의(陶宗儀, 창작 활약기 1300~1360)는 원나라 첫 백년간의 전족사를 회고하였다. 도종의는 가장 초기의 기록과 주밀(周密)이 인용했던 자료에서 공통점을 찾아냈다. 즉 후당(後唐)의 궁정에서 춤을 춘 사람에 관한 것이다. 이어, 전족하는 풍속이 비교적 최근에 시작되었다는 장방기의 주장을 재인용했다. 마지막으로, 도종의가 제기한 것처럼 11세기에 아직 드물기는 했지만, 모방을 통해서 전족이 점차 보편화되었다는 것이다. 자기가 살던 시대[원대(元代)]에 이르러 전족하지 않는 것을 부끄러워했다[46]

아름답게 보이기 위한 하나의 방편으로서 전족은 상당히 개인적이고 사적인 것이었다. 외모를 가다듬거나 혹은 남자를 그리워하는 여성들을 그린 그

림에서는― 이러한 그림에는 적어도 어느 정도 온화한 호색적인 분위기가
담겨져 있다― 여성들의 발은 마루까지 끌리는 치마에 의해 숨겨져 있다.
전족한 여성을 보여주는 이 시기의 유일한 그림은 여배우나 기생과 같이 환
락가의 여성을 그린 것이었다. 이들은 전족을 가장 빨리 받아들였다. 여자
배우들 중의 한 여성은 남자 역할을 해야 하기 때문에, 자신의 자그마한 발
을 보여야만 했다(<그림 11>).

〈그림 11〉 전족을 한 여배우

송말이나 또는 원대의 화첩. 북경 고궁박물원, 옹만국(翁萬國)의 촬영.

　　근대 저자들은 전족이 걸음걸이에 영향을 주기 때문에 굽 높은 신발에 종
종 비유했다. 또한 전족을 꼭 끼는 코르셋(corset)에 비유하기도 했는데, 코르
셋은 몸을 압축해서 건강을 해친다. 그러나 이러한 비유는 여성들의 몸이
전족으로 인해서 영구적으로 변화되는 정도에까지 이른다는 것은 아니다.

전족은 단지 남성과 여성 간의 차이를 강조하거나 혹은 그 차이를 널리 인식시켜 주는 것만이 아니었다. 전족은 남녀가 본래 가졌던 것보다도 신체적으로 더 다르게 만드는 것으로 성형수술에 가까운 것이다. 그러나 이러한 비유조차도 충분치 못하다. 그것은 실리콘 이식이나 지방제거수술조차도 전족이 미친 것과 같은 정도로 신체의 다른 부분에 영향을 주지 못하기 때문이다. 전족은 여성의 신체적인 모습을 완전히 바꾸어 놓는다. 별로 돌아다니지 못할 것이고, 서 있기보다는 앉아 있을 것이고, 밖으로 나가기보다는 집에 머무르게 될 것이다. 활동을 적게 하기 때문에 더 부드럽고, 더 나약해질 것이다. 시를 통해서 우리는 남자들의 시선이 맥없는 여자, 특히 자기 곁에 없는 남자를 그리워하는 불행한 미인한테로 향하고 있다는 것을 알 수 있다.[47] 여성들의 체격이 더 작아지고, 더 부드러워지고, 덜 움직이게 되고, 그리고 더 맥이 없어짐으로 인해서 남자들의 모습은 더욱 신체적으로 크고, 더 강하고, 더 활동적으로 돋보일 것이다. 송대 상류층에서 이상적인 남자의 모습은 비교적 소극적이고 세련된 모습이었기 때문에, 여성들이 좀 더 연약하고, 조용하고, 정적으로 되지 않으면 송대 남자들은 남자답지 못하고 나약하게 보였을지도 모른다. 이러한 목적을 달성하기 위해서 작은 발보다 더 나은 것이 무엇이 있었겠는가? 이리하여 남성다움에 대한 새로운 개념은 여성의 미에 대한 기준을 새롭게 만들어 내는 것을 도왔다. 또한 다른 원인들도 내포되어 있었을 것이다. 예를 들면, 어떤 남성들에게는 발을 감아서 적게 만들 뿐만 아니라 또한 성적인 매력도 느끼게 했을 것이다.

그러나 나는 남자들이 전족한 여성에게 매력을 느꼈던 이유를 아는 것만으로 만족할 수 없다고 생각한다. 우리는 여성들이 전족을 하는 데 적극적으로 참여했다는 것에 관심을 가져야 한다. 어쨌든 전족이 어린 딸들에게 심한 고통을 주는데 불구하고 딸들의 발을 묶는 것은 어머니들이었지, 구혼자들이 아니었다. 전족이라는 폭력행위는 여성들 스스로가 그들 자신에게 행한 것이다. 어머니들은 남자들이 자기네 딸을 매력적으로 생각하지 않을까 봐 어쩔 수 없어 전족을 시켰던 것은 아닐까? 어머니들은 작은 발이 아름답다는 생각에 공감했을까? 어머니들은 완벽하게 만들어 낸 작은 발에 자부심을 가졌을까?

　아내와 첩 간에 남자의 사랑을 얻기 위한 경쟁심을 염두에 두지 않고서 그들이 여성의 매력에 관해서 어떻게 생각했는지 이해할 수 없다. 그러한 경쟁은 여성들의 삶에서 기본적인 현실이었다. 뒷장에서 논의하겠지만 송대 화폐경제의 비약적인 발전과 전국 방방곡곡에서 상업도시의 성장은 부유한 사람들 간에 축첩 현상을 만연케 했다. 북송 중엽에 이르러, 그 이전 왕조에서는 환락가를 방문해서 그곳에 있는 기생들과 관계를 맺는 것으로 만족했던 남자들이 이제는 여성을 사서 집으로 데려와 첩을 둘 수 있었다. 어머니들은 기생이나 기생 같은 첩들에게 남자들이 매력을 느낀다는 것을 알고, 딸들이 후에 결혼해서 아내로서의 생활을 잘할 수 있도록 어떻게 가르쳐야 할지 곰곰이 생각해 보았다. 어머니들은 어떻게 딸들이 자기네들의 체면을 손상시키지 않으면서도 기생처럼 매력적으로 보이도록 해 줄 수 있을까? 딸들에게 잘 어울리는 옷을 선택하는 방법과 머리를 맵시 있게 가다듬도록 가르치는 것은 좋은 생각이었다. 가장 중요한 것은 딸들이 얌전하고, 겸손하고, 자신을 드러내지 않고, 부끄러운 줄도 모르고 낯선 남자에게 자신의 얼굴을 뻔뻔스럽게 보여주었던 기생들과 혼동되지 않도록 행동해야 한다. 환락가에서 놀아나는 여자로서 기생이 가진 천한 매력이 아내들에게 경쟁의 대상으로 생각되었을까? 딸들에게 시를 짓게 가르치는 것은 좋은 생각이었을까? 혹은 그로 인해 자기네 딸들을 기생들과 너무 흡사하게 만드는 것은 아니었을까? 나는 어머니들이 딸의 발을 감은 것은 작은 발이 자신들의 아름다움을 돋보이게 했던 방편 중의 하나였을 것이고, 또한 그 방법은 도가 지나친 행동으로 생각되지 않았기 때문이다. 전족은 은밀하고 사적인 것이었지, 드러내 보여주는 것이 아니었다. 심지어 기생들이 전족을 했다 할지라도, 전족은 상당히 '내면적인 것이었고', 남자들과의 경쟁과는 무관했다.

　전족이 훌륭한 가정의 부인들과 딸들 사이에서 보편화되는 데 이삼백 년이나 걸렸다. 이삼백 년 동안에, 이상적인 발의 크기가 점점 작아졌기 때문에 전족을 하기 위해서 발을 점차 꽉 동여매게 되었다. 13세기의 무덤에서 발견되었던 작은 신발을 신고 발로 춤출 수 있었던 사람은 확실히 한 사람도 없었을 것이다. 전족이 보급되던 첫 단계에서 전족을 하지 않았던 어머니들은 아마 젊은 첩이 가정에 들어왔을 때, 처음으로 전족한 발을 보았을 것이고, 딸들에게 전족을 해 줄 결심을 했을 것이다. 어머니들은 스스로가 갖지 못했던 것을 딸들에게 해 주고 싶어 했다. 전족한 딸들이 성장함에 따라, 전족을 한 어머니들이 자연히 더 많아지게 되었다. 자신들의 전족한 발의 아름다움으로 인해 칭찬을 받았던 어머니들은 그 아름다움에 대한 가치 기준을 받아들였으며, 딸들이 작은 발로 인해 칭찬을 받을 수 있도록 도와주는 데 적극적으로 나서게 되었다.

■　　■　　■

　전체적인 의미에서 볼 때, 송대의 남성과 여성 간의 차이에 대한 생각이 세계 역사상 그렇게 특이한 것은 아니다. 음양의 개념은 고유한 중국적인 것이며, 서양의 개념과 비교해 볼 때 본질 그 자체보다는 상호 관계를 더 중시한다. 여성을 다산하고 부유한 땅에 비유하고, 남성은 적극적으로 대지를 개발하는데 비유하는 것은 서양적인 개념의 기본이 되는 자연/문명이라는 이분법과 유사한 면이 있다. 이 이분법은 남성과 여성에 대한 서양적인 관념의 기본을 이룬다. 확실히 안과 밖이라는 양극화는 많은 곳에서 나타나는데, 두 개의 영역이 반대되거나 또는 적대적이라기보다는 상호 보완적이라는 것이다. 남성과 여성의 구분은 많은 지역에서 다양하게 나타난다. 특히 아시아 지역에서는 일반적으로 사회적인 지위가 높은 계층일수록 여성들은 바깥 세계와 더욱 멀리 떨어져 있다. 거의 모든 사회에서 사람들은 남성과 여성이 각기 독특한 방식으로 옷차림을 하고, 머리 장식을 할 필요성이 있다고 느낀다.[48]

　그러나 이러한 일반적인 수준보다 좀 더 깊게 생각해 보는 것이 중요하다. 중국의 사회성별 사상이 중국의 사회와 문화 속에 내재되어 있다. 중국인의 관념은 더 광범위한 사회와 문화의 환경의 변화에 따라 함께 변천해 왔다. 그래서 우리가 보아 온 것처럼 돈 있는 사람들이 이상적인 남성형으로 여겨지는 것처럼 송대의 교양 있는 문인들이 상류계층에서 우세를 점하여 전족하는 풍습이 기생들과 상류층의 부인들과 딸들 모두에게 보급되었다. 이러한 과정에 권력이 개입되었다. 젠더의 차이와 젠더의 계급제도(hierarchy)에 대한 개념은 남성들이 여성들보다 법률, 경제, 문화의 권력을 더 많이 행사하였다. 이러한 권력의 차이를 만들어 낸 남성과 여성의 차이(gender distinction)는 부분적으로는 자연적으로 생긴 현상이고, 부분적으로는 살아가면서 겪어야만 하는 어쩔 수 없는 일인 것 같기도 하다.

우리는 남성과 여성의 차이를 만들어 내는 힘 이외에도 남성과 여성 사이에 팽팽한 힘의 균형을 느낄 수 있다. 여러 가지 경우를 보면 무엇이 자연적으로 당연한 것이고, 무엇이 인간이 요구했던 것인지 확실히 구별되지 않는다. 이 때문에 남녀 간의 차이라는 것이 남성과 여성이 본질적으로 다른 데서 오는 것인지, 또는 사회의 질서를 유지하기 위해서 단지 인간이 원한 것인지 답할 수 없게 되고 만다. 양극화 개념인 음과 양이라는 개념과 안과 밖이라는 개념은 각기 팽팽한 힘의 균형 속에서 성립된다. 즉, 이 두 개의 각각의 개념(음과 양, 안과 밖)은 극과 극 사이에서 상호 보완적인 동시에 상하 수직적인 관계라는 것을 나타낸다. 음과 양이라는 개념과 안과 밖이라는 개념, 이 두 개념 간에도 힘이 작용했다. 음과 양의 개념은 한쪽에서 다른 쪽으로 계속해서 움직여 가는 것을 강조한다. 그 반면에, 안과 밖이라는 개념은 안쪽과 바깥쪽을 늘 분리해 놓아야 된다는 것을 강조한다. 음과 양의 개념은 음과 양 사이의 경계선이 모호할 가능성을 만들어 내는 반면, 안과 밖이라는 개념은 경계선이 모호하게 되는 것을 없애려고 한다. 여성은 아들을 통하여 양과 접촉한다. 그러나 상대적으로 "밖"은 아니다. 남성과 여성의 차이를 제시해 주는 이 두 가지의 성적인 느낌이 전혀 없는 모형이 성적인 느낌을 포함하고 있는 남성과 여성의 모습과 동시에 존재한다. 그래서 우리에게 전달되는 내용이 더욱더 복잡해진다. 여성들은 외모를 이용하여 남자들을 즐겁게 하기 위해서 존재하는가? 혹은 여성들은 외모를 전혀 드러내서는 안 되는가?

이 점에서도 송대의 중국은 별로 특이하지 않다. 남성과 여성에 대한 관념은 대부분의 경우 불분명하다. 최근의 학자들은 한 문화권 안에서조차도 몇 개의 병행하는 남성과 여성에 대한 개념이 있다고 생각한다. 그런데 각각의 개념 속에는 모순적인 면과 상반되는 면이 있을 수 있다. 각 개인들은 자기네들에게 가장 이익이 되는 이론에 근접한다. 또한 자기네들이 여러 단계의 인생을 거쳐 가는 동안에 남성과 여성에 대한 생각이 바뀔 수도 있다. 더구나 한 개의 개념이 여성들에게 힘을 주기도 하고 동시에 억압하기도 한다.[49] 송대 중국에서는 여성을 안쪽과 관련지어 생각하는 것은 여성들을 제한하기도 하고 힘을 실어 주기도 한다. 즉 그것은 여성을 공적인 영역에서 배제시키기는 했으나 집 안에서는 권한을 정당화시켜 주었다. 이 책에서 인용한 남성 저자들은 여성들이 자기네들의 영역에서 권한을 가졌던 것에 대해서 부러워하지 않았다. 그러나 우리들은 여성들이 자신들의 사회에서나 가정에서의 역할을 남자들과 같은 방식으로 생각했다고 평가해서는 안 될 것이다.

남성과 여성을 분리시켜 놓았을 때, 심리적인 효과는 무엇인가? 우리들은 오늘날 남자와 여자들이 자유롭게 섞여 있는 그런 사회에서 살고 있기 때문에, 만약 우리들이 그 당시의 규율에 의해서 제약을 받는다면, 우리가 느낄 그러한 종류의 좌절감을 송대 여성들이 느낄 거라는 생각을 경계해야 한다. 여성들에게 겸양과 자제가 많이 요구되었던 근대 사회[송]에서는 여성들이 수동적이거나 의기소침하거나, 심지어 남편보다 반드시 자신감이 낮은 아니 었다.[50] 송대 여성들은 현대 인도 여성들만큼 능력을 가지고 있었다. 예를 들면 공간적으로나 사회적으로 제약을 받았던 세계에서 신들의 가치를 찾아 낼 수 있었던 것이다. 송대 여성들이 자기네 스스로에 대해서 어떻게 생각하고 있었는지 알기 위해서 가정에서 했던 역할을 살펴보아야 할 것이다.

이 장에서 송대의 문화에 있어서 젠더의 차이라는 주제를 다 설명하지는 못했다. 확실히 이 장 다음에 나오는 모든 장에서 남성과 여성의 차이에 대한 일반적인 개념이 차례로 설명될 것이다. 이 장은 단지 아주 기본적인 요소만을 다루었는데, 이런 것들은 다른 여러 가지 견해의 기초가 되는 것들이다. 그렇지만 우리는 하나의 기본점을 둘 필요가 있음을 느낀다. 왜냐하면 송대 중국에서는 사람들을 역할에 따라 분류해서 생각하는 것이 젠더라는 관점에서 생각하는 것보다 중요하다고 생각했기 때문이다. 이것을 다른 방식으로 설명하면 남성과 여성 간의 차이에 대한 견해는 남성과 여성 각자가 가지는 사회적인 역할에 대한 견해와 어떠한 형태로든지 맞물린다. 특히 여성의 경우 사회적인 역할은 가정과 혼인제도에 의해서 결정된다. 즉 딸, 아내, 며느리, 어머니, 시어머니, 할머니, 이모, 고모, 등등이다. 다음 장에서, 나는 결혼에 대한 이해가 여성들의 역할, 특히 아내로서의 역할에 대한 개념에 어떠한 영향을 주었는가를 궁구해 볼 것이다.

제2장

결혼의 의미

고전 『예기(禮記)』의 '결혼의 의미'라는 장의 첫머리는 "결혼이라는 것은 두 성의 친한 것을 만나게 해 주어, 위로는 종묘를 섬기고, 아래로는 후손을 잇는 것이다."[1]라고 설명하는 것으로 시작된다. 송대의 학자들은 자주 이 구절을 인용했다. 이것은 옛날 사람들의 결혼관과 지금 우리들의 결혼에 대한 개념이 전혀 같지 않다는 것을 보여주는 것 중의 하나이다.

이 장에서 나는 더 광범위한 사회와 문화적 배경안에서 송대 사람들이 결혼의 의미를 어떻게 이해했는지 살펴보고자 한다. 나의 목표는 송대(宋代) 사회에 널리 퍼져 있던 결혼의 의미를 밝혀내는 데 있다. 특히 우리가 가지고 있는 결혼의 의미와 다를 때는 좀 더 유념해서 밝힐 것이다. 동시에 송대 사람들이 갖는 결혼관의 차이점이나 상호간의 긴장 상태도 지적할 것이다. 나는 기본적인 가정(假定)에서 출발하여, 체계적이고 현실적인 결혼의 모델을 조사하고자 한다. 이어 문학작품에 나타난 결혼의 형태를 살펴보고자 하는데, 그 설명이 잘 조직화되지는 않았지만 그렇다고 영향력이 적었던 것도 아니다. 비록 내가 송대의 관례로 결혼의 개념, 이념과 이미지를 분석했지만, 이 장에서 서술한 대부분의 내용들은 송 이전이나 이후에도 적용된다고 생각한다.

언어에 내포된 의미

사람들이 결혼과 관련해서 사용했던 용어들은 결혼제도로서 갖추어야 할 의미가 포함되어 있다. 예를 들면 "혼인(婚姻)"이라는 용어는 결혼이 두 집안 간의 결합이라는 뜻이다. 고대의 사서인 이아『爾雅』에 따르면, "혼(婚)"과 "인(姻)"은 신부와 신랑의 부모들이 서로를 지칭하여 불렀던 용어이다.2) 또한 결혼은 혼례(婚禮)라는 용어에서 볼 수 있듯이 문자 그대로 결혼의식이다. 이 용어는 다른 의식과 마찬가지로, 과거에서부터 전해 내려온 법규에 근거하고 있다는 것을 강조한다. 다른 의식과 마찬가지로 의무를 져야 하며 의심할 것 없이 우주의 질서에 근거한 사회차별에 근저하고 있다.

결혼은 또한 두 부류의 사람들 간의 결합이라는 행위로서 이해될 수 있나. 영어로는 "그는 그녀와 결혼했다." "그녀는 그와 결혼했다." 또는 "그들은 판사 주재하에 결혼했다."고 말한다. 중국고대에는 상대방의 행위를 말할 때는 다른 동사들을 사용하여 남자의 가정은 며느리를 맞아들였고[취(娶)], 신랑본인도 부인을 얻었다고 말한다. 신부 쪽에서 보면, 그녀의 부모는 누군가에게 그녀를 주었고[여(予)], 누군가의 가정으로 돌아갔으며 그녀는 누군가의 신부[처(妻)]가 되었다고 말한다. 일반적으로 신부의 부모나 또는 보호자는 그녀의 결혼에 관한 한 능동적인 행위자로 생각되었다. 그러나 어떤 사람은 그녀가 '(시집)가 버렸다'[실(室)]고 말하거나 또는 결혼해서 시댁으로 오는 것을 말할 때에 '(결혼한) 집으로 돌아왔다'[귀가(歸家)]라고 말한다.

협의의 남자와 여자가 결합하여 일체가 되는 혼인을 중국어에서는 부(夫)나 처(妻)의 두 개의 단어로 만들어졌다. 부(夫)글자의 뜻은 남자쪽을 가르킨다. 부(婦)는 며느리를 가르킬 때가 아내보다 많다. 여자가 남편의 가계(家系)에 있어서 위치를 강조한다. 아내는 하나의 가정, 한명의 가장, 시아버지와 남편의 부(婦)로 여겨진다. 중국의 훈고학자들은 '돕는다'는 의미의 부(扶) 혹은 '복종한다'는 의미의 복(服)이 갖는 같은 음에서 왔다고 단어의 기원을 밝혔다.3) 간단히 말해서 아내는 남편에게 복종하고 남편을 도와주는 사람이다. ‘처(妻)’는 법률상의 아내를 표시할 때 사용하는 개념이다. 처이므로 첩(妾)이 아니다. 정확히 말하면, 그녀는 특정한 남자의 배우자로 남편의 사회적 지위를 공유한다. 언어학자들은 처라는 것은 제‘齊’로 평등하고 동일시됨을 의미한다고 말한다. 남편과 그의 ‘처’는 결합하여 하나가 되었으며 같은 지위와 명예를 나누어 가진다.[4] 환언하면, 여성은 결혼함으로써 단독의 신분을 상실하고, 그녀의 신분은 남편에게 귀속되었다는 것이다.

정중한 대화에서, 보통의 경우 남의 부인을 ‘실(室)’ 또는 ‘실인(室人)’이라고 부른다. 아내를 얻는 것을 ‘실을 얻었다’고 말한다. 아내를 실이라고 부르는 것은 젊은 남자가 결혼했을 때, 아내와 함께 방을 쓴다는 의미와 아내가 이 방과 특별한 관련이 있다는 것을 암시한다. 비록 남자가 전체의 집안을 대표하지만, 아내는 도리어 특별한 방과 긴밀한 연관이 있다는 것을 의미한다. 그 방은 그녀와 남편, 그리고 후에 태어날 어린아이들에게 사용되는 침실을 의미한다. 그 반면, 남자들은 다른 사람의 부인을 ‘실(室)’이라고 부르고, 자기의 아내를 일컬을 때는 평상시에는 ‘내(內)’ 또는 ‘내자(內子)’라고 부르는데, 이것은 ‘안사람’이라는 뜻이다. 이러한 단어의 사용은 앞 장에서 설명한 내(內)/외(外)를 구분 짓는 개념에서 다루었다. 이러한 용어의 사용은 아내의 중요성을 약화시키고, 비하하는 용어다. 왜냐하면 아내는 화자(話者)인 남편과 동일시되기 때문이다. 그러나 이렇게 아내의 중요성을 약화시키는 용어는 아주 특별한 경우에 쓰였는데, 이는 아내를 안이나 사적인 세계의 일부로 간주했을 경우이다.

결혼과 결혼한 부부에 대한 이러한 표현방식은 아래에서 토론할 법률과 예의규정에서 나타나는 것처럼 부계(父系)중심, 부권[(父權, 가부장(家父長)] 중심 그리고 시가(媤家)중심의 원칙을 내포하고 강화한다. 아버지, 아들, 손자로 이어지는 부계의 각도에서 보면 부(婦)라는 글자는 가정안의 며느리나 아내를 나타낼 수 있다. 가족제도의 측면에서 보면, 아버지와 아들이 부인을 취하는 일을 책임진다는 것이다. 신부를 실(室)이라고 하는 사고방식이나 결혼을 ‘집으로 간다’고 하는 생각은 여자가 남자 쪽의 집안에 들어가서 시집살이를 하는 것을 의미한다.

법률상의 구조

송대 사람들은 결혼 허락을 받기 위해서나 또는 결혼한 것을 등록하기 위해서 관아에 갈 필요는 없었다. 그렇기는 하지만 결혼은 법적 제도였다. 왜냐하면 국가에 의해서 반포된 법은 어떤 특정한 형태의 남녀 간의 결합만을 유효한 것으로 인정했기 때문에5) 일부일처제(一夫一妻制)는 중요한 조건이었다. 송형통(宋刑統)에서는 "아내가 있는 사람이 다시 아내를 맞이하는 사람은 도(徒) 1년이고, 여자 쪽에서는 한 등급 아래의 형벌을 받게 된다. 만약 속여서 결혼했을 경우에는 아내를 맞이하는 쪽에서 도(徒) 1년 6개월을 받는다. 그러나 여자의 가정은 형벌을 받지 않는다."6) 만약 한 쪽이 사망하거나 이혼하면 초혼은 끝나고, 남자나 여자는 모두 재혼할 수 있으나 그 전에는 재혼할 수 없다.

이러한 법률상의 체제에서 일부일처제가 한 남자가 동시에 다른 여자를 두는 것을 제한하는 것은 아니나 한 명의 아내만 두도록 제한했다. 처(妻)와 첩(妾)의 위치는 바꿀 수 없다. 즉 "자기의 아내를 첩으로 삼거나, 자기의 여종을 아내로 삼는 사람은 도(徒) 2년이다. 자기의 첩이나 객녀(客女)를 아내로 삼거나 자기의 여종을 첩으로 삼는 사람은 도(徒) 1년 반이다. 여성들은 각자 자기들의 적절한 위치로 돌아가야 한다." 환언하면 여자의 신분을 2등급 올리거나 또는 한 등급 떨어뜨리는 남자는 2년의 처벌을 받게 된다는 것이다. 여자의 신분을 한 등급 올리는 것은 1년 반의 처벌을 받는다. 법률은 신분이 낮은 여성에게는 다소 융통성이 있었다. 즉 "여자 종이 남자아이를 출산했거나 또는 여종의 신분에서 풀려난 여자[양인]는 첩이 되도록 허락해 준다."7) 그러나 분명한 것은 이런 여종을 아내로 삼을 수 없다는 것이다. 주석에서는 "아내는 가계를 전승하고, 제사(祭祀)를 지낸다. 아내가 이미 육례(六禮)를 갖추어 결혼한 것은 하늘과 땅[음양(陰陽)]의 뜻을 취한 것이다. 여자 종이 비록 해방되어 양인이 되었다 할지라도, 어떻게 법적으로 인정된 아내가 맡은 중요한 책임을 감당할 자격이 있겠는가?"8)라고 해석하였다.

송대의 법률에는 약혼은 여자 쪽 가정에 속박을 의미한다. 즉, "자기의 딸을 결혼시킨다는 문서에 이미 답장을 했거나 또는 사적으로 동의를 하고 난 후에 갑자기 마음을 바꾸는 사람은 장(杖) 60이다. 비록 혼인을 허락하는 문서는 없다 할지라도 약혼선물[빙재(娉財)]을 받았으면 또한 마찬가지로 처벌을 받게 된다." 만약 여자 쪽 집에서 자기의 딸을 다른 사람에게 약혼시키면 형벌은 가중되어 장(杖) 100을 맞게 되고, 이미 결혼식을 치렀다면 도(徒) 1년이다. 법률에서는 또한 규정하기를, 신랑 집안의 가장은 여자 쪽이 결혼에 관해 내린 결정을 바꿀 수 있도록 허락하였으나, 그 경우에는 약혼선물은 다시 되돌려 받을 수 없다9)고 하였다. 법률에서는 신랑의 가정은 이에 근거하여 미혼의 신부의 허락을 받아 쌍방이 의논한 때에 신부를 맞아들여야 할 의무가 있었다. 만약 남자 쪽에서 3년 안에 여자 쪽 집안에 딸을 취하지 않으면, 여자 쪽 집안은 남자 쪽 집안이 더 이상 관심이 없다고 판단하여 자기 딸을 다른 남자와 결혼시킬 수 있다.10)

족외혼 제도는 결혼의 법적인 모델이 부계(父系) 관념과 관련이 있다는 것을 의미한다. 아주 이른 시기 면 부계 친척들 간이라 할지라도 결혼해서는 안 된다고 생각했다. 송대에 와서는 이러한 규정이 더 확대되어 동성은 결혼할 수 없었다. 『송형통』에서 "성이 같은 사람과 혼인하면 도(徒) 2년이다."고 밝혀놓았다. 결혼당사자들 간에 4대 내에 부계 쪽으로 같은 조상일 경우 만약 통혼하면 받는 형벌이 더 무거웠고, 가까운 친족일수록 처벌이 더 가혹했다.11) 아내와 마찬가지로 첩도 성이 같은 집안에서는 얻을 수 없었다. 결혼에 대한 법을 해석한 주석에서는 성을 알 수 없는 첩을 살려는 사람은 점을 쳐서 첩의 성이 자기들의 성과 같지 않다는 것을 확인해야 한다는 오래된 규정을 거듭 설명하고 있다.12) 법률에서는 또한 어머니 쪽이나 아내 쪽 친척과의 혼인도 규정하고 있다. 그러나 그 경우에는 다만 촌수로 따질 때 항렬만 문제가 되었다. 즉, 남자는 성이 다른 사촌들과는 결혼할 수 있었으나 아주머니나 조카 쪽의 여자와는 결혼할 수 없었다.13) 여성이 재혼할 때에도, 전남편의 친척들은 배우자가 될 수 없었다. 한 법적인 예에 의하면 재판관은 전남편의 육촌과 3년 전에 결혼했던 여성에게 이혼하라고 판결했다. 재판관은 그 결혼이 실제로 20년이나 또는 20년 이상 지속되지 않았을 경우에는 이혼하는 것이 불가피하다는 법규를 적용했다.[14)]

혼인법은 가장(家長)의 권위를 인정했다. 아버지나 그 가문의 어른들은 자손들의 결혼을 책임지기 때문에 만약 법에 저촉된다면 책임을 져야 했다. 만약 장성한 아들이 집을 떠나 있는 동안 (자기마음대로 누군가와) 결혼하기로 동의했다가 부모가 자기를 어떤 사람과 약혼시켰다는 것을 뒤늦게 알게 되었다면, 부모가 정한 약혼만이 효력이 있었다.[15)] 아버지로서의 권위는 이혼을 규정하는 법에서도 강조되었다. 남편의 시부모는 자기들에게 마음에 들지 않거나 아이를 낳지 못하는 며느리를 친정으로 돌려보낼 수 있었다. 이와는 반대로 여성들은 일방적으로 남편과 남편의 가족을 떠날 수 없었고, 친정 부모들이 시가 쪽의 동의를 받지 않고 딸을 데려올 수도 없었다. 실제로 여자가 시가를 떠나는 것은 처벌할 수 있는 위법행위였다. 법규에는 자기 마음대로 집을 떠나는 아내나 첩은 도(徒) 3년이라고 규정하고 있다. 이에 대해 법률에서는 "아내는 남편을 따라야 하고, 스스로 결정할 권한이 없다."[16)]고 답안을 만들었다.

법적인 모델에 의하면 결혼이후 남자의 신분에는 거의 변화가 없다. 결혼한 남자로서의 위치는 가족 이외의 사람들과의 관계에 있어서 어떤 법적인 면에서 변화는 없다. 남자가 기혼녀나 미혼녀와 성관계를 갖는다 하더라도, 그 남자가 결혼했다고 해서 더 문제가 심각한 것은 아니며 결혼하기 전이나 별 차이가 없다. 이것은 마치 아버지나 남자형제를 상해하거나 치사했을 때, 범죄의 심각성이 남자가 결혼을 했거나 안 했거나가 중요하지 않았던 것과 마찬가지이다. 다시 말해서 남자의 본래의 신분은 아버지의 아들이라는 것으로서 지속되기 때문이다. 즉 어떤 남자가 한 아내의 남편이라는 위치는 아내와 아내의 부모와의 관계에만 적용되었지 그 외에는 적용되지 않았다.

이와는 대조적으로 결혼은 여성의 신분에 근본적인 변화를 가져왔다. 여자는 결혼하는 순간부터 한 가정의 며느리이고 한 남자의 아내이다. 시가 외에 다른 (친정을 제외한) 모든 사람들은 그 여자를 먼저 결혼한 여자로서 생각한다. 여자는 결혼해서 새로운 가정으로 들어간 후에, 그 가문의 가장의 권위하에 속하게 된다. 그러나 여자가 가문의 종속적인 구성원이었던 것만은 아니다. 여자는 가정에서 특정한 위치에 있게 되는데, 이는 형법상에 잘 규정되어 있다. 실수로 시아버지를 죽인 여자는 도(徒) 3년인데, 이것은 같은 상황에서 남편이 받게 되는 형벌보다 한 등급이 감해진 것이다. 그러나 그 여자의 남자형제나 여자형제가 받는 것보다 한 등급 높다. 왜냐하면 그들은 외부인으로서, 감형될 수 있기 때문이다.[17]

불법 성행위에 대한 처벌은 그 처벌에 관련된 사람이 기혼여성 일 때는 형벌이 더 무거웠다. 결혼한 여성을 강간했을 경우에는 도(徒) 2년 반인데, 과부를 강간한 경우는 도(徒) 2년이다. 간통(결혼한 여성과 남편이 아닌 남자간에 자원한 성관계)의 경우는 도(徒) 2년이다. 그 반면 미혼자의 음행죄(남자와 남편이 없는 여성간의 자원한 성관계)는 단지 도(徒) 1년 반이었다.[18] 간통과 미혼자의 음행죄 두 경우 형벌은 남자나 여자에게 똑같이 적용되었다.

송대의 법률은 남성인지 여성인지에 대해서는 크게 비중을 두지 않았으나, 가족에서 어떠한 역할을 하는지가 기본적이며 중요한 요소였다. 간단히 말해서 남자와 여자가 현저하게 다른 위치에 있는 것이 아니라, 남편과 아내이기 때문에 위치가 달라지는 것이다. 남자라고 해서 모두 똑같지는 않았다. 어떤 남자는 가장이고, 어떤 남자는 가장의 아들이거나 또는 남자형제이다. 그래서 이러한 차이점이 중요하다. 여성이라고 해서 모두 같은 범주에 속한 것은 아니다. 딸과 며느리, 정식부인과 첩은 확실히 다르게 취급되어진다. 법률상 중요한 것은 여성이냐 남성이냐 하는 것보다는 주어진 친족관계에서 갖는 위치였다.

혼인법이 중국사회에 끼친 영향은 크지만 그것은 단지 법률일 뿐이지, 사람이 어떻게 행동해야 하고 심지어 어떠한 형벌을 받는지에 관해 서술하지는 않았다. 그러므로 단속하기 힘든 위법행위를 규정짓는 송대의 법들은 강도행위를 규정짓는 법과 비교해 보아야 될 것 같다. 이를테면 간통, 중혼, 첩을 부인으로 승격시키는 것, 사촌의 아내로서 과부가 된 여자와 결혼하는 것에 대한 법 등이다. 이러한 위법행위가 흔하지 않다는 것을 의미하는 것은 아니다. 왜냐하면 법을 담당했던 사람들이 그러한 위법행위가 도덕적으로 잘못되었다고 생각했기 때문이다. 재판관들조차도 단순한 법의 논리로만 위법행위를 다루는 것이 힘들다고 느꼈다. 그러한 범죄에 대해서 불법행위의 증거를 보고받은 재판관들은 평범한 사람들이 법적인 차원의 문제가 아니라고 여겼던 것과 같은 관점에서 본 것 같다. 재판관들도 그러한 불법행위가 도덕적으로 옳다고 생각했을 경우에는 거의 법집행을 하지 않았다.

유교 윤리와 의례적인 모델

무엇이 옳은지에 대한 많은 사람들의 판단은 유가의 가정윤리에 바탕을 두고 있다. 이 윤리는 부모나 부계 조상에 대한 통상적인 의무의 범위 안에 결혼을 자리매김했다. 한대(漢代)이래의 유가의 경전에는 아들은 부모에게 복종하고 공경해야 하며, 아내는 남편의 가정에 헌신해야 된다고 강조했다.[19] 송대(宋代)에 이르러 주희(朱熹)는 유가 가정윤리의 주요내용을 『소학(小學)』에 간단히 요약해 놓았다. 주희는 고전경전과 이전 시기의 학자들의 저작에서 결혼의 중요성과 남편에게 충실해야 하는 아내의 의무, 그리고 남녀유별의 원칙을 강조했다. 그는 예교서의 유가의 내용을 인용하여 "아내라는 존재는 다른 사람에게 복종하는 사람이다. 그러므로 자기 마음대로 할 수 없고 세 가지 복종하는 원칙이 있다. 즉, 시집가기 전에는 친정아버지에게 복종하고, 결혼한 후에 남편에게 복종하고, 남편이 죽은 후에는 아들에게 복종해야 한다."는 것이다. 이 예교서에서 주희는 사마광의 어떻게 아내를 택하는지, 정이의 과부가 재혼하는 것이 적절하지 않다는 것, 유개(柳開)의 여성들은 편애와 말다툼을 좋아하는 경향이 있다는 것을 인용하였다.[20]

부인의 덕목에 관한 유학자들의 가르침은 모범이 되는 사례를 열거함으로써 전달되었다. 사마광은 그가 저술한 『가범(家範)』에서 여성이 남편의 가족에게 헌신했던 좋은 예로서 다음과 같은 사례를 인용했다.

한기(韓覬)의 부인은 우씨(于氏)는 [아버지 실(實)은 주대좌보(周大左輔)였다.] 14세에 기(覬)와 결혼했다. 우씨는 훌륭한 집안에서 태어났지만, 모든 예법을 지켰고, 검소했으며, 절제가 있었다. 모든 집안 식구들이 그녀를 존경했다. 18세가 되었을 때, 남편 기가 전쟁터에서 사망하자 남편 사망의 슬픔으로 인해 너무 야위었기 때문에 지나가는 사람들조차도 감동했다. 매일 아침저녁으로 손수 제물을 올렸다. 상(喪)이 끝났을 때, 부모는 우씨가 아직 젊고 아이도 없었기 때문에 다른 사람과 재혼시키려고 했다. 그녀는 결혼하지 않겠다고 맹세했다. 그리고 첩이 낳아 준 남편의 아들인 세륭(世隆)을 상속인으로 삼아 몸소 그 아이를 길렀으며, 자기가 직접 낳은 것처럼 첩의 자식을 사랑했다. 그녀는 첩의 자식을 절도 있게 교육을 시켰으며 결국 그 아이는 출세했다. 그녀는 과부로서 살기 시작한 후로는 친가를 방문하거나 혹은 친척을 방문하는 외에는 아무데도 나다니지 않았고, 간혹 손위의 친척들이 방문했을 때도 맞아들이거나 배웅하기 위해서 집 밖을 나선 적이 없었다. 그리고 죽을 때까지 채식을 했고, 검소한 옷을 입었으며, 음악을 듣지 않았다.[21]

우씨는 유교적인 모델의 중심이 되는 아내가 가져야 할 덕목을 보여주었다. 남편의 가정이 그녀의 정체성과 주된 관심사였고 친정에서 지낼 때의 부유함과 안락함을 잊고, 절제와 검약을 실천했다. 그리고 부계(父系)의 관점에서 후계자를 생각하고 남편의 후계자로서 생각하였지, 자기 친자식이었는지의 여부에 대해서는 개의치 않았다. 그녀는 조금도 기생처럼 행동하지 않았다. 검약과 본분에 관심을 기울였고, 아름다움과 인생의 즐거움에는 관심이 없었다. 남편의 죽음조차도 남편의 부계에 대한 의무감을 소홀히 하게 하지 않았다.

가정 내에서의 역할과 상호관계로 개인의 정체성을 확인하는 것은 이러한 사상의 윤리기초인 유가 초기의 의례 저작인 『예기(禮記)』와 『의례(儀禮)』 안에 충분히 설명되어 있다. 이러한 학문의 전통은 가족들 간의 관계에서 어떤 것이 보편적이고, 자연스럽고, 무엇이 정확한 가정관계인지를 만들어 내는데 많은 영향을 주었다.[22] 의식절차에 관한 예교서는 친척들 간의 여러 가지 형태의 유대관계의 본질과 상(喪)을 당했을 때, 친소의 정도에 따라 지켜야 되는 의무[상례(喪禮)]를 5등급으로 명료하게 구분해 놓았다. 남자는 4대조(고조부)까지 대부분 선조들의 상복을 입을 의무가 있었다. 3개의 가장 중요한 등급은 모두다 남자의 부계 쪽 친척들과 그들의 아내들과 관련되어

있다. 남자는 아버지에게는 1등급으로 조문하는데(* 저자가 말하는 등급이
란 정리해 보면 다음과 같다. 1등급－3년, 2등급－1년, 3등급－9개월, 4등
급－5개월, 5등급－3개월) 27개월 동안(명목상으로는 3년) 금욕생활을 한다.
할아버지에게는 1년 조문하는데, 이것은 2등급이다. 아버지 쪽으로 삼촌은
9개월 조문하는 3등급이다. 아버지의 사촌의 경우는 4등급으로 5개월 조문
한다. 그리고 아버지의 육촌은 5등급으로 3개월 조문한다. 남자는 또한 성
이 같지 않은 친척들에게도 조문하는데, 등급은 낮았다. 어머니의 부모들(외
조부모)이나, 어머니의 남자형제와 여자자매들(외삼촌이나 이모), 그리고 여
자형제의 자식들에게도 4등급으로 조문했다. 아버지의 여자형제로 인한 사
촌들(고종사촌)과 어머니의 남자형제나 여자형제들로 인한 사촌들(이종사촌,
외사촌들)에게는 5등급으로 조문했다. 이것은 자기의 장인, 장모에게도 마찬
가지였다.23)

이러한 모델에서 결혼을 한다는 것은 신랑과 신부가 다른 사람들과의 관
계에 있어서 자기네들이 차지하는 위치가 바뀐다는 것을 의미한다. 그러나
변화의 정도는 각기 다르다. 결혼한 남편에게 있어서 유일한 변화는 아내와
장인, 장모에게 상복을 입을 의무가 부가되는 것이다. 상례(喪禮)에 있어서
남편은 아내를 2등급으로(1년복) 조문하는 반면, 아내는 남편을 1등급(3년
복)으로 조문한다. 그러나 장인, 장모에 대한 남편의 상례 의무는 같은 등급
으로 서로 행해졌다. 즉, 그들은 서로 5등급으로 조문했다(장인, 장모와 사
위 간). 남편은 아내가 이미 죽었다 할지라도, 여전히 장인과 장모를 조문할
의무가 있었다. 여자는 결혼 후에 친정집에서 행하는 상례에 참석하지만, 그
상례에 대한 의무는 한 등급 줄어들었다. 그래서 결혼한 딸은 친정 부모에
게 3년간 조문하지 않고, 단지 1년 동안만 조문했다. 그리고 친정 남자형제
들에 대해 조문하는 것도 마찬가지로 1년에서 9개월로 줄어들었다. 이러한
변화는 상호간에 일어난다. 즉, 여자의 친정 친척들도 여자를 조문할 때에
한 등급 낮추게 된다. 유가 경전의 주소(注疏)에서 말하는 것처럼, 여자가
시집간 후 조문할 때의 등급의 정도는 줄어들었으나, 결혼한 여자와 친정식
구들 간에 서로 조문하는 것이 완전히 없어지지 않은 것으로 봤을 때, 시집

간 경우에도 여자가 차지하는 위치가 완전히 바뀌는 것은 아니고, 부분적으로 변화되었다는 것을 의미한다. 시댁에서 아내는 많은 상례의 의무를 지게 된다. 송대는 이 점에 관해서도 변화의 시기였던 것 같다. 고전에 나타난 원칙에 따르면 아내는 남편이 자기 친척에게 조문해야 하는 것보다 한 등급 더 낮추어서 남편의 친척들에게 조문해야 했다. 예를 들면, 시아버지의 형제들에게 2등급으로 조문하지 않고 3등급으로 조문했다. 의례안내서는 일반적으로 이러한 규정을 기록하고 있지만, 실제로 아내는 흔히 남편과 같은 등급으로 조문했다.[24]

이렇게 조문하는 관습들은 결혼함으로써 여성의 정체성이 남자의 정체성보다 훨씬 더 큰 변화를 가져온다는 원칙에는 논쟁의 여지가 없다는 것을 보여준다. 남편과 아내, 가족 간의 유대는 상호 관련이 있다. 즉, 그들은 서로 간에 동급으로 대우하지만, 상대방을 외부인으로서 생각한다. 아내와 남편 간, 아내와 시아버지 간, 그리고 아내와 시할아버지 간에 행할 의무는 평등하지 않다. 이러한 것은 남편과 아내 사이에 불평등이 존재한다는 것과 여자는 남편의 가정 안에 종속관계로 결합되었다는 것을 보여준다. 아들이 아버지와 할아버지에게 조문할 때, 아버지나 할아버지가 그에게 조문할 때보다 한 등급 올려 조문한다. 아내는 남편과 같은 수준으로 조문한다.

상복에 관한 규정은 여성들이 남편의 가정에서 외부인이자 내부 구성원이라는 이중적인 신분을 두드러지게 나타내 준다. 그러나 조상 숭배의 의례는 아내를 남편의 부계가정의 관계에 확고하게 종속시켰다. 결혼하지 않은 딸들은 부모집에서 조상에게 제사하는 의식에 참가할 때 지위가 비교적 낮았다. 이를테면 자기와 같은 항렬의 젊은 여성들과 함께 일렬로 손위의 여성들 뒤에 서서, 제주(祭主)와 제주의 아내인 여성 제주가 하는 것을 지켜보고, 조상의 신주 앞에 음식과 술을 제물로 올린다. 일단 여자가 결혼을 하게 되면, 시댁에서 비슷한 역할을 했다. 남편의 형제들의 아내들과 일렬로 서며 점차로 나이가 들어 남편이 가장 손위의 아들이 되면, 음식을 준비하고 제사에서 제물을 올리는 일을 총괄하는 여성 제주가 된다.[25]

아내로서 의례상 확고한 위치를 갖게 된다는 것은(첩이 아니라) 그 여자가 죽은 후에도 소홀하게 대접받지 않는다는 것을 의미한다. 심지어 아내가 젊어서 죽었고, 남편이 재혼했다 하더라도, 결국 남편의 자손들이 죽은 아내를 위한 신주를 모시게 될 것이다. 그리고 자손들에게는 그들의 어머니가 누구인지 상관없다. 그러나 일반적으로 죽은 아내의 신주는 남편이 죽을 때까지는 다른 조상들의 신주와 함께 모시지는 않았다. 다시 말하면, 그녀가 조선(祖先)이 된다는 것은 그녀가 자식의 아버지의 아내이기 때문이지 어머니이기 때문이 아니었다. 이때에는 죽은 여성의 자식들이 따로 마련한 방에서 죽은 어머니의 신주 앞에 제물을 올릴 수 있다(유사한 상황은 남편이 죽어서 아내와 함께 합장할 때까지 여자의 관목(棺木)을 보관해 둔다). 남편과 아내가 둘 다 죽은 후에 조상을 제사지낼때 그 신주는 한 쌍으로 모셔지게 된다. 남편과 아내의 신주가 쌍으로 모셔지는 이러한 서로 보완적인 성질의 예의상의 시각이미지는 묘실 벽화 (제1장(<그림 8>))에서 볼 수 있다. 그 그림에서 남편과 아내는 서로 나란히 앉아 있고, 아랫사람들이 부부를 시중들고 있다.

　결혼에 관한 법률과 유가 가족의례의 규정 간에 유사점이 많다. 둘 다 나이나 성별보다는 역할과 상호 관계를 강조했고, 또한 권리보다는 의무를 강조했다. 그러나 거기에는 역시 미묘한 차이가 있었다. 유가적인 모델은 법적인 모델에서 부여했던 것보다 아내에게 좀 더 권위를 주었다. 조상 숭배의식에서는 행위의 주체자로서의 남자는 그를 도와줄 아내 없이 완전할 수 없다. 아내는 남자가 후손을 두기 위해서 필요했을 뿐만 아니라, 직접 제사에도 참가하였다. 첩과 같은 여성들은 남자에게 상속인을 낳아 줄 수는 있었지만, 아내만이 죽은 조상을 섬김에 남편과 한 쌍이 될 수 있었다. 더구나 아내만이 죽을 때에 남편의 옆에 나란히 머물 수 있다. 아내의 신주는 남편과 함께 선조의 제단에 나란히 놓일 것이고, 아내의 육신은 남편과 나란히 무덤에 묻힐 것이다.

문학작품에 나타난 이미지

나는 지금까지 국가와 유학자, 지식인들이 바람직하다고 생각했던 결혼의 의미에 초점을 맞추어 설명해 왔다. 그러나 문학작품에 나타난 결혼의 이미지는 도덕적이거나, 의례적이거나, 또는 법적인 모델과 긴밀한 관계는 없지만 송대의 문화에 널리 퍼져 있던 요소였고, 다방면에서 보통사람의 행위를 만들어 내었다. 시, 소설, 일화, 전설은 사랑, 아름다움, 숙명과 같은 내용을 포괄할 뿐만 아니라, 또한 때로는 은연중에 결혼에서 중요하다고 생각되는 요소의 순위를 바꾸어 놓았다. 그래서 절제된 행동보다는 자연스러운 행동을, 이성적인 것보다는 격정적인 것을 더 선호했다.

송대에는 결혼과 관련해서 일반사람들이 사용할 수 있었던 많은 모형들이 있었다. 송대의 저술가들이 편집한 지침서에는 결혼과 관련된 편지를 어떻게 써야 할지 신방의 문위에 댓구가 되는 구절을 써놓은 지침서를 편찬했다.[26] 남송대(南宋代)에 월하노인(月下老人)에 사용한 24장으로 이루어진 지침서는 중매를 하거나 또는 혼인의 대사에 사용하는 어휘들로 가득 채워져 있다.[27] 이러한 표본으로 작성된 결혼 편지들은 흔히 고전을 인용했지만, 제사나 음양이론 또는 삼종이라는 큰 각도에 구애되지 않았다. 오히려, 그 편지의 내용은 결혼의 다른 면에 관해서 언급했으며, 이로 인해 전통적인 관점과 부분적으로는 일치되지 않는 면도 있다. 예를 들면, 혼인의 근본적인 원칙은 『시경(詩經)』이나 『맹자(孟子)』에 있는 "아내를 맞이하고 가정을 이루는 것이 옳다."는 것으로 귀결될 수 있다. 혼인이 숙명적이라는 것을 설명하기 위해서 사람들은 고전에 나오는 글귀를 자주 인용했는데, 이 글귀들은 결국 격언이나 경구(警句)가 되었다. 지침서에 흔히 나오는 구절은 '누구에게나 짝은 있다', '봉점(鳳占)' 혹은 '하늘이 짝을 지어 준다'는 것과 같은 것이다.[28] 여자가 적령기에 결혼해야 한다는 관념은 『시경』에 나오는데, 이는 "매실이 제때가 되었구나(*복숭아꽃이 필 때)"[29]라는 구절로서 여자가 가장 아름다운 짧은 때를 만개한 매화에 비유했는데, 이 비유는 아주 영향력이 있었다.[30] 시인들과 화

가들은 작품에서 사랑스런 여인과 매화를 병렬하곤 했다.(<그림 12>)[31]

<그림 12> 매화가 만개한 가지 옆에 있는 여성

송대 화첩. 핼리어트 크라프트 재단 기증. 보스턴 박물관 소장(37. 302).

혼인을 의논하는 편지나 청혼을 수락하는데 고전을 인용할뿐만 아니라 또한 많은 고사나 전고(典故)도 인용하고 있다. 어떤 관련서에서는 같은 지역 출신의 두 집안 간에 결혼을 의논할 때 보낸 편지의 표본을 소개해 놓았다. 즉,

천만(千萬)의 돈으로 이웃을 삼에 또 의지하고 영광을 누리는 편의를 기대할 수 있을 것입니다. 다섯 수레나 되는 약혼선물은 사돈을 맺는 약속을 받드는 것입니다. 진실로 내가 원하는 것은 아니며 나의 검소하고 근면한 것에 맞출 뿐입니다. 당신의 부유한 계책을 부러워하며 삼가함을 받들겠습니다. 그리고 부잣집에서 행하는 도리를 배우겠습니다. 어찌 똑같이 부유한데 뜻을 두어 서륜(西隣)의 가난함을 부끄러워하겠습니까? 회신하여 말하길, 보내온 편지와 기러기는 이미 받았습니다. 저희 미천한 가문이 당신집안과 혼인을 맺은 것은 영광일진져! 어찌 하나의 벽을 거리에 둔 것만 다행이 겠습니까. 다섯 세대 동안 창성할 것인져! 무엇이 이보다 더 좋겠습니까? 누가 이웃 집의 어진 사위가 가진 재덕을 갖추고 있겠습니까? 같은 마음에서 맺은 좋은 인연이 얼마나 아름다운지요![32]

이 편지에서 언급한 내용은 여러 자료에서 가져온 것이다. 좋은 이웃을 얻기 위해 많은 돈을 지불한다는 내용은 일부 정사에서 인용한 것이다.[33] 약혼선물이 다섯 필의 옷감이라는 것은 의례전적 가운데 하나인 『주례(周禮)』에서 인용한 것이다.[34] 함께 누리는 행복이라는 내용은 『예기(禮記)』에 나오는 두 성(姓)의 행복을 결합한다는 구절에서 따온 것이다.[35] 혼인을 할 때 중매쟁이가 장식하였던 기러기나 거위로써 약속을 삼는데, 『예기(禮記)』[36]에 보이는 "다섯 세대가 번영할 것이다."는 구절은 『좌전(左傳)』에서 유래한 것이다. 즉, 결혼에 대해서 점을 친 내용은 "남녀의 불사조가 주옥같은 소리로 조화롭게 노래하면서 함께 날아간다. 위(嬀)의 후손은 강(姜)에서 길러지게 될 것이며 다섯 세대 후손들도 영화롭게 될 것이고, 재상으로서 봉직하게 될 것이다."[37]고 하였다.

이 편지에서 언급한 북평(北平)[* 우북평(右北平)]의 부유한 가정에 대한 이야기는 수세기 동안 인간전설로 전해져 왔다. 젊은이 양옹(陽雍)은 부모가 죽자 슬픔에 잠겨 집을 떠났다. 마침내 어느 길가에 살게 되었고, 여행자에게 물을 길어 주거나 신발을 수선하여 생계를 이어 나갔다. 몇 년이 지난 후에 한명의 신선이 학생으로 몸을 변신하여 양 앞에 나타났다. 신선은 그에게 씨앗을 주면서(어떤 판본에서는 "石砾"이라고 한다.) 심으라고 했다. 양은 그렇게 했고, 씨앗은 얼마 안 가서 백옥(白碧)과 동전이 열매처럼 매달리는 식물로 자랐다. 신이 변해서 된 학생이 다시 나타나 양에게 아내를 구하라고 이야기했다. 양은 자기와 같이 나이 든 사람과 결혼하기를 원하는 사람은 아무도 없을 것이라고 말하면서 반대했다. 신이 변해서 된 학생은 양이 서(徐)씨 가문의 딸에게 청혼한다면 거절당하지 않을 것이라고 말해주었다. 서씨 가문은 북평에서 가장 유력한 가문이었고, 이미 많은 구혼자들을 거절했다. 양이 보낸 중매쟁이가 서씨 가문에 접근했을 때, 그 가족들은 양이 미쳤다고 생각했다. 농담 삼아 서씨 가족은 만약에 백옥 한 쌍과 백만이나 되는 돈을 내놓을 수 있다면 혼인에 응답하겠다고 말했다. 이것은 양에게 마법의 씨 때문에 쉬운 일이었으며 결혼하게 되었다. 세월이 흘러 양과 아내는 10명의 아들을 낳았고 일류 가문을 이루게 되었다.[38] 송대 사람들을 자주 이 이야기의 구절, 이를테면 "씨가 한 쌍의 옥(玉)이 되었다." "옥을 심어서 아내를 얻었다." "옥 들판이 옥벽을 생산했다."다는 구절로 인용되었다. 이 모든 내용은 결혼이 숙명과 밀접한 관련이 있으며 에로틱한 분위기도 있다39)는 것을 전달해 주었다.

고전문학을 읽은 지식인들은 지침서에 쓰여진 결혼에 관련된 편지들을 작성했다. 예를 들면 홍괄(洪适, 1117~1184)은 어머니 쪽의 친척에게 다섯째 아들을 약혼시키기 위해서 다음과 같은 편지를 썼다.

> 삼대에 걸쳐서 혼인한 인연은 정말이지 오래된 것입니다. 반씨(潘氏)와 양씨(楊氏) 사이에 있는 것과 같은 그러한 정이 있을 때는 10필의 검은 비단과 훌륭한 [결합]에 대한 계획도 당황스러울 수 있습니다. 그렇지만 송성(宋城)의 명부는 우연한 일이 아닙니다. 위양(渭陽)의 정은 더욱더 깊어질 것입니다. 당신의 훌륭한 따님은 허리띠를 매어 줄 때 훈계를 잘 받았으며, 아주머니에게 공손할 것이라고 나는 삼가 말씀 드리겠습니다. 나의 다섯째 아들의 학문은 미숙하며, 외삼촌과 비교될 수가 있겠습니까? 점을 쳐서 행복을 위해 결혼으로 맺으려고 계획하고 있습니다. 백 채의 수레가 문을 꽉 채우는 것은 과장일 것입니다. 애당초 나는 사치를 즐겨하지 않았습니다. 그러나 세 가지의 별(행운, 관록, 장수)이 우리 집 문 앞에 와 있습니다. 우리가 곧 날짜를 잡아서 알려드리겠습니다.40)

홍괄이 언급한 내용에는 견본용 편지에 나오는 여러 가지 인용이 자주 나온 『시경(詩經)』에서 인용한 백채의 수레는 풍성한 약혼선물을 의미한다.41) 신부에게 띠를 매어 준다는 것은 고전에서 묘사한 혼인의식을 의미한다. 신부가 친정집을 떠나기 전에, 여성 친척들은 신부의 옷 매무새를 바로 잡아주면서 시댁에서 어떻게 행동해야 할지를 가르쳐 준다. 친정어머니는 "근면하고 공손하며, 날이 새나 해가 저무나 그 집안의 어떠한 예법도 지키지 않아서는 안 된다."42)고 타일러 준다.

홍괄은 그의 편지에서 이 결혼이 친척 간의 혼인이라는 사실을 뚜렷하게 밝히고 있다. 반(潘)과 양(楊)은 진대(晉代)3대에 걸쳐서 혼인을 한 반악(潘岳)과 양중무(楊仲武)두 집안을 의미한다. 그들의 우정은 반이 양을 위해 썼던 감동적인 송덕문으로 유명한데, 이는 『문선(文選)』에 수록되어 있다.43)

위양(渭陽)이라는 용어는 『시경』에 수록된 한 수의 시에서 언급한 한 쌍의 어머니의 형제 가족을 의미한다. 이 시에는 강공이 위양(渭陽)에서 외삼촌인 문공(文公)을 만나는 것을 묘사했는데, 문공은 강공이 진(晉)나라의 왕위를 얻도록 도와준 사람이다.44) 이러한 유대관계는 자주 '진(秦)과 진(晉)의 맹약', '진(秦)나라가 진(晉)나라에 아내를 주었다', '위양(渭陽)의 친척'과 같은 구절로써 언급되어졌다.

홍괄은 '송성(宋城)의 명부'에 나오는 이야기를 인용하고 있다. 그 내용은 당시에 널리 퍼져 있던 생각 중에서 가장 중심이 되는 이야기이기 때문에 자세히 소개할 가치가 있다. 당대(唐代)에 위고(韋固)라는 고아가 적합한 아내를 구하는 데 어려움이 많았다. 628년에 위고가 사마씨(司馬氏)의 딸과 혼사를 의논하기 위해 송성에 있는 여관에 머물렀는데, 어느 날 아침 일찍 중매쟁이를 만나기 위해 절에 갔다. 위고가 절에 도착했을 때 달은 여전히 밝았는데, 어떤 노인이 계단에 앉아서 달빛아래 서류를 읽고 있었다. 위고가 그 서류를 살짝 들여다보았는데, 그 뜻을 이해할 수 없었다. 위고가 노인에게 무슨 서류냐고 물어보았다. 위고는 노인에게 자기가 무엇이든지 읽을 수 있으며, 산스크리트어까지도 읽을 수 있는데 노인이 손에 들고 있는 책의 글자는 알 수가 없다. 그 노인은 웃으며 이 문서는 이승의 것이 아니며, 사람의 운명을 주관하는 저승의 관리들이 만든 것이라고 말했다. 그런데 알고 보니 그 노인도 저승에서 온 관리였으며, 결혼 명부를 책임지고 있는 관리였다. 위고는 이 기회를 이용해서 자기의 결혼 문제를 노인에게 호소했으며, 지금까지 지난 10년 동안 운이 없어서 결혼을 못 했다고 설명했다. 그래서 위고는 지금 진행 중인 사마씨와의 혼사가 성공할 수 있을지 물어보았다. 노인은 위고에게 불길한 소식을 전해 주었다. 위고의 아내가 될 여자는 지금 겨우 3세밖에 안 되었으며, 그 여자아이가 17세가 되어서야 위고가 결혼하게 될 것이라고 전해 주었다. 위고는 노인에게 보자기를 열어 볼 수 없냐고 묻자, 노인은 보자기안의 붉은 끈을 보여주었다. 노인은 이 붉은 끈은 앞으로 남편과 아내가 될 사람의 발을 붙들어 매는 데 사용한다고 말했다. 원수의 집안이든, 사회적인 계층이 엄청나게 차이가 나든지, 편벽된 지역에서 관직생활을 하든, 오(吳)와 초(楚)의 다른 나라에 산다 할지라도 이것이 한 번 묶이면 절대로 풀 수가 없다고 말했다. 위고는 노인에게서 미래에 아내가 될 여자가 그 여관의 북쪽에서 채소장사를 하는 늙은 여인이 데리고 있는 여자아이라는 것을 들었다. 위고와 노인이 채소장수가 있는 곳을 지나가면서 노파와 여자아이를 보았는데, 아주 낮은 계층의 사람들인 것이 분명했다. 위고는 자기의 그러한 운명을 받아들이기가 싫어서 운명을 바꾸기 위해서 그 여자아이를 죽이는 것이 가능한지 물어보았다. 노인은 위고에게 안 된다고 말했다. 그 여자아이는 아들로 인해 명예를 얻도록 되어 있기 때문에 죽일 수 없다. 노인이 사라진 후에, 위고는 그 여자아이를 죽이기 위해서 자기의 종을 보냈다. 그리고 위고는 채소장수의 딸과 결혼하지 않기로 굳게 마음먹었다. 위고가 보낸 종은 여자아이의 눈썹 근처를 찌르고 달아났고, 그 여자아이가 죽었다고 생각했다. 그 후 14년이 지났는데도 위고는 아내 될 여자를 찾지 못했다. 그리고 위고가 관직에 나가게 되었는데, 위고의 상관이 자신의 조카딸을 위고의 아내로 삼게 해 주었다. 물론 아내가 된 그 여자는 어렸을 때 눈썹에 상처를 입었던 그 여자아이였다. 유아 때 그 소녀는 부모가 모두 죽었기 때문에 유모에게 맡겨졌는데, 그 후 자기의 삼촌, 즉 위고의 상관이 이 소녀를 데려다 길렀다. 위고가 아내의 눈썹 근처에 있는 상처를 보았을 때, 아내에게 그동안의 모든 이야기를 다 해 주었다. 이로 인해 월하노인(月下老人)에 관한 이야기가 널리 퍼지게 되었다[45]

　사람들이 결혼에 대해서 언급할 때, '송성(宋城)' 이외에도 '붉은 노끈', '달 아래 노인', 또는 '야채 파는 가게의 딸을 아내로 맞이한 남자'와 같은 많은 구절을 사용해서 이야기를 환기시켜 준다.[46] 사람들은 이러한 구절을 들을 때마다, 법적이나 윤리적인 결혼관에서는 그다지 강조되지 못했던 결혼의 특성에 관해서 생각해 보게 된다. 즉, 결혼은 숙명적이고 불가사의하며, 두 당사자를 신체적으로 묶어 준다는 특성을 보여준다. 결혼이 숙명적이라는 생각은 불교의 인과응보사상이 널리 받아들여졌기 때문이라는 것은 의심할 바가 없다. 그러나 이러한 이야기가 사람들에 의해 호강을 얻은 것은 좁은 종교적인 면에만 국한되어 있었던 것은 아니다.

붉은 노끈이 갖는 결혼의 의미는 사람들의 마음속에 깊은 인상을 남겨 주었다. 결혼과 관련된 편지와 결혼에 쓰이는 쌍으로 된 시구(대구시)들은 묶는 것, 매듭짓는 것, 꼬는 것과 같은 은유를 사용했다. 또한 실, 노끈, 띠 덩굴과 같이 서로 매듭을 짓거나 혹은 서로 꼴 수 있는 물건들을 은유로 사용하기도 했다. 혼인은 남편과 아내를 서로 묶어 주는 끈으로 생각된다. 어떤 사람이 아내를 얻는 것을 '끈으로 묶는다'고 표현했다.[47] 결혼을 묶는다는 은유로 표현하는 것은 남편과 아내를 실로써 묘사한 것이며, 이러한 사고방식은 남편 쪽을 실로써 비유하게 되는 관념에서 출발된 것이다. 결혼은 두 가닥의 실을 한데 연결해서 풀기 어렵게 한 것이다. 물론 매듭 자체가 실보다도 더 강하며 매듭지어진 실을 잡아당길 때에 실은 끊어지지만 매듭이 풀어지는 것이 아니다.

달빛 아래서 남자가 가지고 있는 붉은 노끈과 어머니가 매어 주는 띠 이외에도, 묶는다는 것에 근거를 둔 결혼에 대한 두 개의 다른 이미지도 흔히 사용되었다. 그것은 '어깨를 묶는다는 것'과 '머리카락을 묶는다는 것'이다. 송대에 와서 '어깨를 묶는다는 것'은 옛날에 있었던 '이름을 묻는다'는 의식과 같은 것으로서 약혼을 확인하는 것이다. 이러한 의식이 가지는 의미는 273년에 황제가 황후에 다음가는 배우자[*내직(內職)]를 뽑기 위해 좋은 가문 출신의 여자들을 간택한 것에서 유래한다. 황제가 간택한 여자들에게는 어깨 둘레에 붉은 비단을 매어 표시했다.[48] 송대에 와서 '머리카락을 묶는다는 것'은 흔히 시에 나타나는 결혼을 한다는 은유적인 표현이다. 소무(邵武)가 쓴 한대(漢代)의 유명한 시에는 "우리는 머리카락을 묶어서 남편과 아내가 되었다."는 구절이 있다. 조식(曹植, 192~232)은 "결혼할 때 처음으로 남편과 아내는 머리카락을 묶어서, 그들의 애정이 깊었다."라는 구절의 시를 썼다. 두보(杜甫, 712~770)는 "결혼 후의 이별"이라는 시에서 "여자는 남자의 아내가 되기 위해서 머리카락을 묶었다."고 표현했다.[49] 이와 같은 문학적인 표현에 대해 송대의 학자들은 다양한 해석을 내렸다. 머리카락을 묶는 것과 결혼을 처음으로 일치시켜 생각하게 된 것은 아마도 우연일 수 있다. 왜냐하면 머리카락은 전쟁에 대비하기 위해서 묶었지 결혼하기 위해서 묶은 것이 아니었기 때문이다. 다른 경우에, 머리카락을 묶는다는 것은 사실상 여자들이 약혼했다는 것을 표시하기 위해서 핀을 꽂는 의식을 의미할 수도 있다. 그러나 평범한 사람들, 즉 문맹인들조차도 유명한 시를 곧잘 암송할 수 있었던 것으로 봐서 결혼의 상징으로 머리카락을 묶는다는 생각을 좋아했던 것 같다. 문자 그대로, 남편의 머리카락을 아내의 머리카락과 묶는다는 것은 결혼의식에서 늘 있는 절차였다(제4장을 보라).

결혼이 숙명적이라는 것과 매듭을 매거나 묶는다는 것과 연관 지어 나타내는 것은 가장 보편적인 결혼에 대한 상징이었다. 이 책에서 나는 앞으로 홍매가 기록한 이야기를 인용할 것이다. 그 이야기 속에는 결혼이나 젠더, 성욕과 관련해서 일반 사람들이 가지고 있었던 또 다른 통상적인 생각들을 엿볼 수 있다. 예를 들면, 마땅한 배우자를 찾는데 대한 스트레스, 아름다운 여성에게 매혹되었을 때 발생하는 위험성, 절개를 지키는 여성이 가지는 기적적인 힘, 질투로 인해서 생기는 비인간적인 잔인함과 같은 것들이다. 나는 홍매의 두가지 이야기를 인용하고자 하는데, 이 이야기들은 결혼이 숙명적이라는 고사를 나타내 주는 것으로 이 장을 마치고자 한다.

장즙(章楫)이 아내를 맞이하다

금화(金華) 출신의 선비 장즙이 구주(衢州)에 가 있을 적에 유씨(劉氏)라는 점쟁이에게 점을 쳐서 시를 한 수 받았다. 그 시의 마지막 구절은 "장즙이 신랑곡을 두 번 부르게 될 것이니/나이 든 여인 왕씨(王氏)가 입을 열었고 미소 짓는 곡식이 익었구나."라는 내용이었다. 장즙이 그 뜻을 이해하지 못해서 유씨에게 그 뜻을 물었더니, 유씨가 "나는 단지 점괘대로 점을 쳤을 뿐이지, 그 해석을 잘못해서 뜻을 그르칠 수는 없다. 훗날에 그것이 무슨 뜻인지 당신 스스로 알게 될 것이다."고 말했다. 그때에 즙의 아내는 건강해서, 그녀는 즙이 다시 신랑곡을 부른다는 말을 좋아하지 않았다. 얼마 안 있어, 즙의 아내가 병으로 죽었다. 같은 마을에 사는 수래 진(陳)은 정형(程衡)의 누나와 결혼했는데, 진이 갑자기 죽었다. 그래서 진의 부인이었던 과부가 된 정씨는 남편의 탈상을 하고 나서 즙과 재혼했다. 어느 날 조상의 무덤을 찾아보기 위해, 정형을 포함해서 그 형제들과 함께 교외로 나갔다. 그때에 결혼이라는 것은 우연한 것이 아니라는 화제가 거론되고 있던 중에 즙은 자기에게 일어났던 점괘의 내용에 대해서 이야기했다. 정형이 미소 지으면서 "아 그렇게 되어서 내 누님과의 결혼이 이미 예견되었던 것이었군요."라고 말했다. 정(程)이라는 글자의 오른쪽 변은 왕(王)이라는 글자 위에 구(口) 자가 있으니, 이것은 나이 든 여인 왕씨가 입을 연다는 것을 의미한다. 그리고 정(程)이라는 글자의 왼쪽변이 '화(禾, 곡식)'이니, 곡식이 익었다는 의미를 나타낸다. 이제 그 점괘의 뜻이 확실해졌다.[50]

김군경(金君卿)의 아내

형남(荊南)의 어떤 관리(태수)의 딸이 18세가 되었을 때, 딸을 위해 신랑감을 골랐고, 결혼식 날짜를 택하려고 했다. 그런데 딸의 꿈에 어떤 사람이 나타나서 택한 남자가 너의 남편이 아니고 너의 남편은 김군경(金君卿)이라고 말했다. 그 딸이 꿈에서 깨어난 후에, 아무에게도 꿈 이야기를 하지 않았다. 그러나 딸이 띠에 수를 놓을 때에 각 2, 3㎝ 간격마다 김군경이라는 세 글자를 수놓았다. 어머니가 그것을 보고서 의심스러워 아버지에게 이야기하였다. 아버지가 그 고을(府中) 전체를 샅샅이 뒤졌지만 아주 낮은 관직에 이르는 사람까지도 김군경이라는 이름을 가진 사람은 없었다. 아버지는 딸에게 꿈의 내용을 물어보았고, 딸이 아버지에게 꿈에 관한 내용을 전부 이야기했다. 얼마 지나지 않아서, 그녀가 결혼하기로 했던 남자가 죽었다.
반년이 지난 후에 협주(峽州)로 부임하는 신임 태수는 그 아버지가 관할하던 고을을 통과할 때 태수인 그녀의 아버지에게 편지를 보냈다. 그런데 그 신임태수의 이름이 김군경이었고, 이로 인해서 꿈은 해몽되었다. 김군경이 도착했을 때 그 여자의 아버지는 김군경을 후하게 대접해 주었고, 며칠 동안 그에게 호의를 베풀어 주었다. 그녀의 아버지는 김군경의 아내가 최근에 죽었다는 이야기를 듣고, 김군경에게 자기 딸의 꿈 이야기를 해 주었다. 그런데 김이 "나는 이미 42세로 당신의 훌륭하신 따님의 나이를 갑절하고도 여섯살이 많습니다. 나의 인생도 끝날 날이 별로 멀지 않았을지도 모릅니다. 인간의 도리로서 당신의 청혼에 대해서 부담스러우며 어찌 제가 동의할 수 있겠습니까?"라고 말하며 거절했다. 그런데 그녀의 아버지는 김군경에게 계속해서 설득했으며 "이것이 당신의 운명인데, 당신이 어떻게 거절할 수 있겠는가?"라고 말했다. 그래서 어쩔 수 없이 김군경은 태수의 딸과 결혼했다. 김군경은 그 후 30년을 살았으며, 그의 아내는 여러 명의 자식을 낳았다. 김의 관직은 국가의 재무를 담당하는 관청의 책임자[탁지낭중(度支郎中)]에까지 이르렀다. 그는 심양(番陽) 사람이다.[51]

이 이야기는 결혼이 숙명적이라는 신비스러운 본질을 제공해 주는 또 하나의 예에 불과한 것이 아니라, 결혼할 여성의 직감을 참작해야 된다는 함축적인 의미가 포함되어 있다. 여자들은 결혼할 상대에 관해서 겉으로 보기에는 비이성적인 생각 이면에 실질적인 내용을 감추고 있을지도 모른다.

■　　■　　■

　　이 장에서 설명했던 결혼의 모델과 이미지는 대체로 상호 보완적이다. 유가의 가정윤리관은 한 여자가 결혼과 관련되어 처해 있는 상황이 그 여자의 정체성을 결정짓는 데 기본적이라고 생각하는 법적인 원리의 근간이 된다. 또한 의례적인 모델은 친척들 간의 결혼이나 또는 상복을 입는 기간에 관한 법적인 규제에 대한 바탕이 된다. 결혼이 숙명적이라는 일화는 불교의 인과응보사상에 의거한 것이며, 배우자를 결정하기 전에 점을 쳐야 할 필요성이 있다는 고대로부터 내려온 생각을 강조하고 있다. 동시에 이러한 결혼에 대한 여러 가지 생각들은 초점을 달리한다. 법적인 결혼의 형태는 금지라는 측면에서 생각했고, 용납될 수 있는 행위의 한계에 초점을 맞추고 있다. 유교적인 결혼의 형태는 후손을 둔다는 측면에서 결혼을 살펴보았고, 특히 아내가 지켜야 하는 의무와 미덕을 강조했다. 한편, 문학작품과 일화에 나타난 결혼의 형태는 가족의 결합이라는 측면보다는 개인의 결합을 강조했고, 신비스럽고 예측할 수 없는 사랑에 초점을 맞추고 있다. 이러한 결혼의 모델과 이미지의 중요성은 두 가지 종류이다. 결혼의 유형과 모습은 사람들이 생각하고 행동하는 방식에 많은 영향을 준다. 대부분의 사람들은 결혼에 대한 이러한 사고방식들을 당연하게 생각할지도 모른다. 결혼에 관한 사고방식이나 관점에 큰 차이가 있기 때문에, 한 가지 관념이 사상과 행위를 한정하거나 예측하도록 국한시키지 못한다.

　　종합적으로 생각해 볼 때, 결혼에 대한 이러한 개념들과 가족제도에 있어서 여성의 역할은 둘 다 앞장에서 이미 논의했던 남성과 여성이 서로 다르다는 아주 기본적인 사고방식에 기초를 두고 있으며 후자를 복잡하게 만든다. 여러 가지 유형의 결혼은 남자와 여자 간의 근본적인 이질성을 전제로 하고 있다. 동시에 그들은 여자는 단순히 여자인 것만은 아니라고 단정했다. 즉. 여성들은 딸이자 며느리이고, 어머니이자 시어머니이고, 아내와 첩이기도 하다. 여성들의 정체성을 결정짓는 데 있어서 여성이 여성이라는 것이 갖는 중요성과 마찬가지로 여성이 외부 사람과 맺는 특정한 관계도 아주 중요하다. 결혼이라는 제도에서 여성이 담당했던 역할은 여성에게만 해당되는 여성으로서의 역할이었다. 그러므로 이러한 역할은 남성과는 반대되도록 분리시킨다.

이 장의 주제는 결혼을 보는 가장 기본적인 측면에 관한 것이다. 이 요소들은 시간에 따라 아주 서서히 변화하지만 변화의 일면은 주목해 봐야 할 것이다. 유가 사상과 법률규정은 비록 오래되었지만, 송대에 일반 민중들에게 널리 알려졌고 대중들에게 수용되어졌다. 서론에서 논의했던 것처럼, 송대는 교육받은 계층의 성장과 도시화 현상 및 조밀한 주거 형태로 인해 평범한 농민들이 교육받은 사람들과 더 빈번하게 접촉할 수 있었던 시기였다. 그 밖에, 신유학 운동에서 가장 중요하게 내세운 것은 평범한 사람에게 유교적인 가치관 의례의식을 좀 더 완전하게 주입시키고, 그 당시의 법률로 보통사람을 교화시키고자 하였다. 유학자들은 불교의 영향이 장례식이나 제사와 같은 가정 문제 속으로 침투한 것을 못마땅하게 생각했다. 지방 관리들은 인습을 개혁하려고 노력했고, 유학자들은 올바른 원리원칙이나 절차에 관해서 설명해 주는 글이나 지침서를 썼다. 이런 모든 활동으로 인해서 송대에 살았던 사람은 누구나 법에서는 한 남자가 한꺼번에 두 명의 아내를 둘 수 없다는 것과 유교에서는 남성과 여성의 차이에 도덕적인 가치를 둔다는 것과 아내가 시댁에 성실해야 된다는 것을 모르는 사람은 거의 없었던 것 같다. 유학자들의 훈계와 가르침은 결혼의 법적인 형태에 대한 정확한 지식이 보급되는 것을 도왔을 것이다. 예를 들면 주희가 처음 부임했을 때 법적으로 옳은 약혼 관습에 관한 지침서를 편찬했다.[52] 송대에 시간이 경과함에 따라 일화들도 더 널리 유포되었을 것이다. 왜냐하면 도시화, 운송수단의 발전과 지역 상호간의 교역의 증가는 입에서 입으로 전해지는 의사소통 방식에 의해 이야기들이 퍼져 나가는 것을 용이하게 해 주었기 때문이다. 만약 여러 가지 종류의 책들이 전대미문으로 많이 유포되었다는 것을 기억한다면, 송대에 생긴 변화가 지역과 계층을 초월해서 문화적인 면에서 가장 기본적인 요소들을 더욱더 많이 공유하게 되는 방향으로 일어났다고 믿을 만한 이유는 충분하다.

제3장

결혼의 성립

만약 우리가 전기(傳記)작가들을 믿는다면 ― 나는 믿지 않을 이유도 없다고 보지만 ― 송대 대부분의 부모들은 딸을 매우 좋아했다. 소녀들이 10대 중반이었을 때, 부모에게 기쁨을 준다. 즉, 사랑스럽고, 순종적이고, 똑똑하며 귀여웠다. 교육받은 계층의 가문에서는 딸들이 글을 읽을 수 있도록 정규적으로 가르쳤고, 아버지들은 특별히 딸들이 재주가 있다고 생각될 때 기뻐했다(이 주제는 제6장에서 더욱 자세하게 논의될 것이다). 우리가 들은 바에 의하면, 후씨(侯氏, 1004~1052)는 대단히 영리했고, 독서를 좋아했다. 그녀의 아버지는 '아들보다도 그녀를 더 사랑했고', 딸아이와 함께 정치에 관해서 토론하는 것을 좋아했다.[1] 전씨(錢氏, 1030~1081)의 전기에서는 평범한 소녀들보다 훨씬 더 영리했다고 한다. 즉, "전씨는 머리를 땋기 시작한 때부터 비녀를 꽂을 때까지, 조상의 훈계를 익혔고, 문학과 역사에 대한 풍부한 지식을 익혔으며, 심지어 서예와 작문에 관해서도, 눈을 스쳐 간 것은 어떤 것이라도 습득했으므로 부모는 딸아이를 귀여워했다."[2] 소송(蘇頌, 1019년에 과거에 합격)은 비교적 나이가 들었던 1031년에 태어난 딸을 매우 사랑했다. "딸이 빼어나고 지혜로웠기 때문에 그 딸을 특별히 귀여워했다. 딸아이가 아주 어렸을 때 말을 잘했고, 점차로 책을 암송하기 시작했다. 딸아이가 좀 더 성장하면서 예의범절을 가르치면 빨리 받아들였다. 그 아이는 붓을 잡고 작문을 지을 수도 있었다. 시집갈 나이가 되었을 때, 아버지는 오랜 시간을 들여 남편감을 찾았다."[3]

부모들의 부담

자식을 사랑하는 부모들은 당연히 딸을 좋은 가정에 시집보내기를 원했다. 비록 부모들이 결혼은 숙명적이라고 생각하는 경향이 있었을지라도, 그들은 아들이나 딸에게 최상의 짝을 찾아 주는 것이 어렵다는 것을 알았다. 정씨(程氏, 1061~1085)는 25세가 되어도 결혼하지 못했다. 그녀가 죽은 후에 삼촌인 정이(程頤)는 이러한 일이 어떻게 일어났는지를 설명하는 데 괴로워했다.

[내 조카가] 어려서는 침착하고 조용했으며, 부질없이 웃거나 말하지 않았다. 그 아이의 품격은 고상했으며, 취미는 고결했다. 말을 꺼내고 일을 염려함에 선견지명이 있었다. 하루 종일 편안히 앉아 있을 수 있었으며, 근엄하여 자세가 흐트러짐이 없었다. 일찍이 책을 읽는 것을 배워 본 적이 없는데도 스스로 글의 뜻을 깨달았다. 온 집안 사람들은 그 아이를 사랑했고 소중히 여겼다. 신랑감으로 상대가 될 수 있는 남자를 구하기를 원했다. 그 아이의 아버지인 정호(程顥, 1032~1085)는 그 당시에 유명해서 명성이 천하에 자자했다. 총명하다는 남자들은 모두 그 문하에서 배출되었다. 우리가 7, 8년 동안 그 아이의 남편감을 골라 보았지만, 마땅한 남자를 찾을 수 없었다. 이미 나이가 들어 우리 친척들은 이러한 일을 안타깝게 생각했고, 우리 친구들은 모두 잘못되었다고 생각했다. 예부터 여자가 너무나 똑똑해서 시집가지 못했다는 이야기를 들어 본 적이 없다고 이야기했다. 별 도리가 없어서, 남편감이 될 사람의 자격을 좀 낮추어 생각해 보았다. 일찍이 우리가 결혼문제를 의논하고 있었는데, 그 아이에게는 차마 알릴 수가 없었다. 아마도 그 남편감이 불초하다고 생각했기 때문일 것이다. (그런 와중에) 어머니가 죽었고, 상례에 임함에 너무나 비통해했다. 옛날에 아무리 효심이 깊은 남자라 할지라도 그 아이보다 더 슬퍼하지는 않았을 것이다. 그 아이는 드디어 건강을 헤쳐 죽었다. ……
주위에 있던 사람들은 그 아이가 결혼하지 못한 것을 안타까워했다. 그러나 나[頤]만은 그렇게 생각하지 않는다. 나와 그 아이의 아버지[顥]는 성현을 스승으로 모시고, 늘 그 뜻에 합당하지 못할까 두려워했다. 만약 훌륭한 사람을 찾지 못해서 세속의 평범한 사람과 결혼시켰더라면, 죽는 날까지 그 아이를 욕되게 했을 것이다. 나는 그 아이의 죽음을 애통해하지만, 시집가지 못했다는 것은 슬퍼하지 않는다.[4]

정이가 생각했던 것처럼, 자기의 형님은 자신의 딸에 어울릴 수 있는 남자를 원했으나, 딸이 너무나 똑똑했기 때문에 그런 남자를 찾기 힘들었다. 정이나 정호 두 사람은 다 그 아이보다 못한 남자와 결혼시키는 것은 불명예라고 생각했다. 그렇다면 어떻게 해야 어울린다고 하는가? 정이가 생각할 때, 어떠한 남자도 자기의 조카만큼 고상하고 박학한 사람이 없다는 뜻이 아닐까? 다른 자료에 의하면 보통 남자들에게 있어서 학식은 여자들에게 있어서는 아름다움과 대응되는 것 같다. 원채(袁采)는 '어리석고 용렬한 아들을' 아름다운 여성과 결혼시키려고 하거나 또는 '못생기고, 졸렬하고, 질투심이 많은 딸'을 잘난 남자에게 시집보내려고 애쓰는 것을 경고했으며, 모든 사람들이 그런 원칙을 이해해야 한다고 주장했다.[5] 그래서 재능이 있으나 아름답지 않은 여성들은 짝을 찾기 어려웠을지도 모른다. 남자들은 사랑스런 젊은 처녀들이 수건과 빗을 가지고 시중들어 주기를 원했다.

결혼이라는 것은 단지 개인 간의 결합만이 아니라 가족 간의 결합이어서 배우자를 고르는데 대한 대부분의 이야기들은 후자에 초점을 맞추고 있다. 증공(曾鞏, 1019~1083)은 아버지가 죽은 후에 9명의 어린 여동생들에게 남편을 찾아 줄 임무를 떠맡게 되었다. 증공은 "여동생들이 혼기를 놓칠까 매우 걱정했고, 또 여동생들이 시집가지 못할까 염려했다."[6]고 자기의 심정을 토로했다. 가족들은 딸들을 너무나 사랑했기 때문에 사위를 구하는 데 까다롭게 구는 것이 좋다고 생각했다. 반드시 의식적인 것은 아니었겠지만, 다른 이유로 결혼문제를 까다롭게 생각하였던 것 같다. 딸을 낮추어 시집보내는 것은 수치스러운 일이다. 이러한 결혼은 여자에게 어떤 중요한 결함(봉사, 귀머거리, 정신지체)이 있을 때에만 있는 일이라고 생각했다. 이러한 불필요한 생각은 조정에서 종실의 모든 미혼 여성들에게 적합한 남편을 찾아 주기 위해 많은 노력을 기울였다. 이러한 현상은 황제와 아주 먼 인척관계에 있는 여자들에게도 마찬가지였다.[7] 더구나 이 장에서 분명해지겠지만, 아들과 딸들의 가족들은 사돈(결혼에 의해 맺어진 가정)을 앞으로의 친구나 동맹자로 생각했다. 그래서 재능 있는 사위나 평판이 좋은 가정의 며느리를 찾는 것은 사회적·정치적인 면에서 도움이 필요할 때 도움을 청할 수 있는 집안이었다. 그러나 대체로 부모들은 도덕적인 가치관에 중점을 두고 결정을 내린다.

즉, 부모는 스스로 나쁜 사람이나 나쁜 집안을 선택했다기보다는 좋은 사람과 좋은 집안을 선택했다고 생각한다. 이렇게 해서 부모들은 결혼 당사자가 원하는 것과 가족이 원하는 것이 다를 경우에는, 이러한 사실을 얼버무린다. 이것은 딸을 시집보낼 때 더욱 두드러지게 나타난다. 부모들은 자기네 딸이 멀리 떨어진 지역이긴 하지만 훌륭한 가문으로 시집가는 것이나, 또는 15세 이상이나 나이가 많은 남자의 두 번째 부인으로 시집가는 것이 딸을 위축하게 하지 않을까에 대해서는 묻지 않았다. 그 대신, 부모들은 딸이 원하는 것과 부모들이 원하는 것이 같다고 단정 지어 버린다. 즉 딸이 '훌륭한 가문'과 결혼했기 때문에 딸과 부모들도 모두 좋아질것이라고 생각한다.

양가의 혼인은 비슷한 가문끼리의 결합으로 생각된다. 그러나 한 가문이 아들을 위해서 신붓감을 구할 때는 딸을 위해서 신랑감을 구할 때와는 바라는 것이 다르다. 만약, 가족들의 관심이 그들 자신이 가족과 후손에만 집중되었을 때, 부모들은 결혼하면 떠나야 하는 딸의 남편을 선택할 때와는 달리 손자를 낳아주고 길러 줄 며느리의 선택에 더 신경을 쓸 것이다. 그런데 정이가 다른 책에서 못마땅하게 생각했던 것처럼, 일반적인 경향은 부모들이 딸을 위해 남편을 찾아주는 데 더욱 신경을 썼다는 것이다.[8] 이러한 편견은 무엇이 옳은지에 대한 정이의 생각에 위배되지만, 그 나름대로의 이유가 있다. 아들은 결혼 후 집에 남아서 머물기 때문에 부모들은 아들의 장래의 행복에 대해 걱정하지 않는다. 딸의 경우, 부모들은 단지 배우자만을 선택해 주는 것이 아니라 가정과 미래까지 포함된다. 딸아이의 모든 행복은 결혼에 달려 있다. 결혼에 관해서 지은 쌍시구에 흔히 나타나는 구절 중의 하나는 "만약 당신이 딸을 사랑한다면, 변변치 못한 사람에게 시집보내지 말라."는 것이다.[9] 부모들이 흔히 점쟁이에게 찾아가서 배우자를 잘 선택했는지 물어보는 것은 자기들의 책임감을 덜기 위한 행동이었을 것이다.[10]

결혼 배우자를 선택하는 것은 너무나 복잡한 문제였기 때문에, 어떤 가문에서는 아이들이 아주 어렸을 때에 장래의 가능성이 있는 배우자를 물색하기 시작했다. 사마광(司馬光)은 세상 사람들이 갓난아이거나 심지어 태어나기도 전에 자식을 약혼시키는 것을 좋아하는 것을 탐탁지 않게 생각했다. 그것은

10년이나 20년 후에, 배우자로서 합당치 못하게 되어 어쩔 수 없이 약혼을 파기할 수밖에 없게 될지도 모르기 때문이다. 원채(袁采)도 이와 비슷한 이유로 어려서 약혼하는 것을 반대했다. 부와 명예는 예측할 수 없으며, 한때 사윗감으로 생각했던 남자가 방탕하게 될 수도 있으며, 한때 신붓감으로 생각했던 여자가 예의 없게 될지도 모르기 때문이다.[11]

그렇지만, 일반적으로 어렸을 때 약혼시키는 것은 자랑스럽게 여겨졌으며, 이것은 두 집안 간의 강한 유대감의 상징으로 여겨졌다. 왕씨(王氏, 1031～1098)의 전기에서 범중엄(范仲淹, 989～1052)은 왕씨 아버지의 친한 친구였으므로 두 사람(범중엄과 왕의 아버지)은 자기네 자식이 어렸을 때 결혼시킬 것을 약속했다. 후에 왕씨는 범순인(范純仁, 1027～1101)과 결혼했고, 왕씨의 어린 여동생은 범순인의 어린 남동생과 결혼했다. 사씨(史氏, 1246～1266)의 전기에서 사씨의 아버지가 아팠을 때 그녀의 아버지는 매일 자기를 방문해 준 원사도(袁似道, 1191～1257)에게 너무나 고마움을 느꼈다. 그래서 딸이 6세 때, 7세였던 원의 아들과 결혼시킬 것을 제안했다. 결국, 사씨는 원의 아들과 결혼했다. 친척 간의 결혼은 특히 일찍부터 결정되었다. 개봉(開封) 인근에 살고 있던 두 관료 집안은 결혼으로 맺어졌고, 단(單)의 어린 여동생이 형(邢)의 아내가 되었다. 단의 아들과 형의 딸은 기저귀를 차고 있었을 때부터 장차 결혼하기로 약속했던 것이다.[12]

부모들은 막내아이가 결혼할 나이가 되면 60대 아니면 50대에 들어서게 된다. 모든 자식들에게 배우자를 찾아 주는 것은 걱정 없이 노년기에 들어가기 전에 마지막으로 져야 되는 부담이었다. 흔히 지식인들은 자식을 위해서 남편이나 아내를 찾아 주는 일을 '향평(向平)의 부담', '향평의 희망'에 비유했다. 이것은 한대(漢代)에 어떤 남자가 자식들을 결혼시키는 임무를 다한 후에 산으로 들어가서 방랑했음을 의미하는 것이다. 부모들은 자기들이 앓고 있는 병이 치명적이 될지도 모른다고 생각했을 때, 자기들의 목숨이 붙어 있는 동안에 서둘러서 자식의 배우자를 찾았다. 장법선(張法善, 1134～1172)은 홀아비와 결혼하여 자신이 단지 30대일 때 결혼시켜야 할 의붓자식이 있었다. 장씨의 병이 악화되어 감에 따라, 그녀는 남편에게 밤낮으로 의붓자식들의 결혼문제에 관해서 말했고, 결혼을 위한 준비를 서둘렀으며, 지 참금에 필요한 물건들을 장만하여 죽기 전에 모든 준비를 끝마칠 것을 결심 했다.[13)

장씨의 예에 나타난 것처럼, 자식을 위해서 배우자를 선택할 때 학자들은 보통 여성들이 꽤 주도적인 역할을 담당해서 가족 전체의 결정을 내렸던 것 같다고 서술하였다. 범씨(范氏, 1015~1067)는 자기 자식들의 결혼뿐만 아 니라, 남편의 두 명의 나이 어린 여동생의 결혼과 남편의 죽은 형님의 7명 의 아이들의 결혼도 주선했다. 이들 모두의 배우자를 찾아 주고, 지참금과 약혼선물을 준비하는 데 10년 남짓의 세월을 보냈다.[14) 그리고 심지어 여성 이 주도적으로 나서지 않는 경우에도, 여성들의 의견을 물어보기를 원했다. 조황(趙晃)의 큰딸이 죽은 후에 큰딸의 남편이었던 유엽(劉燁, 968~1028) 은 과거시험에 합격했다. 조는 아직 결혼하지 않은 딸 중에서 가장 큰딸을 결혼시키기 위해서 중매쟁이를 자기의 전 사위에게 보냈다. 유는 그 딸 중 에서 가장 어린 딸을 원한다고 넌지시 비쳤지만, 조의 부인은 그럴 수 없다 고 말했다. 조의 부인은 과자도 위에서부터 꺼내 먹는다는 속담을 인용했고, 또한 아무리 유가 과거에 합격했다 하더라도 딸 중에서 마음대로 선택할 수 있는 권리는 없다고 말했다.[15) 여성들이 일반적으로 가졌던 비공식적인 영 향력 가운데 자식의 배우자를 선택함에 의견을 제시하거나 혹은 거절하거나 하는 권한이 있었던 것 같다.

친구나 동료 간의 사돈관계

기록을 남긴 문인들 가운데, 남자들은 대부분의 가족성원 간에 결혼을 제 안함으로써, 친구를 친척으로 만들려 노력하였다. 이러한 예들은 전기에 많이 실려 있다. 한원길(韓元吉, 1118~1187)과 장효상(張孝祥, 약 1129~1170)은 함께 수도에 머물고 있을 때 사이가 좋았다. 한의 큰 형님의 첫째 부인과 둘째 부인이 모두 죽었고, 아이들만 남아 있었다. 장은 한에게 그의 형님과 자기의 여동생을 결혼시키자고 제안했다.[16) 친구 간의 우정이 결혼으로 진전되기까지는 긴 시간을 요하는 것은 아니었다. 주필대(周必大, 1126～1204)는 자기의 삼촌이 소흥(紹興) 병인(丙寅, 1146)에 원주(袁州)에 임명되었을 때, 주(州)의 사대부 중에서 누구와 더불어 교류할 만한지 물어보았다. 사람들이 채군(蔡君)이라는 사람을 추천했는데, 그 남자는 관료 집안의 후손이었고, 술과 시와 음악과 장기로써 방문객들을 대접하였다. 주의 삼촌은 채와 서로 마음이 잘 맞았는데, 채가 사윗감을 찾고 있다는 것을 알고, 주는 자기의 둘째 아들과 짝지어 줄 것을 제안했다. 즉 "한 마디의 말로써 그 양가는 통혼(通婚)하게 되었다."17)

우정은 결혼문제를 의논함에 중매인을 통하지 않고 서로에게 직접 접근할 수가 있었다. 유극장(劉克莊, 1187～1269)은 82세 때 오랫동안 사귄 친구에게 다음과 같이 고백했다.

> 나는 내가 받은 임명장을 조정에 돌려주었다(*퇴직). 많은 시간을 들여서 나는 아들과 딸들의 결혼식을 다 주선해서 끝냈다. 내가 지금 걱정하고 있는 단 한 명의 자손은 [내 손자인] 환(渙)이다. 그는 순진하며 내 큰아들의 큰 손자이다. 나는 조정의 규정을 활용하여(*음보를 이용하여) 내 손자에게 관직을 받게 했다. 그는 곧 떠날 텐데, 아직 장가들지 않았다. 당신에게는 성숙하고 아름답고, 모든 것이 준비된 딸이 있다. 그 딸의 덕행은 여자들 간에 잘 알려져 있다. 그렇다면 내 손자와 당신의 딸이 서로 좋은 배필이 되지 않겠는가?18)

(유극장의) 친구는 동의했고, 해가 가기 전에 그들은 '이름을 묻고[*문명(問名)]' '선물을 보내는[*납채(納采)]' 약혼절차를 끝마쳤다.

여러 학자들이 주목했던 것처럼, 송대의 관료들은 흔히 가문의 출신 배경에는 거의 관심을 가지지 않고 자식을 다른 관료의 자식들과 결혼시켰다. 이러한 관습은 특히 북송대에 일반적이었다.19) 묘지명 사료에서 연구한 부부 가운데, 북송대에 단지 52%만이 같은 로(路) 출신이었고, 단지 37%가 같은 주(州) 출신이었다. 이와는 대조적으로 남송대에는 같은 로가 82%, 같은 주가 64%를 차지했다.[20] 북송대에 고위관료 집안은 다른 고위관료 집안과 결혼하는 것이 유행이었다. 관료들은 상대방 가문의 유래나 현재 어디에 살고 있는지에 관해서는 그다지 관심이 없었고, 그 가문의 유망한 인사들의 현재 위치에 더 관심이 많았다. 전체 북중국의 방언은 상호간에 이해할 수 있었기 때문에 신부가 심지어 다른 로 출신이라 할지라도, 남편이나 시어머니와 대화하는 데 어려움이 없었다. 그리고 꽤 먼 지역 출신의 관료일지라도, 수도나 지방에서 관직생활을 하는 동안에 서로 만날 기회가 많았다. 예를 들면, 수도 근처에서 태어난 진희고(陳希古)는 하북(河北) 출신의 이위(李緯)와 관료로 함께 재직하였으므로 1020년 쯤에 친구가 되었다. 그들은 자기들의 자식이 아주 어렸지만, 훗날 결혼시킬 것을 약속했다.[21] 더구나, 고위관료의 대다수의 가정이 수도인 개봉에 정착했기 때문에 먼 거리 결혼이라고 하는 것도 사실상 이웃 간의 결혼이 될 수 있었다. 그렇다고는 해도, 몇몇 관료들은 같은 지역에서 온 관료출신의 가족과 결혼하기를 선호했다. 북송대에 양자강 남쪽의 요주(饒州) 출신의 장식(張植, 1070~1132)이 수도인 개봉에서 과거에 합격했다. 장식과 같은 고향 출신의 고위관료는 장식이 그 관리 딸과 결혼하도록 승낙을 받아내 주었다. 비슷한 이야기로 갈승중(葛勝仲, 1072~1144)은 아버지가 강서(江西)에서 장반(張磐) 밑에서 관직생활을 할 때, '동료(同僚)인데다가 또한 동군(同郡)이었기 때문에', 그를(갈승중) 위해 장(張)의 딸인 장호(張濩, 1074~1122)와의 결혼을 주선했다[22]고 기록하고 있다.

남송대에도 역시 다른 로에서 온 관료들은 때때로 자기네 자식들의 결혼을 주선했다. 1147년에 여릉(廬陵, 강서) 출신의 호전(胡銓, 1102~1180)은 소흥(紹興, 절강) 출신의 이광(李光, 1078~1159) 밑에서 멀리 떨어진 지역의 지방관으로 봉직했다. 이는 호의 12세 된 아들에 대해 호감을 가져 이의 7세 된(*9세) 손녀와 호의 아들과 결혼시킬 것을 주선했다.[23] 일반적으로 (남송대에) 고위관료들은 북송대보다도 집에서 가까운 곳에서 배우자를 찾는 것을 더 선호했던 것 같다. 이러한 사실은 남쪽 지역에서는 사투리가 문제가 되었다는 것을 반영해 준다. 그리고 또 유망한 관인가문들이 북송대에는

개봉에 정착해서 살았던 반면에, 남송대에는 항주에 정착해서 살지 않았다
는 사실을 반영해 준다. 아마도 이러한 것은 관료를 배출하지는 못했지만,
지방에서 유력한 가문들과의 유대를 공고히 해야 할 새로운 필요성이 생긴
것을 의미한다. 또한 남쪽 지역의 경제적·문화적인 발전으로 유력한 가문
들이 자기네 주위에서 합당한 배우자를 찾을 수 있었다는 사실을 나타내 주
기도 한다. 아마도 딸들을 다시는 보지 못할지도 모르는 먼 곳으로 시집보
내는 것을 원하지 않았던 어머니들의 영향력이 커진 것을 반영할지도 모른
다. 이러한 현상을 어떻게 설명해야 할지 모르지만, 북송대에서 남송으로의
변화는 혼인에서도 변화가 나타났다는 것을 명확히 드러내준다.

친척들 간의 사돈관계

　우정에 바탕을 두고 시작된 결혼관계는 관련되었던 가문들 간에 계속해서
결혼하므로 이런 관계가 재확인되기를 모든 사람들이 원했던 것 같다.[24] 중
국의 족외혼 원칙에서는 성(姓)이 같은 사촌 간의 결혼을 금했다. 그러나 아
버지의 여자형제의 자식(고종)이나 또는 어머니의 남자형제의 자식(외종)이
나, 어머니의 여자형제의 자식(이종)과 같이 성이 다른 친척들과 결혼하는
것을 금하지 않았다. '중혼(重婚, 가족들 간에 반복되는 결혼)'이나 '세혼(世
婚, 몇 대에 걸쳐서 가족 간에 하는 혼인)'이 새로울 것이 없었다.[25] 친척
간의 결혼은 아마 모든 사회계층에서 행해진 것 같다. 이러한 예들은 특히
교육받은 지식인들 간에 흔히 있었다. 예를 들면, 11세기 초에 저명한 정치
가 왕단(王旦, 957～1017)은 12세가 많은 홀아비 한억(韓億, 972～1044)에
게 큰딸을 시집보냈다. 둘째 딸은 소기(蘇耆, 987～1035)에게 시집갔고, 셋
째 딸은 범령손(范令孫)에게 시집갔다. 그리고 넷째 딸은 여공필(呂公弼,
998～1073)에게 시집갔다. 아들 왕옹(王雍)은 넷째 딸의 남편의 여동생인
유씨(劉氏)와 결혼했다. 왕단의 자식들은 서로 가깝게 지냈고, 왕단의 외손

중에서 3쌍이 결혼했다. 한억의 아들 강(降, 1012~1088)은 어머니의 동생의 딸, 즉 범령손의 딸과 결혼했다. 소기의 아들 소순빈(蘇舜賓)은 한억의 딸과 결혼했다. 소기의 딸은 한억의 아들 한유(韓維, 1017~1098)와 결혼했다. 더구나 부계의 손녀와 어머니의 조카 간에 결혼한 경우도 있다. 왕옹의 딸은 여공필의 형의 아들과 결혼했다. 다음 대에서는 한강의 딸이 외삼촌 아들인 범신(范紳)과 결혼함으로써 왕단의 외가 쪽으로 최소한 한 번의 결혼이 이루어지게 되었다(<도표 1>을 보라). 그녀의 어머니는 그 당시에 고령이었던 자기의 어머니를 돌보기 위해 자기의 딸을 보낼 수가 있었으므로 그 결혼을 원했다.26)

〈도표 1〉

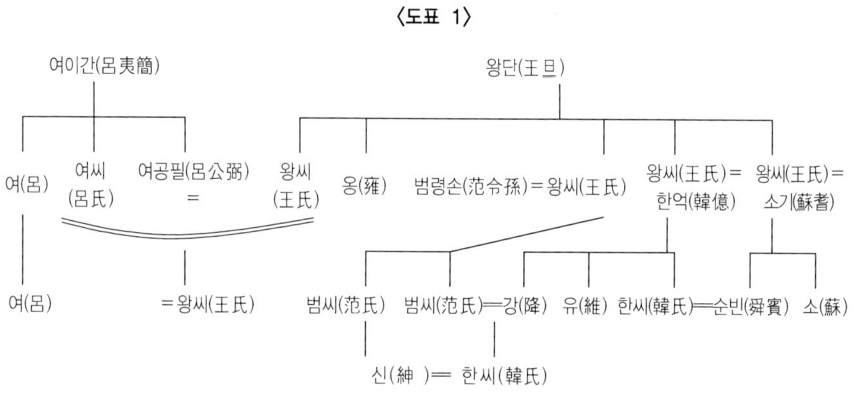

친척들 간에 결혼하려는 경향은 여러 가지 종류의 복잡한 관계가 발생 할 수 있다. 이강(李綱, 1083~1140)의 예를 생각해 보자. 이강의 아버지인 이기(李夔, 1047~1121)는 부모가 죽은 후에 어머니의 친정에서 성장했다. 이기의 외할아버지는 이기가 죽은 아버지의 둘째 부인인 계모가 양육하는 것보다는 자신이 양육하기를 더 원했기 때문이다. 어머니의 남자형제인 황리(黃履)가 이기를 교육시켰다. 이기가 아들 강의 신부를 물색할 때, 이기는 자기의 외삼촌이며 선생이었던 황리의 손녀로 결정했다. 그래서 강은 자기 할머니 쪽으로 6촌과 결혼을 했다(그의 외종조부의 딸의 딸). 이강의 아내의 여자형제는 이강의 아내의 어머니의 남자형제의 아들인 황백사(黃伯思,

1079～1119)와 결혼했다. 그래서 이강은 황백사와 이중으로 관련되었다. 이 강과 황백사는 동서 간으로서 두 여자형제들과 결혼한 것이다. 또한 그들은 6촌간이다(황백사는 이강의 아버지의 어머니의 남자형제의 아들의 아들이다). 이강이 사촌들과 결혼한 것에 대해서 만족했다는 것이 확실하다. 왜냐하면 이강은 자기의 자식들을 사촌들과 결혼시켰기 때문이다. 이강의 여자형제 중의 한 명은 장단례(張端禮, 1082～1132)와 결혼했고, 다른 여자형제는 주림(周琳, 1082～1125)과 결혼했다. 부모가 같은 이들 3명의 남자형제들은 또한 자기네들의 아이들을 다음 세대에도 서로 결혼시켰다. 장의 큰아들은 이의 딸과 결혼했고, 장의 어린 아들은 주의 딸과 결혼했다. 장의 큰딸은 이의 아들 종지(宗之)와 결혼했고, 장의 둘째 딸은 이의 남자형제의 아들 임지(琳之)와 결혼했다. 주의 어린 딸은 이의 아들 앙지(昂之)와 결혼했다[27] (<도표 2>를 보라).

〈도표 2〉

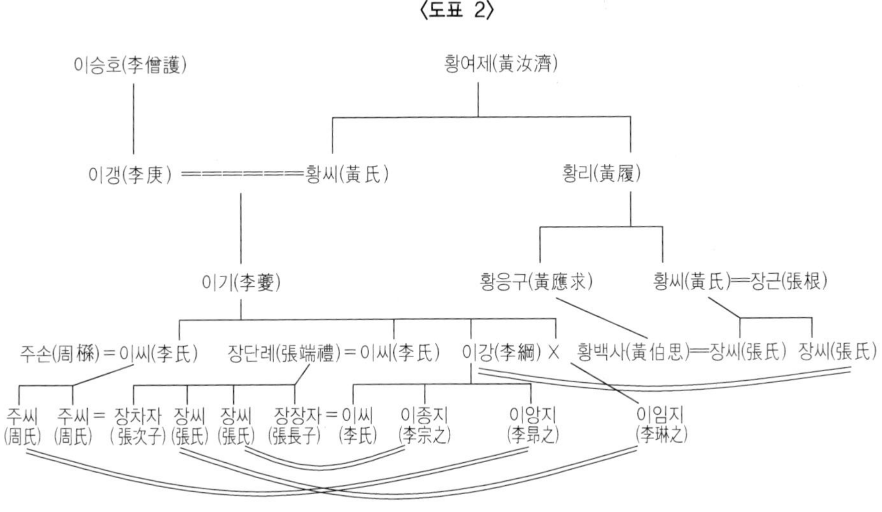

전기자료에서 "그들의 가족은 여러 대에 걸쳐 결혼했다."는 이야기를 쉽게 찾아낼 수 있다. 주필대(周必大, 1126～1204)는 자기 누나를 위해 쓴 전기에서 "우리 집안은 안양(安陽)의 상씨(尚氏)와 예부터 혼인했다. 그래서 부인[나의 누님]은 16세가 되었을 때, 대신(大伸)에게 시집가서…… 좌균(佐均)의 며느리가 되었다." 어떻게 주씨와 상씨가 가깝게 되었는지는 언급이 없다. 그래서 그 진술은 거의 상투적인 말처럼 생각될지도 모른다. 그런데 그녀의 남편에 대한 전기에서 주필대는 결혼관계를 좀 더 정확하게 설명하고 있다(<도표 3>). 주필대의 백모(伯母)은 상씨의 딸이다. 1126년에 여진이 침략했을 때[*정강(靖康)의 난] 상씨의 가장 나이 어린 남동생인 상대신(尙大伸)은 사천에 살고 있던 상씨네 집으로 피난 갔는데, 그는 상씨보다 19세가 어렸다. 주의 삼촌인 이견(利見)은 아내의 남자형제를 좋아했고, '두 집안의 좋은 관계를 공고히 하기 위해서' 고아가 된 자기의 조카와 결혼시킬 것을 재촉했다. 비록 신랑이 신부보다 3세밖에 많지 않았지만, 촌수는 더 높았다. 즉, 신부의 삼촌의 아내의 남자형제였다. 그 결과 다른 촌수 간의 결혼에 대한 금기가 깨어지게 되었다. 그렇지만 남자는 누나의 남편이나 심지어 조카딸에게 상복을 입지 않아도 되기 때문에 그러한 결혼은 위법이 아니었다.28)

〈도표 3〉

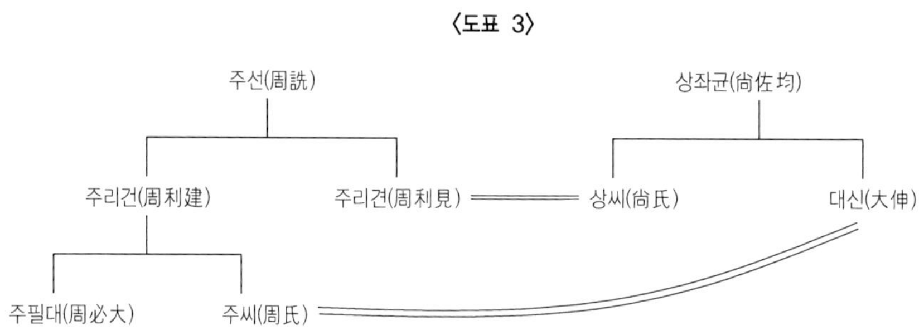

이러한 예는 여자 형제의 남편의 남자형제 딸과 결혼하는 경우이다. 왕단의 손자들은 남자 어머니의 여자형제의 딸들과 결혼했다. 그의 증손자들은 아버지 여자형제의 딸들과 결혼했다. 모든 친척들은 훌륭한 후보자로서 고려되어졌다. 갈승중(葛勝仲, 1072~1144)은 여러 명의 어린 여동생들이 있었다. 갈승중은 아내가 시누이 중의 한 명을 자기의 남자형제와 결혼하도록 주

선했다. 이것은 결국 여자형제의 남편의 여자형제와의 결혼이다. 장아린의
아내와 (장아린의) 여자형제는 비슷한 시기에 임신을 했는데, 두 가족은 만약
한 사람이 딸을 낳고, 다른 사람이 아들을 낳으면 자식들을 서로 약혼시키기
로 합의를 보았다.29) 이것은 아버지의 여자형제의 딸이나 또는 어머니의 남
자형제의 딸과 결혼하는 것으로서, 한쪽이 사내아이를 낳고, 또 다른 쪽이
딸을 낳으면 성립되는 관계이다.

친척 간의 결혼은 누가 그 결혼을 제기했는지 우연히 알게 된다. 약 1095
년에 난계(蘭溪) 출신의 범악(范鍔)은 딸들 중에서 호(胡, 마찬가지로 난계
출신의)와 결혼한 딸이 있었는데 그 딸의 아들을 좋게 생각하였다. 범악이
사위[胡]에게 가서 자기의 딸들 중에 장(張, 마찬가지로 난계 출신의)과 결
혼한 딸이 있는데, 그 딸의 아들이 호와 결혼한 딸의 딸(외손녀)에게 훌륭한
남편감이 될 것이라고 이야기했다. 사위인 호는 그러한 요청을 거절할 수
없었다. 다른 예에서는 어떤 여성이 고아가 된 여자조카를 도와주기 위해서
그 여자조카가 아주머니의 둘째 아들과 결혼할 것을 주선해서 아주머니의
며느리로 들어오게 했다. 11세기 중반에 어떤 나이 든 여성은 결혼한 손녀
딸이 자기의 어린 딸아이를 데리고 방문하러 왔을 때, "아주 마음에 드는
소녀로구나! 우리가 그 아이를 어떻게 다른 가문으로 출가시키게 할 수 있
겠는가? 나의 고아가 된 증손자보다 그 아이에게 더 나은 배필이 누가 있겠
는가."라고 이야기했다. 그래서 두 사람은 결혼했는데, 자기네 어머니 쪽으
로 연결된 사촌 간이었다(그 소년은 자기 어머니의 아버지의 남자형제의 딸
의 딸과 결혼했다).30)

이런 증거에서 나타나는 것처럼, 흔히 여성들은 친척 간의 결혼을 좋게 생
각하였다. 여성들은 알지 못하는 여자가 동서든, 며느리든, 조카의 부인이든
또는 손자의 며느리로서든지 간에 자기네 가정에 들어오는 것을 염려했다.
자기네 친정이나 또는 자기네들(여자형제의 가족이나 어머니의 가족)과 관련
이 있는 다른 가정 출신의 여성이 완전히 낯선 사람보다는 마음이 놓였을 것
이다. 마찬가지로 출가시킬 딸을 둔 어머니는 그 딸이 시집가서 어떻게 살지
걱정하게 될 것이다. 그러나 만일 자기의 딸이 들어가게 될 가정에 대해서

어느 정도 안다면 좀 더 마음이 놓였을 것이다.

친척 간의 결혼 중에서 가장 일반적인 형태는 죽은 아내의 여동생과 결혼하는 것이다. 사실상 죽은 전 부인이 흔히 그러한 결혼을 주선했다. 예를 들면 한기의 기록에 자기의 며느리인 여씨(呂氏, 1039~1065)가 27세에 거의 죽게 되었을 때, 남편에게 "나의 병세는 매일 더 나빠진다. 만약 내 병이 낫지 않는다면, 친정에 여동생이 있으니 만약 당신이 우리의 오래된 인연이 이어지게 하려면 꼭 나의 여동생과 결혼하여 나의 여동생은 틀림없이 내 자식들을 잘 돌봐 줄 것이다. 또 두 성의 화목은 종전과 다름없이 계속 될 것이며, 나는 죽어서도 여한이 없을 것이다."고 말했다. 진효표(陳孝標, 1014~1072)는 어린 나이에 결혼했다. 그런데 아내가 38세에 죽었다. 부인이 낳은 5명의 자식들을 양육하기 위해서 죽은 아내의 여동생을 후처로 맞아들였다. 진효표는 죽은 전 부인 집안의 여성들을 좋게 생각했다. 그래서 그는 자기 아내의 남자형제의 딸을 자기의 아들 중의 한 사람의 아내가 되도록 주선했다. 같은 예로서 우문사열(宇文師說, 1117~1156)은 아버지의 여자형제의 딸과 결혼했다. 아내가 죽은 후에 우문사열은 죽은 아내의 여동생과 결혼했는데, 자기보다 7세나 어렸다. 여조겸(呂祖謙, 1137~1181)은 송대의 가장 저명한 가문 중의 한 가문 출신인데, 한원길(韓元吉, 1118~1187)의 딸과 결혼했지만 아내는 5년 후에 죽었고, 7년이 지난 후 죽은 아내의 여동생과 결혼했다. 요면(姚勉, 1216~1262)은 추묘선(鄒妙善, 1228~1249)과의 첫 결혼이 1년 후에 아내의 죽음으로 끝이 났다. 요면이 상(喪)을 끝마쳤을 때, 죽은 아내의 여동생과 결혼할 수 있느냐고 물어보았다. 그때에 아내의 가족 중에 찬성하는 사람은 그다지 없었다. 그러나 추의 아버지는 그 후 5년 동안 어린 딸에 대한 결혼 제의를 계속해서 거절해 왔던 것으로 봐서 요면을 여전히 좋게 보고 있었던 것 같다. 마침내 요면이 1253년의 과거에서 장원급제 하였을 때, 추씨는 자기의 어린 딸과 결혼하는 것을 승낙했다.[31] 죽은 전 아내의 여동생과 결혼하는 것이 중국사의 모든 시기에 있었던 일이기는 했지만, 송대에 와서 특히 보편화된 것 같다.

사람들은 친척 간의 결혼을 좋게 생각했고, 여러 가지 형태의 문학 작품에서도 그러한 결혼을 찬미했다. 결혼으로 이미 맺어진 가족들이 또 다른 결혼을 주선하여 결혼을 제의하는 편지를 쓸 때, 이미 결혼한 사이라는 것을 명확히 밝혔다. 이런 사실은 앞 장에서 홍괄이 쓴 편지에서도 엿볼 수 있다. 지침서에서 볼 수 있는 쌍으로 된 시구는 친척 간의 결혼보다 더 좋은 것은 없다고 다음과 같이 이야기하고 있다.

> 진(晉)과 진(秦) 사이에 맺은 인연처럼 상서롭고,
> 주(朱)와 진(陳) 사이에 맺어진 인연처럼 오래 지속될 것인져.
> 한 성(姓)이 다른 성과 맺어질 때, 인간에 의해서는 잘못 맺어질 수 있지만,
> 이미 존재하는 결혼의 인연을 통해서 새로운 결혼이 이루어질 때, 이 결혼은 하늘이
> 맺어 준 인연이 분명할 것인져.[32]

고대국가인 진(晉)과 진(秦) 간의 관계는 제2장에서 위양(渭陽)의 친척이라는 것으로써 이미 언급하였다. 주(朱)와 진(陳)의 관계라는 것은 친척 간의 결혼의 바람직한 면을 가장 잘 전달해 주는 내용이다. 당대(唐代)의 유명한 시인 백거이(白居易, 772~846)는 '주진촌(朱陳村)'이라는 시를 썼는데, 그 중 몇구절을 보면 다음과 같다.

> 마을 전체에 성씨는 오직 두 개뿐이며,
> 대를 이어서 두 성씨 간에 결혼한다.
> 각 집안은 멀거나 가깝거나 간에 친척들이다.
> 젊은이나 늙은이거나 할 것 없이 그들이 어디에 가든지 간에
> 친구들이 있고 누런 닭과 흰 술로써
> 동네사람들은 매 주마다 즐거운 잔치를 연다.
> 산 사람은 멀리 떨어져 살지 않고, 딸들과 아들들을 결혼시킬 때
> 마을사람들은 그들의 가까운 이웃에서 물색하고
> 사람이 죽었을 때는 멀리 묻지 않으니
> 무덤이 마을 주위에 빙 둘러 있다.[33]

송대 많은 사람들이 친척과의 결혼에 대해서 기록을 남겼지만, 그런 결혼이 사실상 행해진 것은 소수였던 것 같다. 양쪽 모두 묘지명이 있는 135쌍

의 초혼부부중 단지 10%만이 친척 간의 결혼이라고 분명히 밝히고 있다. 만약 내가 조사한 초혼이었던 부부의 형제자매나 자식들의 결혼까지 계산에 넣을 수 있었다면, 결혼하기 전에 이미 친척관계였던 부부들이 최소한 한 쌍 있었던 집안의 수는 더 많아질 것이다. 재혼한 27쌍 중에 거의 5분의 1은 친척들과 결혼했는데, 이들은 모두 첫 부인의 여동생이거나 사촌들과의 결혼이었다.

이러한 결혼이 친척들 간에 많이 이루어지지 않았던 한 가지 이유는 좋은 면도 있었지만, 위험하거나 골치아픈 일도 있었기 때문일 것이다. 원채(袁采)는 다음과 같이 기록했다.

사람들이 결혼을 주선할 때에 두 가문 간에 유대관계를 잃지 않고 있다는 것을 나타내기 위해서 '이미 있는 결혼으로 생긴 인연을 통해서 또 다른 결혼의 인연'을 맺고자 한다. 이것은 그 당시에 유행했던 관습의 좋은 점이다. 그러나 안목이 좁은 부녀자들은 이미 다른 가문과 가까운 유대를 맺고 있다는 것으로 인해서 예의를 지키는 것을 등한히 한다. 그래서 부녀자들은 상대편을 소홀히 여기고 결국에는 서로 싸움이 일어나고 곧 서로 불화하게 된다. ……아버지의 여자형제의 집안[姑家]에 시집간 조카딸은 아버지의 여자형제[姑氏]에 의해 유독 멸시를 당한다. 여자들이 어머니의 남자형제의 집안[舅家]이나 어머니의 여자형제의 집안[姨家]에 시집갔을 때도 같은 일이 벌어진다. 이러한 나쁜 감정이 생기게 되는 이유는 처음에 결혼을 심각하게 생각하지 않아서 예의범절이 잘 지켜지지 않았기 때문이다.34)

친척 간의 결혼 중에 불행하게 된 두드러진 한 가지 예는 소순(蘇洵, 1009~1066)의 딸 소팔낭(蘇八娘, 1035~1052)과 어머니의 남자형제의 아들 정정보(程正輔)와의 결혼이다. 소팔낭은 16세에 정정보에게 시집갔는데, 자기가 가정의 깊은 원한 속으로 휘말려들게 되었음을 발견하였다. 그녀가 병들었을 때 아무도 돌보는 사람이 없었으며 2년 후에 불행히 죽었다. 소순은 자기의 아들에게 어머니 가족과 절연할 것을 엄명했는데, 이는 42년 동안이나 지속되었다.35)

사위 보기

송대에 과거제도가 중시됨에 따라, 정치적인 측면에서 본 이상적인 배우자상이 변하게 되었다. 당대에는 명망 있는 가문들은 아들을 위해서 명문가의 딸을 원했다. 송대에는 자기 딸들에게 가장 바람직한 결혼 상대는 유능한 청년이었다. 모든 사람들이 원했던 가장 유망한 사윗감은 과거에서 우수한 성적으로 합격하고, 고위직으로 승진할 능력이 있는 남자였다. 그래서 어떻게 그런 사위를 뽑을 것인가가 중요한 화젯거리였다.[36] 어떤 사람이 재능이 있는지 알수 있다면, 다른 사람이 눈치채기전에 장래성이 있는 사람과 혼사를 추진할 것이다. 심지어 어떤 사람은 뛰어난 통찰력이 있어서 아주 어린 소년에게서도 비상한 재능을 알아낼 수 있었다. 예를 들면, 순희 경자(淳熙 庚子, 1180년)에 정경식(鄭景寔)이 고관 진준경(陳俊卿, 1113~1186)을 만났을 때, 진은 정의 6세 된 아들 륜의 천재에 놀라 그를 사위로 삼을 것을 제의했다. 정륜이 19세에 과거에 합격한 후 정의 조카와 결혼했다. 안수(晏殊, 991~1051)가 장래에 재상이 된 부필(富弼, 1004~1083)을 어떻게 사윗감으로 뽑았는지에 대해서 두 가지 학설이 있다. 그 중의 하나는 안의 아내는 관상쟁이에게 자기 딸의 관상을 보게 하고, 적당한 사윗감을 추천하도록 부탁했는데, 관상쟁이는 그 사윗감의 이름이 부필이라고 했다. 다른 학설은 범중엄(范仲淹, 989~1052)이 고위직에 오를 가능성이 있는 사람으로서 태학(太學)에 재학하고 있던 두 명의 학생을 추천했는데, 그중의 한 명이 부필이라는 것이다. 또한 마량이 어떻게 장래의 재상이 될 사람으로 여이간(呂夷間, 978~1043)을 알아냈는지에 관한 이야기가 있다. 마의 아내는 자기 남편이 변변치 못한 지방관의 아들을 사위로 선택한 것을 물어보았다. 마량은 이 문제는 당신으로서는 이해 못 할 일이라고 단호하게 잘라서 말했다.[37]

고위직에 오를 가능성이 많은 사윗감을 찾아낼 수 있는 확실한 방법은 성시(省試)가 실시되는 동안 수도에 가서 과거 결과가 게시되자마자 아직 결혼하지 않은 사람 중에서 가장 성적이 좋은 합격자에게 좋은 결혼조건을 제시하는 것이었다. 물론 이러한 점에서 시험관들은 특히 유리한 위치에 있었다. 1121년에 장가(張䛒)가 성시의 시험관일 때 5,000명 이상의 응시생들이 시험을 봤는데, 그들 가운데서 500명이 선발되었다. 장은 15세 된 딸이 있었으므로 시험에 합격한 사람들 중에서 딸과 좋은 배필이 될 사람을 살펴보았다. 장은 자기의 친척 가운데 먼 친척에게 10등을 한 호인(胡寅, 1098∼1156)에게 접근할 것을 부탁했는데, 호인은 자기의 딸보다 10세나 많았다.[38]

물론 장래가 유망한 청년이 결혼 제의를 받아들이도록 설득하기 위해 돈을 사용할 수도 있었다. 제5장에서 좀 더 자세하게 논의하겠지만, 부유한 집안에서 가장 바람직한 자녀들의 배우자를 구하려고 다투었기 때문에 송대에 와서 지참금의 액수가 증가하는 추세였다. 주욱(朱彧, 약 1075∼1119)은 '합격자 명단에서부터 사윗감을 차지하고자' 하는 사람들은 엄청나게 많은 돈(현금 1,000관 정도)을 들였다고 지적했다. 그 돈은 표면상으로는 시험이 행해졌던 수도에서 사위가 될 사람이 쓰는 경비 명목이었다. 홍매(洪邁)는 한 고위관료에 관한 이야기를 했는데, 그 고위관료가 자기 집 근처에 사는 어떤 상인의 아들이 과거에 합격했다는 이야기를 듣고서, 즉시 돈과 비단을 가지고 그 남자를 사위로 삼기 위해서 수도로 갔다고 한다. 때로는 부유한 가정에서는 장래가 촉망되는 젊은 남자에게 조건부의 제의를 하기도 했다. 홍매는 황좌지(黃左之)의 이야기를 언급했다. 황좌지는 순희(淳熙) 7년(1180)에 시험을 보기 위해 수도에 머물고 있을 때, 왕(王)이라는 성을 가진 부유한 사인(士人)을 만났다. 두 사람은 매우 친하게 되었고, 왕은 황에게 모든 경비를 대 주었을 뿐만 아니라, 만약 과거에 합격한다면 자기 딸을 황에게 줄 것을 약속했다. 황은 시험에 합격했고, 왕의 딸을 신부로 맞아들였는데 지참금은 5백만 관이었다.[39]

유능한 사윗감을 맞아들이기 위해서 송대의 가족들이 기울인 노력을 생각해 볼 때, 자기의 자녀를 친구의 자녀와 결혼시키거나 또는 친척 간의 결혼을 주선하는 것을 당대와 비교해 보면 송대의 유력한 집안에서는 죽은 선조의 명성에는 큰 관심이 없었고, 살아 있는 친척들의 사회적인 위치에 더 많은 관심을 보인 것을 알 수 있다. 결혼 제안을 거절함에 있어서 배타적으로 누려

온 독점적인 관행을 그다지 자랑스러워하지 않았고, 많은 지참금을 제공했다. 이러한 결혼중매에서 사용되었던 수법은 지배계층의 형성과정이라는 관점에서 볼 때 수긍이 간다. 당 중기에서 송 초에, 당대의 귀족가문은 중앙 정부를 통치할 능력을 상실했다. 10세기의 정치적인 상황에서는 가문은 보잘 것 없지만, 다양한 인맥을 통해서 군대를 장악하거나 또는 속관을 두었던 사람들이 전면으로 부상하게 되었다. 송조의 안정과 급속한 경제의 성장으로 인해 교육받은 계층이 점차적으로 증가했다. 송대에는 과거제가 관직에 필요한 관료를 발탁하는 데 중요했던 시대로 알려져 있지만, 음보나 연고도 정치적으로 극심한 경쟁적인 분위기에서 여전히 중요한 비중을 차지했다. 관료조직의 원칙이 점차 확립됨에 따라 유리한 연줄을 가지고 있는 사람들은 자기들과 같은 부류의 사람들에게 특혜를 주는 방안을 항상 고안해 내려고 노력하는 경향이 있었다('음보', '천거', '특주명' 또는 '쇄청시' 등이다).[40] 그러므로 정치적인 야망이 있는 집안에서 유능한 사돈이 될 만한 사람을 찾아내거나, 자기들에게 만족을 줄 사돈과 인맥을 유지하는 데 관심을 기울였다는 것은 그다지 놀라운 일은 아니었다.

중매쟁이에 의해 주선된 결혼

만약 어떤 가정이 개인적인 관계를 통해서 좋은 배우자를 찾아낼 수 없으면, 보통 여성이었던 중매쟁이에게 도움을 요청할 수 있었다. 누약(樓鑰, 1137~1213)은 큰형이 죽은 후에 과부가 된 형수가 3명의 아들과 5명의 딸을 위해 혼인을 준비하는 것을 도왔다고 기록하고 있다. 큰 형수는 특히 가장 어린 딸을 사랑했다. 어떤 중매쟁이가 누륜에게 자기가 살고 있는 주(州)의 종실 가문에 대해서 이야기했다. 즉 "부모는 나이가 들어 은퇴하여 검소하게 산다. 그 부모는 자기네 아들을 엄하게 키웠으며, 과거에 합격해서 평판이 좋다. 셋째 아들 사신(師信)은 1175년[순희(淳熙) 2년]에 이미 진사(進

士)출신(出身)을 받았고, 태주(台州)의 임해(臨海) 위(尉)에 임명되었다.” 누약은 그 집안에 대한 동네 사람들의 소문[향평(鄕評)]을 살펴보았고, 중매쟁이가 이야기한 것과 일치되자 조카딸을 조의 셋째 아들에게 시집보내는 데 동의했다.41)

두 집안이 결혼하기로 결정한 후에도 중매쟁이는 형식적인 의사전달에 필요했다. 중매쟁이를 쓰는 것은 경전의 규정에도 부합된다. 『예기(禮記)』에서는 “중매쟁이 없이 남녀는 교제해서는 안 된다.”42)고 하였다. 『동경몽화록(東京夢華錄)』에서는 중매쟁이들이 짝을 지어 다녔는데, 관자(冠子)의 황포계(黃包髻)로 알아차릴 수 있었다43)고 했다. 원채(袁采)는 중매쟁이가 없어서는 안 되지만, 그들이 하는 말은 조심하라고 다음과 같이 기록하고 있다.

> 중매쟁이들은 여자 쪽 집안에 남자 쪽 집안에서 모든 지참금을 다 원하는 깃은 아니라고 말해서 사실상 여자 쪽 집안을 속이는 데 한몫을 거든다. 중매쟁이들은 남자 쪽 집안에는 여자 쪽 집안에서 재산을 많이 가져올 것이라고 약정하여 속이는데, 이러한 재산의 액수는 사실상 아무런 근거 없이 꾸며댄 것이다. 양쪽 집안이 중매쟁이가 한 말을 단순히 믿고서 결혼하게 되면 상대편을 정직하지 못하다고 책망할 것이며, 남편과 아내는 반목하게 될 것이다. 어떤 경우에는 이혼하게 되기도 한다.44)

거짓말을 하는 중매쟁이들이 가끔 이야기에 나온다. 예를 들면 ‘어떤 정직한 사무 보는 사람[*지성장주관(志誠張主管)]’은 가게를 가지고 있으며, 나이 60이 넘고 자식이 없는 홀아비였다. 그는 다시 결혼하기를 원해서 두 명의 중매쟁이를 보냈다. 여자 중매쟁이는 그 남자가 자기네 가문과 비슷한 정도의 집안으로 젊고 아름다우며 또한 자기 가족의 총재산과 맞먹는 십관전(貫錢)을 지참금으로 가져올 수 있는 여자를 원한다는 이야기를 들었을 때, 매우 놀랐다. 그 중매쟁이들은 주인이 더 이상 원하지 않았던 젊은 첩과 결혼시켜 주는 것을 주선했다. 이때 중매쟁이는 그 결혼할 여자에게 그 남자가 40세라고 속였다.45)

결혼연령

자녀들의 배우자를 찾을 때 가족들은 딸의 나이와 남편감이 될 사람의 나이를 비교해 보는 데 상당한 관심을 기울였다. 지식인 계층의 가족은 딸들이 사춘기를 지나자마자 곧 결혼시켰다. 이것은 전근대 시기 전 세계적으로 널리 행해진 관행이었다.[46] 남녀의 각종 결혼연령의 백분율이 <표 1>에 보이는데 이것은 출생년월과 결혼 연령을 알 수 있는 65쌍을 대상으로 한 것이다.

〈표 1〉 남녀의 초혼 연령

연령(세)	남자(%)	여자(%)
12~13세	3	0
14~15	3	9
16~17	11	25
18~19	20	29
20~21	18	18
22~23	11	12
24~25	12	3
26~27	5	2
28~29	8	0
30 +	9	2

위 표에서 여성들의 평균 결혼연령은 19세이고, 결혼연령의 범위는 꽤 짧다. 여성들은 16세에서부터 19세 사이에 54%가 결혼했다(4년의 기간). 15세에서부터 22세 사이에 89%가 결혼했다(8년의 기간). 이러한 결혼연령의 범위는 20세기 중국 농민들 간에 있었던 결혼연령과 비슷하다.[47] 그러나 명대(明代)나 그 이후 시기에 있었던 부유층에 나타난 결혼연령보다는 약간 높아진 것이다.[48] 송대 부유층의 가족들은 많은 양의 지참금을 마련하기 위해

서 딸들의 결혼연령이 약간 높아진 것 같다(제5장을 보라).

아들도 그렇게 빨리 결혼시키지는 않았다. 아들의 결혼연령은 좀 더 긴 기간에 분포되어 있다. 17세에서 22세 사이의 6년간에 걸쳐 52%가 결혼했고, 15세에서 30세 사이의 16년간에 걸쳐 92%가 결혼했으며, 평균 연령은 21세였다.

젊은 여성들은 짧은 기간 내에 결혼했다. 왜냐하면 여성들은 만개한 꽃이나 무르익은 과일에 비유되었는데, 그것은 거두어들이는 기간이 아주 짧다고 생각했기 때문이다. 더구나 여자들의 결혼이 늦추어져서는 안 된다는 오래된 관습이 있었다. 『예기』에 의하면 여자는 15세에서 20세 사이에 결혼해야만 하고, 남자는 30세까지는 결혼해야 한다고 기록하고 있다. 송대의 법에서는 결혼에 대한 최소한의 나이를 규정했는데, 여자는 13세이고, 남자는 15세였다.[49] 송대 학자들은 법률로 규정된 최소한의 결혼연령과 결혼을 좀 더 늦추어야 된다는 유교 경전에 제시된 결혼연령을 절충해야 한다고 주장했다. 사마광(司馬光)과 주희(朱熹)는 여자는 14세에서 20세 사이, 남자는 16세에서 30세 사이에 결혼할 것을 제안했다. 사실상 주희는 큰아들의 결혼을 1년 늦추었는데, 그것은 신부가 될 소녀가 단지 13세였기 때문이다.[50] 여성의 결혼을 20세 이후로 미루는 합당한 이유는 부모나 조부모에 대한 상(喪) 때문이다. 이러한 경우에 있어서도, 사람들은 여자가 결혼을 너무 오랫동안 뒤로 미루는 것을 탐탁지 않게 여겼다. 만약 어떤 여성이 20세가 되었는데도 상 때문에 결혼할 수 없다면, 결혼을 허락해 주도록 정부에 탄원할 수 있었다. 사람들은 죽음이 임박했다고 느꼈을 때, 결혼시킬 준비를 서둘렀다.[51]

남자나 여자나 할 것 없이 늦게 결혼하는 것은 불행이라고 생각했다. 사람들은 백거이(白居易, 772~846)가 쓴 시를 인용하여 시대의 혼란 때문에 많은 남자들은 결혼하지 않고 30세가 지났고, 여자들은 20세가 지났다고 하였다. 나이가 많아서 결혼하는 것은 출산하는데 힘들고, 그 아이가 완전히 성장하기 전에 부모들은 쇠약해지게 될 것이다. 만약 어떤 여성이 늦게 결혼해야만 된다면, 사람들은 경제적으로 어렵기 때문이라고 추측할 것이다. 작가들은 흔히 백거이가 지은 "가난한 집안의 딸은 결혼하기 어렵다."[52]는 시 구절을 인용했다. 이 시에서는 여자의 아름다움이 재산보다 덜 중요하다고 탄식하였다. 즉 부유한 가정에서는 딸을 위한 배우자를 찾는 데 어려움이 없어 16세이전에 딸을 쉽게 결혼시킬 수 있을 것이다. 반면 가난한 집안의 딸은 20세가 지난 후에도 여전히 혼자일 것이며, 가장은 적극적으로 중매쟁이에게 의존하여 현실적으로 가능한 맞선을 받아내야 한다.

송대에 와서 결혼이 늦어졌던 꽤 많은 수의 여성들은 여종이었다. 홍매의 이야기에 의하면, 어떤 부부가 자기들에게 30년 동안이나 아주 충실하게 시중들었던 종을 위해 뭔가를 해 주어야 한다고 생각하여 결혼시켜 주었다고 한다. 원채는 모든 인생을 주인을 위해서 봉사한 여종들을 결혼시켜 주지 않는 주인에 대해 신랄하게 비난했다.[53]

남자들은 여자들과는 다른 방식으로 '성숙'하기 때문에, 각 가정에서는 아들을 조혼시켰을 때나 만혼을 시켰을 때 발생하게 되는 결과에 대해서 여유를 가지고 생각해 볼 수 있다. 어떤 부모들은 손자를 빨리 보기 위해서 아들을 조혼시켰다. 이러한 바람을 나타내는데 "증(曾) – 증(曾)손자(고 손자)를 보기 위해."라는 시 구절을 흔히 사용했다. 그러나 30세가 훨씬 넘도록 결혼이 늦추어지거나 또는 평생토록 결혼하지 않았던 남자도 있었다. 홍매가 수집한 평범한 사람들의 일화 속에는 노총각에 관한 이야기가 흔히 나온다. 어떤 남자는 40세인데도 여전히 결혼하지 못하고, 남동생의 집에서 기거하면서 땔감을 마련하고 숯을 구워 생계를 유지했다.[54]

송대의 어떤 사람들은 남자가 결혼을 늦추는 것이 좋다고 주장했다. 나원(羅願, 1136~1184)이라는 학자는 자기가 쓴 글에서 모든 남자들은 30세가 된 후에 결혼해야 한다고 주장했다. 다만 공자처럼 고아로서 제사를 지내기 위해서 결혼해야만 하는 경우는 예외였다. 그는 "남자가 30세가 되면 안목이 생기고 다른 사람을 이끌 수 있다."고 했다. 부필(富弼, 1004~1083)은 28세에 시험에 합격할 때까지 결혼을 늦추었다. 부모에게 자기보다 먼저 어린 남동생과 여동생을 결혼시킬 것을 요청하였다. 부필은 자기를 찾아온 결혼하지 않은 24세 된 방문객에게 결혼을 늦게 하는 것은 정력을 축적하여 학업에 전적으로 집중시킬수 있다[55]고 말하면서 늦게 결혼할 것을 권유했다.

아주 특별한 경우에 남자들은 결혼을 40세 이후로 늦추었다. 손복(孫復, 992~1057)은 과거에 합격하지 못하고, 결혼도 하지 못한 채 40세가 되었다. 결국 이도(李燾, 967~1043)는 손복의 자질을 인정하여, 그에게 조카딸을 아내로 삼게 해 주었다.56) 소옹(邵雍, 1011~1077)이 결혼하지 않고 45세가 되었을 때, 그와 같이 공부하던 두 친구가 찾아와서, "3가지의 불효한 행동 가운데서 후손을 두지 않는 것이 가장 큰 것이다. 당신은 결혼하지 않고 40년을 보냈다. 당신의 부모는 나이 들었고, 당신은 아들이 없다. 우리는 [당신의 행동이] 고결한 것이라고 생각되지 않는다."라고 말했다. 소옹은 "나는 너무 가난해서 결혼을 못했다. [나의 행동이] 고결하다고 생각하지 않는다."라고 대답했다. 그래서 친구들은 같이 공부하던 한 친구의 어린 여동생과 결혼할 것을 건의했고, 친구 중의 한 사람은 약혼선물을 마련해 줄 것을 제안했다.57)

과거에 합격할 때까지 결혼을 늦추는 것은 (신분) 향상을 위한 전략이 될 수 있었다.58) 호전(胡銓, 1102~1180)의 아버지는 과거에 합격하지 못했다. 그러나 전은 26세였던 1127년에 진사과(進士科)에 급제하였다. 전은 관인 가정 출신이며, 학자 출신의 사윗감을 찾고 있던 자기 동네의 지방관이었던 유민재(劉敏才)의 관심을 끌었다. 허경형(許景衡, 1072~1128)의 경우에는 자기의 가까운 친척 중에서 관직에 있는 사람은 없었지만, 그가 23세였던 1094년에 진사 시험에 합격한 후 절강(浙江)에 있는 다른 주(州) 출신의 젊은 여성과 결혼했다. 그 여성의 아버지는 관직을 지냈고, 그 여자가 지참금을 많이 가져와서, 허의 남자형제들이 태학에서 공부하는 데 드는 비용을 대 주기에 충분했다. 비슷한 예로서 장유(張維, 1112~1181)의 가까운 선조들 중에서 관직에 있었던 사람은 아무도 없었으나, 장유가 1138년에 27세의 나이로 진사가 된 후에 복건(福建) 지역 주(州) 출신의 젊은 여성과 결혼했다. 그 여성은 장의 어린 여동생들이 결혼하는 것을 도와줄 만큼 많은 지참금을 가져왔다. 그러나 물론 결혼을 늦추는 책략은 또한 위험이 따랐다. 어떤 남자는 진사과(進士科)에 합격하는 데 너무 몰두해 있어서 독신인 채로 50세가 되었다59)고 한다.

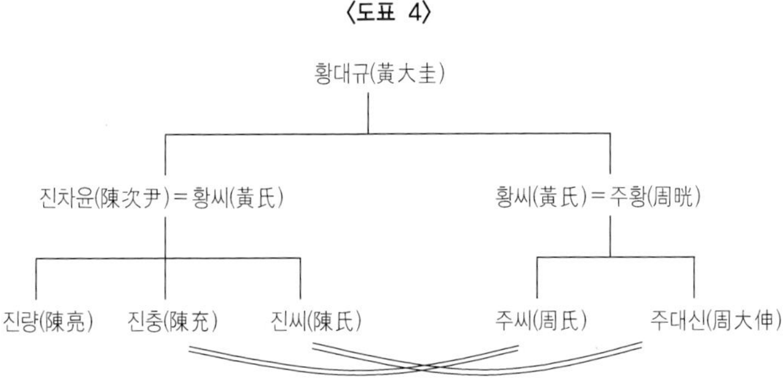

〈도표 4〉

신랑이 신부보다 대체로 2세 정도 많았다(제8장, <도표 2>). 그러나 가족들은 아내가 남편보다도 더 나이가 많은 것을 금하지는 않았다. 황대규(黃大圭)의 두 딸은 자기네들 자식들 간의 결혼을 주선할 때 자식들끼리 결혼시키기를 너무나 원했기 때문에, 언니의 딸이 자기보다 9세나 어린 사촌 남자 형제와 결혼하는 일도 생겼다(<도표 4>). 진량(陳亮, 1143~1194)은 9세나 나이가 많았던 그 여자의 오빠인데, 자기의 사촌/처남인 주영백(周英伯)을 위해서 쓴 제문(祭文)에서 그 이유를 설명했다.

> 우리 어머니는 여동생이 한 명밖에 없었는데, 어머니는 그 여동생과 운명을 함께했다. 이 여동생이 주가(周家)로 시집갔는데, 영백의 어머니이다. 영백의 누나는 나의 나이 어린 남동생과 결혼을 했고, 나의 나이 어린 여동생은 영백보다 9세나 나이가 많았다. 우리 어머니가 영백을 나이 어린 여동생과 결혼시킨 것은 어머니가 두 가문 간의 결혼에 의한 인연이 지속적으로 계속되어 두 가문의 사랑이 완전하게 이루어지기를 원했기 때문이다.[60]

부모들은 또한 아들이 일찍 결혼하기를 원할 때, 아들보다도 더 나이가 많은 여성을 허락하거나 선택했다(아마 부모들이 손자를 빨리 보기 원하거나, 자기들이나 또는 자기 아들의 건강을 걱정했기 때문일 것이다). 그래서 일반적으로 15세나 또는 16세에 결혼했던 소년들은 신부보다도 더 나이가 어렸다.

자기감정을 중시하는 젊은 남녀들

홍매의 이야기나 그와 비슷한 사료에 의하면, 젊은 남녀들은 흔히 부모들에게 장래의 배우자로서 매력을 느꼈던 상대가 있다는 것을 알리고 싶어 했던 것이 분명하다.[61] 어떤 젊은 사람들은 심지어 자기 부모들이 선택한 배우자를 반대했다. 널리 전해졌던 불교 전설에 흔히 나오는 묘선(妙善)공주의 이야기에서 이런 가능이 희극화 되었다. 이 전설에 의하면, 독실한 불교신자인 묘선은 결혼하기를 원하지 않아 아버지의 명령을 거역했다. 왕은 딸의 반항에 화가 나서 딸을 가두고 굶겨서 억지로 복종시키려고 했다. 그러나 딸은 신의 도움을 받아 도망갔고, 비구니로서 새로운 인생을 시작했다. 그런데도 묘선공주는 여전히 부모를 사랑했다. 묘선은 아버지의 병환이 몹시 위독히디는 소식을 듣고, 자기의 눈알을 뽑아내고 팔을 잘라 아버지를 치료하는 데 사용할 수 있도록 했다. 이러한 묘선의 행동은 결혼하라는 부모의 명령에 따라 결혼하는 딸과 다름없이 효심이 지극하다는 것을 보여주는 것이다. 몸이 병신이 된 묘선이 부모를 다시 만났을 때, 몸은 원상태로 회복되었고, 관음보살의 모습으로 다시 나타났다(관음보살은 송대에 와서 흔히 자비로운 여성의 모습으로 나타났다). 송대에 묘선의 이야기는 널리 퍼져 나갔고, 후대에 와서도 아주 인기가 있었다.[62]

종교적인 이유 이외에 다른 이유로 인해서 독신생활을 주장하는 것도 부모를 거역하는 행동이었다. 서씨(徐氏, 1170년에 죽음)에 대한 전기에 의하면 서씨의 아버지가 죽은 후, 어머니는 상복을 입기 전에 빨리 서씨를 아버지의 여자형제의 아들과 결혼시키려고 했다. 이에 서씨가 비명을 지르고 호흡을 멈추어 가족들을 놀라게 하자 가족들은 결혼시키려는 생각을 포기했다. 상(喪)이 끝난 후에 서씨의 손위 오빠가 다시 결혼시키려고 이야기를 꺼냈다. 그러나 서씨는 "부자와 결혼하는 것은 내가 원하는 것이 아니다."[63]라고 고집을 부렸다. 서씨는 가족들의 모임에서 자기와 결혼하려고 했던 사촌의 언행을 아주 역겨워 하였다.

이와는 대조적으로, 어떤 젊은 여성들은 자기 부모들이 탐탁지 않게 생각했던 친척들과 결혼하기를 원했다. 홍매는 손유(孫愈)의 예를 이야기했다. 손유는 어머니의 남자형제의 딸을 염두에 두었고, 그 딸도 그 남자에게 상당히 매력을 느꼈다. 그러나 그의 아버지는 사위들이 모두 다 관료이기를 원했다. 그래서 만약 손유가 주(州)의 시험[해시(解試)]에 합격한다면 결혼하는 데 동의할 것이라고 했다. 손유가 두 번 (시험에) 낙방한 후, 그의 삼촌은 자기의 딸을 다른 사람에게 시집보냈고, 손은 상사병으로 죽었다.[64] 염선(廉宣)의 이야기는 시작은 비슷하나 끝이 다르다. 한 젊은 여자가 아버지의 여자형제의 아들과 사랑에 빠졌고, 그 남자도 그녀를 사랑했다. 그녀는 유모에게 자기의 감정을 어머니에게 이야기하도록 했다. 그러나 딸을 몹시도 사랑했던 어머니는 딸이 관료와 결혼하기를 원했다. 그래서 그 여자와 유모는 사랑의 도주행각을 벌일 계획을 짰는데, 지나가던 젊은 남자가 도주하려는 그녀를 발견하여 좌절되었다. 그 젊은 남자는 그 여자의 이러한 행동을 폭로하겠다고 협박했기 때문에, 원래 도망가려고 했던 그 남자 대신에 이 젊은 남자와 함께 가도록 설득시켰다. 그 여자는 자기의 사랑하는 감정을 그 젊은 남자에게로 옮기는 데 아무런 어려움이 없었다. 그러나 그 젊은 남자의 아버지가 그 남자를 다시 불러들였을 때, 그 여자는 홀로 남아 궁지에 빠졌고, 돈이 떨어져서 관기(官妓)가 되어야만 했다.[65]

젊은 여성들보다는 집 밖을 자주 드나들 수 있었던 젊은 남자들은 친척 이외의 여성에게도 흔히 매혹을 느꼈다. 소설에는 우아하고 아름다운 젊은 여성을 첫눈에 보고 반해서 모든 일에 흥미를 잃고 그 여자만을 쫓아다닌다는 이야기가 있다.[66] 실제 생활에서 남자들은 여자들의 외모만 보고서 마음을 결정하는 것도 사회적으로 받아들여졌다. 학자 유개(柳開, 947~1000)의 경우 첫 번째 부인이 죽은 후 수도(首都)에 머물고 있는 동안 면식이 있던 관료를 방문했다. 이때 유개가 그 집의 서각(書閣)의 벽(壁)에 걸려 있는 아름다운 여성의 초상화를 보고 누구냐고 물었을 때, 면식이 있던 관료인 그 집주인[錢氏]은 어린 여동생의 초상화라고 대답했다. 유개는 자기가 후처를 찾고 있다고 그 자리에서 이야기했다. 그 집주인은 아버지와 의논하지 않고 아무런 일도 할 수 없다고 이야기했다. 그러나 유개는 억지로 약혼선물(폐백)을 받아들이게 하고 날짜를 정하여, 열흘이 지나지 않아 드디어 결혼식을 올리도록 했다. 유개가 중매쟁이를 통하지 않았기 때문에, 관료이자 그 집주인이 유개를 거절하기가 어려웠다. 그 집주인의 아버지는 꽤 중요한 관료였기 때문에, 황제를 알현하고 유개가 (자기의 딸을) 내놓으라고 압력했다고 불평하자 인종(仁宗)황제는 놀라지 않았다. 황제는 그 집주인의 아버지에게 유개는 아주 특출한 재능을 가진 선비로서 훌륭한 사윗감이 될 것이라고 말했고, 심지어 황제가 몸소 중매쟁이 역할을 하고 싶다고 제안했다고 한다.[67]

여자들과 너무 쉽사리 희롱거리는 데 빠진 남자들은 곤경에 처할 수 있었다. 홍매가 기록한 경고하는 의미가 담긴 한 가지 예를 인용하는 것으로서 이 장을 끝마치고자 한다.

1121년[선화(宣和) 3년]에 수도에 있는 부잣집의 아들인 임형(任迥)이 봄 풍경을 즐기며 홀로 여행하고 있었다. 그는 도시 외곽에 있는 술집에 잠시 들렀는데, 그 주막집이 외딴 곳에 있다는 데 매력을 느꼈다. 그 주막집의 늙은 여주인이 주막의 안채에서 나와 뒤를 돌아다보면서 주막 안에 있는 어떤 사람에게 "내가 밤늦게까지는 돌아오지 못할 것이니, 집을 지키라."고 이야기했다. 그 늙은 주막 주인이 떠난 후에 휘장 뒤를 들여다보니, 아주 매력적인 젊은 여인이 있었다. 임형은 그 젊은 여인에 대한 사모하는 마음을 이루 다 말할 수 없었다. 그런데 그 젊은 여인이 뜻밖에도 몸차림을 깨끗이 하고, 임형을 만나러 나오면서 살며시 웃었다. 그 젊은 여성은 좋은 옷을 입지는 않았지만, 사랑스러워 보였다. 임형은 그 여자에게 옆에 와서 앉으라고 손짓하고, 그 젊은 여자와 함께 속삭였다. 그 젊은 여자는 자기의 어머니가 동네 친척집의 잔치에 갔고, 자기 혼자 집에 남아 있다고 말했다. 형은 홀딱 반해서 그 젊은 여자와 희롱거리며 희희낙락했다. 형은 술을 주문해서 그 젊은 여자와 같이 마셨고, 그 후에 그들은 동침했다.

저녁 늦게 노파가 돌아와 대문을 들어서서 형이 안방에 있는 것을 보고 화가 나서 "내 딸은 양가의 처자인데, 네가 어찌 감히 내 딸을 더럽혔는가?"라고 소리 질렀다. 형은 아무런 대꾸도 할 수 없었다. 다만 눈물을 흘리며 절하고 사죄했다. 시간이 지난 후에 노파는 미소를 지으면서 "네가 내 딸의 몸을 이미 건드렸기 때문에, 이제는 다른 방법이 없다. 네가 사위가 되면 문제는 해결된다. 그렇지 않으면 나는 너를 결박하여 관가에 보내겠다."고 말하였다. 형이 생각해 보니, 자기가 아직 장가들지 않은 상태였으며 또 고소당하는 것이 두려워 그는 노파의 딸과 결혼할 것을 약속하겠다고 답하였다. 노파가 형에게 "너는 돌아갈 필요가 없으며, 열흘 안에 서신을 보내 네 부모에게 소식을 알리겠다."고 말하였다. 그리고 형과 그 젊은 여자는 결혼하여 아주 행복하게 지냈다.

그러나 그는 심한 감시하에 놓여 있었다. 노파와 딸이 번갈아 가며 감시했고, 형은 안 채에서 바깥으로 통하는 문[중문(中門)]을 나서지도 못하게 했다. 다만 우두커니 앉아 배불리 먹게만 할 따름이었다. 어느 날 저녁에 아직 잠들지 않았는데, 어떤 사람이 연 달아 문을 크게 두드리는 소리가 들려 노파가 빗장을 여니, 약 20명 내지 30명의 남 녀노소 한 무리가 기분이 들떠서 집 안으로 몰려 들어와 "성안의 어떤 마을, 어떤 집 에서 오늘밤에 큰 연회가 있다."고 말했다. 그 노파는 한 떼의 사람들과 같이 가겠다 고 했으며, 딸도 데려가기로 마음먹었다. 그러면서 형을 어떻게 하면 좋겠느냐고 물어 보았다. 그런데 그때 어떤 사람이 "형이 다른 사람들과 다 함께 따라온다면 별 문제가 없을 것이다."라고 하였다. 그러고 나서 그들은 성안의 마을로 출발했다.

형은 몹시 의심스러웠지만, 감히 아무런 말도 물어보지 못했다. 잠시 후에 그들이 성 문에 도착하였을 때 문이 닫힌 지 이미 상당히 시간이 지났다. 어떻게 성안으로 들어 갈지 서로 이야기를 한 후에 그 노파는 갈라진 틈을 통해서 빠져나갔고, 형을 포함한 나머지 모든 사람들도 따라 했다. 이 한 무리의 사람들은 장터로 갔는데, 여느 때와 다름없이 물건을 사고파느라고 분주했으며 불빛이 휘황찬란했다. 그 한 무리의 사람들 은 어떤 집에 도착했는데, 그 집의 가족들이 방금 스님을 시켜서 불교식으로 제사를 지내고 곡식 여섯 말[*법식(法食)]을 바쳤다. 한 무리의 사람들이 서로 밀어제치면서 음식이 있는 곳으로 다가가 게걸스럽게 먹었다. 형이 넋을 잃고 보면서 [이 제사가 귀 신들에게 음식을 공양하는 의식이라는] 것을 직감했고, 자기가 귀신의 사위였다는 것 을 알아차렸다. 형이 부처 밑에 무릎을 꿇고 앉아 뒤에서 같이 온 한 무리의 사람들을 돌아보았을 때, 비로소 그들이 괴기한 귀신의 모습을 하고 있다는 것을 볼 수 있었다. 귀신들은 형을 그들과 같이 데리고 가려고 했으나 형은 거절했다. 그 노파와 딸은 형 에 대한 애정이 있어서 남겨 두고 떠나는 것을 주저했다. 귀신들은 형을 데리고 온 것 을 후회하면서 서로 간에 책임을 추궁했으며, 그들은 저주하면서 울고 떠났다.

새벽에, 그 집의 가족들이 음식을 담아 놓은 그릇[공기(供器)]들을 내어 가려고 하다 가, 형을 발견하고 귀신이라고 생각했다. 형이 [달아났으나] 그 가족들이 등불을 가지 고 찾자, 숨은 곳에서 나왔다. 그는 그 집 사람들에게 지난날에 있었던 모든 일을 상 세하게 알려 주었다. 아침에 그 가족들은 형을 그의 집으로 돌려보냈다. 형이 가족들 을 만나자, 가족들은 서로 붙들고 슬피 울면서, "네가 떠난 지 벌써 일 년 반이나 되 었는데, 우리가 아무리 너를 찾아도 있는 곳을 알지 못해서 네가 죽었다고 생각했다." 고 하였다(형은 스스로가 귀신처럼 보이기 시작했다). 그 후에 며칠 동안(4, 5일) 치료 받고 나서야 사람의 형상을 되찾았다. 그가 옛날에 살았던 곳에 가 보았을 때, 그 자 리는 황량했고 잡초와 잡목만 무성했다.68)

이 이야기와 많은 다른 이야기에서도 알 수 있는 것처럼, 알지 못하는 여인에게 성적으로 매료된 남자들은 무슨 일이 일어날지 모르기 때문에 그 자신이 위험한 처지에 빠지게 된다.

■　　■　　■

이 장에 묘사한 내용들은 신분으로 계층화된 사회에서는 드물지 않은 현상이다. 이 사회에서는 부모가 자녀들의 결혼을 주선했다. 자식들을 어려서 결혼시키고 자식의 배우자를 결정할 때 착한 사람이거나 또는 훌륭한 가문이라는 도덕적인 관점에서 결정을 내리며, 마음속으로 경제적인 측면을 따져 본다. 또한 장차 딸이나 아들의 배우자가 될 친척들의 인간성에 대해서도 많은 관심을 기울인다. 그리고 이러한 결혼이 전반적인 과정이 힘든 일이지만 그래도 집안의 경사로서 일부 나이 든 여성에 의해 수행되었다. 이러한 현상은 결혼을 중매하는 과정에서 나타나는 특성인데, 그다지 특이한 것은 아니다. 이러한 사회에서는 결혼 상대를 선택하는 데 있어서 권한이 여성이냐 남성이냐에 따라 달라진다는 것보다는 세대에 따라 결정된다. 나이가 든 남자나 여자들은 자식들이 결혼할 사람에 대해 상당한 영향력이 있었던 반면, 젊은 사람들은 남자건 여자건 간에 자기 스스로의 운명에 관한 결정에 있어서 영향력을 행사하지 못했다. 송대 중국에서 결혼중매는 성이 다른 사촌 간의 결혼을 긍정적으로 생각하는 또 다른 특성을 가지고 있었다. 이런 현상은 모든 전통적인 사회에서 발견되는 것은 아니나 중국에서는 오랜 역사를 가지고 있었다.

그 밖에 사람들은 중국사의 다른 시기와 명확히 비교되는 송대 결혼중매에서 나타나는 특성을 확인할 수 있다. 예를 들면, 유력한 송대의 가문들은 당대와는 달리 죽은 선조의 명성에는 별로 관심이 없었고, 그 대신 현존하는 친척들의 지위를 중요시했다. 그러나 명대나 후기 중국의 관료 가문과는 달리, 송대의 관료 집안에서는 당대의 결혼관습을 따른 점도 있었다. 자기들과 다른 지역 출신이라 할지라도, 비슷한 지위에 있는 관료 출신의 가문들과 결혼하는 것이다. 우리가 살펴본 것처럼 송대에 와서 과거시험의 경쟁이 치열해지고 인맥이 출세에 영향을 미치기 때문에, 지배계층의 형성이라는 측면에서 볼 때 이러한 결혼중매의 관습은 의미가 있을 것이다.

모든 결혼에 관한 결정이 두 가문의 남자들의 정치적인 목적이 동인이 되어 내려졌다고 해석하는 것은 잘못이다. 결혼 선택은 아주 복잡했다. 한 번의 결혼으로 어머니와 아버지, 할머니와 할아버지가 원하는 모든 바람을 충족시킬 수 없었다. 아마도 어머니와 아버지는 자식들의 결혼에 관해서 다소 다른 목적을 가지고 있었던 것 같다. 그러나 모든 종류의 타협은 가능했다. 예를 들면 어머니가 두세 명의 자식들의 결혼은 자기주장대로 할 수 있었지만, 다른 자식들의 경우에는 자기의 주장을 굽혀야만 했을지도 모른다.

이 장은 현존하는 사료에서 명확하게 언급하는 혼인의 기록에 초점을 맞추었는데 대부분 사회의 부유층에서 통상적으로 행해졌던 결혼에 근원한다. 이 책의 뒷부분에서 밝히겠지만, 부모들이 모두 자식을 위해 좋은 짝을 맺어 주려고 노력했던 것은 아니었다. 사실상 어떤 부모는 노력조차 하지 않았다. 가난, 탐욕, 잔인, 불행은 좋은 결혼을 하는 데 방해가 될 수 있었다. 상당수의 소녀들은 부모에 의해 종, 첩, 기생이나 또는 창녀로 팔려 갔다. 아버지를 여의었던 소녀들이나 또는 부모가 자기들을 돌봐 줄 수 없었던 소녀들은 장차 시부모가 될 사람에게 보내져서 민며느리로 살아가기도 했다.69) 성추행을 당한 젊은 여성은 결혼에 대한 희망이 무너지는 것을 발견할지도 모른다.70) 앞으로 제5장, 제10장, 제13장에서 설명되겠지만, 재산을 상속받으려고 했던 고아가 된 딸들은 가족의 재산 다툼에서 희생자가 될 수도 있었다.

제4장

의식과 축하연

대부분의 다른 사회에서와 마찬가지로 송대(宋代) 중국에서도 결혼은 의식으로 시작된다. 이러한 의식은 신랑과 신부를 여행하게 하여, 그들의 위치로 인해서 생기는 변화를 확실하게 했던 통과의례이다. 신랑과 신부를 이전의 정체성으로부터 분리시키고 얼마 동안 신랑과 신부가 되는 첫 단계의 상태에 있게 했다가, 다시 한 쌍의 새로운 사람으로서 합친다. 결혼의식은 상징적으로는 신부와 신랑의 성욕과 신랑과 신부 간의 관계에서 성의 중요성을 인정하는 것인 동시에 대가족의 사회적·감정적인 필요성을 충족시켜 주었다. 아무리 가족들이 자식을 위한 배우자의 선택에 정성을 들이고 결혼이 성사되기를 원한다 할지라도, 자식의 미래에 대해서 걱정하지 않을 수 없었다. 사위와 시댁식구들이 딸을 적절하게 대우해 주고, 도움이 되는 친구 사이가 될 수 있을까? 시집간 집안의 남자형제의 아내들이 딸과의 관계를 힘들게 만들지는 않을까? 결혼식은 양가의 친척들에게 결혼으로 인해 생길지도 모르는 걱정을 절제된 방법으로 나타낼 수 있도록 해 준다. 그러나 절제된 방법으로 인해 결혼의 결과가 위태로워지지는 않는다. 결혼에 수반되는 의식이 있기 때문에, 결혼을 더 기분 좋게 만들어 준다. 의식과 축하연은 결혼의 여러 가지 측면 중에서 사람들이 생각하기를 꺼리는 결혼의 일면을 감추어 주는 방편이 된다. 또한 결혼은 사람을 상거래로 주고받는다고 생각하게 될 수도 있는 일면을 사랑과 우정을 나타내는 축복으로 바꾸어 놓는 데 사용되는 방편이 되기도 한다. 결혼식은 당사자들이 자기네들의 부, 교양 정도, 그리고 인간관계를 보여줄 기회를 마련해 준다.

결혼의식에 수반되는 여러 과정들이 송대 몇 권의 책에 묘사되어 있다. 그러나 송대의 결혼식에 대한 가장 완벽한 내용은 양송(兩宋) 수도의 사회 관습을 묘사한 내용에 잘 나타나 있다. 북중국에서 개봉의 꿈[『동경몽화록(東京夢華錄)』]에 기록된 개봉(開封)은 960년부터 1126년까지 (북송의) 수도였다. 항주(杭州)의 꿈[『몽량록(夢梁錄)』]에 기록된 양자강 남쪽의 항주는 송이 북쪽 지역을 상실한 후의 수도였다. 이 두 책의 저자들은 부자든지 가난하든지 상관없이 도시민의 풍습을 기록했다고는 하지만, 사실상 부유층의 세련된 관습에 대해 묘사하는 것을 더욱 선호했던 것 같다.[1]

약혼식

어떤 집안이 다른 집안을 사돈이 될 가망성이 있다고 생각한다면 — 이러한 관심이 중매쟁이의 허풍 섞인 상대방에 대한 평판이나 친구의 충고, 또는 오랜 친척관계에 의한 것이든 간에 — 형식적인 약혼을 행하기 위해시 일정한 절차를 거쳐야 했다. 절차 중의 첫 번째 단계는 남자 쪽 집안에서 중매쟁이를 보내, 3대까지 부계 쪽의 선조와 만약 선조들이 관직생활을 했다면, 그들의 관위와 집안에서 출생순서(첫째 아들인지, 둘째 아들인지, 셋째 아들인지)와 생년월일, 그리고 어머니의 성씨(姓氏)와 같은 그런 내용을 기록한 단자[單子, 첩자(帖子)]를 여자 쪽 집안에 전달하는 것이다. 만약 여자 쪽 집안에서 관심이 있다면(아마도 결정하기 전에 점쟁이에게 점을 쳐볼 것이다.) 여자 쪽에서는 남자 쪽의 집과 비슷한 내용을 기록한 여자 쪽의 '예비단자[초첩자(草帖子)]'를 보낼 것이다.[2] 그다음 단계에서는 '상세한 단자[세첩자(細帖子)]'를 서로 주고받는다. 남자 쪽 집에서 보내온 상세한 단자는 앞에서 말한 모든 내용이 기록되어 있다. 즉 남자의 출생시간이나 부모가 아직도 살아 있는지, 만약 부모가 살아 있지 않다면 누가 결혼을 주관할 것인지와 같은 것이다. 이에 상응하게 여자 쪽 집안에서 보내는 상세한 첩자(帖子)에는 남자 쪽 집안에서 보낸 것과 마찬가지로, 여자의 출생시간과 같은 내용이 적혀 있다. 또한 여자가 지참금으로 가지고 올 물건의 목록이 실려 있는데, 이 목록에는 장식품, 금과 은, 진주와 깃털, 귀한 물건들, 유용한 물품, 침구가 들어 있는 상자가 있다. 또한 결혼할 때 여자가 가지고 올 토지, 가옥, 사업채, 야산이나 또는 동산과 같은 것이 포함된다.[3] 각각의 경우에, 단자는 중매쟁이에 의해 전달된다. 초기 단계에서 이러한 단자의 교환은 단자에 적혀 있는 내용들이 상대편의 기대에 부합되지 않을 때 어느 쪽이든지 철회할 기회를 준다.

일단 단자가 교환된 후, 신랑 측이 원한다면 신부를 대면해 볼 수 있다. 개봉에서 신부를 대면하는 풍습은 신랑 측의 여성 친척이 여자 쪽 집안을 방문하여 살펴보는 것이다. 항주에서 양가의 만남은 여자 쪽 집이나 또는 음식점인데, 신랑이 신부를 보고 최종 결정을 내릴 수 있다. 두 도시에서 다 여자의 머리에 금비녀를 끼워 주는 것은 남자 측에서 동의한다는 것을 의미했다. 그 반면에, 얼마간의 채단(彩緞)을 주는 것은 신랑 쪽이 원치 않는다는 의미이다.

개봉과 항주 두 지역에서 일단 남자 쪽 집안이 부유하든 가난하든지 간에 결혼하기로 결심했다면 4개나 또는 8개의 술병을 보내는데, 이는 '허락하는 술[허구주(許口酒)]'이라고 한다. 술은 금빛을 띠는 병에 넣어 꽃무늬로 장식된 보자기에 싸서 붉은 함에 넣어 전달된다. 그리고 차, 과자, 양고기와 같은 음식물도 선물로 보냈다. 이러한 선물과 함께 금종이에 쓴 네 개의 서류를 보내는데, 그중의 한 장은 예단이다. 항주의 풍속은 4통의 혼서를 녹색의 상자에 넣는다. 이 상자에는 '5명의 아들과 2명의 딸'이라고 쓰인 종이를 붙인다. 이것은 물론 앞으로 결혼생활에서 많은 아이를 낳기를 원하는 뜻이 포함되어 있다.

유가의 예교서에서는 이 시점에서 양가는 약혼을 사당에 알릴 것을 요구했다.[4] 『몽량록』에서는 약혼서류와 선물들이 신부의 집에 왔을 때 향, 양초, 술, 과일을 내놓고 두 가문이 결합하는 것을 세 방향으로 알리게 했다. 여자 쪽 집안에서는 사돈이 될 친척들 가운데서 부모가 아직 살아 있는 한 쌍의 부부를 초대해서 도착한 약혼서류를 열어 보게 한다. 이것은 사돈이 될 친척들이 의식에서 맡아서 행하는 여러 가지 행사 중의 제일 첫 번째 역할이다. 친척들의 참석은 단순히 여자를 시집보내는 것만이 아니라, 사실상 결혼이 지속적인 인척관계를 맺는다는 사실을 강조했음에 틀림없다.

날이 저물기 전에 여자 쪽 집에서는 자기네들의 부와 기개를 드러내기 위해 답례하는 선물[회정예물(回定禮物)]을 보내야 한다. 수예품과 남자가 입을 옷가지들, 그리고 방금 남자 쪽 집안에서 받은 차, 떡, 과일, 술, 양고기의 4분의 1이나 절반 정도가 포함된다. 신부의 가족은 한 쌍의 술동이에 맑은 물을 가득 채우고, 네 마리의 금붕어와 한 쌍의 젓가락과 두 뿌리의 파를 넣는다. 이러한 물건들이 쌍이거나 짝수인 것은 결혼을 상징하는 것이며 또한 짝지어 준다는 뜻이다. 더구나 이러한 특별한 물건들이 약혼의식에서 사용되는 것은 흔히 관습처럼 되었다. 예를 들면 '물고기'를 의미하는 어(魚)는 차고 넘치는 것을 의미하는 여(餘)와 음은 같지만 뜻은 다르다.『몽량록』에 따르면 부가(富家)나 관호(官戶)에서는 금은(金銀)으로 물고기나 젓가락을 만들고, 비단으로 파를 만들었다고 한다.

이러한 시점에서부터 장래의 사돈이 될 사람들은 서로를 친척이라고 생각하며, 상대편 집안을 친가(親家), '사돈'(문자 뜻 그대로, '가깝게 관련된 가족')이라고 부른다. 자기네 스스로를 '천친(賤親)'이나 '천척(賤戚)'이라고 부르는데, 이는 '당신에게 면목을 손상시키는 친척'을 의미하는 자기비하의 용어이다. 약혼선물이 전달되기 전에 매달 초나 중순 즈음에는 양가 간에 문안하는 서신을 교환한다. 이러한 편지에는 달마다 다른 형식으로 쓰인 견본이 지침서 안에 포함되어 있다. 명절 때가 되면 남자 쪽 집안에서는 비단, 과일, 양고기 그리고 술과 같은 선물을 여자 쪽에 보낸다. 여자 쪽 집안은 재정적인 형편에 따라 여자가 만든 수공예품으로 답례한다. 분명히 이 단계는 결정적인 때이다. 그것은 남자 집안에서는 약혼선물을 보내는데 상대방의 마음이 변할지도 모른다는 두려움과 약혼선물의 양과 질에 대한 걱정이 생길 수 있다. 그래서 쌍방은 약혼이 진행되고 있다는 것을 지속적으로 드러내어야 한다.

약혼선물

　신부의 집에 약혼선물을 보내는 것은 약혼 그 자체의 완결을 뜻한다. 중매쟁이는 여자 쪽 집에 가서 약혼선물이 도착할 날을 알려 주며, 술, 거위고기나 양고기를 가져간다. 약혼선물을 뜻하는 용어인 빙채(聘采)는 흔히 '신부의 몸값'이라고 해석한다. 그러나 송대에 약혼선물은 단지 현금만이 아닌 여러 가지 물건들로 구성되었다. 지식인 계층이나 관인가정에서는 아름다운 여성의 옷, 머리 장식, 여러 종류의 좋은 비단들, 차, 과일, 떡, 양고기 그리고 술과 같은 식료품과 지폐와 은도 보냈다. 모든 것들은 약혼편지나 예단에 들어 있다. 항주의 부유한 가정에서는 약혼선물에 '세 가지의 금으로 만든 물건'이 포함되었다고 한다. 즉 금팔찌, 금발찌, 그리고 금펜던트[帔墮]이다. 그러나 '정해진 법칙이 없었기 때문에' 부유하지 못한 가정에서는 은이나 도금한 물건, 또는 다른 어떤 것으로도 대체할 수 있었다.[5] (약 1180년에 어떤 지방관은 둘째 아들의 결혼을 위해서 커튼, 칸막이 그리고 침대 덮개에 쓰려고 수백 길이나 되는 여러 가지 비단과 눈부시게 화려하게 염색한 수백 벌의 옷을 준비해서 비난을 받았다.)[6] 『몽량록(夢梁錄)』에 의하면, 하층 가정에서는 한두 필의 비단과 약간의 지폐와 거위고기, 술, 차와 떡을 보냈다. 이러한 선물을 이용하여 여자 쪽 가정에서는 물건을 장만할 때 보태 쓸 수 있었다.

　부유한 가정에서 일단 약혼선물을 받으면 여자 쪽 가정도 받은 약혼선물에 상응하는 선물을 보낸다. 즉 녹색과 자색으로 된 얇은 실크, 채색 비단, 금이나 옥으로 만든 문방구(붓, 붓걸이, 기타 등등)뿐만 아니라 매듭과 매듭을 연결해서 만든 화려한 줄과 여성용 수공예품과 같은 것이 목록에 포함되며 목록과 함께 보내게 된다.

　이러한 예물과 답례예물은 양가의 사회적·경제적인 지위를 드러내는데, 각기 자기들의 부와 품위를 과시할 기회를 준다. 남자 쪽 집안에서는 좋은 물건을 약혼선물로 줄 수 있었을 뿐만 아니라 또한 신부 쪽 집안에서는 신랑 집안에서 보내온 약혼선물의 절반을 되돌려 줌으로써, 그렇게 많은 물건들이 필요하지 않다는 것을 보여준 물론 이러한 약혼선물의 교환은 재산을 전달해 준다는 목적을 달성한 그래서 신랑과 신부 및 그들 가족들에게는 물질적인 측면에서 변화가 생기게 된다. 이러한 내용은 제5장에서 밝힐 것이다.

한 묶음 속에 들어 있는 세 개의 문서가 약혼선물과 답례선물에 수반된 이러한 서류는 상당히 정중하게 쓰인 편지와 제2장에 번역하여 수록한 약혼문서이다. 문학적인 면에서 가장 노력을 많이 들인 편지가 바로 이러한 약혼문서와 그 답장이었다. 사실상 지침서에는 수백 가지 경우에 해당하는 견본편지가 나열되어 있다. 이것은 약혼편지가 양가의 특수한 상황에 맞추어 쓰여야 했기 때문이다. 결혼상대자는 아직 나이가 어린가? 한쪽은 재혼인가? 결혼할 당사자들이 이미 친척 사이인가? 만약 그렇다면 몇 촌 간인가?(배우자의 부모들 사이에 여자형제가 있는지, 또는 여자형제와 남자형제가 있는지, 다른 형태의 친척관계가 있느냐에 따라 각기 다른 형식의 편지들이 본보기가 되었다.) 결혼할 사람들이 동향인가 아니면 타향인가? 그 사람들은 같은 직업을 가졌는가? (다양한 약혼문서 양식들이 직업에 따라 분류된다. 이를테면 농부 아들이 목수의 딸과 결혼하거나, 미장이의 아들이 물장수의 딸과 결혼하거나, 푸줏간주인의 아들이 생선장수의 딸과 결혼하거나, 의사의 아들이 의사의 딸과 결혼하는 경우 등이다.) 또한 약혼편지의 양식 속에는 과거에 응시하거나, 과거에 합격했거나, 관료나 종실 가문의 사람들에게 해당되는 편지도 있다.

결혼이 불평등을 만들어 낸다는 것을 무의식적으로라도 부정하기를 원했기 때문에 결혼문서에는 양가가 상대방을 서로 존경한다는 것을 나타내었고, 또 서로가 대등하다는 것을 분명하게 드러냈다. 약혼편지에서는 흔히 결혼을 동맹이라고 언급했고, 이로 인해서 약혼은 '동맹을 완성시킨다'거나 혹은 '동맹을 맺는다'는 말을 사용하였다. 고대의 역사에서 특정한 사건에 관해서 언급된 유사한 공통점은 진(秦)과 진(晉)나라일 것이다. 흔히 저자들은 양가가 완전히 신뢰해야 한다는 것을 강조했으며, 이득을 공유하게 될 것이라고 했다. 이 경우에 '금란(金蘭)'이라는 용어가 사용되는데, 이것은 주역

(周易)의 '부록' 부분에서 언급된 것이다. 즉 "두 사람이 같은 마음을 가지고 있다면, 그 예리함은 강철을 자를 것이다. 두 사람이 같은 마음으로 말할 때에는 그들이 하는 말이 난초와 같이 향기로울 것이다."[7]는 것이다. 약혼선물에 관해서 언급할 때 학자들은 흔히 "약혼예물을 받지 않으면 서로 오가는 것이 없으며, 사돈관계도 아니다."[8]는 고전에 나오는 구절을 인용할 수 있다. 양가는 자기네들이 보내는 선물에 관해서 이야기할 때 자기를 비하하는 말을 사용해서 선물의 값어치를 낮춘다. 그러나 다른 상대편의 선물에 관해서 이야기할 때는 관대함을 칭찬했으며, 이득을 공유하게 될 것이라고 했다.

왜 이러한 편지들을 작성할 때 정확한 용어를 고르는 데 그렇게 많은 신경을 썼을까? 편지를 보내는 양가는 두 가지의 약간 상충되는 목적이 있었던 것 같다. 각 가족들은 상대편 가족들을 적절한 예의범절로 대우해 주고 싶었다. 원채(袁采)가 경고했던 것처럼, "양가가 모두 조심스럽고 예의를 완전히 지킬 때에만", 무례한 행동을 피할 수 있다는 것이다.[9] 지침서의 견본은 이미 사용되어서 인정받은 것이므로, 합당한 내용이다. 동시에 편지가 너무나 형식적이거나 혹은 거리감이 느껴지는 것을 피하기 위해서 사람들은 상대편 가족에 대해서 자기네들이 가지고 있는 특별한 관계를 언급하기를 원했다. 그러므로 자기네들이 처한 특수한 상황에 적합한 편지를 선택해야만 했다. 약혼선물의 종류와 액수가 가정 형편에 따라 달랐던 것처럼, 약혼선물을 보낼 때 수반되는 형식적인 용어도 달랐다.

마지막 예물 교환

약혼선물 받고 답례선물을 보냈다면 양가는 결혼날짜가 정해질 때까지 서로 연락할 필요가 없다. 결혼날짜는 약혼선물이 전달된 후 몇 달이나 몇 년 후가 될 수도 있다.

결혼날짜가 가까워지면, 신랑의 가족들은 결혼식을 올릴 정확한 날짜를 택하여 신부 집에 알릴 것이다. 마지막으로 대량의 준비작업인데 상당히 많은 사람들이 초청된다. 결혼식 직전에 마지막 예물 교환이 이루어진다. 결혼식 2, 3일 전에 남자 쪽 집안에서 여자 쪽 집안의 '지참금을 재촉하기' 위해서 머리장식품, 화장품, 그리고 '5명의 아들과 2명의 딸'이라는 글자가 새겨진 부채를 보낸다. 여자 쪽 집은 남자의 옷가지와 정교하게 만든 복건[복두(幞頭)]을 예물로 보내 남자 쪽에서 보낸 편지의 의도를 알았다고 전달한다. 결혼식 전날 여자 쪽 집에서는 '신방을 꾸미기' 위해서 사람을 보낸다. 침실용품을 놓고, 커튼을 달고, 양탄자를 깔고, 지참물로 가져온 여러 가지 옷들과 보석들을 정돈해 놓는다. 지참물의 목록이 작성되어 전달된다.[10) 『몽량록』에 의하면 신방을 꾸민 후에 신부 집에서 보낸 한 명의 하녀나 종이 신부가 도착할 때까지 아무도 신방에 들어가지 못하도록 신방을 지킨다고 한다. 사마광(司馬光)은 비록 '신방을 꾸미는' 관습은 고전에서 증거를 찾아볼 수 없지만, 송대인들 사이에는 당연하게 생각되었다고 한다. 송대 사람들은 남자 쪽 집안에서는 방에 둘 가구를 마련해야 하고, 여자 쪽 집안에서는 천으로 된 모든 물건을 준비해야 한다는 데 합의하였다. 사마광은 겉치레만 치중하는 경향을 좋지 않게 생각했다.[11)

약혼의 전체 과정을 보면 물건을 교환하는 것에서 뚜렷한 유형을 찾아볼 수 있다. 예물의 교환은 한 차례의 거래로 교환되는 것이 아니라 여러 차례에 걸쳐서 이루어진다. 남자 쪽의 집안이 먼저 예물을 보내고, 여자 쪽의 집안이 답례로 예물을 보낸다. 그러나 이렇게 양가에서 오가는 예물은 같은 정도의 양은 아니다. 여자 쪽 집안에서는 약혼선물을 받은 후에 일부 소량의 물건을 돌려보낸다. 지참금을 '서둘러' 준비하도록 하기 위해, 남자 쪽 가족은 비교적 적은 예물을 보내야 했다. 이러한 답례선물의 중요성은 아마도 예물을 보낸다는 것은 그 후에도 예물을 주고받는다는 의무감이 있다는 원칙을 반영하는 것 같다. 예물의 많고 적음이 같지 않은 것은 상대방에 대한 승낙이 유효함을 표명하고 사회적인 유대감이 지속된다고 생각했던 것 같다.[12)

한꺼번에 여러 가지 종류의 예물을 보내는 것은 물건의 값어치를 알기 어렵게 하는 효과가 있다. 예물을 내보일 때, 약혼선물의 일부로 보내온 음식과 보석은 돈과 거리가 멀다는 생각이 들게 한다. 이와 마찬가지로 옷가지나 침구류, 보석은 토지나 집에 대한 소유권보다는 지참금으로서 좀 더 눈에 띄는 물건이다. 더구나 같은 물건을 주고받는다는 것은 거래행위가 일어나고 있다는 느낌을 약화시켜 준다. 각 가정은 선물을 관대하게 보낸다. 처음에 결혼 문제를 이야기할 때부터 상세한 물품목록이 포함되어 있고, 선물이 교환될 때마다 목록이 포함된다는 것은 사실상 이러한 물품들이 흥정의 대상이라는 것을 의미한다. 더군다나 물품목록표는 거리를 통해서 운반되었던 술동이나 양 그리고 상자처럼 외부 사람들의 눈에 띄는 것이 아니다. 어느 쪽 집안이 돈을 더 썼는지 알기 어려웠을지도 모른다.

결혼할 때, 재산이 얼마나 많이 이동했는지 숨기는 것은 여러 가지 이유를 상정해 볼 수 있다. 한 가지 이유는 딸을 통해서 재산을 물려준다는 것은 가산(家産)을 보존해서 다음 세대에 물려주어야 한다는 생각과 일치되지 않는다는 것이다. 다음 장에서 알게 되겠지만 아내의 재산으로서 지참금은 어떤 가정에서건 간에 골칫거리였다. 두 번째로 만약 한 아들의 약혼선물에 쓴 경비가 다른 아들의 결혼에 지출되었던 경비보다 더 들었거나 더 적게 들었다면 제일 좋은 방법은 감추어 버리는 것이다.

앞에서 설명한 물품과 통혼서를 교환하는 것은 혼인이 합법적으로 성립되었음을 의미한다. 법에서는 만약 여자 쪽 집안이 이미 열어본 혼서를 돌려주거나 회신하지 않는 방법으로 혼인 약속을 어기거나 어느 정도든지 간에 약혼선물을 받았다면 장(杖) 60의 처벌을 규정해 놓았다. 하나의 법적인 사례에 의하면, 어떤 재판관은 앞에 말한 법을 인용해서 여자 쪽 집안에서 지참금의 내용이 적힌 물품목록표와 '허혼서'를 보냈기 때문에 결혼에 동의했다는 것은 의심할 바가 없다고 했다. 다른 법적인 예에서는 어떤 여성이 사망한 사람과 사실상 결혼했었는지를 확인하기 위해서 재판관은 결혼에 대해서뿐만 아니라 약혼에 대해서도 물어보았다. 즉 "누가 중매쟁이였나? 약혼을 성사시키는 데 쓰인 선물은 무엇이었나? 답례품으로 받은 선물은 무엇이었나? 누가 혼서를 작성했는가?"[13] 등이다.

송대사람들이 아주 어려서 약혼시키는 경향이 있다는 것을 보면 파혼도 꽤 있었던 것 같다. 사마광은 어려서 약혼했을 때는 "약혼 상대자가 성장한 후에 한쪽이나 또는 다른 쪽이 변변치 못하거나, 신뢰할 수 없거나, 심한 병에 걸릴 경우 종종 파혼하게 된다. 다른 이유들도 있을 수 있다. 예를 들면 남자 집이나 여자 집이 너무나 가난할 경우나, 계속적으로 상을 당해서 신랑이나 신부가 될 사람이 상복을 입어야 될 경우나, 또는 관료로 봉직하기 위해 서로 떨어져 있게 될 경우 등이다."[14]고 하였다. 필기소절이나 일화의 사료에서는 예외적인 이야기를 수록하려는 경향이 많다. 즉, 다른 남자들이라면 포기했을 약혼을 끝까지 지킨 남자에 대한 이야기가 있다. 정이(程頤)는 주행기(周行己, 1091년에 과거에 합격)가 했던 일을 할 수 없었을 것이라고 말했다. 주는 그 여자가 두 눈이 장님이 되었는데도 어머니 쪽으로 친척이 되는 여자와의 약혼을 이행했다.[15]

결혼식 날

13세기로 추정되는 '쾌각이취련기(快嘴李翠蓮記)'는 결혼식 날을 생생하게 묘사하고 있다. 신부와 가족들은 아침 일찍 일어난다. 신부는 귀걸이와 보석이 박힌 머리핀으로 장식한다. 세 명의 여자 친척들인 신부 아버지의 여자형제, 신부 어머니의 여자형제 그리고 신부 삼촌의 아내가 신부 집에 도착하는 동안에, 탕원(湯圓), 국수와 다른 음식들을 준비해 놓는다. 신부는 집안의 사당[가묘(家廟)] 앞에 향을 피우고, 선조들에게 작별을 고한다. 그리고 나서 악사, 말몰이꾼, 중매쟁이, 가마꾼, 복사와 같이 다양한 사람들로 구성된 신랑 쪽의 행렬이 도착한다. 복사는 시구 한 구절을 읊으면서 사례금을 요구하고, 신부의 어머니는 돈을 가져와서 그들에게 내준다. 신부가 가마를 타고 신랑의 집에 도착하면 복사가 다시 한 구절의 시구를 읊조리는데,

이것은 중매쟁이가 신부에게 한 숟가락의 쌀을 입에 넣어 주라는 뜻이다. 복사는 신부를 집 안으로 들어오게 한 후에 신부가 집안의 사당에 모여든 친척들에게 절을 올리는 의식을 행하게 한다. 복사는 신부와 신랑을 신방으로 들어오게 해서 '침상에 드리운 휘장'을 치게 한다. 복사는 사방으로 곡식을 뿌리며 "음양이 섞일 것이다."와 같은 구절을 읊조린다. 그 후에 신랑은 손님들과 한데 어울려 밤이 깊을 때까지 잔치를 벌이게 된다. 다음날 새벽에 신부가 가정일을 하게 되고, 셋째 날에 신부의 어머니가 와서 신부를 만난다.16)

결혼식 날, 신부가 신랑 집에 도착하는 것을 '집으로 돌아온다[대귀(大歸)].'라고 칭하는데, 이것은 신부가 처음으로 '진짜' 집으로 들어왔기 때문이다. 가장 재미있는 것은 신랑과 신랑의 친척들이 신부를 데리러 가는 것이다. 이것을 '친영'(親迎)이라고 칭한다. 어떤 때는 신부의 가족들이 신부를 데려올 수도 있다. 지침서에는 신부의 부모들에게 신부를 데려올 것을 요청하는 편지에 관한 견본도 있다. 그런 편지들은 흔히 학자들의 모집에 남아 있다. 조사직(趙司直)은 유극장(劉克莊)의 손자와 자기의 딸을 결혼시키기 위해서 딸을 복주(福州)에서 보전(莆田)(두곳 다 복건)까지 데려오겠다고 제안했는데, 그 거리는 배를 타고 하루 정도 걸릴 뿐이었다.17) 1113년에 조정에서 발간한 예교서에는 신랑이 직접 신부를 데려올 수 없을 때 중매쟁이가 데려오도록 하였다.18)

결혼식 날, 신랑의 가족은 결혼식을 준비하기 위해서 일찍 일어난다. 주희(朱熹)는 그가 쓴 『거가잡의(居家雜儀)』에서 신랑의 가족이 어떻게 신랑과 신부를 위해 탁자를 마련하고, 야채, 과일, 술, 찻잔, 접시, 젓가락과 '결혼잔'을 준비해야 할지 기록하였다. 신랑은 꽃으로 만든 관을 비롯해 화려한 옷을 입는 것이다.19) 전통적인 결혼식에서는 신랑이 신부의 집으로 떠나기 전에 아버지의 인솔하에 조상들에게 예를 고한다. 주희에 의하면 신랑은 집안의 사당에 두 번 절을 하고, 집안의 어른으로부터 한 잔의 술을 받아서 집안의 사당에 바친다. 신랑이 무릎을 꿇고 절을 여러 차례 한 후에 신랑의 아버지는 신랑에게 다음과 같은 훈시를 내린다[*사혼례왈(士昏禮曰)].

가서 너를 도울 이를 맞아 우리의 종묘의 일을 잇되, 힘써 공경하는 마음으로 신부를 거느려서 너의 어머니의 일을 잇게 할 것이니, 너는 언제나 떳떳함이 있게 하라.

이에 신랑은 다음과 같이 응답한다.

그렇게 하겠습니다. 오직 감당하지 못할까 두렵거니와 감히 명령을 잊지 않겠습니다.

이와 동시에 여자 쪽 집안에서도 신부에게 그와 비슷한 훈시를 내린다. 신부의 아버지는 다음과 같은 말을 해 준다.

조심하고 공경하여 밤낮으로 (시부모의) 명령에 어그러짐이 없게 하라.

그 후에 신부의 어머니는 신부의 봉황관을 바로 씌워 주고 외투를 가다듬어 주며(*작은 띠를 매어 주며) 딸에게 다음과 같은 말을 훈시한다.

힘써서 공경하여 밤낮으로 집안일을 잘 처리하여 어그러짐이 없게 하라.

신부의 삼촌의 아내들, 신부의 이모들, 신부의 손위 오빠들의 부인들, 그리고 신부의 언니들은 신부를 안마당 문입구까지 마중한다. 그리고 그들은 신부의 치마와 외투의 옷매무새를 가다듬어 주고 신부의 아버지와 어머니가 들려준 훈시를 자세하게 설명해 준다. 그 내용은 다음과 같다.

너의 부모님의 말씀을 조심하고 공순히 들어서 밤낮으로 허물이 없게 하라.[20]

이러한 고어(古語)로써 훈시하지 않았던 가정에서도 다른 말로써 이와 비슷한 내용을 전해 주었다.

항주에서 신부를 데려오기 위해서 보낸 일행 중에는 신랑과 여러 명의 수행원뿐만 아니라 말을 타고 노래하는 소녀, 악관 그리고 화려하게 꾸민 가마도 포함되었다. 고대경전의 저작에서는 결혼식에서 음악을 연주하는 것을 금지했는데, 주석자들의 해석에서는 악곡을 음양이론과 결부시켜서 설명했다. 음악은 움직이게 인도한다. 그래서 양(陽)이다. 따라서 음(陰)이 되어야 하는 신부에게 적절하지 않다[21]는 것이다. 이러한 규정은 대체로 지켜지지 않는 것이 상례였다. 악관들과 노래는 축제 분위기를 조성하는 데 중요한 역할을 했고 결혼식에서 각 단계의 절차를 두드러지게 했다. 철종(哲宗, 재위기1086~1100)의 결혼식 때, 일부 관원들이 태후[*선인태후(宣仁太后)]에게 음악을 금지할 것을 요청하였다. 그러나 태후는 "일반백성이라 할지라도, 신랑이 신부를 맞이할 때 서너 명의 악관들을 고용한다."고 말하면서 거절했다. 그리고 결혼식을 위해 성대한 음악을 연주하도록 명령했다.[22]

노래하는 소녀들이 결혼식 연회에 참석하는 것은 격에 맞지 않는 것처럼 보일지도 모른다. 그러나 노래하는 소녀들도 맡은 역할이 있다. 소녀들은 혼례에 적합한 노래를 부를 수 있고 또한 화려한 색깔의 옷을 입고 격에 맞추어 노래할 수 있다. '요조숙녀'들은 남자들의 눈에 띄지 않도록 훈련되었으므로, 여인네들이나 소녀들과 함께 지내는 경향이 있다. 그러나 노래하는 소녀들은 남자들이 보내는 시선에 익숙했고, 결혼식에서 우스꽝스러운 놀이를 할 때 당황해 하지 않는다. 더군다나, 화류계의 사람들이 가지는 색정을 불러일으키는 분위기가 결혼식에서 환영받지 못한 것은 아니었다. 12세기에 한 지방장관은 아들의 결혼식에 40명 이상이나 되는 노래하는 여성을 고용했다. 지방관은 특별히 붉은색과 보라색 문양으로 옷을 만들었는데 각 소녀들의 옷차림이 조금씩 달랐다.[23] 한 지방장관이 그렇게 많은 수의 노래하는 소녀들을 결혼식에 고용했다는 것은 관습의 기원이야 어떻든지 간에, 송 중엽에 교육받은 계층들 사이에서 그러한 관습이 행해졌다는 것을 말해준다.

신랑이 신부의 집에 도착했을 때 악관들, 노래하는 소녀들 그리고 그들과 같이 온 다른 사람들에게 술이나, 채색 비단, 장신구를 주어 환영했다. 그 다음 악관들은 신부가 가마에 탈 것을 재촉하는 의미가 담긴 노래를 부른다.[24] 한 사료의 기재에 따르면, 이때 신부의 어머니가 밖으로 나와서 신랑을 자세히 볼 수 있으며 자기 딸의 외모가 신랑의 외모보다 더 낫다며 신랑에게 농을 건네기도 했다.[25]

신부도 신랑처럼 잘 차려입었으며, 베일로 얼굴을 가렸다. 일단 신부가 가마에 타면 가마꾼들은[담종인(檐從人)] 시끄럽게 사례비[이시(利市)]를 요구한다. 신랑의 집에 도착했을 때도 마찬가지로 악관들, 노래하는 소녀들, 참석자들이 시를 읊으며, 신랑의 가족에게도 사례비를 요구한다. 이렇게 사례비를 요구하는 관습은 성가신 일이 될 수 있기 때문에, 969년에 조정에서 심지어 조정을 내려 금지했으나 별로 효과가 없었다.[26] 사람들은 확실히 결혼식에서 볼 수 있는 왁자지껄한 광경, 특히 신부가 대문을 통과하는 순간이 중요하다고 생각했다. 여하튼 간에 문과 문지방은 들어오고 나가는 것을 아주 상징적으로 나타낸다. 신부가 한 가정과 사회적 위치에서 떠나 다른 가정과 사회적 위치로 들어간다는 것이다. 『사림광기(事林廣記)』는 사례비를 요구할 때 불렀던 여러 가지 유형의 노래를 기록하고 있다. 예를 들면

> 문을 가로막고 있는 사람들에게 예물이 많을수록 좋다.
> 이 문을 통과하는 것을 보통 때 저자거리에서 장사하는 것에 비하겠는가?
> 10만 금을 허리에 차고 있으면 넉넉할 것이다.
> 3천5백 꾸러미를 함부로 던지지 말라.

응답하기를

> 옛날부터 군자는 금을 가지고 다니지 않는다.
> 깊이 생각해 보니, 이것이 가지는 의미는 아주 크다.
> 만약 사돈댁이 번영하기를 바란다면,
> 소개하는 사람이 오랫동안 마음을 쓰도록 폐를 끼치지 말지어다.[27]

일단 사례비를 받으면 복사가 볶은 쌀, 콩, 알맹이가 작은 열매와 동전을 문에 흩뿌린다. 그때 어린아이들이 앞다투어 이것을 주워 간다. 이러한 행위는 악귀(惡鬼)를 달래기 위한 것이라고 생각된다. 그리고 나서 신부에게 가마에서 내리라고 정중하게 말한다. 중요한 시기이므로 신부는 특별히 중시되었다. 즉 이것은 여자의 신분이 바뀌는 것을 의미하며 한 여자의 위치가 반전됨을 의미한다. 초록색 천(*靑布)을 깔아서 신부가 흙을 밟지 않도록 하

며, 촛불을 든 노래하는 소녀가 신부를 인도하고, 한 소녀는 악귀를 내쫓기 위해서 거울을 들고 뒷걸음질하면서 걷는다. 두 명의 신부의 하녀가 신부를 부축한다. 문에 들어가기 전에 신부는 말안장을 넘어가야 했는데, 이 관습은 적어도 당대(唐代)부터 이미 있었다.[28] 송대 관찰자들은 말에 올라타거나 또는 말안장을 넘는 의식은 비한족(非漢族)의 풍습에서 기원하는 것으로, 북조(北朝) 시기나 또는 당대에 북쪽의 유목민족에게서 유래한다고 생각했다. 그러나 일부 학자들은 이러한 관습은 용어를 사용해서 재치를 부리는 것이라고 생각했다. 즉. 말의 안장을 의미하는 안(鞍)은 평화를 의미하는 안(安)과 발음은 같으나 뜻은 다른 동음이자(同音異字)이기 때문이다.[29]

신부가 신혼방에 들어오면, 임시로 만든 휘장 안에(사악한 악마를 속이기 위해) 머물거나 또는 침상 위에 앉게 한다. 항주(杭州)에서는 신랑의 사돈 친척들이 신부 쪽 집안사람들을 환영하고, 손님들에게 술을 따른다. 개봉(開封)의 풍습은 신랑이 신혼방 밖에 있는 궤짝 혹은 탁자위에 올라간다. 그러면 중매쟁이와 신랑의 어머니의 여자형제와 같은 사돈 친척들이 신랑에게 술을 권하며 내려와 달라고 사정한다. 신랑은 장모가 내려와 달라고 요청할 때에야 비로소 내려온다. 구양수(歐陽修, 1007∼1072)에 의하면 "결혼을 축하하기 위해서 참석한 모든 부계 친척들과 사돈 친척들 및 윗방과 아랫방에 있는 모든 남녀 하객들이 자리에서 일어나 이 장면을 구경하는데, '신랑이 높은 곳에 올라가는 것'이 재미있다고 생각했다. 그래서 높은 곳에 올라가는 의식을 수행하지 않는 것은 예의를 지키지 않는 행위라고 생각했다."[30] 신랑이 일부러 원치 않는 것처럼 행동하는 것은 신부 쪽의 경우도 마찬가지이다. 신부는 여러 가지 절차에서 일부러 머뭇거리는데, 이때마다 악관이 설득해서 도와준다.

이러한 결혼 의식에 관한 기록으로부터 결혼식 연회에 참석하기 위해 신랑 집에 왔던 신부의 여성 친척들 중에 흔히 신부의 어머니가 포함되었다는 것을 알 수 있다. 이것을 유교의 가르침에서는 찾아볼 수 없다. 『의례(儀禮)』에 의하면 단지 수행원들만이 신부와 동행한다. 신부의 부모는 대청마루에서 딸에게 작별을 고하며, 심지어 대문까지 전송하지도 않는다.

개봉과 항주에서는 신부와 신랑이 신혼방에 들어오자마자 채색비단으로 한데 묶었다. 앞의 제2장에서 살펴본 것처럼 묶는 것과 매는 것에 내포되어 있는 은유적인 뜻은 약혼편지에서도 이미 소개하였다. 이렇게 묶고 매는 행위는 요즘 의식에서도 거듭 보인다. 신랑은 속에 두 개의 '동심결(同心結)'이 묶여 있는 나무판자를 들고 간다. 이 헝겊 조각의 다른 쪽 끝은 신부의 손에 매게 된다. 그리고 나서 신랑과 신부는 서로 마주 보고 집안의 사당으로 향하여 신랑이 신부를 인도하여 뒷걸음질하며 간다. 이때에 신랑의 여성 친척 가운데 부모가 모두 살아 있는 복이 많은 여성이 대저울[칭(秤)]이나 북[기서(机杼)]으로 신랑의 관을 벗겨 꽃으로 장식된 관이 보이게 된다. 그러면 신부와 신랑은 가신(家神)들과 집안의 사당[가묘(家廟)]뿐만 아니라 모여든 친척들에게 절을 한다. 한 권의 지침서에는 이때에 혼례를 주관하는 사람이 한 축사를 기록하였다. 즉,

> 신부는 천지신명, 동쪽에 계신 부왕(*동왕부)과 서쪽에 계신 여왕(*서왕묘)에게 절을 할지어다.
> 신부는 가족이 금기시하는 용신과 우물, 난로 그리고 문에 사는 귀신에게 절을 할지어다.
> 신부는 이 집안에서 향을 태워 받드는 모든 신에게 절을 할지어다.
> 신부는 고조부, 증조부, 증조모, 할아버지, 할머니에게도 절을 할지어다.

새신랑과 신부가 향이 놓여 있는 탁자로 간 후에 예관은 계속해서 의식을 진행하게 된다. 즉,

> 신부는 시부모 될 사람의 남자 쪽 친척과 사돈 친척들 가운데 모든 연장자들에게 절을 할지어다.[31]

만약 조상에게 소개하기 위해 특별히 강조하고 싶을 때, 또한 축문을 읽을 수 있다. 예를 들면 다음과 같다.

> 오늘[날짜를 밝힘] 당신의 증손[이름을 밝힘]이 감히 [남자선조나 여자선조의 이름과

지식인 계층의 남자들은 이러한 경우에 사용했던 축문의 사본을 기록해
놓았다. 한원길(韓元吉, 1118~1187)은 큰아들의 신부를 조상들에게 고할
때, 이 축문을 읽었는데 그 내용은 다음과 같다.

신부가 시집온 후 곧바로 조상들에게 소개하는 것은 고전의 내용과는 아
주 다르다. 고전에서는 새로 시집온 여성이 적합한 신부인지를 검증하기 위
해서 3개월 동안 기다리는 것을 조건으로 정했다. 이러한 유교경전과 다른
관습을 사마광은 알고 있었지만, 경전에서 벗어난 의식을 생략할 수는 없다
고 했다. 그러나 주희는 유교경전에서 인정하고 있는 형식에 대해 명목상으
로나마 지킬 것을 바라면서 3일간만이라도 기다릴 것을 제안했다.34) 유교경
전에서는 집을 보호해 주는 특별한 수호신은 물론이고, 다른 신들에게도 신
부를 소개하는 것에 관해서 아무런 언급이 없다. 송대의 민간 종교에서 선
조들은 인간과 관련되어 있는 신 중의 일부였다. 그래서 신부는 가족을 보
호해 준다고 믿었던 다른 여러 신들에게도 절을 해야 한다.

경의를 표해야 되는 모든 참석자들에게 절을 올린 후에 신부는 매듭이 매
인 띠[동심결(同心結)]를 잡고, 뒷걸음쳐서 걸으며 신랑을 인도하여 신방으
로 돌아온다. 신랑은 신부를 큰 집안의 사당으로 데리고 가는 반면, 신부는
신랑을 침실로 데리고 간다는 것은 확실히 가정에서 신랑과 신부의 위치가

다르다는 것을 상징적으로 나타내 준다. 이때에 신랑과 신부가 서로 맞절을 할 때라는 것을 알리기 위해 시를 읊을 것이다. 예를 들면 다음과 같다.

고전에서는 신랑 신부가 서로에게 절하는 것을 언급하고 있지 않지만, 송대의 가장 보수적이었던 학자들조차도 서로 절하는 것을 의식에 포함시키는 것이 바람직하다고 생각했다. 송대의 학자들이 논쟁했던 것은 누가 먼저 절을 하느냐 하는 것이었다. 이를테면, 사마광은 신부가 먼저 절해야 한다고 주장했고, 정이는 신랑이 먼저 절해야 한다고 주장했다. 그 반면에, 주희는 신부가 먼저 두 번 절을 하고, 그 후에 신랑이 한 번 절해야 한다고 주장했다. 그리고 나서 다시 한번 반복된다.36)

다음은 예관이 쌀, 돈, 과일, 사탕등을 침대 위에 흩뿌린다. 확실히 이러한 행위는 결혼생활에서 원했던 다산(多産)을 격려하는 행동이다.37) 이렇게 뿌릴 때는 더 많은 가요를 부를 것이 요구된다. 어떤 지침서에는 곡식을 동, 서, 남, 북과 위, 아래, 여섯개의 방향으로 뿌릴 때 읊은 시 구절이 있다.38) 예를 들면, 동쪽으로 흩뿌릴 때 예관이 아래와 같은 시구를 읊는다.

위쪽으로 흩뿌릴 때는, 아래 구절을 읊조릴 것이다.

볼까 하노라.

이 시구에서 나타나는 은유는 사랑과 다산을 의미한다. 원앙새는 사랑하는 한 쌍을 상징한다. 곰꿈을 꾸는 것은 사내아이의 출산을 예견해 준다. 진주는 임신을 상징한다.

남편의 권위를 환기시킬 때에도 장난기 있는 방법을 썼다. 뒤쪽에 곡식을 흩뿌릴 시간이 되었을 때 예관(禮官)은 다음과 같이 노래한다.

> 남편과 아내의 금슬이 오래오래 지속될 지어다.
> 예부터 남편이 인도하면 아내는 따라간다.
> 하동(河東)의 암사자처럼 고함지르게 하지 말라.

하동의 암사자는 사나운 아내의 모습인데 소식(蘇軾, 1036~1101)이 어떤 남자의 아내를 조롱한 시에 나오는 구절이다.[39]

알곡을 흩뿌린 후에 예관은 노래하는 소녀에게 한 쌍의 술잔을 가져오라고 하는데 술잔위에는 붉은색과 초록색의 끈으로 '동심결'을 만들었다. 소녀는 술잔을 신랑과 신부앞에 갖다 놓고 '결혼잔[交盃酒]' 의식을 행함에 신랑과 신부는 이 잔으로 술을 마신다. 이러한 의식은 고전에서 그 선례를 찾아볼 수 있다. 『의례(儀禮)』에서는 한 개의 표주박을 두 쪽으로 갈라 술을 마시게 했다. 결혼잔 의식은 시를 읊는 것과 함께 행해진다.

> 옥녀(玉女)의 붉은 입술이 몇 모금의 술을 마시는구나.
> 잔 옆에 미미하게나마 입술 자국이 있다.
> 선랑(仙郎)이 일부러 술을 조금 남기는 것은
> 모든 향기를 차마 단숨에 삼키고 싶지 않아서이다.[40]

술을 마신 후 술잔을 바닥에 던진다. 만약 술잔이 하나가 위를 향하고 다른 하나가 아래를 향하면 아주 운이 좋을 징조라고 생각한다. 왕득신(王得臣, 1059년에 과거합격)은 이런 결과가 나오면 자식을 많이 낳을 조짐이라고 예견했다.[41]

‘머리카락을 묶는[결발(結髮)]’ 의식은 ‘결혼잔’ 의식에 전후해서 행할 수 있다. 이 의식은 부부 두 사람의 머리카락을 함께 묶어 하나의 다발로 묶는 것이다. 이런 의식은 분명히 결혼이 머리카락을 묶는다는 것과 관련이 있다는 시에서 유래한 것이다(제2장을 보라). 대부분의 송대 학자들은 그러한 관습이 무식의 소치이며 시구를 잘못 해석했기 때문이라고 생각했다.42) 문맥을 무시한 채로 해석한 유명한 시에 나오는 시구가 결혼식에서 그대로 쓰이게 되었다는 사실은 문학의 이미지가 갖는 또 다른 영향력의 표시이다. 물론 사람들이 머리카락을 한데 묶는 의식을 즐겨했다는 것은 문학상에 나타난 결혼의 모습을 좀 더 그럴듯하게 만들어 준다. 송대에 ‘머리카락을 한데 묶는[합발(合髮)]’ 시 구절은 통상적으로 결혼생활의 시작을 나타내는 데 사용되었다.

항주에서는 머리카락을 한데 묶은 후에 신랑은 신부가 가지고 있는 꽃 한 송이를 딸 것이고(시를 읊으면서), 신부는 신랑의 화관(花冠)을 묶고 있는 끈을 풀어서 그 꽃[화계(花髻)]들이 침상에 떨어지게 한다. 대체로 꽃은 중국 사람들의 심상(心像)에 성을 상징하는데, 이 경우에도 그러한 것 같다. 신랑은 신부에게 커튼을 치라고 한다. 신방 주위에 모여든 하객들은 더 많은 시가와 신방의 문을 닫고 후에 또 여는 소리를 듣게 될 것이다.43)

항주에서는 신부가 옷을 갈아입은 후에 예관이 신랑과 신부를 중당(中堂)으로 인도하는데, 그곳에서 신랑과 신부는 손님들에게 인사를 하고 축하를 받는다(유교서에 나타난 결혼 의식에 의하면 신부는 손님들과 만나지 않을 뿐만 아니라 결혼식 다음 날까지 시부모조차도 만나지 않는다). 그리고 나서 두 사돈 집안은 새로 친척이 된 것을 기뻐하는 의식을 행하고 피로연이 시작되는데, 수차례의 축배를 들게 된다. 결혼식에서 피로연이 없다면, 아마도 결혼식 같지 않을 것이다. 어떤 재판관은 죽은 남자의 재산에 대한 권리를 주장하는 어떤 여성이 실제로 그 남자와 결혼하지 않았을 것이라고 의심하면서 “결혼식 날 저녁 피로연에 어떤 친척들이 모였으며, 이웃 사람 중에서 어떤 사람들이 초대받았고, 누가 피로연을 위해 음식을 장만했는가.”라고 질문했다.44)

개봉에서는 결혼식 다음 날 신부가 아침 일찍 일어나서 먼저 대청탁자 위에 놓인 거울에 대고 절을 한다. 그 다음에는 새로 맺어진 친척 중에서 나이 든 친척들에게 절을 올리고 연장자들에게 각각 비단으로 정교하게 수놓은 신발과 베개를 올린다. 연장자들은 비단 몇 필로써 답례한다. 이러한 의식은 결혼 둘째 날에 시부모가 신부를 환대해 주는 고전에 보이는 의식과 유사하다.

그다음 달부터, 결혼으로 맺어진 양가 간의 교류는 정해져 있는 형식에 따라 행해지게 된다. 결혼 후 셋째 날에, 신부의 (친정)집에서는 비단[채단(綵段)]과 여러 가지 종류의 음식을 보낼 것이다. 즉 거위 알, 식용류, 벌꿀, 차, 떡, 거위고기, 양고기 그리고 과일 등이다. 주희는 신부가 음식을 요리하여 시부모를 즐겁게 해 드리는 것을 다음과 같이 묘사하였다.

> 이날 식사시간에 신부의 가족들이 만찬과 술을 준비한다. 신부의 수행원들은 시부모의 앞에서 대청마루에 야채와 과일로 식탁을 준비한다. 신부와 그 수행원들은 관례상 연회장에 있는 계단의 남동쪽에 세면대를 갖다 놓고, 동쪽에 수건걸이를 둔다. 일단 시부모들이 착석하면, 신부는 손을 씻고 서쪽에 있는 계단을 밟고 올라간다. 신부는 잔을 씻고, 술을 부어 시아버지의 식탁 위에 놓는다. 신부는 다시 계단을 내려와서 시아버지가 술을 다 마시기를 기다린다. 그리고 다시 절을 하고 시어머니에게 시중든다. 신부가 술을 따르고 시어머니가 술을 받는다. 시어머니가 술을 다 마시고 나면 신부는 계단을 내려온다. 신부는 절을 하고 음식을 차려서 시부모 앞에 갖다 놓는다. 신부는 시어머니의 뒤에 서서 기다린다. 시부모가 식사를 끝마쳤을 때, 신부는 밥을 치운다. 하인들은 식탁 위에 남아 있는 음식을 치우고, 남은 음식들을 다른 방에 옮겨서 차려 놓는다. 신부는 시어머니가 남긴 것을 먹고, 신부의 수행원들은 시아버지가 남긴 것을 먹고, 신랑의 수행원들은 신부가 남긴 것을 먹는다.[45]

(결혼한 후) 첫째 날, 셋째 날, 일곱째 날, 아홉째 날에 신랑이나 또는 신랑 신부가 함께 신부의 부모를 찾아뵙는다. 신부의 가족들은 후하게 접대하고, 신랑에게 선물을 준다. 그리고 신랑이 자기 집으로 돌아갈 때, 악관을 딸려서 보낼 것이다. 한 달이 지난 후에 신랑의 집안에서 신부의 친척들을 식사에 초청하므로 신랑의 집을 방문하게 된다.

개봉과 항주에서 행한 결혼식의 절차가 잘 알려져 있으나, 온 나라 백성들도 멋진 결혼식을 치르기 위해서 자기네들이 가진 재력을 최대한 사용했다. 사마광에 의하면 여주(廬州, 안휘)에서는 사돈들 간에 가족들을 축하하기 위해서 다투어 연회를 베풀었으며, 40일 동안이나 계속되었다고 한다. 요강(寥剛, 1070~1143)은 장주(漳州, 복건)에서 심지어 평범한 사람들도 결혼식 연회 때문에 과다한 비용을 지출하게 된다고 기록했다. 왜냐하면 결혼 연회에 자기들의 모든 친척들과 이웃 사람들을 초청해야 했는데, 때로는 수백 명이 될 때도 있었기 때문이다. 장작(莊綽, 약1090~약1150)은 한평생 삼베옷을 입었던 가난한 사람들도 결혼하는 3일 동안만은 비단옷을 입는다고 지적하였다. 장작은 남방의 풍습은 여러 가지 점에서 중앙의 평원지대와 다른데, 그가 언급한 예를 통해서 본다면 풍습의 차이는 크지 않았던 것 같다. 예를 들면 신부가 신랑의 집에 도착했을 때, 복사 동전과 사탕을 던져 악령들을 멀리 쫓아 버리는 것이 아니라 근처의 사원에서 온 무당이 지전(紙錢)을 태워서 귀신에게 신부의 가족들을 멀리 쫓아 달라고 요청한다. 남북방의 혼례에는 모두 전문가가 신랑집을 보호하는데, 신부를 집안으로 들이기 위해 문을 열 때, 그 문을 따라 들어올지도 모르는 원치 않는 방해물을 막기 위해서이다. 비슷한 예로서 장작(庄綽)은 신부를 놀려 주는 것과 같은 행위를 기록했는데, 이것은 아마도 다른 사료에서 보이는 것과 기능상 비슷하다.46) 이러한 결혼에 관련된 의식의 기본적인 구조와 신부가 집으로 들어갈 때 땅바닥에 천을 깔거나 거울을 비추는 것이 요즘에도 전해지고 있다.47)

■　　■　　■

    결혼의 중대성과 아내의 의무에 관해서 진지한 연구가 많음에도 불구하고, 결혼이라는 것은 기쁘고 즐겁고, 다소 소란스럽고, 질서가 없었던 것 같다. 새신랑과 신부는 축하객들 속에 휩쓸렸고, 놀림을 받았고, 신랑 신부를 묶어서 연기하게 했다. 축하객들 중 누구도 신랑 신부가 무슨 말을 할 때 조용하게 신랑 신부의 이야기에 귀 기울일 필요가 없었다. 신랑 신부는 맹세를 하지도 않았고, 축하객들에게 말을 하지도 않았다.

결혼식은 손님들에게는 축제 분위기에 들뜬 노래, 색정을 돋우는 장난스러움, 그리고 다채로운 음악이 있어서 상당히 재미있었음에 틀림없다. 신부와 신랑만 화려한 옷이나 보석, 꽃으로 단장한 것이 아니라, 노래를 부르는 소녀들도 화려한 색깔로 치장했다. 가마가 신부의 집을 떠날 때부터 음악도 결혼식의 일부분이었으며, 특별한 노래가 결혼식의 모든 단계를 두드러지게 했다. 이러한 노래 가운데 대부분의 노래는 결혼식에 참석해 본 사람이라면 누구에게나 친숙했고, '새신랑의 노래를 부르는 것은' 남자가 결혼하게 된다는 것을 의미하는 데 보통 사용된 표현이다.

신랑과 신부의 부모에게 있어서 결혼식은 시간, 정력 그리고 재정에 부담을 주었다. 그러나 부모는 친구들이나 이웃 사람들이나 친척들에게 자기네들이 능력을 과시할 가장 좋은 기회였다. 즉 부모는 훌륭한 배우자를 고르고, 품위를 갖추어서 결혼식을 치를 수 있다. 새신랑, 신부의 부모로서 존경받을 위치에 있게 되고, 결혼식에 참석한 모든 사람들은 부모에게 축하를 보낼 것이다. 부모는 심신이 피곤해지겠지만, 모든 일이 원만하게 치루어졌다는 것을 자랑스럽게 여길 것이다.

결혼식은 신랑과 신부에게 흥분에 찬 것인 만큼 두렵기도 하였다. 신혼부부는 아주 특별한 사람으로서 대우 받으며, 전에는 받아 보지 못한 시선을 받게 된다. 이러한 것은 그들에게 꽤나 당혹스럽지만, 새 부부가 직면했던 더 큰 걱정거리를 마음에서 떠나가게 해 준다. 이를테면, 새로 맺어진 부부가 금슬이 좋을까, 물론 신부는 이 점에서 신랑보다는 걱정이 더 많다. 신랑의 유일한 관심사는 신부와 조화를 잘 이룰 것인가 하는 것이다. 신부는 자기가 시어머니를 기쁘게 해 드릴 수 있을지, 그리고 집안에 있는 다른 사람들의 심기를 불편하게 하지 않을까 걱정스러울 것이다.

약혼식의 첫 번째 단계에서부터 결혼식이 끝난 후 서로 간의 교류에 이르기까지 일련의 모든 의식은 상징으로 가득 차 있다. 남자와 여자 간의 차이점, 아니 더 정확히 말하면 남편과 아내 간의 차이점이 더욱 돋보이고 널리 알려진다. 신부는 얼굴을 가리고, 덮개가 딸린 마차를 타며, 남자가 밖에 나

가 자기의 모습을 드러내어 손님들과 함께 있는 동안 침대의 휘장 뒤에 있
거나 닫힌 방 안에 머무른다. 이와 동시에 남성과 여성의 차이와 남녀가 반
드시 분리되어야 되는 것은 계속적으로 짝을 짓거나 서로 합친다는 행위를
강조함으로써 상징적으로 가려지게 된다.

　의식에서는 유교적인 내용을 담은 교훈서가 주는 것과 같은 방식으로 의
미를 전달하지는 않는다. 결혼식은 남자와 여자가 가지게 되는 관계와 시집
에 들어가서 살아야 한다는 약간의 긴장이 있게 마련이다. 이 결혼의식은
내키지 않는 마음과 거부하고 싶은 것을 표출할 수 있는 기회이며 또한 성
욕과 다산을 나타내는 기회가 되기도 한다. 친족 간의 관계에 대해 부계중
심－가부장중심－시가중심인 모델을 중시하는 것이 몸에 배어 있던 유학자
들은 흔히 결혼이라는 의식을 평가할 때 뭔가를 혼돈하고 있는 것 같았다.
이러한 것들은 겉으로 보기에는 유가 가족 모델의 새로운 관습을 강화시켰
다. 예를 들면, 신랑과 신부가 서로 절을 한다는 것인데 쉽게 인정을 받았
다. 그러나 조금 경솔하게 보이는 듯한 행위, 성을 의미하는 표현들, 과도한
경비는 유학자들에게는 골치 아픈 문제였다. 사마광은 젊은 남녀가 지켜야
할 통상의 예의범절이 깨지는 것을 지금의 학자들이 인생의 첫 출발점으로
보는 것에 반대했다. 사마광은 신부가 가마를 타는 것이나 혹은 신랑이 머
리에 꽃을 꽂는 풍습을 좋아하지 않았다. 그는 또한 기본적으로 음악을 금
지하는 것을 준수해야 된다고 주장했다.[48]

　신부가 집안에서 장차 말썽을 일으킬 수 있다는 염려는 결혼식에서 왜 그
렇게 신부가 수동적인지를 설명할지도 모른다. 신랑이 결혼식에서 하는 일은
많지 않지만 최소한 여자를 데리러 가고, 여자의 아버지에게 인사말을 하고,
신부를 데려온다. 그 반면에, 신부는 한 마디 말도 하지 않고 다른 사람들이
신부를 이끌거나 혹은 지시하지 않으면 절대로 움직이지 않는다. 신부가 화
사한 옷을 입고 가마를 타는 것은 사실이다. 이를테면, 결혼식 날만은 공주
이다. 그러나 신부가 상징적으로는 높아졌지만, 후손을 낳는다는 것 외에 높
아진 것에 걸맞은 능력이 있다는 것을 상징적으로도 언급해 주지 않는다. 사
실상, 아내들이 무슨 일을 저질러 이미 정해져 있는 여자의 본분을 아무런

마찰 없이 행하지 못할까 걱정스러웠기 때문일까. '쾌각이취련기(快嘴李翠蓮記)'의 이야기를 읽으면, 잘못된 결혼식에 관한 것을 알 수 있다. 즉, 결혼식이 상례를 벗어나서 엉망진창이 된 이야기이다. 발랄하고 수다스러웠던 신부는 중매쟁이와 예관의 지시를 따르지 않아 신랑의 부모를 분노케 하여 고함을 지르도록 만들었다. 즉 "우리 아들이 점잖은 집안의 규수와 결혼할 것으로 일찍이 알고 있었다. 그런데 그 여자가 이렇게 버릇없고, 교양 없고, 수다 떨며 천방지축으로 날뛰는 농가의 딸같으리라는 것을 누가 알았겠는가?" 복사가 신랑의 부모를 달랬고, 의식은 계속 진행되었다. 그러나 신부는 다시 의식을 중단시켰고, 그 여자의 남편은 화가 나서 "세상에 별의별 재수 없는 일 가운데, 이렇게 형편없는 농가의 딸과 결혼하는 것일진져!"49)라고 소리를 질렀다. 이 이야기는 익살스럽지만 청중들이 그들의 결혼식의 상황에서 나타나는 어떤 일면을 인식하지 못했다면, 웃지 않았을 것이다.

이 장에서 결혼의식에 나타나는 시대적인 변천에 대해서는 별로 강조하지 않았다. 어떤 관습은 점차 사라져 간 것이 확실하다(예를 들면 신랑이 높은 곳으로 올라가는 것). 그리고 두 도시(개봉, 항주)에 대한 관습의 묘사도 모든 것을 고려해 볼 때, 시간에 따른 결혼풍습의 변천은 지역 간의 차이나 계층 간의 차이보다는 훨씬 덜 중요한 것 같다. 사실상, 시간에 따라 변화한 것처럼 보이는 것이 실제로는 활용할 수 있었던 사료에 나타난 계층이나 또는 지역적인 변화에 불과할 수도 있다. 그러나 이러한 것이 약혼이나 결혼의식이 역사와는 무관하게 다루어져야 된다는 것을 의미하지는 않는다. 결혼의 다른 측면과 역사상의 다른 발전을 배경으로 결혼관습들을 생각해 볼 때, 결혼관습을 역사와 결부시켜 볼 수 있다. 이러한 의식에 상징적으로 귀착되었던 긴장은 젠더 차이에 대한 공통된 생각과 마찬가지로 가족구조의 기본적인 특징과 연관되어 있다. 사회가 더욱 풍요로워지고 좋은 인연을 통해서 자기네들의 위신을 높일 수 있는 기회가 많아지게 된 것은 분명히 결혼이 교역을 한다는 측면을 명확하게 숨겼다. 번창한 도시, 특히 관료들과 부유한 상인들이 많이 모여 살았던 두 도시에서는 그 시대의 조류에 민감하였고 시민들이 혼사를 멋지게 치루기 위해서 돈을 풍족하게 쓰도록 만들었다.

제5장

지참금

신부의 가족이 결혼식 바로 전날 신랑 집에 전해 준 상자 안에는 어떤 물건이 들어 있었을까? 이러한 물건은 결혼 협상의 첫 단계에서 상자 속에 넣어 보낼 물품의 수량과 완전히 부합하는가? 누가 지참금으로 가져오는 물건을 사용하는가? 이러한 질문은 송대(宋代)에 결혼을 통해서 한 세대에서 다음 세대로 어떻게 재산이 재분배되는지를 알아내기 위해서는 반드시 규명해야 될 사항들이다. 부모나 조부모는 자손들을 위해 장래의 배우자가 될 사람들을 조심스럽게 선택한다. 이것은 장래의 친척이 될 사람들의 됨됨이를 염려할 뿐만 아니라, 또한 경제적인 문제도 걸려 있기 때문이다. 여러 명의 아들을 둔 가정에서는 아들 간에 재산의 분배로 인해 일어날 재산의 세분화 충격을 완화시키기 위해 풍부한 지참금을 가져올 며느리를 구할 수도 있다. 딸에게 지참금을 풍족하게 주어 보내기를 원하는 가정들은 또한 이에 대한 대가로 부유한 집안과 결혼하기를 기대할 것이다. 그래서 딸을 통해서 재산이 전달되는 것은 계층 간의 불평등을 재생산해 내는 복잡한 구조에서 중요한 내용이 된다.[1]

함 속의 내용물

정경일(鄭慶一)은 1264년 17세(*14세)에 결혼했는데 많은 토지[500묘(畝), 약 100경(頃), 아마 12명의 소작인이 농사짓기에 충분한 정도]뿐만 아니라 또한 사치스런 직물의 혼숫감도 가져갔다. 거기에는 금빛으로 홀치기염색을 한 비단, 관복을 만드는 데 필요한 엷은 녹색 비단, 두 종류의 양식이 다른 엷은 비단(薄紗), 두쌍의 나비매듭의 노끈과 자수품 15점, 그리고 붉은 색으로 홀치기염

색을 한 30점의 옷이 있었다. 또한 '두 마리의 금붕어주머니' 안에 3권의 예교서도 들어 있었다.[2]

　사법 판례의 기록에서는 신부될 사람이 정씨처럼 토지를 많이 가져가지는 않았지만, 시집갈 때 토지를 가져가는 것은 적지 않게 보인다. 이렇게 지참 금으로 가져가는 토지는 '혼수용 토지' 또는 '결혼할 때 여자와 함께 온 토 지'라고 칭하는데, 토지의 규모가 아주 다양했다. 장씨(張氏)의 지참금으로 온 토지는 31석(碩)의 곡물을 세금으로 냈는데 대략 10묘에서 15묘 정도였 다. 거씨(璩氏)는 아버지가 죽은 후에 할아버지로부터 지참금으로 주는 토지 를 약 25묘 받았는데 진씨(陳氏)는 지참금으로 주는 토지 120종(種)을 가져 갔고, 장씨(蔣氏)는 10종 남짓의 토지를 가져갔다(종은 지방에서 가경지를 측량하는 데 사용되던 단위이다). 일찍이 고아가 된 석씨(石氏)는 삼촌에게 서 지참금으로 토지를 받았는데, 후에 400관전(貫錢) 이상이나 되는 가격에 팔렸다. 이와는 대조적으로 채씨(蔡氏)의 토지 지참금은 저당 잡혔을 때 단 지 20관전밖에 안 되었다.[3] 홍매(洪邁)는 남자형제가 없는 여성이 가산(家 産)을 물려받았고 결혼할 때 이 토지들을 지참금으로 가져갔는데 10, 000관 전의 값어치가 있었다[4]고 하였다.

　지참금의 규모는 흔히 '관전(貫錢)'으로 환산하여 나타낸다[이론상으로, 1 관(貫)은 1000문(文)이다]. 지참금은 흔히 현금도 포함되었다. 들리는 소문에 의하면 진회(秦檜, 1091~1155)의 아내는 200, 000관전에 상당하는 지참금 을 가져갔다고 주장한다. 어떤 소관(小官)은 아내가 죽은 후에 그녀의 지참 금의 일부를 첩을 사는 데 사용했고, 그러고도 1, 000관전이나 남았다고 한 다. 풍경(馮京, 1021~1094)의 어머니는 은을 가지고 있었는데, 그녀가 아들 을 낳지 못했기 때문에 남편에게 첩을 사도록 주었다. 때때로 여성들은 심 지어 금도 지참금으로 가져갔다. 어떤 여자의 지참금에는 아주 보기 드문 물품이 있었는데, 백옥(白玉)으로 만든 발이 두 개 있는 사자상이었다.[5]

　여성의 지참금 가운데 다른 중요한 품목은 옷과 장신구였다. 부유한 가정 에서는 딸을 시집보낼 때 많은 양의 옷을 주었는데, 일생 동안은 아니라고 해도 여러 해 동안 입기에 충분했다. 황승(黃昇, 1227~1243)은 복주(福州,

복건)에 사는 종실의 먼 친척과 결혼한 다음 해에 죽었고, 지참금으로 가져 갔던 물건들도 함께 묻혔다. 그 품목들은 201벌의 여자 옷과 각양각색으로 아주 정교하게 디자인된 153필의 피륙이 있었다.[6] 홍매는 결혼하지 못하고 21세에 죽은 주씨(周氏)에 관해서 기록해 놓았다. 즉, 주씨는 그때에 이미 자기의 지참물로 쓰려고 33권(卷)의 생사, 70필의 색깔이 없는 비단, 156필 의 거친 비단을 짜 놓았다.[7] 좋은 비단옷들이 특히 상자에 잠근 채로 두면 아주 오랜 기간 보존될 수 있었다. 여성들은 흔히 자기가 지참물로 가져간 옷과 장신구의 일부를 젊은 여성 친척들, 특히 남편의 가족들에게 나누어 주었다. 여성 친척들도 또한 훌륭한 지참물을 가지게 되는 것이다.[8] 그래서 지참금은 한 여자에서 다른 여자로 전달되었던 재산의 일부가 되었다.

장신구는 그 자체로서 다른 여성의 지참금으로 유통되었는지는 모르겠다. 장신구는 흔히 현금을 마련하기 위해 팔려졌다. 유씨(劉氏, 1192~1249)는 남편에게 책과 서화(書畵)를 사 주기 위해서 장신구를 팔았다고 한다.[9] 또 한 옷감도 팔 수 있었다. 개를 도살하는 백정(*屠狗戶)의 아내는 수십 관전(貫 錢)에 상당하는 지참금을 가져갔다. 몇 년이 지난 후에 남편이 개 도살하는 일을 그만두려고 했을 때, 남편이 다른 사업에 착수하기 위해 밑천으로 사 용할 수 있을 정도로 충분한 옷감이 아직도 남아 있었다.[10]

지참금의 급상승

송대(宋代) 이전까지는 일반적으로 신부 쪽에서 지참금을 마련하는 데 드 는 비용보다 신랑 쪽에서 약혼선물을 마련하는 데 더 많은 돈을 썼던 것 같 다. 고전에서는 지참금에 관해 거의 언급하지 않았으나, 주대(周代)의 사료 에는 신부가 옷이나, 보석 그리고 토지와 같은 품목을 지참금으로 가져갔다 는 증거가 산재되어 있다. 한대(漢代)에 이르러 신부의 가정이 부유할 경우 에는 딸에게 꽤 많은 지참금을 마련해 주었다. 그런데 풍족지 못한 집안에서는 아들이나 딸의 결혼이 부모에게 재정적인 부담이 되었다. 당대(唐代)나 그 이전 시기에 상류 계층에서는 신부 집안은 신랑 쪽에서 보내준 약혼선물을 사용해서 딸의 지참금을 마련해야 했으므로 신부 쪽 집안은 아무런 이득도 얻지 못한 셈이다.11)

송초(宋初)부터 많은 양의 지참금을 준비해야 된다는 분위기가 생겨났다.12) 11세기 중기에 이르러, 어떤 가정이 아들을 위해 신부를 얻는 데 드는 비용보다 딸을 결혼시키기 위해서 더 많은 돈이 필요하다는 것을 당연하게 생각했다. 예를 들면, 범중엄(范仲淹, 989~1052)이 1050년에 설립한 의장(義莊)의 지출에 대한 규정을 정할 때 딸의 결혼비용은 30관전, 아들의 결혼 비용은 20관전으로 배당했다. 지참금의 급상승은 얼마 안 가서 가족들이 딸에게 지참금을 마련해 주기 위해서 돈을 빌려야 하는 상황에까지 이르렀다. 소식(蘇軾)은 한 여자 친척에게 지참금을 마련해 주기 위해서 200관전을 빌렸다고 한다.13) 채양(蔡襄, 1012~1067)은 1050년에 복주(福州, 복건)의 지방관이었을 때, "결혼의 목적은 상속인을 낳는 것이지, 재부(財富)를 얻으려는 것이 아니다."라고 알려주었다. 이러한 사실을 인정하기는커녕 사람들은 신부를 선택할 때 가족을 중요시하지 않고, 지참금에만 전적으로 마음을 쏟았다. 일단 지참금이 신랑의 집에 전달되면 "신랑 집에서는 지참물이 든 상자들을 살펴보는데, 아침에 한 개의 상자를 조사하고, 저녁에 다른 상자를 조사한다. 남편은 야박하게 아내에게 점점 더 많은 것을 요구한다. 만약 남편이 만족하지 못했을 때, 부부간에 사랑에 금이 가거나 또는 심지어 이혼하는 데까지 이를 수 있다. 이러한 관습이 너무나 오랫동안 지속되어 사람들은 당연하다고 생각한다."14)

사마광(司馬光)은 장래의 시부모가 될 사람들 중에는 지참금에 대한 탐욕이 만연되어, 어떤 시부모는 "심지어 '어떤 품목은 몇 개가 있어야 하고, 어떤 품목은 몇 개가 있어야 한다.'는 계약서를 작성하기까지 했으며, 그것으로 딸들을 상거래 물건처럼 다룬다. 또한 결혼식이 끝난 후에 양쪽 집안 간에 있었던 계약을 지키지 않는 경우도 있다. 이렇게 계약서를 작성하는 것은 노예를 사고파는 중간상(中間商)들이나 사용하는 수법이다. 어떻게 점잖은 관료[사대부(士大夫)]들의 결혼이라고 할 수 있겠는가?" 사마광은 결혼을 상거래처럼 다루는 것은 신랑이나 신부의 가족 모두에게 나쁘다고 확신했다. 신부는 가져오는 재산으로 보호를 받을 수 없었고, 오히려 그 재산으로 인해서 곤경에 빠지게 된다.

사마광의 관점에 의하면 지참금은 또한 품행을 해칠 수 있다. "일시적인 부귀를 탐내어 맞아들인 며느리는 부귀를 믿고 남편을 업신여기고 시부모에게 거만하지 않은 사람이 드물다." 사마광은 '정신이 바로 박힌 남자'는 아내 될 여자의 재산으로 치부(致富)하거나 또는 여자 집안의 영향력으로 출세하려고 하는 생각을 단념하기를 바란다[16]고 고무하였다.

한세기 후에도 지참금의 위기는 여전히 줄어들지 않았다. 원채(袁采, 약 1140~1195이후)는 만약 어떤 가정에서 딸이 아주 어렸을 때부터 지참금을 마련하기 위한 계획을 세우지 않는다면, 부모는 임시방편으로 "땅이나 건물을 팔아야만 하거나, 그렇지 않으면 딸이 사람들 앞에서 수모당하는 것을 냉담하게 바라보아야 할지도 모른다."[17]고 주장했다. 원채는 또한 중매쟁이들이 남자 쪽 집에다 지참금을 부풀려서 말해 결혼에 관심을 갖도록 하고, 여자 쪽 집에 가서 지참금을 위해 아무런 돈도 쓰지 않아도 될 것이라고 말하는 것[18]을 불평했다. 여자가 가지고 올 지참금의 규모에 따라 신부를 선택하는 것은 확실히 흔히 있는 일이었던 것 같다. 한 저자는 변씨(邊氏, 1155~1203)가 결코 그런 식으로 행동하지 않았다는 것을 밝혀내려고 애썼다. 변씨는 며느리를 고를 때 지참금의 양에 아무런 관심이 없었으며, 며느리가 가져온 지참금의 양에 차이가 났을 때도, 일단 며느리가 들어온 후에 며느리를 대하는 데 아무런 영향도 끼치지 않았다.[19]

지참금의 급상승은 부유한 가정이나 고위관료 집안에만 국한된 것은 아니었다. 채양은 백성들에게 포고문을 게시하게 되었다. 어떤 관찰자는 먼 남쪽 지방에서는 14세나 15세 정도 된 가난한 소녀들이 지참금을 마련하기 위해 일을 하고, 그 소녀의 가족들은 동전 한 닢도 보태지 않았다[20]고 논평했다. 재판관들은 부유하지도 않고 교육도 제대로 받지 못한 가정에서 딸의 지참금의 일부로서 토지를 주는 것을 놀라운 사실로 기록하지 않았다. 아들이 있는 교육받지 못한 가정에 관한 사례와 마찬가지로, 딸의 지참금에는 야산도 포함되었다.[21] 일부 송대의 관료는 지참금에 드는 경비가 너무 많아서 어떤 소녀들은 결혼할 수 없다고 불평하였다. 한 관원은 심지어 여(女)영아 살해는 터무니없는 지참금 비용 때문에 생긴다고까지 이야기했다.[22] 후가(侯可, 1007~1079)는 화성현(化成縣, 사천)의 지방관일 때, "파(巴)지역에 사는 사람들이 아내를 맞아들일 때, 항상 여자 쪽 집안에 재산을 요구하기 때문에" 많은 여자들이 나이가 들어도 시집갈 수 없다는 것을 알아차렸다. 후가의 해결책은 가정의 재산 정도에 따라 합당한 지참금의 양을 마련할 계획을 세우게 했으며, 액수를 초과하는 사람은 누구든지 처벌할 것이라고 단언했다. 그 결과 채 1년이 되기 전에, 혼기를 놓친 여자들이 모두 시집갔다고 한다. 손각(孫覺, 1028~1090)이 복주에서 비슷한 상황을 발견하여 지참금이 100관전을 초과할 수 없다는 명령을 내렸을 뿐인데도, 수백 명이 단숨에 시집가고 장가를 들 수 있게 되었다.[23]

지참금의 액수가 급증한 것은 확실히 교육받은 계층이 결혼을 통해서 유리한 인맥을 맺는 것을 중시한 결과 생긴 부산물이다(제3장을 보라). 다른 사회에서도 흔히 지참금이 증가되었다.[24] 앞으로 며느리가 될 여자의 집안에 값나가는 약혼선물을 제공함으로써 남자는 여자가 풍부한 지참금을 가지고 자기 집안으로 시집오게끔 조장했다. 그러나 사실상 남자가 준 약혼선물은 여자네 집안에 경제적으로 도움이 되지 못했다. 왜냐하면 여자의 집안에서는 남자가 보낸 약혼선물을 지참금으로 사용하기 때문이다. 이와는 반대로 지참금은 한 부계가족(父系家族)에서 다른 부계가족으로 재산이 전해지는 것을 의미한다. 따라서 이러한 지참금은 남자 쪽 집안에서 본다면 결혼에 대한 흥미를 상당히 높여 줄 것이다. 신랑의 아버지가 며느리의 지참금에 대해서 어떠한 영향력도 행사하지 못했고, 심지어 남편이 아내의 지참금을 사용할 때 아내의 동의를 얻어야 했지만, 지참금은 결국 손자나 손녀의 몫으로 돌아가게 된다. 이러한 사실은 여러 아들들 간에 가산의 분할을 걱정했던 남자들에게 사소한 문제가 아닐 것이다.

딸을 둔 가정에서는 사돈 간의 관계가 재산이 내포되었을 때 더욱 유대가 단단해지기 때문에 신부의 부모들은 딸에게 많은 지참금을 주어서 결혼시켰을 때 딸이나 사위, 그 딸의 아들에게서 더 많은 도움을 기대할 수 있었다. 원채는 재산이 많은 가정에서는 딸들에게 한몫 떼 주라고 충고했다. 왜냐하면 만약 자기네 아들들이 변변치 못할 때, 시집간 딸의 집에 심지어 장례식이나 제사조차도 의존해야 될지 모르기 때문이다.[25] 여자가 시집갈 때 가져간 지참금은 사돈 간의 유대를 공고하게 해 주었다. 왜냐하면 사돈 간에 오랫동안 공동재산이 되기 때문이다. 형제들 간에 가산이 분할된 후에도 선산이나 종묘의 공동상속인으로서 그들 서로 간에 유대가 지속되었던 것과 마찬가지로, 사돈 간의 관계도 지참금의 처분에 대해서 서로 간의 이해관계가 있으므로 유대는 계속 유지되었다.

가산의 일부로서의 지참금

지참금이 많아짐에 따라 재산을 물려주는 총체적인 제도에서 골치 아픈 요소가 되기도 했다. 중국의 재산법에 따르면, 가정에 있는 모든 남자(아버지, 할아버지, 형제들, 아들들, 조카들 기타 등등)들은 유산을 받을 때 공동상속인이다. 이것은 재산이 분할될 때, 권리가 있다는 것을 의미한다. 아버지나 할아버지가 가장(家長)일 경우, 가산을 관리함에 거의 무제한의 권한을 행사하게 되는데, 이 권한에는 재산을 팔거나 담보로 돈을 빌리는 것까지도 포함된다. 숙부나 큰 형님이 가장일 경우, 재산을 팔거나 저당 잡히기 전에 직계 자손이 아닌 다른 친척들의 동의를 얻어야 할 것이다. 재산을 분할할 때, 남자형제들 간에 균등한 권리의 원칙하에서 행해진다. 이러한 재산분할에서 여성들은 거의 배제되었다. 즉 딸이건, 아내건, 과부건 간에 남자들이 받았던 것과 같은 방식으로 한 몫을 받을 수 없었다. 적합한 남자가 없을 때, 여성들이 재산을 받거나 혹은 관리했다.

이러한 유형의 재산전달은 분명히 재산을 물려주는 모든 이야기의 전부는 아니다. 왜냐하면 가정에서는 딸의 지참금을 위해서 꽤 많은 비용을 준비했기 때문이다. 그러나 지참금은 단순하고 일관성 있는 방법이나 관습으로 통제되었던 것은 아니다. 아버지는 딸들에게 지참금으로 얼마나 많이 배당해줄 것인가를 결정하는 데 상당한 재량권을 가지고 있었다. 딸에게 지참금을 주어 시집을 보내는 당시 만연된 풍습은 극단적인 형태로 나타난 다양한 지적이고, 법률상의 반응을 불러일으켰다. 즉, 한 가지 반응은 딸들과 아내들의 재산에 대한 권리 주장을 지지했다는 것이고, 다른 반응은 딸들과 아내들의 재산에 대한 권한을 약화시키는 것이다. 이러한 의견의 다양성은 지참금을 해석하는 데는 한 가지 법과 방법만이 있을 수 있다고 가정해 온 근대학자들을 혼란스럽게 만들었다.[26] 아직까지도 지참금에 대한 서로 모순되는 견해가 동시에 존재하며, 이러한 모순되는 견해는 상대방에게 이익이 된다. 즉, 훌륭한 사윗감을 구하려는 경쟁과 같은 사회적인 영향력이 지참금의 액수를 증가시켰기 때문에, 지참금에 대한 여성들의 주장은 더욱더 인정받게 되었다. 동시에, 지참금 제도의 영향을 탐탁지 않게 여겼던 사람들은 지참금에 대한 생각을 바꾸려고 했다. 나는 지참금에 대한 상반되는 견해가 단순히 시간의 흐름에 따라 나타났다고 보지는 않는다. 오히려 지참금이 더욱 확고하게 자리 잡음에 따라 두 가지 상반되는 견해가 더욱 뚜렷해졌다.

사마광(司馬光)은 지참금을 탐탁지 않게 여겼다. 그가 생각하는 이상적인 가족형태는 여러 세대가 분할되지 않고 함께 사는 것이다[누세동거(累世同居)]. 그것은 재산이 여성의 지참금으로 따로 분리되어 나갈 경우, 가정의 존속을 위협하기 때문이다. 그래서 사마광은 며느리가 지참금을 사유재산으로 여겨서는 안 된다고 주장하면서, "며느리는 자기 자신의 어떤 것도 가지고 있지 않아야 한다. 개인적인 저축도 없어야 하고, 사유물도 없어야 한다."는 『예기(禮記)』에 나오는 한 구절을 즐겨 인용했다. 심지어, 아내는 자기가 받은 선물조차 시부모에게 드려야 하고, 또 일단 자기가 선물로 받은 물건조차도 선물로 사용할 수 없었다.27) 딸들이 가족의 재산에 대해 권리를 가지고 있다는 생각은 사마광에게는 용납될 수 없었다. 사마광은 그 당시에 살았던 어떤 사람의 비극적인 이야기로 어떤 남자가 가정의 재산을 모았으나 자식과 손자들의 도덕교육을 소홀히 했다. 그 남자가 죽은 후 아들들이 재산을 둘러싸고 싸웠을 뿐만 아니라, 또한 "시집가지 않은 딸들도 머리를 가리고, 서류를 움켜쥐고, 지참금을 챙기기 위해서 관아에 소송을 제기해서 세상 사람들의 비웃음거리가 되었다."28)고 지적했다.

얼마나 많은 사람들이 사마광의 우려에 동감했는지는 말하기 어렵다. 대부분의 사람들은 결혼하지 않은 여자의 운명이 거의 전적으로 그 여자가 가져갈 지참금에 달려 있다는 것을 인정하는 것 같았다. 또한 여성들이 재산에 대한 권리를 잃어버렸을 때, 좋은 형편에서 불리한 상황으로 떨어진 여자들에 대해서 말했다. 지참금이 없는 고아가 된 딸들은 ― 심지어 관료 가정의 딸일지라도 ― 첩이 되거나 또는 심지어 여종이 되어야 했을지도 모른다. 유부(劉釜, 약1040~1113이후)는 어떤 관료의 딸에 대한 예를 기록했다. 왕경노(王瓊奴)는 호사스러운 생활에 익숙해 있었고, 자수를 놓을 수 있었으며, 시를 지을 수 있었다. 그녀가 10대 중반이었을 때, 아버지가 관직에서 해임되어 집으로 돌아오는 도중 아버지와 어머니가 모두 죽었다. 그런데 경노의 큰오빠와 올케언니가 대부분의 재산을 가지고 떠나 버렸다. 그래서 경노가 가난해졌으므로 약혼자도 결혼하려고 하지 않았다. 경노와 함께 남게 된 나이 든 종이 그녀를 설득해서 어떤 부유한 관원의 첩이 되도록 했다. 유부는 그 후 경노가 겪어야 했던 고난을 기록해 놓았는데, 그 관리의 본부인에게서 항상 매를 맞았다29)고 한다.

송대의 법에서는 지참금이 없는 딸들은 비참한 결과를 초래할 위험성이 있었기 때문에 남자형제들이나 삼촌들, 다른 상속받을 가능성이 있는 사람들의 재산에 대한 탐욕으로부터 고아가 된 소녀들을 위해서 몇 가지 법적인 장치를 마련해 두었다.30) 이미 당대에도 만약 남자형제들이 재산을 분할할 때, 아직 결혼하지 않은 남자형제가 포함되어 있거나 혹은 결혼하지 않은 여자형제들이나 또는 결혼하지 않은 아주머니들(*고모)이 있을 때, 재산이 분할되기 전에 그들의 결혼비용은 따로 떼어 놓았다. 결혼하지 않은 남자형제들은 자기네들이 받게 될 몫 이외에도 약혼선물을 준비하는 데 드는 비용도 받았다. 그리고 결혼하지 않은 여자형제는 결혼하지 않은 아들 몫의 절반을 받았다.31) 이러한 법은 아마도 당대에 있었던 관행을 성문화한 것인 듯하다. 당대에는 남자 쪽 집안이 약혼선물로 보내는 데 드는 비용이 여자 쪽 집안에서 드는 실제 비용보다 더 많이 들었다. 송대에 와서는 송대의 관습에 더 가깝도록 법을 개정했다. 왜냐하면, 남송대(南宋代)의 재판관들은 시집가지 않은 딸들에게 지참금으로서 더 많은 가산(家産)을 주어야 한다는 법을 적용했기 때문이다. 기본적인 규정은 시집가지 않은 딸들에게 유산 중에 아들 몫의 절반에 해당하는 몫을 지참금으로서 떼어 놓는다는 것이다. 당대에 행해졌던 여자들의 지참금이 아들의 결혼비용의 절반 정도였던 것과는 다르다. 이 방식에 의하면, 아직 결혼하지 않은 한 명의 아들과 두 명의 딸이 생존해 있을 때, 아들이 재산의 절반을 얻게 되고, 딸들은 각각 4분의 1을 얻게 된다는 것이다.32)

재판관들이 유산의 분할을 담당했을 때, 딸은 아들이 받는 몫의 절반을 갖는다는 조례를 인용하여 융통성 있게 적용했다.33) 예를 들면 『청명집(淸明集)』에 들어 있는 한 예에 의하면, 어떤 남자가 두 명의 딸을 남기고 죽었는데, 큰딸은 9세였다. 또한 한 명의 유복자가 그의 상속인으로 결정되었다. 재산을 분할할 때, 법관은 상속인에게 재산의 4분의 1을 주고, 각 딸들에게 8분의 3을 주게 하였다. (그 당시의 법이 요구했던 것처럼) 그러나 재판관은 그 딸들과 상속인에게 각각 3분의 1을 주었고, 딸들이 받은 재산은 지참금으로서 사용되게 했다.34) 그리하여, 이들 소녀들은 꽤 많은 지참금을 얻게 되었다. 다른 사례를 보자. 가산을 분할하지 않고 살았던 세 명의 남자형제가 있었는데, 이 중에 한 명이 딸 한 명을 남기고 죽었다(그의 아내도 또한 죽고 없었다). 이 문제를 처음에 담당했던 관원은 아버지에게 돌아갈 몫의 3분의 1을 그 딸이 가져야 한다고 인정했다. 그런데 재판관은 아버지가 죽었을 때, 딸이 아직 결혼하지 않았다는 것과 딸은 아들이 받는 몫의 절반을 받아야 한다는 것을 이유로 해서 3분의 1이 아니라 절반을 받아야 한다고 번복하는 판결을 내렸다. 즉, 이 경우에 만약 딸이 아니고 아들이었다면 아버지 몫의 전부를 받게 된다. 이 밖에도, 그 소녀의 아버지 쪽에 속해 있는 모든 사유재산(이를테면 어머니의 지참금과 같은)은 그 소녀에게 돌아가야 한다고 판결했다.[35)]

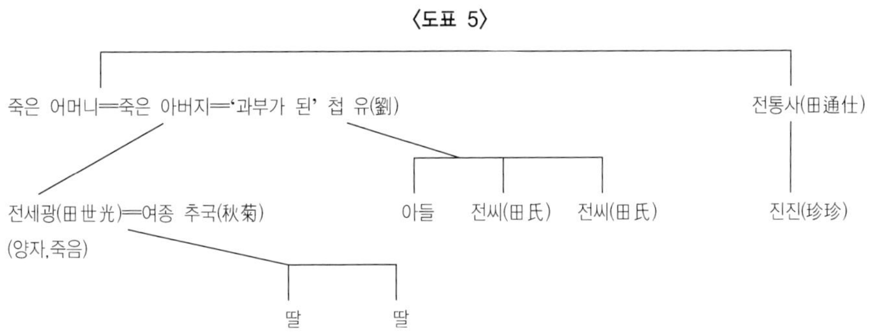

유극장(劉克莊, 1187~1269)은 고아가 된 딸의 재산권에 관한 가장 긴 쟁론을 제공해 준다. 그 사례는 전씨(田氏) 가정에 관한 것이다(<도표 5>를 보라). 현승이라는 관직에 있던 아버지가 한 명의 아들을 양자로 삼았다. 아버지는 아내가 죽은 후 유씨(劉氏)를 첩으로 들였는데, 그 첩은 한 명의 아들과 두 명의 딸을 낳았다. 그의 큰아들[세광(世光)]이 여종과의 사이에서 두 명의 딸을 두고 죽었는데, 그 여종은 추국(秋菊)이라고만 알려져 있다. 아버지의 남동생인 통사(通仕)는 자기의 아들인 진진(珍珍)이 죽은 큰아들(*형의 큰아들인 세광)의 사후 상속인이 되기를 원했다. 그러므로 세 명의 살아 있는 성인이 있는 셈인데, 아들의 종(추국), 아버지의 첩(유씨), 그리고 아버지의 남자형제(통사)이다. 이들은 각기 자기 자식들을 위해서 가능한 한 많은 유산의 몫을 차지하려고 노력했다. 유극장은 이 문제를 여러 각도에서 검토했으며, 법조문에 있는 문자 그대로 해석하는 것 외에도 다양한 측면들을 포함시켜 생각했다. 즉, 이 소송사건은 결말이 나야 한다는 필요성과 어린 소녀들에게 각기 다른 정도의 몫을 분배하는 데 따른 난처함과 같은 것들이다. 유극장은 죽은 큰아들을 위해서 사후 상속인이 정해진다면, 유산 중에 큰아들 몫은 네 등분으로 분할해야 된다고 지적했다. 한 등분은 사후 상속인의 몫이 되고, 나머지 세 등분은 두 명의 손녀딸들에게 분할하여야 된다(각 손녀딸은 죽은 아들 몫의 8분의 3을 받게 된다. 즉 전체 유산의 16분의 3이다). 유극장은 또한 죽은 관원[縣丞]의 두 명의 어린 딸은 남자형제들이 받는 몫의 절반을 받아야 된다고 지적했다. 그런데 전 재산을 삼등분하는 대신에(손녀딸들과 죽은 큰아들의 사후 상속인에게 3분의 1, 어린 아들에게 3분의 1, 그리고 두 명의 딸에게 3분의 1), 재산을 반으로 나눠서 한 부분은 첩(유씨)의 자식에게 가게 하고, 다른 부분은 아내의 자식에게 가도록 했는데, 지금 큰아들의 종(추국)에 의해 이의가 제기되었다. 첫 번째 예에서는 절반은(즉 전체 유산의 4분의 1) 아들 몫이 되었고 그리고 4분의 1(전체 유산의 8분의 1)은 두 명의 딸의 몫으로 돌아갔다. 두 번째 예에서는 4분의 1은 채택된 상속인 몫이 되었고 ― 적절한 후보자가 물색될 것이라고 생각되는 ― 4분의 1은 두 명의 딸들의 몫으로 돌아갔고, 마지막 몫(4분의 1)은 아버지의 장례 비용으로 떼어 놓았다. 과부가 된 첩[유씨(劉氏)]은 동산의 재산을 관리하는 것이었는데, 이렇게 하는 것이 합당했기 때문이 아니라 유극장은 소송이 끝나기를 원했기 때문이었다.[36] 시집가지 않은 각 딸들은 지참금을 위해서 상당한 양의 유산에 대한 권리를 보호받게 된다. 심지어 친아들이 있는 경우나 양자를 채택할 가능성이 있는 경우에도 마찬가지였다.

지참금을 둘러싼 고소사건은 확실히 드물지 않다. 원채는 후견인들에게 조심해야 한다고 경고했다. 남자들은 딸들에게 '집안의 재산 정도에 상응하는 지참금'을 주어야만 하고, 고아가 된 여자친척을 맡았을 때는 법에 유의해야 한다. 즉 "고아가 된 딸들이 가산에서 자기들의 몫을 가지고 있으면 가능한 한 풍부한 지참금을 주어 결혼시켜야 된다. 고아가 된 딸들은 법에 따라서 확실히 토지를 받게 될 것이다. 만약 어떤 사람이 지금 현재만을 생각해서 그것을 아까워한다면, 당신은 그 여자가 결혼한 후에 반드시 고소를 당하게 될 것이다.”37)

지참금만이 결혼한 여성이 친정에서 받는 유일한 재산은 아니었다. 만약 남자형제들이나 결혼하지 않은 여자형제가 없고, 부모가 상속인을 세우지 않고 죽었다면, ‘대가 끊어졌을 때[절손(絶孫)]’ 적용하는 법에 따라 몫을 받는데 그 양은 얼마나 많은 여자형제들이 있느냐에 달려 있다. 일반적으로 모든 결혼한 여자형제들은 비록 상속인이 사후에 정해졌을지라도, 유산의 3분의 1을 받게 된다(제13장을 보라). 심지어 남자형제가 있는 여성도 만약 부모가 유언으로 딸들에게 재산을 남겼다면 유산을 받게 된다. 예를 들면 딸이 결혼한 후에 가정의 재산이 상당히 늘어났다면, 부모는 지참금으로 주었던 딸의 몫이 불충분하다고 느낄지도 모른다. 『청명집』에 의하면 재판관은 심지어 부모가 아들이나 양자가 있는데도, 결혼한 딸들에게 재산을 주려고 하는 권한을 인정했음을 알 수 있다38)(‘절손’ 경우에 결혼한 딸들이 갖게 되는 재산권에 대한 권리는 제13장에서 논의할 것이다).

아내의 지참금에 대한 권한 행사

딸들에게 지참금을 주는 것은 많은 사회에서 보편적인 관례였다. 그러나 결혼한 여성 자신들의 지참금에 대한 사용권과 처분권은 지역과 시대에 따라 많은 차이가 있었다. 르네상스 시기 플로렌스지역에서는 남편이 아내의 지참금을 관리하여 일상적인 가사에 드는 비용에 사용했다. 일찍이 근대 영국에서는 남편이 아내가 지참금으로 가져온 현금, 가구 그리고 다른 동산에 대해서 전적인 권리를 행사했다. 서북 인도에서는 최근까지도 신부의 시부모는 가족성원들에게 며느리가 지참금으로 가져온 물품을 나누어 주며, 신부와 신랑에게는 단지 일정한 몫만을 준다. 근대 그리스에서 여성들이 결혼

때 지참금으로 가져온 땅은 일생 동안 통제할 수 있었다.[39]

송대에 지참금은 다소 이례적인 형태의 재산이었다. 그 재산은 부인의 이름하에 독립된 재산으로 등기되지는 않았다. 왜냐하면 정부에서는 남성 가장이 있을 때는 호(戶)를 단위로 해야 하는데 실제로 그가 살았는지의 여부는 신경쓰지 않았다. 그렇지만 그 재산은 여자의 지참금 재산으로서 분명하게 분류되었다. 이러한 사실은 여자가 살아 있을 때뿐만 아니라, 모든 상속인들의 몫이 결정될 때까지도 용도에 적절하게 사용되어야 한다.[40] 형제들이 함께 사는 동안, 아내의 지참금은 '아내의 재산'으로 간주되어 분할의 대상이 되지 않았다. 확실히 남자들은 때때로 토지를 아내의 이름으로 등기하여 분할의 대상인 공동재산에서 숨겨 놓기 때문에 고소를 당하는 경우도 있었다. 어떤 재판관은 며느리가 지참금으로 가져왔던 땅을 빼앗으려고 했던 시아버지로부터 아들과 며느리를 변호해 주었다. 즉 "법에 따르면 아내의 가정에서 얻은 재산은 분할의 범주 내에 있지 않다."[41]는 것이다.

아내의 소송은 남편을 상대로 할 때 가장 무력했다. 재판관들은 지참금으로 가져온 토지는 남편과 아내가 공동으로 관리해야 된다는 원칙을 인용했다.[42] 그러나 아내는 남편이 자기가 원치 않았던 목적을 위해서 지참금을 사용하려고 할 때, 쉽게 저지할 수 있었는지 의심스럽다. 남편은 아내의 재산을 쉽게 처분했을지도 모른다. 그 예로서 『송사(宋史)』에서는 남편이 친정 부모로부터 받은 모든 재산을 다 써 버린 후에 친정으로 돌아가서 과부가 된 오빠의 아내에게 보살핌을 받았던 어떤 여성에 관해서 언급했다.[43] 데릴사위로 들어가는 결혼(제13장을 보라)에서조차도, 재판관들은 재산이 아내의 이름으로 되어 있는지, 남편의 이름으로 되어 있는지 상관하지 않았던 것 같다. 아내는 남편을 상대로 소송을 제기할 법적인 처지에 있지 못했기 때문에, 보호를 받기 위해 법정에 갈 수 없었다. 남편은 아내의 법률 대변인이었다. 중국의 법학자들이 언급했듯이, 결혼은 남편과 아내를 일체로 만들었다.[44] 『청명집』에서는 아내가 자기의 허락 없이 시집올 때 가져온 재산을 파는 남편을 고소한 예가 없다. 그래서 아내들은 좀 더 통상적으로 인정되는 법적 권리에 의해 완전히 보장받지 못하는 재산권을 가졌던 것 같다. 그렇다고 하더라도 남편이 아내의 지참금을 사용하는 권리에도 어느 정도의 제한이 있었다. 어떤 남자가 자기와 이혼하려고 하는 아내가 재산을 훔쳤다고 고소했으나 재판관은 지참금으로 가져온 물건을 가져가는 것은 도둑질한 것이 아니라고 판결했다.[45)]

전기에 의하면, 여성은 흔히 자기들이 가져간 지참금에 대해 욕심을 부리지 않았기 때문에 칭송을 받았다. 예를 들면, 11세기 초에 부유한 관인 가정 출신이었던 조씨(趙氏, 1008~1039)는 17세에 과거에 합격한 어떤 남자와 결혼했는데 자기 집안에서 관직 경력이 있는 첫 번째 사람이었다. 조씨의 전기에 따르면, 남편의 집안이 가난했을 때, 자기가 그렇게 많은 사유재산을 가지는 것이 불편했으므로 지참금을 전부 남편 집안의 공동재산으로 내놓았다.[46)] 이 책의 서론에서도 보았듯이, 상관씨(上官氏, 1094~1178)는 남편 집안의 어떤 친척이 불법으로 팔았던 조상의 선산을 되찾기 위해서 남편이 돈을 빌리려고 했을 때, 이를 만류했다. 상관씨는 자기의 지참금이 들어 있는 상자를 모두 비워서 선산을 되찾는 데 썼으며, 남은 돈으로 선산을 보호하기 위해서 건물을 지을 땅을 샀다. 범씨(范氏, 1143~1222)의 전기에 의하면, 1160년에 토지가 채 3묘도 안 되는 집안으로 시집왔다. 범씨는 남편에게 그의 재산이 현재생활에는 충분할지 모르지만, 자손을 위해서는 충분하지 않을 것이라고 말했다. 범씨는 어떤 이웃 사람이 땅을 팔려고 할 때, 자기의 지참금으로 가져온 땅을 팔아 이웃이 내놓은 땅을 사서 땅문서를 시아버지께 드렸다. 장씨(張氏, 1146~1195)의 전기에 따르면, 자기가 지참금으로 가져온 토지 중에 5묘를 팔아 남편의 남자형제의 첫 번째 부인이 죽은 후, 두 번째 부인을 맞아들이기 위해서 필요한 돈을 대 주었다.[47)]

이러한 전기를 쓴 학자들은 모두 아내가 지참금을 사유재산으로 다루는 것을 찬성하지 않았다. 전기 작가들은 아내들이 지참금을 제사, 장례 또는 남편의 형제들의 결혼식과 같은 광범위한 가정의 목적을 위해서 자발적으로 내놓았다고 했다. 그러므로 그러한 아내들을 훌륭한 '내조자'라고 드러내 이야기했다(제6장을 보라). 예를 들면, 유재(劉宰, 1166~1239)는 여성들이 천성적으로 인색하다고 생각했지만, 조오진(趙悟眞, 1154~1224)은 시집올 때 가져온 많은 지참금과 토지를 모두 남편에게 주었으며, 이와 관련된 수입과 지출의 계산에는 전혀 관계하지 않았기 때문에 예외적인 인물이다[48]고 했다.

여성이 죽은 후에 지참금은 일반적으로 남편이나 자식에게 전해졌다. 그러나 어떤 여성들은 지참금의 처분에 대해서 희망하는 바를 확실히 밝혔다. 예를 들면, 조씨(趙氏, 1035~1110)는 임종 시에 며느리에게 "나의 지참금 상자 안에 있는 모든 물건은 내가 시집올 때 지참금으로 가지고 온 것이다. 나는 단 하나의 물품도 내가 사용했기 때문에 추가한 것이 없다. 나는 모든 지참금을 자식들과 손자들에게 주기를 원한다."고 유언을 남겼다(즉 그녀 자신의 자손들만이 아니라). 남편이 아내의 지참금을 맡았을 때, 아내가 탐탁지 않게 여겼던 목적을 위해 사용해서는 안 된다는 생각이 어느 정도 마음속에 따라 다녔을지도 모른다. 어떤 한 남자는 자기가 죽은 아내의 재산으로 첩을 산 후에 죽은 아내가 귀신으로 나타나 문제를 일으켰기 때문에 남겨진 재산을 그 여자를 위해서 절에 시주하는 데 사용했다.[49]

가정불화의 한 요소로서의 지참금

우리가 이미 알고 있듯이, 사마광은 가족들이 딸의 행복을 염려했기 때문에 시집보낼 때 많은 지참금을 준비한다고 믿었다. 많은 가정에서는 딸을 잘 챙겨서 시집보내는 것이 양가 간의 관계를 돈독하게 할 것이라고 생각했다. 그런데 어떤 종류의 재산과 마찬가지로, 지참금도 쉽게 불화를 일으켜 친척을 원수로 만들기도 했다. 어떤 남자는 여자가 가진 재산 때문에 결혼하고는 그 여자를 쫓아내 버리기도 했다.[50] 지참금을 가진 고아가 된 여자들이 항상 반드시 잘 풀리는 것은 아니었다. 왜냐하면 고아의 보호자들 ― 삼촌이나, 형부나 또는 다른 친척들 ― 은 흔히 고아가 된 소녀들이 결혼해서 자기들이 재산에 대해 더 이상 권한을 행사하지 못하게 되는 것을 탐탁지 않게 여겼기 때문이다. 한 재판관은 어떤 남자가 자기의 죽은 삼촌의 재산을 관리했는데, 그 재산은 법적으로 죽은 삼촌의 딸과 손녀딸에게 속해 있는 것이었다. 그 죽은 삼촌의 딸은 이미 25세가 되었는데도 한 번도 결혼이 주선된 적이 없었다. 또한 손녀딸에 대해서는 혼담이 논의되기는 했지만, 아무것도 이루어진 것은 없었다. 재판관은 '수낭(秀娘)을 출가시키지 않고 집에 두는 것'은 '사실상 토지를 차지하기 위한 술책'이라고 판단했다.[51]

토지로 주는 지참금은 사실상 결혼식 때에 주었다기보다는, 때로는 준다는 약속이었다. 이것은 적어도 어떤 법적인 경우에 대한 암시가 되는 것 같다. 요만영(廖萬英)은 아내의 삼촌이 지참금으로서 할당해 놓은 땅을 찾기 위해서 소송을 제기했다. 그런데 불행하게도 그 아내의 삼촌은 그녀에게 지참금으로 줄 땅을 그녀의 남자형제에게 관리하도록 맡겼는데, 그 사람은 자기의 빚을 갚기 위해서 팔았다. 재판관은 그 여자의 남자형제가 잘못했다는 것에는 동의했지만, 그녀의 남편을 도와주지는 못했다. 판결에서 재판관은 진정한 남자는 여자의 지참금 때문에 결혼하지 않으므로 남편은 양가 간의 관계를 더 이상 나빠지지 않도록 노력해야 할 것[52]이라고 하였다.

풍부한 지참금을 가진 소녀들은 당연히 바람직한 며느릿감이었고, 이런 여자들을 보호하는 데 여러 가지 책략들이 사용되었다. 한 건의 소송은 재혼한 부모를 둔 딸에 관한 것이다. 전남편에 의해서 그 아내의 딸이 상속인이었다. 현재 남편 전처의 딸은 유산을 받을 희망이 별로 없었다. 여자상속인이 어린아이였을 때, 아버지가 약혼을 시켰다. 그러나 약혼자는 어머니와 어머니의 새 남편이 그 소녀에게 지참금을 좀 더 적게 주려고 한다는 것을 눈치 채고는 고소했다.[53]

이런 경우에 여성들은 흔히 희생자였지만, 또한 가해자가 될 수도 있었다. 이개옹(李介翁)이 죽은 후에 한 명의 어린 딸과 그녀를 낳은 여종만이 남아 있었다. 지방관청은 재산을 지정된 상속인에 대한 몫과 그 딸에 대한 몫으로 분할했다. 그런데 그 딸의 몫은 어머니가 관리하도록 하였다. 그러나 어머니는 딸의 몫을 자신의 지참금으로 장만해서, 자기의 전 주인이자 남편이 땅에 묻히기도 전에 재혼했다. 그 소녀는 약혼을 하게 되었고, 앞으로의 남편이 될 사람의 친척집에 맡겨져 돌봐지게 되었다. 나중에 그 어머니와 어머니의 새 남편은 지방관청에서 그 소녀의 동산(현금이나 은으로 된 물건들)을 맡고 있었기 때문에 그 소녀를 다시 불러들여 재산권을 제어하고자 하였다.54)

　여성의 재산이 축복인 동시에 문제를 일으킬 수 있는 한 가지 예로서, 송초의 저명한 관료 중의 한 사람이었던 두연(杜衍, 978～1057)의 생애에 관심을 가져보자. 두연을 위해 전기를 쓴 저자 구양수(歐陽修, 1007～1072)는 두씨 집안의 찬란한 역사는 당대의 저명한 관료로까지 거슬러 올라간다는 것을 강조했다. 구양수는 두가(杜家)가 아주 부유했으나, 재산이 분할될 때 두연의 형제들이 가난했기 때문에, 두연은 자기의 몫을 전부 형제들이 가지도록 했다고 기록하고 있다. 두연의 아내인 상리씨(相里氏, 988～1065)의 전기에서, 장방평(張方平, 1007～1097)은 "두연의 아버지는 두연이 어렸을 때 죽었고, 두연의 어머니는 친정으로 돌아갔다. 그래서 두연은 별로 의지할 만한 친척이 없었다."고 좀 더 자세하게 설명하였다.55) 사마광은 두연의 가족 배경에 대해서 미화시키지 않고 기록하였다. 사마광의 설명에 따르면, 두가 태어나기 전에 아버지가 죽었으므로 할아버지가 두연을 키웠다. 두연의 아버지의 전 부인이 낳은 두 명의 이복형제들은 두연의 어머니를 좋아하지 않았다. 그래서 두연의 어머니는 두씨 집안을 떠나 다른 집안과 결혼했다. 두연이 15세나 16세 때, 할아버지가 죽었다. 두연보다 나이가 많은 두 명의 이복형제들은 두연에게 어머니의 '사유재산'인 지참금을 내놓으라고 요구하였다. 그 사유재산은 명백히 두연의 소유였으나, 이복형제들은 두연의 어머니가 다른 사람과 결혼했기 때문에 그 재산에 대한 소유를 주장하였다. 두연이 거절하자, 두 명의 이복형제들은 무력을 행사하여 이복형제 중의 한 사람이 칼을 뽑아 두연의 머리를 내리쳐 상처를 입혔다. 피를 많이 쏟으면서 두연은 아주머니 집으로 도망갔고, 아주머니는 두연을 이복형제들로부터 숨겨 목숨을 구해 주었다. 두연은 아버지의 집으로 가지 않고 갈 만한 부계쪽 집이 없었기 때문에 어머니에게 갔다. 그러나 어머니의 새 남편은 두연이 그곳에 머무는 것을 원치 않았다. 그래서 두연은 이리저리 떠돌아다녔으며 매우 가난하게 지냈고, 서기로서 생계를 유지하였다(그런 식으로 그는 가산에 대한 자기의 몫을 사심 없이 단념했다). 두연이 떠돌아다니는 와중에 상리라는 성을 가진 부유한 남자에게 좋은 인상을 주었다. 상리씨는 두연에게 자기의 딸을 아내로 주었을 뿐만 아니라, 또한 두연이 보다 편안하게 생활할 수 있도록 충분한 재산을 주었다. 그래서 두연은 진사과에 응시해서, 4등으로 합격하였다. 두연이 고위직에 오른 후에 '은음(恩蔭)'의 혜택을 아내의 남자형제가 관직에 오르도록 사용하여 상리씨에게 진 신세를 갚아 주었다.[56]

이와 같은 이야기가 암시하는 것은 여러 가지가 있을 것이다. 두연처럼 재산은 없지만, 명문 가정 출신의 남자는 부유한 집안의 딸과 결혼해서 그 딸을 위해서 제공되었던 지참금으로 출세할 수 있었다. 반면에, 그러한 '여성의 재산'은 또한 남자형제들 간에 불화를 일으킬 수도 있었다. 두연이 이복형제들에게 칼을 맞고 집에서 달아나 아버지 쪽의 가족들과 인연을 끊은 것은 결국은 어머니의 재산 때문이었다. 더구나 이러한 재산(지참금)은 두연의 이복형제들이 두연의 어머니를 괴롭혀서 빈손으로 떠나게 했기 때문에 두연의 어머니가 과부로서 편안한 생활을 지내도록 보장해 주지도 못했다.

■　　■　　■

시기적으로 더 이르지 않다면 최소한 엥겔스 이후로 학자들은 여성의 재산권이 그들의 사회적·정치적 위치를 확보하는 데 중요한 요소라고 생각했다. 학자들의 논쟁은 여자들의 재산권이 어떤 경우에 제한되는가였다. 가정이나 더 큰 사회 속에서 여성들의 영향력이 제한되고, 여성들의 영향력의 가치가 문화적인 면에서 아주 부정적이지 않았다 할지라도 편협하게 평가되었다. 예를 들면, 여자들은 어떤 경우에 아버지로부터 재산을 상속받지 못하거나 또는 결혼했을 때 자기 이름으로 토지를 소유하지 못하였다.[57] 최근에, 잭 구디(Jack Goody)는 지참금이 관례적으로 행해진 사회는 일부일처제 사회이고, 이혼이 비교적 적으며, 여성이 가족의 재산을 상속받을 가능성이 있으며, 일반적으로 여성이 상당히 높은 지위를 가지는 경향이 있다고 밝혔다.[58] 여성이 재산을 소유할 수 있을 때 좀 더 나은 위치에 있다는 이론을 오늘날에는 거의 문제가 되지 않는다. 그래서 서구 사회에서는 남성들이 재산권을 가지는 것과 동등하게 여성에게도 재산권을 주도록 다른 나라들이 법을 고칠 것을 늘 촉구했다.

송대에 지참금은 여성에게 무엇을 의미하는가? 지참금을 소유한다는 것이 여성의 지위를 높여 주고, 행동의 자유를 주며, 존경을 불러일으키거나 혹은 가정의 결정에 영향력을 행사할 수 있도록 해 주는가? 옷, 장신구, 토지문서가 가득 들어 있는 상자를 가지고 결혼생활을 시작하는 심리적인 안정감은 아마도 그 여자가 재산을 가지고 뭔가를 할 수 있다는 것과 마찬가지로 아내에게 중요했다. 첫째, 지참금은 첩이 아니라는 사실을 증명해 준다. 그 여자는 가족이 팔아먹은 것이 아니며, 이와는 반대로 가족들이 그 여자를 소중하게 생각해서 많은 재물을 주어서 시집보냈다는 것이다. 둘째, 지참금은 나이 어린 신부가 해야 할 역할 중에 중요한 부분인 시댁 식구들을 즐겁게 하기 위한 어느 정도의 물질적인 방편을 제공해 주었다. 셋째, 지참금은 여자들이 곤궁한 처지에 빠지지 않도록 적으나마 방책을 보증해 주었다. 지참금들은 과부에게는 생계를 유지해 나가는 주된 재산이 되었고(제10장), 재혼할 때 가져갈 수 있었으며(제11장), 제사를 지내 주기 위해 상속인을 채택하는 데 기저가 되었다(제13장). 넷째, 지참금은 아내들이 남편의 재산을 증식하게 하는 것과 더 관련이 있었다. 그래서 부계 중심의 친족 관계에서 볼 때, 은연중에 여성을 비하시키는 것을 어느 정도 완화시켰다.

중국의 오랜 역사에서 볼 때, 송대는 아내와 딸들이 가장 풍요로운 지참금을 가질 수 있었던 시기였다. 지참금이 이후에 억제되었던 이유 중의 하나는 송대까지 거슬러 올라가게 된다. 왜냐하면, 이미 그 시대의 유학자들은 지참금에 대한 권리와 지참금을 둘러싼 여성의 권리에 대해 착잡한 생각을 가졌기 때문이다. 사마광은 여성들이 지참금을 사유재산으로 다룰 때, 은연중에 생기는 좋지 못한 결과를 비난했다. 그러나, 사마광의 가족관은 가족이 공동재산을 공유하는 집단이라는 데 초점을 맞추어 생각했기 때문에 모순이 생겨났다. 만약 재산이 가족에게 그렇게 중요했다면 가장은 많은 지참금을 가지고 올 며느리를 선호했을 것이다. 많은 지참금을 가져온 며느리는 덜 가져온 동서들보다는 좀 더 나은 위치를 차지하게 된다. 사마광은 이러한 구조적인 문제를 도덕성을 강조한 교육이나 도덕적인 노력으로 극복하기를 원했다. 즉, 시부모는 탐욕스러워서는 안 되고, 신부는 오만해서는 안 된다는 것이다.

아내가 재산을 관리함으로써 생기게 되는 문제에 대한 좀 더 근본적인 해결책은 예로부터 있었던 후손 원칙[종법(宗法)]을 부활시켰던 사람들에 의해 규정되었다. 사람들이 함께 살고 있는 가족으로부터 후손에게로 관심을 돌릴 때, 재산이나 여자는 중요성이 약해지게 된다. 11세기 중기에 정이와 같은 학자들은 좀 더 순수하게 유교적인 형태로 제사를 재생시키고, 후손이 중심이 되는 원칙을 강조할 것을 주장했다. 유학자들이 이러한 주장을 하게 된 동기는 불교와의 경쟁과 교육받은 계층이 그들의 새로운 사회적·정치적인 상황에 적합한 제사 형태를 개발할 필요가 있었기 때문이다.[59]

아내의 재산에 대한 이러한 사고방식이 함축하고 있는 암시는 서서히 나타났다. 주희는 그의 저서인 『가례(家禮)』에서 아내가 사유재산을 가지고 있기 때문에 지나친 영향력을 행사하려는 것을 경계하는 사마광의 견해를 인용했다. 그는 또한 송대의 대부분의 사람들과 마찬가지로, 남편의 가정을 위해 지참금을 썼던 여성들을 높이 평가했다. 동시에 주희는 『소학(小學)』에서 (호원[993~1059]의 말을 인용하여) 며느릿감으로는 사회적 지위나 부가 자기네 집안보다 낮은 집안의 딸이 더 괜찮다. 이러한 여성들은 시댁 식구에게 좀 더 쉽게 순종한다[60]고 했다.

주희의 제자 황간(黃幹, 1152~1221)은 여성의 재산에 대한 개념을 후손이 중심이 되어야 한다는 사고방식을 도출해 내는 데 더욱 진전시켰다. 황간은 관료였을 때, 여자는 남편이나 아들이 지참금에 대해서 갖는 권리보다도 자기네들의 지참금에 대해 좀 더 권한이 약하다고 주장하는 판결을 내렸다. 첫 번째의 사례는 서(徐)의 과부인 진씨(陳氏)에 관한 것이다. 진씨는 남편이 죽은 후에 세 명의 딸과 한 명의 아들을 남겨 두고, 시집갈 때 지참금으로 가져갔던 200묘의 토지를 가지고 친정으로 돌아왔다. 서씨 집안의 어떤 사람이 그 땅을 되돌려 받으려고 소송했으나, 재판관은 소송인에게 불리한 판결을 내렸다. 상소(上訴)할 때 황간은 그 판결을 번복했다. 황간은 "진씨의 아버지는 시집에 토지를 준 것이므로, 서씨 집안의 토지이다. 비록 그 토지가 지참금이라고 하지만, 서씨 집안의 재산이다. 어떻게 진씨 집안이 그 토지를 다시 가져갈 수 있겠는가? 만약 서씨 집안에 자식이 없다면, 진씨가 그 토지를 가져올 권리가 있다. 그러나 진씨는 네 명의 자식이 있으므로, 그 땅은 자식들 간에 분할되어야 한다.[61]"고 했다. 황간은 자식이 없는 과부가 친정으로 돌아올 때는 지참금을 가져갈 권리를 인정해 주었다. 그러나 황간은 결혼할 때에 여성이 가져간 토지는 혼숫감과 같지 않고 자식이 있을 때는 마음대로 그 토지를 처분할 자유가 없다고 주장했다.

황간은 다른 사례에서 여성의 재산권을 좀 더 제한했다. 본부인과의 사이에 아들을 한 명 두었고, 첩과의 사이에는 두 명의 아들을 두었던 어떤 남자에 관한 것이다. 남자의 원래의 재산[본호(本戶)]은 6,000관전의 세금이 부과되는 정도였다. 아내가 지참금으로 가져온 땅도 내는 세금이 비슷했으므로 그 땅의 크기는 남편이 원래 가지고 있던 땅의 크기와 비슷했던 것 같다. 이들 부부가 죽은 후에 그 집의 원래의 재산은 세 명의 아들 간에 분할되었다. 그러나 아내의 아들이 어머니의 지참금 땅을 차지했다. 그 당시에 어린 아들(첩의 아들)들은 죽은 아내의 아들의 이러한 행위를 문제 삼지 않았다. 맏형(본부인의 아들)이 죽은 지 16년이 지난 후에 어렸던 남자형제(첩이 낳은 아들들) 중의 한 사람과 다른 형제의 과부가 법정에 고소를 제기했다. 처음에는 현(縣)에 소송하고, 그리고 헌사(憲司)에 세 번 소송을 했고, 다시 수사(帥司)에 두 번 소송했다. 여섯 명의 재판 담당관들은 세 가지 해결책을 제시했다. 두 명의 재판관은 첩의 아들들은 법률상으로 어머니인 본부인이 지참금으로 가져온 토지에 대해서는 권한이 없다고 판정했다. 다른 두 명의 재판관은 지참금으로 가져간 토지를 삼등분으로 분할해야 된다고 했다. 나머지 두 명의 재판관은 본부인의 아들이 반을 얻고, 나머지 두 사람이 각각 4분의 1을 얻어야 한다고 제안했다. 황간은 본부인이 가져온 토지는 남편의 재산이 되었기 때문에 똑같이 분할하는 것에 찬성했던 재판관들의 의견에 동의했지만, 결국에 황간은 절반씩 분할하라는 가장 최근의 판결에 찬성했다.62) 이 사건을 담당하였던 전(前) 관원들은 본부인이 자기의 재산을 전적으로 자기의 아들에게만 돌아가기를 원했을 것이고, 이러한 사실이 분할 시 고려되었다는 것을 알았다. 황간은 아내의 토지가 남편의 재산이라는 것 이외의 다른 생각에 반대했다.

원(元)·명대(明代)에 지참금에 대한 여성들의 권한은 이혼했거나 과부가 된 여자가 만약 친정으로 돌아오거나 또는 재혼할 때 지참금을 가져갈 수 없다는 확고부동한 규정에 의해 법적으로 제약을 받았다. 이러한 규정은 신부의 가정에서 많은 양의 지참금을 주고 싶어 할 동기를 자연히 감소시켰다. 이렇게 법적인 개정이 이루어진 이유는 복잡하다. 그러나 신유학자들이 아내가 재산권을 행사하는 것을 탐탁지 않게 여긴 것이 지참금의 중요성을 약화시키는 데 박차를 가했음이 분명하다.63)

지참금의 규모가 급증하는 것을 막았던 요인을 논의하는 것으로 이 장을 마치면서 내가 이 장에서 서술한 역사적인 발전과정의 역동적인 본질을 강조하고 싶다. 지참금의 증가는 경제적·정치적인 변화의 결과라고 생각할 수 있다. 그러나 지참금의 증가로 인해 고아가 된 딸이 가정의 재산에서 차지하는 몫을 규정하는 법령과 같은 부수적인 법과 제도가 생겨났을 뿐만 아니라 또한 지식인들이나 심지어 국가에서 조차도 지참금을 반대하게 되었다. 이러한 상충되는 효과가 복잡한 방식으로 오랜 기간에 걸쳐 서로 영향을 주고 받았다. 그래서 사회생활안에 내재하는 단순한 기능적인 관계가 애매모호하게 되었다.

제6장

상류계층 아내의 내조

무엇이 덕목인가에 관한 논의는 어느 시대, 어느 지방 할 것 없이 항상 계층과 여러 가지 측면에서 관련되어 있다. 지배계층이 자기네 구성원들이 갖추기를 바라는 자질은 그들의 권력의 근원에 달려 있다. 그래서 문관들은 무관들과는 달리 육체적으로 강인한 힘이나 민첩성을 중요시하지 않는다. 지배계층이 구현하고 싶어 하는 가장 바람직한 자질을 강조하는 것은 지배계층이 갖는 광범위한 이해관계와 일치하며 또한 좋은 사람과 나쁜 사람을 구별할 수 있다. 바꾸어 말하면, 지배계층은 자신들이 일반민들보다 높은 위치에 있는 것은 덕목이 있어서이지, 정치적이거나 경제적인 힘을 장악하고 있기 때문이 아니라는 것을 사람들이 믿어 주기를 원한다.

계층과 관련지어 덕목을 논의해 보는 것은 남성의 덕목에 관해서 논의할 때는 물론이고 여성의 덕목에 관해 논의할 때도 적용된다. 이 장에서 나는 송대(宋代)에 생겨난 이상적인 아내의 구조를 송대의 교육받은 계층의 지표로 어떻게 인식했는지 검토해 보고자 한다. 이러한 계층은 경제적으로는 토지에서 나오는 수입에 의존했으며, 때로는 상업활동에 의해서 수입이 많아지기도 했다. 그러나 이 계층이 단순히 경제적으로 부유했던 것만은 아니었다. 정치적인 권력, 사회적인 영향력과 문화적인 지도력을 가지기 위해서는 반드시 문학 전통을 숙지해야 했고 또한 시대의 조류를 알고 지식인다운 품위를 지니고 있어야 했다. 간단히 말해서, 남자나 여자 모두에게 높이 평가되었던 덕목은 한 가문이 교육받은 계층에서 가문의 위상을 얻고 보존하는 데 필요한 자질이었다. 당대(唐代)에는 남성이나 여성들은 모두 그들의 묘지명에서 나타난 것처럼, 선조들의 명성이나 의식에 관한 해박한 지식과 올바른 품행으로 인해서 높이 평가되었다. 이러한 것은 귀족가문과 밀접하게 관련되어 있는 특성이다. 귀족가문의 부인들은 아름다움으로 인해서 높이 평가되기도 했다.[1] 그런데 송대에는 좀 다른 종류의 덕목들이 사람들의 관심을 끌게 되었다. 나는 이런 덕목들이 송대 상류층의 위상을 유지시켜 주는데 필요했던 자질과 밀접한 관련이 있다고 생각한다.

이러한 현상은 계층을 무시하거나 남성과 여성의 차이를 은폐시키는 것을 의미하는 것은 아니다. 훌륭한 아내는 훌륭한 남편을 똑같이 모방하는 것이 아니다. 여성이 남성과 다르다는 것을 진심으로 받아들임으로써, 여자는 자기의 역할이 '내조(內助)'라는 것을 알게 된다. 아내들은 남편이나 시부모의 특권을 침해하지 않으려고 조심했다. 여성들은 집안에서 필요한 모든 일을 함으로써 시부모나 남편의 생활을 편하게 만들어 준다. 제1장과 제2장에서 설명했던 젠더의 차이나 친족의 역할에 대한 유교적인 모델은 송대에 있어서 '내조'의 이상적인 모습의 기본이 되었다. 문학상에 나타난 아내의 덕목은 그 당시에 통용되었던 관념의 산물 이상이었다. 그 덕목은 송대의 상류층 가문을 존속시키고 성공으로 이끌었던 특성들과 복잡하게 관련되어 있다. 송대 상류층의 이상적인 아내는 남편의 가족에게 단순히 헌신하는 것만이 아니라 가정을 꾸려 나가는 능력과 문학 재능과 인간관계를 맺는데 능숙하여 가문이 번성하게 할 수 있어야 했다.

복잡한 가정관계에서 본분을 다하는 며느리

제3장에서 보았던 것처럼, 송대에 있어서 상층 남성들은 어린 나이인 10대 후반이나 혹은 20대 초반에 결혼했다. 남자가 더 어려서 결혼할수록, 그 남자의 부모나 조부모가 그때까지 살아 있을 가능성이 많았다(묘지명을 통해서 내가 조사한 남성과 여성들 중에서 약 절반가량은 부모나 조부모가 60대에도 살아 있었고, 약 4분의 1 정도는 70대까지도 살아 있었다). 더욱이 신랑은 십중팔구 한두 명의 형제가 있었다(내가 조사했던 부부의 4분의 3 정도는 두 명이나 또는 그 이상의 아들을 두었고, 반 정도는 세 명이나 혹은 네 명의 아들을 두었다).[2] 그러므로 신부는 복잡한 가정에 들어가 결혼

생활을 시작한다. 그 가정에는 남편의 부모 중의 한 명이나 또는 두 명이 있을 것이며, 남편의 아버지 쪽의 조부모의 한 명이나 또는 두 명이 있을 수 있고, 한 명이나 혹은 그 이상의 남편의 남자형제들과 그들의 아내들, 남편의 결혼하지 않은 여자자매들, 그리고 아마도 남편의 남자형제들의 아이들도 있을 것이다.

<그림 13> 남편이 부모를 공양하는 것을 돕고 있는 효성스런 며느리

이공린(李公麟, 1040~1106)이 효경의 내용을 그린 그림. 프린스턴 대학교 박물관 소장(L. 1986. 101).

이러한 복잡한 가정에서 새댁은 온 힘을 다하여 시부모를 섬겨야 되고,

가능한 한 모든 사람들에게 사랑을 받아야 했다. 이 같은 아내의 봉양은 『효경』을 그림으로 나타낸 화첩에서 볼 수 있는 것처럼, 음식을 바치는 것을 상징적으로 나타낸다[3](<그림 13> 참조). 며느리들이 헌신적으로 봉양하는 것을 저술가들이 기록할 때, 아내가 자기의 임무를 하인에게 맡기기보다는 몸소 시부모를 위해서 바느질하고, 요리하고, 음식을 차려낸다는 것을 강조했다. 며느리는 시부모에게는 하인처럼 행동해야만 했다. 예를 들면, 진씨(陳氏, 960~1038)는 남편이 관직을 따라 여러 곳으로 옮겨 다니는 동안 결혼생활의 첫 20년간 집에 남아서 시부모를 위해 음식을 준비하고 시중들었다. 그것은 시부모들이 며느리가 자기네들이 살던 곳에 머물러 있기를 원했기 때문이다. 진씨와 같은 시대를 살았던 왕씨(王氏, 959~1038)도 하인들이 시어머니를 시중들게 하지 않고, 시어머니가 먹을 음식을 몸소 준비했으며, 무더운 여름에는 시어머니의 베갯머리에서 부채질까지 해 드렸다. 이씨(李氏, 1019~1053)는 시할머니, 시아버지, 두 명의 시숙부와 네 명의 시가 쪽 남자형제들이 있는 가정으로 시집갔다. 시어머니가 안 계셔서 병든 시아버지를 간호해야 했다. 이씨는 10년 동안 모든 약과 음식을 준비하고 시중들었다. 병이 위독해졌을 때, 이씨는 자기의 돈을 써서 치료에 필요한 것이라면 무엇이든지 안 해 본 것이 없었다. 유씨(遊氏, 1077~1132)의 시아버지는 손님을 접대하기를 좋아했다. 유씨는 아주 나이 어린 신부였지만, 손님들에게 정성스럽게 시중들었고, 시집에 있는 다른 여성들과 그 일을 교대하지도 않았다. 그녀에게는 또한 엄격한 시어머니가 있었는데, 20년간 한 번도 시어머니 면전에 며느리가 앉는 것을 허락하지 않았다. 유씨는 고분고분하여 시어머니를 즐겁게 해 드리는 유일한 며느리였기 때문에, 시어머니가 병이 들었을 때 절대로 유씨 외에 다른 사람들에게서 약을 받아먹지 않았다. 손여정(孫汝靜, 1206~1263)은 결혼하자마자 시어머니가 너무 나이 들어서 육체적인 노동을 더 이상 할 수 없으므로, 시어머니가 하던 힘든 일을 모두 떠맡겠다고 말했다. 시어머니가 병이 들었을 때 간호해 드렸으며, 밤에는 자기의 생명을 줄여서 시어머니의 목숨을 늘려 달라고 향을 피우면서 기도했다.[4]

신부는 시집올 때 가져온 물품들을 아끼지 않고 나눠 주어 시댁식구들로부터 호감을 얻을 수 있다. 방도견(方道堅, 1115~1191)은 결혼할 때 아주 많은 물품이 들어 있는 상자를 가지고 왔으나 모든 물건들을 시어머니, 시할머니에게 주었다. 그런데 시할머니는 아무도 기쁘게 해 줄 수 없었던 별난 사람이었다. 왕씨(王氏, 1132~1192)는 손위 시누이가 살림을 하던 대가정에 시집갔다. 왕씨는 가사의 비용을 충당하기 위해서 몇 가지 장신구를 내놓았다. 대씨(戴氏, 1161~1205)는 재산이 많지 않았던 집안으로 시집갔다. 그래서 시집을 돕기 위해서 자기의 옷가지와 귀걸이를 팔아, 자기가 인색하지 않다는 것을 보여주었다. 대씨의 시아버지는 며느리를 좋게 여겼고 "그녀는 우리 가정의 진정한 며느리이다."라고 말했다.[5]

가족구성원들 간에 이해관계가 다르기 때문에, 복잡한 가정에서 화목하게 지내는 것은 쉽지 않았다. 그래서 사람들은 남편의 남자형제들의 아내나 아이들이 좀 더 나은 것을 얻을 때, 심기를 불편해하지 않는 아내들을 좋게 평가하였다. 증계의(曾季儀, 1079~1113)의 남편 강포(江襄, 1069~1117)는 늘 형제들과 떨어져 살았으나 가산을 분할하지 않았다. 강포는 자기의 월급으로 생활했고, 가족의 토지에서 나온 수입은 자기의 형제들에게 위임했다. 증씨는 "누가 어떤 것을 가졌는지에 대해서 왈가왈부하지 않았다." 후에 맏형이 수도에서 살기 위해 가족을 데리고 떠날려고 했는데 돈이 부족했다. 강포가 형님을 도울 방법을 궁리하고 있을 때, 증씨는 자기의 지참금 중에서 남은 것을 가지러 방으로 들어갔다. 그리고 남편에게 그것을 형님에게 주라고 말했다.[6]

유능한 가정 관리자

전기 자료에서 흔히 상층 여성을 지적이며 유능한 여성으로 묘사하곤 했다. 손적(孫覿) "조용히 일에 집중하는 것이 내실에서 살아가는 여성이 갖출 덕목이기는 하지만, 멍청이처럼 쥐 죽은 듯이 앉아 있거나 진흙이나 나무로 만든 인형처럼 외부에서 무슨 일이 일어나는지 아무것도 모르고 있는 것은 바보스러운 아내"라고 기록했다. 증공(曾鞏, 1019~1083)은 아내의 지적 능력을 긍정적으로 기술했다. 즉 "그녀는 보는 즉시 무엇이든지 이해했고, 그녀가 완전히 이해하지 못하는 것은 아무것도 없었다."[7]고 했다.

여성들이 '여성의 일'(의복, 음식, 집안 치장에 관련된 모든 일들)에 얼마나 힘써 일해야 했는지는 대체로 집안의 부유한 정도에 달려 있었다. 교육받은 계층 중에서 어떤 가정은 경제적으로 그렇게 풍족하지 못했기 때문에 몸치장에 시간을 소모할 수 없었다. 범보원(范普元, 1143~1222)은 비록 부유한 가정에서 태어났지만, 남편의 가정이 재정적인 어려움을 겪은 후에 "몸소 누에 치고, 옷을 수선하고, 바느질을 해야 말했다." 원섭(袁燮, 1144~1224)은 자기네 집안으로 시집온 조씨(趙氏, 1164~1213)가 비록 종실의 호사스런 생활에 익숙해 있었지만, 가난한 소녀들보다도 더 열심히 천을 짜고 옷을 수선하고 바느질했다고 말했다. 장유소(張幼昭, 1146~1195)의 남편은 유명한 학자인 진부량(陳傅良, 1137~1203)인데, 늘 방문객이 찾아왔다. 장씨는 오직 한 명의 여종의 도움만으로 방문객들을 위해서 몸소 요리했다. 섭적(葉適, 1150~1223)은 어머니가 결혼한 첫해의 일에 관해 다음과 같이 기록했다. 즉 "홍수가 나서 수백 리에 걸쳐 집이나 가구를 남김없이 모두 휩쓸어 갔다. 그들은 머물 수 있는 곳이면 어디나 머물러야 했고, 열한 번이나 옮겨 다녀야 했다. 비록 어머니가 꾸려 나갈 살림살이는 없었지만 아무리 하찮은 것이라도 찾아서 끌어모았다. 그녀는 거친 삼베의 낡아 빠진 조각이라도 모아서 몇 필의 헝겊을 정성들여 만들었다."[8]고 했다.

또한 부유한 가정에서도 아내들이 열심히 일할 것이 기대되었다. 하체(何逮, 1153~1203)는 어머니 두씨(杜氏, 1133~1186)가 나이 들어서까지도 베 짜는 일을 계속했으며, 집이 부유하게 된 후에도 오랫동안 베를 짰다고 기록했다. 하씨(夏氏, 1129~1192)는 남편이 사업하는 것을 잘 도왔으며, 가산을 수천 묘(畝)나 늘려 남편의 가문을 그 주(州)의 유력한 가문으로 만들었다. 관인 가정에서 있었던 한 가지 이야기에 따르면, 아내가 죽은 후에 아내의 여종은 자기의 본분을 잃고 건방져져서 여주인이 했던 것과 똑같이 행동하기 시작했다. 즉, 소작인들이 낸 소작료를 꼬치꼬치 따지며 또 어떤 소작인을 때리라고 명령하기도 했다. 그것은 죽은 여주인의 남편이 뒤를 돌봐주고 있었기 때문이다. 대다수의 송대 학자들은 아내가 남편이 학문에 전념할 수 있도록 하기 위해서 살림을 도맡아서 했으며, 이러한 이야기가 만들어지고 전해지게 되었다. 즉 한원길(韓元吉, 1118∼1187)은 이씨(李氏, 1104∼1177)를 묘사할 때 이러한 뜻을 분명히 나타냈다. 이씨의 남편은 관사(官事)에만 전념(專念)했고, "집에서 드는 생활비에 관해서는 물어본 적이 없었다." 이씨는 집안의 재산을 관리하는 것을 자기의 책임이라고 생각하여 비옥한 토지를 사고, 시냇가에 집을 지었다. 한번은 어떤 농부가 등에 쌀자루를 지고 정원으로 들어와서 이씨의 남편이 놀랐다. 남편은 그 농부가 누구인지도 몰랐으며, 그가 무엇을 가져왔는지도 몰랐다. 이씨는 웃으면서 "그것은 우리의 소작료입니다."라고 말했다.9) 확실히 이씨 같은 아내는 남자들이 학문이나 정치적인 일에 전념하기를 원했던 지주 가정에서는 보배처럼 소중한 존재였을 것이다.

대가정에서는 여성 중의 한 사람이 항상 가정 재정과 하인들을 관리하는 책임을 전담했다. 심지어 갓 시집온 신부라 할지라도 이러한 의무를 떠맡기도 하였다. 최씨(崔氏, 999∼1067)는 200명이나 되는 식구가 있는 대가정으로 시집갔다. 최씨의 시아버지는 "집안일을 관리할 사람이 없는 것이 걱정이 되어, 최씨를 거실로 불러 집안의 모든 일에 대해서 자세히 설명을 해 주고 가사 전반을 모두 맡겼다." 최씨는 거절하려고 했으나, 결국에는 떠맡게 되었다. 최씨는 하인들을 관리할 때, 겉으로는 엄격했으나 안으로는 관대했다. "그래서 한 번도 종들을 매질하거나 꾸짖는 데 정도에 지나치게 하지 않았다."10) 가능하면 별 마찰 없이 하인들이나 첩을 관리하는 이러한 능력은 높이 평가되었다. 범씨(范氏, 1015∼1067)는 첩들을 기분 좋게 대해 주었다. 그러나 "범씨가 엄격하게 보였을 때, 어떤 첩도 맞서지 못했다." 부씨(傳氏, 1097∼1148)는 엄격한 관리인이었다. 첩들을 대할 때, 부씨는 화를 내지 않았다. 그러나 "큰일이거나 작은 일이거나 간에 모두 가법에 따라서 처리했다." 이숙영(李淑英, 1196~1255)은 집안을 규율 있게 관리했고, 딸들에게 "첩들도 누군가의 딸들이다."라는 사실을 깨우쳐 주어 첩들에게 잘 대하도록 가르쳤기 때문에 칭송을 받았다. 이씨는 또한 항상 여종들이나 첩들에게 천을 짜고, 바느질을 하는 방법을 몸소 실천해 보였다.[11]

대부분의 교육받은 계층의 가정은 부유하지 않았기 때문에 검소한 생활은 집안을 성공적으로 관리하는 데 중요했다. 한기(韓倚, 1008~1075)는 여성들의 옷차림과 장신구에 있어서 유행은 끊임없는 변화를 유발시키므로 사람들은 항상 낡은 물건을 버리고 새로운 것을 찾으려고 노력하는 것을 탐탁지 않게 여겼다. 그래서 한기는 조카의 아내인 장씨(張氏, 1012~1063)가 유행의 흐름에 관심이 없고 돈을 헛되이 쓰지 않기 때문에 좋게 평하였다. 비슷한 예로서, 두연(杜衍, 978~1057)의 아내인 상리씨(相里氏, 988~1065)가 궁궐을 방문할 때, '비취나 진주의 장식[채취주기(采翠珠璣)]'이 없는 수수한 옷을 입고 갔을 때, 사람들이 조롱했지만 조금도 당황해하지 않았다. 그리고 호씨(胡氏, 1077~1149)는 호화스럽게 장식한 옷을 입지 않았다. 그녀는 또한 긴 겉옷이 있었는데, 비록 여러 번 빨아 낡아 빠지고 여러 번 기운 것이었지만 버리지 않았다. 변씨(邊氏, 1155~1203)의 경우는 더 심한 예인데, 전하는 바에 의하면 30년 동안이나 지참물로 가져온 옷을 입었다[12]고 한다.

묘지명을 쓴 사람들은 유능한 가정 살림꾼이라는 입장에서 여성을 칭찬할 때, 유능한 내조자를 평할 때 사용하는 그런 용어를 사용했다. 이러한 여성들은 남편의 생활이 좀 더 편하도록 만들어 주고 남자들이 생애에서 정말로 중요한 일, 이를테면 면학이나 학문 또는 관직생활과 같은 일에 집중할 수 있도록 해 주었기 때문에 훌륭했다. 이우직(李友直, 1134~1199)의 아내인 사씨(史氏, 1139~1197)가 59세에 죽었을 때, 그는 아내의 비문을 쓰기로 했던 남자에게 아내의 덕목 가운데 돋보이는 것은 아내의 관리능력이었다고 자세히 이야기해 주었다. 즉 "나는 오랜 기간을 태학(太學)에서 보냈고 관직생활을 하였다. 그래서 집안일에 조금도 신경을 쓰지 못했다. 수입이나 지출, 우리가 무엇을 가지고 있는지와 우리가 무엇을 필요로 하는지, 우리가 어느 정도로 살아야 할지와 같은 모든 일들을 아내가 알아서 했고 나는 그런 문제에 신경을 쓴 적이 없었다.”13)고 했다. 이러한 여성들은 그들 자신을 남자들이 정해 놓은 지침을 충실하게 수행하는 사람이라고 생각했는가? 아니면 자기네들이 남자들을 기쁘게 해 주기 위해 감명을 주는 방법을 배워서 여성들 스스로의 삶을 좀 더 즐겁도록 만들었는가? 여성들이 직접 쓴 자료가 없어서 단지 상상만 해 볼 따름인데, 아마 두 종류의 여성들이 다 있었을 것이다.

현명한 충고자

한대(漢代)에 『열녀전(烈女傳)』을 저술한 유향(劉向)에 의해서 확립된 전통을 이어받아 많은 여성들의 일대기는 아내가 어떻게 남편에게 지혜를 주고, 충심으로 충고를 해 주며, 학문에 힘쓰고, 황제에게 봉사하고, 관대한 행동을 하도록 했는지 강조했다. 많은 예를 드는 것보다도, 나는 이강(李綱, 1083～1140)이 아내의 어머니(장모)인 황씨(黃氏, 1063～1121)에 대한 기록을 언급 하고 싶다. 황씨의 남편이 수창(遂昌)의 지방관으로 좌천되었을 때, 남편은 그 직책을 포기하여 자신의 할아버지가 대신 관직을 얻을 수 있기를 원했다. 모든 사람들은 황씨의 남편에게 젊고 재능이 있으니 참아야 된다고 이야기하여, 그러한 생각을 단념시키도록 애썼고 언젠가는 당신이 명예로운 직책을 얻어서 가족들에게 영광을 가져다주게 될 것이라고 말했다. 다만 아내인 황씨는 남편의 결심에 찬성했다. 후에 그는 좀 더 중요한 지방관 직책을 얻게 되자, 한 아들을 관직에 추천하는 특권을 얻게 되었다[*음보(蔭補)]. 황씨 남편은 자기의 아들 대신에 어린 삼촌을 추천하기를 원했다. 이러한 생각을 아내에게 말했을 때, 아내는 밝게 웃으면서 “당신은 한참 활동해야 할 시기에 당신의 할아버지를 위해서 관직을 거절했습니다. 지금 당신이 아들이나 손자를 추천할 특권을 얻게 되자, 당신은 당신의 삼촌을 천거하기를 원합니다. 당신만이 이 일을 결정할 수 있습니다. 그렇게 하는 것은 인습을 개선시키는 데 큰 영향을 미칠 것입니다. 아무것도 개의치 마시고 뜻대로 하십시오.”라고 말했다. 이강은 평하기를 “관직에 봉직하는 사람들은 누구든지 아내나 자식들을 위해 장래의 계획을 하지 않는 사람은 없다. 용길공(龍咭公)을 다른 사람들과는 비교할 수 없을 정도로 훌륭하게 만든 것은 아내의 내조 때문이다. 아내들이 황씨가 했던 것처럼 남편들이 도덕적으로 옳은 길을 가도록 설득하는 것은 아주 어려운 일이다.”14)라고 말했다.

황씨의 전기의 뒷부분에서, 이강은 황씨가 했던 다른 현명한 충고에 관한 예를 제시했다. 황씨는 남편이 지방에 오랫동안 머물러 있게 되었을 때, 참아야 한다고 설득했다. 황씨는 지방관으로 재직하는 것이 공부했던 것을 실천으로 옮길 기회를 준다고 말해 주었다. 남편이 직설적이고 퉁명스러웠기 때문에 융통성을 가지라고 이야기했고, 남편에게 불교적인 관점의 좋은 방책을 설명해 주었다. 황씨의 남편이 문제에 직면했을 때, 남편에게 불가(佛家)의 반야(지혜)의 경계를 얻는데 필요한 인내의 경지에는 아직 이르지 못했다고 말하여 남편을 격려해 주었다. 황씨는 또한 남편의 직설적인 성격을 감싸서 보완해 주었다. “용길공은 가정을 엄격하게 다스렸고 아내는 관용을 베풂으로써 남편을 도왔다. 남편은 모든 일을 처리할 때 규범에 맞게 해야 한다는 것을 강조했다. 황씨는 조화를 강조함으로써 남편을 보완해 주었다. 이들은 40년간이나 부부였으며, 일상생활에서 서로 간에 신의로써 진정한 마음으로 격려해 주었다. 용길공은 출세했고, 유가의 도를 잘 실행했기 때문에 죽은 조상들 앞에서 부끄럽지 않은 것은 아내의 내조 덕분이었다.”15) 교육받은 계층의 남자들이 중요하다고 생각했던 행동을 참고 견디도록 끊임없이 격려해 준 아내들은 남편의 일을 경시하거나 멸시했던 아내보다는 분명히 더 나았을 것이다.

재주 있는 여성

　『여효경(女孝經)』의 송대의 삽화가 든 판본에서는 어떤 여자가 책이 놓여 있는 책상에 앉아 있는 것을 보여준다(「그림 14」). 이 그림을 그린 화가는 부모나 시부모에게 효도하고 남편에게 복종하는 이상적인 여성은 동시에 지식 여성일 수 있다는 것을 강조한다. 전기작가들은 종종 여성이 책과 친숙하다는 이유로 높이 평가했다. 어린 시절에 여성들은 반소(班昭)의 『여계(女誡)』나 『몽구(蒙求)』·『효경(孝經)』과 같은 입문서나 또는 『시경(詩經)』·『사기(史記)』·『논어(論語)』·『맹자(孟子)』 그리고 『춘추(春秋)』와 같은 훌륭한 유교 고전들을 공부했을 것이다. 어떤 여성은 불교 경전도 읽었다.[16] 지식인 계층에서 문화가 있는 여성들의 결혼 가능성을 높여 주었던 것 같다. 장효상(張孝祥, 약 1129~1170)이 자기의 여자형제와 친구의 남자형제 간의 혼담을 이야기할 때 자기의 여자형제가 읽고 쓸 수 있으며, 불경을 암송할 수 있다는 점을 강조했다.[17]

그림 여효경의 일부. 익명의 송대 권화(卷畵). 중앙박물관, 북경.

전기작가들은 또한 자기들이 집필하고 있는 여성들이 얼마나 영리한지를 강조했다. 증공(曾鞏, 1019~1083)은 왕안석(王安石)의 어머니인 오씨(吳氏, 998~1063)가 "학문을 좋아하고 암기력이 뛰어나다."는 것을 높이 평가했다. 또한 왕안석은 어머니의 영향을 받아서 학문에 대한 소양이 여성에게 있어서 매력적인 요인이라고 생각했다. 왕안석은 왕씨(王氏, 1007~1059)를 훌륭한 시인이라고 기록했고, 증씨(曾氏, 989~1058)는 역사에 밝은 학생이며, 그 시대의 유명한 학자들처럼 역사적인 문제들을 설명할 수 있다고 기록했다. 한 사대부가의 가장 큰 딸이었던 황씨(黃氏, 1063~1121)는 어렸을 때 아주 총명하고 통찰력이 있었다. 즉 "황씨는 매일 천 자 이상이나 되는 구절을 암송할 수 있었다." 어떤 한 가지 예를 보면, 외조부(外祖父)는 외손녀딸인 대씨(戴氏, 1121~1192)가 총명하여 가르치기 쉽다는 것을 알고서, 두 명의 오빠와 똑같이 고전을 가르쳤다. 대씨는 서법에도 능숙했다. 고정화(顧靜華, 1186~1238)의 경우는 아버지가 유명한 작가였다. 아마도 그러한 연유 때문에 어렸을 때, "수백 권의 철학책과 역사적인 기록, 심지어 도교나 불교에 관한 책까지도 읽었다. 그녀는 많은 고대와 근대 수필들을 암기했는데, 이것은 심지어 유학자들 중에서 가장 학식이 높은 사람을 능가할 정도였다." 그 여자의 서법[한묵(翰墨)]은 남자들의 서법만큼이나 훌륭했다[18]고 전해진다. 어떤 경우에는 여성의 재능이 관상학, 의학, 음악, 풍수 그리고 그 외의 예술적인 기법에 대해서도 알고 있었다[19]고 한다. 아버지도 관료였고 남편도 관료였던 정씨(丁氏)는 "어릴 때부터 영리하여 무엇이든지 할 수 있었다. 정씨의 관상 보는 재능은 천부적이었다." 그녀는 남편과 이야기하는 관리를 멀리서 한 번만 보고서도 정확하게 그의 앞날을 예측했다. 그녀는 심지어 사람들의 필체[자획(字畫)]를 보고도 앞날을 예측할 수 있었다.[20]

때때로 여성들은 시인, 화가 또는 서예가로서 상당한 평판을 얻었다. 여성의 작품이 오늘날까지 전해지고 있는 것은 수적으로 많지 않다.[21] 위태(魏泰, 약 1050~1110)는 자기가 살고 있던 당시에 시를 짓는 데 능숙했던 많은 여성들에 대해서 관심을 가졌으며, 왕안석 가족의 경우를 인용했다. 즉 왕안석의 여동생, 아내 그리고 딸은 모두 기억에 남을 만한 글을 썼다.[22] 송대의 여성 작가 가운데서 가장 유명한 사람은 이청조(李清照, 1084~약1160)[23]이다. 그 당시의 남자들은 이청조를 정말로 재능이 있는 시인으로 인정했고, 남자들의 시를 평론했던 것만큼이나 자주 이청조의 시를 토론했다.[24] 이청조의 뛰어난 재능은 남달리 좋았던 주위 환경과 관련이 있었다. 이청조의 아버지와 어머니는 둘 다 문인이었다. 그래서 이청조는 역사, 고전 그리고 시에 있어서 탄탄한 교육을 받았다. 결혼한 후에 남편은 그녀와 함께 시, 예술 그리고 역사에 대해서 토론하는 것을 좋아했다. 더구나 이들 부부는 자식이 없었으므로, 그녀는 다른 많은 아내들보다도 글 쓰는 데 몰두할 시간이 더 많았다. 이청조는 흔히 남편의 관직생활이나 죽음으로 인해 떨어져 있기 때문에 느끼는 사랑스럽고, 감수성이 예민하고, 가련하며,

가냘픈 여성에 관해서 썼다. 그래서 그녀의 시는 남성 시인들이 오랫동안 불행한 미인에 관해서 써 왔던 시들과 쉽게 비유될 수 있었다. 이청조는 이러한 면을 시적으로 잘 표현해 냈기 때문에 남성 시인들에게 아주 호소력이 있었다. 오랜 세월 동안 남성들이 버림받은 여자가 가질 것이라고 생각해서 읊어 온 것이 정말로 감성이 풍부한 여성의 감정과 같다는 것을 확인시켜 주었다.

이청조라는 한 여성이 이렇게 문학활동에서 성공할 수 있었던 반면, 왜 다른 아내들은 이청조만큼 성공할 수 없었는가를 고려해 볼 필요가 있다. 많은 여성들이 문학활동을 주저했던 이유 중의 하나는 글을 쓰는 여성들에 대해서 남자들이 가지고 있었던 이율배반적인 가치관 때문이었다. 여성의 일대기를 쓴 저술가들은 여성이 문학적으로 훌륭한 재능을 가지고 있다고 서술했다. 그러나 또한 전기 작가들은 여성이 재능을 가지고 있지만 항상 온순하고, 얌전하며, 겸손해서 자기의 문학적인 재능을 내세우는 데 이용하지 않았다는 것을 이해시키려고 노력했다. 증공(曾鞏)은 주씨(周氏)가 짧은 생애 동안에 썼던 700편의 시를 "고요하나 바르며, 부드러우나 굴복하지 않고, 간략하나 예의범절에는 삼가 조심했다."고 묘사했다. 이러한 평가는 증공이 남성 시인들을 칭송할 때에는 거의 사용하지 않았던 구절들이다. 왕안석이 밝혔듯이, 제씨(齊氏, 1011∼1065)는 훌륭한 시를 썼으나 다른 사람들이 자기가 쓴 시를 보지 못하게 했다. 다른 여성들은 시 짓는 것조차 배우기를 거절했다. 육유(陸遊, 1125∼1210)는 사촌의 딸인 손씨(孫氏, 1141∼1193)가 10대의 소녀였을 때, 여류시인 이청조가 시 작법을 가르쳐 주겠다고 제안했다. 그러나 손씨는 "시를 짓는 것은 여성이 해야 할 일이 아니다."라고 말하면서 거절했는데, 육유는 이러한 사실을 손씨의 일대기에 기록할 가치가 있다고 생각했다.[25] 1182년에 주숙진(朱淑眞)의 시에 서문을 쓴 저자는 "나는 아름다운 시구를 쓰는 것은 여성의 일이 아니라고 들었다. 그렇지만 때때로 천부적인 훌륭한 재능과 특출한 성품과 지성을 소지한 여성들은 남자들 못지않게 표현과 시구들을 생각해 냈다. 이러한 여성들은 이름을 감추려고 했지만, 불가능하게 될 것이다." 그는 주씨가 불행한 감정을 너무도 잘 나타낸 것에 감명을

받아서 그녀가 죽은 후에 쓴 시를 간행해 주었다.[26]

왜 아내들은 자기들이 쓴 시를 다른 사람들에게 보여주기를 꺼렸을까? 남자들이 작가로서 나서야 했던 세계에서 성공하려고 애쓰고 있는 남편들과 경쟁하게 되기 때문인가? 여성들은 자기네들이 쓴 시를 남에게 보여주는 것이 아무래도 스스로를 남에게 드러내게 되기 때문인가? 혹은 아내들이 집 밖에 있는 사람들에게 모습을 보여서는 안 된다는 당시의 통념이 압도해서인가? 확실히 많은 남성들과 여성들이 문학활동을 추구할 때, 자기를 주장하게 되는 측면에 대해서 아내답지 못한 뭔가가 있다고 생각했다. 게다가 결혼한 여성들은 여성적인 스타일로 감동적인 시를 쓰는 것이 어렵다고 느꼈을지도 모른다. 왜냐하면 여성들은 결혼한 후에 자식을 양육하고, 하인을 부리고, 시댁식구를 위해 음식을 장만하는 데 바빠서 남자 없이 심적으로 방황하는 여성의 모습에 더 이상 감동되지 않을 것이다. 평안(平安) 시대의 일본이나 명 후기의 중국 여성과는 달리, 송대의 교육받은 여성들은 시에 관심이 있는 청중을 확보할 수 없었으며, 청중들에게 좀 더 흥미를 끄는 창조적인 글쓰기를 할 문학적인 필요성을 발견할 수도 없었다.

신유학(新儒學)의 흥기가 여성의 창의적인 문학활동을 억제했는가? 이미 그 당시에 여성의 문학활동을 탐탁지 않게 여기던 경향을 더욱 강화시킴으로써 여성들의 문학활동을 억제했다고 가정해 보자. 모든 신유학자들은 여성이 읽고 쓰는 것을 배워야 한다는 것에 찬성한 것은 사실이다. 사마광(司馬光)은 『가범(家範)』에서 여성들이 읽을 수 있다면 더 나은 아내가 될 것이라는 반소(班昭)의 주장을 인용했다. 사마광은 "공부하지 않는 사람은 예의범절과 도덕을 알지 못하고, 예의와 도덕을 알지 못하는 사람은 선과 악, 옳고 그름을 구분할 수 없다. ……그러므로 모든 사람은 공부해야 한다. 공부해야 한다는 점에서 남자와 여자가 무슨 차이가 있겠는가?"라고 말했다. 사마광은 그가 쓴 『거가잡의(居家雜儀)』에서 『예기(禮記)』의 「내칙(內則)」을 개작(改作)해서 소년과 소녀들 모두가 배우는 데 사용될 주요 커리큘럼을 제의하였다. 소녀들이 남자형제들과 똑같은 일정에 따라 공부하지는 않았지만, 소녀들도 『논어』, 『효경』 그리고 『열녀전』과 같은 책들을 읽었다.

이와 마찬가지로 주희(朱熹)는 소녀들이 도덕서를 읽을 것을 권했는데, 특별히 사마광의 『가범』을 공부할 것을 강조했다.[27] 유학(儒學)의 부흥에 적극적으로 참여했던 대부분의 남자들과 마찬가지로 여자는 물론이고 남자들도, 시의 도덕적인 가치에 대해서 이중적인 견해를 가지고 있었다. 사마광은 소녀들에게 시작(詩作)을 가르치는 것을 분명히 반대했다. 정이(程頤)는 자기의 어머니도 이러한 이중적인 견해를 가지고 있었다고 주장했다. 즉 "어머니는 문학을 사랑했으나 시를 짓지는 않았다. 어머니의 관점에서, 여성들은 자기네들이 지은 글이나 서예를 남들에게 돌려 보게 하는 것은 아주 잘못되었다고 생각한다. 어머니가 일생 동안 쓴 시는 채 30편이 되지도 않는데, 남아 있는 것은 한 편도 없다." 정이 자신도 어머니가 지은 시 가운데 단지 한 수만을 기억하고 있을 따름이었다.[28]

남송대 후기에 와서 신유학자들이 시를 짓는 것을 반대한다는 것이 널리 알려지게 되었고 받아들여졌다. 시인 요면(1216~1262)은 아내인 추묘장(鄒妙莊, 1257에 죽음)이 신유학의 주희학파와 아주 가까운 집안 출신이라고 기록했다. 즉 아내의 어머니의 아버지인 이서기(李恕己)는 주희와 함께 공부했으며, 어렸을 때 아내의 집안은 엄격한 유교원칙을 준수했다. 추씨는 문학교육을 받았고, 매일 『논어』와 『맹자』를 읽었으며, 당시(唐詩)를 좋아했다. 그녀는 시를 지을 줄 알았지만, 시를 짓지 않았으며, "시를 짓는 것은 여성이 할 일이 아니다."라고 말했다. 요면은 아내가 절묘한 시구를 지을 수 있다는 것을 알았고, 아내가 시구를 짓는 것을 보았다. 그러나 아내가 재능을 자랑하지 않고 자제하는 '깊은 내적인 태도'를 높이 평가했다.[29]

경건한 아내

제사를 지낼 때 아내는 남편을 도와야 했고, 많은 여성들은 이러한 임무에 특히 정성을 들였고 헌신적이었다고 묘사했다. 예를 들면, 유씨(孺氏,

1121~1194)는 시집가서 시부모가 어떤 음식을 좋아했는지 물어봐서, 해마다 제사에 바쳤기 때문에 칭송을 받았다. 다른 아내들은 제기(祭器)를 깨끗이 하고 음식을 준비하는 데 정성을 다했기 때문에 칭송을 받았다. 왕씨(王氏, 959~1038)의 일대기에서는 "제사는 인간이 해야 하는 가장 중요한 일 가운데 하나이다. 그래서 우리는 완벽한 성의를 드러내기 위해서 [그 제기들을] 깨끗하게 손질해야 한다."30)고 말한 것을 인용했다.

아내들은 전적으로 유교적인 의무를 행하는 것 외에 흔히 불교, 도교 그리고 지역의 사원에도 관심이 많았다. 종교활동에 냉담했던 남자들조차도 종교적으로 헌신하는 아내들을 높이 평가했던 것 같다. 위에서 인용한 황씨(黃氏)와 같은 현명한 남편의 조언자들은 아주 중요한 유교의 의무인 남편을 돕거나 가족을 보살피는 일을 완수하기 위해서 불교의 가르침에 의존했던 것으로 기술되어 있다.

불교의 가르침은 여성들에게 아주 매력적이었다. 만약 여성들이 이승에서의 처지에 만족하지 못한다면, 내세에서 좀 더 나은 삶을 위해 노력하였다. 여성들은 남성들이 사찰에 시주했던 것처럼 시주했다. 그리고 때로는 자기네들이 원해서 그리게 한 석가상이나 보살상 밑에 자신들의 초상을 그려 놓도록 했다(「그림 9」). 또한 종교적인 활동은 아마도 여성들이 제한된 일상생활에서 벗어나게 해 주는 매력이 있었던 것 같다. 종교활동은 여성에게 집 밖으로 외출할 명분과 적어도 낯선 사람을 집 안으로 들어오게 하는 명분을 주었다. 모든 계층의 여성들이 절을 방문할 수 있었고, 때로는 무리를 지어서 찾아갔다.31) 절에서는 여성들이 만날 공간을 제공해 주었다. 항주(杭州)의 법회가 열리는 절과 같은 곳에서, 여성들은 매달 만나서 경전을 공부했다.32) 어떤 여성은 종파의 지도자로서 명성을 얻기도 했다. 11세기에 채씨(蔡氏)는 결혼할 것을 거절했고, 그녀를 불사신으로 믿었던 모든 계층의 사람들로부터 추종을 받았다.33)

그러나 여성들의 일대기에서 인상적인 것은 여자들이 가정에서 도피하기 위해서 종교적인 활동을 이용한 것이 아니라, 더 깊은 내면세계로 들어가기 위해서 불교에 의존했다는 것이다. 이씨(李氏, 976~1031)는 종종 경전을

독송했고, 한 달에 열 번 정도는 고기를 먹지 않았다. 최씨(崔氏, 999～
1067)는 불교서적들을 좋아했는데, 그녀는 원각경을 읽고서 "만약 내가 좀
더 일찍 반야경(般若經)을 공부했다면, 이러한 원리들을 이미 습득할 수 있
었을 것이다."고 말했다. 그때부터, 그녀는 세속적인 일들을 멀리했고, 소식
을 했으며, 생활을 향유하지 않았다. 유씨(劉氏, 1005～1085)는 불교서를 독
송하는 것을 좋아했고, 오계(五戒, *살생, 도둑질, 간음, 거짓말, 음주)를 준수했다.[34]
변씨(邊氏, 1025～1093)는 매일 향을 피우고 불경을 독송했다. 그녀는 묵주
를 세면서, 석가의 이름을 낭송했다. 소씨(邵氏, 1121년에 죽음)는 "매일 쉬
지 않고 불경을 낭독했다. 밤에 굶주린 귀신을 쫓기 위해서 주문을 외웠다.
바람이 불거나 비가 오거나 또는 병이 들어 낫지 않을 때, 소씨는 여느 때
와는 다른 행동을 하였다. 즉 좌불상 주위에 사람들이 참례하고 있는 지면
위에 관음 찬가의 다섯 글자인 '삼가고, 조심하면, 헛된 실수가 없다.'는 글
자를 쓰곤 했다." 송대에 관음보살(觀音菩薩)은 흔히 여성의 모습으로 묘사
되었는데, 여성들에게 특히 매력을 느끼게 했다. 예를 들면 양씨(楊氏, 1271
년에 죽음)는 몇 권의 유교경전을 저술한 유학자의 부인이었는데, 무덤 속에
작은 관음자기상(觀音磁器像)이 들어 있었다(＜그림 15＞).[35]

〈그림 15〉 양씨(楊氏, 1271년에 죽음)의
무덤에서 나온 관음보살의 작은 자기상

　대규모의 복잡한 가정에서 생활하는 부인들은 부처를 믿는 데 전념했던 것 같다. 장씨(張氏, 1074~1122)는 수십 명이나 되는 대가족(장씨의 일대기의 저자는 그 대가정을 몇 백 개의 손가락들이라고 좀 더 생생하게 표현했다.)의 아내였다. 그녀는 "불경을 공부하는 것을 좋아했고, 매일 부처의 가르침을 독송했다. 고기를 먹지 않고, 관음(觀音)에게 보시했다. 대자비의 주문을 10억 번이나 반복했다. 그 여자가 병에 시달려 죽음의 찰나에 이른 적이 있었는데, 이때 관음보살이 흰옷을 입고 목걸이를 걸고 나타났다. 그 관음은 버드나무 가지와 가시가 있는 겨자를 가지고 장씨의 몸을 씻어 주기 위해서 침대 위로 올라왔다. 곧 그녀는 온몸이 땀으로 젖었다가 완쾌되었다."36) 호씨(胡氏, 1077~1149)의 가정은 좀 더 대가정(천 개의 손가락들)이었는데, 매일 아침 경전을 낭송하고 연구하는 데 몰두했다. 그녀는 살생을 하지 않았으며, 고기를 먹지 않았다.[37] 유학자이자 관원의 아내인 중영담(仲靈湛, 1133∼1184)은 젊었을 때 유교서적을 읽었는데, 그 책에는 정숙하고 용감한 여성의 이야기도 포함되어 있었다. 그러나 말년에 선종(禪宗)에 더욱 관심을 가지게 되었다. 그녀는 한때 위대한 선승(禪僧)인 종고(宗杲)를 만났다. 종고는 중씨의 이해력에 깊은 감명을 받아서, 제자들과 함께 공부하도록 주선해 주었다. "그녀는 30세가 되기 전에 은둔생활을 하고, 채식을 했으며, 세속적인 욕망에서 벗어나 낮에는 경전을 낭송하고, 밤에는 명상에 잠겼다. 달에서 나오는 빛을 본성에 비유함으로써 고금이 항상 되어 손색이 없다고 하였다."[38]

때때로 부처에 귀의하는 것은 여성이 더 좋은 아내가 되도록 만들어 주었다고 분명히 말할 수 있다. 위씨(魏氏, 992∼1064)의 불교에 대한 신앙심은 남편인 장면(張沔, 983∼1060)의 입장을 좀 더 이해할 수 있게 해 주었다. 장은 가정경제에는 전혀 신경을 쓰지 않았다. 그가 부모와 함께 살기 위해 집으로 돌아왔을 때, 가정의 수입은 항상 충분하지 못했다. "[위씨]는 얇은 옷을 입고, 음식에 드는 경비를 줄였다. 그래서 장은 집안 형편이 어렵다는 것을 눈치 채지 못했다. 이것은 아마도 아내가 불서의 내용을 충분히 이해하고 있었기 때문일 것이다. 위기가 닥쳐왔을 때에도 평온할 수 있었고, 운명에 만족했으며, 외적인 일로 인해서 마음이 동요되지 않았다." 호씨(胡氏, 1093년에 죽음)는 만성병을 앓는 남편을 간호해야 했다. "기회가 있을 때마다, 그녀는 남편의 병을 걱정하는 불안한 생각을 덜기 위해서 불서를 읽곤 했다. 남편이 마음에 상처를 입을까 걱정이 되어 불행한 기색을 드러내지 않았다."[39]

드문 경우이긴 하지만, 남편과 아내가 모두 불교에 관심을 가졌다. 진효상 [陳孝嘗(*學易集에는 常) 1015∼1082]은 불서 읽는 것을 아주 좋아하였으며, 선승(禪僧)들과 함께 부처의 본질과 같은 문제를 지적인 수준에서 토론할 수 있었다. 아내인 방씨(龐氏, 1028∼1101)도 불교서적을 독송하기를 좋아했고, 무슨 일이 있어도 손에서 책을 놓지 않았다. 황공(黃公, 988∼1062)은 유교의 가르침으로 몸가짐을 삼고, 불법으로써 이성을 다스렸으며, 금강반야경을 4만 권이나 독송했다. 그의 아내인 허씨(許氏, 987~1074)도 일생 동안 180, 000권을 독송했다.[40] 그런데도 남편과 아내가 함께 불교에 헌신하는 사례에 관한 언급은 없다. 남편과 아내가 같은 영적인 관심을 가졌다는 것은 거의 우연의 일치인 것 같다.

가끔씩 어떤 유학자들은 아내가 불교를 단념하도록 설득했다. 유재(劉宰, 1166~1239)는 두 번째 아내 양씨(梁氏, 1170~1247)의 집안이 불교를 믿었다고 기록했다. "양씨가 시집와서 개인적으로 불상을 모셔 놓고, 일 년 계획에 따라서 여러 가지 경들을 독송했다. 내가 불교와 도교가 얼마나 (유교의) 도(道)와 영적인 힘의 본질에 해가 되는지 아내와 함께 논의한 후에 그녀는 마음이 흔들렸고, 이해하는 것 같았으며, 수행하는 것을 포기했다." 진부량 (陳傳良, 1137~1203)의 아내인 장유소(張幼昭, 1146~1195)는 남편을 따르기 위해서 해야 할 일은 남편이 믿었던 것을 믿는 것이라고 생각해서 주술, 불교, 도교를 숭상하지 않았고, 귀신을 두려워하지 않았다.[41]

여성들은 흔히 35세 정도나 혹은 그 이후를 의미하는 중년이나 말년에 불교를 진지하게 받아들였다. 윤씨(尹氏, 1026~1087)는 "말년에 마음이 외적인 일로 괴롭지 않도록 노력했다. 선(禪)을 좋아해 아무 생각도 하지 않고 하루 종일 조용히 앉아 있곤 했다. 일이 잘못되었을 때에도 흥분하거나 동요하지 않고 받아들였다." 진씨(陳氏, 1039~1115)는 젊었을 때부터 불교에 관심이 있었다. 그러나 중년이 되었을 때 이해의 수준이 더 높아지게 되었다. "매일 아침 일어나면 단식하고, 몸을 깨끗하게 하고 명상에 잠긴다. 자기 앞에서 무슨 일이 일어나든지 간에 하던 일을 멈추고 무슨 일이 벌어졌는지 알려고 하지 않았다. 이른 오후에 술을 준비해 놓고, 증손들과 재미있게 노는 일을 매일 반복했다." 황씨(黃氏, 1063~1121)는 중년이 되어 특히 부처에 헌신했다. "나이가 들어 가는 모습이 점점 겉으로 나타남에 따라 그녀는 방을 깨끗하게 치우고, 하루 종일 혼자 앉아서 즐겁게 명상하였다."[42] 우도영(虞道永, 1103~1182)은 말년에 불교를 공부했다. 어느 날 아침에 장신구 치장하는 것을 그만두고, 술과 고기를 먹지 않았다. 색깔이 없는 옷을 입었고, 여생 동안 채식하였다. 아들이 어머니를 위해서 명예직함을 얻어 드리고자 하였지만, 세속적인 일에 초월했다면서 거절했다. 대씨(戴氏, 1121~1192)는 어렸을 때, 남자형제들과 마찬가지로 유교교육을 받았다. "말년에 불교를 신봉하여, 불서를 모두 읽었다. 가정일들을 자식들에게 맡기고, 복잡한 일에 말려들지 않고 평온하게 살았다."43)

여성들은 불교의 가르침을 어디에서 배웠을까? 몇 명 안 되는 여자들만이 불법을 설교하기 위해 여성들이 머무는 곳으로 초대받았던 여승(女僧)에게서 가르침을 받았을 것이다. 원채(袁采)는 불교나 도교의 여승들이 가정 안으로 들어오는 것을 경고했는데, 이러한 사실을 통해서 보면 여승들은 늘 드나들었던 방문객들이었던 것 같다.44) 그러나 많은 여성들은 아마도 평범한 여성 불자(佛者)들, 즉 어머니, 할머니, 아주머니들로부터 처음으로 불교에 관한 가르침을 받았다. 호씨(胡氏, 968~1030)는 모든 불경을 숙독했고, 열 개 이상이나 되는 경전을 암송했다. 그녀는 규문(閨門) 안에서 다른 여성들을 가르쳤다.45)

오늘날 우리 사회에서도 죽음에 직면하게 되는 말년에 좀 더 종교에 의지하는 것이 당연하게 생각된다. 또한 우리는 많은 여성들은 자식이 집을 떠나게 되는 40대나 50대에 인생의 위기를 경험한다는 것을 알고 있다. 아마도 이러한 현상은 지식인 계층의 중년 부인들이 불교에 관심을 갖게 되는 이유가 될 것이다. 그러나 당시의 관찰자들은 여성들이 죽음, 환생 또는 구원과 같은 문제에 특별히 몰두하지 않았다는 점에 주목했다. 그녀의 아들들이 집을 떠났던 것이 아니다. 사실상, 여성들은 손자, 손녀들에 의해 에워싸여졌다. 여성들은 가족들이 구원받기를 갈망했고, 개인적인 마음의 평정과 통찰력을 얻고 싶어 했다고 송대의 저술가들은 기록했다. 유학자들은 신앙심이 있는 여성은 더 좋은 아내나 시어머니가 되도록 해 주었기 때문에 칭송했다.

■   ■   ■

송대에 남성 작가들이 이해했던 것처럼, 좋은 내조자는 수동적이거나 종속적인 여성이 아니었다. 지적인 능력, 세상살이 능력 그리고 활동력은 모두 바람직한 특성이라고 생각되었다. 아내는 어머니로서의 역할은 물론이고, 가정의 살림꾼으로서 해야 할 일이 많았다(제9장을 보라). 여성들은 자신의 목적을 추구하기보다는 남자를 돕는 사람으로서 자기를 드러낼 때, 그들이 가진 능력과 유능으로 인해 존경받게 될 것이다.

불완전한 대부분의 자료에서 알수 있는 것처럼 지식인 계층의 대부분의 여성들은 좋은 아내에 관한 대부분의 이야기를 받아들여 소화하였다. 당시의 정치적인 상황에 대한 불만이나 남편을 잃은 데서 오는 허탈함을 꽤 잘 표현했던 이청조조차도 여성으로서 자기에게 과해졌던 한계에 대해서 결코 불평하지 않았다. 대부분의 여성들은 그러한 역할이 기대되었을 뿐만 아니라, 또한 그러한 역할이 매력적이고 합당하다고 생각했기 때문에 내조자로서의 역할을 담당했다.

이상적인 아내에 대한 이해는 법에서 여성들을 종속적인 위치에 두었던 것과 마찬가지거나 아마 심지어 법보다도 더 종속적인 것 같다. 이러한 이야기가 여성을 속박했기 때문에 근대의 저술가들은 흔히 이상적인 아내의 모습은 남성이 여성을 속박하기 위해서 널리 보급시켰다는 것을 암시하는 것 같다. 이 장에서 인용했던 서사의 사료 작가들이 남자들이었다는 것은 사실이다. 그러나 이상적인 아내의 모습에 관한 이야기가 단순히 유학자들이 창안해 낸 것이 아니었고, 남자들만이 그러한 내용을 퍼뜨린 것도 아니다.

나는 두 가지 종류의 견해를 제시하고 싶다. 첫째, 이러한 이야기를 만들어 내는 데 여성도 관련이 있다는 것이다. 딸을 길러 내고, 며느리를 교육시키는 사람은 결국 여성들이었다. 나이 든 여자가 젊은 여자에게서 원했던 것은 어떤 성품이었을까? 여자들은 하루 종일 집안에서 시간을 보냈기 때문에 남자들이 바랐던 것보다 훨씬 더 집안의 안정과 화목을 원했다. 여성들이 명랑한 딸, 순종하는 며느리, 정숙한 시어머니를 원하지 않았겠는가? 남자들은 종종 여성들이 대가족을 분리시키고자 한다고 비난했다. 확실히 어떤 여성들은 그렇게 하였다. 그러나 할머니들은 결코 대가족을 분리하려는 사람으로 묘사하지 않았다. 여성 자신의 장성한 아들이 포함되었기 때문에 대가족이 되었을 때, 그 여자는 남편과 마찬가지로 가족이 헤어지지 않도록 하는 데 관심을 기울이게 될 것이다. 그녀는 딸과 며느리가 함께 살도록 편한 사람이기를 원했다.

둘째, 저자들이 전기에서 아내에 관해 쓴 내용과 그들이 다른 주제에 관해서 쓴 내용과의 관련성에 관한 것이다. 여성의 일대기에 나타난 아내가 갖추어야 할 덕목은 확실히 가족관계인 대인관계의 윤리에 대해서 전통적인 유교의 이해와 분명히 관련이 있다. 그러나 여성의 덕목에 관한 담론에 나타난 내용은 송대의 주도적인 사상가들의 주된 지적 관심사와는 특별히 밀접한 관련성이 있는 것 같지 않다. 신유학운동의 가장 중심적인 인물이었던 정이, 주희, 황간, 위료옹과 같은 사람들은 송대의 다른 저술가들과 마찬가지로, 여성에 관해서 상당히 유사한 내용의 글을 썼다.[46] 저술가들은 여성들의 불교에 대한 신앙심보다 제사를 지내는 것에 헌신적이었기 때문에 여성들을 더 높이 평가한 것 같지는 않다. 여기에 대한 설명이 오류를 범할 수도 있지만, 전기 작가들이 전적으로 자유롭게 집필한 것은 아니다. 그것은 유족들이 여성의 어떠한 면이 훌륭한 미덕인가에 대해서 자기들 나름대로의 견해가 있었고, 이러한 면이 두드러지게 부각시키기를 원했기 때문이다.

그들이 여성들을 훌륭하게 만든 요소들은 송대의 지식인 계층의 본질과 밀접한 관련이 있다. 지식인 계층에 속한 여성들은 상류 계층의 남성들이 천한 농민들과 달라야 하는 것과 마찬가지로 하층 여성들과 구별되어야 했다. 즉 상류 계층의 여성들은 절제가 있고, 침착하며, 지적인 능력을 가져야 했다. 계층의 원천을 드러내 주는 특질 이외에도, 상류층의 아내들은 자기네 계층의 신분을 유지하는 것을 도와줄 특성을 필요로 했다. 상류층의 여성들은 평온, 침착, 화목하다는 점에서 아낌없이 칭송되었다. 왜냐하면 복잡한 가족관계는 무너지기 쉬웠으며 여성들은 일반적으로 긴장, 분열 그리고 말다툼을 일으키는 주된 원인이라고 생각되었기 때문이다. 원채는 "대부분의 가정불화는 여성들 때문에 시작되며 여성이 말하는 것에 의해 남편과 남편 일족의 다른 가족들 간에 증오감을 자극한다. 이러한 이유는 여성들이 제한된 경험을 가지고 있고, 공통된 관심사나 형평성에 대한 감각이 부족하기 때문이다."47)고 기록했다. 하층 여성들은 또한 그러한 바람직하지 못한 특성들을 가지고 있었던 것 같다. 호영(胡穎, 1232년 과거급제)은 '저자거리의 아낙네'들은 "일은 하지 않으면서 먹을 것은 충분하다. 그래서 이러한 여성들은 마음 쓸 곳이 없어서 두세 명씩 무리를 지어서 수다만 떤다. 이웃 간에 화목하지 못한 것은 흔히 모두 여성들 때문이다."48)고 기록했다. 상류층 남자의 훌륭한 아내는 여성들이 자연적으로 행하게 되는 방식으로 행동하지 않았으며, 그러한 경향을 극복했던 여성들이었다. 그래서 자기네 가문을 번창하게 만들 수 있었던 것이다.

제7장

천을 짜는 여성의 노동

13세기의 시인 서악상(舒岳祥, 1217~1301)은 절강(浙江)에서 농가의 여성들이 차잎을 따고, 수차를 밟고, 우물에서 물을 긷고, 들에서 일하는 일꾼에게 음식을 날라다 주고, 쌀을 빻고, 의복을 만들고, 곡식을 재배하고, 고기와 야채를 파는데 얼마나 고되게 일했는지에 주목했다. 서악상은 일련의 10편의 시(詩)에서 여성들의 노동을 찬양했는데, 그 시의 첫 3부분은 다음과 같다.

앞 밭뚝에서 차를 따는 부녀가
이슬밭에서 광주리를 채우고 있다.
수고로운 것은 자기의 일인줄 알고
노래하고 웃을 때는 근심이 없는 사람같다.
물에 비치는 눈썹을 누가 그렸는가?
비녀를 꽂은 얼굴이 부끄럽지 않다.
인생이 용모를 중하게 여기는데
어찌 머리를 빗지 아니하는가?

밭 머리에 물을 실어나르는 여자는
물을 길러다 유통시킨다.
검은 모자는 이글거리는 해에 옆으로 밀쳐지고
푸른 치마는 저녁 바람에 나부낀다.
뒤척뒤척 걷는 발걸음이
자욱자욱이 허공을 딛는 것과 같다.
수고로움을 위로하는 노래를 들으니,
몸이 태연한데 농가에 시집가지 마라

강상(江上)의 고기를 가지고 다니는 여자는
아침마다 시장으로 들어간다.
어린 아들은 배안을 지키고 있고,
남편은 술을 사서 마시고 취했다.
능파버선을 신지 아니하고

물빠진 치마를 길이 늘어뜨리고 있다.
온 집안사람이 모두 손님과 같으니,
서로 이별하는 나룻터에서 웃으며 떠난다.1)

시인들과 화가들은 일하는 여성을 즐겨 묘사해 온 것 같다. 일하는데 여념이 없어서 누군가가 자기네들을 보고 있다는 것을 알지 못하는 여성들을 상상하는 데에는 어느 정도 에로틱한 면이 있다. 그건 그렇다 치고, 우리들은 시인이나 화가들이 남겨놓은 작품들에 대해서 고마움을 느낀다. 결국, 대다수의 가정에서 여성들 스스로가 음식을 장만하고 옷을 만드는데 수고해야 했고, 여성들도 남자들만큼 긴 시간동안 힘들게 일했다. 중국 중남부의 좀더 기후가 온화한 지역에서는 여성들이 밖에서 농사일하는 장면을 묘사해 놓았다. 육유(陸遊, 1125~1210)는 그의 일기에서 숭덕군(崇德郡) 근처에서 여자들이 발로 수차를 밟아서 돌리는 동안에도 손으로 삼나무를 쪼개고 있는 것을 보았다고 기록해 놓았다. 범성대(范成大, 1126~1193)는 나이든 여자, 젊은 소녀들, 그리고 갓난아이를 업은 어머니들이 뽕잎을 따는 계절이 끝나자마자, 차잎을 따기 위해 밖으로 나가는 것에 대한 시를 썼다. 진조(陳藻, 13세기)는 "농부의 아내"라는 제목의 시를 지었는데, "한 밭에서 일을 하고 나오는 부부가 진흙으로 구워낸 두개의 몸뚱이가 되어있구나"(* 사료에 의하면, 一田夫婦兩身泥, 한 들판에서 남편과 아내 두 사람의 몸이 진흙으로 뒤범벅되었다.)라고 농담을 기록하고 있다.2)

여자들이 어떠한 잡다한 농사일에 종사하든지 간에 중국학자들의 마음속에 여성이 했던 일은 대체로 어떤 다른 것이었다. 여성들이 한 일은 느리고 지루한 직물을 생산하는 것이었고, 대체로 가내에서 이루어진다. 상징적으로 여자들은 천과 결부되어 왔고, 고대부터 노동에 대한 남성과 여성의 구분은 남자는 쟁기질하고 여자는 천을 짠다는 말로서 잘 요약되었다.3) 천을 생산하는 것은 기본적인 생산활동으로서 간주되었고, 이것은 곡물을 재배하는 것과 비교할만 하다. 사람들은 먹을 것을 필요로 했던 것과 마찬가지로, 추위로부터 몸을 보호해야 했다. 남자와 여자가 제각기 자기들의 일을 맡아서 한 때,

가정은 먹고 입는데 자급자족하게 된다. 이러한 생산활동의 모델은 정부의
세금제도속에 오랫동안 내재되어 왔다. 수세기동안 농가에서는 가을에 납부
하도록 한 세금의 상당부분을 곡물로 지불할 의무가 있었다. 그러나 또한 상
당부분의 세금은 여름에 평직 직물로써 지불해야 했다. 그래서 정부는 세금
을 징수하는 장치로서 모든 가정에서 직물을 생산하도록 권장하였다.

　송대의 작가들은 오랜 전통을 이어받아 들판에서 먹을 것을 생산하는 남
자들의 일을 집안에서 직물을 생산하는 여성의 일과 한데 묶어서 생각했다.
제위식(帝位式)에 대한 기록에서 사마광(司馬光)은 더위와 추위를 견디며
경작하고, 재배하고, 수확했던 남자들의 노고와 누에를 치고, 삼나무의 껍질
을 쪼개고, 베틀에 날줄을 끼워서 천을 짜는 여성의 노고를 묘사했다. 사마
광은 그렇게 열심히 일한 가정에서 여름과 가을에 세금을 내고, 빚을 갚아
야 되는 일로 압박을 받았다고 관찰했다. 그래서 들판에서 곡식을 거두어들
이기 전에, 또 짜놓은 천을 베틀에서 들어 내기도 전에 가족들은 열심히 일
한 노동의 결실을 더 이상 소유할 수 없었다.4) 지방관들은 자기네 관할하에
있는 주민들에게 생산적인 농사일에 헌신하도록 권장할 때, 항상 여성들의
헌신에 대해서도 언급했다. 1179년에 주희는 남강(南康) 주민들이 농사일을
열심히 하도록 권장했다. 특히 농민들이 뽕나무나 모시풀을 재배할 것을 권
장했다. 그래서 여성들은 누에치고, 방적하고, 그리고 모시나 비단을 짜낼
수 있었다.5) 법적(法的) 판결에서 호영(胡穎, 1232년 과거 급제)은 농부들이
전당[전매(典賣)]잡혔던 땅을 되찾기 위해서 돈을 모으는데 얼마나 애쓰고
있는지 묘사했다. 즉, "밤낮으로 남자들은 쟁기질하고, 여자들은 누에를 친
다. 감히 한 숟갈의 곡식도 배불리 먹지 못하고, 한 타래의 명주실이라도 자
신의 옷을 만드는데 사용할 수 없다. 한 알[勺]의 곡식이라도, 한 오라기의
명주실이라도 아껴서 많이 저축을 하려고 했다."6)

　농가의 모든 여성들이 천을 짜는 일에 종사했던 것만은 아니었다. 기후와
토양의 차이로 인해 어떤 지역에서는 직물을 생산하는 것이 적합하지 않거
나 혹은 차와 같은 다른 것을 생산하는데 적합했다. 그러므로 각기 할 수
있는 일을 전문화해서 자기네들이 필요로 했던 천을 구입했다. 아주 가난한

가정들은 직물을 짜는데 필요했던 땅과 장비를 얻을 수 없었는지도 모른다. 가정에서 뽕나무를 키우려면 잎을 따고 저장하기 위한 사닥다리와 바구니가 필요했다. 누에를 키우고 실을 생산하는 가족들은 인큐베이션을 위한 방과 쟁반과 선반, (실을) 감기 위한 커다란 얼레와 실패, 그리고 물레를 필요로 했으며, 직접 천을 짠다면 베틀도 필요했다. 삼, 모시 또는 목면만을 생산했던 가정에서는 비단을 생산할 때만큼은 아니었겠지만, 실을 뽑고 옷감을 짤 장비가 필요했다.[7] 다섯필의 삼이나 혹은 모시 천을 생산하기 위해서(각 필은 대략 넓이(폭) 0.6m와 길이 12m) 한 가정은 일반적으로 섬유를 만들어내는데 필요한 식물을 경작하기 위해 1-3묘(畝)의 땅이 필요했다. 만약 삼베나 모시에 비교될 만한 양의 비단을 생산하는 것이 목적이었다면, 천그루 정도의 뽕나무를 여러 묘에 걸쳐 심는 것이 필요했다. 다섯필은 다섯 명이 사는 한 가정에서 각 사람마다 옷 두벌을 마련하는데 충분했고, 나머지 천은 세금을 내기 위해서 남겨두었다.[8]

송대 농가여성의 생활에 대한 증거는 아주 적다. 그러나 우리는 농가여성들이 일하는데 대부분의 시간을 보냈다는 것을 어느 정도 확실하게 이야기할 수 있다. 이 장에서, 나는 여성들의 천을 짜는 노동이 무엇을 의미하는지를 설명해 보겠다. 이를 위해 노동 그 자체에 대해서 두 가지 이유로 인해서 상당한 지면을 할애했다. 첫번째 이유는 우리가 아무 것도 알지 못한다는 것이다. 비록 20세기 말에 살고 있지만 요리하고, 청소하고, 그리고 어린 아이를 돌보는 것이 무엇을 의미하는지, 나아가 종을 감독하거나 차를 따는 것이 무엇을 의미하는지에 관해서는 어느 정도 알고 있다. 그러나 실가닥을 꼬아 잇거나, 실을 잣거나 실을 감는 것, 또는 옷을 만드는 일에 대해서는 잘 알지 못한다. 두번째 이유는 완성된 제품은 쉽게 현금을 받고 팔 수 있기 때문에, 여성들이 천을 짜는 일은 상업적인 경제행위에 참여하고 가정에서 여성의 지위, 그리고 여성들의 사회적인 가치에 대한 좀더 일반적인 평가에 의문을 제기한다. 경제의 상품화는 당(唐) 후기부터 송대(宋代)를 통해서 급속한 속도로 진행되었다. 좀더 많은 상품(주로 여성들이 생산해 낸 천을 포함해서)이 시장으로 유입됨으로써 시장은 확대되었다. 이러한 상업화로 인해 더 많은 가정들이 어떤 특정한 형태의 천을 생산하거나 혹은 천을 생산하는 과정 중 어떤 특정한 과정만을 전문화하므로 직물 생산의 조직화에 영향을 주었다. 이러한 발전이 얼마나 여성에게 영향을 주었을까?[9] 여성들의 노동력의 댓가로 많은 돈을 벌게 되었다고 여성들이 가정재산을 결정할 때 좀더 많은 권리를 주장할 수 있었을까? 돈을 벌 수 있는 기회가 넓어짐으로써 여자들이 좀더 자주를 행사할 수 있었을까?

실 가닥을 꼬아 잇고 실을 잣는 일

여성들만이 직물을 생산하는 일에 종사했던 것이 아니다. 남자들은 섬유를 생산하는 식물을 재배하고, 양잠을 돕고, 원재료를 가공하고 반정도 완성된 제품과 완성된 제품을 매매, 가공하는데 주로 종사했고, 아주 특수한 천을 짜내는 일을 했다. 그러나 여자와 소녀들은 가장 지루한 일에 장시간을 소비했다. 천을 짜는데 필요한 실들은 식량을 생산하는데 종사하고 있던 가족들이 부업으로 생산하는 것이 대부분이었다. 거기에 필요한 기술은 단순했기 때문에 천을 짜서 교역하는 사람들은 대규모 설비를 갖추거나 노동자를 고용할 필요가 없다. 사실상, 그 일은 집안에서 간단한 도구를 사용해서 여성들만으로도 할 수 있었다. 그리고 원할 때 일을 시작할 수 있고, 다른 일을 해야 될 때는 쉬었다가 할 수도 있다.

고대부터 일상복은 삼베로 만들어졌다. 그리고 거친 삼베 천은 상복(喪服)으로 사용되었다. 일년생 식물인 삼나무는 중국의 대부분의 지역에서 재배될 수 있다. 삼나무의 씨는 기름을 짤 수 있고, 내피는 긴 섬유질을 생산하기 위해서 처리될 수 있다. 숫 삼나무 줄기는 암 삼나무 줄기보다 더 섬세한 섬유질을 생산한다. 그래서 숫 삼나무 줄기는 주로 실을 생산하는데 쓰였고, 암 삼나무 줄기는 밧줄이나 푸대나 혹은 그와 비슷한 것을 생산하는데 쓰인다. 삼베만큼 중요했던 것이 모시인데, 모시풀은 주로 중국의 남부지역에서 재배되었으나, 사천(四川)이나 호남(湖南)에서도 재배되었다. 모시풀은 직물생산 외에는 쓸데가 없었고, 중국의 추운 지역에서는 재배될 수 없었다. 모시풀의 장점은 다년생 식물로 일년에 세번 수확할 수 있다는 것이다. 모시로 만든 직물은 삼베보다 더 부드럽고 광택이 났으며, 모시는 습한 날씨에도 쉽게 마르기 때문에 특히 여름 옷으로 적합하다. 모시를 팔면 삼베보다도 몇 배나 비싼 값을 받을 수 있다.[10]

삼나무 줄기를 가공하는데는 여러 단계가 필요하다. 남자들은 대를 수확해서 하룻동안 물에 담근다. 그 다음에는 섬유질을 얻기 위해서 삼나무 줄기로부터 껍질을 벗기는데 남자가 이 일을 하기도 하고 여자가 하기도 하는데 주로 남자가 하게 된다.[11] 그 속 껍질(*테모시)은 물에 하룻밤 담가 놓고, 씻어서 햇볕에 말린다(*바래기). 다음에 남자나 혹은 여자들은 건조시킨 삼나무 껍질을 두들겨 섬유를 분리시키고, 그 속껍질을 빗처럼 생긴 빗살을 통해 잡아당긴다. 일하는 사람들은 아직 덩어리로 되어 있는 것을 손으로 문질러서 매끄럽게 해야 한다. 이렇게 해서 만들어진 섬유들을 다시 물에 담근 후에 한올 한올 실로 찢는다(*모시째기). 다음 단계는 실가닥을 꼬아 잇는 것인데(*모시삼기), 상당히 많은 시간이 걸리며 항상 여성들이 해야 하는 일이다. 이 과정은 실올을 길게 만드는 것인데, 손으로 두 개의 실올을 끝과 끝을 맞대고 함께 꼬아서 긴 실오라기를 만들어낸다(조용히 이 일을 수행하고 있는 세 명의 여자에 대해 좀더 자세히 알려면 <그림 16>을 보라). 일단 자은 실이 긴 실올로 만들어지면, 방적기를 사용하여 천을 짜기에 충분히 튼튼해 지도록 꼬거나 이중으로 만들어야 했다(*모시메기). 모시를 가공하는 일은 그렇게 많은 단계를 필요로 하지 않지만, 제한된 시간내에 만들어 내야 한다. 섬유질이 들어있는 줄기는 모시풀의 줄기를 자르고 즉시 섬유질을 포함하고 있는 가늘고 긴 껍질 조각들을 벗겨내야 한다. 이러한 껍질 조각들을 물에 담근 후 외피는 깎아내서 햇볕에 널어서 말린다. 여성들이 갈라서 떼어놓고, 실가닥을 꼬아 잇고 실을 잣게 되는데, 마찬가지로 제한된 시간내에 일을 해야 한다.

유송년(劉松年, 약 1150~1225 이후)이 그린 그림. 대만 고궁박물원.

실가닥을 꼬아 잇는 것은 전혀 기계화되지 않았으므로 삼나무나 모시풀을 많이 재배했던 지역에서 여성들은 많은 시간을 소모했다. 범성대(范成大)는 직물로 유명했던 소주(蘇州) 근처의 어떤 도시에서 마을 여성들이 걸어가면서 삼을 꼬아 잇는 것을 볼 수 있다고 기록했다.[12] 이와는 대조적으로 실을 잣는 것은 방적하는 사람이 더 나은 방추를 가지고 있을 때, 좀더 효율적으로 일할 수 있다.[13] 송대의 많은 가정에서는 단순한 손방추를 사용했다. 왕정(王禎)의 농서(農書, 1313)에서는 단순한 방추를 묘사했는데, 그 방추를 왼손에 메달고, 오른손으로 돌린다. 왕정에 의하면 시골사람들은 여가시간이 있을 때마다 이 간단한 방추를 사용하는 것이 편리하다는 것을 알았다고 기록했다.[14] 손방추의 문제점은 단순히 질이 고르지 못한 실을 생산한다는 것만은 아니다. 또한 손방추는 속도도 느렸다. 발판이 장착되어 있는 베틀로 하룻동안 천을 짜는데 필요한 실을 간단한 손방추로 방적하는 경우 30일에서 40일이 걸린 것으로 추정된다. 좀더 투자할 여유가 있었던 가정은 자기네 집안 여자들에게 <그림 17>에 보이는 것 같은 물레(두 개의 실을 꼬아서 한개의 실로 만드는데 사용되는)를 조달해 줄 수 있다. 이 그림에 의하면 한 여성이 실꾸러미를 들고 있고, 다른 여성은 물레를 돌리고 있다. 이보다 좀더 효율적인 것은 발판이 장착되어 있는 물레로 한번에 세개 내지 네개의 방추를 돌리면 방적 일을 세 배 내지 다섯 배로 속도를 낼 수 있다.[15) 아내들과 딸들에게 방적하는 일을 덜어주고, 시간의 제약에서 벗어나도록 도와주기 위해 북중국의 몇몇 지역에서는 실가닥을 꼬아서 이은 모시를 대규모의 수력으로 움직이는 물레가 있는 곳으로 옮겨서 방적하게 한다. 왕정은 이 '거대한 물레'의 그림을 재현했으며, 다른 지역에서도 이 물레를 모방해서 쓰도록 추천했다.[16)

삼과 모시가 직물을 만드는 데 사용되었던 유일한 식물성 섬유질은 아니다. 콩 넝쿨이나 바나나 껍질로 만들어진 섬유질도 옷감을 짜는 데 사용된다.[17) 중국의 국경지방에 살던 소수민족들은 수세기 동안 목화를 사용해 왔다. 목화는 원래 인도에서 들어왔고, 중앙아시아나 버마, 운남(雲南)을 통해서도 전래되었다. 송대에 와서 목화 생산이 급속히 증가했다. 11세기 동안 목화는 이미 광동이나 광서에서 재배되었졌고, 12세기 말에는 해남도와 복건에서도 재배되었다. 목화가 점차 더욱 북쪽으로 전해졌을 때 특성도 변했다. 성장기간이 점차로 짧아졌고, 가지가 몇 개 있거나 혹은 전혀 없는 일년생 목화품종도 개발되었다. 이러한 현상은 적어도 13세기에는 확실히 나타났다. 농부들이 일년생 품종에서 나오는 목화의 양(수확량)을 조절하는 것이 더 쉬워졌다. 그래서 목화의 경제적인 가치도 증대되었다.[18)

왕거정(王居正. 11세기)이 그린 그림. 북경 고궁박물원. 중국명서. 회화편 3.

목화는 삼이나 모시와 같이 내피 섬유가 아니라 종자 섬유이다. 목화가 자아지기 전에 큰 가래로 섬유질을 느슨하게 떼어 놓고, 햇볕에 말려서 목화씨를 제거하기 위해 조면(繰綿)해야 한다. 그리고 무명으로 만든 활로 활질을 해서 부풀려 일정한 길이와 무게의 가는 조각으로 나누어야 한다.[19] 목화는 많은 장점이 있다. 겨울 코트나 누비이불을 만드는데 가장 좋은 따뜻한 심이 된다. 또한 제품은 비단만큼 좋지만, 명주솜보다 저렴하다. 천으로 짜면 삼베나 모시보다 더 가볍고 따뜻하다. 게다가, 부드럽고 포근하다. 왕정은 1313년에 목화 생산의 장점을 "양잠 보다 나은 점은 [뽕나무 잎을] 따서 [누에]를 치는 노동을 들일 필요가 없고, 수확량을 예측할 수 있다고 하였다. 목화는 가닥을 꼬아 잇는데 일손이 절약되고 방한을 잘 해 준다는 점에서 삼베나 모시보다 더 좋다."[20]고 설명했다. 중국에서 목화가 더 빨리 보급되지 못한 이유는 중국의 중심지역에 적합한 품종의 개발이 느렸고, 섬유질로부터 씨를 제거하는데 어려움이 있었기 때문이었다.

목화생산은 송말에 이미 복건지역에서 상당한 경제적인 중요성을 지녔다. 사방득(謝枋得, 1226~1289)은 어떤 사람이 목면포(木綿布)를 선물로 준 것을 감사하는 시(詩)에서 복건지역은 목화가 잘 재배되기 때문에 살기 좋은 지역이며, 천그루의 목화에서 나는 수확량은 8명의 식구가 굶주림을 걱정하지 않아도 될 정도였다[21]고 기록했다. 송말에 조정에서는 강남지역에서 목

화에 약간의 직물세를 거둬 들였다.[22]

목화재배의 보급은 목화에서 씨를 빼는 방법[조면(繰綿)]이 향상되어 증진되었다. 왕정은 그가 살던 시대에는 생 목화를 굴림대(로울러)로 눌러 분쇄해서 씨를 빼내는 낡아 빠지고 미비한 방법이[전축(輾軸)] 없어지고, 그 대신에 두개의 굴림대가 서로 반대 방향으로 돌아 씨를 빼내는 방법의 씨아가 사용되었다고 보고했다.[23] 전설에 의하면 오래전에 황도파(黃道婆)라는 여성이 최신식의 목화기술을 강남지역으로 가져왔다고 한다. 도종의(陶宗儀, 창작활약기 1300~1360)에 의하면 토양이 척박한 송강(松江, 강소)의 어떤 마을에서는 이미 13세기 후기에 주작물이 목화재배였는데, 생산자들은 손으로 목화 씨를 빼냈다고 한다. 황도파가 애주(崖州, 해남)에서 좀더 나은 실을 잣고 옷감을 짜는 기구를 가져왔다. 도의 기록에 의하면 황도파는 지역 경제를 완전히 바꾸어 놓았기 때문에 그 여자를 기념하기 위해서 사당이 세워졌다고 했다.[24] 환언하면 남자와 여자의 업무가 확실하게 구분되어 있는 직물을 생산하는 일에서 여자들도 창의력을 발휘하면 영웅이 될 수 있었다.

목화에서 실을 뽑아내는 것은 삼나무나 모시풀에서 실을 뽑아내는 것보다 더 많은 노동이 필요했다. 실을 뽑아내기 전에 섬유질을 꼬아 잇는 작업은 필요하지 않지만, 목화의 경우는 균일한 양의 짧은 섬유들을 뽑아내어 가늘게 실이 되도록 꼬아야 한다. 왕정은 여자들이 목화에서 실을 만들어 내는데 사용했던 방차(紡車)를 그림으로 그렸는데, 모시풀이나 삼나무에서 실을 만들어내는데 사용했던 도구를 모방해서 만든 것이다.[25]

누에 치고, 명주실 뽑기

여성들이 모시, 삼베, 무명실을 만드는 것은 실제로 공리주의 성질의 일상적인 일에 속한다. 누에를 치는 일은 훨씬 더 낭만적이고 신비롭고 불가사의하다. 이상하고 작은 벌레는 상당히 많은 양의 뽕잎을 먹어치운다. 만약 누에를 잘 키

운다면, 아주 질이 좋고 길이가 수백 미터나 되는 강한 섬유를 만들어낼 수 있
으며, 그 섬유는 가장 부드럽고, 가장 가볍고, 가장 윤택있는 직물이 될 수 있다.

비단은 고대부터 중국에서 만들어졌고, 지속적으로 기술이 향상되었다.
일부 학자들은 송대에 생산한 비단이 이전에 중국에서 생산했던 것 중에서
가장 기술적으로 우수하다고 생각했다.26) 비단은 여러 가지 다양한 굵기의
실로 만들 수 있고, 다양한 색깔로 염색할 수 있다. 그리고 직공들은 실제로
가볍고 성근 가제나, 광택있는 공단, 두꺼운 능직, 그리고 평직의 무늬없는
비단은 물론이고 여러 가지 색깔의 복합적인 직물을 짤 수가 있다.

비단을 생산하는 일에 착수하는 것은 뽕나무와 누에를 키우고, 실을 빼내
고, 실을 잣고, 그리고 천을 짜는데 필요한 여러 가지 종류의 장비에 꽤 많
은 투자가 요구된다. 송대와 원대의 경작교본들은 비단생산에 상당한 지면
을 할애했다. 특히 진부(陳旉)의 농서(農書, 1149), 저자 미상의 농상집요(農
桑輯要, 1273), 그리고 왕정(王禎)의 농서(農書, 1313)가 있다.27) 사람들이
원했던 종류의 잎을 생산하도록 뽕나무를 얻는데는 과학적 지식이 필요하
다. 그런데 이러한 것은 주로 남자들의 일이었다. 그러나 뽕잎을 따는 시기
가 되었을 때, 여자들은 늘상 남자들을 도왔다. 시인 대복고(戴復古, 1169~
1246 이후)는 자기를 여자라고 상상하고 그러한 장면을 묘사했다.

> 나는 본래 진가(秦家)의 딸로
> 올 봄에 왕서방에게 시집왔다.
> 시댁은 누에치는 일을 중시하여
> 나가서 언덕 위의 뽕잎을 따는데
> 낮은 가지는 따기가 쉽지만
> 높은 가지는 손이 닿기가 어렵다.
> 대나무 사다리를 한칸한칸 밟고 나무 꼭대기에 올라가는 것은
> 마음속으로 누에는 많은데 먹일 뽕이 적은 것을 괴로워하기 때문이다.
> 머리를 들려고 하니 뽕나무 가지가 살과 입술에 닿고
> 몸을 돌리려고 하니 뽕나무 가지가 치마에 걸린다.
> 고생스럽게 누에를 치는 것은
> (*실제로 남편집을 위한 것이다.)28)

왕정은 『농서』에 나오는 삽화에서 남자가 사다리 위에서 뽕잎을 따며 또한 여자가 높은 의자 위에서 같은 일을 하는 것도 있다.[29]

북 중국에서는 일년에 누에를 한 번밖에 키울 수가 없는데, 가장 바쁜 시기는 봄이다. 남쪽에서도 봄에 따는 뽕잎은 수확량이 더 많고, 더 많은 효용이 있다. 겨울에 누에의 알을 저장한다. 즉, 뽕잎의 싹이 나올 때, 누에 알을 싸고 있는 잎은 옅은 노란색에서 녹색으로 바뀌고 누에가 나올 때까지 따뜻한 장소에 보관해야 된다. 이렇게 보관되었던 누에가 부화되면 잠박 위에 옮겨 담아서 그 누에들이 자랄 공간을 주기 위해서 쟁반 위에 드문드문 뿌려 놓는다. 이들 잠박은 누에를 기르는 특별한 방(잠실)에 놓게 된다. 이 방은 누에를 치는 용도로만 쓰이며, 난방을 해서 따뜻하게 한다. 다음 달에는 누에를 조심스럽게 돌봐주어야 하고, 하루에 잘게 쓴 뽕잎을 다섯 번 내지 여섯 번씩 먹이고, 너무 춥지 않게 해 주어야 한다. 이 동안에 누에는 세 번 "잠을 자고"(사실은 허물을 벗는다) 무게는 1,000(미터)배가량 늘어나서 한 마리가 약 4그램 정도 된다.

누에가 고치를 짓도록 하려면 잘 먹여야 한다. 특히 성장이 급속하게 빠른 마지막 며칠 동안은 더욱 그렇다. 먹이는 횟수를 늘려 하루에 10번 정도 먹이는데, 그중에 몇 번은 밤에 먹인다. 진부(陳旉)는 누에에게 뽕잎을 주기 전에 말려야 한다고 경고했다. 왜냐하면 따뜻한 방에서 젖은 뽕잎을 누에 위에 놓는다는 것은 증기를 씌우게 되는 결과를 초래하므로 누에가 죽게될까 두렵기 때문이다.[30] 모든 일이 잘 되어 간다면, 누에는 며칠 후에 고치를 짓게 될 것이다. 일단 고치가 지어지면, 빨리 행동을 취할 필요가 있다. 왜냐하면 고치 속에 있는 누에가 완전히 나방으로 변하게 되면 고치를 망쳐놓기 때문이다. 만약 한 가족이 많은 누에를 치지 않을 경우에는 살아있는 누에로부터 명주실을 뽑아낼 수 있다. 만약 이러한 실을 뽑아내는 작업을 빨리 할 충분한 노동력을 가지고 있지 않거나 또는 명주실을 뽑아내는 장비를 빌리거나 혹은 임대하기 위해서 기다리게 될 경우에는 고치 속에 있는 누에를 죽여야 할 것이다. 일반적으로 누에에 증기를 씌워 죽이거나 혹은 누에고치를 광주리 속에 눌러 담아서 죽이는 방법이 있다.[31]

명주실을 뽑아낸다는 것은 몇개의 고치에서 나온 실의 끝을 동시에 한군데로 모아서 실을 함께 꼬아 천을 짜는데 충분할 정도로 튼튼한 한 가닥의 실로 꼬아서 만들어낸다. 얼레를 돌릴 때, 고치가 자유자재로 돌 수 있도록 하기 위해 물이 담긴 대야속에 담가 두어야 한다. 얼레는 아주 간단했을 수도 있다. 그러나 진관(秦觀, 1049~1100)은 그의 저서인 『잠서(蠶書)』에서 한사람이 동시에 두가닥의 명주실을 뽑아낼 수 있는 복잡한 얼레를 묘사하고 있다.[32] 이런 얼레는 때때로 그림으로 그려졌는데, 그런 것 중의 하나가 보인다(<그림 18>). 명주실은 천을 짜는데 사용하기 전에 몇 가닥의 실을 물레를 이용하여 감아 실을 만들고, 약간의 실들을 실패 위에서 다시 꼬아 날실을 만들어 내는 것이 필요했다.

<그림 18> 명주실을 감아내는 여성

양해(梁楷. 약 1200년 전후)가 그린 13세기의 권화(卷畵). 클리블랜드 박물관 소장. 존 세브란스 재단 기증.

누에들은 몹시 변덕스러웠다. 어떤 해에는 모든 알들이 다 부화되어 엄청난 고치를 만들어 냈다. 또 다른 해에는 그렇지 못하여 실망스럽기도 했다. 여성들은 육체적인 노력과 감정적인 에너지를 쏟아부어 누에들이 즐겁게 하도록 노력했다. 또한 여성들은 누에의 혼이 자기네들 편이기를 원했다. 진관은 그가 쓴 『잠서』에서 생산과정에서 일상적인 단계의 하나로 누에의 영혼에 기도하는 것을 기록하였다. 왕정과 그 후의 저자들은 누에의 여신(女神)에 관한 그림을 그렸다.[33] 홍매는 한 해에 보통 100잠박 정도의 누에를 길러 비단을 생산했던 가족에 관해서 이야기했는데, 이 정도의 생산량으로 본다면 상당한 규모의 비단생산업자였을 것이다. 3년간 누에를 친 가족들은 꽤 많은 양의 고치를 일 년에 세 번 생산했다. 그러나 그 다음해 봄과 여름에 친 누에들은 단 한개의 고치도 만들어 내지 못했고, 그 다음 이년에 걸쳐서도 결과는 마찬가지였다. 운이 이렇게 변한 것에 대해 가족들은 제일 첫해에 잠박에 나타났던 유난히 컸던 누에 때문이라고 생각했다. 즉, 누에가 상서로운 조짐이라고 여겨, 부인은 그 누에를 소중하게 다루어 불당(佛堂) 위에 놓아 두었다. 그 큰 누에가 탈바꿈을 거의 끝내갈 즈음에, 그 가족들은 그것을 뽕나무밑에 묻었다.[34] 좌우지간, 이 이야기는 영물스런 누에가 3년 동안은 자기에게 헌신해 준 정성에 보답했고, 그 후에는 신통력을 잃어버렸다는 것을 의미한다.

누에에 대한 사람들의 염려는 자기네들이 통상적으로 행하던 절차에서 벗어났을 때, 그들이 취하였던 예방책에 의해서도 잘 입증되었다. 홍매는 많은 것을 시사해 주는 이야기를 다음과 같이 기록하고 있다.

남창호씨잠(南昌胡氏蠶)

1187년에 예장(豫章)에서 누에치는 일이 잘 되어서 뽕잎의 값이 보통 때보다 수십배나 올라서 몹시 걱정스러웠다. 때때로 온 가족이 잠실에서 울었고, 스님을 불러 불경을 독송하게 하고 누에를 강에 떠내려 보냈다[즉 이것은 누에에게 장례식을 치뤄주는 의미이다]. 부잣집에서는 혹 큰 판자를 사용하여 그 위에 대자리를 올려놓고, 곁에 돈을 놓고… "강하류에 사는 착한 친구들아, 만약 뽕잎이 넉넉하면, 원컨대 이 돈으로 뽕잎을 사서 이 누에를 쳐서, 천지(天地)에 부끄러움이 없기를 기약한다."고 글을 써놓았다. 다른 사람들은 부득이 해서 누에를 버렸고, 모든 사람들이 이것에 대해서 가슴아파 했다.

그런데 남창현(南昌縣)의 충효(忠孝)마을에 사는 호이(胡二)는 충분한 뽕잎을 가지고 있었으므로 누에를 칠 수 있었지만, 돈을 많이 벌기 위해 뽕잎을 팔기로 결심했다. 그가 아내에게 누에들을 묻어버리겠다고 이야기했을 때, 아내는 반대했다. 그러나 호이는 아내의 말에는 아무런 관심을 기울이지 않았다. 그는 부인(*아들)을 불러 호미를 메고 뽕나무 밑에 큰 구멍을 파고 거기에 누에들을 묻어 버렸다. 호이는 동이 트면 뽕잎을 시장에 내다 팔려고 작정했다. 자기가 생각해 낸 계획에 자부심을 느껴서 술을 마시고 취한 채로 잠이 들었다. 삼경이 지난 후에 바깥에서 나는 소란한 소리를 들었다. 도둑인가 생각하고 등불을 밝히고 나가 보니 모두 누에들이었다. 호이가 빗자루로 그 누에들을 쓸어 없애려 하니 빗자루로 쓸면 쓸수록 누에들은 점점 더 퍼져나갔다. 이러한 일이 밤새도록 계속되자 모든 가족들은 두려웠다. 아내는 특히 호이가 저지른 잘못을 비난했다. 호이는 더욱 화가 나서 누에를 모두 없애버리고 다음날 새벽에 계획대로 할 것을 결심했다. 스스로 뉘우치지는 않고 하룻동안 뽕잎을 따서 파는 이익을 잃었다는 것만 못마땅하게 생각했다. 조금 있다가 또다시 떠드는 소리를 들었다. 호는 "이 괴물이 또 왔는가"라고 소리를 질렀다. 빨리 일어나서 등에 불을 붙여 발을 땅에 내디디자마자 벌레가 무는 것을 느꼈고, 너무나 아파서 비명을 질렀다. 그의 아들이 다음에 일어났는데 똑같은 일이 아들에게도 발생했다. 아내가 무슨 일이 일어났는지 알기 위해 급히 달려가 보니 침대의 위아래가 지네로 들끓었고 아버지와 아들은 고통 속에 몸부림치고 있었다. 며칠 지난 후에 호이는 죽었고, 지네들은 모두 사라졌다. 다행히 아들은 무사했다. 외간의 다른 가정에서 길렀던 누에들은 고치를 지었는데, 호의 뽕잎은 아직도 동산에 많이 있으나 돈은 한닢도 벌 수 없었다.[35]

누에는 자기네들을 온당하게 대우해 주지 않는 사람들에게 심하게 보복하였다.

천짜기, 염색하기, 마무리 작업

지금까지 나는 실 생산만을 설명하였다. 실이 다 준비되어도 여성들이 옷으로 만들기 위한 천이 되려면 아직도 많은 일이 남아 있다. 즉, 삼베, 모시, 무명은 같은 크기의 날실과 씨실을 사용하여 단순한 무늬의 직물을 짰다. 직물을 짜기 위해 여성들은 가정에서 가지고 있는 베틀을 사용했는데, 그것은 크기, 기능, 효율면에서 상당히 다양했다. 주거비(周去非, 1178년 이후에 죽음)는 계림(桂林, 광서)에서 사람들이 몸에 메는 간단한 베틀을 사용해서 모시를 짜는데, 모시를 짜다가 다른 일도 할 수 있었다[36]고 기록하고 있다.

이러한 비교적 원시적인 등에 메는 베틀(*발베틀)은 아마 상대(商代)부터 사용된 것 같다.[37] 등에 메는 베틀은 간단한 직물을 짜는데 사용되었고 또한 꽤 복잡한 색깔의 무늬가 있는 직물(tapestry)을 짜는데도 적합했다. 그래서 이러한 베틀로 짠 물품은 값이 비쌌다. 중국의 다른 지역에서는, 좀 더 큰 자체의 독립구조로 고정되어 있는 베틀(*반자동베틀)이 수세기동안 사용해 왔던 표준형 베틀이다. 제일 좋은 것은 발판이 장착된 베틀이었다. 이 베틀로 작업하는 남자나 여자가 날실을 발로 올릴 수 있기 때문에 천을 좀더 빨리 짤 수가 있다. 그러므로 작업하는 사람은 두손이 자유로우므로 북을 앞뒤로 빨리 움직일 수가 있었던 것이다. 발판이 장착된 베틀은 한대부터 실크를 짜는데 사용되었는데, 송대에 와서 좀더 실용적인 직물을 생산하는데 사용되었다. 발판이 장착된 베틀을 작동하는 것은 적어도 두사람이 필요한 번잡한 일이다. 왜냐하면 날실을 위로 끌어올리는 베틀의 (잉아)에 있는 작은 구멍을 통해서 들어가게 되어 있기 때문이다.

시인 문동(文同, 1018~1079)은 발판이 장착된 베틀을 사용해서 가족이 세금으로 내야할 직물을 공들여 짜고 있는 여성을 묘사했다.

> 북을 이리저리 던지니 양쪽 손이 나른하고
> 양쪽 발은 발판을 밟느라고 부르텄다.
> 삼일동안 멈추지 않고 베를 짜야
> 한필의 천을 자를(완성할) 수 있다.
> 베짜는 곳은 춥고 더운 것을 무릅써야 하고
> 베를 자를 때에 잣수를 신중하게 해야 한다.
> 사람들이 모두 변폭(邊幅)이 좋다고 말하고
> 나자신도 씨줄과 날실이 촘촘하게 잘 짜여진 것을 흡족하게 여긴다.[38]

이 시에서 나타난 것처럼 베틀은 상당한 공간을 차지하므로, 많은 농가에서는 앞마당 밖에 놓아 두었다.

보통 가정에서는 발판이 장착된 베틀을 사용해서 쉽게 평직 비단을 짤 수 있다. 그렇지만 비단을 짜는 것은 삼베나 모시를 짜는 것보다 더 많은 시간이 걸린다. 더구나 대부분의 비단은 다마스크스[문직(紋織)], 가아제[사(紗)],

새틴[견유자(絹縧子)]같은 직물로 짰다. 길이가 약 12미터나 되는 한 필의 가아제를 짜기 위해서 조정에서는 직공에게 12일의 기간을 준다.39) 더 정교한 직물을 짜내기 위해서는 좀더 좋은 장비와 더욱 숙련된 기술자가 필요하다. 형형 색색의 직물을 짜려면 천을 짜기 전에 먼저 실을 염색해야 한다. 상당히 많은 북을 여러 가지 색깔에 맞추어 사용한다. 이 복합적이고 다양한 색깔을 가진 천은 무늬직을 짜는 베틀에서 짜는 것이 가장 좋다. 어린아이가 올라앉을 공간이 있는 높은 구조로 직공의 지시에 따라서 특정한 날실을 위로 끌어올린다. 그래서 이러한 종류의 비단을 짜는 일은 특별한 기술을 요하는 작업이다. 흔히 천을 짜는 사람들은 남자다. 그러나 여성들도 또한 이러한 천 짜는 기술을 배울 수 있다. 남송대 양잠업 과정을 그린 것을 보면, 어떤 한 여자가 무늬직을 짜는 베틀에서 천을 짜고 있고, 한 명의 어린아이가 돕고 있는 것이 보인다(<그림 19>).

　모시, 삼베, 그리고 목면은 짠 후에 공정이 많이 요구되지 않는다. 남자들의 작업복에는 염색을 할 필요가 없다. 그림을 보면 일을 하고 있는 남자들의 옷은 흰색에 가까웠고 염색하지 않은 옷들인데, 당시의 사치금지령에 따른 것이다.40) 남자들의 옷의 대부분은 집에서 짠 실과 천으로 만든 것들이다. 아마 그 옷들은 햇볕에 널어두는 것과 같은 간단한 방법으로 표백했을 것이다. 어떤 시에서 한 소녀에 대해서 이야기하고 있다. 그 소녀는 배에서 흰 모시를 짜서[아마도 그 소녀는 배에서 사는 것 같았다. *필자는 이 여자가 수상족이라고 보고 있지만, 배주는 베틀주와 같이 쓰이므로 여기서는 베틀을 의미한다.] 해변에 널어 표백했다[*江南渡頭浣紗女, 年年舟(베틀주와 같이 씀)上織白苧, 織成還自漂江沙, 女手纖纖白於布, 나루터에 비단 빠는 여인네, 해마다 베틀위에서 흰 모시옷을 짠다. 베를 다 짜고서 곧바로 강가의 모래밭에 널어 말리니, 여자의 섬섬옥수가 비단결보다 더 희다.]41)고 했다. 석회나 어떤 특정한 잿물을 사용해서 모시를 표백할 수도 있다.42) 여성들의 옷은 흔히 염색된 천으로 만든다. 최소한 시인이나 화가들은 여성들이 색깔있는 옷을 입은 것으로 묘사하기를 좋아했다.

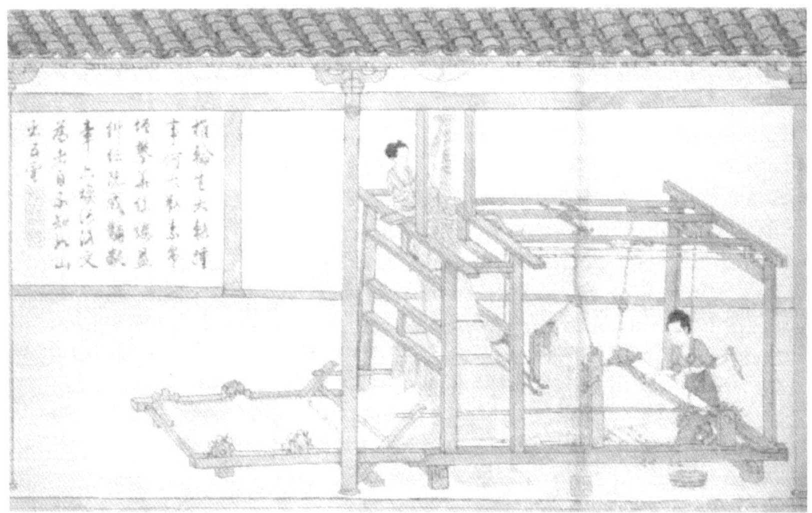

누도(樓璹)가 비단을 만드는 데 관련된 여러 가지 과정을 묘사해 놓은 것을 보고 정계(程棨)가 13세기에 모본한 것. 프리어 갤러리 소장. 워싱턴 디시의 스미소니언 박물관.

염색은 집에서도 할 수 있다. 송대에 많은 미네랄과 식물 염색이 알려져 있다. 농서 교본에서는 흔히 식물성 염료로 사용되는 쪽빛(인디고)이나 "홍화"와 같은 식물을 재배하는 방법이 나와 있다.[43] 일단 염료가 준비되면, 평균 한 가정이 몇 달에 걸쳐서 생산해 내는 실이나 천보다도 더 많이 염색할 수 있다. 그래서 인구조밀 지역에서는 염료가게나 또는 한 동네가 공동으로 사용할 물감을 만들어 놓을 큰 연못 같은 장소가 더 편리했을 것이다. 비단을 염색하기 위해 염료가게가 큰 도시에서 유용했던 것은 말할 필요도 없다. 금화(金華, 절강)에 있는 한 가게에는 수백 필의 가아제도 있었고 또한 수백 파운드의 홍화가 늘 준비되어 있었는데, 천 파운드의 보라색을 띤 풀이 첨가되었다. 낙양(洛陽)에 살았던 한 염색 전문가는 정교한 디자인을 갖춘 홀치기 염색으로 특히 유명했다.[44]

직물 생산의 상업화

당 후기와 송대의 경제적인 발전은 너무 비약적이어서 흔히 혁명이라고 한다. 이러한 상황에서 노동의 성별 분배가 전혀 바뀌지 않고 그대로 있을 수 없었다. 도시는 여성들에게 돈을 벌 새로운 기회를 제공해 주었다. 그래서 과부가 여인숙을 차려 주인이 되었던 것은 드문 현상은 아니었다.[45] 직물 생산의 확대와 상업화로 돈을 필요로 했던 가정들은 아내나 딸들에게 돈을 벌게끔 일을 시키기가 쉬웠다. 동시에, 상업화는 남성 숙련공의 출현을 촉진함으로써 성에 따라 노동을 분담한다는 오래된 원칙을 무너뜨리게 되었다.

생산원료와 실, 여러 가지 종류의 완성된 직물을 팔기 위한 시장이 늘어나 여자들이 직물생산에서 담당했던 노동의 형태가 발전하게 되었다. 이로 인해 가족들은 옷을 만들어 입기 위해서 천을 생산할 필요가 없고, 생산에 참여하는 가족들도 모든 과정을 다 할 필요는 없다. 가족들은 자기네들이 가장 효율적으로 할 수 있는 과정만을 집중적으로 하고, 생산해 낸 잉여물은 근처의 시장이나 보부상에게 팔았다.[46]

직물시장은 아주 컸다. 조정에서는 군인들의 군복을 만들기 위해 삼베와 모시를 필요로 했고, 관료들의 봉급과 거란과 여진의 세폐(歲幣) 때문에 비단을 필요로 했다.[47] 북송대에는 삼베와 모시를 합쳐서 50만필(匹)을 세금으로 거둬들였다. 그런데 2개의 로(路)에서 거둬들이는 천의 양이 전체의 절반 이상을 차지했는데, 하동(河東)이 15만 1,116필이었고, 광남서로(廣南西路)가 10만 5,647필이었다.[48] 또한 여러 가지 종류의 많은 견제품을 세금으로 거둬들였다[공납(貢納)]. 즉, 거의 300만 필의 평직 비단[평견(平絹)], 약 몇 십만필의 얇고 성기게 짠 비단[라(羅)], 수천 필의 여러 가지 형태의 특수한 비단들이었다.[49] 이러한 세금으로 내는 직물의 상당 부분을 상인들이 채워 주었다. 상인들은 생산자들로부터 천을 사 모아, 직물세를 내야 되는 사람들에게 천을 팔거나 또는 정부가 천으로 세금을 내는 대신 돈으로 내기를 원하면 정부에 직접 팔았다. 정부도 역시 생산자로부터 천을 사들였는데, 일방적으로 가격을 결정해서 종종 생산자 가족들에게 경제적인 어려움을 주었고, 시장값보다 싼 값으로 구매했다.[50]

상인들이 직물을 생산하는 가족들에게 돈을 선대(先貸)해 주었기 때문에 가족들은 직물생산에 좀더 노력을 기울일 수 있었다. 홍매는 무주(撫州, 강서)의 한 평민이 삼베와 모시를 취급하는 사업을 하고 있었는데, 매해 초에 현 전체를 다니면서 중개상을 통해서 천을 생산하는 가족들에게 돈을 빌려 주었다. 즉, 6월부터 시작해서 8월까지 몸소 빌려준 돈을 받아들였다. 어떤 중개상인 한사람은 그 사람으로부터 500관전을 받아서 창고를 지어, 수천필의 직물을 쌓아놓았다[51]고 말했다. 이러한 선불을 받은 가정들은 삼나무, 모시풀의 껍질이나 실을 내다 팔 수 있는 시장은 있었지만, 그 시장에 물건을 내다 팔지 않고 작업을 끝까지 해서 완성된 천을 만들어 낼 수 있었다.

목면은 처음부터 흔하게 교역이 이루어진 생산품이었다. 북중국은 겨울에 따뜻한 의복이 필수적이어서, 목면은 생산보다 수요가 더 많았다. 목화가 재배될 수 있었던 어떤 지역에서는 온화한 날씨와 습도의 부족으로 실을 만드는 것과 천을 짜는 것이 여의치 않아 목화의 가공과정이 효율적이지 않았다. 그래서 가공되지 않은 목화로 실을 잘 자아내고 천을 잘 짤 수 있는 다른 지역으로 수송했으며, 완성된 천은 가장 수요가 많은 지역으로 운송되었다.

비단은 다른 어떤 것보다도 시장에서 인기가 있다. 부업으로 비단을 생산하는 농가에서는 누에뿐만 아니라 뽕잎을 재배하는 데 필요했던 장비를 살 수 있다. 그리고 고치나 명주실 완성된 직물을 팔 수 있다. 세금이나 소비를 위해 필요했던 것보다 약간 더 많은 비단을 생산하는 것은 농가에서 돈을 벌기 위한 방법이다. 1066년에 한 필의 평직 비단을 약 1,500전에 팔 수 있었다. 그 돈은 아마 한 명의 성인이 두달동안 먹을 쌀을 살 수 있었을 것이다.52) 이렇게 비단의 수요는 생산을 활성화시켜 주요 도시에서 엄청나게 많은 종류의 비단이 판매될 수 있었다.53)

상업화로 비단생산을 전문적으로 하는 가정이 부상하게 되었다. 누에를 치고 비단 직물도 생산했던 농촌가정과 명주실을 사서 그것으로 정교한 비단을 짰던 도시가정도 있었다. 오흥(吳興)의 산골 마을에서 부유한 가정은 수백 잠발의 누에를 치고 비단을 짜기 위해 일꾼을 고용했다고 한 지방지(地方志)의 기록자가 보고했다. 즉, 절강(浙江)의 금화현(金華縣)에 사는 많은 주민들은 직물을 짜는 일로 생계를 유지했다. 실제로 직공이 너무 많았기 때문에 그 사람들을 일컬어 "온 세상을 다 입힌다"고 했다고 전해진다. 홍매가 기록한 한 이야기에 의하면 어떤 남자가 "윤주의 범공교 출신의 비단을 짜는 장팔숙[潤州范公橋織羅張八叔]"54)이라고 자신을 소개했다고 한다. 진부(陳旉)의 『농서(農書)』[*種桑之法編 第1]에 의하면 "한 가족은 최소한 10잠박의 누에를 쳐서 먹고 살 수 있다. 1잠박은 12근의 고치를 생산해낼 수 있고, 1근마다 1양 3분의 실을 만들어낼 수 있고, 5양의 실에서 가는 명주실 1필을 짤 수 있으며, 이 1필의 비단은 쌀 1석 4두와 바꿀 수가 있다"고 했다[* 10명의 가족이 10박(箔)을 양잠하면, 매박(每箔)은 12근(斤)의 고치를 얻고, 1근마다 면 1양 3분을 만들 수 있고, 5양의 면마다 소견 1필을 짜고, 1필의 견은 쌀 1석 4두와 교환되어 한 집안의 연간 식료소비를 넉넉히 할 수 있다.]. 그런데 비단생산을 전문적으로 하는 가정에서는 흔히 장터에서 필요한 뽕잎을 전부 사든지 혹은 일부를 사들였다. 그 가족들은 뽕잎의 시장가격에 의존하게 되고, 뽕잎의 값이 급상승하게 될 때는 앞에서 이야기한 여러 가지 문제점에 직면하게 된다.55)

누에고치를 쳤던 모든 가정들이 자기네들이 생산했던 실로 천을 짰던 것은 아니다. 어떤 가정에서는 명주실을 뽑아내자마자 곧 팔았다. 아마도 그것은 정교한 베틀을 사는데 필요한 돈이 없었기 때문일 것이다. 범성대(范成大)는 농가에서 고치를 바쁘게 끓이고 명주실을 감아내는데, 이때 얼레에서 폭풍같은 시끄러운 소리가 나고, 고치에서는 실이 끊임없이 나오는 장면을 묘사했다. 농가의 가족들은 뽑아낸 실로 비단을 짤 수 없었기 때문에, 다음 날 그 실을 시장에 가져가서 팔았을 것이다.[56]

당시 조정의 자료에서는 자주 '천을 짜는 가정'에 관해서 언급하고 있는데, 대부분의 가족들은 아마도 비단에 관련된 일로 가족의 생계를 유지해 갔을 것이다. 즉, 누에를 쳐서 천을 짜거나 혹은 천만을 짜거나 하는 것이다. 조정에서는 그러한 비단과 관련된 일을 하는 기업체에 관심을 기울였다. 왜냐하면 조정에서는 특수한 종류의 비단을 짜는 사람들에게 상당한 양의 의무를 부과할 수 있었기 때문이다. 예를 들면 1036년에 장일(張逸)은 재주(梓州, 사천)에서 수 천필의 천을 짜는 가정에서는 생산해 낸 양의 3분의 2를 조정에 바쳐야 한다고 기록했다. 한때 성도(成都)에서는 천을 짜는 가정들이 조정이 요구하는 것을 감당할 수 없게 되자, 군대에서 80명의 남자들이 천을 짜게 끔 배당해 주었다.[57] 천을 짜는 가정들이 외부에서 일꾼을 고용해서 운영한 작업장이었다는 증거는 아직까지 밝혀지지 않았다. 이와는 달리, 그 일은 가족들끼리 했던 것 같다. 송대에 전문적으로 천을 짜는 가정이 증가하여 여성들과 천 생산간의 유대관계는 약해지게 되었다. 가장 정교한 천을 짜내는 일은 전문화된 남성 숙련공들이 담당하게 되었고, 여자들은 아마 가정에서 보조했던 것 같다.[58]

주된 생계수단으로 비단생산을 했던 가정에서는 확실히 남녀 모두가 공동으로 담당했다. 양잠과정의 24단계를 보여주고 있는 12세기 남송대의 한 그림은 42명의 여성, 24명의 남성, 3명의 소년과 5명의 소녀, 2명의 어린아이가 그려져 있다. 이 그림에 유아들이 나오는 것은 양잠업은 다른 집안의 일, 즉 유아를 돌보는 것과 같은 일을 하면서 행해졌다는 것을 보여주고 있다. 그러나 아이들은 일을 돕고 있다. 마지막 장면에는 한 소년이 무늬직을 짜는 베틀 꼭대기에 앉아서 천을 짜는 여성의 지시에 따라 지정된 날실을 들어 올리고 있다. 이 방법은 금란을 짜는데 필요한 기술이다. 그 소년이 그 집의 아들인지, 심부름꾼 소년인지, 견습공인지는 분명하지 않다[약간 뒤에 그려진 프리어(Freer)에 소장된 그림(<그림 19>를 보라)에는 베틀에 앉은 아이가 여자아이인 것 같다.]. 남자들은 뽕나무를 재배하고, 뽕잎을 따고, 장비를 운반하고, 난방기구를 준비하고, 실잣는 기계를 배치하고, 고치를 항아리에 저장하고 누에의 혼에 기도한다. 여성들은 누에를 보살피는 특별한 업무를 맡았던 것 같다. 두 명의 여자가 한쌍이 되어 누에를 같이 돌보았다. 단지, 한 장면에서만 네 명 이상의 사람들이 한 그룹인 것 같다. 누에가 고치를 짓기 바로 직전에 세 명의 남자와 두 명의 여자가 실잣는 기계를 정돈하기에 바쁘다.59)

남성들이 잎을 따고 장비를 옮기는 동안 여성들이 누에를 돌본다 하더라도, 아마도 재정에 관한 결정은 남자들이 내렸던 것 같다. 적어도, 이러한 것은 누에를 치는 가정에 대해서 홍매가 기록한 두 가지 이야기에 암시적으로 나타난다. 그 가정들은 비싼 뽕잎의 값에 직면했고, 그 이야기 중의 한 이야기는 앞에서 소개했다. 두 가지 경우 다 남편들은 아내들과 의논한 것으로 묘사되었지만 아내의 충고를 듣지는 않았다. 앞에 소개된 이야기에서 아내는 남편을 크게 꾸짖었다. 다른 이야기에 의하면 남편이 누에를 갖다버리려고 했을 때, 아내와 며느리는 다음해에 사용할 알을 위해 누에를 따로 좀 모아두자고 계책을 썼다.60)

직물생산에 종사했던 모든 여성들이 가장의 감독하에 일한 것은 아니다. 개인적으로 여성들은 남의 집에서 실잣는 사람이나 직공으로 일했을지도 모른다. 이러한 것은 여성들이 요리사, 침모, 또는 식모로서 일했던 것과 같다. 홍매는 아들이 모두 전염병으로 죽고 며느리는 전부 재혼했으며, 단지 8세 된 손자 한 명과 함께 살고 있는 60세 난 과부에 대해서 이야기한다. 매일 그 과부는 남의 집에 실을 잣거나 실가닥을 꼬아서 잇기 위해 나갔고, 손자와 함께 밥을 먹기 위해 돌아왔다(그 여자가 같은 가정에서 일을 하는지 다른 가정으로 옮겨 다니면서 일하는지는 명확하지 않다.).61) 송대에 대규모의 천을 짜는 작업장에서 일을 한 유일한 여성들은 정부의 작업장에서 일했던 여성들이었다. 그들이 행한 노동은 아마 일부분은 강제적이었을 것이다.

981년에 정부가 호주(湖州)에 있던 천을 짜는 작업장을 폐쇄했을 때, 20명의 남성노동자들은 수도로 가게 했고, 58명의 여성노동자들은 내보냈다.[62]

지난날의 여느 시대에서와 마찬가지로, 송대에 과부들이 자기자신이나 가족의 생계를 부양하기 위해 택했던 방법으로 필요할 때는 실가닥을 꼬아 잇거나 실을 잣거나 천 짜는 일을 하는 것이다.[63] 이러한 일이 사회적으로 인정을 받은 것은 그 일의 페미니니티(femininity, 그 일은 여성들이 하는 일이었음)와 여성들의 도메스틱(domestic, 그 일이 행해진 것이 집안이었기 때문에 여자들은 일을 할 때 남자들과 많은 접촉을 할 필요가 없었다.) 상황과 관련이 있다. 자기자신이나 가족의 생계를 유지하기 위해 그런 일을 하는 것이 송대에 와서 실과 천에 대한 시장이 확대됨으로써 더 쉬워졌다. 진당전(陳堂前)은 결혼한지 2년도 채 안되어 남편이 죽었다. 진씨는 재혼하지 않고 양잠일을 해서 자기의 어린 아들과 시부모를 부양할 것이라고 말했다. 주씨(周氏, 1113~1174)는 5명의 어린아이가 딸린 과부였는데, 누에치고, 실가닥을 꼬아 잇거나 잣고, 천을 짰다. 아이들이 아침에 일어나기 전에 일을 시작하여 하루종일 쉬지 않고 일했다. 심지어, 관리의 과부들도 그런 일을 해서 가족들이 흩어지지 않고 함께 살 수 있었다고 한다. 진씨(陳氏, 1016~1089)의 남편은 1059년에 관직에 있을 때 죽었다. 진씨는 고향에서 멀리 떨어진 곳에서 5명의 아이들과 남겨졌는데, 방적을 해서 생활을 꾸려 나갔다.[64] 물론 여자들이 과부가 된 후에 스스로를 부양해야 했던 것은 아니다. 어떤 창녀의 딸이 있었는데, 그 딸을 다른 가정에서 양육하게 되었다. 창녀는 딸에게 매춘일을 하게 했지만 그 딸은 원치 않았다. 그 대신에 천을 짜서 어머니를 부양할 것이며, 천을 짜는 특별한 기술을 가지고 있다고 주장했다. 특별한 기술이 없는 여성들은 높은 임금을 기대할 수 없다. 남편에게 버림받은 한 농부의 딸이 천을 짜는 일을 해서 돈을 벌었지만 시어머니와 자기 자신에게 필요한 최소한의 생계비를 마련하는데 그쳤다.[65]

■　　■　　■

탈(脫)공업화 시기에 직물생산은 아마도 제조나 도자기의 생산에 비유되는 기술이나 산업으로서 간주되었다. 전통 중국에서는 이와 반대로 직물생산은 농업활동으로 간주되었다. 농사짓는 가정은 가축을 기르고 곡식을 심는다. 그들이 생산한 것들 중의 대부분은 완전히 유용하게 쓰이기 위해서 공정과정이 필요하다. 곡물은 껍질을 벗겨야 했고, 밀가루로 국수를 만들려면 면을 가루로 빻아야 한다. 야채는 말리거나 또는 절여야 보관하기 편리하다. 콩은 간장을 만들기 위해 발효시켜야 한다. 식물에서 나오는 섬유질이나 누에고치를 처리하는 것은 아마도 노동이 더 들 것이다. 그러나 그것은 본질적으로 다른 것은 아니다. 삼을 꼬아서 잇거나 명주실을 뽑아내는 데 시간을 보낸 여성들은 숙련공이 아니라 농산물을 처리, 가공하는 농가의 여성이다.

송대에 직물을 만들기 위해 여성들이 한 일은 느리지만 지속적인 변화가 있었다. 모든 종류의 직물을 취급하는 시장이 있기 때문에 직물을 생산하는 사람들은 자기네들이 사용하는 장비를 항상 개선했으며, 좀더 나은 물레와 실을 감는 기계와 베틀을 고안해 냈다. 여성들이 방적공이나 직녀로서 활동한 이래로, 확실히 기술적인 향상을 절실히 느꼈고 종종 그들 자신이 장비의 개작을 제의했을지도 모른다. 송대에는 직물의 종류에 따라 거둘 수 있는 소득이 달라졌다. 그래서 농부의 아내들이나 딸들은 늘상 한 가지 형태의 천을 생산하다가 다른 형태의 천을 생산하는 것으로 바꾸었다.[66] 확실히, 목화가 알려지게 되고 적합한 씨아가 발명되었으며, 더 많은 가정이 목화를 생산하였다. 남자들은 마케팅에서 부인들보다 더 활동적이다. 그러나 여성들은 자기네들의 노동으로 좀더 많은 수입을 올릴 수 있는 결정을 지지했다.

송대에 경제의 상업화는 가족들이 여성의 직물생산이 갖는 화폐의 가치를 알게 함을 의미한다. 11세기 중엽 모시 1필(匹)은 거의 현금 500~700전에 상당하는 가치가 있었고, 평직 비단 1필은 현금 1,500전의 가치가 있었다. 어쨌든 현금을 벌 수 있는 이러한 기회가 가정에서 아내의 지위를 높였는가? 이로 인해서 여성들이 더 많은 권력이나 자치권을 얻었는가? 나는 여성들이 그렇다고 볼 수 있는 증거는 거의 없다고 생각한다. 무엇보다도 직물

생산은 전적으로 가정의 일이었다. 직물을 팔아서 생긴 돈이 호미로 삼밭을 메고 삼나무 껍질을 벗겨내는 남자들에게 가는 것 보다 천을 짠 여성들에게 돌아가야만 된다는 이유는 없을 것이다. 그 일은 가장의 지시하에 가정에서 이루어졌고, 거기에서 나오는 수입은 가정의 수입이었다.

이러한 과정에서 여성들이 생산한 천을 팔았을 때 자기네들의 가치에 대해서 좀더 확신을 갖게 되었는지에 대해서 지식인들은 알지 못했던 것 같다. 가내에서 생산된 직물에 시장경제가 침투하는 것으로 인해서 여성의 삶은 더 힘들어졌다. 지식인들은 천을 짬으로 인해서 여성들이 지나치게 독립적으로 될지도 모른다는 것을 우려하는 대신 오히려 여성들의 일이 너무 고되고 받는 보수가 너무 적다는데 동정심을 보였다. 문동(文同, 1018~1079)은 가정의 세금부담을 지불하기 위해 베를 짜는 여성의 고달픔에 대한 시를 썼다. 문동은 천을 짜는 여자의 고된 일을 묘사한 후에 관리가 그 여자가 짠 직물을 거절했을 때, 어떤 일이 벌어졌는지 전해 주고 있다.

그들의 부모가 그것을(천) 안고 집으로 돌아와
중문(中門) 아래에 확 던져 버린다.
서로 보면서 아무런 말도 못하고
눈물이 쏟아지는 것이 동이물 쏟아지는 것 같다.
돈을 빌리기 위해 의복을 맡기고
실을 사서 물레에 올린다.
감히 곧바로 베틀에서 내려오지 못하고
여러날 밤 촛불을 켜놓아 밝다.
마땅히 조부(租賦)를 끝마쳐야 하는데
어찌 유고(襦袴)를 생각할 겨를이 있겠는가
추위가 뼈에 스며드는 것을 알겠고
어깻죽지가 드러나는 것을 좋게 여긴다.
서리가 문지방에 걸터앉아
고함지르며 조세를 늦게 바친다고 욕해 댄다.
어찌 직부(織婦)의 마음이
감관(監官)의 관심을 끌 수 있겠는가?[67]

문동과 동시대인 서적(徐積, 1028~1103)은 "천을 짜는 여자[織女]"라는 제목으로 시를 썼다. 이 시는 짠 천을 바로 팔고, 또 천을 좀더 많이 짜기 위해서 실을 구하는 여자에 관한 것이다.

이 몸이 비단옷을 좋아하지 않는 것은 아니나,
새벽달 추운 서리에 베를 짜지 못한다.
베를 짜서 만들어 놓고서도 도리어 입지 못하고,
팔고 다시 실을 사서온다.[68]

2세기 후에 문향(文珦, 1210~1276년 이후)은 양잠하는 소녀들을 착취하는 것을 비난하는 시를 썼다.

오농(吳儂)에 삼월 봄이 다해갈 때에,
누에가 세 번 잤는데도 (뽕잎이 없어) 굶네.
집이 가난하여 뽕을 사서 먹일 돈이 없다.
굶주린 누에가 실을 내지 못하니
어떻게 하겠는가.
며느리와 시누이가 (광주리를) 잡고 서로 이야기하길
누가 우리들의 마음이 고달프다는 것을 알겠는가?
시누이 나이 20세에 시집갈 옷이 없는데,
관리들이 와서 세금을 재촉하는 것이 범과 같다.
시누이에게 입힐 옷이 없는 것은 그래도 늦출 수 있지만,
관아에 바칠 비단이 없으니 파산당하게 될 것이다.
이웃집도 파산해서 이미 집을 떠나가서
무너진 담과 황폐해진 우물을 지나가는 사람이 보고 슬퍼한다.[69]

문향과 동시대 사람인 진윤평(陳允平)은 경험이 많은 비단짜는 여자에게 그 일에 대해서 질문하는 것으로 시를 끝맺었다. 그 여자가 응답하기를,

7일동안 누에를 쳐서
누에고치 100근을 얻었고,
10일동안 천을 짜서
실 100양을 얻었다.
한올 한올의 실을 다듬어,

명주와 견직물을 짠다.
100명의 사람이 함께 힘들여 일해도,
한사람의 옷을 만들기에도 족하지 않다.

그 시인(詩人)은 여자의 감정을 묘사하는 것으로써 끝을 맺었다.

머리를 들어 홀연히 뽕나무 잎이 누런 것을 보고,
머리를 숙여 눈물을 흘리니 삼베 치마가 젖는다.[70]

이 여자의 시에서 우리는 여자의 고달픔이 불평등한 젠더로 인한 것이거나 가족제도에서 오는 것이라고 생각하지 않고, 정부에서 보낸 세리(稅吏)들로 인한 것이라고 비난한 것을 알 수 있다. 시인들은 정부에서 가난한 사람을 억압하는 것에 대해서 희생당하는 사람을 여성으로 묘사함으로써 자기네들의 애절한 심정을 표현했다.

제8장

부부간의 관계

교훈 저작에 묘사한 부부 사이의 관계는 아무런 문제가 없는 듯하다. 즉, 아내가 기꺼이 남편에게 복종하는 상하수직 관계이다. 『여효경(女孝經)』에서는 반소가 남편의 중요성에 관한 학생들의 질문에 응답한 것이 수록되어 있다. 그 내용은 "남편은 하늘이다. 어떻게 남편을 섬기지 않을 수 있겠는가?"[1]라는 것이다. 이러한 반소의 말을 두 명의 송대(宋代) 화가들은 아내가 남편에게 몸을 굽혀 존경을 나타내는 것을 그림으로 그렸다. 한 그림에서는 아내가 남편 앞에 무릎을 꿇고, 접시에 담긴 음식을 대접하고 있다.[2] 다른 그림에서는(<그림 20>) 아내가 고개를 숙여 절을 하고 있는데, 남편의 분부를 기다리고 있는 듯하다.

<그림 20> 남편에게 경의를 표하는 여성

『여효경(女孝經)』을 마화지(馬和之)가 그린 그림. 대만 고궁박물원 소장.

다른 송대의 사료에서는 아내의 복종이 남편과 아내간의 관계에 대한 유일한 특성이 아니라는 것을 여실히 보여주고 있다. 즉, 부부간의 관계에서는 사랑, 애정, 미움, 슬픔, 낙담, 질투 등이 공통된 요소로서 묘사된다. 불행하게도 남편들이나 아내들이 직접 자신의 결혼생활에 관한 이야기를 기록한 것은 거의 없다. 더구나 송대에 상류층의 남자들은 자기의 젊은 아내를 친구들에게 소개하지도 않았고, 아내에 대해서 많이 이야기 하지도 않았다. 아내와 아주 행복한 결혼생활을 하는 남자라 할지라도, 자기의 감정을 드러내는 것을 거북하게 여겼다. 시인들은 형제들이나 친구들과의 이별에서 오는 슬픔을 시를 써서 다른 사람들에게 보여 주었다. 또한 남자들은 기생들과 이별할 때 썼던 시를 서로 돌려보기조차 했다. 그러나 남편이 아내와 이별할 때 쓴 시를 서로 돌려보지는 않았다(아마 심지어 쓰지도 않았을 것이다.). 남편들은 아내가 죽은 후에 조차도 아내를 인생에서 가장 사랑하는 사람이나 어려운 시기에 가장 든든한 동반자라고 묘사하기 보다는 시부모에게 공손한 며느리, 유능한 살림꾼, 자식을 사랑하는 어머니로서 묘사하는 것을 가장 자연스러워했다. 이러한 시들은 대부분 남편이 슬픔을 나타내는 것이나 자기들이 함께 했던 삶에 관한 것이라기 보다는 아내의 죽음에 대한 자기의 감정을 드러낸 것이었다.

송대 중국에서 부부간의 관계는 어떤 다른 곳에서와 마찬가지로 아주 다양했음에 틀림없다. 어떤 부부는 서로 깊이 사랑했을 것이고, 다른 어떤 부부는 서로 겨우 참고 살았을 것이다. 만약 우리가 어떤 특정한 부부의 이야기를 되살려 낼 수만 있다면, 확실히 그들 부부가 서로간에 중요하거나 사소한 일에 있어서 맞추며 살았다는 것을 보여줄 것이다. 즉, 부부간의 관계는 도덕적인 교훈이나 계층에 따른 위치나 나이에 따라 자동적으로 결정되는 것이 아니라 상호간에 서로 영향을 주고 받는 과정 속에서 형성된다. 이때 남편과 아내는 서로가 그 당시에 형성되어 있던 관념이나 이상에 근거할 수 있다. 이것이 부부생활의 전체적인 윤곽을 결정짓게 되는 것이다. 나는 이 장에서 부부간의 관계가 결혼생활의 이해에 가장 중요하기 때문에 남편과 아내가 어떻게 자기네들의 공동의 삶을 꾸려 나갔는지 밝혀보고자 한다.

인구 통계적인 단서

송대 부부의 생명주기 통계 자료는 부부생활의 단서를 제공해 준다. 적어도, 상류계층에서 대부분의 남자와 여자들은 상당히 어려서 결혼했다. 제3장에서 논의했던 것처럼, 내가 행한 표본조사에 의하면, 여성의 90%와 남성의 60%가 22세까지 결혼했다. 남녀의 나이가 비교적 어렸으므로, 남녀 모두의 호르몬이 신체나 감정에 여러 가지 변화를 일으키게 하는 나이였기 때문에 서로간에 강한 성욕을 느꼈다. 흔히 여자가 남자보다 두 살 혹은 세 살이 어렸지만, 항상 그렇지는 않았다. 내가 조사한 사례 가운데 약 4분의 1은 여자가 남자보다 더 나이가 많았는데, 그 중의 7%는 여자가 남자보다 3세 혹은 그 이상 많았다. 이러한 통계 숫자는 뒷 시기의 부유층에 대한 연구에서 나타났던 것과 거의 일치한다.[3] 그러나 대체적으로 남편이 아내보다 더 나이가 많은 것이 일반적인 현상이었다. 사례 중의 31%는 남자가 아내보다 5세 혹은 그 이상 많았다. 비록 남편과 아내 둘다 초혼(初婚)인데도, 확실히 12% 정도는 남편이 아내보다 10세나 혹은 그 이상 나이가 많았다.

<표 2> 남편과 아내 간의 나이차

남편이 아내보다 나이가 많은 연수[a]	백분율
−4, −3	7
−2, −1	12
0	8
1, 2	17
3, 4	19
5, 6	10
7, 8	6
9, 10	6
11, 12	4
13 보다 많다	4

* a) 마이너스 나이차는 아내가 남편보다도 더 나이가 많음을 의미한다.

나이 차이는 부부간의 관계에도 영향을 준다. 아내가 남편과 나이가 같거나 또는 남편보다 나이가 더 많을 경우 10대에 결혼을 했다 할지라도, 적어도 어느 정도까지는 남편이 아내 위에 군림하는 것을 피할 수 있다. 17세의 소녀가 20대 중반의 남자와 결혼했을 때, 남자는 그 여자를 어린아이처럼 다룰지도 모른다. 그러나 이런 생각은 단지 추측일 뿐이다. 송대의 저술가들은 나이 차이를 그렇게 중요하게 생각하지 않았다. 아내에 관한 일대기들은 여성이 남편보다 더 나이가 많다고 해서 존경을 받은 것이 아니며, 또한 여성이 남편보다도 훨씬 더 나이가 어렸음에도 불구하고 유능한 살림꾼이었음이 입증되었다고 말하지도 않는다.

부부간의 관계에 대한 다른 인구 통계적인 자료는 부부 사이에서 태어난 자녀수이다. 비록 남녀가 10대였을 때, 부모에 의해서 결혼이 주선되었다 할지라도 그들이 자식을 많이 두는데 방해가 되지는 않았다. 내가 조사했던 부부들 중에는 자녀수가 네 명, 다섯 명, 여섯 명, 일곱 명이었으며 기록에 남겨질 정도로 오래 살았으며 이들 중 몇몇은 본부인이 낳은 자식이 아닌 첩이 낳았다.

부부간의 결혼생활이 얼마나 오랫동안 지속되었는가 하는 것은 남편과 아내가 서로를 어떻게 생각하고 있는지에 영향을 미쳤음이 분명하다. 대부분의 결혼은 배우자가 젊었을 때 시작된다. 그러나 결혼생활이 배우자가 늙을 때까지 모두 지속되었던 것은 아니었다. 극소수가 이혼으로 끝난 것을 제외하고 부부 중 어느 한쪽이 죽을 때까지 결혼생활은 지속되고, 죽음은 어느 때고 일어날 수 있다. 내가 조사했던 부부 가운데 2%의 남자와 10%의 여자는 30대에 죽고, 4%의 남자와 10%의 여자는 40대에 죽었고, 16%의 남자와 13%의 여자는 50대에 죽었다. 그래서 평균 혼인 기간은 25년보다 약간 길었는데, 상당수는 단지 10년이나 15년간만 지속되었다. 사실상, 결혼생활은 아주 규칙적인 비율로 파경을 맞게 되는데, 매 10년마다 거의 20%가 끝나게 된다(<표 3>). 결혼이 첫 15년 안에 끝났을 때 대부분의 경우 아내가 출산과정에서 죽었기 때문이다. 그 후에 결혼생활이 끝나는 것은 남자들의 죽음이 더 큰 이유였다.

<표 3> 결혼기간

연한	백분율
5년까지	8.3
6-10	9.7
11-15	11.1
16-20	8.3
21-25	8.3
26-30	12.5
31-35	8.3
36-40	9.7
41-45	8.3
46-50	11.1
51년 이상	4.2

서로 사랑하는 혼인의 모습

서로 사랑하는 남편과 아내는 보통 원앙새에 비유된다. 원앙새는 아름답고, 고요한 새로서 짝을 지어 나란히 붙어서 물위를 떠다닌다. 서로 사랑하는 부부는 또한 "한 다발의 장작 묶음"으로 묘사된다. 이러한 모습은 결혼의 이미지가 서로 묶는다는 것에 바탕을 두고 있기 때문이다. 남편과 아내의 애정을 나타낼때 백년해로나 혹은 같은 무덤에 묻힌다고 한다. 부부간의 애정이 가장 아름다운 것이므로 모든 결혼의 목적에 이러한 모습과 말이 담겨져 있다.

전기자료는 남편과 아내간의 이상적인 부부 관계의 가장 두드러진 특징은 겸양과 예의를 갖추는 것으로 묘사된다. 저술가들이 높이 평가했던 아내는 남편을 친구처럼 대하거나 또는 남편에게 그 날 있었던 모든 일을 말하는 여자가 아니었다. 도리어 남편의 권위를 존경해서 자질구레한 일로 남편을 귀찮게 하지 않고, 결혼한지 수십년이 지난 후에도 남편을 "손님과 같이" 대우하는 아내를 칭찬했다. 사랑스런 아내는 부씨(傅氏, 1097~1148)와 같은 유형의 여자이다. 그녀는 남편이 과거 시험보러 갈 때, 여비에 보태 쓰도록 약간의 장신구를 준다. 또한 이별할 때, 남편에게 "집안일은 걱정하지 마시고 가셔서 당신의 부모에게 영광을 가져오도록 잘 하십시요."4)라고 말한다. 바꾸어 말하면, 사랑스런 아내는 훌륭한 내조자인 것이다.

결혼생활의 기간이 아주 짧을 때, 남편은 아내에 대해서 감동적인 묘지명을 쓸 수 없다. 예를 들면 구양수(歐陽修)의 첫 두 아내에 대한 증공(曾鞏)과 여조겸(呂祖謙)의 전기는 별로 특기할 만한 내용이 없다. 아마도 여자가 결혼한지 첫 5년내에 죽을 때는, 아직도 신부라고 여겨질 뿐 어머니나 집안 살림의 관리자로 여겨지지 않아서 남편이 사적인 어떠한 것을 이야기하게 되지 않을 것이다. 결혼생활이 길 경우에는 특기할 만한 이야기들이 많아지게 된다. 이구(李覯, 1009~1059)와 진씨(陳氏, 1015~1047)의 결혼생활은 17년간 지속되었다. 이구가 아내에 대해서 쓴 일대기는 아내가 얼마나 불평이 없었는가를 강조해서 "내가[覯] 사방(四方)으로 옮겨다닐 때, 아내는 어떠한 제안이나 질문도 한 적이 없었다. 때로는 돈도 별로 없이 수개월 동안 홀로 집에서 머물러야 했으나, 어떠한 원망도 내비치지 않았다."5)고 서술했다. 이와 아주 비슷한 사례는 유극장(劉克莊, 1187~1269)의 아내인 임씨(林氏, 1190~1229)에 대한 다음의 기록에서도 찾아볼 수 있다.

> 19년 동안, 그녀는 나의 아내였다. 나는 항상 관직생활로 강과 호수를 가로질러 다녔고, 산에서부터 바다까지 여행해야 했다. 아주 먼 거리였는데도, 아내는 항상 나와 동반했다. 한때, 배가 숭강(崇江)의 급류에서 뒤집혔을 때 열 명만이 살아 남았다. 우리들의 짐이 물에 떠내려가 없어졌다는 이야기를 들었을 때, 나는 매우 화가 치밀어 올랐다. 그러나 아내는 보통 때와 마찬가지로 침착하고 조용했다. 또 다른 때, 우리들이 이강(灕江)을 지날 때 배가 부서졌다. 이러한 위험에 직면해서도 아내는 전과 마찬가지로, 당황스런 기색을 드러내 보이지 않았다.6)

아내가 시부모를 봉양하기 위해 집에 머무는 것은 바람직하고 기특했다. 아내가 남편을 따라가는 것이 사실상 남편과 아내의 관계에 중요하기 때문에 흔히 언급된다. 이와 같은 여행에 시누이나 시동생, 조카들은 같이 가지 않는다. 게다가, 여행은 흔히 몇 주일이나 몇 달이 걸릴 것이므로 그 기간동안 남편과 아내는 평상시보다도 많은 시간을 함께 보낼 수 있다.

원섭(袁燮, 1144~1224)은 변씨(邊氏, 1155~1203)와 30년간이나 결혼생활을 지속했다. 그는 아내가 부지런하고, 성실했으며, 관대했다고 기억했다. 아내는 "내가 먹을 것과 마실 것을 준비하고, 나의 옷을 수선했는데, 이런 일들을 항상 내가 알지못하는 사이에 몸소 했다. 그러나 아내가 만약 돈을 쓰거나 선물을 할 경우, 아무리 사소한 것이라 할지라도 나에게 말했다. 아내는 항상 '내 마음은 큰 길과 같아 사람들이 모두 갈 수 있다.'고 가식없이 말했다."7)

사마광(司馬光)은 장씨(張氏, 1023~1082)와 결혼 후 44년간 결혼생활을 했다. 즉, 장씨는 "처음 시집와서부터 죽을 때까지 화를 내거나, 어리석게 말하지 않았다. 다른 사람들이 그릇된 뜻으로 대들어도 묵묵히 받아들이고 끝내 변명하거나 자기가 옳다고 주장하지 않고 가슴속에 간직해 두지도 않았다." 장씨는 또한 하녀나 첩을 부리는데도 관대했고, 그들의 수고로움을 알고 투기하는 마음이 없었다. "어느날 밤에 발을 씻는데, 하녀가 잘못하여 뜨거운 물을 부어 한쪽 발이 화상을 입었다. 장씨는 하녀의 빰을 두어 차례 때리는 것으로 그쳤으나, 화상을 입은 발은 한달 남짓에야 나았다." 장씨는 평소에 거처할 때 검소했으며, 남편이 친척을 도와주는 것을 불평하지 않았다. 사마광은 (어느날) 밤에 옷을 도둑맞아, 손님을 맞기 위해 입을 옷이 없다고 탄식했다. 그러나 장씨는 어떻게 올바로 일을 대해야 할지 알려주고 어떤 것이라도 몸을 가릴 것이면 모두 입을 수 있다고 하였다.8)

홍괄(洪适, 1117~1184)은 아내 심덕유(沈德柔, 1119~1179)와 함께 늙어 갔다. 결혼한 지 44년 후에 홍괄은 아내가 항상 기꺼이 가사의 책임을 맡아서 했다고 썼다. 이를테면, 어린 남동생이나 여동생의 결혼을 주선하고 가족의 의례를 수행하고, 심지어 관이나 수의, 자기 자신의 장례식을 위한 옷가지조차도 준비했다. 비록 아내 심씨는 그들 부부가 서로 떨어져서 살아가는 것이 더 나을 수 있음을 강조했지만, 그는 아내가 동행했을 때 즐거워하는 일면을 무의식중에 드러냈다. 집에서 머무는 동안 그는 글을 썼으며 시골의 은신처를 구해서 그곳에 정자를 지었다. 아내는 "남편과 함께 그 정자에 가서 계곡과 산을 물끄러미 바라보는 것을 즐거워했고, 어두워질 때까지 머물곤 했다."9)

　물론 아내에 대한 남자들의 이야기가 아내에 대한 것은 물론이고 자기 자신들을 소개하는 것도 많았다. 흔히 남자들은 아내가 얼마나 불평하지 않는지를 강조했고, 자기네들이 아내의 생활을 얼마나 힘들게 했는지를 기꺼이 인정했다. 즉, 그들이 가졌던 돈이 얼마나 적으며, 그들이 옮겨다녀야 했던 때가 얼마나 많았는지, 그녀가 맡아야 했던 가정의 책임이 얼마나 무거웠는지 하는 것 등이다. 남자들은 다른 사람들이 자기의 아내가 이러한 일들을 모두 기분좋게 참아낸다고 생각해 주기를 원했다는 이야기들을 읽고 나서, 나는 남자들이 세속적인 일에 밝지 못한 것에 남다른 자부심을 가졌다는 인상을 받았다. 남자들은 가장 가까이 있는 여인이 제한된 수입과 주어진 상황하에서 가능한 한 편안하게 살아갈 수 있게 해 주며, 자기네들이 일상생활의 처리에 밝지 못한 것을 더 남자답다고 생각하지 않았을까? 사랑스러운 하녀가 사회적으로 우위를 차지하고 있는 남성에게 시중드는 아름다운 모습을 고려해 볼 때, 앞에서 말한 사례가 확인되지 않을까 생각해 본다.

동반자 유형의 결혼

　작가들은 남편과 아내가 서로 각자의 삶을 사는 것을 칭송했지만, 결혼생활에서 남편과 아내가 지적으로 공통된 관심사가 있다는 것에 대해서 긍정적으로 생각했다. 구양수(歐陽修, 1007~1072)는 매효신이 자기 아내인 사씨(謝氏, 1008~1044)는 문 뒤에서 방문자와 남편이 대화하는 것을 듣는 것으로 충분히 배웠고, 남편과 함께 최근에 일어난 사건들을 지적인 수준에서 토론할 수 있었다고 말한 것을 기록했다. 소식(蘇軾, 1036~1101)은 자기의 첫번째 아내인 왕불(王弗, 1039~1065)과 대화하는 것을 즐겼다고 한다. 그 여자는 결혼할 때 16세였다. "처음에 그녀는 자기가 읽을 수 있다는 것을 말하지 않았다. 그러나 내가 책을 (큰소리로) 읽고 있을 때, 그녀는 하루종일 (나와) 가까이 앉아 있었다. 그녀가 그 내용들을 이해했는지는 알지 못하겠다. 그러나 훗날 내가 뭔가를 잊어버렸을 때, 그녀는 즉시 생각나도록 가르쳐 주었다. 마찬가지로 그녀는 다른 책에 대해서도 아주 수준 높은 일반적인 지식을 가지고 있었다. 그래서 나는 아내가 영리하지만 겸손하다는 것을 알게 되었다." 아내는 남편의 직무에 대해 정기적으로 물어보고 충고해 주었다. 손님이 찾아 왔을 때, 휘장 뒤에서 대화를 듣고 믿을 수 없다고 생각되는 사람에 대해서는 조심하라고 일러 주었다. 호인(胡寅, 1098~1156)은 젊은 아내인 장계란(張季蘭, 1108~1137)이 밤에 남편에게 관사를 지키게 하고, 남편이 읽거나 쓰고 있는 동안에 바느질을 하고 때때로 함께 토론하였다. 장씨는 어렸을 때 『논어(論語)』를 배웠다. 남편은 그녀에게 논어의 의미를 좀더 완전하게 설명해 주었다. 이들 부부가 직무 때문에 떨어져 살게 되었을 때, 흔히 그랬던 것처럼 아내는 남편에게 편지를 썼다. 주필대(周必大, 1126~1204)는 아내인 왕씨(王氏, 1135~1203)는 아주 잘 교육을 받았기 때문에 함께 일을 토론할 수 있었다. 저녁에, 그들은 함께 자식들을 가르쳤고 같이 장기를 두었는데, 어떨때는 밤중까지 계속할 때도 있었다.[10]

후대에 중국에서 가장 유명한 지적 동반자 부부는 송대의 이청조(李淸照)와 남편 조명성(趙明誠, 1081~1129)이다. 이들 부부는 이청조가 18세이고 조명성이 21세 때 결혼했으나 아이가 없었고, 지식 방면에서 아주 가까웠다. 이들 부부를 결합시킨 것은 역사, 문학, 예술과 관련이 있는 것을 무엇이든지 수집하고 감상하는 공통의 관심사가 있었기 때문이다. 즉, 서적, 그림, 서예, 금석 인장(印章), 고대 청동기의 탁본 비문, 자기의 고기(古器)이다. 이들 부부는 수집한 것을 분류했는데, 현존하는 탁본의 목록에서 탁본의 내용과 다른 역사적인 자료간에 조금이라도 일치되지 않는 부분을 밝히는데 얼마나 고심했는지를 알 수 있다. 이들 부부의 수집품은 점차 많아지게 되었다. 1127년에 조가 수집품을 실은 수레를 15대나 끌고 남경으로 옮겨갔지만, 방 10개를 꽉채우고도 남을 만큼의 엄청난 양의 소장품은 산동(山東)에 남겨놓게 되었다. 그런데 여진족이 이들의 고향을 약탈했을 때, 모든 소장품이 다 불에 타 없어졌다.

조명성이 죽은 후에 출판한 『금석록(金石錄)』에 쓴 후서에서, 이청조는 자기네 부부가 금석소장품을 수집하는데 얼마나 집착했는지를 보여 주었다.[11] 조가 갓 결혼해서 아직도 태학생(太學生)이었을 때, 그는 어떻게 해서든지 돈을 구해서 집으로 돌아오는 길에 석각도서와 인장(印章)을 샀으며 부부는 함께 자세히 검토하였다. 조명성은 어디를 여행하든지 간에 골동품을 찾아 다녔다. "그는 유명한 사람의 그림이나 서예가 오래된 것이나 동시대인의 것이나 기이한 물건이면, 그 물건을 사기 위해서 옷과 바꾸기도 했다." 한때, 누군가가 이들 부부에게 주희가 그린 모란화를 20만관에 살 것을 제의했다. 이들 부부는 그 그림을 밤새도록 가지고 있다가 값이 너무 비쌌기 때문에 돌려주어야 했을 때, "남편과 아내는 며칠 동안 슬퍼했다"고 한다. 이청조는 "책을 살 때마다, 우리는 곧바로 함께 그 책을 자세히 검토하고, 함께 교감했으며 그림, 서예, 또는 청동 제품, 양초 하나가 다 타서 없어질 때까지 물건이 흠이 없는지 찾아보고 정리하였다." 또한 이청조는 식사를 마친 후에 다기가 놓인 서가에 앉아서 한사람이 몇 페이지라고 이야기하면 그 내용이 어떤 책에 있는지 정확하게 알아 맞추는 사람이 차를 한모금 홀짝 마시는 놀이를 하였다. 이들 부부의 놀이는 흔히 크게 웃거나 차를 엎지르곤 하는 것으로 끝났다. 이와 조는 후에 여진족의 침략으로 피난가 혹독한 시련을 겪는 동안 자기들이 모았던 소중한 수집품을 많이 가져가려고 최대한 노력했지만, 수집품의 대부분은 유실되었다.[12]

이청조와 조중성이 이상적인 지적 동반자 부부라고 생각되는 것은 그들이 공통된 취미를 가졌을 뿐만 아니라, 또한 이청조가 사랑하는 사람이 떠나버린 슬픔을 극복하는 여성에 대해서 장문의 호소력있는 주제로 우수한 시를 썼기 때문이다. 그녀가 쓴 시 중에서 가장 유명한 것은 아래와 같다.

> 옅은 안개와 짙게 깔린 구름, 해가 긴 것이 걱정스러운데,
> 구리 항로에서 피어 오르는 애련한 향기도 이제는 사라지고
> 아름다운 계절인데다 중량절
> 옥침(玉枕), 비단 주렴, 한밤 중에 시원한 바람이 스며들어 온다.

동리(東籬)에서 술을 거르는 황혼 후
암향(暗香)은 소매자락에 가득하네
영혼이 사그러지지 않는다고 말하지 말라
주렴이 서풍을 감으면
사람이 저 국화처럼 파리하게 마른다.[13]

남편이 죽은 후에, 이청조는 자기들이 함께 했던 순간을 읊었다. 그 중의 후반 부분은 아래와 같다.

그 당시 일찍이 함께 만나서 노닐 때
풍기는 향내는 소매자락에 젖고
화롯불에 차를 끓여 함께 마셨다.
좋은 말에 앉아
흐르는 물과 같이 빨리 달리는 가벼운 수레를 타고 가는데
거센 바람이 불거나 소낙비가 내리는 것도 두렵지 않았다.
이때야 말로 지는 꽃그늘아래서 술을 다려마시기에 좋았다.
지금은 회포를 풀 수 없으니
지난날의 좋은 시절이 다시 올 수 있을까?[14]

이청조와 조명성은 평범한 부부의 모습을 나타내 주었기 때문에 소중한 인물이 아니라 그들이 사람의 이상을 실현해 주었기 때문이다. 결혼한 여성들은 재능을 계발하는데 여러 요소들로 불리함에도 불구하고, 사람들은 이와 조를 이상적 부부간의 지적인 관계라고 간주한다.

마음대로 하는 아내와 거친 남편

모든 부부가 행복했다고 할 수는 없다. 남편과 아내는 각기 상대편의 삶을 즐겁게 해주지 못할 때도 많았다. 홍매(洪邁)는 나약한 남편과 결혼했던 아내의 여동생을 전형적인 마음대로 하는 아내로 다음과 같이 묘사했다.

내 아내의 아버지의 다섯째 딸은 이름이 종숙(宗淑)인데, 어려서부터 현명하고 지혜
로웠으며 책을 읽을 수 있었다. 시집갈 나이가 되어 양양(襄陽)사람으로 28세에 수재
(秀才)인 동(董)에게 시집갔다. 동은 나약하고 겁이 많았는데, 숙은 성품이 고상하고
오만했다. 숙은 남편을 종과 같이 취급했고, 남편에게 불만이 있어서 심지어 병이 들
게 되었다. 1126년 겨울에 곽경(郭京)의 궤졸(潰卒)들이 양등(襄鄧)을 침범할 때, 동
이 한강(漢江)에서 죽었다. 다음 해에 숙이 어머니 전씨(田氏)를 따라 남양(南陽)에
도착했다. 그 곳에서 동에 대한 3년 상중(喪中)에 있었음에도 불구하고 먹고, 마시고,
조금도 슬픈 기색이 없이 즐거웠으며 고질병도 또한 점차 나아져 차츰 기분이 좋아지
게 되었다. 어느 날 아침에 이유없이 계속해서 피를 한 되 남짓 토했다. 마음속으로
걱정이 되고 두려워서 [무당을] 불렀다. [원문에 글자가 빠져있음] [무당]이 "화중(和
中)은 재가해서는 안된다. 만약 재가하면, 나는 그녀를 죽일 것이다."라고 말했다. 화
중은 숙의 자(字)로서 비록 집안사람들이라 할지라도 이 자를 아는 사람이 없었다. 숙
은 그 목소리가 죽은 남편이라는 것을 알았다. 그래서 그녀는 "나는 일생동안 당신
때문에 괴로웠는데, 당신은 죽어서조차도 여전히 나를 괴롭힌다. 내가 다시 다른 사람
에게 시집가는 것이 당신과 무슨 상관이 있는가?"라고 그를 꾸짖었다. 무당이 의식을
회복했는데 아무 말도 하지 않았으며 숙은 회복되었다. 그 때 마침 나의 장인이 남쪽
에 와서 [그의 아내와 딸을] 데리고 함께 양주(揚州)에 도착했다. 그는 숙을 위해 새
로 사위를 얻어주려고 제의했고, 가능한 한 왕익(王翼)에게 시집보내려고 했다. 숙은
"나는 이미 문관(文官)때문에 일생동안 힘들게 보냈다. 그래서 다시 이런 경험을 되
풀이하고 싶지 않다. 나는 한 명의 무변(武弁)이면 족하다"고 말했다. 그래서 그녀는
석모(席某)와 결혼했다.···15)

물론, 첫번째 남편의 혼령이 보복을 했기 때문에 비극으로 끝났다.

홍매의 설명에서는 숙이 정확하게 어떤 방법으로 남편을 괴롭혔는지 명확
하지 않다. 홍매는 아마 독자들이 마음대로 하는 아내가 어떤 사람인지를
상상할 수 있으리라고 생각했을 것이다. 사실상 배우자들간의 진술에 대한
몇 가지 설명 가운데 한 가지는 서로 짜고 꾸며낸 언쟁에 관한 것이다. 진
회(秦檜, 1090~1155)와 아내 왕씨(王氏)가 여진족에 포로로 사로잡힌 후에,
이들 부부는 헤어지는 것을 피하기 위해 한 가지 방법을 생각해 냈다. 진회
가 피난길에 오르게 되었을 때, 아내는 근처에 있는 사람들에게 들릴 정도
로 큰소리로 "나의 아버지가 당신과 결혼시킬 때, 나에게 20만관전 정도의
값어치가 있는 지참금을 주셨다. 그것은 우리가 전 인생에 행복과 불행을
함께 나누기를 기대한 것이다. 지금 당신이 대금(大金)에 등용되자, 나를 길

에 버리려고 하는구나!"라고 고함쳤다. 진회의 아내는 포로를 잡아가는 관료의 부인이 남편을 설득하여, 진회가 아내를 데려가는 것을 허락할 때까지 계속해서 고함을 질렀다.16) 여자들이 남편과 말다툼할 때 얼마나 자주 지참금과 친정 아버지를 들먹이는지, 이웃사람들에게 들릴 정도의 거리에서 얼마나 고의적으로 소리를 질렀는지는 물론 말하기 어렵다. 그러나 우리는 부와 영향력이 있는 친척관계를 맺기 위해 아내를 선택하는 것에 대한 사마광의 주장을 상기해야 한다. 왜냐하면 그렇게 해서 아내를 선택하면 여성들이 오만스럽거나 통제하기 어려울지도 모르기 때문이다.

남편과 아내는 쉽게 말다툼하거나 서로 고함을 지르게 된다. 여성들은 흔히 아랫사람들에게 화풀이를 한다. 아내는 남편과의 불화를 자기들보다 더 낮은 계층에 있는 누군가에게 분풀이를 하는데, 특히 하녀나 첩이 그 대상이다. 남자들은 같은 방식으로 자기들의 화를 옮길 필요가 없다. 차라리, 아내들이 종을 때리는 것처럼 남편들은 아내를 때리는 것이 일반적인 현상이다. 홍매는 아내를 때리는 것이 중요한 이야기에 흔히 나오는 것을 여러 가지 사례에서 기록했다. 한 가지 예에 의하면, 어떤 남자가 길에서 가난해 보이는 여자를 만났는데, 그 여자는 그에게 "나는 운이 없는 여자입니다. 내 남편은 매우 못된 사람이어서 항상 나를 때렸습니다. 게다가, 시어머니는 아주 무정하고 난폭해서 하루도 편한 날이 없습니다. 어제 그들은 나를 쫓아냈고 나는 이제 갈 곳이 없습니다."17)라고 말했다.

아내를 때려 죽게 하는 것은 심각한 문제였다. 그러나 버릇을 고친다는 명분으로 때리는 것은 당연하게 받아 들였다. 공무상의 재능만큼이나 판결하는 재능을 가진 한사람의 예가 있다. 전기기록에 의하면, 그는 어떤 남자가 아내를 때려 죽게 해서 고소당했던 사건을 어떻게 처리했는지 기록했다. 이 이야기에 대해 좀더 설명을 들어야 한다고 생각한 그 관리에게 이 남자는 "나의 어머니는 아내에게 소리를 질렀고, 아내는 말대꾸를 했다. 나는 그것을 받아들일 수 없어, 화가 나서 아내를 때렸는데 뜻하지 않게 그녀를 죽게 했습니다."라고 상황을 설명하였다. 관리는 "불효한 며느리를 때리는 것은 아내를 때리는 것과 같지 않기 때문에" 그 남자가 사형을 받지 않을 것이라고 안심시켜 주었다.18)

부부간의 성관계

　　남편과 아내간의 정상적인 성관계란 어떤 것일까? 사료에는 엉성한 정보 외에 별 내용이 없다. 문학의 주제에 나타난 성적인 매력에 관한 것은 대체로 아내가 아닌 다른 여성들, 특히 기생이나 노래하는 소녀들이나 창녀에 관한 것이다.[19] 10대의 소녀들은 (서양식으로 이야기하면, 약 11세에서 16세까지) 남자들에게 확실히 매력적이다. 사춘기 소녀들에게서 느껴지는 매력은 천진난만하고 앳된 모습이다. 즉, 그녀는 발랄하고, 명랑하며, 미소짓고, 노래하는 모습을 보여주며, 어린아이와 같이 천진난만하게 말한다. 그 여자의 행동이 뻔뻔스럽다거나, 속임수가 있다거나 성욕 때문이라고 생각하는 사람은 한사람도 없을 것이다. 그렇지만, 남자들은 10대 소녀들이 성적인 욕망을 불러일으킬 수 있었다고 생각한다. 남녀가 신체적으로 분리되어 있도록 오랫동안 확고하게 굳어진 관행은 결국 성적인 욕구가 남성과 여성 모두에게서 쉽사리 일어날 수 있다는 생각 때문에 생겨난 것이다. 서로 알지 못하는 남자와 여자가 우연히 만나게 되는 — 소설에서 볼 수 있듯이 — 성적 경험이 없는 소녀라도 부드럽게 다가오는 남자에게 호의적인 반응을 보인다는 것을 알 수 있다. 송대에 가장 유행한 서상기(西廂記)는 당 후기에 원진(元稹, 779~831)에 의해 쓰여진 이야기를 근거로 한 것이다. 구두 공연을 위해서 고안되었던 아주 정교하게 만든 송대의 판본에 의하면 젊은 영웅은 절에 머물고 있던 17세된 우아한 소녀를 본 후에 열렬히 사랑하게 되었다. 이때에 그 여자도 그 남자의 열정과 훤칠한 외모에 매혹되었다.[20]

　　송대의 작가들이 아내들의 성욕에 대한 태도는 아주 복잡했던 것 같다. 우리는 남자들이 통상적으로 우발적, 정상적, 매력적이라고 생각했던 행위를 그 남자들이 도덕적, 바람직한 성행위와 분리시켜 생각해 봐야 한다. 남자들이 쓴 시(詩)에 의하면 남자들은 여자에게 막연한 종류의 매력을 느꼈던 것 같다. 남자들은 남편의 관심밖에 있는 여성이나 남편과 헤어져 있거나, 또는 남편으로부터 버림받은 여성의 감정을 시로 읊는 전통은 유서가 깊다. 남자들은 혼자 사는 여성에 대해서 생각할 때 어느 정도 색정적인 면이 있는데 그들의 감정은 그리움, 슬픔, 그리고 처량함과 같은 추상적이고 막연한 것이다. 이처럼 남자들이 여성을 응시할 때 느끼는 즐거움은 다른 남자들이 자기의 아내를 쳐다보는 것을 싫어한다는 것과 관련이 있다. 우리가 앞장에서 보았던 것처럼, 사마광은 부인들은 타인이 신체의 가리지 않은 부분을 보게 해서는 안된다고 경고했다. 만약 불이 나서 도망가야 한다면, 여성들은 소매자락으로 얼굴을 가려야 한다.

확실히 남자들은 소수의 여성들이 성적으로 탐욕스러워 일부일처제의 범주안으로 쉽게 통제되지 않는다고 생각했다. 가장 흔히 보이는 민간전설의 한가지는 예쁜 여자로 변신하는 여우(여우-영혼)가 젊고 아름다운 여성으로 변신하여 남자를 유혹하고, 여러 가지 방법으로 남자에게서 정력을 빼간다는 것이다. 간통에 관한 이야기에서 흔히 여성을 호색적이고 성적으로 난잡하다고 묘사하고 있다(제14장을 보라). 나는 송대의 저술가들이 간통하는 여성을 정상적이고 전형적인 여성으로 간주했다고 생각하지 않는다. 송대 작가들은 젊은 과부에게 성생활을 허용해 주지 않음으로써 생기는 좋지 못한 결과에 대해서는 거의 염려하지 않았다. 남성 작가들은 25세의 과부가 만약 재혼하지 않는다면 재정적으로 힘들 것이라는 것을 당연하게 생각했지만, 수절하는 것이 아주 고통스러울 것이라는 데는 관심을 보이지 않았다. 그러나 홍매의 『이견지(夷堅志)』에 나오는 이야기에 간통을 저지른 아내들보다 부정을 저지른 과부에 대한 사례가 좀 더 많이 포함되어 있다는 것은 주목할 만하다. 사실상 모든 과부들이 수절하는 것이 쉽지 않다는 것을 알고 있다.

아내들의 성욕에 대한 관점을 재현하는 것은 더욱 더 어려운 문제이다. 어느날 결혼하게 될 소녀들이나 이미 결혼한 여성은 강간당하는 것을 인격적인 순결에 대한 모독이라고 생각하도록 배웠기 때문에 자살하는 것이 가장 적절한 대응책이다. 이러한 이유 때문에 자살하는 여성에 대한 사례는 사마광의 『가범(家範)』과 주희(朱熹)의 『소학(小學)』뿐만 아니라, 정사에 영웅적인 여성들의 전기를 모아놓은 것과 같은 교훈서에서도 흔히 볼 수 있다. 모든 아내들은 훌륭한 여성들이 첫번째 남편과 사별한 후에 두번째 남자와 성관계를 맺는 것을 탐탁지 않게 생각했다(제11장을 보라). 동시에 아내들은 남자들이 기생을 더럽게 생각한다고 여기지 않으며, 사실상 남자들이 기생들에게 상당히 매력을 느낀다는 것을 알고 있다. 대부분의 부인들이 자기들의 성적인 매력을 이용하는 것에 대한 이중적인 가치관에서 탈피할 수 있었을까? 아내들이 남편을 성적으로 유혹하는 태도는 아내로서의 위치를 비하시키는 행동이었을까? 또는 그러한 유혹적인 행위가 남편이 아내에게 더 많은 애정을 보이도록 할 수 있었을까?

확실히 남자들은 성교의 생물학적인 내용에 대한 문헌이 있기 때문에 여성의 성적인 반응에 대해서 꽤 잘 이해하고 있었던 것 같다. 이 문헌들은 도교의 장수방법을 실천하고자 했던 사람들을 위해 저술된 것이다. 이러한 문헌에서는 남자들이 가능한 한 많은 젊은 여성과 성관계를 가질 것을 권장한다. 남자들은 상대방을 오르가즘에 이르게 할 때, 정액을 방출하지 않고 다시 뇌로 되돌려 보내라고 한다. 성교 그 자체는 남자와 여자 사이의 전쟁으로 간주되는데, 그것은 남녀 각각은 상대편에게 주는 것 없이 이득을 보려고 하기 때문이다.[21] 이러한 문헌이 흥미롭기는 하지만, 나는 이런 문헌에서 많은 의미를 찾아내는 것은 삼가하겠다. 이러한 문헌에 나타난 내용들은 상당히 제한된 범주에 속한 사람들에게만 영향을 주었던 것 같다. 또한 이러한 내용들은 독신생활을 찬양하고, 성을 천하고 더러운 것으로 생각하는 불교 문헌들이 결혼의 성생활에 끼쳤던 영향보다 더 큰 중요성을 갖지는 못했다.[22] 현대 중국에서는 보통의 남편들이 아내를 성적인 대상으로 생각하는데 특히 민감하지 않고, 여성들도 이 점에서 남편에게 큰 기대를 하지 않는 것 같다.[23]

남편과 아내에게 영향을 줄지도 모르는 다른 유형의 기술적인 문헌은 의학서이다. 왜냐하면 학식있는 남자나 여자들은 흔히 의학이론을 잘 알고 있었기 때문이다. 진자명(陳自明)이 1237년에 부인의학에 관해 쓴 저서에서 '후손을 구하는 것'에 관한 주제에 17페이지의 장을 할애했다. 서론에서 후손을 두지 않는 것이 가장 불효라는 맹자(孟子)의 주장을 언급한 후에, 후손을 두지 못하게 되는 불행한 결과를 피하는 방법에 관해서 폭넓고 다양한 조언을 해 준다. 진이 인용한 하나의 권위있는 전거(典據)에 의하면 소녀가 14세에 월경을 시작해서 그 나이에 결혼을 해도 흔히 아이를 갖지 못하고, 태어난 아이는 약해서 살아남지 못한다고 했다. 그것은 약 20세 정도까지는 여성의 음기(陰氣)가 완전히 강해지지 않기 때문이다. 또한 진은 자손을 두지 못하는 경우는 의술로도 어떻게 할 수 없는데 풍수설과 점성학이 있다. 진은 성교를 삼가해야 할 날짜는 물론이고, 임신하기를 원하는 사람들을 위한 교접의 상서로운 날짜를 산정하는 자료도 제시하였다. 예를 들면, 사람들은 열흘마다 주기적으로 다가오는 병(丙)의 날이나 정(丁)(즉, 10일을 주기로 하는 한 주기의 세쨋날과 넷째날)의 날에는 성관계를 가져서는 안된다. 또한 매달 첫째날과 열다섯번째 날은 성관계를 멀리해야 한다. 그리고 바람이 많이 불거나, 비가 많이 내리거나, 안개가 많이 끼거나, 아주 춥거나 또는 아주 더운 날, 번개와 천둥, 일식, 또는 지진이 심한 경우는 성관계를 피해야 한다. 또 성관계를 피해야 할 장소로는 해·달·불빛 별아래, 신묘나 절안, 우물이나 뒷간옆, 무덤이나 시체 옆과 같은 곳이다. 만약 사내아이를 원한다면, 임신하기에 가장 좋은 시기는 월경이 끝난 후 첫째날, 셋째날, 다섯째 날이다. 만약 여자아이를 원한다면, 월경이 끝난 후 둘째날, 넷째날, 여섯째날이다.[24]

비록 진자명이 성관계의 날짜가 아이의 성을 결정한다는 이론을 인용했지만, 그는 또한 (임신한지) 3개월 말에 가서야 태아의 성이 확정된다는 상반되는 이론도 인용했다. 그러므로 임신한 여성은 뱃속에 있는 아이의 성을 결정하는데 영향을 끼칠 수 있다. 만약 사내아이를 원한다면 활과 화살을 가지고 다니거나 또는 숫 종자마(種子馬)를 탄다. 만약 계집아이를 원한다면 귀걸이를 달거나, 다른 여성의 장신구를 하고 다닌다.[25] 게다가, 진은 여성이 여자 태아를 남자 태아로 바꿀 수 있도록 하는 약의 처방도 제시하였다.[26]

진은 여성이 불임을 치료하기 위해서 행해야 할 여러 가지 처방을 목록으로 작성한 후 남편이 따라야 할 지침도 알려주었다. 삼대동안 본부인이 계속해서 아들을 낳지 못했던 집안의 남자는(유일한 아들이 첩에게서 태어났던) 스님이 지시하는 대로 3년동안 선행을 하고, 수행을 해야 한다. 이러한 과정을 남자는 성실하게 수행한 남자는 마침내 아들을 얻었다.[27] 이 처방은 계율을 받고, 인과응보의 교훈적인 이야기와 부합된다. 선행하는 사람들은 자손의 탄생으로써 보답을 받는다는 것이다.

비록 저자들이 남편과 아내간의 정상적인 성관계에 관해서 기록해 놓지는 않았으나, 때때로 성관계에 대해서 혐오하는 태도를 나타내는 기이한 경우를 지적해 놓고 있다. 우기(尤玘, 13세기)는 자기의 가족사를 자세히 이야기할 때, 그러한 사례 두 가지를 이야기했다. 11세기 초에, 우신(尤申)은 어머니가 19세에 과부가 되자마자 자결했으므로 고아가 되었다. 우신은 30세가 되었을 때 아들을 두었다. 그 후에 아내와 별거하고 가까이 하지 않았다. 우신의 아내는 104세까지 살았는데, 이것은 확실히 금욕적인 생활을 했기 때문이다. 두번째 사례는 우기의 고조부인 우량(尤梁)에 관한 것이다. 우량은 "여자를 멀리하는 결벽증이 있었다"고 한다. 그는 아내와 첩이 있었지만, 가까이 하는 것을 좋아하지 않았다. 우량은 알레르기 증세가 있어서 여자의 머리 기름냄새를 맡으면 극심한 구토증을 일으켰다. 그는 숫총각으로 일생을 살았고, 자기의 의무를 다하기 위해서 친척의 아들을 양자로 삼아 대를 잇도록 했다.28)

종교적인 동기로 인해서 남자나 여자가 성관계를 단념하기도 하는데, 이것은 승려나 비구니의 행동을 따른 것이다. 우리가 들은 바에 의하면 진씨(陳氏, 1024~1083)는 중년의 나이에 불교에 점차로 관심이 깊어졌다. 그녀는 하루종일 고기를 먹지 않고, 경전을 독송했을 뿐만 아니라, 또한 첩을 예쁘게 치장시켜 남편을 시중들게 했다. 양계필(梁季珌, 1143~1208)의 사위는 장인이 (일찍이) 양생(養生)의 이치를 깨달아 40세 이후에는 더 이상 내실(內室)에 들어가지 않았다고 기록했다. 새해에 모든 친척들이 한데 모였을 때, 남편과 아내는 그다지 자주 만나지 못하여 안면이 있는 사람 정도로 대했다고 기록했다. 홍매는 24세된 어떤 젊은 여자와 결혼한 남자의 경우를 기록했다. 그 남자는 승려처럼 살기로 결심해서 아내와 잠자리를 같이 하지 않았다. 처음에 아내는 남편의 본보기를 따라서 불교에 귀의하려고 노력했으나, 1년도 채 되지 않아 포기하고 다른 남자와 결혼했다.29)

질투 문제

의심할 여지도 없이 상류 계층의 남편과 아내간에 불화가 생기는 가장 심각한 원인은 아내의 입장에서 보면 남편이 첩을 들이는 것이고, 남편의 입장에서 보면 첩을 얻는 통상적인 일에 아내들이 느끼는 질투였다. 물론 모든 남자들이 첩을 두었던 것은 아니지만 형편이 나은 여러 세대가 함께 모여 사는 가정에서는 흔히 있는 현상이었다. 기록을 남긴 지식인 계층에 속한 사람들은 40세나 혹은 그 이상의 나이의 남자가 적어도 한 명의 첩을 들이는 것은 아주 흔한 일이었다. 첩을 두지 않은 남자들은 다른 사람들 눈에는 첩을 몇 명이나 두었던 남자들보다 좀더 특이하게 보였다.[30]

다른 송대의 도덕가와 마찬가지로, 사마광은 여자는 질투심을 억제해야 한다고 가르쳤다. 사마광은 심지어 여성에게 무엇보다 질투심이 없는 것이 중요한 미덕이라고 주장하기까지 했다. 첩은 유교경전에서도 허용되었으므로 아내들은 첩들과 사이좋게 지내야만 한다.[31] 그러므로 지식인 가문 출신의 어린 소녀들은 과거의 뛰어난 여성들에 관한 이야기를 배웠고, 아마도 남편이 다른 여성에게 관심을 보일 때 침착하고, 관대하고, 즐거운 마음을 가져야 된다는 교육을 받았을 것이다. 최소한 이론적으로는, 가정에서 아내와 첩과의 관계는 여주인과 종의 관계였다. 남편에게 시중들기 위해서 첩의 도움을 얻는 것은 조금도 위신을 떨어뜨리지 않는 것이다. 그러나 심지어 사전에 그러한 상황을 처리하도록 배웠던 여성일지라도, 첩이 가정으로 들어왔을 때 감정적으로 괴롭다. 홍매는 해순(解洵)의 이야기를 말했는데, 그는 아내 덕택에 여진족으로부터 도망칠 수 있었다. 후에 4명의 첩을 상으로 남편은 아내에 대한 고마운 마음이 있어 정중하게 거절하려고 하였다. 이때 아내는 그 선물은 큰 영광이라고 남편에게 첩을 받아들이라고 하면서 "나는 첩들을 자식같이 돌볼 것입니다. 거절하지 마십시요"라고 말했다. 그러나 얼마 안 있어 해순이 아내를 소홀히 대하게 되었다. 한때 이들 부부가 술에 취했을 때, 아내는 남편에게 자기가 도와주었던 것을 어떻게 잊을 수가 있

냐고 질책했다. 남편은 화가 나서 아내의 머리를 때렸다.[32]

작자들은 일반적으로 질투를 강팍스러운 고집의 한 형태로 버릇없고, 자기중심적이고, 고압적인 여성이 갖는 결점의 하나라고 생각했다. 그들의 관점에서 볼 때, 무슨 이유를 대든지 간에 여자들은 자기네들이 원하는 것을 남편들이 하도록 만드는 여성은 남편이 첩을 두거나 하녀들과 동침하지 못하게 했을 것이다. 또한 질투는 사람을 병들게 만들 수 있는 일종의 독약이 될 수 있다. 한때 황정견(黃庭堅, 1045~1105)은 진조(陳慥)에게 "당신은 인생의 황혼기에 새로 첩을 들이지 않고 조용하게 말년을 보내고 있는데, 당신의 아내 유씨(劉氏)가 어떻게 병이 났는가? 라고 편지를 보내 물어 보았다."[33]

질투가 병이거나 또는 귀신에 홀렸다는 생각은 홍매에 의해 기록된 아래의 이야기에 잘 드러난다.

태주(台州)의 사법(司法)인 엽천(葉薦)의 아내는 천성(天性)이 잔폭하고 질투심이 많아 하녀나 첩 중에서 인간이 갖추어야 할 품성과 흡사한 사람이 있으면 반드시 심하게 때리거나 죽이기도 했다. 엽은 아내를 통제할 수 없어 일찌감치 아내에게 "내 나이가 거의 60세이니, 어찌 다시 성적인 즐거움을 구하겠는가? 다만 내가 늙었고 자식이 없으니, 단지 한명의 첩을 사서 후사를 이을 계책을 세우려고 하는데, 그렇게 해도 되겠는가?"하고 말하니, 처(妻)는 "몇 년을 더 기다려 보는 것이 좋겠습니다. 아마 내가 아들을 낳을지도 모르겠습니다"고 말했다. 몇 년이 지났는데도, (자식이 생기지 않자) 부득이 남편의 부탁을 따라야 했다. 그런데 아내는 질투에서 오는 미움으로 제정신을 잃을 것이었기 때문에 남편에게 동의를 구해서 "저에게 집을 한채 따로 지어주고, 종교에 귀의하도록 해주십시오"라고 말했다. 엽이 기뻐서, 산뒤에 집을 한 채 지어 거처하게 했다. 이 처소에 집사람들이 조석으로 가서 안부를 여쭙고, 간간이 술과 음식을 올렸다. 엽도 아내가 다시 옛날과 같이 질투하는 마음이 없다고 생각해서, 새로 들인 첩(妾)으로 하여금 문안을 여쭈라고 하였다. 첩이 저물녘이 되어도 돌아오지 않자, 엽은 지팡이를 짚고 그 집에 가서 몸소 살펴보았다. 문 고리가 아주 굳게 잠긴 것을 보니, 아무도 없는 것 같았다. 하인으로 하여금 빗장을 풀게 하니, 아내가 이미 호랑이로 변하여 첩의 심장과 배를 다 먹어치우고 겨우 머리와 발만이 남아 있었다. 급히 도망쳐 산을 내려와 무리를 이끌고 횃불을 들고 가서 보았으나 아무 것도 보이지 않았다. 때는 1149년[소흥(紹興) 19년]이었다.[34]

질투심의 본질에 대한 송대 남자들의 해석은 적어도 현대의 시각으로는 너무 단순해 보인다. 투(妬)는 남편이 종이나 첩에게 관심을 보인 후에 행동과 태도를 바꾼 여성을 의미한다. 그 당시에 꽤 흔히 있었던 통상적인 경우를 생각해 보자. 어떤 여성이 어린 신부로서 시집갈 때, 아마 18세 정도의 나이일 것이다. 그 여자는 남편과 사이좋게 지낼 것을 배워야 할 뿐만 아니라 또한 시부모, 시동생, 시누이, 시동생, 시누이의 자식들과도 사이좋게 지내야 한다는 것을 배웠다. 점점 아내의 지위가 높아지고 자식이 생기고, 시부모는 죽는다. 남편과 남편의 남자형제들은 분가하게 되어 35세나 40세 즈음이 되면 아내의 위치는 훨씬 좋아진다. 집안의 여주인이고, 자식을 위한 배우자를 찾거나, 큰 아들이 아내를 얻어 머지않아 시어머니가 될 것이라는 기대감이 생기게 된다. 그러나 이 즈음에 남편이 17세 된 첩을 잠자리를 같이 하기 위해서 집으로 데려온다. 남편은 첩을 가정에 들이는 것이 가장으로서의 위신에 맞다고 믿으며, 아내가 아이들의 어머니, 가정의 관리자로서 아주 존경받을 만한 역할에 만족하지 않을 이유가 없다고 생각한다. 나는 그러한 아내들이 첩으로 들어온 여자들에게 적대심을 느꼈고, 남편에게 모욕을 주고 싶어하는 감정에 대해서 적어도 세 가지 요인을 상정해 보고자 한다. 첫째, 자기의 권위가 손상되었다는 것이다. 안주인으로 대우할 줄 아는 여종과 며느리가 지금 배후에서 그녀의 처지를 비웃을 것이다. 둘째, 아내들이 젊은 첩을 볼 때 세월의 흐름속에서 외모가 변했다는 것을 느끼게 되고, 갑자기 자기가 늙어간다는 사실을 집안 전체가 알게 된다고 생각했다. 셋째로, (최소한 후기프로이드 학설 신봉자들 눈에는) 성생활에서 오는 좌절감이 가져다 주는 요인도 있었음에 틀림없다. 왜냐하면, 지난날의 여러 해 동안의 정상적인 성생활 후에, 지금 아내는 더 이상의 부부생활에서 오는 재미를 느끼게 하지 못한다는 것이다. 아내들은 아마도 남편에 관한 좋지 못한 자기의 감정을 성적인 데서 온다고 간주하지 않을지도 모르지만, 좌절된 성욕은 확실히 아내들의 감정적인 반응을 좀 더 확대케 한다. 우리는 이런 종류의 감정의 일부를 <그림 21>에 나타난 화첩에서 볼 수 있다. 이 화첩에 화장과 머리손질을 끝낸 어떤 여성이 거울 속에 비친 자기의 모습을 물끄러미 바라보고 또 몇 걸음 떨어진 곳에 하녀와 첩인 것으로 보이는 두

명의 젊은 여성이 서 있다. 그들은 여자주인의 시중을 들기보다는 자기네들
의 관심에 더 몰두해 있는 것 같다.

〈그림 21〉 외모를 치장하고 있는 여성

왕선(王詵. 약 1046~1100년 이후)이 그린 화첩. 대만 고궁박물원 소장.

　우리가 질투심을 어떻게 생각하든지 간에 상당히 마음을 혼란하게 할 수
있다는 것은 의심의 여지가 없다. 부인들의 일대기에서는 주인공인 여성이
마음에 동요가 없었고, 참을성이 있었으며, 간혹 첩이나 하녀를 때리는 일이
있기는 해도 거의 없었다고 한다. 그러나 그런 상황에서 인내심을 갖는 것
이 아주 힘들다는 것을 암시해 준다. 사실상, 홍매의 이야기에서는 아내들이
흔히 첩을 때렸다고 한다. 한 이야기에 의하면, 젊은 아내는 남편이 결혼할
때 데리고 왔던 하녀와 성관계를 가졌다는 사실을 알았기 때문에 그 하녀를
때려 죽게 했다. 다른 사례에서는, 어떤 여성은 주인과 정을 통한 후에 그
주인남자의 아내가 자기를 때렸기 때문에 도망쳤다고 했다. 다른 사료에 의
하면, 이관(李貫)의 아내가 과부가 되어 재혼했을 때 병이 들었다. 그때에,

이관의 혼이 나타나서 부인이 자기가 임신시켰던 하녀를 세번이나 죽였으므로 자기가 자손이 없이 죽게 되었다고 질책했다.[35]

아내들의 질투가 폭력으로까지는 가지 않는다 할지라도, 질투로 인해서 남편들이 첩과 함께 지낼 수 없게 만들었다. 홍매는 범두남(范斗南)이 1175년에 과거에 합격한 후, 곧 한 명의 첩을 샀다고 전하고 있다. 아내가 젊은 여성을 받아들일 수 없었기 때문에, 외지에 가서 일처리를 해야 한다고 핑계를 대고 작별을 고했다. 그러나 사실상 그 남자는 사당으로 가서 첩과 함께 머물렀다. 홍매는 또한 관료의 딸과 결혼한 후, 16세의 첩에게 홀딱 빠져서, "그 결과, 항상 아내와 말다툼을 한" 어떤 남자에 대해서 이야기했다. 원채는 "질투심이 있는 아내를 둔 남자들은 하녀들이나 첩들을 아내와 다른 집에서 살도록 해야 한다"고 기록하였다. 그러나 이러한 관습은 첩이 간통을 저질러서 주인은 자기 자식이 아닌 남의 아이를 기르는 결과를 낳을지도 모른다고 경고한다.[36]

왜 남편들은 아내들이 첩에게 관여하지 못하도록 단속하지 못했을까? 남편들은 여자들이 사는 곳인 내실에서 일어나는 소란스러운 일을 몹시 싫어했다 하더라도 그 일에 대해서 통제하는 데는 한계가 있었다. 남편들은 첩을 아내들이 통제할 수 있는 영역에서 떼어놓을 수는 있지만, 그 영역 안에서 아내들의 통제권에 대해 간섭할 수는 없었다. 이러한 상황은 어머니와 아내간의 상황과 유사하다. 어떤 남자가 아내를 사랑하면, 자기의 어머니가 아내를 학대하는 것을 싫어한다. 그러나 그 남자는 명령을 내리는 어머니의 권한에 간여할 수 없다. 차라리, 그 남자는 어머니의 태도를 누그러 뜨리게 노력하거나 또는 자기가 멀리 떨어진 지역으로 임명되었을 때 아내를 데리고 가려고 할 것이다. 더구나 첩에게 마음을 주는 것은 남편의 방종한 태도에 기인한 것이기 때문에, 이러한 사실은 아내가 남편을 대할 때 어느 정도의 힘을 실어줄 것이다. 주필대(周必大, 1126~1204)의 아내는 남편이 첩에게 눈길을 주었다는 이유 때문에 그 첩을 물도 주지 않고 감금했다. 주가 지나갈 때 그 첩이 물을 달라고 하자, 그는 첩에게 물을 좀 가져다 주었다. 이 광경을 주의 아내는 휘장뒤에서 전부 지켜보고 나서 남편에게 "당신의 꼴을 보십시요. 고위관료인 당신이 종년을 위해서 물을 가져다 주시는구려!"37)라고 조롱했다.

어떤 남자들은 첩을 측은하게 생각해서 내보냈다. 조예(曹汭, 11세기)는 자기와 정을 통했던 하녀를 결혼시켜 내보냈다. 왜냐하면 그 하녀와 아내가 남자의 사랑을 차지하려고 다투었기 때문이다. 후에 조예는 그 하녀가 시집 간 새 남편의 집에 찾아갔다고 한다. 수다쟁이들은 이름이 널리 알려진 남자에게서 쫓녀난 첩들에 관해 이야기하는 것을 좋아했지만, 첩을 쫓아낸 남자들은 싫어했다. 이것으로 보아 확실히 공직생활에서 출세한 남자들은 콧대가 높은 마누라들에게 눌려서 살고 있었던 것 같다. 왕환(王喚)은 아내가 고위 관료인 정거중(鄭居中)의 딸이었기 때문에 출세를 빨리 했다. 아내는 "자기의 가족이 가지고 있었던 영향력으로 인해 건방졌고 투기가 있었다." 하녀가 남편의 아들을 낳자, 아내는 그 아이를 쫓아냈다. 왕흠약(王欽若, 962~1025)은 아내가 너무 질투가 심해 첩을 들일 수 없었다. 흠약은 경전에 나오는 '내가 두려워하는 세 가지 일'이라는 구절을 따서 서제의 이름을 지었다. 흠약의 친구가 당신의 경우에는 무엇보다도 마누라가 있으므로 두려워 할 일이 세 가지가 아니고, 네 가지라고 하는 것이 좀더 적절하지 않겠는가?라고 조롱했다. 진회(秦檜)의 아내는 오만하고 질투심이 강했다. 한때 진회가 아들이 없었는데도, 진회의 아이를 임신한 첩을 팔아버렸다.38)

쫓겨난 첩의 이야기는 누군가의 경력을 흠내는 데 이용 될 수도 있었다. 쫓겨날 때, 그 첩은 이미 임신하고 있었는가? 한탁주(韓侂胄, 1207년에 죽음)는 어떤 하녀에게서 태어났다고 전해진다. 한탁주의 아버지가 중개상인을 통해서 그 하녀를 샀을 때는 이미 임신한 상태였다. 왕씨(王氏) 가문의 질투심이 많은 아내가 그 하녀를 쫓아냈다고 한다. 가사도(賈似道, 1213~1275)의 경우도 비슷한 이야기다. 가(賈)는 어떤 여자의 남편이 가의 아버지에게 판 여인에게서 태어났다. 그 후 그녀는 임신을 했는데 가의 아버지의 아내가 질투했기 때문에, 다른 남자에게 팔려갔다.39)

일반적으로 질투를 탐탁치 않게 여겼지만, 남편들이 질투심으로 괴로워하는 아내들에 대해서 일말의 동정심을 가진다는 것을 들어보지 못한 것은 아니다. 서론에서, 나는 왕흥(王興)이 오랜 친구인 왕안(王晏, 890~966)에게 충고한 것에 대해 언급하였다. 즉, 왕안의 아내는 남편이 고위직에 오른 후에 병이 났다. 왕흥은 만약 왕안이 많은 기생첩들을 내보내고 옛날처럼 한 남자와 한 여자(일부일처)로 산다면, 왕안의 아내의 병이 나을 것이라고 했다.[40] 재판관들은 때때로 아내가 질투심을 느끼게 했다는 이유로 남편들을 힐책했다. 하나의 법적인 사례는 남자가 장인을 때렸고 후에 친정아버지가 딸을 데려오는 결과를 초래하게 된 부부간의 싸움에 관한 것이다. 재판관은 "남편은 자기에게 아이를 낳아준 첩을 사랑하고, 아내에게는 소홀하게 대했다. 그래서 아내는 질투심으로 제정신을 잃었다. 여자들이란 원래 현명치 못한데, 그런 일로 인해서 여자에게 책임을 물을 만한 이유는 못된다."라고 판결했다. 그리고 재판관은 남편이 장인을 때렸기 때문에 장인에게 사과하고, 첩을 다른 사람에게 결혼시켜 내보내고 첩이 낳은 아이를 위해 유모를 구하라고 판결했다. 그 재판관은 또한 장인에게 딸을 돌려 보낼 것을 지시했는데 그렇게 하는 것이 조금이나마 가정을 화목하게 할 것이라는 이유에서였다.[41]

여성들의 질투심에 관한 생각이 남자들의 의견과 같았을까? 남들에 의해서 질투하는 여자라고 간주되어진 여성들이 자기 자신의 행동이나 질투심에 대해서 어떻게 생각하고 있었을까? 아마도 대부분의 그러한 여성들은 자기네 스스로를 첩들이나 하녀들에게 엄격한 사람이라고 생각했을 것이다. 왜냐하면 여성들의 책임은 집안을 질서있게 유지하기 위해서 첩과 하녀들에게 엄격하게 대해야 한다고 생각했기 때문이다. 아내들은 하층계층에서 온 하녀들이나 첩들은 여러 가지 종류의 나쁜 습성이 있으므로 구속할 필요가 있다고 생각했다. 만약 남편이 젊은 여자에게 마음이 빼앗겨서 그들에게 규율을 따르도록 가르칠 수 없다면 아내들이 그 일을 해야했다. 또한 남자들은 자기네들이 총애하는 첩이 아내들의 감정을 건드린다는 것을 모를지도 모른다. 첩과 함께 더 많은 시간을 보내기 때문에 남편들은 첩의 편에서 더 많은 이야기를 듣게 된다. 필요에 따라서 첩들은 아마 어느 정도의 훈육이 필요했다.

많은 여성들이 자기네들 스스로의 질투심에 관해서 모르고 있었지만, 알고 있는 여성도 있음에 틀림없다. 성장과정에서 질투심을 파괴적인 악행이라고 생각하면서 성장한 여성들은 자기네들의 삶을 혼란스럽게 한 여성에 대해서 적대감을 억누를 수 없을 때 몹시 고통스러워 했다. 여성들은 어디에 서 위안과 충고를 받을 수 있었을까? 여성들이 어렸을 때 암송했던 유교 입문서인 『효경(孝經)』과 같은 책은 질투심을 어떻게 처리하며, 그런 감정을 없애도록 하는 방법에 관한 어떠한 조언도 주지 않았다. 『여효경(女孝經)』이나 『열녀전(烈女傳)』과 같이 소녀들을 위해 특별히 쓰여진 계몽서에서 아무런 조언이 없었다. 『논어(論語)』나 『맹자(孟子)』와 같은 유교서들도 여성에게 도움이 되지 못하기는 마찬가지였다. 왜냐하면 유교 고전들은 남자들을 위해서 쓰여진 것이고, 남자들은 여성들에 대한 소유욕이나 혹은 대부분의 경우에는 남자들의 성욕을 억제해야 할 필요가 전혀 없기 때문이다. 송대 신유학자들은 제자들과 함께 도덕성의 함양에 대한 많은 문제들을 토론했다. 그러나 주로 남자들이 가져야 하는 도덕적인 문제에 초점을 두었다. 신유학자들은 욕망을 억제하는 것에 대해 논의했다. 그러나 억제해야 했던 욕망은 세속적인 성공, 탐욕, 방종과 같은 것으로 주로 지식인 계층의 남자들에게 문제시되는 것이다. 신유학자들은 여성들이 복잡한 감정을 다스리는 데 있어서 가질지도 모르는 문제를 조금도 고려하지 않았다. 상류층 여성의 높은 학문적 수준을 고려해 볼 때, 여성들의 필요에 맞게 쓰여진 책이 거의 없다는 것은 정말로 놀랄만한 사실이다.

어쩔 수 없는 감정 때문에 갈등을 겪는 여성들은 자기와 나이가 비슷하거나 더 나이가 많은 다른 여성(자기 어머니, 여자형제, 사촌 여자형제, 그리고 시집에 있는 다른 여성들)에게 조언을 구하기도 했다. 또한 여성들은 여성들 스스로나 또는 이러한 조언자들의 의견을 받아들여 불교에 귀의하기도 했다. 불교에서는 성욕을 비롯해서 모든 욕망은 정신적인 수행에 방해가 된다고 가르쳤다. 불교는 인간이 나이가 들어가는 것이 어떠한 것인지에 대해서 훌륭한 총체적인 가르침을 주었다. 즉, 세상에 영원한 것은 없다. 영원한 것이 있다면 모든 것이 영원하지 않다는 것이다. 불교는 정신을 맑게 해주고 부질없는 생각을 없애 주는데 많은 도움을 준다. 만약 어떤 부인이 마음의 평정을 얻기 위해서 불교에 귀의한다면, 주위 사람들로부터 집안을 화목하게 했다고 존경을 받는 그 여자는 소박맞은 아내로 간주되지 않을 것이고, 폭발하는 혈기에 몸을 맡기지도 않을 것이며 오히려 그 가족의 성녀가 될 것이다. 그 여자는 육식을 삼가하고 불경을 독송하며 친척들에게 불교의 가르침을 전해주고, 자기 주위에 있는 모든 사람들에게 자비를 베풀 것이다. 이러한 여성은 묵시적으로 성욕에서 벗어나지 못한 남편의 행위에 대해서 압력을 가할지도 모른다. 내가 생각하건대 바로 이것이 다른 상황에서 항상 불교를 비판했던 유학자들이라도, 여자들이 불교를 믿는다는 것에 대해서는 관대하게 칭송한 한 가지 이유가 될 것이다. 유교에서 중요하게 생각하는 가치인 가정의 화목은 다른 방법으로 얻을 수 없었다. 유학자들은 여성들에게 삶을 통제하기 위해서 불교에 귀의하라고 이야기하지는 않는다. 아마도 여자들이 불교에 귀의했던 것은 자기네들 스스로가 알아낸 해법이었던 것 같다.

■　　■　　■

　송대에 부부간의 관계는 대부분의 다른 시대나 지역에서와 마찬가지로, 고정불변의 획일적인 관계는 아니었다. 결혼생활에 있어서 적절한 역할에 관한 교훈서의 지시가 있음에도 불구하고, 남편과 아내의 법적인 책임과 의무를 강조하였다. 그러나 어떠한 결혼생활에 있어서도 남편과 아내의 입장에 대해서는 달라질 수 있는 여지가 꽤 있다. 남편과 아내들은 행동을 취할 수 있는 여러 가지 방법을 생각해 볼 수 있다. 그들은 둘 다 애정이 깊을 수 있다는 것과 부부간에 사이가 나빠질 수도 있다는 것을 알고 있다. 그들은 아내를 때리는 남편이나 남편을 비난하는 아내 두 사람을 공통적인 특성으로서 간주했다. 성적으로 잘 조화되는 경우와 서로 만족하지 못하는 남편과 아내의 경우를 다 상상해 볼 수 있다. 나는 당시에는 결혼생활에 대한 모든 가능성이 다 존재했으리라고 제시하고 싶지 않다. 지금 현 사회에서 알고 있는 결혼생활에 대한 여러 가지 다양한 가능성은 그 당시 사람들의 상상 밖의 것이었을 것이다. 그렇지만, 송대의 남편과 아내들도 어떤 선택이 있을 수 있다는 것을 알았다. 우리가 앞에서 살펴본 것처럼, 어떤 여성은 집안의 다른 가족원들에게 자기들의 권위를 내세워 보인 반면, 다른 여성들은 세상일에서 멀어져 불교에 귀의했다. 남편의 관직을 따라 옮겨다니기를 원했던 여성들은 남편이 시중들어 줄 사람이 필요하다는 것을 이유로 내세울 수 있다. 집에 남아 있기를 원했던 여성들은 시부모에 대한 며느리로서의 역할을 내세웠다.

아내들이 이러한 선택을 할 수 있다는 것이 남편들이 가지고 있었던 권한과 대등하다는 것을 의미하는 것은 아니다. 법적으로 여성들은 사실상 힘이 없다. 아내들은 어떠한 가정문제에 관해서도 남편들이 내린 결정을 무시하고 자기의 결정을 내세울 수 없고, 또한 남편을 징계하거나 내쫓을 권리도 가지고 있지 않다. 여성들은 법적으로 조차도 가정을 포기하거나 남편을 떠날 수 없었다. 이러한 제약속에서 오히려 여성들은 자기네들이 처한 상황하에서 최선을 도모하는 방법 — 아마도 전략적이겠지만 — 을 알고 있었다. 마저리 울프(Margery Wolf) 여사는 한때 성공적인 중국여성들이 겉으로 보기에는 "아버지나 남편이나 아들에게 의존하는 것처럼 보이지만, 실제로 자기네들 스스로가 대부분의 일을 해결해 나가는 것을 배워서 알았던 여성들"[42]이라고 묘사했다.

질투하는 아내와 사랑에 홀딱 빠진 남자가 가지는 상호 보완적인 모습은 부부관계에 대한 아주 중요한 내용을 전달해 준다. 나는 아내들이 결혼관계에서 법적으로 불평등하다는 것에 대해서는 별로 관심이 없고, 크게 개의치 않는다. 왜냐하면 아내들은 결혼생활의 불행은 법적으로 불평등한 아내의 권리에서 생기는 것이 아니라 남편이 다른 젊은 여성에게 애정을 보일 때, 자기네들의 질투심을 자제하지 못하는 데서 오는 것이라고 생각하기 때문이다. 이러한 결혼생활의 문제는 감정이 죄였고, 사려 깊은 판단이나 혹은 자기의 의무에 대한 헌신으로도 자제될 수 없었다.

제9장

어머니의 역할

임신하고 아이를 낳고 기르는 것은 모든 사회에서 여성들의 삶에 나타나는 특징이다. 여성들이 이 일을 겪는 과정은 다양한 형태인데, 그 경험은 생리학적인 현상에 대한 해석, 여성들이 여아와 남아의 출산에 두는 가치, 아이를 돌보는데 있어서 어떤 방법이 가장 좋은지에 대한 생각, 그리고 어머니의 역할에 대한 자기들의 이상적인 모습이다. 확실히 송대(宋代)에 모든 사람들은 아이를 낳고 기르는 것이 아내의 역할 가운데 중심이 된다고 생각했다. 결혼식에서는 "다섯 명의 아들과 두 명의 딸"이라는 표현을 써서 신부의 다산을 공공연하게 내세웠다. 왕씨의 시어머니는 병약했던 시아버지에게 인내심을 가지고 간호하는 것을 고마워했고, 그 감사의 표시로서 "네가 아들을 많이 낳고, 오래 살기를 바란다"라고 말했다. 송대는 계층의 차이를 초월해서 자녀들에게 어머니 역할이 여성생활의 중심이었다.[1]

임신과 출산

송대에 대부분의 결혼한 여성들은 임신한 상태에서 인생의 대부분을 보냈다. 여성들은 10대 후반에 결혼했을 때부터, 가임(可妊)기간이 끝나게 되는 40대 중반이나 후반까지 25년에서 30년 동안 임신하였다. 내가 묘지명에서 조사한 부부들 가운데, 45세까지 과부가 되지 않은 여자들은 출생신고를 할 정도로 오래 살아남은 아이들이 평균 6.1명이었다(그렇지만 첩에게서 태어났던 아이들도 때로는 포함되었을 런지도 모른다.) 출산시 살아서 태어난 아이들의 실제 총수는 확실히 이보다는 더 많았을 것이다. 왜냐하면 사람들은 흔히 유년기나 어렸을 때, 죽었던 아이들에 대해서는 언급하지 않기 때문이다. 임신 중 꽤 많은 경우는 사산(死産)이나 유산(流産)으로 끝났던 것 같다. 이리하여 대다수의 여성들은 10번이나 또는 그 이상 임신했던 것이 분명하다.

여성의 병이나 아이의 출산과 관련된 [*부인과의학(婦人科醫學)이나 산과의학(産科醫學)] 문제점이 송대에 저술된 일반적인 의학서나 전문의학서에 수록되어 있다.2) 12세기에 쓰여진 전기에는 여성의 건강에 관한 16개의 특수한 전문적인 제목이 나열되어 있다. 즉, 주단장(朱端章)이 1184년에 저술한 8권(卷)으로 되어 있는 여성의학에서 아침에 일어나는 구역질, 걸식증, 태아의 위치가 잘못된데서 오는 출산의 어려움, 산후출혈, 태반이 출산시 빠져나오지 않는 것, 탯줄을 봉인하는 것, 여러 가지 산후에 생기는 질병에 대한 처방이 포함되어 있다. 진자명(陳自明)이 1237년에 쓴 보고서는 좀더 긴데, 24장으로 이루어져 있다. 그 책은 종전의 저자들의 이야기를 더 자주 인용하고, 주제들을 좀더 잘 분석하고, 주단장의 책에서는 언급하지 않았던 불임과 같은 몇 가지 주제를 포함하고 있다.3)

송대의 의학서적에서는 임신의 마지막 달까지는 임산부가 몸이 약해진다고 보지 않는다. 출산을 해 본 경험이 있는 여성은 임신을 쉽게 처리했으며, 임신으로 인해 자기네들의 일이 가능한 한 거의 방해받지 않도록 했다. 결국 여성들은 여전히 자식들을 돌봐야 하고, 시부모에게 시중들어야 하며, 가사일을 해야 하고, 그리고 누에를 치거나 종들을 감독해야 한다. 사람들이 임신한 여성을 조심해서 돌볼 필요가 없다고 생각했던 경우가 소순흠(蘇舜欽, 1008~1048)이 남긴 이야기에 나온다. 소순흠은 아내인 정씨(鄭氏, 1035에 죽음)를 죽음에 이르게 했는데, 이것에 대해서 부끄러워하거나 난처해 하지 않았다. 그들이 결혼한 후 7년이나 8년이 지난 후에 소(蘇)는 어떤 관직에 임명되었다. 이들 부부는 이미 세 명의 자식이 있었는데, 아내는 또 임신을 하였다. 아내는 시어머니를 모시기 위해 남을테니 남편이 아이들을 데려갈 것을 제안했다. 그러나 가족들은 남편과 함께 가는 것이 아내의 임무라고 그녀를 설득했다. 그들이 도착한 후 두달 정도되어 시아버지가 죽었다. 그래서 그들은 바로 상복을 입고, 가족을 이끌고, 그녀가 임신말기였는데도 불구하고 충분한 식사나 휴식이 없이 주야로 시댁을 향해 갔다. 그녀는 말에서 떨어져 다리에 세군데나 상처를 입었는데도 쉬지 않고 계속 가자고 했다. 즉, 그녀는 "일단 내가 시아버지의 관 앞에 곡(哭)하기 위해 빨리 도착하면 나는 죽어도 여한이 없다. [도착하기 전에] 내가 죽어 집에 가지 못하면 시어머니에게 슬픔을 더해주게 되어 몹시 불효한 행동이 될 것이다."라고 말했다. 그들이 도착한 날 밤에 아내는 출산했고, 이것이 사태를 악화시켜 7일 후에 죽는 결과를 초래했다.[4]

의학서에서는 임신하고 나서 마지막 달에 각별히 주의할 것을 조언한다. 즉, 여성들은 평온한 상태를 유지해야 하고, 무거운 짐을 들거나 높은 곳에 올라가면 안된다. 그리고 술을 너무 많이 마시거나 소화하기 힘든 음식을 먹어서도 안된다. 무슨 일이 있어도 임신한 마지막 달에 머리를 감으면 안된다.[5]

임신한 마지막 달은 나이가 많고 경험이 있는 굴노낭(屈老娘)과 같은 산파를 골라 놓아야 한다. 송대에 굴노낭은 80세가 넘었는데도 가정에서 출산을 도와주었다.[6] 산파를 어떻게 양성했는지에 대해서는 거의 알려진 것이 없다. 아마도 산파가 되고자 했던 여성들은 좀 더 경험이 있었던 산파들을 도와주면서 일을 배웠고, 그 후에 스스로가 그 역할을 해나갔을 것이다. 산파들은 임산부에게 언제 힘을 줄 것인가를 이야기해 주고, 또 아기가 머리부터 나오지 않을 때는 그 아이의 위치를 바로잡아 주어야 했다.[7]

출산이 아주 어렵게 되었을 때는, 남자 의사를 불러오게 된다. 홍매(洪邁)는 주신중(朱新仲, 1097~1167)이 자기에게 해 준 다음과 같은 이야기를 기록했다.

주신중(朱新仲)의 할아버지가 동성(桐城, 안휘)에 살고 있을 때, 친지(親識) 중의 어떤 부인이 출산하려고 했다. 그러나 7일동안이나 아이가 나오지 않았다. 모든 약과 성수[*약이부수(藥餌符水)]를 다 써보았으나 아무 소용이 없어서 [산모가] 죽기만을 기다렸다. 이 때 명의(名醫)인 이기도(李幾道)가 우연히 주공(朱公)의 집을 방문했는데, 주는 이에게 그 산모를 진찰할 것을 청하였다. 이는 [그 산모를 보자 마자] "백 가지 약이 쓸모가 없고, 오직 침[鍼法]을 쓸 따름이지만 나의 재주는 이것에는 이르지 못하므로, 감히 손을 쓸 수가 없다."고 말하고 드디어 돌아가 버렸다.

기도(幾道)의 선생인 방안상(龐安常, 1042~1099)이 마침 문앞을 지나다가 마침내 주(朱)를 보게 되었다. 주가 안상에게 연고를 아뢰어 "그 집에서 감히 선생에게 강요할 수 없지만, 인명이 아주 중하니 한번 노력해 보지 않으시겠습니까?"라고 말했다. 안상이 허락하자 주는 그를 데려갔다. 그가 산모를 보자마자 "죽지 않을 것이다"고 소리쳤다. 그는 집안사람들에게 더운 물을 가져오게 해서 그 산모의 배[腰腹]를 따뜻하게 했다. 그리고 안상이 손으로 산모를 안마[抍摩]했다. 산모는 내장(腸胃)에 약간의 진통을 느꼈고, 신음하다가 사내아이를 출산했는데 산모와 아들이 모두 무사했다. 그 집 식구들은 미칠 듯이 기뻐서 절을 하여 감사를 나타냈으며, 그를 존경하기를 신과 같이 했다. 그들은 그가 어떻게 했는지 까닭을 알 수 없었다. 안상은 "아이가 이미 태내를 빠져나왔으나, 한 손이 산모의 내장을 실수로 붙들고 있어서 빠져나올 수 없었다. 그래서 약을 먹어도 소용없었을 것이다. 마침 나는 산모의 배를 더듬어[隔] 태아의 손의 위치를 알아내었고, 침으로 그 태아의 '호구(虎口)'(엄지손가락과 집게손가락 사이의 공간)를 찔렀다. 태아가 고통으로 인해서 손을 오무렸기 때문에 그렇게 빨리 태어날 수 있었지, 다른 술수는 없었다"고 말했다. 안상은 식구들에게 아이를 데려오게 해서 조사해 보았고, 확실히 그 아이의 오른손의 '호구'에는 침을 맞은 흔적이 있었다. [방은] 이처럼 뛰어났다.[8]

출산은 반드시 의학의 문제로만 국한시킬 수 없다. 종교에 관련된 사람들도 난산인 경우에 도움을 주도록 요청받을 수 있다. 홍매는 그러한 예를 많이 제시해 준다. 오씨(吳氏)가 산고를 참을 수 없을 때, 오씨의 가족들은 승려를 불러왔고 승려는 공작주(孔雀咒)를 독송했다. 공씨(龔氏)가 아이를 출산하지 못하고 고통을 받고 있을 때, 무당을 불러오게 했다. 그 무당은 이미 혼령들이 공씨를 환영하고 있어서 죽을 것이라고 점을 쳤다. 상씨(常氏)의 산고가 심해졌을 때, 상씨는 가족에게 자기의 배를 자기가 때려죽인 첩이 계속해서 주먹으로 때리고 있다고 말했다. 그 가족들은 도사(道士)를 불러들였고, 그 도사는 성수를 마시게 했다.[9] 심지어 의사들도 때로는 비의학적인 방법으로 문제를 해결했다. 홍매는 위에서 보여준 이야기와 아주 흡사하지만, 약간 다른 면이 있는 이야기에서 이 점을 표명하였다.

현주관(縣酒官)인 여(呂)의 아내가 임신했는데, 닷새동안이나 출산하지 못했다. 어떤 사람이 술주정뱅이 도(屠)만이 도울 수 있다고 했다. 그래서 여는 그를 불러왔다. 도는 술이 잔뜩 취해서 도착하여, 즉시 방으로 들어갔다. 여자의 옷밑으로 손을 넣어[*격의(隔衣)를 대충 주무르고] 더듬어 보고 나와서 "앉으십시오. 조금있다가 아이를 출산할 것입니다"고 말했다. 오래되지 않아 아이의 울음소리가 들렸다. 그들은 도가 한 일은 아무 것도 없고, 갓난아이가 그때 때마침 태어난 것은 아주 우연의 일치라고 생각했다. 도가 여에게 "왼손의 '호구(虎口)'를 자세히 보십시요. 거기에는 작은 침을 맞은 흔적이 있을 것입니다"라고 말했다. 그들이 "호구"를 보았을 때, 사실 그러했다. 여가 왜 그러냐고 묻자, "이 아이는 좋은 아이가 아닙니다. 악령이 당신 아내의 생명을 빼앗아 가려고 합니다. 그래서 자궁 속에서 태아가 산모의 창자를 꽉잡고서 놓치 않아 아이가 태어날 수 없었던 것입니다. 나는 방안상(龐安常)이 사용한 침법[鍼]으로 아이를 나오게 했습니다"고 하니 여가 도에게 고맙다고 인사했고, 그 아이는 곧 죽었다. 2년후에 여의 아내가 다시 임신을 했다. 도는 같은 방법으로 그녀를 구해주었다. 그녀가 회복된 후에 도는 여의 아내에게 "이러한 현상이 이미 두번이나 일어났습니다. 지금부터 당신은 후회하는 일이 생기지 않도록 남편과 떨어져 별실에서 금욕생활을 해야 합니다. 당신이 불행하게 다시 임신하게 된다면, 어떻게 하겠습니까? 그런 상황에 내가 없다면, 아무도 이러한 일을 해결할 수 없을 것입니다. 나의 수명은 다한 것 같고, 이 세상에 오래있지 못할 것입니다. 당신의 목숨에 대해서 생각하시고 나의 충고를 소홀히 하지 마십시오"라고 말했다.
다음해에 도는 정말로 죽었다. 1년 후에 여의 아내는 출산하다가 죽었다. 여는 아이를 출산하다가 죽은 여성은 다시 환생할 수 없으며 영원히 연옥에 머문다는 생각을 믿었다. 그는 스스로 칼을 가지고 와서 아내의 배를 갈라서 태아를 끄집어내 버렸다.10)

이 이야기는 두 가지의 공통된 통념에 근거를 두고 있음이 다른 곳에서도 입증된다. 어떤 아이들은 보통 아이가 아니고 악령이 보내서 부모에게 슬픔을 주려고 한다는 것이다. 이것은 아마도 부모가 저지른 죄의 응징이라고 생각한다. 또다른 생각은 임신은 아주 불결하고 더러운 것으로서 어머니의 환생을 방해한다는 것이다. 임신과 출산이 불결한 것이라고 생각하게 된 근원은 추적하기가 힘들다. 외경(중국에서 쓰여진 출처가 의심스러운 불교 경전)으로 분류되는 불경인 혈분경(血盆經, 중국에서 쓰여진 것이다.)은 목련(目連)이 어머니를 찾기 위해서 저승으로 갔을 때, 발견한 지옥을 혈분이라고 설명하였다. 즉, 여성들만이 이 지옥에 있다. 그 지옥의 수문장은 목련에게 여성들은 죄를 지어서 그곳에 있다고 했다. 그 죄는 출산의 피로 지신(地

神)을 더럽혀 놓았거나 혹은 피로 더럽혀진 옷을 강에서 빨아서 하류에 사는 사람들이 우연히 더럽혀진 물로 차를 끓여 신에게 바쳤기 때문에 (여성들이) 거기에 있다고 말했다. 송대 여러 종류의 도교 경전에서 비슷한 내용을 다루고 있는데, 이것은 이러한 생각들이 ― 후기 중국에서 상당히 유행된 ― 이미 송대에 얼마간 유포되어 있었다.[11]

출산 직후는 산모에게 위험한 시기였다. 의학서에서는 산모가 3일동안 누워 있어야 한다고 조언했다. 의학의 권위자들은 산후 여성은 우울해지거나 또는 정신착란을 일으키거나 귀신을 보기도 하므로 이에 대한 치료가 마련되어야 한다고 했다. 또한 산후 여성들은 고통이나, 한기, 그리고 상당히 다른 종류의 불안과 위험에 처하기도 했다.[12]

출산 때 죽는 것이나 또는 출산과정에서 일어나는 직접적인 결과로서 며칠 후에 죽는 것은 아주 흔한 일이다. 심지어 묘지명을 남겼던 비교적 특권층이었던 지식인 계층의 여성들도 마찬가지였다. 진저(陳著, 1214~1297)는 첫번째 부인인 동상유(童尙柔, 1216~1252)가 네 명의 딸을 낳았는데, 어린 시절을 넘기지 못하고 전부 죽었다는 것을 자세히 기록해 놓고 있다. 37세에 동씨(童氏)는 첫 아들을 낳았지만, 다음날 죽었고, 갓난아이는 13일 후에 죽었다. 요면(1216~1262)은 결혼한지 1년 후에 아내가 출산하다가 죽는 불행을 겪었다. 추묘선(鄒妙善, 1228~1249)은 유일한 아이인 여자아이를 출산한 후 20일만에 죽고, 딸아이도 그 다음해에 죽었다. 추씨의 여동생인 추묘(鄒妙)는 첫번째 임신이 사산으로 끝난 후 7일만에 죽었다. 어머니는 죽고 아들이 살아남게 되었을 때, (묘지명의) 저술가들은 흔히 산모가 아들의 출산으로 인해서 죽었다는 것을 기록하는 것을 꺼려했음이 분명하다. 이것은 아마도 살아남은 아들이 가지게 될 민감한 감정 때문일 것이다. 예를 들면 원명선(元明善, 1269~1322)은 사체경(史棣卿, 1246~1266)이 수도에서 "병때문에" 21세에 죽었다는 것만을 기록하였다. 훗날 원명선은 비문에서, 죽은 부인의 네번째 아이이자 유일한 아들이 어머니가 죽었을 때 7일밖에 안되었다고 언급했다.[13]

북경 고궁박물원. 옹우국(翁禹國)이 촬영.

전근대에 출산은 위험한 일이었지만 아버지와 어머니, 할아버지와 할머니에게 큰 기쁨을 준다는 것을 기억하는 것은 중요하다. 특히 남자아이가 태어날 때는 더욱 그러했다. 어린아이 모양을 본떠 만든 자기로 된 배게를 사용했던(<그림 22>) 여성들은 아마도 아이를 갖게 될 것이라는 즐거운 생각으로 잠자리에 들었을 것이다. 45세까지 결혼하지 않고 있던 소옹(邵雍, 1011~1077)이 결혼하여 자기의 아내가 첫 아들을 출산했을 때, 다음과 같은 시를 읊었다.

지금 나는 47세이다.
아들을 얻어 처음으로 누군가의 아버지가 되었다.
아이를 양육하고 가르치는 것이 나한테 달렸다
아들아, 네가 오래살거나 현명하거나 어리석든지는 너에게 달려 있다.
내가 70세까지 살 수 있다면
네가 25세가 되는 것을 보겠다.
나는 네가 훌륭한 성현이 되는 것을 보고 싶은데
이 모든 것이 하늘의 뜻이니 알 수가 없구나.[14]

갓난아이 살리기

임신한 여성이 직면했던 위험이 어떤 것이든간에 갓난아이의 생명은 더욱 불확실했다. 송대 황가(皇家)에서 출생한 딸의 절반 가량이 어려서 죽었다는 것을 생각해 본다면, 유아사망률이 높았음이 분명하다.[15] 송대의 화첩에 묘사된 것(<그림 23>)과 마찬가지로 죽음은 어린아이들을 유혹하는 하나의 방식이었던 것 같다.

물론 어떤 여성들은 홍매의 또 다른 이야기에서 드러나는 것처럼, 다른 여인에 비해서 운이 아주 나빴다.

〈그림 23〉 갓난아이와 죽음의 악령

이송(李嵩, 창작활약기 1190~1230)이 그린 화첩. 북경 고궁박물원.

회양(膾陽)의 유장부(劉將夫)와 그의 부인은 두 사람 다 나이가 40이 넘었는데 번번이 아들을 키우는데 실패하고, 딸이 하나 있을 뿐이었다. 유(劉)가 관직으로 인해 수도에 가 있을 때 딸아이마저 죽어 유의 아내는 장례를 치러 주고 슬피 통곡했다. 이

때 유의 아내는 지쳐서 앉아서 쉬고 있다가 잠이 들었는데, 꿈에 머리를 높이 틀어 올린 한 여자[고계부인(高髻婦人)]가 유의 아내 옆에 나타나 "너무 낙담하지 말라. 너는 앞으로 높은 관직에 오를 아이를 낳을 것이다. 관리인 너의 남편이 이미 차견(差遣)을 얻어 곧 집으로 돌아올 것이다. 그러면 곧 성(城) 서쪽의 위(魏) 12라는 사람의 아내에게 가서 헌 옷 한 벌을 가져오도록 하라. 네가 아이를 낳으면 큰 은합(銀盒)을 빌려다가 그 헌 옷을 깔고 아이를 상자속에 넣어 두어라. 상자의 뚜껑을 잠깐 닫고 난 후에 아이를 꺼내라. 그리고 그 아이에게 '합주(合住)'나 혹은 '몽주(蒙住)'라고 이름을 지어주어라"고 하는 말을 들었다. 머리를 높이 틀어올린 여자는 이야기를 마치고 곧 사라졌다.

5일 후에 유가 저주(滁州)의 법조연(法曹掾)이라는 직책을 받아 다시 돌아왔다. 아내가 무슨 일이 일어났었는지를 유에게 이야기했고, 다음날 부부는 위의 아내를 찾기 위해 서문으로 나가 2리(里)를 갔는데도 위라는 성을 가진 사람은 아무도 없었다. 그들이 서문에 다시 돌아와서 우연히 찻집에 들러서 어떤 사람과 함께 이야기를 했는데 그 사람이 바로 위 11이었다. 그 부부가 동생에 관해서 묻자, "(위 12는)" 12번째 아우인데 그의 아내가 12명(*10명)의 아들을 낳았는데 한 명도 죽지 않았다. 그 아이들은 모두 함께 살고 또 함께 먹는데 가난한 가족에게는 너무 짐스러운 일이다(* 모름지기 가난한 집에서 마땅한 바가 아니다.)고 말했다. 유는 이 이야기를 듣고 너무 기뻐서 위 11에게 꿈이야기를 해 주었다. 위 11은 집안으로 들어가서 자기 동생 위 12에게 그 이야기를 했고, 자기 동생의 아내한테서 비단 옷을 가져 와서 손님들(유와 그 아내)에게 내주었다. 유는 옷의 대가로 2천전을 주었으나 위 11은 거절했다.

훗날에, 유의 아내가 임신을 했고 5월이 지나 유가 임직지로 떠났는데 이때가 1120년[선화경자(宣和庚子)]이었다. 부부가 함께 식사를 하면서 서로 마주보고 "지금까지의 상황으로 보면 우리가 아들을 낳을 것 같다. 우리가 어디에서 은합을 얻어 올 수 있을까?"라고 말했다. 그런데 유는 재정을 담당하는 직책을 맡고 있었으므로 큰 그릇[器皿]을 전부 조사하여 이에 두 개의 큰 은합을 찾아냈다. 6월이 되어 유의 아내가 남자아이를 출산했는데, 그들 부부는 아내 유씨가 꿈에서 들은대로 그 아들의 이름을 '몽주(蒙住)'라고 지어 주었다.[16)]

물론 이 소년은 죽지 않고 살아 남았으며 성장하여 관리가 되었다.

의약서에서는 갓난아이가 죽지 않고 살아남도록 하는데 다양한 처방과 많은 실제적인 조언을 해준다. 한 의약서에서는 "어린아이를 기르고 있는 사람은 통풍이나 습기에서 보호하라"고 경고한다. 갓난아이였을 때 침이나 뜸으로 치료를 받아보지 못했던 농사꾼의 아이들이 흔히 무지한 의사들로부터 치료를 받았던 아이들보다도 더 건강하다고 기록하고 있다.[17)]

전근대 서양에서는 갓난아이들을 비위생적인 도시의 바깥으로 내보내 시골에서 유모들이 돌보도록 했는데, 이 관습은 아마도 유아사망률을 증가시켰던 것 같다. 중국에서도 유모를 많이 활용했지만 유모들이 유아사망을 높이는데는 서양보다는 덜 했을 것이다. 왜냐하면 중국에서는 유아를 유모에게 보내는 대신에 유모를 집안으로 데려와서 어린아이들에게 필요한 모든 것을 다 돌봐 주도록 했기 때문이다.[18] 의사들은 유모를 들이는 것을 반대하지 않았다. 오히려 의사들은 흰 젖을 줄 수 있는 건강하고 살이 찐 유모를 선택하도록 주장했다.[19] 사실상 일반적인 의학이론에 의하면 어린아이에게 젖을 먹이는 것은 마치 피를 잃어버리는 것과 같으며 여성들의 기운을 쇠약하게 한다는 것이다. 즉, "일반 가정에서 아내들은 출산한 후에 자식들에게 젖을 먹인다. 출산을 하면 여성들의 활력[기(氣)]이 많이 소모된다. 아이에게 계속 젖을 먹이면 피가 나빠지게 된다. 그러므로 혼과 생명을 아주 위험하게 만드는 행동 중에서도 이보다 더 심한 것은 없다"[20]는 것이다. 이러한 의학이론에 친숙했던 송대인들은 이제 막 어머니가 된 여자들의 건강을 보호하기 위해서 유모들을 고용하였다. 이유야 어떻든지 간에, 지식인 가정에서 유모를 두는 것은 일반적인 현상이다. 소식(蘇軾, 1036~1101)은 임채련(任採連, 1017~1088)이 자기의 누나와 자기를 젖먹여 키웠고, 35년동안이나 자기의 집에 함께 머물면서 세 명의 아들을 돌봐주었고, 여러 관직으로 옮겨 다닐 때 자기네 가족과 함께 이사를 다녔다고 기록하였다. 지식인들이 유모를 두는 것에 대해서 우려한 것은 지식인 계층의 아이들이 바람직하지 못한 습관이나 가치관을 가지고 있는 여성들에 의해 나쁜 영향을 받을지도 모르기 때문이다. 또한 유모노릇을 하는 것은 자기네 아이들에게 너무 빨리 젖을 떼서 유모의 아이들이 고통받을지도 모른다고 우려하기도 했다.[21]

상류계층의 여성들이 몸소 자기 아이에게 젖을 먹여서 키우는 것은 어머니로서의 헌신적인 행동이라고 생각했다. 원섭(袁燮, 1144~1224)은 아내인 변씨(邊氏, 1155~1203)가 19세에 결혼하여 곧 아이들을 낳기 시작해 결국 네 명의 남자아이와 네 명의 여자아이를 돌보았으므로 이상적인 어머니라고 다음과 같이 묘사했다.

남녀(男女) 8명의 아이 중에 7명은 몸소 젖을 먹여 키웠다. 굶주리면 배부르게 하고 추우면 따뜻하게 하여 늘 주의깊게 보살펴 주었다. 한순간이라도 마음을 놓지 않았고 아주 사소한 것이라도 지극히 정성을 들였다. 변씨는 스스로 나의 마음은 아이의 몸에 붙어 있다고 말했다. 아이가 조금이라도 편안하지 않으면 종일 안고 있고, 일찍이 잠자리에 눕혀 두거나 타인에게 맡기지 않았다. 아이를 헌신적으로 보살피고 정성들여 보호한 까닭에 모두 살아 남았고 요절하는 근심이 없었다.[22]

원섭은 어린 자식을 돌보는 어머니에게는 아주 매력적인 뭔가가 있다고 생각했다. 이러한 느낌은 때때로 어린아이를 목욕시키는 그림을 그렸던 화가들에 의해서 반영되었다(<그림 24>).

<그림 24> 아이를 목욕시키고 있는 여성

송대(宋代) 화첩. 프리어 갤러리 소장. 워싱턴 디시의 스미소니언 박물관.

중국에서도 다른 지역과 마찬가지로 부모는 자식들에게 사랑을 쏟았고 또한 아이가 죽었을 때 슬퍼했다. 적지 않은 지식인들이 유아의 죽음에 관한 시를 썼다. 서적(徐積, 1028~1103)은 어느 정도 자라서 죽은 자식에 대해서 어머니가 어떻게 느꼈는지를 나타내는 시를 지었다. 그 시의 일부분은 다음과 같다.

누구를 곡하는가 슬프고 애절하다.
머리 쉰 어머니와 얼굴이 붉은 어린아이,
어린아이가 갑자기 어머니를 버리고 갔으니,
어머니는 어떻게 살아 갈까?
책상위에는 아이가 배우던 책이 있고,
옷장속에는 어린아이가 입던 옷이 들어 있다.
아이의 소리는 다시 듣지 못하겠고
아이의 모습은 다시 보지 못하겠다.
누구를 곡하는가, 슬프고 또 슬프도다.
창자가 끊어지기 전에 심장부터 부서진다.
어머니는 아이를 믿고 사는데,
아이는 가고 다시 오지 않는다.
아침에 남의 아이를 보고,
저녁에 다른 사람의 아들을 본다.
하루날과 하루밤 사이에,
열번 깨어났다 아홉번 다시 죽는다.[23]

유산과 영아살해

어머니의 역할 중에서 신체와 관련된 부분에 대한 검토를 끝내기 전에 어떻게 원치 않는 임신을 처리했는지 간략하게 살펴보자. 이런 경우 원치 않은 임신이었기 때문이라는 것은 잘 알려진 사실이다. 너무 많은 자식을 원치 않았던 가장 큰 이유는 가난 때문이었다. 아들이 많다는 것은 각자에게 돌아갈 재산의 몫이 더 적어진다는 것을 의미하고, 딸이 많다는 것은 지참금 때문에 지출이 많아지는 것을 의미한다.

어떤 물질을 복용하는 것이 유산을 촉진시킨다고 생각했다. 그러나 이러한 방법으로 유산시키는 것은 안전하다거나 믿을만 하다고 생각되어 온 것 같지 않다. 주밀(周密, 1232~1308)은 황제 도종(度宗, 재위기1264~1274)이 유산의 실수로 태어났다는 소문을 기록했다. 이씨(李氏)가 황자와 결혼할 때 도종의 어머니는 하녀로 함께 따라갔다. "소릉(紹陵)[도종]이 태내에 있을 때 [그의 어머니]는 자기의 신분이 미천했기 때문에 아이를 낙태시키려고 약을 먹었다. 도종의 어머니가 도종을 낳았을 때, 아이의 손발은 허약했고, 7세가 되어도 말을 못했다"24)고 한다. 이창령(李昌齡, 창작활약기 1233년)이 쓴 교훈서 모음집에서는 독약을 먹어 유산했던 일을 언급하고 있다. 즉, 이씨(李氏)는 임신의 초기 단계에 자궁이 정액과 피로써 꽉 차 있다는 주장을 반박하였다. 그는 임신의 아주 초기 단계라고 해도, 이미 자궁속에 영혼이 있다고 주장했다. 그 증거로서 이씨는 소백온(邵伯溫, 1057∼1134)이 기록했던 내용을 반복해서 말했다. 즉, 소의 할머니가 임신했을 때, 의사가 처방한 약을 먹고 백온의 아버지인 옹을 출산했는데, 아이는 건강했다. 그러나 쌍둥이 여자형제는 먹은 약 때문에 사산되었다. 10년이 지난 후에 소의 아내는 병이 났고, 꿈속에서 죽어서 태어났던 딸아이가 찾아와서 자기가 태내에서 독약 때문에 얼마나 고통을 겪었는지 말했다. 또 10년이 지난 후에, 죽어서 태어난 딸아이가 다시 꿈에 나타나서 자기는 결국 환생하게 될 것이라고 말했다25)고 한다.

영아살해는 확실히 유산보다도 더 흔히 일어나는 현상이었다. 빈곤하지 않은 사람들도 산아제한의 한 형태로서 영아살해를 했다. 지식인 계층들 간에도 영아살해나 또는 영아살해 미수에 관한 이야기가 많이 있다. 홍매가 기록한 어떤 이야기에 의하면, 관리의 아들은 이미 네 명이나 되는 딸이 있으므로 만약 또 아이를 낳으면 그를 익사시키자고 아내와 합의를 보았다. 또 다른 이야기에 의하면 50세가 넘은 어떤 남자는 장성한 아들들에게 자기의 첩이 임신했다는 것을 쑥스러워하면서 이야기하고, 그 아이가 태어나면 어떻게 해야 할지 물어보았다. 즉, 아이를 죽이거나, 낳자 마자 남에게 주거나, 또는 잠시 기르다가 다른 곳으로 보내자는(아마 양자로 보내 버리거나 절에 들어가게 하는 것일 것이다.) 것이었다. 그러나 좀 나이가 어린 아들은 그 아이를 살려두자고 제안했고, 나이든 아들은 이 제안을 무시하고 자기 손으로 그 아이를 술통에 던져 버렸다.26) 때때로 사람들은 마음을 바꾸어 물이 담긴 대야속에 집어넣은 후에 구해 주기도 했다. 관료였던 장돈(章惇, 1035∼1105)은 물에 빠뜨려 죽도록 버려졌는데, 후에 어떤 사람이 건져 주었기 때문에 살아남을 수 있었다는 것은 널리 알려진 이야기였다. 호안국(胡安國, 1074~1138)의 첩 중의 한 명이 출산하자, 그 아이를 익사시키기 위해 물속에 넣어 버렸다. 그러나 호안국의 아내가 꿈에 동이속에서 헤엄쳐 다니는 물고기를 본 후, 실제 반쯤 물속에 빠져죽게 되었던 소년을 구해서 길렀다. 그 소년이 바로 호인(胡寅, 1098~1156)이다. 그는 자기의 생모(生母)가 자기를 익사시켜 죽이려고 했던 것을 적대시해서, 생모를 위해서 상복도 입지 않았다[27][사람들은 호인을 길러준 어머니(법적인)가 호인이 어렸을 때, 자기를 친어머니로써 생각하도록 하기 위해 이런 이야기를 해주었다고 상상할 수밖에 없을 것이다.].

영아살해가 지식인들에 의해 행하여 졌다는 증거가 있음에도 불구하고, 대부분의 지식인들은 자신들과 같은 교육받은 가정에서 영아살해가 행해졌던 것이 아니라 평범한 사람들에 의해 자행된 무식하고, 이기적이고, 사악한 문제로 다룬다.[28] 왕득신(王得臣, 1059년 과거급제)은 "복건(福建)에 사는 사람들은 세 명의 아들과 두 명의 딸보다도 더 많은 자식은 원하지 않았다. 그래서 만약 더 많은 자식을 두게 되면, 부모들은 아이가 유아일 때 익사시켰다"고 기록하고 있다. 유위(兪偉)가 복건의 지방관이었을 때, 아이를 죽여서는 안된다는 포고문을 공고하고 마을의 모든 연장자들을 불러 연회를 베풀어 주었다. 각자의 고을로 돌아가서 영아살해가 왜 잘못되었는지를 이웃 사람들에게 설명하라고 지시했다. 왕은 유위의 노력으로 구제되어졌던 영아들이 수천 명에 달한다고 기록했다.[29] 몇 십년 후에 주송(朱松, 1097~1143)이 복건(福建)에서 지방관으로 재직하는 동안, 사람들이 영아살해를 하지 않도록 권유하는 방을 붙였다. 그는 마을사람들의 관심을 끌기 위해서 어떤 여성이 죽은 후에 다시 살아났다고 보고하는 것으로부터 이야기를 시작했다. 그 여자는 자기가 죽고 나서 친척들과 조상들이 늘어서 있는 장소로 인도되었고, 그곳에서 다섯 명의 피에 젖어 있는 갓난아이들과 만나게 되었다. 그 여자는 그 아이들을 죽였다고 고발당했으나 범인이 아니라는 것이 판명되어서 다시 이승으로 돌아오게 되었다는 것이다. 그리고 나서 주는 "이 지역의 사람들은 항상 두 명의 자식만을 기른다. 그 이상을 낳으면 아들이거나 딸이거나 간에 재빨리 물에 빠뜨려 죽인다. 만약 부모가 자식을 차마 죽일 수 없다면, 남자형제가 재산을 분할할 때 자기의 몫이 적어질까 걱정하여 [갓난아이를] 죽인다"30)고 주장했다.

사람들이 영아살해를 죄악이라고 생각한 것은 여러 가지 이야기에서 증거를 찾을 수 있는데, 대부분 영아를 살해한 사람은 보복을 받는다는 것이다. 홍매는 강서(江西)라는 이름의 부유한 농부에 관해서 이야기했다. 그 농부는 아내가 딸을 출산하자, 화가 나서 그 딸을 물이 담긴 대야에 던져버렸다. 그 아이가 죽지 않자, 남편은 딸아이의 양쪽 귀를 꽉 잡아당겨 마치 칼을 사용했던 것처럼 아주 날카롭게 잘라냈다. 그러자 그 딸 아이는 죽었다. 다음 해에 아내가 다시 딸을 낳았는데, 이번에는 딸아이의 양쪽귀가 없었다. 이웃사람들은 업보라고 생각했고, 아이의 아버지에게 더 큰 재앙을 불러 일으킬지도 모르기 때문에 딸을 죽여서는 안된다고 설득했다. 홍매는 또한 고씨(高氏)의 경우를 자세히 이야기했다. 들에서 일하는 품팔이의 과부가 자기보다 나이가 어린 아무짝에도 쓸모없는 부랑아와 간통한 후에 임신을 했다. 고씨는 사람들이 부정하게 정을 통했다고 고발할까 두려워 아이를 물에 빠뜨려 죽였다. 몇 년이 지난 후에, 고씨는 벌레에게 물렸고 배가 부풀어 올랐다. 밤이나 낮이나 고통스러워 소리질렀으며 병이 극도에 달하자, 그 여자는 주위에 모여든 사람들에게 자기가 죽인 아이가 괴롭힌다고 말했다. 그녀는 심하게 몸부림치기 시작했고, 마침내 다음날 죽었다. 고씨의 딸은 어머니가 죽는 것을 지켜봤다. 그 딸이 결혼한 후에 그녀와 그녀의 남편도 자기네들에게 자식이 너무 많아 부양하기가 힘들다고 생각하고, 갓 태어난 딸아이를 물 속에 빠뜨려 죽였다. 다음해에 고씨의 딸이 다시 임신하자, 그 여자는 방에서 이상한 형체를 보았다. 그 여자는 병이 들었고, 친정 어머니 고씨가 겪었던 것과 같은 고생을 하고 죽었다.31)

아이를 더 이상 기를 능력이 없다고 생각했던 사람들에게 영아를 죽이는 것 외에 다른 방법은 아이를 양자로 주거나 또는 아이가 잘 발견될 것 같은 장소에 버리는 것이다. 원채(袁采)는 "너무 많은 아들을 두는 것은 분명히 걱정되는 일"이다. 그러나 어린아이가 좀더 자랄 때까지 기다린 후에 남에게 보내라고 권고했다.[32] 대도시에서 버려진 아이들은 일반적인 사회 문제였다. 지방관청은 때때로 보육시설을 운영했고, 보모를 고용해서 누군가가 그 아이들을 데려 갈 수 있을 때까지 돌봐 주었다. 농촌지역에서는 지방관이 예방책을 마련하려고 애썼다. 지방관들은 동네 이웃사람들에게 임신한 사실을 보고할 것을 권장하여 영아살해를 막았으며, 정말로 가난해서 갓 낳은 자식을 부양할 수 없었던 사람들에게 구제방안을 마련해 주기도 했다.[33]

자녀들의 감정적인 욕구를 도와주고 정신적인 계발

많은 저술가들이 인용하는 것처럼, 여성의 위대함에 대한 진정한 척도는 자식을 얼마나 잘 길렀는가 하는 것이다. 인간의 성장에 있어서 유아시절이 중요하다는 것은 널리 알려진 사실이다.[34] 어머니들은 자식들의 도덕적이고 지적인 능력을 교육시키는데 있어서 초기에 행한 역할을 공로로 인정받았다. 정이(程頤)는 어머니인 후씨(侯氏, 1004~1052)를 자기네 남자형제에게 중요한 영향을 준 사람으로 다음과 같이 묘사했다[아래의 번역에서 나는 어머니라는 용어를 사용했다. 그러나 다른 아들들이 자기의 죽은 어머니를 언급할 때와 마찬가지로 정이(程頤)도 사실상 부인이라는 뜻에 가까운 칭호를 사용하거나 그렇지 않을 경우에는 주체를 언급하지 않은 채로 남겨 놓았다.].

어머니는 인정이 많고, 관대하고 너그러우셔서 첩의 자식도 친자식처럼 돌보셨다. 또한 어머니는 나의 삼촌의 고아도 자식처럼 돌보았고 가정일을 꾸려 나가는데 일관성이 있었고, 가혹하지 않으면서도 질서가 있었다. 어머니는 종들을 때리는 것을 좋아하지 않았고 어린 종들은 자식처럼 여겼다. 우리들이 종들을 꾸짖으면, 어머니는 항상 타이르기를 "종들의 사회적인 위치가 너희들보다 낮지만, 그들도 너희와 마찬가지로 인간이다. 너희들이 좀더 나이가 들었을 때, 이와 같은 행동을 할 수가 있겠는가"라고 말씀하셨다.

어머니는 가끔 길에 버려진 아이를 집에 데려왔다. 즉, 가난한 장사꾼이 집을 떠나 있을 때, 그의 아내가 죽었다. 그의 아이들이 뿔뿔이 흩어져 다른 사람들에게로 갔는데 제일 나이가 어린 3세된 아이는 아무도 데려가지 않았다. 어머니께서는 그 아이가 굶어 죽을까 염려해서 집으로 그 어린아이를 데려 왔다. 그 때에 우리 집에는 친척들이 많았는데, [그 친척들이 이 아이를 보고서] 아무도 좋아하지 않자 어머니는 자신의 돈으로 음식을 사서 먹였다. 그 어린아이의 아버지가 돌아와서, "다행스럽게도 아이를 수양해 주셔서 이 아이가 생명을 보존하게 되었으니, 이 아이를 당신에게 드리고 싶습니다."고 말했다. 어머니는 "내가 이 아이를 키운 것은 당신이 돌아오기를 기다린 것이지, 아이를 차지하려고 한 것은 아니었다"고 말했다.

어머니께서는 병든 사람을 고치는데 사용되는 약을 잘 만들었다. 굉장히 날씨가 추운 어느 날 숯을 파는 사람이 우리 집 문앞을 지나갔다. 우리 집안 식구 중 한사람이 그를 부르려고 했다. 그러나 어머니는 집안 식구를 설득해서 그렇게 하지 않도록 하고, "당신은 정말로 그 사람을 불러서는 안됩니다. 당신이 그 숯을 사들이게 된다면, 가난한 사람들이 불을 피우지 못하게 되니 곤란하게 될 것입니다"라고 말씀하셨다.

아버님이 화가 났을 때 어머니는 아버지의 노여움을 풀어 드릴 수 있었다. 그러나 우리들의 잘못을 숨기지 않으셨으며, 자식들이 변변치 못하게 되는 것은 어머니가 자식들의 잘못을 감추어 아버지가 알지 못하기 때문이라고 하셨다. 어머니는 여섯 명의 아들을 낳았는데, 그 중에서 둘 만이 살아 남았다. 어머니는 우리를 극진히 사랑하셨지만, 자식들을 교육시키는데 있어서 조금도 빈틈이 없으셨다. 우리가 두, 세살 정도 되었을 때 걷다가 넘어지면, 다른 식구들이 달려와 끌어안으면서 우리가 놀라지 않도록 해 주었다. 그러나 어머니께서는 이와는 반대로 "네가 천천히 걸었더라면, 넘어지지 않았을 것이다"고 야단치셨다. 우리가 식사할 때 어머니 곁에 앉혔는데 국을 휘저으면 그렇게 하지 못하도록 하셨고, "어릴 때부터 입에 맞는 음식을 먹으려 한다면, 커서 어떤 사람이 되겠는가"라고 말씀하셨다.

어머니는 우리에게 명령을 내렸지만, 절대로 욕설을 퍼붓지는 않았다(*심부름하는 종에게도 욕설로 꾸짖지 않으셨다.). 그래서 우리는 일생동안 형제간에 음식이나 옷에 대해서 가리는 바가 없었으며, 남을 욕한 적도 없었다. 이러한 것은 우리의 타고난 성품 때문이 아니라 어머니에게 받은 가르침 때문이었다. 만약 우리들이 누군가와 다투게 되면, 어머니는 우리가 아무리 옳아도 편들어 주지 않았다. 어머니는 "나는 너희들이 남에게 굽히지 못하는 것을 걱정하고, 너희 주장을 펴지 못하는 것을 걱정하지 않는다"고 말씀하셨다. 우리가 좀더 나이들게 되자, 훌륭한 스승과 함께 공부하게 하셨고, 좋은 친구들과 사귀게 했다. 살림이 가난하더라도 우리가 손님을 초대하고 싶어하면, 어머니는 기쁘게 준비해 주셨다. 딸들을 교육시킬 때 늘 조대가(曹大家)[반소의]『여계(女誡)』로 가르치셨다.

어머니는 늘상 우리에게 "너희들이 다른 사람의 선한 행동을 보면, 자기 자신의 선한 행동처럼 여겨서 반드시 다른 사람의 선을 이루어 주도록 하고, 다른 사람의 물건을 자기의 물건처럼 여겨서 반드시 그 물건들을 아끼라"고 말씀하셨다.

어머니는 가난한 생활을 편안하게 여겨 검소하게 살림을 하셨다. 친척들간에 서로 사치하는 것을 보았을 때, 아예 본체도 하지 않았다. 딸이 두, 세살 되었을 때 갑자기 죽자 유모는 통곡했다. 어머니는 유모를 나무라면서 앞으로 살아갈 일에나 잘 대처하도록 했다. "이미 지나간 것은 잃어버린 것이다. 이렇게 통곡한다고 해서 네가 무엇을 얻을 수 있겠는가"라고 하셨다(* 갑자기 아이를 잃어버렸는데 유모가 슬피 통곡하자, 부인이 꾸짖어 말하길, 곧 찾게 될 것이다. 진실로 찾지 못하고 잃어버리더라도 너희들이 운다고 해서 소용이 있겠는가).

우리 형제가 어렸을 때, 어머니께서는 독서하도록 권면하면서 책 갈피[선첩(線貼)]위에 "나는 책을 부지런히 읽는 아이를 사랑한다"고 쓰셨다. 또 두 줄의 글귀를 썼는데, 첫줄에는 "전시(殿試)(*과거시험의 마지막 단계로 황제가 친히 주관하는 시험이다.)에 합격할 정연수(程延壽)"라고 썼는데, 정연수는 죽은 형의 어렸을 때 이름이다. 다음 구절에는 "처사(處士)"라고 쓰셨는데, 죽은 나의 형님이 과거시험에 합격할 것이라고 쓴 내용과는 달리 내가 글재주가 없어 시험에 응시하지 못할 것을 아시고 쓴 것이다. 이 구절을 통해서 보면, 어머니께서는 우리가 아직 어렸을 때 무슨 일이 일어날지 알고 계셨다는 것을 알 수 있다. 나는 어머니가 손수 쓰신 구절을 중히 간직해서 나의 후손들로 하여금 어머니께서 얼마나 인물의 정감(精鑒)을 잘 아셨는지를 알리고자 한다.35)

정이(程頤)는 여러 해가 지난 후에 어머니가 자식을 양육했던 것을 회고하면서, 어머니의 훌륭한 점을 많이 발견했다. 정이의 어머니는 신분의 차별이 심한 사회에 살았지만 하인들이나, 가난한 사람, 불우한 처지에 있는 사람들을 염두에 둘 것을 가르치려고 애썼다. 어머니는 아버지가 화가 났을 때, 아버지를 진정시킬 수 있는 사람이라는 점에서 아버지를 보완해 주었다. 그러나 어머니가 아무리 관대하다고 해도 자식들이 부주의스럽거나 고집스러워지는 것을 내버려두지는 않았다. 오히려 어머니는 "[자식들을] 극진히 사랑했지만 교육시키는 것을 결코 게을리 하지 않았다." 어머니는 다른 사람들에게 헌신하는 좋은 본보기를 보여주었고, 물질적인 것에는 무관심했다. 어머니는 자식들이 관료가 되기 위해 공부하도록 동기를 부여하는데 좋은 역할을 했다.

정이는 어머니의 감성적인 면보다도 어머니의 성격 중에 냉철한 면을 강조했다. 그것은 어린 딸의 죽음을 유모보다도 훨씬 더 침착하게 받아들였다는 것에서도 알 수 있다. 이러한 점에서 정이는 그 당시 여자들이 갖는 감성적인 면과는 반대의 어머니 모습을 보여주고 있다. 원채는 여성들이 어린 아이를 양육하는데 있어서 감성적인 면이 있다는 좀더 일반적인 견해를 다음과 같이 전해준다.

사람들이 자식을 낳아, 대개 어렸을 때에는 사랑하는 마음으로 잘못된 것을 꾸짖지 않고 멋대로 구하고 멋대로 행동하게 하여 이유없이 소리지르고 울어도 금지시키지 않고 오히려 유모만 나무란다. 아이가 친구들을 깔아 눌러도 경계하지 않고 도리어 다른 사람을 책망한다. 누가 그렇게 하는 것이 옳지 않다고 하면 어린아이는 책망할 수 없다고 말한다. 이것은 세월이 지나면서 잘못된 습관을 길러 주는 것이니 부모가 자식을 왜곡되게 사랑하는 실수이다.
그 아이가 나이들게 되면, 부모는 사랑하는 마음이 점차 성글어져서 약간의 잘못이 있어도 몹시 미워하고 적은 허물을 캐내 큰 악으로 인정하여 친구를 만나면 교묘한 말로 꾸며 대어 일일이 들추어 단연코 아주 불효하다고 한다. 그러나 그 자식은 실로 아무죄가 없으니 부모가 함부로 미워하는 것은 잘못이다.
대개 이런 잘못은 아버지보다 어머니가 더 많으니 아버지 된 자가 내용을 알지 못하면 어머니의 말을 그대로 믿어서 해결하지 못할 것이다. 이러한 것을 아버지 된 자가 살펴 자식이 어릴 때는 엄하게 대하고 성장해서는 사랑을 인색하게 베풀지 말아야 한다.36)

지식인 계층에서는 대부분의 어머니들이 자식에게 책을 많이 읽도록 가르쳤다. 원섭(袁燮, 1144~1224)은 어머니인 대씨(戴氏, 1121~1192)가 자식들의 학문에 대한 교육의 초기 단계에 어떻게 했는지 묘사했다. 즉, "어머니는 우리에게 글자를 가르쳐 주셨고, 어머니의 손으로 글자를 써주셨으며, 우리들에게 그 글자가 무슨 글자인지를 말씀해 주셨다. 우리가 큰 소리를 내어 문장을 읽을 때, 어머니는 우리의 발음을 고쳐 주셨다"고 했다. 아들들이 더 나이가 들어감에 따라 어머니의 역할은 점점 아들들을 격려해 주고 타이르는 것이었다. 그러나 어머니는 과거나 현재에 관해서 아들들과 오랫동안 이야기했고, 폭넓은 지식과 냉철한 분별력을 전해 주었다. 또한 어머니들이 자식들에게 기초가 되는 초보적인 책을 소개해 주는 것은 보기드문 일이 아니었다. 예를 들면 공씨(龔氏, 1052~1119)는 아들들에게 『논어(論語)』와 『맹자(孟子)』를 개인적으로 가르쳤다. 아주 문학적인 재능이 있었던 황씨(黃氏, 1063~1121)는 일곱 명의 딸들에게 각각 시와 예의범절을 가르쳤다. 남편이 없었을 경우에는 어머니들은 더욱 열심히 가르쳤다. 40세에 과부가 된 우도영(虞道永, 1103~1182)은 아들의 교육에 대한 책임을 떠맡았고, "스스로 아들들에게 유교경전과 교훈서를 가르쳤다"37)

또한 딸들은 흔히 어머니에게 읽는 것을 배웠다. 그러나 딸들은 남성과 여성의 차이를 강조했던 사회내에서 아무런 문제없이 잘 어울려 지내야 했으므로 어머니는 딸들에게 가르칠 것이 더욱 많았다. 여자들의 전기에 의하면 여성들은 해야 할 모든 일을 남에게 가르침을 받지 않고 배웠다고 한다. 이러한 문장의 구절은 아마도 아들들이 자기네들의 직업의 기초가 되는 기본적인 교재를 습득하기 위해서 스트레스를 받았던 반면에, 여자형제들은 집 주위에서 단지 어머니를 따라 다니면서 어머니를 도와줌으로써 요리를 하거나, 누에를 치거나, 실을 잣거나, 바느질을 하거나, 어린아이나, 병든 사람, 그리고 나이든 사람을 돌보는 일을 손쉽게 배울 수 있었다는 사실에 대한 놀라움을 반영해 준다.

어머니들은 딸들이 상냥하고, 온순하고, 공손하며, 겸손한 사람이 되도록 훈련시켰다. 따라서 송대의 어머니들은 이러한 특성을 갖추도록 훈련시키는 것이 여성을 억압하는 것으로 생각하지 않았다. 오히려 어머니들은 자기네 딸들을 다른 사람들이 예쁘고 여자답다고 칭찬받도록 키우는 것을 자랑스럽게 생각했다. 여성다움을 만들어 낸다는 것은 여성들이 주도권을 가지고 있었던 영역이었다. 아버지들과 할아버지들은 자기들의 여식을 귀여워해서 그들이 남 앞에서 잘난 척 하는 것과 같은 보기에 탐탁치 못한 행동을 나타내도록 부추겨도 용납될 수 있었다. 그러나 어머니들이나 할머니들로부터는 적절한 품행을 배우도록 권장하였다. 한유(韓維, 1017~1098)는 아내의 어머니(장모)인 왕씨(王氏)가 아버지로부터 사랑을 많이 받았지만, 결국에는 더욱더 여성스러운 품행을 배웠다고 말했다. 즉, "왕씨가 아주 어려서 몇 살 안되었을 때, 왕씨의 아버지가 딸의 조숙함을 기뻐하여 몸소 『효경(孝經)』과 수백 편의 백거이(白居易)의 풍자적이고 여러 가지 내용이 섞여있는 시를 암송하도록 가르쳤다. 그런데 왕씨는 가족들이 다 모일 때마다 술을 꽤 많이 마셨다. 그러나 조금 나이들게 되자, '술을 마시거나 책을 암송하는 것은 여자가 해야할 일이 아니다'라고 단언했고, 찻잔을 거꾸로 뒤집어 놓았으며 다시는 책을 읽지 않았다."[38] 왕씨의 어머니나 할머니 또는 다른 여성친척들이 그녀의 행동에 대해서 어떤 비평을 했을 것이고, 이것은 왕씨가 아버지로부터 인정받고 있었던 긍정적인 좋은 면들을 약화시킨 것 같다고 추측해 볼 수 있다.

겸손한 태도와 같이 딸들에게 장려되었던 몇 가지 특성들은 자기 딸이 기생이 아니라는 증거이며 무엇보다도 존경의 표시로서 중요했던 것 같다. 남자들은 여성들이 남자들에게 얼굴을 드러내고, 남자들을 즐겁게 해주려고 하는 여성들에게 더욱 더 끌리면 끌릴수록, 아내나 딸들은 더욱 정숙해지고 집안에 머물러 있기를 원했던 것이 분명하다. 그런데 전족이 점점 더 확산됨에 따라 어머니들은 딸들의 성장을 지도할 때 유흥가에서 유행되던 것들을 완전히 배제하지는 않았다(제1장을 보라).

■　　■　　■

많은 위험과 어려움에도 불구하고, 자식을 키우는 것은 어머니들에게 상당한 만족감을 주었다. 어머니의 역할은 다른 여성의 역할에서 보여준 것과 같은 이중적인 면을 거의 가지고 있지 않다. 여성들은 자식을 사랑하고, 자기들이 할 수 있는 한 최선을 다해서 돌봐주는 것이 타당하다는 것에 어떠한 혼란도 없었다. 무엇보다도 자녀들의 어머니로서 자기 자신을 생각한 여성들은 먼저 자기의 삶을 한 사람의 여성, 한 사람의 아내, 시인, 베짜는 여자, 또는 가정의 관리자로서 생각했던 여성들보다 덜 혼란스럽거나 또는 덜 좌절감을 느끼는 삶을 발견하게 된다. 어머니들은 자기네들의 의도가 잘못되지 않았다는 것을 알고 있는 좀더 나이든 자식들과 가능한 한 많은 시간을 보냈다. 즉, 어머니들이 했던 것은 무엇이든지 간에 사랑의 증거로서 간주될 것이다. 사람들은 어머니들의 어떤 특정한 행동을 비난할 수 있을지 모르지만, 어머니들의 동기는 비난하지 않을 것이다. 또한 어머니 역할은 여자들이 기울인 노력에 대한 보답을 거두어 들이도록 기대할 수 있는 중요한 영역이었다. 다시 말해서 모든 사람들은 어머니들이 자식을 사랑했던 것만큼 자식들도 어머니를 사랑하는 것이 당연하고 바람직하다고 생각한다. 사실상, 저술가들은 아들이 어머니에게 진 빚을 다 갚을 수 없다고 흔히 암시하곤 했다.

이 모든 것은 어머니의 정체성을 형성하는 과정에서 다른 사람과 여성들의 관계에 대한 중요성을 다시 한번 강조한 것이다. 여성이라는 존재는 많은 사람에게 다양한 의미가 있다. 즉, 부모에게는 딸이고, 남편에게는 아내이며, 남편의 남자형제의 아내에게는 동서이며, 기타 등등이다. 그러나 여성에게 가장 권장되었던 관계는 자식과의 관계이다. 게다가, 어머니로서 여성의 정체성은 그 여자가 갖는 다른 관계에까지 영향을 준다. 즉, 아들의 아내는 단지 며느리인 것뿐만 아니라, 손자손녀의 어머니이다. 또한 옆집에 사는 여자는 단지 옆집에 사는 여자일 뿐만 아니라, 이웃집 아이의 어머니이다.

중국 가족제도의 가치관은 어머니로서의 역할을 과대평가했기 때문에 젊은 여성보다는 나이든 여성에게 유리하고, 아이를 낳지 못하는 여성보다는 아이를 낳았던 여성에게 유리하다고 주장할 수 있을지 모른다. 결과적으로 어떤 여성들은 이로 인해 이득을 볼 것이다. 그러나 가장 많이 이득을 보는 사람은 아마도 자식들이었을 것이다. 중국의 가족제도에서는 여성들에게 훌륭한 어머니가 되도록 하는 모든 가능한 동기를 부여함으로써 정성을 다해 자애롭게 자녀를 양육할 것 권장했다.

제10장

과부살이

손적(孫覿, 1070년 출생)이 1134년에 죽었을 때, 아내 강씨(强氏, 1078～
1153)는 56세로 자식이 11명이었는데, 그중에 몇 명은 나이가 어렸다. 그들
의 경제적인 형편은 어려웠다. 왜냐하면 손씨가 "돈에는 무관심했고, 남에게
선물하는 것을 좋아해 말 한 마디로 수백 민(緡)을 내주어도 잊어버리고 신
경을 쓰지 않았기 때문이다."1) 손씨는 남에게서 받은 차용증서를 대바구니
에 하나 가득 모아 놓고 있었는데, 이것을 아들들에게 모두 불태워 버리라
고 유언했다. 아버지의 유언을 아들들이 따르려고 했을 때, 강씨는 자식들을
만류하면서 다음과 같이 주장했다.

"나는 한 푼의 이자도 받을 생각이 없고, 또 사람을 보내 얼마나 빨리 빚을 갚을 것
인지 물어보지 않을 것이다. 그러나 남편의 유언대로 차용증서를 불태워 버릴 수는
없다."고 하면서 아들들에게 아버지의 죽음을 알리라고 이야기했으나, 그 이외에 다른
행동은 하지 않았다.
어떤 조카가 그때까지 분할되지 않은 토지가 있는데, 그 토지에서 나오는 수입을 전
부 계산하면 만민이 된다고 했다. 강씨는 어떻게 해야 할지 몰랐다. 어떤 사람이 토
지의 분할법은 5년이 지나면 소송사건이 제기될 수가 없는데, 지금 한 세대가 지났기
때문에 조카들이 법적으로 소송을 제기할 수 없다고 말해주었다. 강씨는 "재산을 두
고 싸울 것인가? 혹은 조카들의 요구에 응할 것인가?" 중에 어떤 것이 좋은 방법인
지 반문해 보았다. 결국 강씨는 공동재산과 전답을 다 주었고, 자기에게 남겨 둔 것
은 아무것도 없었다. 친척들이 이 이야기를 듣고 "과부와 어린 아들이 하루아침에 가
산의 절반을 잃어버린다면, 그 집안은 파산하게 될 것이다."고 말했다. 그러나 강씨는
근면, 검소 그리고 자력으로 열심히 일해서 가정살림을 꾸려 나갔고, 집안 식구들을
위해서 의복과 음식을 마련했다. 강씨는 집 동쪽 편에 큰 방을 마련해 두고 선생님을
초빙해서 자식들을 교육시켰다. 아침, 저녁으로 배운 것을 암송하게 하고 놀거나 태만
하지 않게 했다. 강씨는 납제(臘祭)를 지내고 부세를 바치고, 빈제(賓祭)를 주재하고
종당(宗黨)과 교제하도록 비용을 마련하여 미연의 일에 대응하고 앞날을 위해 돈을
저축했으며, 급한 일이거나 평이한 일이거나 모두 절도가 있었다. 20년 이상에 걸친
강씨의 노력으로 아들들은 모두 아내를 얻게 되었고, 딸들은 모두 시집가게 되었다.

전원(田園)과 자금이 점차 이전의 상태를 회복했다. 내외의 친척들이 노유(老幼), 소근(疏近)할 것 없이 한결같이 강씨를 현모(賢母)라고 칭하였다.[2]

　이러한 역경을 극복하고 자식을 훌륭하게 양육한 의지가 굳은 과부들의 이야기는 송대의 사료에서 별로 드물지 않다. 이렇게 강하고, 유능하고 헌신적인 여성들은 '내조자'로서 높이 평가받았던 것과 아주 비슷한 이유로 인해 칭송받았다. 그런 여성들은 남편이나 아들 가문의 위상을 지속시키거나 높여 주었다.

　56세에 과부가 되었던 강씨에게는 아직 나이 어린 자식도 있었지만, 이미 강씨를 도와서 많은 문제를 처리해 줄 수 있었던 장장한 아들들도 있었다. 그런데 우리에게 경외심을 불러일으키는 것은 성장한 아들을 두지 않았던 과부들이다. 전근대의 사망률을 볼 때, 여성이 자기네 아들이 성장하기 전에 남편을 잃는 것은 드문 현상이 아니다. 내가 조사했던 부부들 중에서 5%는 30대에 과부가 되었고, 13%는 40대에 과부가 되었고, 약 20%는 40∼50대에 과부가 되었다. 이렇게 과부가 된 여성들에게 가장 바람직한 경우는 죽은 남편의 남자형제들과 더불어 대가정에서 살며, 그들과 늘 같이 지내는 것이다. 가산(家産)을 분할할 때, 아들들은 남편이 받게 되었던 몫을 얻게 된다. 사려 깊은 남편의 남자형제들은 과부의 아들들이 재산을 관리할 수 있을 때까지 분할을 연기하거나 혹은 그렇지 않다면 남편의 남자형제들이 과부가 된 여성을 부양해 준다. 과부의 남편이 죽기 전에 이미 가산이 분할되었다 할지라도, 죽은 남편의 남자형제들은 과부와 자식들을 받아들여 필요하다면 부양가족으로 돌봐 주었다. 이러한 것은 교육받은 계층의 남자들에게는 공통된 특성으로서 대체로 대규모의 가정이어서 여자들이 할 일이 많았다. 한원길(韓元吉, 1118∼1187)은 자기보다 나이가 어린 죽은 삼촌에게 올린 제문(祭文)에 삼촌이 후손 없이 죽었으므로, 갈 곳이 없는 삼촌의 과부를 받아들여 죽을 때까지 돌보았으며 후에 죽은 삼촌을 위해 상속인을 정해 주어 가계(家系)가 유지될 수 있게 했다[3]고 한다.

　이러한 바람직한 경우도 있었지만, 대부분의 경우에 과부의 남편 쪽 남자형제들이 그 과부를 반기지 않거나 또는 남편 쪽의 남자형제들이 없었기 때문에 친정으로 돌아갔다. 과부의 경제적인 형편과 가정의 상황은 계층과 개인이 처한 환경에 따라 달랐다.4) 오씨(吳氏, 1035~1093)는 결혼한 지 1년도 채 못 되어 과부가 되어 갓 낳은 딸아이와 친정으로 돌아가 32년 동안 "오빠와 올케언니를 섬기며 살았다." 소씨(蘇氏, 1031~1072)는 35세였을 때 두 번이나 과부가 되었는데, 친정집으로 돌아가서 불경을 암송하면서 은둔생활을 했고, 다른 집안 식구들 앞에 좀처럼 나타나지 않았다. 과부가 된 여자의 부모나 남자형제들이 죽은 후라 할지라도, 과부의 친정에 생존해 있던 사람들이 과부를 받아들였다. 우도영(虞道永, 1103~1182)은 자기도 과부였는데, 죽은 남편의 누나를 받아들여 15년 혹은 16년 동안 편안하게 부양했으며, 그녀의 아들들을 결혼시켜 주었다.5)

아들이 없었던 과부들에게는 의지할 수 있는 딸들이 있다. 남편이 죽은 후에, 장씨는 자기 남편과 첫 번째 아내 사이에서 태어난 딸인 엄씨(嚴氏, 1039~1110)를 받아들여서 죽을 때까지 돌보아 주었다. 송씨(宋氏)는 자기의 두 번째 남편이 죽은 후에 첫 번째 결혼에서 낳은 결혼한 딸인 진씨(陳氏, 1155~1230)와 함께 살기 위해서 갔다. 과부의 여자형제들도 도움이 될 수 있다. 약 1175년경에 소씨(邵氏)는 늙고, 가난하고 병이 들자, 이미 60세가 넘은 여동생에게 몸을 의탁했다.6)

과부가 겪는 어려움

어느 정도의 독립성을 가지고 싶어 했던 과부들에게 산다는 것은 만만치 않았다. 보통 과부들은 남편의 재산을 상속받을 수 없다(아들들이 상속인이었다). 그러나 만약 과부가 재혼하지 않는다면, 남편의 터전에서 계속해서 남아 있을 수 있었고 아들이 없을 때는 남편의 재산을 관리하고, 남편의 후계자를 세울 수 있다. 그러나 우선적으로 남편의 남자형제들의 아들 중에서 후계자를 찾거나 또는 항렬이 맞는 다른 가까운 남자 쪽 친척들에게서 찾는

데 반드시 그렇게 할 필요는 없었다. 만약 과부가 상속인을 채택하지 않는다면, 그 과부가 죽은 후에 상속인이 없는 집안[絶戶]으로 분류될 것이고, 그 집의 재산은 복잡한 법에 따라서 처분될 것이다. 어떤 과부가 자기가 낳았든지, 혹은 죽은 남편의 첩이 낳았든지, 또는 양자를 들였든지 간에, 어린 아들을 두었을 때에는 그 아들을 위해서 재산을 관리할 수 있으나, 아들의 대리인에 불과했기 때문에 정부의 허가를 얻지 않고 어떠한 땅이나 집도 팔수는 없다. 과부의 아들들이 장성했을 경우, 과부는 자기를 부양하는 데 사용될 재산권을 주장할 수 있고 그 과부의 아들들은 거래 문서에 과부의 동의를 얻지 않고, 재산을 파는 것은 법적으로 금지되었다.7)

　송대(宋代)에 과부들은 확실히 자기네들의 지참금이나 남편의 재산에 관해서 더 분명한 법적인 권리를 원했다. 그러나 과부들이 법적으로 보장된 권리를 행사하는 데는 많은 어려움이 있다. 남자들은 다른 장성한 남자들에게는 사용하지 못했을 방법을 동원해서 억지로 재산을 빼앗으려고 했다. 개봉(開封)에서 한 무뢰한이 이웃에 사는 사람에게 집을 팔도록 강요했으나 목적을 달성하지 못했다. 이웃 사람이 죽은 후에, 그 무뢰한은 하수인을 시켜서 기와 조각과 돌을 이웃집에 던지게 하여 과부인 장씨와 두 아들을 괴롭혀서 그곳을 떠나가게 하였다.8)『청명집(淸明集)』에 나오는 사례에 의하면 남자들이 장성한 아들이 없는 과부들을 공격의 대상이 되기 싶다는 증거가 많이 보인다. 무엇보다도 과부들은 여성들이다. 여성들은 상냥하며, 다른 사람들에게 복종하며, '바깥'일은 남자들에게 맡기고, 공공연히 눈에 띄는 것을 당혹스럽게 생각하도록 교육받았다. 또한『청명집』에 나온 사례에 의하면 어떤 아주 용감한 과부는 언제든지 반격할 태세를 갖추고 있었다고 한다.

　과부들은 무뢰한들로부터 보호가 필요했던 것만큼이나 친척들로부터도 보호가 필요했다. 한억(韓億, 972～1044)이 우연히 어떤 과부를 만났는데, 10년 전에 죽은 남편의 어린 남동생이 강제로 결혼을 시켜서 내보냈다. 그 과부의 아들은 동네의 어떤 여성에게 보내졌으며, 그 여성은 뇌물을 받고 과부의 아이를 친자식이라고 주장했다.9) 지금 이야기한 강씨(強氏)처럼 많은 과부들은 친척들과 재산을 둘러싸고 분쟁이 있을 때, 최선의 방책은 양보하는 것이라고 결론을 내렸다. 이씨(李氏)가 1045년에 과부가 되었을 때, 죽은 남편의 두 명의 나이 어린 남동생들은 재산을 분할했고, 과부가 된 형수를 속여서 20만전을 빼앗았다. 그 과부의 유일한 아들은 그때 나이가 어려서 억울함을 참을 수밖에 없었다. 그러나 과부는 아들에게 죽은 아버지의 영혼을 편안하게 해 드리기 위해서라도 원통함을 잊어버리라고 충고했다.[10)]

　원채(袁采)는 과부들이 종종 속임을 당하게 된다고 경고했는데, 그것은 불가피하다고 생각했다. 왜냐하면, 여성들은 자기 자신들에게 발생하는 일을 처리하기 위해서 읽거나 셈하는 데 있어서 필요한 지식을 가지고 있는 사람이 거의 없기 때문이다. 원채에 의하면 "과부가 된 여성들은 자기들의 재정 문제를 죽은 남편의 친척들이나 또는 친정 쪽의 친척에게 맡긴다. 그러나 모든 친척들이 믿을 만하지 않고, 믿을 만한 친척들이 늘 다른 사람들의 일을 돌봐 주려고 했던 것은 아니다."라고 했다. 그래서 과부들은 속지 않기 위해서 때로는 남자의 이름을 빌려서 자기네들의 재산을 등록했는데, 이러한 방법이 역효과를 낼 수도 있다.[11)]

　과부들과 죽은 남편의 친척들 사이에서 일어나는 대부분의 논쟁은 양자 채택에 관한 것이다. 법이나 관습은 가까운 부계 친척을 양자로 채택할 것을 선호했으나, 과부들은 좀 더 먼 친척들이나 또는 심지어 낯선 사람을 양자로 삼기를 선호하기로다. 무엇보다도 과부들은 양자로 이미 정해 놓은 사람을 후계자로 삼기를 원했다(그 과부는 이미 정해 두었던 후계자와는 어머니-아들의 관계 또는 할머니-손자의 관계에 있었던 것이다). 그래서 죽은 남편의 방계 친척들이 자기네들의 자식을 후계자로 대체시키고자 하는 의도에 저항했다. 진부(陳鈇)의 과부인 부씨(傅氏)가 겪었던 일처럼, 후계자 문제를 둘러싸고 죽은 남편의 친척들과 벌인 분쟁은 오래 계속될 수도 있다. 부씨는 죽은 남편의 친척 쪽에서 3세 된 소년을 죽은 남편과의 항렬이 적절했기 때문에 양자로 들였다. 부씨는 그 소년의 이름을 자기 집안의 호적으로 옮겼으며, 이 모든 것은 법에 따라 이루어졌다. 그런데 죽은 남편의 남자형제로 추정되는 진감(陳鑑)은 20여 년 동안이나 계속해서 현(縣), 주(州), 성(省) 그리고 감사(監司)에 소송을 제기하여 자기의 아들을 후계자로 세우려고 했다. 또한 진감은 그 과부의 땅을 불법적으로 차지해 과부가 땅을 되돌려 받기 위해 몸소 법정에 가게 했고, 지치게 만들었다. 재판관은 이러한 것이 과부의 죽음을 불러왔다고 결론을 내렸다.[12]

남편의 가계와는 다른 가계에서 양자를 들인 과부들은 더욱 위치가 취약할 수 있다. 증씨(曾氏)는 오단(吳坦)과 결혼했다. 증씨는 오진(吳鎭)이라는 아들 하나를 두었는데, 어려서 죽었다. 오단의 친척들 가운데 양자를 삼을 만한 적합한 사람이 없기 때문에, 증씨와 남편은 증씨 쪽 집안에서 한 소년을 데려와서 성을 오로 바꾸어 오당(吳鐺)이라고 불렀다. 남편이 죽고, 오당은 성장하여 결혼해서 세 명의 아들과 한 명의 딸을 두었다. 남편이 죽고 나서, 전에 들인 양자로 인해 여러 번 문제가 일어났다. 처음에는 죽은 남편의 삼촌이 문제를 일으켰고, 다음에는 그의 사촌이 문제를 제기했다. 마지막으로 문제가 일어났던 것은 처음에 양자를 들인 지 30년이 지난 후였다. 이번에 고소인은 어려서 죽은 친아들의 상속인을 세워야 된다고 주장했다. 그때에는 이미 늙은 과부였던 증씨는 이 고소에 대해서 이미 맞아들인 양자(오당)의 가장 어린 아들을 이미 아들의 상속인으로 세웠다고 응답했다. 재판관은 과부와 양자를 보호해 주기 위해서 할 수 있는 최선을 다했다. 재판관은 고소인의 이기적인 동기를 지적했다. 심지어 그들 가문이 내야 할 세금을 근거로 두 가문 간의 생활수준의 차이를 지적하면서, 이것이 고소한 진정한 이유라고 말했다. 재판관은 어머니 쪽의 친척으로부터 양자를 삼는 것이 아무런 혈연관계가 없는 사람보다 낫다고 강조했다.[13]

어떤 과부는 남편이 죽은 후 여러 해 지나서 양자를 들일 필요가 있게 될지도 모른다. 진씨(陳氏)가 과부가 되었을 때, 장이옹(張頤翁)이라는 어린 아들이 한 명 있었는데 불행히도 24세에 죽었다. 그러자 진씨는 죽은 아들의 상속인으로서(자기의 손자가 되는) 3세 된 버려진 아이[기아(棄兒)]를 양자로 삼았다. 그 아이가 8세인가 9세가 되었을 때, 오래전에 죽은 남편의 남동생이 자기의 아들을 양자로 대치시키기를 원했다. 재판관은 그 죽은 남편의 남동생의 아들은 과부의 아들의 상속인이 되기에는 항렬(소목관계)이 맞지 않기 때문에 과부가 양육해 온 양자를 그대로 두도록 허락했다.[14]

〈도표 6〉

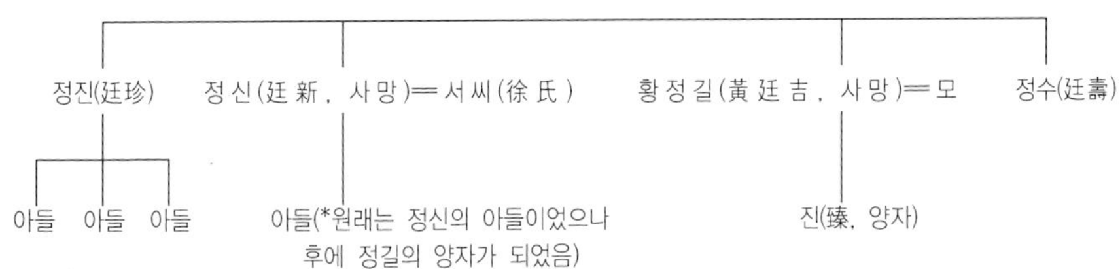

　모씨(毛氏)의 경우에는 세 가지의 다른 판결이 내려졌다. 모씨는 황정길(黃廷吉)과 결혼했는데, 네 명의 남자형제 중의 셋째였다(＜도표 6＞을 보라). 황정길은 1234년에 죽었는데, 그때 모씨는 23세였다. 모씨는 아들을 낳지 못했고, 두 명의 딸도 모두 살아남지 못했다. 모씨가 재혼하지 않을 것이라고 맹세했다는 사실을 첫 번째 재판관은 칭송받을 만하다고 여겼다. 왜냐하면 그 여자가 아주 젊었고 자식도 없었기 때문이다. 모씨는 둘째와 넷째 형제들이 아직 아들이 없었기 때문에 조카를 양자로 들일 수 없었다[*이때 정신은 비록 결혼했지만 아직 자식이 없었고, 정수는 풍병(風病)으로 상심하여 아직 장가가지 않은 상태였다]. 그리고 가장 나이가 많은 형님은 남편과 사이가 좋지 않아서 남편이 죽었을 때 심지어 조문하러 오지도 않았다. 게다가 큰 형님의 아들들은 모씨와 나이가 비슷했다. 그래서 모씨는 친정 쪽의 이모들에게 도움을 청했고, 이모의 둘째 아들을 양자로 삼기를 원하여, 그 아이에게 황진(黃臻)이라는 새로운 이름을 지어 주었다. 이 일은 모든 사람들이 주지하는 상태에서 이루어졌다. 두 명의 가깝게 지내던 남편의 형제들(모씨는 이들과 함께 산 것이 확실하다.)은 이의를 제기하지 않았다. 사실 가깝게 지냈던 두 명의 남편 쪽 형제들은 양자를 위해 선생을 초빙했으며 결혼을 주선하기도 했다. 그러나 이렇게 가깝게 지내던 남편의 형제들이 죽은 후에, 제일 큰 형님의 아들이 자기가 상속인이 되기 위해 고소를 제기했다. 첫 번째 재판관은 고소를 제기한 큰 형의 아들에게 호의적이었다. 그 재판관은 비남계친(非男系親)으로부터 양자를 들이는 것이 온당치 않다는 전형적인 주장을 내세웠고, 죽은 사람의 혼이 제사를 받지 않을 것이라고 했다. 또한 겉으로 보면 상황이 어떨지 모르지만, 사실상 따지고 보면 후손이 계속 이어지는 것은 끊어진 것이다. 비록 황진이 18년 전에 양자로 들어왔고 과부와 사이좋게 지냈다 할지라도, 재판관은 여덟 명의 조카들 가운데서 과부가 두 번째 상속인을 뽑기를 원했고, 그 뽑힌 상속인에게 재산의 절반(* 양자가 세워진 후에 정신과 정수가 아들을 낳았음)을 주라고 지시했다. 모씨는 재판관이 판결한 대로 두 번째 형제의 아들을 상속인으로 택했다. 그런데 이렇게 한 것이 오히려 화근이 되었다. 공동의 양자로 새로 들여진 그 아이의 친어머니인 서씨가 자기 아들이 정당하게 취급받지 못했다고 비난하면서 데려갔다. 이 사건은 다시 법정에 제소되었고, 새 재판관은 두 번째 양자를 들이라고 한 첫 번째 판결은 정도가 지나치다고 생각했음이 분명하다. 만약 두 번째로 들인 양자로 인해서 더 이상 문제가 발생한다면, 단독 상속인으로 충분하다고 판결을 내렸다. 세 번째 재판관은 대체적으로 두 번째 재판관에 동의했다. 그리고 원고소인(제일 큰 형의 아들)에게 문제를 일으켰다는 이유로 장(杖) 80을 치게끔 했다.[15] 모씨의 경우와 마찬가지로 대부분의 과부들은 남편의 남자형제들이나 또는 조카들에게 쉽게 당했을 것이다. 무엇보다도 과부들은 재판관들이 자기네들 편에 서 줄 것이라고는 믿기 어려웠다.

남자들은 어떤 때는 과부들이 장성해서 결혼할 수 있었던 모든 아들들의 후계가 계속 이어져 나가는 것을 중요하게 생각하지 않을 것이라고 의심했는데, 확실히 어떨 때는 옳았다. 어떤 과부에게 두 명 혹은 그보다 더 많은 아들이 있고, 그중에 한 아들이 결혼해서 아들을 두기 전에 죽었다. 그 과부는 재산의 일부가 자기와 혈연관계가 약한 양자(죽은 아들을 위해서 맞아들인)에게 돌아가기보다는 자기를 돌봐 줄 것으로 기대되는 현존하는 아들이나 또는 아들들에게 모든 재산이 돌아갈 것을 선호했을지도 모른다. 그러한 사례의 하나로, 재판관은 어떤 과부가 살아 있는 아들들의 탐욕 때문에 무지한 여자가 되었다고 힐난했다. 그런데 다른 사례에 의하면 또 다른 재판관은 방계친척들의 간섭을 받지 않고 결정할 수 있는 권리를 옹호해 주었다.[16]

아들을 둔 과부들에게도 방계친척들이 자기네 자신이나 또는 자기들의 아들을 추가 상속인으로 세워 줄 것을 강요했다. 즉

> 증거로 제시된 자료에 의하면 방삼(方森)은 1200년에 태어나서 20세에 황씨(黃氏)와 결혼했다. 황씨는 1204년에 출생했고, 16세였을 때 방삼과 결혼한 셈이다. 1223년에 딸 유고(柳姑)가 태어났고, 유고가 5세일 때 아버지를 여의었는데, 지금은 15세이다. 황씨는 1225년에 아들 흡(洽)을 낳았다. 흡은 3세일 때 아버지를 여의었으며, 지금은 13세이다. 방구(方龜)라는 이름을 가진 사람이 자기의 증언서에서 주장하기를, 방삼이 삼촌인 방개(方凱)로부터 자신(즉 방구)을 양자로 맞아들이기를 청했는데, 그때 자기의 나이가 8세였다고 한다. 그는 1217년에 '아버지'(방삼)를 따라갔고 서방(書坊)에서 작은 가게를 열었는데 자기의 '아버지'가 황씨와 결혼하기 2년 전이었다. 1217년에 방삼은 단지 18세였다. 이 나이에 이미 방구를 양아들로 들였다는 이야기가 가능한가? 사람들이 양아들을 들일 때에는 아들이 없거나 또는 나이가 너무 많거나 또는 병이 너무 깊어서이다. 18세밖에 안 된 사람이 별 이유도 없이 다른 사람의 8세 된 아들을 양아들로 들이겠는가? 더군다나 방구는 28세 된 장년 같아 보이지도 않았다. 그가 제기한 근거가 없는 고소는 더욱 나쁘게 보인다.[17]

방삼이 18세에 가게를 차렸을 때, 자기의 나이 어린 친척 방구를 조수로 고용했던 것은 분명하다. 10년이 지난 후에, 삼은 두 명의 나이 어린 자식과 부인을 남겨 두고 죽었다. 과부가 된 황씨는 방구로 하여금 그 가게를 계속 관리하도록 한 것 같다. 그러나 10년이 지난 후에 방구는 자기가 양자로 들어왔다는 주장을 근거로 방삼의 재산의 일부에 대한 권리를 주장했고, 그 사건을 몇몇 재판관들에게 고소하여 황씨에게 보복했다.

과부가 굴복해서 조카를 상속인으로 삼았다 해도 재산을 지키기 위해서 투쟁해야만 할지도 모른다. 아들이 없이 나이 들어 과부가 된 육씨(陸氏)는 죽은 남편의 형제의 8세 난 손자를 양손자로 맞아들이도록 압력을 받았다. 육씨는 양손자에게 재산을 한몫 떼 주었고 다시 그 아이의 부모에게 돌려보내 양육하도록 했다. 그 과부와 과부의 딸(아마 딸도 과부였던 것 같다)은 비구니가 되기 위해서 머리를 깎고, 집을 절로 바꾸었다. 죽은 남편의 형제가 이들 과부에게 모든 재산을 넘겨 달라고 강요했을 때, 그 문제는 법정으로 가게 되었다. 재판관은 양쪽 다 똑같이 잘못이 있다고 판결했다. 그러나

결국 이미 80세가 넘은 과부에게 비구니가 되려는 결심을 포기하도록 할 수
는 없었다. 그 과부를 계속해서 성가시게 만들면, 죽음을 재촉할 것이라고
재판관은 생각했다. 그러나 재판관은 그 과부가 가지고 있던 재산의 절반을
양손자에게 넘겨주도록 했고, 또한 죽은 남편의 형제에게 준 땅은 죽은 남
편의 무덤을 잘 관리하는 데 쓰도록 지시했다.[18]

재산이라고는 과부가 가져온 지참금뿐이었을 때도, 양자를 두는 것이 문
제가 될 수 있다. 장씨(張氏)는 오(吳)라는 사람과 결혼했다. 남편도 죽고,
이들 부부 사이에 태어난 유일한 아들도 죽은 후에, 시집올 때 지참금으로
가져온 땅에 농사를 지으면서 살아갔다. 노년이 되어서 죽은 남편의 가족들
은 장씨에게 어떠한 도움도 주지 않고 "병이 들어 고생도 되고, 의지할 남
편이나 아들이 없었기 때문에 장씨는 친정 가족과 같이 살기 위해서 친정으
로 돌아갔다." 그런데 장씨가 거의 죽음에 임박했을 때, 오진(吳辰)이라는
사람이 그 과부를 돌보고 있던 친정 조카들을 상대로 소송을 제기했다. 오
진은 장씨의 친정 조카들이 땅에 대한 소유권과 그 땅에서 자라고 있는 곡
식을 훔쳤다고 고소했다. 이 소송은 법정에서 패소 처분되었지만 그 과부(장
씨)가 죽은 후에, 전에 소송을 제기한 적이 있던 오진은 다시 법정에 가서
자기의 손자를 그 과부의 상속인으로 삼아서 그 과부가 지참금으로 가져왔
던 땅을 차지하려고 했다. 재판관은 오씨네 쪽에서 그 여자가 나이 들었을
때 돌본 사람이 없었다는 것을 탐탁지 않게 여겼음에도 불구하고, 장례식에
필요한 비용을 제외하고 그 과부의 지참금에서 남은 것은 오씨네 집안에서
결정한 상속인에게 주도록 판결했다.[19]

남자들은 과부들이 직면할 힘든 상황을 잘 알고 있었으므로 자기네들이
죽은 후에 과부로 남을 아내와 아이들을 보호하기 위해서 방책을 마련해 주
기도 했다. 유경(柳璟)은 그의 세 명의 남자형제들이 가산을 분할한 후에,
경제적으로 풍요로워졌다. 유경이 죽음에 임박했을 때, 어린 아들과 과부가
될 아내에게 무슨 일이 벌어질지 모른다고 걱정했다. 유경의 남자형제들은
유경보다 먼저 죽었으나 유경에게는 몇 명의 조카가 있었는데 그 조카들은
유경에 비해서 훨씬 경제적으로 어려웠으므로 자기의 유가족(자기의 아들과

과부)을 괴롭힐지 모른다고 생각해서 아내에게 네 명의 조카들에게 각각 해마다 1만전을 주도록 유언을 남겼다. 이 유언에 따라 그 과부는 5년에서 7년 동안 조카들에게 돈을 지불했으나 그 후에는 중단했다. 그러자 조카들은 부계 쪽의 나이 든 친척들에게 가서 자기네들이 이 사건을 법정에 제기하는 것을 도와 달라고 요청했다. 그런데 재판관은 이 사건을 다른 식으로 생각했다. 재판관은 죽은 남편 유경이 돈을 주도록 주선했던 것은 유씨가 자기의 조카들이 유가족인 아들이나 과부가 된 자기 아내를 돌봐 줄 것이라고 믿을 수가 없었기 때문에 돈을 주어 적대감을 모면해 보려고 했다고 생각했다. 그래서 재판관은 이제는 과부가 세상물정을 알게 되었으므로 자기의 땅을 스스로 관리하도록 허락해 주어야 하며, 모든 수입을 가져야 한다고 판결을 내렸다.[20]

도덕적 영웅으로서의 청상과부

재혼을 거절한 젊은 과부들은 영웅적인 인물로서 널리 존경받았다. 사람들은 젊은 과부들이 자기의 부모나 혹은 시부모가 재혼하도록 강요하는 것에 대항하고 자식들을 보호하고 교육시키는 것이 얼마나 힘든지 안다. 사람들은 자기네들이 믿는 바를 굳게 지킨 과부들은 남자나 여자에게 똑같이 특별하며 감동을 준다고 생각했다.[21]

여성이 한 번만 결혼하는 것이 도덕적으로 바람직하다는 생각은 아주 오래된 기원을 갖고 있다. 『예기(禮記)』에 "신(信)이라는 것은 다른 사람을 섬기는 것이고, 부덕(婦德)이다. 남편이 죽으면 여자는 재혼하지 않고, 죽을 때까지 마음을 바꾸지 않는다."[22]고 기록되어 있다. 재혼하지 않는 오래된 전통은 적어도 한대(漢代)까지 거슬러 올라간다. 전설 속의 성현 요(堯)임금의 두 딸이 전설 속의 성현 순(舜)임금의 아내와 첩으로 결혼했던 것을 칭찬했다. 순이 죽자, 두 명의 여자는 스스로 물에 빠져 죽었다.[23] 이 이야기는 송

대에 널리 퍼져서 그림으로도 그려졌다(<그림 25>). 『시경(詩經)』에 나오
는 '백주(伯舟)'라는 시(詩)에서 공강(共姜)이 맹세한 내용을 언급했는데 과
부였던 공강은 재혼하라는 부모들의 압력에 저항하였다.[24] 기원전 1세기 말
에 유향이 저술한 『열녀전(烈女傳)』에는 공강이나 다른 여성들에 관한 이야
기가 실려 있는데, 그것은 여성들의 주된 공적은 재혼하는 것을 저항했다는
것이다. 이러한 여성들은 흔히 아내들의 일편단심에 대한 격언을 인용했던
것으로 묘사되어 있다. 즉 "아무리 성인 같은 짝이 있더라도 재혼하지 않는
다." "아내의 도덕적인 의무는 일단 한번 결혼했으면 다시는 마음을 바꾸지
않는다." "아내의 도덕적인 의무는 두 명의 남편을 섬기지 않는 것"과 같은
것들이다. 이처럼 많은 여성들은 불명예를 받아들이기보다는 차라리 자기들
의 삶을 희생시키는 것으로 끝을 맺었다. 기원 1세기 말에 반소(班昭, 약4
8∼약120)는 남편은 첫 번째 아내가 죽으면 재혼해야 할 의무가 있다고 기
록했다. 그렇지만 어떤 예교서에서도 여성이 재혼하도록 허락한 책은 없다.
많은 당대의 정사에서는 재혼하는 것을 거절했다는 이유만으로 유명해진 여
성들의 전기를 싣고 있다.[25]

장돈례(張敦禮, 약 1200)가 그린 권화(卷畫). 전설상의 황제 순(舜)임금의 배우자였던 두 자매가 순의 죽음으로 인한 슬픔으로 강물에 투신하기 직전의 모습. 아치발드 카레이 쿨리드즈 재단. 보스턴 박물관.

여성 교육을 위해 활용된 일반적인 입문서에서도 같은 내용을 전달하고 있다. 당 후기의 『여효경(女孝經)』에서는 남자는 재혼할 권리가 있지만 여성은 '재혼할' 권리가 없다는 원칙을 반복해서 이야기했다.26) 또한 당대(唐代)에 쓰인 『여논어(女論語)』의 마지막에는 '수절(守節)'이라는 항목이 있다. 이 항목에서는 소녀들이 결혼할 때까지 규방에만 머물러야 한다는 것과 손님이 오면 소녀들은 자기들의 말소리가 들리지 않도록 조용히 해야 하고, 날이 어두워진 후에 다닐 때는 촛불을 들고 다녀야 한다고 기록하고 있다. 또한 충실한 결혼생활에 대해서도 이야기하고 있다.

남편과 아내가 '머리카락을 묶을 때[결발(結髮)]', 여기에 내포되는 도덕적인 원칙[의리(義理)]은 천금보다도 무겁다. 만약에 불행한 일이 있어서 남편이 먼저 죽는다면, 당신은 삼 년 동안 상복을 입어야 한다. 당신은 약속한 것을 지켜야 하며, 마음을 굳게 먹어야 한다. 가족을 지키는 데 마음을 쓰고, 토지를 관리하며 무덤을 정돈하고 후손을 양육하고 교육시켜서 남편의 이름을 유지시켜 가야 한다27)[*존몰영광(存歿榮光), 살았을 때나 죽었을 때나 영광이 있을 것이다].

송 조정은 재혼을 거절하는 미덕을 선전하는 것에 찬성하였다. 송대 재판관들은 과부가 재혼하지 않는 것을 극구 칭찬했고, 그 과부들을 공강에 비유했다.28) '재혼하지 않는 관습을 향상시키기 위한' 방법으로 조정에서는 젊어서 과부가 되어 오랫동안 결혼하지 않았던 여성들에게 기문(旌門)과 곡식을 하사하고 또한 세금을 면제하는 특권을 주었다. 예를 들면 1094년[소성(紹聖)원년]에 왕씨(王氏)에게 10곡(斛)의 곡물과 10필(匹)의 비단을 하사했는데, 그 여자가 12년 동안 시댁에 머물면서 결혼한 첫해에 죽은 남편의 유복자를 길렀기 때문이다.29) 지방관들은 수절하는 과부들을 명예롭게 해 주는 데 앞장섰다. 정형(程逈, 1163년 과거합격)은 그 근처에 살고 있는 과부인 도씨(度氏)가 지참금으로 가져왔던 모든 재산을 저당 잡히거나 팔아 달마다 생활비를 주었다. 도씨는 자식을 부양하기 위해서 남겨 둔 것이라곤 아무것도 없었는데도 아들을 돌보지 않고 떠나는 것은 남편에게 의리가 없는 행동이 될 것이라는 점에서 재혼하기를 거절했다.30) 그래서 수절을 굳건히 지키는 과부들은 부모가 돌아가셨을 때, 상중(喪中)에 극도로 절제된 생활을 하며 병고에 시달리는 부모를 위해 허벅지의 살점을 떼어 약으로 쓰기도 했다[*할고, 할고의 기원은 739년에 진장기(陳藏器)가 편찬한 『본초습유(本草拾遺)』의 기록에서 찾아볼 수 있다. 또한 할고가 불교의 신체공양의 의미로 행해졌다는 증거도 있다. 할고는 당대부터 송대까지 인도인들의 금욕적인 행위와 관련되어 행해졌다]. 또한 분할하지 않고 집안을 다섯 세대 또는 그 이상의 세대 동안 유지하는 효자를 영웅으로 여겼던 것처럼 과부들도 영웅으로 간주되었다.31)

불굴의 의지를 가진 과부들에 대한 진정한 의미의 찬사는 저술가들이 자기 주위에서 알고 있던 많은 과부들에 관한 이야기에서 확실히 드러난다. 왕안석(王安石, 1021~1086)은 위씨(魏氏, 987~1050)가 29세에 두 명의 어린아이 있는 상태에서 과부가 되었다는 것을 기록했다. 위씨는 자식들이 선생에게 배우러 가기 전에 『시경(詩經)』, 『논어(論語)』, 『효경(孝經)』을 가르쳤을 뿐만 아니라 또한 "몸소 자식들의 음식과 의복을 마련하기 위해서 뽕나무와 삼나무를 길렀고, [재혼하지 않으려는] 자기의 결심을 바꿀 생각은 추호도 없으며 오랫동안 가난을 견뎌냈다."32) 누약(樓鑰, 1137~1213)은 자기의 사촌 중의 한 과부가 공강보다 훨씬 낫다고 기록했다. 왜냐하면 공강이 부모의 재혼하라는 압력을 반대했을 따름이며 다른 자질에 관해서는 알려진 바가 없으나, 자기의 친척 여성인 장씨(蔣氏, 1117~1202)는 2주일 된 아이부터 6세 된 아이까지 다섯 명의 자식이 있는 상태에서 26세에 과부가 되었다. 장씨의 친정어머니가 재혼시키려고 노력했으나 고아의 운명은 어떻게 될지 모른다고 말하면서 재혼을 거절했다. 시부모는 장씨의 뜻을 꺾으려고 하지 않았다. 그리고 장씨는 가정을 관리하는 데 헌신하여 장씨의 감독하에 규모가 커지고 번창하게 되었다.[33]

영웅적인 과부에 대한 대부분의 이야기들은 불가사의하게 생각된다. 그 당시에 널리 퍼졌던 사고방식 중에는 가장 헌신적인 과부들이 보여준 자기희생은 천지신명도 감동을 시켰다. 홍매(洪邁)는 오씨(吳氏)에 관해서 다음과 같이 이야기했는데, 그 여자는 왕(王)의 과부로서 자식도 없었다.

오씨(吳氏)는 시어머니를 섬기는 데 효심을 다하였다. 시어머니는 늙은 데다 앞을 보지 못했는데, 며느리의 외롭고 가난한 상황을 불쌍히 여겨 며느리를 위해 남편감을 불러들여 부부가 되게 하여 양자[의자(義子)]로 삼을 것을 제안했다. 오씨가 울면서 "여자는 두 지아비를 섬기지 않습니다. 제가 어머님을 봉양할 것이니, 그런 말씀은 하지 마십시오."라고 하였다. 시어머니는 며느리가 결심한 것을 꺾을 수 없다는 것을 알고 억지로 따랐다. 오씨는 이웃집의 방직, 세탁, 바느질, 요리, 청소를 해 주고 하루에 수십, 수백 전을 벌었는데, 그 돈을 전부 시어머니에게 땔감과 양식을 사도록 드렸다. 간혹 이웃집에서 고기를 주면 집으로 가져와서 시어머니께서 드시도록 했다.
오씨는 타고난 성품이 순진하고 성실하여 다른 사람과 함부로 수다를 떨지 않았다. 심지어 다른 사람의 재물이 눈앞에 널려 있더라도 본 체도 하지 않았고, 단지 자기가 일한 값어치만 받았다. 그래서 이웃 사람들이 서로 그 여자를 불러다 일을 시켰다. 이 때문에 고부간에 살아가는 데 춥고 배고픔이 없었다.
어느 날 며느리가 밥을 짓는데 그 밥이 채 익지 않았을 때 이웃집 여자가 와서 며느리를 불러내어 서로 이야기하였다. 시어머니는 밥이 너무 익을까 걱정이 되어 밥을 물동이 속에 넣는다는 것이 앞을 보지 못하므로 오줌통에다 넣었다. 오씨가 돌아와서 그것을 보고서 한 마디 말도 하지 않고 빨리 이웃집에 가서 밥을 얻어다가 시어머니께 드리고 오줌통에 있던 쌀은 씻어서 다시 밥을 지어 자기가 먹었다.
어느 날 낮에 이웃 사람들은 하늘에서 오색구름이 뻗쳐 내려오는데, 며느리가 오색구름을 타고 하늘로 올라가 가물가물한 것을 보고 깜짝 놀라 시어머니에게 말했다. 시어머니는 그런 소리 하지 말라고 하며, 조금 전에 며느리가 남의 집 방아를 찧어 주고 지금 막 집에 돌아와서 피곤해서 침상에 누워 있다고 말하면서 의심스러우면 가서 살펴보라고 했다. 그래서 이웃 사람들이 방문 앞에 가서 보니, 과연 며느리는 깊은 잠에서 깨어나지 못하고 있었다. 사람들은 놀라서 물러갔다.

오씨가 깨어났을 때, 시어머니가 이웃 사람들의 이야기를 하자 오씨는 내가 꿈을 꾸었는데 "꿈에 푸른 색깔의 옷을 입은 두 명의 어린 동자가 구름을 타고 내려와 서찰을 들고 내 옷을 끌어당기면서 상제가 당신을 부르니 가자고 말했다. 그리고 나로 하여금 공중으로 걸어가게 하여 곧바로 상제가 있는 천문에 당도하게 했다. 그 동자들이 나를 데리고 궁궐에 들어가 상제를 뵙도록 했는데, 상제가 옥좌에 앉아 나에게 위로하면서 '너는 어리석은 시골의 한 여인네인데 늙은 시어머니를 정성으로 섬김에 수고를 다하니 참으로 귀중하게 여길 만하다.'고 말하였다. 그리고는 술을 한 잔 주는데 술맛의 향기가 코 안에 스며들고 1관의 돈을 주면서 이것을 가지고 가면 시어머니를 잘 봉양할 수 있으니, 앞으로는 품팔이를 하지 않아도 될 것이라고 했다. 오씨는 상제에게 감사하다고 절을 올리고 돌아오는데 두 명의 동자가 조금 전과 같이 자기를 데려다 주어 번쩍 깨어났다. 깨어나 보니 과연 몇 천 전의 돈이 침대 위에 놓여 있고 방 안은 향기가 가득했다."고 말했다. 시어머니가 며느리의 이야기를 듣고 이웃 사람이 본 것은 며느리의 혼신이 하늘로 올라간 것이라는 것을 알았다. 이때부터 더 많은 사람들이 오씨에게 일해 줄 것을 청하였고, 그 여자는 거절하지 않았다. 그러나 품값으로 받은 돈은 모두 시어머니가 사용하도록 했다. 돈은 써도 써도 다시 생겨났으므로, 1,000전의 현금은 줄어들지 않았다. 시어머니의 두 눈도 밝아져 세상을 볼 수 있었다.[34]

앞에서 언급한 오씨보다도 더 자기를 낮추는 여성을 상상해 본다는 것은 힘든 일이다. 오씨는 시어머니를 편안하게 해 주기 위해서 너무나 세심한 주의를 기울여 아무리 화나는 일이 있어도 결코 화를 내지 않았다. 그러므로 그 과부는 이웃 사람들의 호의와 신의 도움을 얻었다.[35]

훌륭했던 과부들은 너무나 높이 추앙받았기 때문에 남자들이 자기네 가문의 성공을 그러한 여성들에게 돌리는 것은 품격을 떨어뜨리거나 난처한 입장에 놓이게 하지 않았다. 예를 들면 지주(池州, 안휘)의 노(魯) 가문은 11세기에 문중 시조인 8대 위의 선조에게 경의를 표하기 위해서 써놓은 기록이 있었다. 즉 그 여자는 장씨(章氏)로 27세에 과부가 되었는데, 그 당시 그 여자의 유일한 아들이 될 자식을 임신한 상태였다. 장씨는 남편의 집에 계속 머물며 아들을 키웠고, 손자 중의 한 명이 관리로 출세하는 것을 보았으며, '다섯 세대 가정' 이상을 거느릴 만큼 오래 살았다. 1262년에 와서 장씨를

추모하는 후손들이 천명 이상이나 되었다.36)

송대에 과부들의 수절을 높이 평가했으며 또한 이에 대해 전폭적으로 지지한 것을 고려해 볼 때, 송대의 유학자들이 모두 이구동성으로 참여한 것은 별로 놀라운 일이 아니다. 사마광은 "'아내'라는 것은 어떠한 하나의 정체성을 의미하는 것이라고 정의하고 일단 아내가 남편을 통해서 정체성을 갖게 되면 그 여자는 일생 동안 그 정체성을 바꾸지 않는다. 그러므로 충신(忠臣)은 두 명의 임금을 섬기지 않고, 열녀(烈女)는 두 명의 남편을 섬기지 않는다."37)고 기록했다. 사마광은 그가 쓴 『가범(家範)』에서 재혼하기를 거절했던 많은 과부들의 이야기를 본보기로 인용했다. 그래서 사마광은 여성의 자기희생이 감정적으로나 도덕적으로 남성의 자기희생보다 더 만족스럽다고 여기지 않았다. 또한 재혼하기보다도 자살하는 과부를 바람직한 모델로 여기지도 않았다. 그 대신 사마광이 설정한 훌륭한 과부는 부모가 다시 결혼하라는 것을 거부하고, 무엇보다도 남편의 부모나 자식을 계속해서 돌보기를 원했던 경우이다.38) 그 과부들은 구혼자를 단념시키기 위해서 자기의 몸을 불구로 만들지도 모르지만 목숨을 내던지지는 않았다.39) 사마광은 한 남자가 과부의 팔을 만졌을 때, 그 과부는 이 남자의 행동 때문에 몸이 더럽혀졌다고 하여 자기의 팔을 잘라냈다는 이야기를 기록하였다.40) 또한 사마광은 강간을 피하기 위해서 자살한 소녀나 아내 또는 과부들을 모범적인 예로 들었지만 재혼하는 것을 강간과 같다고 생각하지 않았다.

후대에 와서 가장 유명해진 이야기는 정이(程頤)가 재혼을 절대적으로 반대했던 것이다. 즉

어떤 사람이 "과부가 빈궁하고 의지할 사람이 없으면 재가(再嫁)하는 것이 옳습니까?"라고 물으니 정이는 "단지 노년(*후세)에 추위와 굶어 죽는 것을 두려워한 까닭에 이런 말이 있다. 그러나 굶어 죽는 것은 아주 작은 일이고, 절개를 잃는 것은 아주 큰일이다."41)고 말했다.

주희(朱熹)는 그가 쓴 계고(稽古)[*『소학(小學)』 가언(嘉言)]에 이 구절을 실어 더욱 유명해졌다. 주희는 정이가 과부의 수절을 주장하는 데는 지나친

면이 있다고 생각했다. 그래서 주희는 자기의 한 제자의 여자형제가 과부로
서 살아가도록 도와주라고 격려하는 편지에서 상당히 관대한 용어를 사용했
다.[42] 그렇지만 정이의 견해에 대한 주희의 지지는 과부의 정절이 영웅적인
이상으로부터 규범으로 옮겨 가도록 도와주었다. 그래서 사람들은 이 규범
을 자기네들의 여자형제들이나 또는 결혼으로 맺어진 여자들에게도 강요하
게 되었다.

　신유학에 근거를 둔 재혼에 관한 글에서 현대의 독자들이 발견하는 대부
분의 여성혐오 사상은 결혼에 대한 기본적으로 다른 생각에서 나왔다고 믿
는다. 지금 현대의 서구식 사고방식으로는 결혼은 배우자를 구하는 것이고
남자와 여자 둘 다 결혼으로 맺어져 이혼을 하거나 한쪽 배우자가 죽을 때
까지 지속된다. 그러므로 홀아비에게는 정절을 강요하지 않으면서 과부에게
만 정절을 강요하는 것은 과부와 홀아비를 동등하게 취급한 것이 아니다.
그러나 송대 중국에서 결혼은 부분적으로는 두 배우자 간의 결합이다. 결혼
은 가족들이 새로운 가족의 구성원들을 받아들임으로써 가정을 지속시켜 나
가는 것이다. 남자는 출생과 양자로 들어오게 됨으로써 가족의 일원이 된다.
한 남자가 일원이 된 집안에 대한 그 남자의 충성심은 여러 가지 방법으로
시험을 받게 된다. 즉, 그 남자는 사악한 계모나, 건방진 이복형제의 태도를
견뎌내야 할지도 모른다. 또는 자기의 남자형제들이나 가정에 불화를 일으
키는 아내를 다루어야 할지도 모른다. 이러한 어려운 상황을 극복함으로써
가정이 존속될 수 있다. 결혼을 통해서 가족의 일원이 된 가정에 대한 여성
의 충성심도 역시 시험을 받을 수 있다. 즉 그 여자는 심술궂은 시어머니나
첩에게 홀딱 빠진 남편, 본인은 아이를 낳지 못했는데 첩은 아들을 낳았다
는 사실, 자기가 자식이 없거나 어린 자녀의 어머니일 때 남편이 죽은 경우,
남편이 죽은 후에 자기를 달갑게 여기지 않거나 혹은 자기 자식의 재산을
가지고 달아난 시댁 쪽의 남자형제들이나 자기의 소생이 아닌 아들이 있을
경우 등이다. 이러한 난관에 봉착했을 때, 여성이 보여주는 영웅적인 모습은
남자가 직면하게 되는 연관성만큼이나 가정의 생존과 관련이 있다. 여성에
게 있어서 재혼은 그 여자가 전에 관계를 맺었던 가족과의 단절을 의미했

다. 그것은 아들이 부모를 저버리는 데에 비교되지만, 한 남자가 새 아내를 맞아들이는 것과는 비교도 할 수 없는 일이다.

그러나 다음 장에서 알게 되겠지만, 송대에 수절하는 과부에 대한 칭송으로 인해 젊은 과부들이 재혼하지 못했던 것은 아니었다. 과부의 수절을 가장 제한한 시기는 명(明)·청대(淸代)라고 볼 수 있다.[43] 그럼에도 불구하고 이미 송대에 재혼을 거절함으로써 받게 되는 영예는 문화적으로 중요한 비중을 차지하였다. 왜냐하면 소녀나 아내들(상냥, 유순, 복종)에게 있어서 그렇게 훌륭하다고 칭송되던 자질은 남편의 집안에 대한 충성심과 비교해 볼 때, 작은 덕목들이라는 생각이 좀 더 큰 영향력을 가지고 전달되었기 때문이다. 그러므로 그것은 여자의 본질에 대해서 뭔가를 말해준다. 즉 여자는 여자에게 자연스러운 음(陰)의 경향을 완전하게 이루어 순종을 나타내는 것으로서 훌륭해지는 것이 아니라, 음의 기운을 극복함으로써 진정으로 훌륭해진다는 것이다. 이러한 사실은 결혼이 여자에게 무엇을 의미하는지에 관해서 많은 것을 말해준다. 즉 여자는 남자와 결혼한다기보다는 가문과 결혼한다는 것이다.

장성한 아들을 둔 늙은 과부

일반적으로 남편이 없는 여자에게 사용되었던 용어인 과부(寡婦)는 불우한 환경에 놓인 여성의 모습을 떠오르게 한다. 그러나 남편보다 오래 살았던 대부분의 여성들은 아들이 다 성장할 때까지는 과부가 아니다. 그것은 그 여성은 혼자 산 것이 아니라 자식, 며느리 그리고 손자 손녀와 함께 살았기 때문이다. 이때에 과부들의 사회적인 정체성은 과부로서 동정을 받았던 정체성이라기보다는 시어머니나 할머니로서의 정체성이 더 강했다. 즉 어떤 면에서 생각해 보더라도 늙은 과부들은 오래 생존하는 데서 오는 보답을 누리고 있다고 생각된다. 아무도 어머니와 아들 간에 공식적으로 재산의 분배가 이루어져야 할 필요성을 느끼지 않았다. 또한 어머니의 지참금을 아들의 재산과 분명하게 분리해야 할 필요성도 느끼지 않았다. 이러한 것들은 중세나 근대 초기 유럽에서 행해진 것이었다.

물론 실제로 효심이 없었던 아들도 있었다. 원채(袁采)는 "아들들이 서류를 위조하고, 서명을 날조했던" 것에 대해서 이야기했다. 어떤 남자는 도박을 하기 위해 돈이 필요해서 어머니와 네 명의 남자형제들의 서명을 받지 않고 가족 재산을 저당 잡힌 사례도 있다. 또한 자기 아들이 자기를 부양하지 않았기 때문에 불효죄로 고발했던 과부에 관한 사례도 있었다. 어떤 경우에는 아들이 어머니의 침대까지도 팔아 버릴 정도였다.44) 그러나 친자식이 어머니의 숙식을 제공하는 것을 꺼렸던 경우는 극히 드물었다. 홍매는 이와 같은 불효자는 천벌을 받을 것이라는 생각이 널리 퍼져 있다는 것을 암시했다. 그는 항주(杭州)에서 은 가게를 하고 있었던 두 아들을 둔 과부에 대해서 이야기했다. 아들 중의 한 명이 방탕한 것을 알고, 그 과부(어머니)는 몰래 자기의 장례비용으로 쓰기 위해서 돈을 비축했다. 그 방탕한 아들은 우연히 이 돈을 발견하여 가지고 도망쳤다. 그런데 얼마 지나지 않아 곧 번개를 맞았다.45)

만약 우리가 현존하는 자료를 믿을 수 있다면, 사랑하는 아들이 과부가 된 어머니를 도와 여생을 즐겁게 해 주었다는 것이 훨씬 더 일반적인 현상이다. 유극장(劉克莊, 1187~1269)은 과부가 된 어머니와 아들들 간에 서로 도와 가며 살아간 훌륭한 모습을 보여주었다. 유극장의 아버지인 유미정(劉彌正, 1157~1213)이 임종 시에 모든 자식들의 결혼을 주선하지 못한 것을 아주 유감스럽다고 말했다. 유미정은 53세 난 늙은 아내인 임씨(林氏, 1161~1248)에게 자식들의 결혼을 맡아 달라고 부탁했다. 그래서 아들의 이야기에 의하면, 임씨는 아들들이 집안의 학문적인 전통을 계승하도록 했고 딸들도 교육받은 남자들과 결혼하도록 애썼다46)

임씨는 아들들을 상당히 성공적으로 양육했다. 큰아들 극장(克莊)은 아버지가 죽었을 때 이미 3년 동안 관직생활을 했다. 상복을 입는 기간이 끝난 후에, 극장은 오랫동안 관직에 봉직하기 위해서 돌아왔고 시인으로서 명성

을 얻었다. 그 다음의 두 아들인 극손(克遜, 1189~1246)과 극강(克剛, 120
0~1254)도 극장이 고위관료의 아들들에게 주어지는 특권[*음보(蔭補)]으로 인
해서 높은 지위를 얻었던 것과 마찬가지로 결국은 관직을 얻게 되었다. 극
강은 아버지가 죽었을 때 단지 14세였다. 이 사실로 봐서 과부 임씨는 극강
이 출세하는 것을 도와주었다는 좋은 평판을 받을 만하다. 가장 나이가 어
린 아들인 극영(克永)은 아버지가 죽었을 때 단지 7세였다. 그래서 임씨는
막내아들을 몸소 교육시켰고, 그 아들은 항상 어머니와 가까이 지냈다. 계속
해서 과거 시험에 실패한 후에, 그는 집에 머물렀고 시를 쓰는 데 일생을
바쳤다.47)

과부로 사는 동안 임씨는 둘째 딸과 셋째 딸, 셋째 아들과 넷째 아들의
결혼을 주선했다. 남편이 죽었을 때, 임씨에게는 이미 자기를 시중들어 줄
두 명의 며느리가 있었다. 그러나 극장의 아내가 남편과 함께 부임지에 따
라 다녔으므로 항상 시중들 수 없었다. 극손의 아내인 방씨(方氏, 1190~
1259)는 남편과 동행하지 않고, 시어머니가 사는 집에 머물렀다. 방씨는 40
년 이상이나 임씨의 시중을 들었고, 머리가 백발이 된 후에까지도 예의범절
에는 효심이 담겨 있었다. 막내아들의 아내인 임씨(1203~1261)(시어머니의
성과 같음)는 1223년에 시집왔다. 임씨는 남편보다 4세 위였으나, 17세에
불과했다. 아마 임씨는 자기가 이미 60세가 넘었기 때문에, 막내아들의 결
혼을 서둘렀던 것 같다. 가장 나이 어린 며느리인 임씨는 시어머니가 행복
한 노년을 보낼 수 있도록 모든 노력을 다했다.48)

임씨는 며느리들에게 집안일을 맡기는 것이 확실하게 되고 나서, 점차로
불교에 귀의하여 채식을 하고, 규칙적으로 명상하며, 근처의 절에서 유명한
승려들과 계속해서 교류했다. 그러나 임씨는 항상 가족들을 생각하여 가족
들의 모임에서 모든 가족들이 불교를 믿도록 노력했다고 전해진다.49)

임씨의 70대는 행복한 시기였음에 틀림없다. 그녀는 여전히 아주 건강했
고, 세 명의 아들은 관직에 있었다. 그래서 "집의 바깥마당에는 관리의 집안
을 알리는 깃대들이 항상 꽂혀 있었다." 게다가 적어도 여덟 명의 손자 손녀
들이 살아 있었다. 유극장이 1242년에 자기의 56세의 생일을 맞아서 시를

읊었는데, 자기는 영원히 죽지 않기를 원한다거나 부처가 되고 싶다거나 하늘의 분부를 받들고 싶은 욕망은 없다고 끝맺었다. 오히려 그보다는 자기의 가문이 지금의 모습대로 계속해서 유지되기를 원했다. 즉 백발의 어머니와 아들들이 함께 살아가는 행복한 가정을 말한다. 게다가 아들들은 어머니에게 아주 헌신적이었다. 극장의 기록에 의하면 극손이 1237년에 극장에게 각자 서로 가장 빨리 찾아낼 수 있는 가능한 기회에 관직에서 물러날 방도를 구해 보자고 제안했다. 왜냐하면 "관직에 종사하는 것은 부모를 부양하기 위한 방법이나 [우리 어머니는] 명예에는 거의 관심이 없고 평화와 평온을 더 좋아하기" 때문이다. 집에서 멀리 떨어져 있을 때도 극장은 늘 어머니와 연락했다. 극장은 그가 쓴 시에서 어머니로부터 두 줄의 글귀가 적힌 편지를 받았을 때 느꼈던 즐거움을 읊고 있다. 그 편지에는 추수에 관한 이야기와 극장이 관료로서 보낼 앞날의 희망에 관한 것이었다.[50]

임씨의 80대는 그다지 즐겁지 않았다. 그러나 가족들은 임씨가 편안하도록 계속 돌보아 주었다. 가족들은 임씨의 손자 중의 한 사람이 나이 30세에 과거시험을 치기 위해서 수도에서 머무르고 있다가 이질로 죽었을 때 몹시 낙담했다. 죽은 손자의 아버지인 극손이 2년 후에 죽었을 때, 가족들은 이미 병환에 있었던 임씨에게 알리기를 꺼렸다. 이러한 사실을 1년 남짓 계속해서 비밀로 했다. 임씨가 아팠기 때문에 둘째 딸은 '자기 남편의 집안일을 뒤로 제쳐두고' 친정에 와서 어머니를 간병했는데, 한번 오면 몇 달씩 머물렀다. 임씨는 특별히 이 딸이 와 주는 것을 원했을지도 모른다. 왜냐하면 둘째 딸은 후손들 가운데서 정말로 불교 철학에 관해 이야기할 수 있는 유일한 자식이었기 때문이다. 극장은 가장 큰 아들이기 때문에 손아래 가족들이 어머니를 돌보고 있는 것을 살펴보기 위해 어머니가 살고 있는 집으로 돌아왔다. 1247년과 1248년에 극장은 어머니의 마지막 여생을 함께 보내기 위해서 관직에 임명되는 것을 거절했다. 관직에서 물러날 것을 요청하는 사직서에서 극장은 자기가 맏아들이고, 어머니의 눈이 점점 더 나빠진다는 사실을 강조했다. 또한 극장은 자기 스스로도 거의 60세에 가까웠기 때문에, 어머니를 더 이상 돌보는 것도 힘들고, 또한 어머니와 떨어져 지내는 것도 괴로운 일이라고 말했다. 노쇠한 부모를 핑계 삼아 별로 원치 않는 관직에 임용되는 것을 피하는 것은 항상 좋은 구실이었는데, 극장이 집에 머물고자 했던 바람은 진실이었다. 극장은 한 친구에게 보낸 편지에서 사람들이 자기의 진실한 마음을 의심하고 있다고 했다. 그래서 "나의 노모는 올해에 88세이고, 나와 어머니는 서로 의지하고 있으며 떨어져 지낼 수 없다는 것은 정말이라"[51)고 했다.

■　　■　　■

이 장에서 설명해 왔던 일화에 나오는 과부들은 주로 상류 계층 출신이 아니다. 과부들의 취약성을 나타내 주는 거의 모든 법적인 사례는 평범한 가정 출신의 과부에 관한 것이다. 이러한 점은 영웅스러운 과부들에 관한 많은 이야기들에서도 마찬가지이다. 과부들의 덕목을 설명할 때, 하층 출신 과부들의 예가 저술가들의 목적에 적합했다. 왜냐하면 저술가들이 밝히고 싶어 하는 부분은 과부들이 견뎌내야 했던 역경과 관련이 있기 때문이다. 우리의 관점에서 봐도, 과부들이 계층차를 뛰어넘어 공통점을 많이 가지고 있다는 생각은 일리가 있다. 모든 과부들은 하나의 중요한 특성을 공유하고 있는데, 그 과부들은 자기네들을 대변해 줄 남편이 없다는 것이다. 따라서 과부들은 남편이 있는 아내들이 하지 않아도 될 일을 해야만 했다. 과부들은 많은 결정을 내려야 했다. 재혼해야 될 것인가로부터 시작하여 혼자 살 것인가, 또는 친척들과 함께 살 것인가이다. 만약 과부의 아들들이 어리면, 과부들은 집안의 가장 역할을 해야 했다. 집안의 땅을 팔 권리는 없었으나, 자식들의 배우자를 선택하거나 또는 양자를 들일 수는 있다. 과부들은 또한 집안일을 관리하거나, 일꾼들을 고용하거나 또는 소작료를 거두거나 혹은 몸소 일하러 나가야 할지도 모른다. 과부들은 협박을 당하거나, 속임을 당하거나 또는 무시당하거나, 희생하기만 했던 것은 아니다. 과부들은 가족의 훌륭한 대표자로서 사회에 능동적으로 참여한 사람들이다.

과부들은 공통적으로 다른 요소가 한 가지 있다. 즉 과부들은 (아마 적어도) 성생활을 하지 않았다. 중국에 있어서 과부생활의 예찬은 서구에서 성모 마리아(Virgin Mary)에 대한 예찬이 갖는 분위기를 어느 정도 지녔던 것 같다. 수절하는 과부들은 또한 아내의 역할은 했었지만, 흠이 없는 어머니였다. 과부들은 순수했고, 성적인 것과는 거리가 멀었으며, 자식들을 돌보는 데만 전념했다. 과부들이 이전에 성관계가 있었기 때문에 어머니가 되었다는 사실을 부정할 사람은 한 사람도 없지만, 남편이 죽은 후에 수절을 하겠다는 맹세는 성적인 행위에서 오는 불결한 면을 없애고, 과부들을 성모로 만드는 것이다.52) 만약 결혼생활이 짧고 친자식이 없고, 자식이라고는 양자뿐일 경우에 성모라는 생각이 들게 될 것이다. 역사 기록은 과부의 이미지가 남자들에게 얼마나 강력하게 작용했는지를 보여준다. 이것은 적어도 어떤 경우에는 여성에게도 강력한 힘을 주었다. 갓난아이를 양자로 들여 남편의 대를 잇자고 애걸하는 젊은 과부는 누가 꼭 그렇게 하라고 압력을 가한 것도 아니고, 또한 아이러니컬하게도 명성이나 보답을 얻기 위해서 그러한 역할을 자처했던 것도 아니다. 어떤 과부들은 정상적인 결혼생활을 하는 것보다 성행위를 단념하고 사는 어머니의 생활이 좀 더 순수하고, 성스러우며, 명예스럽다고 느꼈다. 과부들은 헌신적인 일이 될지도 모르는 수절하는 과부의 역할을 선택했다.

과부를 구분하는 중요한 기준은 과부가 되었을 때, 장성한 아들이 있을 때와 없을 때였다. 모든 여자들은 나이가 들어감에 따라 어머니/할머니로서 비춰지며, 남편의 성적인 반려자로서 역할이 약해지게 된다. 자기에게 시중들어 줄 며느리와 응석 부리는 손자 손녀를 둔 60대의 과부는 아마도 이와 비슷한 상황에 처해 있는 아내들만큼이나 행복했을 것이다. 그렇지만 물론 나이 많은 여성들이 남편의 죽음으로 자기가 가족의 연장자로서 몇 년 동안 즐기기를 바랐을 것이라고 이야기할 사람은 아무도 없다(이것은 아들이 아버지의 죽음으로 자기가 가장으로서 아버지의 대를 이을 것이라고 생각할 수 없는 것과 마찬가지이다).

처음에는 청상과부를 칭송하고 뒤로는 속여서 이용해 먹기에 급급했던 이러한 제도를 우리는 과연 어떻게 생각해야 될까? 물론 명백하게 상반되는 설명은 그때그때의 관련성이 엇갈린다는 것이다. 왜냐하면 과부들이 역경을 헤쳐 나가는 사람들로부터 칭찬을 받는 것은 젊은 과부가 얼마나 많이 참고 살아야 할지 알고 있기 때문이다. 그러나 나는 한걸음 더 나가 다른 점을 지적하고 싶다. 그러한 수절한 과부들을 칭찬하는 것은 부계와 가부장제도를 강화시켜 주는 하나의 방편이 되었다. 여자들은 남자 없이 인생을 잘 헤쳐 나가지 못한다. 그런데 용감하고, 완강하고, 자기를 희생하는 과부를 칭송하는 것은 마치 용감한 여성을 칭송하는 것과 같다. 그러나 중요하게 전달되는 내용은 정말로 여자들은 남자를 필요로 했다는 것이다.

제11장

재혼

송대에 젊어서 홀로 된 남자와 여자들은 흔히 재혼했다. 그러나 이때에 홀로 된 여자가 처하는 상황은 홀로 된 남자가 처하게 되는 상황과 많이 달랐다. 오늘날에 있어서 이혼과 마찬가지로, 과부의 재혼은 어떠한 경우에 한해서는 선택할 수 있다고 인정하지만 자랑스러울 것은 없다. 다시 결혼했던 과부들은 후처를 맞이했던 남자들이 갖는 경험보다 좀 더 심한 감정상의 갈등을 겪게 된다.

여성의 재혼

송대에는 그 이전이나 이후의 시기와 마찬가지로 남편이 죽었거나 이혼한 여자가 다시 결혼하는 것은 완전히 합법적이었다. 과부의 재혼을 심하게 반대한 어떤 재판관도 재혼의 합법성은 인정했다. 여기에서 문제가 된 사건은 숙씨(叔氏)의 경우이다. 숙씨가 세 명의 남편을 두었다는 것이 칭송받을 일은 못 되지만, 그 여자가 결혼을 여러 번 한 것이 지난날의 남편들의 형제들이 간섭할 일이 아니라고 재판관은 판결을 내렸다. 즉 "결혼하든지, 결혼하지 않든지는 오직 숙씨만이 결정할 일이다."[1] 법적으로 과부가 된 여자와 결혼을 한 적이 없는 여성 간에 결혼하는 데 있어서 유일한 차이점은 과부는 죽은 남편의 상중(喪中)에 결혼하지 않고, 또한 전남편의 가까운 부계 친척, 즉 육촌까지와는 결혼하지 않는다는 것이다. 과부가 겪어야 할 고난을 고려해서 첫 번째 규정은 1090년에 완화되었다. 그래서 아무도 부양해 줄 사람이 없는 과부일 경우에는 남편이 죽은 지 백 일이 지난 후에 재가할 수 있었다.[2] 특히 과부가 홀아비와 재혼하는 것은 별로 드문 현상이 아니다.

이러한 과부의 재가는 『명공서판청명집(名公書判淸明集)』에 수록된 법 조항에서처럼, 아주 평범한 사람들의 다양한 이야기 속에 많이 나온다. 홍매 (洪邁)는 재혼한 과부들에 대해서 많이 이야기하였다.[3] 결혼에 관한 지침서에는 재혼하는 것이 용인될 수 있을 뿐만 아니라 또한 축하할 일이라는 글귀나 댓구를 수록하고 있다. 예를 들면 "아름다운 소녀여, 그대의 달이 꽉 차지 않았고, 그대의 그림자는 짧구나/그대는 달처럼 다시 둥글어져서 행복해질 것이다."[4] 바꾸어 말하면 여자는 남자 없이는 완전하지 못하다. 그래서 여자가 다시 결혼하는 것은 자연스럽다는 것이다. 과부가 개가할 때 쓴 편지 내용에는 수절하는 것이 바람직하지만, 결혼은 예정된 것이므로 재혼을 허락한다[5]고 적는다.

과부가 젊으면 젊을수록, 딸린 자식이 적으면 적을수록, 그리고 과부가 머물고 있는 곳에 계속 머물게 됨으로 인해 생기는 어려움이 크면 클수록 확실히 개가했던 것 같다. 과부들의 재혼은 아마도 하층 사회로 내려갈수록 좀 더 보편적이었을 것이지만, 가난하거나 혹은 교육받지 못했던 사회계층에만 국한되었던 것은 아니다. 지식인 계층에 속한 가문에서도 재혼하는 사례가 상당히 많은데, 특히 11세기와 12세기에 더욱 두드러졌다. 그러한 사례들 가운데는 두연(杜衍, 978~1057)·범중엄(范仲淹, 989~1052)·유빈 (劉斌, 창작활약기 약1000년)·가규(賈逵, 1010~1078)·호등천(胡藤川)의 어머니,[6] 요비침(姚棐忱, 11세기)·악비(岳飛, 1104~1142)·장구성(張九成, 1092~1159)·육전(陸田, 1150~1194)의 아내,[7] 설거정(薛居正, 1092~ 1159)·정호(程顥, 1032~1085)·장준(張俊, 1086~1154), 진태유(陳太孺, 12세기)의 며느리,[8] 그리고 손직(孫稷, 1074~1134)·옹침(翁忱, 1137~ 1205)·조용(趙用, 1151~1209)·임경략(林經畧, 13세기)·위료옹(魏了翁, 1178~1237)의 딸[9] 등이 있었다. 재혼한 여성과 관련된 법조항은 관료와 결혼했던 여성들에 관한 것이다.[10] 일사(逸事)의 경우에도 이와 마찬가지이다.[11] 13세기에 와서 지식인 가문 출신의 과부가 재혼하는 것에 대한 언급이 적어지는 것은 아마도 당시의 저술가들이 언급했던 신유학의 영향과 여러 부류의 저술가들의 작품을 모아 둔 것이 남아 있고, 상류층 가정에서 과부들이 취했던 행실을 반영해 주기 때문인 것 같다.

　재혼한 과부들이 모두 젊었던 것은 아니다. 이청조(李淸照)는 1129년에 남편이 죽은 지 3년 후에 45세가 넘어 다른 관원과 결혼했다(결혼생활은 몇 달 동안 지속되었을 뿐이다).[12] 학자 가문 출신인 유씨(柳氏, 1004~1067)는 어떤 관원과 결혼할 때 17세였다. 이들 부부가 세 명의 자식을 둔 후에 남편이 죽었다. 유씨는 남편이 죽은 후에 10년간 시댁에서 시어머니가 죽을 때까지 머물며, 자식을 키우면서 같이 살았다. 유씨가 30세가 넘었을 때, 친정어머니는 딸을 훌륭한 학자에게 맡기고 싶다고 말하고, 딸을 위해 두 명의 아들이 딸린 홀아비와 재혼을 주선해 주었다.[13]

　송대의 전 시기 동안 저술가들은 여성의 전남편을 언급할 때 조금도 변명을 하거나 곤혹스러워하지 않았다. 역사에서는 진종(眞宗, 재위기 997~1022)의 황후 유씨(劉氏)가 진종과 결혼하기 전에 이미 결혼한 적이 있었다는 사실을 기록하고 있다. 사실상 유씨의 남편은 본인이 생존해 있으면서도 가난 때문에 유씨를 어떤 다른 사람과 결혼시킬 것을 결심했다. 철종(哲宗, 재위기 1086~1100)의 어머니는 '세 명의 아버지'가 있었다. 즉 철종의 할머니의 첫 번째 남편, 철종의 할머니의 두 번째 남편(철종의 어머니는 할머니의 두 번째 남편의 성을 따랐다), 그리고 할머니를 여러 해 동안 돌보아 준 친척이다. 철종이 황제가 된 후에, 이 세 명의 남자 모두에게 사후(死後)의 영예를 추서해 주도록 했다.[14] 여성의 일대기를 쓴 지식인들은 아무런 거리낌 없이 재혼에 관해서 언급한다. 소송(蘇頌, 1020~1101)은 자기의 나이 어린 여동생에 대한 일대기를 썼다. 즉 여동생의 첫 번째 남편이 결혼한 지 삼 년 후에 죽자, 비록 두 명의 아들이 있었지만 4년 후에 다시 결혼한 것을 공공연하게 이야기했다. 한원길(韓元吉, 1118~1187)은 이씨(李氏, 1104~1177)의 명망 있는 선조들을 장황하게 이야기한 후에 이씨가 처음에 전단의(錢端義)와 결혼했으나 딸 한 명을 낳은 후에 과부가 되었고, 한계구(韓繼球)와 결혼해서 그의 두 번째 아내가 되었다고 했다. 정강중(鄭剛中, 1088~1154)은 아내의 할머니가 장모를 낳은 후에 얼마 안 있어 과부가 되었고, 4년 후에 다른 집안으로 재혼해서 들어갈 때 그 딸아이도 데려갔다고 기록했다. 왕조(王藻, 1079~1154)는 시씨(施氏, 1055~1148)가 송대에 살았던 두세 명의 가장 유능한 아내 중의 한 사람으로 15명의 자식을 길렀고, 200명이나 되는 식구가 있는 가정에서 화목하게 지냈다고 칭송했다. 그때 그 여자와 남편은 둘 다 재혼이었으며, 그 여자가 처음에 호씨(胡氏)와 결혼했었는데 1년 만에 결혼생활이 끝났다고 기록했다.[15] 만약 여성의 일대기를 기록하는 남자들이 재혼이 몹시 수치스러운 일이라고 생각했다면, 언급을 생략하기 위해서 이들 여성들의 초년 생활에 대한 설명을 단축시켰을 것이며, 실제로 어떤 저자들은 이러한 방법을 택하기도 했다.

학자들 사회에서는 송말 무렵까지조차도 과부의 재혼을 반대하는 주장이 널리 유포되어 있었다. 그렇지만 어떤 저술가들은 아무런 유감의 표시도 없이 재혼을 언급했다. 사승조(史繩祖, 1191~1274)는 신유학으로 유명했던 위료옹(魏了翁, 1178~1237) 문하에서 공부했고, 10권 이상이나 되는 유교 경전을 저술한 사람이다. 사승조가 둘째 부인인 양윤음(楊允蔭, 약1210~1271)에 관해서 쓴 묘지명에서, "아내는 많은 불행을 경험한 사람으로 9세에 어머니를 여의고 나서 계모의 조카와 결혼한 후에 적의 침입으로 아버지와 남편을 모두 잃었다. 그 후 계모를 돌보고 1237년과 1238년에 심지어 더 큰 규모의 적의 침입 때 관(棺)을 지켜야 했다. 마침내 병이 심하게 들었다. 사씨의 첫 번째 아내는 양윤음의 가까운 친구였다. 사승조가 홀아비가 된 후에 양윤음에게 결혼하자고 제안해서 1240년에 결혼했다."[16]고 기록했다.

때에 따라 남자들은 재혼이 어떤 상황에서는 합당한 것이라고 분명히 주장하기까지 했다. 11세기에 20년 이상이나 대종정(大宗正)이었던 조윤양(趙允讓)은 종실 여성의 재혼을 주선하는 것을 허락해 달라고 요청했다. 즉 종실 여성이 아들 없이 젊어서 과부가 된 경우에 재혼을 금지한다는 것은 사람이 행해야 할 도리[인정(人情)]가 아니라고 주장하였다.[17] 1046년에 감찰어사(監察御史) 당순(唐詢, 1005~1064)은 홀로 된 제수의 재혼을 막는 것은 참지정사(參知政事) 오육(吳育, 1004~1058)의 이기적인 마음 때문이라고 고소했다. 그것은 당순의 입장에서 보면 홀로된 제수를 결혼 못 하게 하는 것은 오육이 제수의 영향력 있는 친척들과 관계를 유지하려고 하기 때문이다.[18] 당순은 자기의 주장을 듣는 청중이 제수의 재혼을 허락하는 것을 (비록 그 여자가 이미 6명의 자식이 있었지만) 아주 정상적인 일로 여길 것이라고 생각했음에 틀림없다.

재혼이 불우한 처지에서 살아남으려는 하나의 방편으로서 묵인된 것이라는 모든 증거가 있었음에도 불구하고, 재혼에 대해서 탐탁지 않게 여기는 감성적인 힘이 있다는 것을 부인하지는 못할 것이다. 결국 재혼을 거절한 여성들이 모두 다 수절하는 과부로서 영광을 누릴 수는 없었다. 많은 사람들은 분명히 여자들이 결혼으로 인연을 맺은 가정을 떠나서 다른 두 번째 남자와 성관계를 맺는다는 것이 본질적으로 수치스럽고, 순결하지 못하고, 품위를 손상시키는 것이라고 생각했다. 장구성(張九成, 1092~1159)은 두 번째 아내 마씨(馬氏)가 전에 결혼했었다고 기록했다. 마씨와 어린아이들을 남겨 놓고 남편이 죽은 후 마씨의 부모는 친정으로 와서 재혼을 준비하라고 설득시키면서 "우리가 늙었으니 곧 죽을 것이다. 만약 네가 다시 결혼하지 않는다면, 우리는 죽을 때 눈을 감을 수가 없다."고 말했다. 그러나 마씨는 부모의 생각에 동의하지 않았음이 분명했다. 왜냐하면 "결혼한 그 다음 날, 마씨는 하루 종일 벽으로 얼굴을 돌리고 울었다. 장구성이 왜 그러냐고 여러 번 물어보자, 마씨는 '그대는 지성(志誠)스러운 군자(君子)입니다. 저는 당신에게 진실을 말씀드리겠습니다. 오씨(吳氏) 가문에 있는 저의 시어머니는 『열녀전(烈女傳)』에 이름이 실려야 마땅할 고상한 절개를 가지신 분입니다. 저는 시어머니와 더불어 뜻을 함께하고자 하였으나, 제가 당신과 결혼했기 때문에 지금 어떻게 할 수 없습니다.'"고 했다. 마씨는 그녀가 사랑했던 사람(시어머니와 7세 된 아들)을 떠나는 것을 고통스러워했을 뿐만 아니라 또한 시어머니의 덕행에 필적할 수 없다는 것을 괴로워했다.[19]

다른 사례에 의하면 여성들은 여러 해 동안 괴로워했던 것 같다. 관리의 딸이었던 채씨(蔡氏, 1037~1075)는 14세에 심한 병을 앓고 있던 젊은 남자와 결혼했는데 그 남자는 16일 후에 죽었다. 채씨는 여러 해 동안 시댁에 머물렀고, 남편의 상(喪)뿐만 아니라 2년 후에 죽은 시아버지의 상도 끝마쳤다. 채씨가 재혼하는 데 동의하지 않자, 친정어머니와 남자형제들이 여러 명의 친척들을 데리고 채씨의 집으로 왔다. 그들은 채씨가 이미 아내로서 해야 할 일은 전부 했으며, 게다가 남편이나 시아버지에게는 대를 이을 사람이 없기 때문에 재혼하지 않으면 살아갈 방법이 없다고 설득하고 "비록 네가 너의 헌신하는 마음을 간직하려고 하지만, 네가 누구와 함께 살 것인가?"라고 묻자 채씨는 괴로워했으며, 그 사람들의 압력에 굴복해서 친정으로 돌아왔다. 1년 후에 채씨는 네 명의 아들과 한 명의 딸이 있는 부유한 홀아비와 결혼했다. 약 20년 후에 두 번째 남편이 죽었을 때, 채씨는 "두 집안의 안뜰을 걷는 것은 여성으로서 부끄러운 일이다. 나처럼 되는 것이 얼마나 수치스러운 일인가! 더 이상 세상을 살아갈 이유가 있겠는가? 나는 마음을 결정했다."고 기록되어 있다. 채씨는 먹는 것을 중단하고, 몰래 비소를 사기 위해 노파를 보냈다. 모든 가족의 노력에도 불구하고, 채씨는 남편이 죽은 지 이틀 후에 죽었다.[20]

남자들도 또한 과부가 재혼하는 것에는 좀 적절치 못한 면이 있다고 느꼈다. 한기(韓琦)는 조카의 아들인 한단(韓亶, 1042~1063)의 묘지명에서 "한단이 22세에 죽었고, 두 명의 어린 딸만을 남겨 두었는데 딸 중의 한 명도 그 후에 곧 죽었다. 그런데 한단의 젊은 아내가 '친정아버지의 집으로 돌아간' 것은 분명히 재혼하기 위한 준비 과정이다."고 기록했다. 그것은 한기가 "한단의 아내가 죽은 남편의 집에 머물 수 없어서 자기의 친정으로 돌아갔다. 그러므로 한단의 관이 무덤 속에서 홀로 쓸쓸하겠구나. 너는 무슨 죄를 지었기에 그런 벌을 받느냐?"[21]라고 탄식하며 말한 것에서 알 수 있다. 문형(文瑩, 11세기)은 재혼하는 과부들을 이기적이라고 생각했다. 그래서 그는 남편의 시신을 매장하기 위해 사력을 다해서 집으로 돌아온 평범한 가정 출신의 여성의 사례는 부유하고 교육을 받았으나 남편이 죽자마자 곧 자기의 지참금을 챙겨서 다른 결혼 상대자를 찾아 나섰던 과부들과 대비시켜 기록했다.[22] 남송대(南宋代)에 소진(蕭軫)이 과거에 합격해서 좋은 조건의 결혼을 할 수 있는 일등 신랑감이 되었을 때 과부와 결혼하기로 마음먹었다. 그와 같이 공부했던 친구 중의 한 사람이 그를 조롱하는 사(詞)를 썼다. 그 글에서 소진의 아내가 전에 남편이 있었다는 사실을 "오래된 가게가 다시 장사를 하기 위해 문을 열었다."23)는 구절을 사용해서 언급했다. 송말(宋末) 이전에, 시인 이청조를 존경했던 남자들은 이가 재혼했다는 것은 악의에 찬 날조라고 언급된 사료를 제시하였다.24)

우리는 귀신의 이야기를 통해서 사람들이 재혼에 대해서 가지고 있었던 부정적인 정서에 대한 또 다른 면을 접할 수 있다. 홍매는 죽은 남편이 자기의 아내가 재혼하는 것을 질책하기 위해 다시 세상에 돌아왔다는 몇 가지 이야기들을 기록하고 있다. 한 가지 이야기에 의하면, 정(鄭)이라고 불린 재능이 있는 어떤 젊은 남자가 육(陸)이라는 성을 가진 아름다운 여자와 결혼했고, 그들은 서로 몹시 사랑했다. 정이 아내에게 어느 날 밤, 침실에서 "우리 두 사람은 서로 사랑하는 정(情)이 애뜻하다. 그런데 만약 내가 불행히 죽으면 너는 다시 시집가지 말고, 네가 죽거든 나도 또한 이와 같이 하리라."고 말했다. 그녀는 "마땅히 백년해로(百年偕老)할 것인데, 어찌 이와 같이 불길한 말씀을 하십니까!"라고 대답했다. 10년이 흘렀고 두 명의 자식을 두었다. 정이 병이 나자, 자기의 부모 앞에서 아내에게 다시 결혼하지 않을 것을 다짐받으려고 했으나, 육씨는 단지 머리를 숙이고 비통하게 울기만 했다. 정이 죽은 후 몇 개월 지나지 않아 중매쟁이가 와서 육씨와 결혼을 의논했다. 상복을 입는 기간이 끝나자마자, 육씨는 지참금을 가지고 증씨(曾氏)에게 시집갔다. 결혼식을 올리고 나서 7일째 되는 날에 증이 공적인 일로 집을 떠나야 했다. 육씨는 죽은 전남편의 친필로 쓰인 한 통의 편지를 받았는데, 그 편지의 내용은 다음과 같다.

십 년 동안 우리의 머리카락은 남편과 아내로서 함께 묶여 있었다. 당신이 살아 있는 한 나에게 제사를 지내 주어야 된다. 아침부터 저녁까지 우리는 서로 즐거워했고, 나는 당신과 더불어 내가 번 돈을 함께 나누어 쓰고 살았다. 갑작스럽게 큰 변화를 거쳐서 긴 여행을 떠났다[*갑자기 대환(大幻)으로써 길이 가버리게 되었다]. 당신은 다른 남자를 사모했고 당신이 한 약속도 저버렸다. 당신은 나의 땅을 버렸고, 나의 재산을 다른 집안에 가져갔다. 당신은 내 자식들을 걱정하지도 않고 내 부모도 배려하지 않았다. 당신은 아내로서의 성실성과 어머니로서의 모정도 부족했다. 나는 당신을 상창(上蒼)에 고소할 것이니(*이미 상창에 고소했고) 지옥에서 당신의 입장을 이야기해라.

저승세계의 재판관은 분명히 원고(原告)[죽은 전남편]가 옳다고 판결을 내렸던 것 같다. 왜냐하면 3일 후에 육씨가 죽었기 때문이다.25)

귀신이 된 남편의 입장에서 본다면 아내는 그의 부모, 자식 그리고 재산을 돌봐야 하고, 자신을 위해 제사를 지내 줄 의무가 있었다. 또 다른 경우에 의하면 어떤 말단관리가 아내의 꿈에 나타나서 아내가 광산에서 객장(客將) 노릇을 하는 사람과 결혼해서 자기를 불명예스럽게 했다고 힐책했다. 즉 "나에게는 땅과 방이 두 개 딸린 집이 있어 당신이 살아가도록 도와줄 수 있었다. 그런데 당신은 다른 사람과 결혼하기를 원하여 그런 보잘것없는 녀석과 살고 있는가? 나는 지식인들과 교제했었고, 우리는 이런 부류의 사람을 노예처럼 생각했었다. 당신은 당신 스스로를 모욕한 것이고 나에게도 욕되게 했다. 게다가 그 남자가 너를 아내로 맞이하고 나서 또한 내 여종과 간통했는데, 나는 그런 것들은 용납될 수 없는 것이라고 생각한다." 그리고 죽은 남편은 그 여자의 새 남편을 49일 이내에 죽게 할 것이라고 약속했다.26)

때때로 귀신으로 나타난 남편의 동기는 단순한 질투심 때문이다. 귀신이 된 남편이 전처와 결혼을 한 남자에게 분노에 찬 감정을 드러낸 다음과 같은 사례가 있다.

등증(鄧增)은 …… 종실의 대단히 아름답고 가장 나이가 어린 딸과 결혼했는데 등은 관직에 오르기 전에 죽었다. 등의 집은 너무 가난해서 조씨가 수절하는 과부로 남아 있을 수 없었다. 상을 마치자마자, 조씨는 두 아이를 데리고 남풍(南豊)의 부유한 황씨(黃氏) 집안의 아들과 결혼했다. 한 달쯤 지난 후에 황이 꿈을 꾸었는데, 등이 꿈에 나타나서 황을 꾸짖으며 "도대체 너는 어떻게 생겨 먹은 녀석이냐. 어쩌자고 감히 내 마누라와 결혼했느냐. 나는 저승세계에서 돌림병을 관리하는 직책을 맡은 책임자이니 네가 당장 내 아내와의 결혼을 끝장내는 것이 좋겠다. 만약 네가 그렇게 하지 않는다면 나는 너희 집안에 돌림병을 보내겠다. 돌림병이 왔을 때, 네가 후회해도 아무 소용이 없을 것이다."고 말했다. 황은 놀라 잠에서 깨어나 두려웠다. 황은 조씨를 몹시 사랑했지만, 당장 결혼생활을 끝내는 것 이외에는 다른 방도가 없었다.
또 1년이 지난 후에, 조씨는 더욱 가난에 찌들려 어떤 날은 불을 지필 수조차 없었다. 그래서 조씨는 남성(南城)의 동구중(童久中)과 결혼했다. 몇 달이 지난 후에, 동은 또한 꿈을 꾸었는데 등이 동에게 나타나 황에게 한 것과 똑같은 방법으로 경고를 했다. 또 덧붙여 "나는 당신에게 내가 걸려서 죽은 병과 똑같은 병을 주겠다."고 말

했다. 동은 조씨를 몹시 사랑하여 그 말을 믿지 않았다. 그 결과 동은 '풍로(風勞)'병
에 걸려 다음 해에 죽었다.[27]

　재혼했던 과부들은 시댁에 남아 있던 과부들이 겪는 재정적인 어려움은
없었지만, 자기 자신들이 평범한 아내보다도 훨씬 더 많은 문제가 있다는
것을 알았다. 만약 첫 남편과의 사이에서 태어난 자식이 있을 경우에는 더
욱 그렇다. 왜냐하면 첫 남편의 가족들은 그 과부에게 자식을 남편의 집에
남겨 두고 떠날 것을 주장할 권리가 있고, 또한 그 과부가 자식을 방문하는
것을 거절할 수도 있기 때문이다. 정이(程頤)는 조카의 과부가 재혼을 결정
한 것은 동의하지 않았지만, 그 과부가 두고 떠난 어린 아들을 가끔 와서
만나는 것은 허락했다.[28] 소백온(邵伯溫, 1057~1134)은 지방관리의 과부인
이씨(李氏)에 대해서 이야기했다. 이씨는 자기 친척한테 남겨 두고 온 어린
아들에 대해서 새 남편에게 말하지 않았다. 후에 새 남편이 그 소년이 곤경
에 처해 있다는 것을 알았을 때, 새 남편은 자기네들과 함께 살기 위해 데
려오도록 아낌없이 돈을 썼고 친자식처럼 길렀다. 그 소년이 장성할 때까지
친아버지에 대해서 그 아이에게 말하지 않았다.[29]

　그러나 아이를 데려가는 것도 이복형제들 간에 힘든 관계를 피할 수 없기
때문에 항상 좋은 해결책은 아니다. 비록 첫 남편과의 사이에서 태어난 아
들들이 두 번째 남편의 재산으로 양육되고 또 그 아들들이 몇 년 동안 그
땅에서 일을 한다 할지라도, 전남편과의 결혼에서 태어난 아내의 아들은 그
여자의 두 번째 남편의 재산권을 주장할 수 없다. 아마도 남자가 새로 맞은
부인의 영향을 받아서 그 아버지는 첫 번째 아내와의 사이에서 낳은 아들보
다도 새 부인이 데리고 온 그 여자의 아들(양아들)을 더 좋아할 수도 있다. 양
아들은 흔히 양아버지의 성을 따랐고 이복형제들과 함께 재산을 상속받을
것이라고 기대할 수도 있다. 원채는 자식이 딸린 과부와 결혼할 때 조심할
것을 충고했다. 즉 "결혼할 과부의 아들들을 집으로 데려다가 집안의 경제
권을 함께 나누어 가질 것인지를 공개적으로 사람들 앞에 공언하고, 이를
해당 관청의 관리에게 보고해야 된다. 그렇게 함으로써 사전에 분쟁을 막을

수 있다.”고 했다. 물론 불화는 이와는 반대 방향으로 일어날 수도 있다. 전남편과의 사이에서 태어난 아들은 친아버지로부터 재산을 상속받을 수도 있고, 이복형제들에게는 돌아가지 않는 친어머니의 지참금에 대한 권리도 주장할 수 있다.30)

일반적으로 과부는 전남편의 어떠한 재산도 재혼 때 가져갈 수 없다. 법에서는 아들이 없을 경우 과부가 남편의 집에 살고 있을 때에만, 남편의 몫을 받게 된다고 주장한다.31) 그러나 아들이 있다 할지라도 일반적으로 자기의 지참금은 재혼할 때 가져갈 수 있다. 원채는 남자들이 아내의 이름으로 재산을 만들어 놓는 것(후에 형제들 간의 재산분할을 피하기 위해)은 현명하지 못하다고 주장했다. 왜냐하면 본인이 죽고 아내가 개가할 때 재혼하는 집으로 재산을 가져갈 위험성이 있기 때문이다. 남자들은 많은 재산을 가진 과부와 결혼하기 위해 경쟁까지도 벌일 수 있다. 과부가 친아들이나 양아들이 있을 때, 이들이 과부를 따라가지 않을 경우에는 그 과부의 지참금을 분할할 때 다툴 수 있다. 한 가지 경우에서 재판관은 땅이 과부의 지참금으로 가져온 것이라면 과부가 그 땅을 가지고 갈 권리에 대해서 의심하지 않았다. 그러나 그 땅이 사실상 남편 가족의 재산일 가능성도 고려하고 있었다.32) 재판관은 아마도 옷이나 보석류와 같은 다른 형태의 지참금을 과부가 처분하는 것에 대해서 의문점을 덜 가졌다. 이러한 이유 때문에 실제로 지참금에 금보석이 포함되었던 것 같다. 그러나 어떤 경우에는 재판관들은 정반대로 생각해서 그 지참금을 남편의 상속인이 그 아내의 자녀가 아니었을 때조차도 상속인에게 돌아간다고 생각했다. 만약에 어떤 두 번째 결혼한 여자가 새로 시집가서 어떤 가정에 들어가기도 전에 그 남편 될 사람이 상속인을 들였을 경우에 재판관 옹포(翁甫)는 그 남편의 두 번째 아내는 또다시 결혼할 때는 지참금을 가져갈 수 없다고 경고했다. 그리고 “여자가 지참금으로 가져온 땅은 그 여자의 부모가 남편의 가족들에게 준 부동산이다. 만약 그 남편의 가족 중에서 부동산에 대해서 몫을 주장할 사람이 있다면, 어떻게 그 과부가 그 땅을 가지고 갈 수가 있겠는가.”라고 말했다.33)

지금까지 우리는 과부가 결혼하기 위해 전남편의 집을 떠나 새 남편의 집으로 들어가는 경우를 생각해 보았다. 그런데 '남편을 불러들이는 것'은 과부가 된 여자가 전남편의 집에 남자를 불러들여 살고 전남편의 땅을 경작하고, 전남편의 자녀들을 부양한다는 것이다. 이러한 것들이 드문 일은 아니다. 이 책의 마지막 장에서 언급한 고결한 과부 오씨(吳氏)는 시어머니가 자기를 위해서 남편감을 불러들이는 것을 거절했는데 이러한 이야기는 지침서나 일화에 흔히 언급된다. 홍매는 어떤 지역에 살았던 무당의 과부에 관해서 이야기했다. 그 과부는 죽은 남편인 무당이 사용하던 굿거리 장비들을 다른 무당에게 팔아 버리고 다른 남자를 '남편으로 불러들였다'34)고 한다.

　과부가 남편을 불러들이는 것은 확실히 소작인들과 같이 비교적 가난한 사람들 간에 널리 행하여졌다. 어머니와 과부, 10세 이하의 세 자녀를 남겨 두고 소작인이 죽었을 때, 지주는 그들이 땅을 경작해서 소작료를 지불할 수 없기 때문에 소작인 가족들을 모두 쫓아내 버릴 수 있다. 혹은 지주는 남은 가족들에게 과부를 위해 새 남편을 찾을 시간을 주어 새 남편이 들어와 모든 일을 책임지고 소작료를 전부 지불하게 할 수도 있다. 그런 결혼은 남자가 여자의 집에서 결혼생활을 시작한다는 점에서 데릴사위 결혼이다. 그러나 데릴사위로 들어온 쪽이 반드시 상속인이 되는 것은 아니다. 첫 번째 남편에게서 태어난 아들들은 여전히 그 첫 번째 남편의 재산을 상속받을 수 있다. 그리고 두 번째 남편에게서 어떤 아이가 태어났다면, 그들의 아버지의 성(만약 재산이 있다면 물려받을 수 있다.)을 따를 수 있다. 남편을 불러들이기를 원했던 사람들은 흔히 과부의 시부모였던 것 같다. 만약 어떤 시부모의 하나밖에 없는 아들이 죽어 젊은 과부와 아주 어린 손자 손녀를 남기게 되었을 때, 노년을 편안하게 보내기 위해 가장 좋은 방법은 손자 손녀와 며느리를 집안에 머물게 하고 외부에서 다른 남자를 불러들여 얼마간 부양하도록 하는 것이다. 예를 들면 여씨(閭氏)의 아들이 죽은 후에 두 명의 딸과 임신한 아내(후에 아들을 낳았다.)가 남게 되자 여는 며느리에게 '고아들을 부양하기 위하여' 남편 될 사람을 불러들이라고 '요청했다.'35)

　남편 될 사람을 불러들이는 것은 송대의 법에서도 인정되었다. 한 가지 사례에 의하면 감씨(甘氏)와 남편인 정창(丁昌)은 근본을 알지 못하는 어린

아이를 양자로 들였다. 정이 죽은 후에 감씨는 다른 남자를 남편으로 불러들였다. 이것은 아마도 어떤 사람이 정의 가계에 대가 끊겼다는 것을 이유로 정씨가 소작하던 땅(아마 소작지였던 것 같다.)에서 감씨 가족을 억지로 내몰려고 했기 때문인 것 같다. 첫 번째 재판관은 동의했으나, 두 번째 재판관은 첫 번째 재판관의 판결을 번복했다. 두 번째 재판관은 이 사람들은 무식한 사람으로서 양자를 들이는 법을 몰랐기 때문에 용서받을 수 있다고 다음과 같이 말했다.

> 어떤 여성이 의지할 사람이 없고 전남편의 가계를 잇기 위해서 아들을 키우고 있을 때, 몸을 두 번째 남편에게 맡겨도 일리는 있다. 법에는 이것을 분명하게 금지하는 것이 없다. ……호령(戶令)에 따르면, 과부(寡婦)가 자손이 없고 재산을 나눠 줄 친척들과 함께 살고 있지 않다면, 남편을 불러들일 수 있다[접각부(接脚夫)]. 이 남자는 전남편의 토지와 집을 관적(官籍)을 거쳐 등록하는데, 5천 관(千貫)을 초과할 수 없다. 만약 부인이 남편[후부(後夫)]의 집안으로 들어가거나 또는 죽는다면, 대가 끊어진[*호절법(戶絶法)] 경우에 속하는 것이다.36)

이 경우에 재산이 단지 약 200여 관(餘貫)에 불과하기 때문에, 과부와 새 남편은 그 재산을 차지할 수 있다.

재산이 있는 과부와 결혼해 들어와서 사는 남편일 경우에는 상당히 이득이 될 수 있다. 한 가지 이야기에 의하면 어떤 가난한 학자는 부유한 과부와 결혼하여 집에 들어가서 사는 남편으로 아내와 다툰 적이 없이 10년 동안 부유하게 살았다. 그 남자는 아내가 죽었을 때, 비탄에 잠겼다. 비슷한 사례로, 왕씨(王氏)의 남편이 죽었을 때 아들이 어려서 허문진(許文進)을 불러들여 남편으로 맞아들였다. 그는 "왕씨의 전남편의 재산을 사용해서 번창했다." 심지어 관리들조차도, 때로는 자기네들의 위신을 손상시키면서도 과부의 재산에서 오는 득을 얻기 위해서 데릴사위 남편으로 과부와 결혼했다.37)

어떤 남자가 과부의 집으로 옮겨와서 사는 이러한 결합은 때로는 합법적인 결혼으로서 인정되지 않았다. 그 대신 그러한 결합은 오랫동안 상습적인 간통과 사실혼(*관습상의 결혼) 사이의 어떤 것으로 간주되었다. 홍매는 30세에 과부가 되었던 서리의 아내에 대해서 이야기했다. 그 여자는 도살장이와 정사를 하고 공개적으로 같이 살기 시작했다. 그 도살장이는 여자의 아들이 자기를 아버지[*가부(假父)]처럼 대해 주도록 강요했다. 그런데 과부의 아들은 이것을 아주 못마땅하게 생각했다. 소년은 자라서, 자기의 불만을 용감하고 생각이 곧은 도살장이에게 털어놓았다. 후에 그 용감한 도살장이는 그 남자와 남자의 두 아들을 죽일 기회를 찾았다. 그가 취한 행동으로 인해서 옳지 못한 일을 바로잡는 사람으로서 갈채를 받게 되었다.[38] 이 이야기는 아들이 어머니와 비정상적인 방법으로 결합한 남자 때문에 개인적으로 모욕감을 느꼈다는 것을 명확하게 보여준다.

홀아비와 후처(後妻)

남자들도 아내를 너무 일찍 잃었을 경우 괴로워했다. 사실상 죽은 아내에 대한 슬픔을 주제로 쓴 시는 많이 있다.[39] 이러한 전통에 따라 쓰인 송대에 가장 훌륭한 시 중의 몇 편은 매요신(梅堯臣, 1002~1060)이 쓴 것이다. 그는 43세에 아내를 잃은 후, 얼마 되지 않아 다음과 같은 시를 썼다.

> 머리카락을 묶어서 부부(夫婦)가 된지 지금에 이르기까지 17년이라.
> 서로 보기를 오히려 시간이 부족한 것같이 하였는데,
> 어찌 영원히 떠나 버리는가
> 내 귀밑머리에 이미 흰 머리가 많으니,
> 이 몸이 어찌 오랫동안 온전하겠는가
> 끝내는 마땅히 같은 무덤에 묻힐 것이니,
> 아직 죽지 않아 눈물만 흐르는구나[40]

몇 달이 지난 후에도 아내의 죽음은 그에게 자신의 죽음을 생각하게 만들었다.

당신이 우리 집에 시집오고 나서 일찍이 빈궁함을 싫어하지 않았다.
밤에 매양 자정까지 바느질을 하고,
번번이 한낮이 지나서야 아침을 먹었다.
열흘에 아홉 일은 부춧국을 먹고,
하루는 혹시나 고기가 있을까 하는 정도였다.
떠돌아다닌 지 18년간, 서로 더불어 동고동락했다.
오늘 백세(百歲)의 은혜를 기약받았는데(관직에 올랐는데)
어찌 이렇게 하루저녁에 가버릴 것을 생각했겠는가
일찍이 임종 때에 내 손을 만지면서,
차마 말할 수 없었던 것을 생각하니
이 몸이 비록 지금은 살아 있지만,
마침내는 (당신과 같이) 흙이 될 것이다.41)

그러나 매요신의 깊은 슬픔도 첫 번째 아내가 죽은 지 2년이 채 못 되어 '후처(後妻)'를 얻는 것을 방해하지 못했다.42) 이러한 점에서 매효신은 당시 그 계층의 그 또래의 전형적인 남자였다. 원채는 당시의 통상적인 정서를 다음과 같은 글에서 요약하여 이야기했다. 즉 "인생에 있어서 가장 큰 불행 중의 하나는 중년에 이르러 아내를 잃은 것이다. 당신의 어린 자식들을 보살펴 줄 사람이 없고 자식들을 위해 음식을 장만하고, 바느질하고 여성이 해야 하는 다른 일을 맡아서 할 사람이 없다. 그래서 당신은 선택의 여지없이 재혼을 하게 된다."43)고 썼다. 장재(張載, 1020~1077)는 과부와 홀아비가 이러한 점에서 어떻게 다른지 다음과 같이 설명했다.

남편과 아내가 처음에 결혼할 때, 그들은 서로 간에 두 번째 배필을 맞아들이지 않을 것이라는 데 동의한다. 그러므로 남편과 아내는 각각 한 번만 결혼해야 한다. 오늘날 여자가 남편이 죽은 후에 재혼하지 않는 것은 기본적인 도덕적 원칙으로 간주한다. 당연히 남자도 재혼하지 않아야 한다. 만약 어떤 사람이 중요성의 정도에 따라 상황을 분석한다면, 아내는 부모를 봉양하고, 가정을 관리하고, 제사를 지내고, 가계를 존속시키는 데 필요 불가결하다. 그러므로 두 번째 아내를 맞아들이는 것은 원칙이 있다.44)

홀아비가 나이가 젊으면 젊을수록, 재혼할 확률이 많은 것은 놀라운 사실이 아니다. 내가 묘지명에서 조사한 부부 가운데 20대에 아내를 잃은 사람

가운데 89%는 재혼했다. 30대의 남자는 75%, 40대의 남자는 23%로 재혼하는 숫자가 감소했다. 아내가 죽었을 때 50세가 넘었던 남자가 재혼하는 경우는 없었다. 후처를 맞아들이지 않은 남자는 첩을 들일 수 있었는데(물론, 남자들은 아내가 살아 있을 때 데리고 있었던 첩을 계속 데리고 있을 수도 있었다.) 50대에 홀아비가 되었던 남자들 중에서 57%는 첩이 있었다고 한다.

자기가 죽은 후에 남편이 재혼하는 것을 원하지 않았던 아내들도 남편이 첩을 들이는 것은 반드시 싫어하지 않았다. 정준(鄭畯)의 아내가 남편의 재혼 날짜가 다가오자 귀신으로 나타났을 때, 정준은 "내가 집안일을 한 명의 첩에게 맡겼는데 제대로 하지 못해서 나는 선택의 여지가 없다."고 자기의 행동을 변명하였다.[45]

재혼한 남자들이 과부와 결혼해야만 하는 것은 아니다. 남자들이 한 번도 결혼한 적이 없는 소녀들을 후처로 맞아들이는 것은 완전히 정상적으로 생각했다. 대다수의 과부들이 재혼하려고 하지 않기 때문에 남자들이 결혼을 할 수 있었던 과부들은 그렇게 많지 않다. 그래서 홀아비들의 두 번째 아내는 일반적으로 훨씬 더 나이가 어렸다. 내가 묘지명에서 조사했던 부부 가운데, 재혼한 부부의 평균 나이차는 12세였다. 그 결과 이러한 두 번째 결혼생활은 단지 17년간 지속되었다. 이것은 첫 번째 결혼생활이 26년간 지속되었던 것과는 대조적이다. 이렇게 재혼한 부부가 남편의 죽음으로 인해서 결혼생활이 끝났을 때, 후처로 들어가서 과부가 된 여자는 다른 과부들보다는 훨씬 젊었다.

홀아비가 재혼했을 때에 첫 번째 결혼에서만큼 자식을 많이 두지 못했다. 그런데 내가 조사한 부부들 중에는 놀랍게도 그들의 나이 차이가 미미해서 첫 번째 결혼에서는 평균 자녀수가 5.4명이었는데 반해서 후처와의 사이에서는 5.0명이었다. 내가 조사한 부부의 절반 이상의 사례는 남편이 이미 첫 번째 아내와의 사이에 평균 3.6명의 자식이 있으므로 재혼한 남자의 가정은 식구가 많았다.

남자들은 후처와 적응하는 데 어려움이 거의 없었던 것 같다. 그것은 재혼한 남자들은 한 명 이상의 여자와 성관계를 갖는 것에 대해서 축첩제도가 항상 용인되어 왔기 때문에 별로 모욕감을 느끼지 않기 때문이다. 많은 남자들이 첫 번째 아내만큼이나 후처를 좋아했던 것은 분명하다. 남자들은 심지어 첫 번째 아내를 위한 배려로서 재혼을 합리화할 수도 있다. 왜냐하면 새로 들어온 아내가 죽은 여자를 위해 제사를 지내 주고, 아이들을 보살펴 줄 것이기 때문이다. 그러나 진심으로 아내를 사랑하고 존경했던 남자는 아내가 죽었을 때, 후처를 얻지 않고 첩을 들이는 것으로 만족하는 정서가 그 당시에 있었다. 사마광은 남자가 재혼하지 않는 것은 계모는 문제를 일으킬 수 있기 때문에 가족에게 충성을 표시하는 행동이라고 생각했다. 사마광은 후한대(後漢代)에 50대에 아내를 잃은 주휘(朱暉)의 경우를 인용했다. 그의 형제들은 주휘가 후처를 얻기 원했으나 그는 "후처가 가정을 망치지 않는 예가 드문 것이 오늘날의 관습"이라고 하면서 거절했다. 사마광도 "오늘날 아들과 손자가 있는 나이 든 남자들은 지난날의 선현(先賢)들의 이러한 모범적인 행동에 대해서 자기네 스스로를 비교해 보아야 할 것이다."라고 말했다.[46]

일반 서민들도 죽은 아내는 죽은 남편의 경우와 마찬가지로 질투심을 나타낼 수가 있다고 생각했다. 홍매는 아름다운 정씨(鄭氏)와 결혼한 장자능(張子能)에 대해서 이야기했다. 정씨는 병이 들어 죽게 되자, 남편에게 재혼하지 말고 자기를 잊지 말라고 부탁했다. 장은 울면서 "내가 어떻게 재혼을 하거나 당신을 잊을 수 있겠는가!"라고 말했다. 정씨는 남편에게 맹세하게 했고, 남편은 "내가 약속을 어길 것 같으면 고자가 되는 나쁜 결과를 초래할 것이다."라고 말했다. 장은 아내가 죽은 지 3년이 지난 후에 어떤 관리의 딸과 재혼하도록 강요받다시피 해 결혼을 했다. 장은 결혼한 후에 마음이 울적하고 즐겁지 않았다. 어느 날 장은 죽은 전 아내가 창문으로 들어오는 것을 보았다. 그 여자는 "옛날에 약속해 놓고서, 약속을 어기는구나! 나는 운이 좋아서 두 명의 딸을 낳아 주었다. 비록 우리 부부가 아들이 없다고 해도, 당신은 첩을 사서 아들을 얻으면 될 것이지 왜 재혼했는가? 장차 재앙이 일어날 것이다."고 말했다. 죽은 아내 정씨는 장의 불알을 잡아당겨 큰 고통을 주고 고자로 만들었다.[47]

이러한 이야기에 분명히 내포된 도덕적인 면은 여자도 남자에 대한 강한 소유욕을 가지고 있으며, 남편이 다른 여자와 가깝다는 생각 때문에 걷잡을 수 없는 행동을 저지르게 된다는 것을 보여준다. 심지어 죽어서도 여자는 마음이 편안하지 못했다. 그러나 이창령(李昌齡, 13세기 초)은 다른 측면의 도덕적인 관점을 생각해 내어 그 이야기를 종합한 후에 "'아내'는 여자의 본 모습을 나타내는 정체성이다. 한번 정체성이 정해지면, 바뀌는 것이 아니다. 이것은 인륜의 근본이고 부부간의 도리이다. 집안의 화목을 위해서 이러한 점이 먼저 고려되어야만 한다. ……그러나 단지 오늘날 사람들은 상대방이 죽었다는 것만 생각한다. 그러나 몸은 죽어 없어졌지만, 영혼은 살아 있을 때보다 더 강하게 꿰뚫어 본다는 것은 확실하다."48)고 논평하고 재혼하는 남편에게 모든 책임이 있다고 비난했다.

사마광이 지적한 것처럼, 남자들이 재혼함으로써 야기될 수 있는 가장 중요한 문제는 원만하지 않는 계모와 의붓자식 간의 관계였다. 남자들은 새로 얻은 아내와 자식에게 쉽게 애정을 옮겨 갔다. 그래서 후처가 흔히 남편을 첫 번째 아내와의 사이에서 낳은 자식에게서 등을 돌리게 했다. 남편이 살아 있는 동안 후처와 자기 자식 간에 불화를 중재할 수 있다. 그런데도 후처와 본처의 자식 간에 불화와 불만은 늘 있다. 그래서 전기를 쓴 저술가들은 두 번째 아내가 의붓자식을 친자식처럼 대하는 것을 늘 칭찬했다. 이것은 후처의 그러한 공평한 마음가짐이 흔치 않던 덕목이라는 것을 강조하는 것이다. 가장이 죽었을 때, 의붓자식과 후처의 관계에서 발생하는 갈등은 재산에 대한 분쟁으로 이어진다. 이때에 첫 번째 아내에게서 태어난 아들은 두 번째 아내가 낳은 아들보다 나이가 많고, 첫 번째 아내가 낳은 자식은 계모를 괴롭힐 수 있는 나은 입장에 있었다. 왜냐하면 첫 번째 아내가 낳은 자식은 후처가 낳은 자식보다 가산에 대한 권리를 주장하기에 더 유리한 입장이기 때문이다.

한 과부는 남자형제의 조언에 따라 전남편의 재산을 세 몫으로 분할했다. 66%는 그 여자가 시집오기 전에 이미 양자로 들어온 아들의 몫으로 했고, 12%는 그 여자가 결혼 후에 낳았던 딸의 지참금으로 했고, 22%는 자기의 노후를 위한 몫이었다. 양자로 들어온 아들은 이것에 반대했고 재판관은 과부인 계모는 자기의 몫을 처분할 수 없으며, 양아들이 과부의 몫을 상속해야 한다고 판정했다.[49] 또 다른 경우는 첫 번째 아내가 아들이 7세였을 때 죽었던 지식인 계층의 가정에 관한 것이다. 첫 번째 부인이 낳은 아들과 계모는 사이가 좋지 않았다. 그 여자는 과부가 된 후에 자기의 재산을 가지고 다른 사람과 결혼했다. 의붓아들은 자기의 유산을 곧 탕진해 버렸고, 과부가 된 계모가 가져간 재산의 일부를 돌려받으려고 했다. 그 의붓아들은 계모가 지참금으로 가져왔던 땅에 대한 권리에 대해서 이의를 제기하지 않았다. 그러나 계모의 이름으로 등록되어 있으며 계모의 지참금으로 샀다고 수록되어 있는 다른 땅이 사실상 가족의 돈으로 산 것이라고 주장했다. 이 경우에 재판관은 부모나 형제들과 같이 살지 않는 남자가 어떠한 땅이 아내의 것이 아니라고 거짓으로 주장할 수 있는 이유가 없다는 점을 지적하고 의붓자식의 말을 믿지 않았다. 그럼에도 불구하고 재판관은 재혼한 과부의 행동에 대해 분명히 반대했고, 그 계모에게 죽은 남편에 대한 정을 생각해서라도 돈을 다 써 버린 부랑아인 의붓자식이 살아갈 수 있도록 충분한 재산을 주라고 독려했다.[50]

■　　■　　■

송대 대부분의 사람들은 여성의 재혼을 하나의 방편으로 간주했다. 즉 언제든지 일어나는 현상이며 필요할 때도 있었다. 그러나 과부로서 수절하는 것보다 덜 바람직하다고 생각했다. 과부의 정절이 모든 아내들에게 다 정상적인 것으로서 요구된 것은 아니다(얌전하고 남편과 시부모에게 공손한 것은 누구에게나 요구되지만). 자식이 있는 나이 많은 과부에게는 수절을 기대할 수 있지만, 젊은 여성이 죽은 남편을 위해 수절할 것을 선택했을 때는 칭송받았다. 물론 정이는 경제적인 어려움이 재혼하는 이유가 될 수 없다는 원칙을 분명히 밝혔다. 그러나 심지어 지식인 계층에 있어서조차도 재혼하는 과부의 비율은 줄어들지 않았다. 정이의 주장이 세상에 공론화됨으로 인해서 생긴 가장 중요한 결과는 아마도 지식인 계층의 과부들이 재혼하게 되었을 때, 자기 자신에게 더욱더 죄책감을 느끼게 되었다는 것이다.

홀아비와 초혼을 한 후처는 대부분의 다른 여성과는 다른 삶을 살게 된다. 만약 남편과의 첫 번째 결혼생활이 짧지 않고 아이가 있다면, 자기네들보다 훨씬 나이가 많고 이미 상속인이 결정된 집안으로 들어가게 된다. 그래서 후처들은 남편의 첫 사랑이 될 기회도 가져 보지 못하고, 또한 자기들의 첫 임신이 흥분과 기대를 불러일으키지도 못하며 첫 출산에 늘 수반되는 찬탄을 받지도 못했다. 남편들은 후처를 가끔 사랑을 하는 것처럼 보였으나 이러한 것이 항상 축복인 것만은 아니었다. 왜냐하면 나이 차이가 남편들에게는 문제가 안 될지 모르지만, 후처들에게는 문제가 될 수도 있었기 때문이다. 원채는 "중년이 된 남자는 젊은 여자의 감정을 이해할 수 없기 때문에 홀아비가 처녀와 결혼했을 때 문제가 생기게 된다."고51) 말했다. 여성들에게 아주 많은 보답을 가져다줄 수 있던 어머니의 역할이 후처들의 경우는 꽤 모순될 수 있다. 후처들에게는 첫 부인이 낳은 자녀들에게 필요한 모든 물질적인 것을 배려해 주어야 한다고 기대했으나 전처의 자식들은 쉽사리 마음을 내주지 않는다. 일단 후처와 남편 사이에 아이가 태어나게 되면 후처와 전처 자식 간의 적대감은 더욱 쉽게 생겨난다. 왜냐하면 첫 번째 아내가 낳은 아이는 후처 자신이 낳은 아이를 편애하고 있다는 의심을 쉽게 가지기 때문이다. 그래서 전처 자식들은 후처가 자기 아버지에게 각별히 가깝게 다가 간다는 것에 분개한다.

재혼한 남자들은 재혼한 과부 혹은 후처가 된 아내들이 갖는 문제 때문에 힘들어하지 않는다. 사실상 재혼한 남자들에게는 삶이 때로는 즐거웠다. 자기네 친구들이 젊은 첩을 얻음으로 인해서 여성들의 처소에서 생기는 소란과 질투를 감수해야 되는 반면에, 재혼한 남자들은 젊은 아내를 맞아들였고 두 번째 아내가 오래 살아서 자기네들의 노년을 돌봐 줄 수 있을 것이라고 확신하기 때문이다. 또한 남자들은 자녀가 딸린 과부와 재혼하지 않는 한, 계부라는 사실로 인해서 생기는 개인적인 문제도 없다. 왜냐하면 재혼한 남자들은 전처가 낳았거나, 후처가 낳았거나 간에 모든 자녀들에게 똑같이 아버지이기 때문이다.

제12장

첩살이

고대부터 중국에서 부와 권력은 젊고 예쁜 하녀들을 맞아들이는 것과 연관 지어 생각했다. 교훈서에서도 남자의 정치적인 지위는 그 남자가 소유할 수 있는 첩의 수에 상응된다고 규정해 놓고 있다. 그런데 아무도 이러한 규정을 심각하게 받아들인 것 같지 않다. 작은 나라의 통치자는 수십 명 혹은 수백 명의 궁녀(宮女)를 두었다. 이렇게 궁녀를 소유하는 것은 통치자의 부를 나타내 주는 증거이며, 말이나 보석을 소유한 것과 마찬가지였다. 진(秦)나라의 첫 번째 황제(皇帝)[始皇帝, 기원전 246~209]는 시중드는 여성을 만 명 이상이나 두었다고 한다. 후대의 대부분의 황제들은 천 명 이상이나 되는 시중드는 여성을 두었다. 황제통치 기간 동안, 부유한 남자들은 재력을 과시하거나 정력을 과시하기 위해 하녀나 첩을 두었다. 심지어 형편이 그다지 넉넉하지 못한 사람이라도 한두 명의 첩을 두어 아내의 가사를 돕도록 했다.[1]

대도시에서 남자들이 여성들과 교제하고 그들과 성관계를 즐길 수 있는 장소들이 생겨났다. 이러한 곳은 남자들에게 즐거움을 주도록 훈련 받은 여성들이 종사하는 유흥업소이다. 유흥업소에 종사하는 여성들이 익혀야 하는 가장 일반적인 재능은 노래였으나 어떤 여성들은 악기를 연주하거나, 춤을 추거나 또는 시를 짓거나 읊기도 했다. 당대(唐代)의 수도인 장안(長安)과 낙양(洛陽)에서 이러한 여성들과 그들의 소유자들이 살았던 유흥업소는 출세하기 위해서 수도에 왔던 지식인들 사이에 아주 인기 있는 곳이다. 당대에 쓰인 많은 일화는 이러한 여성들과 남성들 간에 얽힌 사랑 이야기가 대부분이다. 글을 쓰는 사람들은 이런 여성들의 재능에 매력을 느꼈고, 이들이 헌신적으로 사랑할 수 있다는 것을 칭송했다. 또한 이런 여성들이 유흥업소의 소유주로부터 감내해야 했던 멸시에 대해 동정심을 가졌다.[2]

송대 화폐경제의 비약적인 성장과 전국 방방곡곡에 상업화된 도시의 발전으로 남성들이 돈으로 여성을 살 수 있는 기회가 늘어났다. 대도시에서 유흥업소들이 당의 수도에서 번창했던 것처럼 꽤 번창했다. 그러나 북송 중기에 이르러 이전에 그런 장소를 방문해서 몇몇 여성들과 관계를 가지는 데 만족했던 남자들이 재산을 가졌기 때문에 여성을 사서 첩으로 데려오기 원하였다. 그래서 상류 계층이 확대됨에 따라 여성들이 하녀나 첩으로 이들 가정에서 일하도록 시장에서 사고팔게 되었다.

현존하는 자료에 의하면 지식인 계층의 남자들이 축첩하는 풍속에 관해서 가지고 있던 감정은 다양했다. 남자가 한 명의 첩 혹은 서너 명의 첩을 들이는 것이 잘못된 것은 아니다. 그러나 만약 남자가 첩에게 너무 마음을 뺏기게 된다면, 방종하고 문란한 사람으로 여겨질 것이다. 책의 저자들은 시인들과 기생첩들 간에 주고받은 시를 기록하기를 좋아했다. 그러나 그들은 첩이 가정에서 해야 할 본분이나 체면 같은 데 별로 관심이 없는 하류층의 여성으로 묘사해 놓았다. 사람들은 어떤 남자가 저명한 사람일 경우, 아내와 첩 사이에서 일어나는 싸움에 대해 소문내는 것을 좋아했다. 책의 저자들은 자기네들과 같은 사회계층에 속하는 여성들이 부득이 해서 첩으로 전락하게 되는 불운을 가슴 아파했으며, 또한 소녀들이나 여성들을 납치해서 첩으로 팔아넘겼던 사람을 비난했다. 하지만 저자들은 확실히 여성들이 자발적으로 첩이 되는 경우가 드물다는 것은 알았다. 축첩 풍습에 대한 이러한 다양한 감정은 첩들이 처하게 되는 불투명한 처지를 보여주기도 하고, 또한 이러한 불투명한 위치를 만들어 내는 것과 관련이 있다. 첩들의 세계는 모든 것이 다 잘 정립되어 있는 그러한 세계는 아니다. 첩들의 앞날에 무슨 일이 일어날지 관습이나 법보다 첩이 맺는 대인관계에서 오는 운에 달려 있다.

송대의 초기나 후기 모두 첩의 법적인 위치는 정식부인의 위치처럼 확실하게 정해진 것은 아니었다. 왜냐하면 첩이 처하는 하는 법적인 위치는 별로 특권이라고 할 만한 것이 없기 때문이다.[3] 법에는 세 단계의 제도가 있다. 즉 정식아내[처(妻)]는 첩(妾)보다 더 신분이 높고, 첩은 하녀[비(婢)]보다 신분이 높다. 예를 들면 만약 어떤 남자가 낯선 사람과 싸워 팔이나 다리를 부러뜨렸다면, 도(徒) 1년이다. 만약 피해자가 자기의 정식아내라면 처벌은

2등급 더 낮아지고 피해자가 자기의 첩이라면 처벌은 4등급 더 낮아진다. 하녀에게 위법행위를 하는 것은 어떠한 처벌도 받지 않는다.[4] 어떠한 상황 하에서도, 심지어 아내가 죽었다 할지라도 남자는 첩을 정식부인으로 승격 시킬 수 없다. 그러나 남자는 자기에게 아들을 낳아 준 하녀는 첩으로 신분 을 올려 줄 수 있다.[5] 실제 사회생활에서 사람들은 어떤 여성은 정식부인이 고 나머지 여성들은 모두 넓은 의미에서 첩에 속한다는 뚜렷한 생각을 가지 고 있었다. 그러나 이러한 넓은 범주에는 거의 정식부인과 같은 대우를 받 았던 여성(특히 남자의 정식부인이 죽었을 때)도 있었으며, 또한 원래는 개 인적으로 고용한 기생이거나 또는 들어올 때는 종이었으나 주인과 육체적인 관계를 가짐으로써 첩이 되었던 여성까지 다양했다. 비록 정식부인들은 하 녀들이 남편을 유혹하기 위해서 안간힘을 쓴다는 것 때문에 하녀들에게 화 를 내지만, 부인들이나 다른 어떤 사람들도 하녀가 주인남자의 원치 않는 유혹을 거절할 권리를 가졌다고 생각하지 않았다. 법에는 자기 하녀와 불법 적인 성관계를 맺은 데 대해서 처벌하는 규정이 없다. 심지어 다른 사람의 하녀와 갖는 성관계에 대해서도 처벌은 비교적 가벼웠다[장(杖) 80이다. 그 러나 관련된 여자가 남의 아내였을 경우의 처벌은 도(徒) 2년이다].[6] 하녀는 사회적 위치가 낮으므로 쉽게 성폭력 대상이 되었다. 또한 이러한 제도로 그 여성들의 사회적인 위치가 낮은 상태로 계속 머물게 했다. 이 장에서 하 녀들 중에 주인의 자식을 낳아 준 여자는 첩에 포함시켰다. 사실상 그것은 법적으로나 사회적으로 자식을 낳아 준 하녀들은 첩이 갖는 위치를 어느 정 도 갖게 되기 때문이다. 즉 자식이 아버지나 할아버지가 '사랑했던' 하녀와 성관계를 갖는다는 것은 일종의 근친상간으로 간주했다. 이럴 때는 아버지 나 할아버지의 첩과 성관계를 맺을 때보다는 그 심각성을 두 단계 낮추어 생각하게 된다. 그러나 다른 사람의 하녀와 성관계를 맺을 때보다는 더 심 각하다.[7]

첩들이기

여성이 어떤 가정에 첩으로 들어오는 과정은 남편 쪽의 입장과 아내 쪽 입장이 달랐다. 남자들은 여러 가지 다양한 방법으로 첩을 얻을 수 있었고, 또 때때로 첩을 선물로 받기도 했다. 왕증(王曾, 978~1038)은 구양수(歐陽修, 1007~1072)가 자기에게 어떤 글귀를 써 주었기 때문에 보답하기 위해 두 개의 금으로 된 잔을 주었고 술을 마실 수 있도록 두 명의 하녀도 주었다고 한다. 소철(蘇轍, 1039~1112)은 진종(眞宗) 황제(재위기 997~1022)가 왕단(王旦, 957~1017)이 한 명의 첩도 두지 않았다는 것을 알고 왕단에게 한 명의 첩을 주도록 주선했다고 기록했다. 인종(仁宗) 황제(재위기 1023~1063) 때에 어떤 궁중의 하녀가 송기(宋祺, 998~1061)를 길거리에서 알아차리고, 소리 내어 불렀다. 그래서 송기는 그 궁중 여성에 관해서 시를 썼다. 인종 황제가 이 이야기를 듣고서 그 궁중의 하녀를 하사했다[8]고 한다. 반량귀(潘良貴, 1094~1150)는 친구 중의 한 명이 아들이 없다는 것을 알았을 때, 이미 자기의 아이를 낳았던 하녀를 그 친구에게 주었다. 신기질(辛棄疾, 1140~1207)은 자기의 병을 치료해 준 대가로 의사에게 첩 중의 한 명을 주고, 그 후에 이 사실에 대해서 익살스러운 시구를 썼다고 한다. 남 이야기하기를 좋아하는 사람들에 의하면, 정송(程松)은 80만 전에 상당하는 현금을 주고 재상인 한탁주(韓侂冑, 1207년에 죽음)가 인신매매업자에게 돌려보낸 한의 첩을 샀다고 기록하였다. 그때 정송은 한이 화가 풀리면, 결국 그 첩을 다시 원할 것이라고 예측했기 때문이다. 정은 후에 그 여자를 한에게 선물했고, 원했던 것처럼 더 나은 관직으로 보답을 받았다.[9]

남자들은 또한 흔히 자기네들이 매력을 느꼈던 기생을 가정으로 데려왔다. 『청명집(淸明集)』에 보이는 한 가지 사례는 어떤 지역의 부랑자에 관한 경우이다. 이 부랑자의 첩은 원래 관기(官妓)였다. 관기라는 것은 강제로 정부에 고용된 여성으로, 그러한 직업을 가진 여성은 방문객과 고관들에게 여흥을 제공해야 했다.[10] 유삭재(劉朔齋, 1244년에 죽음)는 젊은 기생의 춤에 깊이 매료되어, 그 기생을 첩으로 데려와서 후에 손님들을 즐겁게 하도록 했다. 주밀(周密, 1232~1308)은 당시에 꽤 유명했던 관기가 양인이 된 후에, 어떤 종실(宗室)의 남자가 그 여자를 첩으로 맞아들였다고 기록했다.[11]

그렇지만 아마도 대부분의 경우 첩은 부유층에서 일해 줄 사람을 공급해 주는 일을 맡고 있던 인신매매업자를 통해서 사들였던 것 같다.[12] 가장 전문적인 인신매매시장은 수도에 있었는데, 특히 남송대(南宋代)의 항주(杭州)였다. 『몽량록(夢梁錄)』에서는 남자 노동자들, 집안일을 돌보는 사람들, 가게일을 보는 사람들을 주선해 주는 중개업자에 관해서 기술한 후에, 이와 같은 일을 하는 여성에 관해서도 언급했다. 즉 "공적이거나 사적인 여성중개업자들이 있었는데, 이들은 관료나 부유한 가정들에 첩이나 가수, 춤추는 소녀, 여성 요리사, 여성 침모, 또는 힘든 일을 하는 하녀나 섬세한 일을 하는 하녀를 사도록 주선해 주었다. 중개업자들이 소녀들이나 여성들을 데려와 한 줄로 세워 놓으면, 사고 싶은 사람은 단지 원하는 여자를 손으로 가리켜 한 걸음 내려서게 하면 되었다."[13] 이와 비슷한 사실을 남송대에 기록을 남긴 요영중(廖瑩中)은 "이 여성들에 대한 이름은 다양했다. 시중드는 사람, 도와주는 사람, 식모, 침모, 당전인(堂前人), 접대부, 세탁부, 금동(琴童), 장기 두는 사람 그리고 요리사 등이다. 이 각각의 직종은 모두 분담되어 있다. 요리사는 가장 하위 신분이지만, 아주 부유한 사람이나 고위관료만이 고용할 수 있다."[14]고 서술해 놓았다. 홍손(洪巽)도 위에서 기술한 것과 같은 시장에 관해서 언급했으며, 더 나아가 어떤 지방관에 관한 이야기를 자세히 설명해 놓았다. 그 지방관은 20세 남짓의 여성을 사들였는데 외모가 출중하고, 셈할 수 있고, 글을 쓸 수 있으며, 음식을 잘 요리하도록 훈련을 받았다. 그런데 이 여자는 비용에는 개의치 않고, 사치스러운 연회에 사용되는 음식을 마련하는 데 익숙해 있었기 때문에 지방관은 고용한 지 채 두 달도 못 되어 그 여자를 감당할 수 없다는 결정을 내렸다.[15] 수도나 다른 대도시에 살지 않았던 사람들은 자기들이 원하는 종류의 첩을 얻기 위해서 도심까지 가야 했다. 아들이 없는 풍(馮)이라는 성을 가진 어떤 상인은 첩을 사기 위해 개봉(開封)까지 가야 했다. 원소(袁韶, 1187년 과거급제)의 아버지는 첩을 얻기 위해 항주에 갔다. 성도(成都)나 소주(蘇州)와 같은 도시를 방문하는 것도 이와 비슷한 기회를 얻을 수 있었다.16)

도시에 있는 인신매매시장은 예능이나 가사에 소질이 있는 소녀들을 필요로 하는 사대부들의 필요성을 충족시켜 주었다. 대부분의 첩들은 글을 읽을 수 있고, 시도 지을 수 있으며, 노래도 할 수 있고, 악기도 연주할 수 있다. 남송대 항주에서 어떤 관리는 아름답고 모든 방면에 재능을 갖춘 첩을 물색하다가 며칠 지난 후에, 마침내 아름다운 소녀를 찾아냈다. 그 여자의 재능에 관해서 물어보았을 때, 자기의 유일한 재능은 술을 데우는 것이라고 대답했다. 그 관료의 동료들은 웃었으나 그는 여자를 시험해 보았고, 재능에 감명을 받아 첩으로 들였다.17) 홍매(洪邁)는 수도에서 관직을 받기 위해 기다리고 있던 어떤 관리에 대해 이야기 했다. 그 남자는 두 명의 첩을 사러 나갈 때, 자기의 친구를 설득해서 함께 가자고 했다. 그 관리가 중개상인의 집에서 몸값을 물어보았을 때 가장 나이가 어리고 재능이 있는 소녀의 몸값은 단지 80관에 불과한 반면, 다른 두 여자는 몸값이 400과 500관이었다. 그래서 남자가 중개인에게 가격이 차이가 나는 이유를 물어보았다. 그 중개업자는 이 소녀들은 계약된 기간 동안에만 고용된다고 말했다. 가장 나이가 어린 소녀의 고용계약 기한은 거의 다 되어서 6개월만 남아 있는 반면에, 다른 2명의 여자는 3년간 고용기간으로 해서 데려갈 수 있다18)고 했다. 다시 말해서 사람들은 첩을 꼭 살 필요는 없었고 돈을 내고 빌릴 수 있었던 것이다.

남자들이 첩을 고르기 위해 반드시 중개상인에게 갈 필요는 없었다. 때때로 아내도 남편을 위해 첩을 고를 수 있으며, 그것을 자기들의 임무라고 생각했다. 이럴 경우는 아마도 아내가 한 명의 아들도 낳아 주지 못했거나, 또는 심지어 남편의 사회적 지위가 첩을 필요로 한다고 생각했기 때문이다. 사마광(司馬光)은 아들이 없기 때문에 아내와 아내의 여자형제는 한때 사마광을 위해 첩을 구해 주어, 첩에게 관심을 갖도록 하려고 노력했으나 실패했다. 비슷한 이유로서 조필선(趙必善, 1188~1260)이 아들을 낳지 못하고 50세가 넘은 후에 남편을 위해서 첩을 샀는데 그 첩이 비로소 남편의 유일

한 아들을 낳아 주었다.[19]

심지어 첩은 아내들에게도 줄 수 있다. 한 예로 남편집이 가난해 아내가 집안일 때문에 힘들었는데, 그 집안일을 돕도록 아내의 남자형제가 12세 된 소녀를 구해 주었다. 이 소녀는 결국 남편의 첩이 되었고 28세에 아들을 낳아 주었다. 또한 아버지들도 때때로 딸들이 결혼할 때, 하녀나 첩을 사 주어 함께 따라가게 했다. 이것은 고대의 관행인데, 이는 부인의 질투를 줄이기 위한 하나의 방법으로 송대의 남성들에게 호의적으로 느껴졌다. 예를 들면 성씨(盛氏, 1007~1077)는 장래에 여주인이 될 집안에서 양육되었고, 여주인이 될 여자는 결혼할 때 성씨를 데려갔다. 성씨의 여주인이 죽고 주인남자가 재혼한 후에도 첩으로 계속 그 집에 머물렀다.[20] 아내의 입장에서, 남편에게 하녀를 구해주는 것은 여러 가지 이점이 있다. 그러한 하녀는 매우 비천한 집안 출신일 것이고, 아마도 여자로서 매혹적으로 보이게 하는 어떠한 예능에 필요한 재주를 배운 적이 없다. 그래서 아내의 사회적 지위와 비교해 볼 때, 하녀의 사회적 지위가 갖는 한계는 분명해진다. 더구나 하인이 주인에게 보여준 충성심에 대한 그 당시의 통상적인 생각 때문에 당시 사람들은 하녀가 첩으로 위상이 바뀌었다 해도 그 여자는 종전과 같은 존경과 복종으로 여주인을 대할 것이라고 기대했다.[21] 그러나 여전히 문제는 일어날 수 있다. 어떤 젊은 아내는 시집갈 때 데리고 갔던 하녀가 남편의 아이를 임신했을 때 때려죽이려고 했다.[22]

인신매매를 하는 중간상인들이 첩을 얻는 것을 주선했는데, 이것은 결혼에서 중매쟁이와 비슷한 역할이었다. 사는 사람과 파는 사람 간에 체결한 계약조건을 자세히 쓴 계약서를 마련했고 또한 계약이 체결될 때 중개상인은 증인으로 참가했다. 이러한 중개상인의 기능이 갖는 중요성은 당사자들 서로 간에 처음에 구두로 계약을 체결했을 경우에도, 중개업자를 불러들여 그 계약을 완전히 공식화해야 되기 때문이다.[23] 원채는 하녀나 첩을 사는 데 있어서 중개업자가 필요하다고 했다. 그러나 그렇게 얻은 소녀의 출신 배경을 면밀히 조사해야 한다고 주장했다. 만약 그 소녀가 유괴되었음이 밝혀지면, 산 사람은 그 여자의 가정으로 되돌려 보내야 한다. 그러나 가장 중요한 것은 소녀를 산 사람이 그 여자를 중간상인에게 되돌려 주는 잘못을 저질러서는 안 된다[24]는 것이다.

중간상인들이 마련했던 계약서에는 첩의 '몸값'이 자세히 적혀 있다. 이 몸값은 시장의 여러 가지 요인에 의해 결정된다. 매력적이고 기예를 갖춘 소녀들은 그렇지 못한 소녀들보다 더 비싸게 팔렸다. 홍매는 첩의 몸값이 140관에서 300관, 400관, 900관, 1,000관이라고 했다.[25] 심지어 가장 하위 관료라 할지라도 그가 가진 모든 돈을 긁어모아 젊은 여성을 살 수 있다. 홍매에 의하면, 가장 하급 관료들조차도(지방의 서기나 군보안관) 쌀 배급을 받는 것 외에 매달 약 50관의 급료를 받았다고 한다.[26]

첩을 산 어떤 주인남자는 첩의 부모나 중개상인에게 몸값을 일시에 지불 하지 않고, 임금처럼 정기적으로 지불했다. 정씨(鄭氏)는 양거정(梁居正)에게 두 명의 아이를 낳아 주었는데, 양거정은 그 첩의 부모에게 매달 3,500전을 지불했다.[27] 고문호(高文虎)는 67세에 문학적 소양과 음악적인 재능을 갖춘 첩 하씨(何氏)를 얻었다. 그는 3년간 계약을 맺었고, 매달 1곡(斛)의 쌀을 주 기로 했다. 하씨의 어머니는 새 계약을 할 때 몸값의 인상을 요구하지는 않 았다. 그러나 매달 와서 딸의 몸값을 받아 가기보다는, 그 몸값을 모아서 나 중에 하씨가 시집갈 지참금이 되도록 만들기를 원했다. 두 번째 3년의 계약 이 끝난 후에, 하씨의 어머니는 재계약을 맺었다. 이번에는 하씨가 받는 몸값 이 약 50% 증가하여, 1년에 100만 전이었다. 왜냐하면 고가 하씨의 몸값을 올려 준 것은 나이가 들었고 경험이 쌓였기 때문이다. 이때의 몸값도 역시 전과 같이 모아진 후에 받아 갔다.[28]

첩이 되는 경우

소녀나 여성의 입장에서 본다면, 어떤 집안에 첩으로 들어가게 되는 과정 은 그 여자가 '정식아내가 되는 정해진 경로'에서 벗어나면서 시작된다. 이러한 현상은 여러 가지 이유로 생길 수 있다. 부모가 속임을 당했거나, 절망적인 상황에 처하거나 욕심이 많았을 수도 있다. 여자가 꼬임에 넘어가거나 유괴당하거나 더 나은 대안이 없기 때문에 여성들 스스로가 선택했을 수도 있다. 어떤 가정에서는 현금이 필요해서 딸을 중간상인에게 팔거나 또는 중개업자를 거치지 않고 바로 주인남자에게 팔았다. 소녀들이 하녀로서 팔리거나 또는 기생으로서 훈련을 받을 경우라도, 뒤를 돌봐 주는 사람들이 사들여 첩이 되기도 했고, 주인에게 아이를 낳아 준 후에 '신분이 상승되어' 첩이 되기도 했다. 어떤 부모는 처음부터 딸을 팔 계획으로 일찍부터 재능을 가르쳐서 가장 비싼 값에 팔리게 했다. 대부분의 경우에 소녀들은 파렴치한 상인들의 속임수에 빠져 부모와 이별하게 된다. 여자들은 흔히 자기네들이 생계를 유지할 어떠한 다른 수단도 가지지 못했을 때 첩이 될 것을 자청했다.

지식인 계층에 속하는 사람들은 가족들이 때때로 딸을 키워 돈을 벌기 위해 첩이 되도록 훈련시켰다는 사실에 경악을 금치 못했다고 기록했다. 진욱(陳郁, 1275년에 죽음)은 소주(蘇州)에 사는 가난한 가정에서는 딸들을 예능 방면으로 훈련시켜서, 사기(私妓)가 되도록 하거나 딸이 성숙했을 때 돈을 많이 받고 첩으로 팔기도 했다[29]고 한다. 요영중(廖瑩中)도 "도시에 사는 하류층의 가정에서는 아들 낳는 것을 좋아하지 않고 딸이 태어나면 마치 보석처럼 값지게 여긴다. 딸아이가 성장하면, 부모들은 딸의 자질에 따라 예업(藝業)을 가르친다. (그래서) 그 딸이 사대부(士大夫)가 데리고 노는 짝으로 선택되기를 기다린다."[30]고 비슷한 사례를 기록했다.

책의 저자들은 자기네들이 딸을 파는 것 외에는 다른 방도가 없다고 느꼈던 사람들에게 동정심을 나타냈다. 홍매는 어떤 이웃 사람이 비통하게 울고 있는 것을 발견하고서, 동정심이 생겨 자비를 베푼 사람에 관해서 이야기했다.

어떤 사람이 그 남자의 주위를 둘러보고, 오랫동안 머뭇거린 후에 흐느껴 울며 한숨을 지으면서…… "나는 당신에게 말하고 싶지 않습니다. 그런데 어떤 이유로 인해 근자에 정부에 약간의 빚을 졌습니다. 서리가 빨리 돈을 갚으라고 독책하고, 갚지 못

하면 처벌할 것이라고 위협했습니다. 나는 너무나 가난해서 그 빚을 갚을 수가 없어
서 아내와 상의해서 시집갈 나이가 된 딸을 상인에게 40만 전에 팔기로 했습니다.
딸은 오늘 떠나야 합니다. 그래서 우리는 딸을 떠나보내게 되어 낙심하고 있는 것입
니다."31)

이 아버지가 딸을 팔고 받은 40만 전은 노예나 노동자의 평생임금으로32)
소작인 가족이 20년 이상이나 지불해야 할 지대와 거의 같은 액수였다.33)
그래서 외모가 출중한 10대의 딸은 빚이 많은 가족에게는 쉽사리 보아 넘길
수 없는 팔 가치가 있는 재산이었다. 아버지가 딸을 첩으로 파는 것은 마치
아버지가 딸을 하녀로 보낼 계약을 맺거나 또는 딸을 결혼시켜서 내보내는
것과 마찬가지로 완전히 합법적이다. 과부가 된 어머니들도 또한 딸을 팔
수 있다. 사실상 한때 부유하게 살았던 집안의 과부가 현금을 마련하기 위
해 부득이하게 딸을 판다는 이야기는 그다지 드물지 않다.34) 또한 일반적으
로 계모나 계부는 친부모보다 딸을 파는 이러한 상거래에 대해서 좀 더 냉
담한 것으로 묘사된다. 홍매의 이야기에 의하면, 어떤 여자가 두 명의 딸을
데리고 재혼했는데 그 여자와 재혼한 새 남편은 이 여자가 데리고 온 두 딸
을 첩으로 팔아버렸다고 한다.35)

남편이 때때로 아내를 첩으로 파는 것은 합법적이지 않다.36) 가사도(賈似
道)의 아버지에 대한 이야기에 의하면 가(賈)의 아버지는 여행하던 중 미모의
여성이 밖에서 빨래하고 있는 것을 보고 그 여자에게 첩이 되어 달라고 부탁
했다. 그 여자는 결혼했다면서, 남편에게 물어봐야 할 것이라고 했는데 그 여
자의 남편은 쾌히 동의했고, 아내를 팔아서 상당한 금액을 받았다37)고 한다.

스스로를 팔았던 여성들의 이야기도 홍매의 일화에 흔히 나온다. 예를 들면
기근 때문에 떠돌아다니던 한 여자가 관가의 문 앞을 지날 때 관리는 그 여
자에게 첩이 되기를 원하느냐고 물어보았다. 그 여자가 너무나 배가 고파서
더 이상 갈 수 없다고 동의하자 관리는 중개상인을 불러 계약서를 작성하게
했다.38) 다른 이야기에서는 어떤 행상인이 아무런 생계수단도 남기지 않고
죽었을 때, 행상인의 과부가 어떤 집의 문을 두드리고서 하녀나 첩이 될 수
있느냐고 물어보았다39)고 한다. 남의집 살이를 하는 것이 아무리 천한 일이

라 할지라도, 굶어 죽거나 매춘부가 되는 것보다는 오히려 나았다.

하녀들, 첩들, 매춘부들, 접대부로서의 소녀에 대한 수요가 아주 높았기 때문에 파렴치한 사람들은 여러 가지 사기를 쳐서 소녀들을 구하는 데 급급했다. 12세기에 복주(福州)의 한 지방지 기록자는 1099년에 한 지방관이 사람을 속여 인신매매하는 행위를 금지하려고 했던 시도를 기록하였다. 이 현의 지방관에 의하면, 이웃 현에 사는 사람들이 별로 많지도 않은 자금을 가지고 와서 '사람을 중개해 주는 중개업자'라고 자기네들의 위치를 확고하게 했다. 이 중개상인들은 여자의 가족들에게 딸이 정식아내나 양녀로서 어떤 집에 들어가게 될 것이라고 말해서 그 가족들에게 딸들이나 하녀들을 내놓도록 유혹했다. 이들은 소녀를 며칠간 숨겨 놓았다가 다시 팔기 위해서 다소 먼 지역으로 짐을 꾸려서 보냈다. 심지어 가족들이 속았다는 것을 알아차리고, 즉시 지방관에게 갔다 하더라도 찾을 수 없다. 가족들은 소녀의 행방이나 심지어 그 아이가 살았는지 죽었는지조차도 알 도리가 없다.[40]

또한 송대의 자료에는 노골적이고 공공연한 어린이 유괴가 흔히 언급되고 있다. 홍매는 17세나, 18세 정도 된 황태자의 딸이 근처에 사는 친척을 방문하기 위해 가마를 타고 가던 도중에 유괴되어 매를 맞고 중간상인에게 넘겨진 후에 어떤 남자에게 첩으로 팔려 갔다. 그 여자를 산 남자는 그 여자가 어떤 가문 출신인지를 알았고, 그것을 그 여자가 가진 매력으로서 생각했다고 기록하고 있다. 홍매는 가마를 타고 항주시(杭州市)를 지나가던 도중 유괴된 어떤 관리의 아내와 첩에 대해 이야기했다. 물론 유괴범들은 경멸을 받았다. 교훈적인 내용을 담고 있는 어떤 책에는 유괴와 '유혹'으로 돈을 벌던 어떤 사람은 결국 가려움으로 인해 심한 고통을 받아 폐인이 되는 천벌을 받았다[41]고 기록했다.

첩을 매매하는 시장에 관해서 기록했던 대부분의 사람들은 여성들을 슬쩍 훔쳐보는[관음증(觀淫症)] 데서 성적인 매력을 느꼈던 것 같다. 이러한 시장이 갖는 매력적인 면은 여성들이 원해서 온 것이 아니며, 그곳에 있는 많은 여성들은 슬픈 경험을 갖고 있다는 사실로 인해서 그들의 매력이 조금도 줄어들지 않는다. 그러나 최소한 몇 사람의 저술가들은 첩들을 매매하는 시장을 비

난했음에 틀림없다. 예를 들면 북송대(北宋代)의 학자인 서적(徐積, 1028~
1103)은 시를 써서 사람들이 쉽게 딸을 첩이 되게 하는 것을 저지시키려고
노력했다. 그 시에서 서적은 불운으로 인해서 대가(大家)의 첩이 되었던 한
소녀의 마음속에 간직한 생각을 표현해 냈다.

나는 본래 오산(吳山) 곁에 살았는데
일찍이 오산 곁에 살던 오희(吳姬)들과 더불어 아름다움을 다투었다.
두 볼에는 연지를 찍고 까만 두 갈래 머리를 늘어뜨려
미모와 재능이 가장 뛰어났다.
열 살에 능히 사씨(謝氏)의 시(詩)를 읊을 수 있었고
열다섯 살에는 문학이 반희(班姬)와 맞먹었다.[42]
열예닐곱 살 후에 점차 어려움이 많아
나의 일신이 어쩔 수 없는 상황에 빠지게 되었고
그 후 외로움과 가난한 일이 더욱 많아
나 한 몸으로 어떻게 할 수 없었다.
그때 어리석어 남의 꼬임에 빠져
드디어 주문(朱門)에 들어가 수놓인 비단옷을 입게 되었다.
주문의 미인들의 질투가 심하여
나는 행동을 조심했다.
눈썹도 감히 그리지 못하며 눈을 들지 못하고
기운을 마시고 소리를 삼켜 아침저녁을 보냈다.
온갖 고난을 다 받는데 다른 사람들은 알지 못하고
도리어 돌아갈 때를 기다리나 돌아갈 수 없다.
비단옷을 몸에 걸치고 있으나 한갓 눈물을 닦을 뿐.
어느 때에 옛날에 입던 옷을 입어 볼 것인가?[43]

이 풍속을 바꾸어 보려고 했지만 사람들은 그의 시에서 타인의 손에서 괴
로워하는 감수성이 예민한 귀여운 한 젊은 여자의 모습을 묘사했다고 느꼈
을 뿐이다.

남자와 첩

대체로 남자는 중년이 된 후에 첩을 들이게 되는데 그때 남자는 집안의 가장일 것이며, 15년간이나 또는 그 이상 같이 산 아내에게 약간 권태를 느꼈을 것이다. 예를 들면 소식(蘇軾, 1036~1101)은 38세였을 때, 11세이던 왕조운(王朝雲)을 첩으로 들였다.[44] 그러나 이와는 다른 형태의 유형도 많았다. 젊은 남자들이 결혼하기도 전에 첩을 얻는 것이 비정상적이지는 않았다.[45] 어떤 남자는 20세가 되기 전에 수십 명의 첩이 있었다[46]고 전해진다. 또한 70세나 80세에 첩을 얻는 남자도 있다.[47] 굉장한 재력을 가진 남자들은 흔히 여러 명의 첩을 두었다. 11세기에 살았던 부유한 관료인 주고(周高)는 수십 명의 기첩(妓妾)들이 있었다. 그리고 한탁주는 14명의 첩을 두었다고 한다. 홍매가 기록한 한 가지 이야기에 의하면, 어떤 부유한 관원이 7명이나 8명의 첩을 두었으나 그 남자가 늙고 병들자 모두 떠나가기를 원했다[48]고 한다.

남자들은 첩들을 어떻게 대했을까? 여기에는 자연히 큰 차이가 있다. 어떤 남자들은 젊은 여자를 예뻐해서 아내에게 소홀했고, 어떤 남자들은 첩들을 거의 욕망의 대상으로 다루었다. 그리고 어떤 남자들은 첩들을 손님에게 자랑스럽게 내보이는 데 열심이었다. 그런데 첩들에 대한 남자들의 태도 중 어떤 부분은 주목해 볼 만하다. 남자들이 아내에게는 이름을 지어 주지 않았지만, 하녀나 첩들에게는 통상적으로 새로 이름을 지어 주었다. 남자들의 이러한 행동은 이 여자들의 사회적인 위치가 열등하다는 것을 상징하는 것이다. 아내들의 경우는 성(姓)으로 부르는 것이 정상이었지만, 첩들은 주인이 지어 준 사적인 이름으로 불렸다.[49] 우리가 알고 있듯이 첩들의 이름에는 흔히 노(奴), 즉 '노예'라는 글자가 포함되어 있다. 예를 들면 '부드러운 노예', '연꽃 같은 노예', '향기로운 노예', '앞으로 다가오는 노예'와 같은 것들이다.[50] 고문호(高文虎, 1134~1212)는 첩인 하씨(何氏)에게 문학에서 눈송이를 나타내는 데 쓰는 용어인 '은꽃'이라는 이름을 지어 주었다. 다른 지식인 계층의 남자들도 또한 자기네들의 첩을 위해 문학에 나오는 용어를 사용했다. 어떤 남자들은 확실히 별난 이름을 지어 주었다. 신기질(辛棄疾)은 두 명의 첩에게 그들의 성을 사적인 이름으로 불러 전전(田田)과 전전(錢錢)이라고 불렀다.51)

하류 계층의 소녀들이 상류 계층 남자의 첩이 되기 위해 준비하는 훈련은 기생들이 받아야 했던 훈련과 아주 흡사하다. 많은 남자들은 첩들에게 손님을 접대하게 하거나 흥을 돋우는 사기(私妓)의 역할을 하게 했다. 구준(寇準, 961~1023)은 밤새도록 잔치를 여는 데 엄청난 돈을 쓰는 것으로 유명했다. 여성 연예인들에게 춤을 추고 노래를 부르게 했고, 어떤 첩에게는 즉석에서 시를 지어 낭독하게 했다. 원채(袁采)는 하녀들이나 첩들이 손님을 접대하도록 가르치는 것은 위험할 수 있다고 경고했다. 만약 그 여성이 빼어나게 예쁘거나 특출하게 영리할 경우, "그러한 여성은 어떤 불량한 손님들에게 색욕을 불러일으켜 위험한" 결과를 초래할 수도 있다고 보았다. 위태(魏泰, 약 1050~1110)는 이러한 한 가지 사례를 기록해 놓았다. 한때 양회(楊繪)는 손님들을 접대하기 위해서 노래하는 소녀들을 개인적으로 소유하고 있었다. 이 소녀들 중의 한 명과 어떤 손님이 술에 취하여 노골적으로 지나친 행위를 했다. 이것을 휘장 뒤에서 지켜보던 양회의 아내는 몹시 난처해서 노래하는 여자인 첩을 불러서 매질하였다. 이때 그 손님이 이 여자를 다시 보낼 것을 요구했을 때, 양은 잔치를 파하려고 했다. 그런데 그것이 오히려 그 손님을 더 화나게 만들었다. 그 손님은 양(楊)을 때리기 시작했고, 양은 그곳에 있던 다른 손님들의 도움으로 무사할 수 있었다.52)

기생과 같은 취급을 받았던 첩들은 기생처럼 행동하도록 요구되었다. 전하는 바에 의하면 소식은 최근에 죽은 친구의 가장 아끼던 첩이 다른 남자의 집에서 손님에게 여흥을 제공하는 것을 보았을 때, "소식은 무의식중에 얼굴을 가리고 슬프게 울었다. 그런데 그 첩은 동료들에게 얼굴을 돌리고 한바탕 웃었다."53) 분명히 소식은 첩들이 흔히 이 주인에게서 저 주인으로 옮겨 다니며, 또한 이러한 사실이 그 첩들에게는 아무런 문제가 안 된다는 것을 받아들이고 싶지 않았을 것이다.

지식인들이 자기네들의 첩이나 자기들과 첩 간의 관계에 대해서 써 놓은 것은 거의 없다. 유극장(劉克莊, 1187~1269)은 아내에 대한 순수한 사랑 때문에 재혼하지 않고 첩을 들였다고 했다. 아내가 죽은 후에 유극장은 아내에 대한 존경심 때문에 다시는 결혼하지 않을 것을 결심했다. 즉 "내가 42세가 되었을 때, 나는 깊은 슬픔에 빠졌다. 임씨가 그렇게도 훌륭했는데, 너무나 젊은 나이에 죽었다. 나는 다시 결혼하지 않기로 결심했다. 그러나 아내의 장례식이 끝난 후에, 수건과 빗을 가지고 시중들어 줄 사람이 아무도 없었다. 어떤 사람의 이야기에 의하면, 진씨(陳氏)라는 고아가 있는데, 원래 명문가 출신으로 자기의 어머니가 재혼할 때 데리고 왔다고 한다. 그 소녀가 지금 갈 곳이 없으므로 나의 돌아가신 어머니인 임씨(林氏)가 나를 위해 그 소녀를 얻어 주었다."54) 유극장은 진씨(陳氏, 1211~1262)가 자기보다 24살이나 어린데도, 35년 동안이나 가족의 모든 일을 다 보살폈다고 칭찬했다. 진씨는 모든 것을 다 기억했고, 집안의 경제적인 문제를 관리했다. 유극장은 진씨를 첩이라고 여기기보다는 막내아들의 '생모(生母)' 정도로 생각했다. 진씨 자신도 유극장을 남편으로 대하기보다는 '주인(主人)'으로 섬겼다고 한다.

고문호(高文虎, 1134~1212)는 남자와 첩과의 관계에 대해서 상세한 내용을 전해 주고 있다.55) 고(高)는 편지에서 자기가 30세가 되던 1163년에 아내가 죽었고, 27년 동안 자식들을 염려해서 재혼도 하지 않고 첩도 들이지 않았다고 했다. 그가 66세가 되던 1200년 정월에 와서야 비로소 고는 3년 계약으로 하씨를 첩으로 맞아들였다.

고는 하씨가 한 일은 자기의 약을 마련해 주고, 집안을 정돈하고, 자기를 돌봐 주는 것이라고 기록했다. 고는 하씨가 늘 아침식사, 저녁 식사를 차려 주고 의복을 손질해 주었다고 했다. 즉 빨래를 해 주고, 옷을 기워 주고, 철이 바뀔 때마다 옷을 준비해 주었다. 고가 밤에 기침을 하거나 잠을 잘 수 없을 때, 그녀는 일어나서 불을 지피고 고를 위해 약을 달여 주었다. 또한 하씨는 읽을 수 있고, 고가 뭔가를 찾을 때 도와주었으며 편지에 답장하는 것도 도와주었다. 그 여자가 고와 함께 1년을 지낸 후에, 고는 퇴직했고 아들이 관직생활을 하고 있는 휘주(徽州)로 갔다. 고는 하씨를 그곳으로 데려가 2년 동안 아주 행복한 시간을 보냈으며, 그 지역의 경치가 좋은 곳은 다 구경 다녔다. 후에 그들은 명주(明州, 영파)에 있는 고의 고향으로 옮겨갔다.

고문호가 쓴 편지에서 자신은 하씨와 성관계를 맺을 수 있는 권리를 사용하지 않았다는 것을 꽤나 애매하게 말했다. 또한 그는 나이가 들어서 성적인 즐거움에는 흥미가 없었다고 했다. 11년 동안이나 하씨가 아이를 낳지 않았다는 사실은 고문호의 주장을 뒷받침해 주는 것 같다. 그렇지만 다른 식구들은 고가 하씨와 더불어 몸을 가누지 못하고 있는 것을 보고 그 여자에게 가산(家産)을 탕진할까 염려했다.

고문호는 하씨를 아주 좋아해서, 자기가 지불하기로 약속한 돈을 하씨가 받기를 원했다. 고의 기록에 의하면 "고(高)는 자기 수중에 동전 한 닢도 가지고 있지 않았으므로 비용을 지불하기 위해서 가족 재산에서 돈을 꺼내 써야만 했으나, [그가 돈을 꺼내 쓰려고 할 때마다] 항상 여러 사람들의 이유가 제기되었고 복잡한 문제가 생겼으며 거절당하기도 했다."고 한다. 이러한 어려움을 피하기 위해서, 고는 가족의 한 사유지에서 나오는 600곡(斛)의 곡식을 팔게 했다. 그러나 단지 50 내지 60곡의 곡식만 팔았으며, 이때에 그 사유지를 관리하고 있던 스님은 고에게 당신의 아들과 며느리가 곡물창고를 짓는 데 필요한 돈을 마련하기 위해서 곡식을 팔기 원한다고 말했다. 후에 고의 아들이 와서, "아버지께서는 가산으로부터 무엇이든지 원하는 대로 다 가질 수 있으며, 심지어 당신이 필요로 하는 1,000관(貫)조차도 가질 수 있습니다."고 하였다. 그렇지만 고가 가산에서 돈을 꺼내 쓰려고 할 때마다, 돈이 금고에 없다고 말했다. 마침내 그 후 2년이 지나서 고는 사유지에서 나오는 곡식을 팔도록 다시 요청했다. 이때에 고는 총액 1,080관전의 돈을 가질 수 있었으며, 그중에 800관전은 하씨의 몫으로 주었다.

고에 따르면, 하씨는 고가 죽은 후에 과부가 된 첩으로 고씨의 집에 머물기를 원했다고 고는 하씨의 원하는 바가 이루어지지 않을 것이라는 것을 알았다. 그래서 1210년에 고는 하씨가 이제는 집으로 돌아갈 때가 되었다고 생각했다. 고는 편지의 마지막에서, 하씨가 1,000관전이나 되는 돈을 받을 만한 이유를 간단히 설명해 놓았다. 첫째, 하씨가 받은 돈은 고가 스스로 번 돈이며 고의 아들은 돈을 버는 데 도와준 것이 없다. 둘째, 하씨는 그 돈을 받을 만하다. 왜냐하면 고와 더불어 보낸 11년이라는 세월 동안 하씨는 한 번도 아픈 적이 없으며, 임금을 받아 본 적도 없고 가족의 재산 문제에 간여한 적이 없다. 하씨의 옷조차도 고는 자기 자신의 돈으로 사 주었다. 그러므로 다음에 시집갈 때 쓰도록 지참금으로 1,000관전을 주는 것은 과분한 처사가 아니다. 고는 편지에서, 만약 어떤 사람이 질투 때문에 고소를 해 온다면, 하씨는 자기의 편지를 증거로 내보이면 현명한 판결을 바랄 수 있을 것이라고 기록했다.[56]

변변치 못한 가족구성원으로서의 첩

첩들도 가족의 구성원이었지만 가정에서의 지위는 불안정했으며, 주인, 주인의 아이들, 심지어 자기의 아이들과의 관계도 취약했다.

중국의 저자들이 첩들이 가정 내에서 다른 성원들과 어떠한 관계를 맺고 있는지 상세하게 규정한 것은 단 한 가지 경우로 상중(喪中)에 첩이 수행해야 할 의무를 밝혀 놓았다. 시집간 여성은 친정 친척에 대한 상례(喪禮)의 의무는 줄어든다. 그러나 자기 남편이 상례를 행하여야(남편의 남자형제들, 삼촌들 그리고 사촌들과 같은) 하는 거의 모든 친척에게는 의무를 수행해야 한다. 이러한 친척들은 서로 간에 상례의 의무가 있다. 그래서 아내가 먼저 죽었을 경우, 그 여자가 자기 친척에게 상례를 표했던 것처럼 친척들도 그 여자에게 상례를 표하게 된다. 이와는 대조적으로, 첩들은 마치 결혼하지 않은 여자들처럼 자기네들의 본가 식구들에게 상례의 의무가 있다. 그렇지만 현실적으로 첩들이 그러한 의무를 거의 다 이행할 수는 없다. 첩들은 주인의 가족에 대한 상례의 의무가 아주 적다. 첩은 자기의 주인, 여주인 그리고 주인의 자식들에게만 상례의 의무가 있다. 첩이 자식을 낳았을 경우, 다른 여성들이 낳은 주인의 자식들은 서로 간에 상례의 의무를 가지고 있으며, 그 자식들은 첩에게도 상례의 의무를 갖는다(그렇지만 상례의 정도는 첩이 그들을 조문했던 것과 같은 정도는 아닐 것이다). 첩의 주인이나 여주인은 첩이 자식을 낳았다 할지라도 첩에게 상례를 표하지 않는다.57)

좀 더 복잡한 문제는 첩의 자식이 어머니인 첩에게 어느 정도로 상례를 갖추어야 할 것인가 하는 것이다. 첩의 자식은 아버지의 본처를 법적인 어머니로 생각해서 본처가 낳은 친자식과 같이 상례를 갖춘다. 그런데 전통적으로 자식들은 법적인 어머니를 아버지와 관련이 있는 어떤 다른 여성들보다도 등급을 높여서 예우했다. 아버지와 관련이 있는 여성들로는 첩 어머니, 이혼한 어머니, 유모, 양모/집안일을 관리했던 여자 등이다. 이러한 사실은 자식이 어머니로서 단지 한 여자에게만 상례를 갖지 않는 이유이다. 만약 자기의 어머니인 아버지의 본처가 죽은 후, 아버지가 다른 여자를 아내로 맞이했는데 그 여자도 죽었을 때, 자식은 자기를 낳아 준 어머니와 아버지의 후처 각각에게 법적인 어머니로서 상례를 갖추어야 했다. 송대에 아들이 자기를 낳아 준 어머니인 첩에게 어느 정도로 상례를 갖추어야 할 것인지 논쟁거리였다. 장재(張載, 1020~1077)는 만약 첩이 낳은 아들의 법적인 어머니가 살아 있을 때 생모인 첩 어머니에게 한 등급 낮추어 상례를 갖추어야 된다고 했다. 주희(朱熹)는 서한에서 첩의 아들이 생모인 '첩 어머니'에게 한 등급 낮추어 상례를 표해야 한다는 장재의 생각이 잘못되었다고 밝혔다. 첩도 어머니이므로 첩의 자식은 어머니에게 3년을 치러야 한다58)고 주장했다.

집안에서 첩의 위치는 그 집 여주인이 처해 있는 상황에 따라 많이 좌우된다. 심지어 본부인이 살아 있다 하더라도, 그 여자가 병약하여 본부인 구실을 못 할 때는 첩이 안주인 노릇을 할 수도 있다. 남송대에 정부에서는 아내가 심한 병을 앓고 있지만, 이혼하기를 원하지 않는 남편들에게 다른 한 여자와 정식으로 결혼해서 그 여자를 '소처(少妻)'로 들일 수 있다고 규정해 두었다.59) 그러나 법적으로는 어떠한 용어가 사용되었든지 간에 한 여자가 정식아내가 아니었다면 첩이다. 유극장(劉克莊, 1187~1269)은 가족안에서 두 여자가 동등한 위치를 가지고 있지 않다고 여겼던 경우에 다음과 같은 법적인 판결을 내렸다. 즉 한 여자는 주인남자가 살아 있을 때에도 집 안의 일을 관리했으며, 다른 여자를 무시했다. 그러나 다른 여자는 주인에게 아들을 낳아 준 첩이다(주인아들의 생모인 첩). 유극장은 두 여자가 모두 정식으로 결혼한 것[배례혼(拜禮婚)]이 아니기 때문에 둘 다 정식아내로 간주할 수 없다는 판결을 내렸다.[60]

여주인이 있는 첩들은 여주인에게 개인적으로 복종해야 될 뿐만 아니라, 또한 자기가 낳은 자식에 대한 양육권을 빼앗길 수도 있다. 아내들에 관해서 쓴 일대기에서는 흔히 아내들이 첩의 자식들을 길렀다고 기록하고 있다. 본부인들이 첩에게 첩의 자식을 돌보아도 되겠냐는 허락을 받아야 한다는 어떠한 기록도 보이지 않는다. 서악상(舒岳祥, 1217～1301)은 아내 왕씨(王氏, 1212～1284)가 "관대했고 좀처럼 질투하지 않았으며, 첩에게서 태어난 아이들을 친자식처럼 키웠으며, 그 아이들이 더운지 추운지, 기저귀가 젖었는지 말랐는지를 살폈다."고 기록했다.[61] 첩들은 자기가 낳은 자식을 본부인이 맡아서 키우는 것을 아주 못마땅하게 여겼으리라는 것은 쉽게 상상할 수 있다. 첩들은 본부인의 그러한 행동을 어머니가 갖는 사랑이나 자상함이라고 여기지는 않았다.

첩의 취약한 위치는 죽은 후에도 계속된다. 한기(韓琦, 1008～1075)는 자기의 아버지, 법적인 어머니, 자기의 생모가 죽은 지 오랜 후에 이들을 새로 만든 가족 묘지에 이장했다. 그리고 나서 한기는 아버지와 법적인 어머니의 무덤을 만들고 그 옆에 자기의 생모였던 첩을 '시중드는 사람'으로 매장했다. 한기는 이러한 자기의 행동이 부모를 욕되게 하는 것이 아니라고 주장했다. 왜냐하면 관(棺)의 품질이나 다른 모든 면에서 첩이었던 생모의 매장은 부모의 것에 비해서 한 등급 낮았기 때문이다. 한기는 남들이 자기의 행동을 의식의 법도를 위반한 것이라고 생각할 수도 있다는 것을 염려하여, 의식이라는 것은 감정을 나타내기 위함이지 '하늘에서부터 정해져 내려온 것'은 아니라고 하였다.[62]

가족의 성원으로서 첩이 취약한 존재라는 것은 홍매에 의해서 기록된 다음의 이야기에서 분명하게 드러난다.

> 1176년에 주경선(朱景先)[전(銓)]은 사천에서 차와 말의 교역을 맡고 있었다. 그의
> 아들 손(遜)은 성도(成都)에서 온 여자인 장씨(張氏)를 첩으로 사들여 복낭(福娘)이라
> 고 불렀다. 다음 해에, 그 아들은 범씨(范氏)와 결혼했기 때문에 아들은 더 이상 첩을
> 원치 않았다. 장씨는 이미 임신한 상태여서 떠나고 싶지 않았으나 강제로 내보내졌다.
> 다음 해에 아버지는 [수도로 돌아오도록] 소환되었고, 6개월이 지난 후에 주(朱)는 성
> 도를 떠났다. 아들의 첩인 복낭은 아들을 낳았고, 자기 아들에게 '기아(寄兒)'라는 이
> 름을 지어 주었다.
> 주(朱)는 소주(蘇州)에서 살았는데, 소주 지역이 사천과 너무나 멀었기 때문에 첩과 주
> 의 가족들은 서로 간에 소식이 없이 지냈다. 아들인 손(遜)은 1180년에 죽었고 그때
> 아내인 범씨는 자식이 없었다. 그런데 [아버지인] 주경선은 손 이외에는 다른 아들이
> 없었기 때문에 몹시 낙담했다. 1185년에 아버지인 주는 모친의 상례를 치르기 위해서
> 관직에서 물러났다. 그때에 주를 대신해서 그곳에서 차와 말의 교역을 맡고 있었던 왕
> 악(王渥)이 조문을 표하기 위해서 관리 중의 한 사람을 주에게 보내왔다. 그 관리는
> 전에 주를 위해서 일한 적이 있었고, 그 관리의 아내는 [주의 아들인] 손이 복낭을 첩
> 으로 사들였을 때 중매인이었다. 그 관원은 대수롭지 않게 지나가는 말로 "첩이었던
> 복낭이 아들이 있고, 매우 가난하게 살며, 다시는 누구와도 결혼하지 않을 것이라고
> 맹세했다. 복낭의 아들은 지금 7세 내지 8세로, 읽는 것을 배우고 있다. 아들의 외모
> 는 당차 보였으며, 사람들이 그 아이를 '관인(官人)'이라고 부른다고 한다. 왜냐하면
> 그 아이가 마을의 다른 아이들과는 너무 다르게 보였기 때문이다."라고 이야기했다.
> 주경선은 이 이야기를 듣고 기뻤지만, 이 이야기를 믿어야 할지 확신이 서지 않았다.
> 그래서 주경선은 추규(鄒圭)에게 이 이야기의 사실 여부를 물어보았다. 추규는 한때
> 주경선의 서리로서 일했고 관원이 올 때 같이 따라온 사람이다. 그로부터 그 이야기
> 는 확실히 사실이라는 것이 밝혀졌다. 주경선은 규에게 자기의 편지를 왕과 그 고을
> 의 지방관에게 전달하게 했으며, 주는 그들에게 어머니(복낭)와 아들을 자기에게 돌려
> 보내 달라고 요청했다.63)

이 이야기에서 분명히 알 수 있는 것처럼, 첩은 필요할 때 고용될 수 있
었고 필요하지 않을 때 버려질 수 있다. 또한 가족들이 훗날 첩이 낳은 아
이가 필요하다면, 첩을 데려올 수도 있었다.

어머니가 된 첩

아들을 낳는다는 것은 가정에서 여자의 위치를 높여 주는데 그 여자가 정식아내든지, 첩이든지, 하녀든지 간에 마찬가지였다. 정식아내에게는 아들을 낳는다는 것이 이혼에 대한 한 가지 트집을 제거해 주는 셈이 된다. 첩은 아들을 낳아 줌으로써 주인가족들에게 친족으로서 해야 할 의무가 생기게 된다. 하녀가 아들을 낳아 준다는 것은 첩으로 신분이 상승될 수 있는 가능성을 열어 준다. 그런데 정식부인이 이미 자식을 두었다면, 첩이 자식을 낳는 것은 본부인과 본부인의 아들들과 심지어 더 큰 충돌이 생기게 할 수도 있다. 사마광은 "남자형제들이 서로 사이가 좋지 않은 것은 흔히 어머니가 다르기 때문이다. 어머니가 정식부인과 첩일 경우에 [자식들 간에] 갖게 되는 증오와 질투의 감정은 어머니들이 첫 부인과 후처관계일 때보다도 더 나쁘다. 어머니들이 서로 깊은 감정의 골을 가지고 있기 때문에 그 아들들도 서로 떨어져서 무리를 짓게 된다."고 했다.[64]

첩의 아들은 흔히 자기들의 위치가 불안정하고 스트레스가 많다고 느꼈다. 아무튼 첩의 아들은 사이가 좋지 않았던 두 명의 여자에게 효도를 표시해야 했다. 게다가 아버지는 첩인 생모를 기생 정도로 간주했을지도 모르고, 법적인 어머니는 첩인 생모를 하녀로 취급했을지도 모른다. 불행하게도 이 모든 것의 결과를 심리학적인 측면에서 분석해 본다는 것은 주어진 사료로는 불가능하다. 확실히 첩의 자식들도 사회적·심적인 불이익을 받지 않고 성장할 수도 있다. 북송대 가장 저명한 관료 중의 한 사람이었던 한기는 첩의 아들이었다. 아버지 한국화(韓國華, 957~1011)는 정식부인이 네 명의 아들을 두었는데, 세 번째 아들이 989년에 태어났다. 그때 한기의 아버지는 이미 첩 호씨(胡氏, 968~1030)를 두었는데 아들 두 명과 딸 한 명을 낳았다. 한기의 아버지는 그가 태어났을 때 52세였고, 3세 때 돌아가셨다. 한기의 어머니는 첩으로 거의 20년 이상을 그 집에서 살았다. 한기는 두 명의 여성에 의해 양육되었는데, 이것은 마치 어머니와 할머니 두 사람이 보살펴 키운 것과 아주 흡사했다. 한기는 생모가 자기를 때릴 때 법적인 어머니가 달려와서 보호해 주었으며, 생모의 이러한 행동에 대해 법적인 어머니는 너무 화가 나서 그날은 생모에게 말도 하지 않았다[65]고 기록했다.

그렇지만 첩의 아이들은 대체로 그다지 운이 좋지 않았다. 첩들의 자식은 본부인이 낳은 자식들보다는 덜 소중하게 여겨졌다. 그래서 쉽게 남에게 양자로 보내지거나 출생 시에 쉽게 살해되었다. 진량(陳亮, 1143~1194)의 아버지의 첩이 1160년에 아들을 출산했는데, 그 아이가 3개월 되었을 때 남에게 주어 버렸다. 비슷한 사례로서, 유재(劉宰, 1166~1239)의 남자형제 중의 한 사람이 어떤 첩에게서 태어났는데, 갓난아기였을 때 남에게 양자로 보내졌다.[66] 제9장에서 언급했던 영아살해의 여러 가지 경우는 첩에게서 낳은 자식들과 관련이 있다. 첩의 자식들은 흔히 아버지가 자기를 낳아 준 첩인 어머니들을 내보냈을 때 어려움을 겪었다. 관료들이나 상인들이 집을 떠나 객지에서 살고 있는 동안 함께 지내기 위해서 첩을 들였다가, 떠날 때 버리는 것은 흔히 있는 일이다. 그들은 아내들의 질투심 때문에, 심지어 첩이 자식을 낳았다 하더라도 내보내야 했다. 그러한 위치에 있었던 첩의 자식들은 주로 자기의 생모와 모든 연락이 두절되었다.

쫓겨난 첩 어머니와 아들 간의 관계는 11세기 후반에 많이 논의되었다. 관료들은 왕안석(王安石, 1021~1086)이 추천해서 관료가 된 이정(李定, 1028~1087)이 아버지의 첩인 구씨(仇氏)에게 상례를 갖추지 않았을 때 항의했다. 구씨는 이정의 어머니라고 널리 소문이 나 있었는데, 여러 해 전에 일찍이 외지로 보내져서 다른 가정에 시집갔다.[67] 이정에 관해서 비판했던 같은 비평가들은 주수창(朱壽昌)에 관해서는 칭찬을 아끼지 않았다. 주수창은 이정과 비슷한 상황에 처해 있었는데 아주 다른 방법으로 대처했다. 주(朱)의 아버지는 동주(同州)의 지방장관으로 재직하고 있는 동안 첩을 들였다. 그 첩은 수창을 낳았고 그가 두 살이 되었을 때, 그 집에서 쫓겨나 어떤 평민 가정으로 시집갔다.[68] 주수창은 그 이후로 생모를 50년 동안이나 만나본 적이 없었다. 주수창이 지방관을 역임했을 때, 어머니를 찾아보았다. 그러다가 결국 1068년이나 1069년 즈음에 관직을 그만두고 "나는 생모를 찾기 전에는 돌아오지 않을 것이다."라고 말하고 가족 곁을 떠났다. 주수창은 동주에서 생모를 찾아냈는데, 이미 70세가 넘었고 당씨(党氏) 가문으로 시집가서 여러 명의 아들을 둔 어머니였는데, 수창이 자기 집으로 데려왔다. 주수창의 이야기는 처음에 전명일(錢明逸, 1015~1071)에 의해 널리 알려지게 되었다. 그 후 송대에 유명한 학자인 왕안석으로부터 소송(蘇頌) 소식(蘇軾)에 이르기까지, 주수창의 행동을 시를 써서 앞다투어 칭송했다.[69] 수창의 이야기는 너무나 유명해져서 황제 신종(神宗, 재위기 1068~1085)은 주수창이 어머니를 모시고 돌아왔을 때 몸소 맞이하였다.[70]

과부가 된 첩

첩들은 가족의 성원으로서 처해 있는 위치가 특히 주인이 죽었을 때 더 취약해진다. 게다가 첩들은 주인남자보다도 흔히 20년 이상이나 젊었기 때문에 본부인이 과부가 되는 것보다 훨씬 더 젊은 나이에 과부가 된다. 법에 따르면 첩의 경우에는 전 주인의 가까운 친척(이것은 본부인에 대해서 적용했던 범위보다는 약간 더 좁은 범위 내에서 허용되었다.)들이 첩으로 삼을 수 없게 되어 있다. 그러나 이런 일이 발생했을 때, 정식아내가 같은 상황에 처하게 되는 경우보다 사람들이 이 일로 인해서 받는 충격은 덜했던 것 같다.[71] 주인의 자식을 낳지 않았던 첩들은 과부가 된 본부인이나 주인의 아들들의 집에서 확고한 위치를 점하지 못했다. 만약 첩들이 주인남자에게 여러 해 동안 시중들어 왔다면, 그 첩들은 주인집의 아량으로 그 집에 계속 머물 수 있다. 이것은 마치 그 집안의 늙은 유모나 요리사들이 계속 머물 수 있었던 것과 마찬가지이다. 사회적으로 명성이 있고, 부유한 집안에서는 갈 곳이 없는 사람들을 밖으로 내보내는 것을 삼갔다. 비록 그렇다고는 하더라도 첩들의 삶은 그다지 편안하지 않았다. 홍매의 이야기에 의하면 어떤 첩이 주인남자의 과부가 된 본부인과 주인남자의 결혼한 아들과 함께 살았는데, 결국

그 첩은 본부인에게 맞아 죽었다고 한다.[72]

자식이 없는 첩들은 재산에 대한 권리를 주장할 수 없지만, 주인남자는 총애했던 첩에게 재산을 주려고 노력했다. 『송사(宋史)』에 기록된 한 법적 사례에 의하면, 한 남자가 유언장에서 재산을 삼등분했는데, 두 명의 아들에게 각각 3분의 1을 주고, 다른 3분의 1은 첩에게 준다는 것이다. 그 남자의 아들들은 첩은 재산권이 없다고 고소했다. 그러나 재판관은 아들은 아버지가 원하는 것을 따를 의무가 있다고 판결했다. 그래서 절충안으로서, 만약 첩이 재혼을 하지 않고 계속해서 머물 때에는 그 아들들이 (아버지의) 첩에게 재산을 사용하도록 허락해야 한다. 그러나 그 여자가 죽었을 때 첩이 가지고 있던 재산은 아들들의 재산으로 되돌아온다고 판결했다.[73]

주인의 자식을 낳은 첩들은 주인집에 머물 수도 있고, 머물지 못하게 될 수도 있다. 우리가 이미 여러 사례에서 보아 왔듯이, 주인이 자신의 자식을 낳은 첩도 내보내는 경우가 있다. 주인남자가 어떤 첩에게 흥미를 잃었을 때, 그 첩이 떠나가기를 원했던 것과 마찬가지로 과부가 된 본부인이나 아들들도 또한 첩이 떠나 주기를 원했다. 어떤 여자가 왕씨 집안에 12세의 나이에 부엌일을 하는 여종으로 들어왔다. 그 하녀는 28세에 주인의 아들을 낳았으나 3년 후에 주인부부가 죽었고, 주인의 아들들이 재산을 분할했다. 그때에 주인의 아들들은 여종이 낳은 아이를 키우도록 아이의 몫을 하녀에게 남겨 주었다.[74] 물론 주인남자가 죽고 난 후 여종들이나 첩은 흔히 결혼하기 위해서 주인의 집을 떠나기를 원했다. 어떤 여종은 어린 딸의 유산을 훔쳐서 결혼할 때 지참금으로 사용하려고 했다.[75] 어떤 첩들은 결혼하기 위해서 주인집을 떠날 때, 자기가 낳은 자식들을 데리고 갔다. 이러한 관습은 그 당시에는 자식들을 가장 생각해 주는 행동일지 모르나 후에 자식들이 아버지의 재산권에 대한 권한을 약화시킬 수 있었다.[76] 고오일(高五一)이 죽었을 때, 여종이 낳은 어린 딸이 있었다. 그래서 조카가 상속인이 되었다. 그 조카는 재산의 4분의 3을 배정받았고, 그 어린 딸은 4분의 1을 받았다. 그 어린 딸의 재산의 4분의 1에서 생기는 수입은 딸의 어머니에게 돌아가게 되어 있었는데, 딸의 어머니가 그 집안을 떠나갔으므로 딸의 몫에서 나온

수입은 사실상 거의 어머니에게 전달되지 않았다.[77]

뒤에 남아서 자기네들이 낳은 자식을 양육했던 첩들도 홀로된 여자가 직면하는 여러 가지 난관에 봉착하게 된다. 죽은 주인에게 생존하는 두 명의 자식이 있었는데, 이 자식을 낳아 준 어떤 첩은 자기 아들에게 남겨진 재산을 가로채려고 했던 탐욕스런 친척들로부터 재산을 보호하기 위해서 법정에 가야만 했다. 그 여자는 자기가 첩이라는 것을 밝히는 것이 두려워 법의 판결 때, 본부인이라고 허위주장을 했다. 다른 법적 사례에 의하면, 소송에 관련되어 있던 관련 상대자들은 첩이 자식을 낳아 준 '생모'로서 어느 정도의 위상을 가지고 있다는 첩의 주장을 문제 삼았다. 왜냐하면 그 첩은 단지 딸만 낳았기 때문이다.[78] 물론 만약 첩의 아들이 성장했다면, 상황은 달라질 것이다. 즉 첩의 자식들이 어머니를 얼마나 기꺼이 돌보며, 돌볼 수 있는 능력이 있는지에 달려 있다.

과부가 된 첩어머니와 아들의 관계가 힘들게 될 수 있는 몇 가지 어려움은 방회(方回, 1227∼1306)가 기록한 이야기에서 분명하게 드러난다. 방회의 아버지 탁(琢, 1174∼1229)의 아내는 한 명의 딸을 낳았다. 그러나 심지어 그 딸아이가 자라서 결혼한 후에도, 탁은 아들이 없었으므로 1221년에 이웃집의 아이를 상속인으로 맞아들였다. 3년 후에 방탁은 광동으로 사라져 버렸다. 그는 아내를 집에 남겨 두고 떠났는데, 광동에 도착하자마자 첩을 들였고 그 첩이 후에 회를 낳았다. 회는 자기의 법적인 어머니를 만난 적이 없었다. 왜냐하면 그 여자는 회가 2세였을 때 죽었기 때문이다. 회의 아버지는 법적인 어머니가 죽고 난 이듬해에 죽었다. 다음 해에 아버지의 친구 중의 한 사람이 첩과 첩의 아들을 방의 집으로 보냈으며, 삼촌 중의 한 사람이 그들을 맞아들였다. 이 삼촌도 또한 일 년도 못 되어 죽었다. 또 다른 삼촌이 있었는데, 그 삼촌에게는 이미 양자로 들인 아들이 있었다. 그래서 그 삼촌은 방탁의 첩과 2명의 소년, 결혼하지 않은 남자 하인에게 30묘의 땅을 마련해 주어 그럭저럭 생계를 유지할 수 있게 해 주었다.

방회가 15세가 되었을 때, 그의 첩어머니는 남의 아내가 되든지 또는 첩이 되어 다른 곳으로 떠나가도록 강요를 받았다. 즉 이것은 수절하는 과부로서 지내기를 원하는 바람을 포기하도록 강요받았다는 것을 의미한다. 십년이 지나서 회가 이 사실을 쓸 때에 그는 자기가 그러한 상황에서 삼촌에게 맞서서 저항할 수 없었을 때 맛보았던 참담한 기분을 상기했다. 방회가 겉으로 드러내 말하지는 않았지만, 아마도 삼촌이 자기의 첩어머니를 돈을 받고 내어 주려고 했던 것 같다. 부분적으로는 이러한 것이 이유가 될 수 있었는지 모르지만, 방회는 자기가 속해 있던 사회 계층의 중국 남자들 가운데서 정식아내를 맞아들인 적이 없다는 점에서 특이했다. 그렇지만 방회가 쓴 기록을 통해서 볼 때, 그는 계속 첩을 들여서 7명의 아들과 4명의 딸을 두었다. 사실상, 첩들과 여종을 편애했던 방회의 이러한 태도는 당시 사람들이 그를 방종하다고 비난하게끔 만들었다.[79)]

■　　　■　　　■

　이 장은 여성의 운명이 재산문제와 얼마나 밀접한 관련이 있는지를 보여주는 여러 가지 경우 중의 단 한 가지 사례일 따름이다. 딸에게 지참금을 줄 수 있던 가족들은 그 딸이 아내가 될 수 있는 적합한 결혼을 하게 주선해 주었다. 그리고 딸이 주위의 다른 사람들에게 어느 정도 자유롭게 선물할 수 있게 해 주었고, 자신의 필요를 위해 사용하도록 어느 정도의 자원을 제공해 주었다. 그것은 흔히 소녀들 대부분이 첩이 된 것은 가족들이 지참금을 줄 수 없었거나 딸을 팔아서 돈을 마련하는 방법밖에 없기 때문이다. 첩들이 선물을 받아서 개인적인 재산을 마련했다 할지라도, 가족의 재산에 대한 첩의 권리는 대단히 취약했다. 첩은 정식부인보다도 훨씬 더 미약한 위치에 있는 가족의 구성원이기 때문에 전 생애가 보장되지 않았다. 첩이 의존할 수 있는 것이라곤 애정뿐이었다. 첩은 주인과 자기의 아들이 자기를 지속적으로 돌봐 주기를 희망할 수밖에 없다. 그리고 가능한 한 가족의 다른 구성원들과 사이가 나빠지지 않도록 최선을 다해야 한다. 왜냐하면 그들은 심지어 가장 의지할 수 있던 아들들이나 주인남자와 충돌할 수 있기 때문이다. 첩들은 가족의 어떠한 구성원들과도 가능한 한 소원하게 지내지 않는 것이 최선이다. 왜냐하면 소원해진 어떠한 가족구성원들은 첩이 가장 믿는 있었던 아들이나 자기의 주인을 멀리 떼어 놓을 수 있기 때문이다.

축첩제도는 계층 간의 지배 차원에서 생각해 볼 수 있다. 소수의 선택된 지배계층들은 만약 농부들이 부유한 사람들에게 딸들을 여종이나 첩으로 팔아서 돈을 마련할 수 없다면, 그들로부터 많은 재물들을 착취할 수 없다. 동시에 빈곤계층에서 '부양할 수 없었던' 딸들을 부유층이 차지한 것은 상류 계층과 하류 계층 간에 긴밀한 접촉을 만들어 주었다. 이것은 소수의 지배 계층이 평범한 사람들의 습관이나 가치관, 그리고 경험들로부터 완전히 두절될 수 없다는 것을 드러내는 것이다. 여종이나 첩으로 부유한 가정에 들어갔던 가난한 소녀들이 만약 아들들을 낳아 기른다면, 다음 세대에 상당한 영향력을 행사할 수 있다.

소녀들이 집안에 있는 재물처럼 취급받았을 때 느끼게 되는 심리적인 타격은 어떠했을까? 즉 이러한 소녀들이 부모에 의해서 팔려졌거나, 인신매매 업자들에게 강제로 납치당해서 어떤 상황에 복종하도록 만들어졌거나 또는 하나의 하찮은 집안의 장식품처럼 남에게 주어졌을 경우 등이다. 남들이 다 보는 앞에서 적대감을 받으면서 살아간다는 것이 그 소녀들에게는 어떠했을 까? 만약 그 소녀가 한 남자 이상과 성관계를 맺음으로써 더렵혀진다는 생각을 가지고 성장되어졌다면 두 번째 주인에게 다시 팔려갔을 때, 어떤 반응을 보였을까? 그러한 경험들이 첩들의 인간성에 어떠한 악영향을 끼쳤는지 쉽게 상상해 볼 수 있다. 아내들은 첩들을 좋지 못한 일만 꾸미는 음모가라고 생각했다. 아마도 사실상 첩들은 그러한 음모가였을지도 모른다. 왜냐하면 믿을 사람이라고는 아무도 없었기 때문이다. 그 첩들이 개인적인 방법을 통해서 이득이나 이익을 확실히 챙겨 두는 것 외에 할 수 있는 일은 아무것도 없었다.

좀 더 깊이 생각해 본다면, 축첩제도가 갖는 심리적인 영향은 첩이 되었던 여성들로만 국한시켜 생각할 수 없다. 농부의 딸로 태어난 소녀가 옆집에 사는 친구 또는 자기의 언니가 집안의 빚을 갚기 위해서 인신매매업자에게 팔려가는 것을 보았을 때, 그 소녀는 확실히 자기도 안전하지 않다는 것을 느꼈을 것이다. 모든 사람들이 여성의 운명은 남자에게 달려 있고 여성의 행복은 운에 맡길 수밖에 없다는 것을 알고 있다. 축첩제도는 여자의 운명이 운에 달려 있다는 사실을 가장 극단적인 형태로 집안으로까지 끌어들였던 것이다.

나는 이 장에서 첩을 희생자로서 다루었지만, 어떤 여성들은 자기네들이 가지고 있는 다른 방법보다는 첩이 되는 것이 더 나을 것이라고 생각했다는 것을 잊어서는 안 된다. 좋지 못한 환경에 처해 있던 여성들은 기생, 창녀, 여종으로서 일하거나 혹은 가난한 남자의 아내가 되는 것보다는 오히려 부유한 남자의 첩이 되는 것을 더 바랐을지도 모른다. 어떤 소녀들은 확실히 어머니가 힘든 노동으로 어렵게 살아가는 것을 보면서 성장했을 것이다. 안락한 생활을 누릴 수 있는 기회는 가난한 소녀들에게 다가올 고된 생활보다는 훨씬 좋게 보였을 것이라는 것은 의심할 여지가 없다.

제13장

여성을 통해 가계를 계승하기

　중국 가정의 유교 사상에 근거를 둔 모델에 의하면 가정의 의미나 임무, 명예는 전부 다 아버지, 아들, 손자로 이어지는 부계(父系)의 개념과 관련이 있다. 그것은 가족은 세대를 통해서 지속되는데, 아들이 아버지를 이어 나가기 때문이다. 부모가 아들을 위해서 아내를 맞아들이는 것은 여자 그 자체가 중요하기 때문이 아니라 여자가 부계의 자손을 낳아 주기 때문이다. 만약 이러한 방법으로 가족을 이어 간다는 것이 불가능하다면, 즉 부모가 아들이 없거나 혹은 아들이 자식을 두기 전에 죽었다면, 부모가 친자식을 대신해 가계를 이어 갈 수 있는 대안 중에서 가장 좋은 방법은 가까운 부계친척 가운데서나 조카를 양자로 들이는 것이다.

　이렇게 부계에 의해 가정을 계승하는 모델은 재산을 관부에서 정한 재산계승법에 근거를 둔다. 가정에서는 여러 가지 방식으로 계승인을 수양할 것을 고취시킨다. 그렇지만 송대의 사회에서 모든 사람이 전부 부계 쪽 모델의 내용을 다 받아들인 것이 아니라는 것은 확실하다. 어떤 가정에 아들이 없을 때, 많은 남자들이나 아마도 여성들조차도 여자 쪽의(딸, 여자형제, 어머니, 아내, 기타) 남자나 여자와 친척관계에 있는 남자를 통해 가정이 지속되기를 선호했다. 사람들은 자기네 딸을 집에 두고 남편을 데려오거나(데릴사위를 맞아들이는 혼인) 혹은 자기네 집안에서 결혼해 나갔거나 자기네 집안으로 결혼해 들어왔던 여성을 통해서 친척관계에 있는 소년을 양자로 삼는다. 어떤 가정에서는 이미 아들이 있는데도 딸을 집에 머물게 하여 사위를 맞아들이기도 한다. 이것은 아들이 너무나 어려서 일을 할 수 없거나 집안에 돈이 많아서 가문을 번창하게 만들고 싶은 이유 때문이다.

　이렇게 가계를 이어 나가는 대안은 여자가 가산의 소유자가 된다는 문제를 다시 생각해 보게 한다. 남자들은 여자가 재산을 가지고 있기 때문에 기꺼이 데릴사위가 되려고 한다. 이럴 경우 여자들은 지참금을 받게 되고 만약 남자형제가 없다면, 여자의 부모가 죽을 때 재산을 상속받을 수 있다. 한 세대에서 다음 세대로 재산이 전해진다는 관점에서 본다면, 남자형제가 없는 딸이 상속인으로서 받는 재산은 결혼한 딸에게 주어지는 지참금과 같은 성격을 띤다.

딸을 친정에 머물게 하는 것

사위를 맞아들이는 결혼(데릴사위로 맞아들이는 혼인)은 고대부터 잘 알려져 왔지만, 이러한 결혼은 항상 가족이 할 수 있는 가장 손쉽지만 격이 낮은 대안으로 생각되었다. 송대에 유교경전에서는 데릴사위를 맞아들이는 결혼에 비판적인 태도를 취하였다. 데릴사위를 맞아들이는 결혼의 위험성을 지적하기 위해서 사람들은 "거(莒)나라 사람이 증(鄫)나라를 멸했다."는 구절을 인용하여 이런 혼인의 위험성을 나타냈는데, 이것은 『춘추(春秋)』의 공양주소(公羊注疏)에 나오는 해석에서 유래한다. 증공(鄫公)이 딸을 위해 거국(莒國)의 공자를 데릴사위로 삼았는데, 증국의 세계(世系)가 영나라 사람으로 대체되어졌다.[1]

송대에 딸을 결혼시켜 내보내지 않고 집안에 머물러 살게 하는 것이 흔한 일이었으므로 딸의 결혼을 어떻게 생각해야 하는지 상식적으로 이해가 된다. 『몽량록(夢梁錄)』에서는 데릴사위를 맞아들이는 '세첩자(細帖子)'(재산의 목록을 기록한 상세한 단자)에 그 결혼이 데릴사위 결혼이라는 것을 분명히 밝히고, 신랑이 될 남자가 가져올 물건들을 적어 놓고 있다. 이것은 마치 여자가 남자 쪽 집으로 시집갈 때 가져갈 재산을 기록해 놓았던 단자와 마찬가지이다. 결혼에 관한 지침서들은 의례적으로 데릴사위로 맞아들이는 결혼에 적합하게 사용될 수 있는 약혼편지의 견본들(어떤 책에는 13개가 있었음)이 포함되어 있다. 때로는 잘 교육받은 남자들까지도 자기네들이 데릴사위로 맞아들이는 결혼을 위해서 작성해 놓은 서신의 사본들을 가지고 있었다.[2]

홍매(洪邁)는 어떤 남자가 데릴사위였다는 것을 글에서 밝혔다.3) 아들이 없는 시골 가정에서는 어느 집이나 딸을 위해 남편감을 불러들였다. 젊은 남자의 입장에서 본다면, 상속인이 되기 위해 데릴사위가 되는 것은 남보다 형편이 나아질 수 있는 방편이기도 했다. 홍매는 악공으로 교육받은 가난한 마을 사람인 담경(詹慶)에 대해서 이야기했다. 담경은 형님의 집에서 더부살이하는 것에 지쳐서 좀 더 나은 것을 바라고 길을 나서서 구걸하면서 걸어갔다. 그는 도시에서 악공으로서의 일자리를 찾았고 데릴사위로 들어가는 결혼을 할 수 있었다. 시간이 지남에 따라 그는 부자가 되어 아들을 공부하게 했고, 학자의 품위를 갖추도록 가르쳤다.4) 그런데 이 결혼에서 문제가 되는 것은 남자가 종종 아내의 부모가 자기를 모욕적인 태도로 대한다고 느끼는 데 있다. 홍매에 의하면, 1186년에 해삼사(解三師)는 제대로 교육받은 딸을 위해 시화(施華)를 데릴사위[*사료용어는 췌서(贅壻)이다]로 들였다. 몇 년이 지난 뒤에 시화는 사업상의 일로 집을 떠나 있는 동안, 아내에게 자기의 불만을 써서 보냈다. 즉 "내가 당신의 집에 있을 때, 나는 장인(丈人), 장모(丈母)로부터 매일 수백 가지 방법으로 모욕을 당했다. 지금은 장사가 잘 안되는데 앞으로 더 나빠질 것 같다. 나는 여영(汝寧)에 좀 더 머물 것인데, 당신은 고독을 참고 다른 사람과 결혼할 생각은 말라. 사업이 좀 더 잘되면 내가 곧 당신을 데리러 가겠다." 아내가 남편의 편지를 받은 후에 아주 낙담해서, 음식을 전혀 먹지 않아 4개월 내에 죽은 것으로 보아 시화를 사랑했음에 틀림없지만, 그 여자의 부모는 사위를 멸시한 것 같다.5)

아들이 있는 가정에서 딸을 집에 머물게 하는 것은 여러 가지 동기가 있었다. 노동력을 더 많이 필요로 하는 평범한 농가에서는 어린 소년은 거의 쓸모가 없다. 그러나 10대 소녀들은 신체적으로 건장한 남자를 끌어들여 일을 할 수 있다. 북송초(北宋初)에 유일하게 아들이 3세였던 어떤 남자는 재산의 70%를 사위에게 주고, 단지 30%를 아들에게 남긴다는 유언장을 썼다. 아들에게 남긴 재산도 그 아들이 성장할 때까지 사위가 관리하도록 했다.6) 가족들은 또한 때때로 어머니를 즐겁게 해 주기 위해서 딸을 친정에서 살도록 했다. 저명한 관료인 부필(富弼, 1004~1083)은 두 명의 딸과 그들의 남편과 아이들을 자기네 가족과 함께 살도록 했다. 소현(蘇峴, 1118~1183)은 어머니가 사랑했던 딸을 위해 남편을 데려오는 것을 허용함으로써 과부가 된 어머니를 기쁘게 하여 30년간 함께 살았다.[7]

많은 토지를 가지고 있거나 또는 사업을 늘리고 싶은 가정에서는 사위를 들여서 가족의 사업을 확대했다. 곽재(郭載, 955~994)는 990년에 남쪽 사천지역에서 재직하고 있을 때, 부유한 사람이 흔히 데릴사위를 데려와 아들과 동등하게 대우해서 재산의 몫을 할당하는 것을 보았다고 기록했다. 그는 데릴사위 풍습은 가난한 사람이 부모를 버리게 하고, 흔히 소송사건을 일으킨다는 점에서 금지시킬 것을 원했다. 데릴사위를 맞아들이는 결혼관습이 널리 보급되었던 다른 지역에서도 상황은 비슷했다. 범치명(范致明, 1100년 과거합격)은 복건 출신인데, 호남(湖南) 지역에서 데릴사위를 맞아들이는 혼인은 흔히 있는 현상이라고 기록했다. 데릴사위 남편들은 주로 이주해 온 사람들인데 머지않아 재산권을 행사할 수 있기 때문에 아내의 가정을 위해서 열심히 일했다. 유청지(劉淸之, 1130~1195)는 악주(鄂州, 호북)의 부(副) 지방관으로 근무하고 있을 때, 그 지역의 사람들은 빈곤한 가정 출신의 아들이 데릴사위가 되기 위해서 집을 떠나는 것은 흠이 아니라고 생각하는 것을 눈치 챘다.[8]

이러한 지역에서 데릴사위 혼인풍습이 널리 보급되었던 것은 아마도 변경 지역이라는 상황으로 설명할 수 있다. 이러한 변경지역은 인구가 희박하고 땅은 비교적 넉넉했다. 내부로 이주해 오는 생활형편이 어려웠던 이주자들은 이득을 얻기 위해서 안정되고, 풍요로운 가정에 데릴사위로 들어가기를 원했던 것이 확실하다. 이러한 이유 외에도 대부분의 변방지역에서는 고유한 결혼풍습을 가지고 있던 한족(漢族)이 아닌 그룹이 오랫동안 정착해서 살고 있음을 지적할 수 있다. 한족들은 모계제도를 데릴사위를 맞아들이는 결혼제도, 잡혼, 쉽게 이혼하는 결혼제도로 잘못 인식하고 있었다. 상대적으로 여계친(女系親) 제도는 통상적으로 데릴사위를 맞아들이는 결혼제도로 분류된다. 또한 이 여계친 제도에서는 신랑이 처가살이(신부의 몸값을 치르기 위해서)하는 것은 신랑이 어떠한 정해진 횟수 동안 신부의 집안에 들어

가서 함께 사는 것이다. 변경지역에 정착한 한족들은 데릴사위를 맞아들이는 결혼제도가 비한족(非漢族)들과 서로 섞여서 사는 데 편리하다고 생각했다. 비한족들은 데릴사위를 맞아들이는 결혼제도를 조금도 열등한 제도로 생각하지 않았기 때문이다.

데릴사위를 맞아들이는 결혼의 개별적인 사례에 대해서 언급한 것은 때때로 이 결혼이 민족 이동과 관련되어 있다는 것을 보여준다. 사천의 남부 지역에서 최근에 이민 온 사람의 아들인 조지재(趙之才)는 모리인(牟里仁)의 가정에 장가가서 모씨(牟氏)의 아들과 동등한 몫의 재산을 갖게 되어 모(牟)와 조(趙) 가문 간에 지속적인 유대관계를 유지하였다. 지재(之才)의 두 딸도 또한 어머니의 남자형제의 아들인 모씨(牟氏)와 결혼했다.[9] 곤산(崑山, 강서)의 지방지 기록자에 의하면, 데릴사위를 맞아들이는 결혼이 그 지역에서는 상당히 일반적으로 행해지고 있었다는 것을 알 수 있다. 특히 북쪽 지역을 상실한 후인 12세기에 많은 북쪽 사람들이 남쪽에 정착했을 때 더욱 그러했다. 이 시기의 저명한 인물로서 일대기를 남긴 9명의 남자 중에서 6명은 그들 자신이 데릴사위를 맞아들이는 결혼을 했거나 선조들이 데릴사위를 맞아들이는 결혼을 했기 때문에 그 지역의 주민이 되었다.[10] 훗날 후손집단을 형성하게 된 이야기에서는 때때로 초창기의 선조들은 데릴사위가 되어 이 지역으로 이주해 왔다고 언급했다. 예를 들면 금화(金華)의 장(張)은 번가(藩家)의 사위가 되기 위해서 이곳에 처음으로 정착한 선조를 기록했다.[11]

때로는 데릴사위를 맞아들이는 결혼이 제일 좋은 것이라고 결정을 내리는 것은 남자의 집안이다. 대표원(戴表元, 1244~1310)은 봉화군(奉化郡, 절강)의 소재지에서 3리나 떨어진 곳에서 6대 동안 계속 살았다고 기록되어 있다. 대(戴)의 고조할아버지는 6명의 아들과 12명의 손자를 두었다. 손자들 중의 한 사람인 대표원의 할아버지인 대주명(1176~1254)은 둔한 것으로써 이름이 알려져 있었다. 대주명의 남자형제들은 자기네 집이 너무 작아서 주명을 결혼시켜 내보내기로 결정했다. 그들은 대주명이 정씨 가문으로 결혼해 들어가 군 소재지로 옮겨 가도록 주선해 주었다(대주명이 30세 남짓이었

던 것으로 볼 때, 그에게 아내를 찾아 주는 것이 아마도 쉽지 않았을 것이
다. 그는 아내보다 14세나 나이가 많았다). 정씨 가문에서 데릴사위로 남편
을 들인 것은 아들이 없기 때문이 아니었다. 정씨에게는 그 지역에서 선생
노릇을 하는 오빠가 있었다. 그때 오빠는 여자형제의 아들들을 교육하고 있
었다. 아마도 정씨는 손자들에게 남편이 준 것보다는 더 좋은 인상을 주었
는데, 이것은 정씨 집안의 영향력이 아니었을까 하는 생각이 든다. 대표원은
정씨가 총명하고, 기록을 잘했으며, 엄격한 가정의 관리자였다고 기억하고
있었다.12)

〈도표 7〉

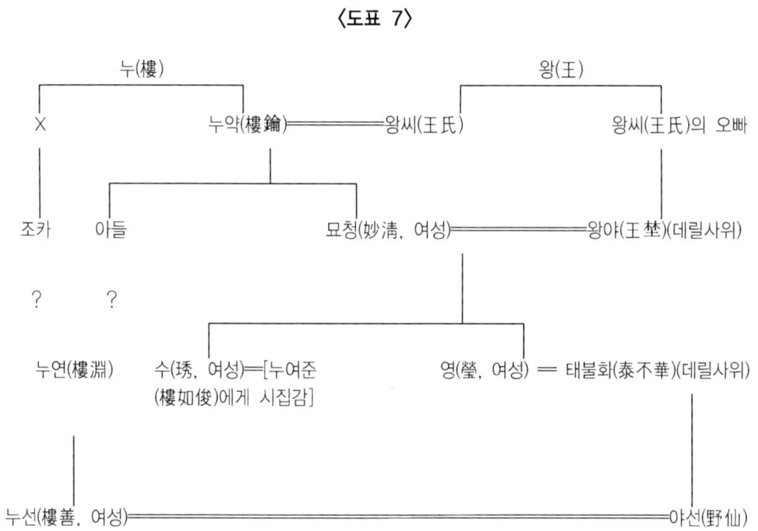

송렴(宋濂, 1310～1381)은 동정적인 측면에서 딸을 집안에 머물게 하는
생각과 그에 따른 감정상의 문제를 기술하였는데 그 가족은 남송대에 첫 번
째 데릴사위를 불러들인 가정이었다. 내가 최선을 다하여 누(樓)·왕(王)·
태(泰) 가족의 혼인방식을 도표로 만들어 보면 <도표 7>같다. 누악(樓鑰)과
아내인 왕씨(王氏)는 무주(婺州, 절강)에 살았는데, 적어도 1명의 아들이 있
었다. 그런데도 그 부부는 딸 묘청(妙淸)을 집에 데리고 있었으며, 왕씨의
남자형제의 아들 왕야(王埜)를 데릴사위로 데려왔다. 왕씨는 많은 지참금을

가지고 결혼했는데 대부분 어머니인 왕씨가 딸과 사위에게 준 재산이었다. 이 재산은 왕씨의 가문으로부터 온 것이기 때문에, 어떤 면에서 볼 때, 재산을 다시 왕씨 가문에 돌려주는 것이다. "왕씨는 [자기의 딸] 묘청을 몹시 사랑했다. 그래서 딸을 위해 호숫가에 방이 17칸이나 되는 집을 지어 주었고, 별도로 약간의 땔나무를 할 수 있는 산과 채소밭과 비옥한 토지를 주었다. 왕씨는 묘청과 남편[왕야]에게 말했다. '이것은 모두 내가 시집올 때 가져온 지참금으로 경영한 것이다. 나는 조금도 누(樓) 가정을 어렵게 하지 않았다. 지금 나는 이 모든 것을 너희에게 줄 것이다. 너희들은 그 재산을 주의해서 간수하라.'" 누묘청(樓妙淸)과 남편은 두 명의 아들을 두었는데, 두 명 다 일찍 죽었다. 그들은 자기네 큰딸을 누여준(樓如浚)에게 시집보냈는데, 같은 주(州)에 살고 있었고 아마 묘청의 먼 친척이었던 것 같다. 이 묘청의 딸은 어머니의 성(姓)을 따르지는 않았음이 분명하다. 왜냐하면 묘청의 딸이 누(樓)라는 성을 가지고 있었다면 누라는 성의 어떤 사람과 결혼하는 것이 이상했을 것이다. 누묘청과 남편인 왕은 그들의 어린 딸인 영(瑩)을 집에 머물러 살게 했다. 딸 영이 다 성장했을 때는 절강(浙江)지역이 몽골의 손에 들어가게 되었고 몽골족 태부화(泰不華)가 딸 영의 데릴사위로 들어왔다. 영은 태부화의 사이에서 아들 야선(野仙)을 낳았다. 태부화에 관해서는 더 이상의 이야기는 없다(사실상 영과 태부화의 관계를 데릴사위로 맞아들이는 결혼으로 기록해 놓은 것은 딸인 영이 점령군에게 강간당해서 임신했거나 또는 점령군들이 얼마 동안 딸 영을 첩으로 데리고 있다가 버렸다는 사실을 감추기 위해서 데릴사위로 맞아들이는 결혼으로 이야기하는 것일 수도 있다). 영의 어머니인 묘청은 그 가문에서 영향력이 있었던 사람이었다는 것을 아래 이야기에서 알 수 있다.

묘청(妙淸)은 [딸의 아들 야선(野仙)]에게 상당한 애정을 쏟았고, 야선이 완전한 교육을 받을 수 있도록 했는데, 마치 야선이 묘청 자신의 아들인 것 같은 정도였다. 야선이 다 성장했을 때, 그들은 자기네 가문과 상의를 했고, 그 가문에서는 누약(樓鑰)의 증손/증조카인 누연(樓淵)에게 명하여 딸인 누선(樓善)이 야선과 결혼하도록 했다. 묘청은 [그녀의 남편인 왕야에게] "우리는 이제 나이가 들고 불행히도 아들이 없다. 지

금 우리 딸의 아들인 야선은 교양 있고, 예의 바르며, 게다가 나의 조카의 딸과 결혼
했다. 야선을 제외하고 누가 우리와 더 가깝게 맺어진 사람이 있겠는가? 나의 어머니
가 우리에게 준 모든 재산을 야선에게 줄 것이다. 우리는 집을 개조해서 조상의 사원
으로 만들어 내 부모나 당신의 부모뿐만 아니라 야선의 조상들[대씨]에게도 계절마다
제사를 지내야 한다."13)고 말했다.

　이 가정의 이야기에 의하면 송대 데릴사위를 맞아들이는 결혼이 다른 관련
서에서 반복적으로 나타나는 주제라고 지적하고 있다. 즉 데릴사위를 맞아들
이는 결혼이 제대로 성립되기 위해서는 어느 정도 재산이 있어야 되고, 여성
의 재산이나 지참금과 관련이 있으며, 여성이 결정을 내린다는 것이다. 꼭 성
(姓)을 바꿀 필요는 없고 계속해서 여러 세대 동안 반복되었다. 이러한 데릴
사위를 맞아들이는 결혼을 옹호했던 사람들은 그 결혼이 친척 간의 밀접한
연계에 바탕을 두고 있다고 주장했다. 그리고 부계와 모계 사이의 경계선을
애매모호하게 만든다는 점도 포함한다.

　이 경우에서 볼 수 있듯이 데릴사위로 들어온 사위들이 가계(家系)를 지
속적으로 유지할 것이라는 것은 거의 의미가 없다. 데릴사위로 들어온 남편
은 양자와 동일시되지 않았다. 데릴사위가 할 수 있었던 것은 가정의 재산
을 관리하고, 나이 든 부모를 부양하고, 그 대가로서 재산의 몫을 받는 것이
다. 그러나 송대의 저술가들은 상속인으로서 딸이나 혹은 딸의 아들을 언급
한 적이 있다. 즉 원채(袁采)는 부모가 딸들에게 장례나 제사를 맡겨야 할지
도 모르기 때문에 딸을 잘 대우하라고 경고했다. 주희나 진순(1159∼1223)
과 같은 신유학자들은 남자들이 딸의 아들을 상속인으로 들이는 것은 안목
이 없는 행동이라고 반대했다.14) 재판관 오혁(吳革)은 장인이 일찍이 여러
해 동안 저당 잡혀 왔던 땅을 되찾는 데는 동의했지만, 데릴사위가 그 땅을
팔아서는 안 된다고 판결했다. "유량(兪梁)은 자손이 없기 때문에 그는 단지
[그의 딸] 유백육랑(兪百六娘)에게 제사를 잇게끔 의지할 수밖에 없었다. 만
약 딸이나 딸의 남편이 땅을 되찾으면, 그 땅은 제사를 지내는 비용으로 충
당하기 위해 영구히 보존되어야 하며, 외부 사람에게 팔 수 없는 땅으로 관
아에 등기되어야 한다." 여기에서 재판관은 제사를 지내는 것이 적절하다고

생각했으나 딸의 남편이나 아들이 제사를 지내는 것보다도 차라리 딸이 계속해서 제사 지낼 것을 언급하고 있다. 또한 송대의 다른 자료들도 아들이 없는 집에서 제사 지내는 임무를 맡은 딸을 거론하고 있다.[15] 위에서 기술한 누약의 경우는 후계자로 삼을 것인지의 문제는 첫 번째 데릴사위에게서 낳은 손자가 성장할 때까지 늦추어졌던 것 같다. 비록 조부모들은 그 손자가 다른 두 가계에 제사를 지내야 한다는 것을 알고 있었음에도 불구하고, 그들은 자기네들 스스로가 데릴사위가 낳은 손자를 양자로 맞아들여야 한다고 생각했다. 데릴사위를 맞아들이는 결혼제도는 부모가 딸이 낳은 아들 중의 한 사람에게 자손이라는 권리를 주장하는 좋은 방편이 되었다.

친정에 사는 딸에게 재산 물려주기

앞 장에서 본 것처럼 송대에 토지 소유를 포함해서 딸에게 지참금의 형태로 재산을 물려주거나 또는 여자를 통해서 성(姓)이 다른 손자 손녀에게 가산을 물려주는 것이 불법적인 것은 아니다. 게다가 만약 어떤 가계가 '대가 끊어졌다면', 즉 부계(父系) 쪽의 상속인이 친자식이나 양자가 없다면 가장의 딸들이 우선적으로 재산권을 주장할 수 있다는 것은 오래전부터 법으로 규정되어 있다. 그렇지만 송대의 법에서는 데릴사위를 맞아들이는 결혼이 여자가 시댁에 들어가서 사는 결혼과 다르게 취급되어야 한다고 분명하게 규정해 놓지 않았다. 대부분의 장인이 될 사람들은 젊은 사람들에게 자기네 집에 데릴사위로 들어오면 일생 동안 걱정할 것이 없고, 적당한 때가 되면 가족의 재산을 떠맡을 수 있을 것이라고 구두로 약속함으로써 젊은 사람들을 납득시키려고 애썼다. 그러나 이러한 구두로 하는 보장은 송대에 시행된 법과 상충되었다. 송대의 법에서는 이러한 종류의 합의를 인정하지 않았다.

송대의 법에 의하면 만약 대가 끊어졌을 때 결혼하지 않은 딸이 있다면, [문자대로의 뜻은 '딸이 집에 있는 것', 재실(在室)] 모든 재산을 받을 자격이 있다. 만약 살아 있는 모든 딸들이 결혼했다면[출가(出嫁)], 그들은 재산의 3분의 1만을 받게 될 것이고, 그 나머지는 정부에 귀속될 것이다. 만약 부모가 죽고 난 후에 상속인이 정해졌다면, 결혼한 딸이 3분의 1을 얻게 될 것이고, 상속인이 3분의 1을 얻을 것이며, 그리고 나머지 3분의 1은 정부에서 몰수할 것이다.16) 이러한 규정을 데릴사위를 맞아들이는 결혼에도 적용했는데 근본적으로 애매모호한 면이 있다. 집안에 머물면서 남편을 불러들인 딸은 '집안에 있는 딸'(보통 한 번도 결혼하지 않은 처녀를 의미한다)인가? 혹은 시집간 딸인가? (사실상 남편이 들어온 경우일지라도) 만약 여자가 집안에 있는 딸로 간주된다면, 그녀는 모든 재산을 차지하거나 또는 집안에 있는 여자형제들(결혼하지 않은 자매들)과 똑같이 재산을 분배받게 된다. 만약 그녀가 결혼한 딸로 분류된다면(그것이 좀 더 일반적인 경우였던 것 같다.) 예기치 않은 많은 결과가 생길 수 있다. 두 명의 딸이 있는 집안을 상상해 보자. 한 명의 딸은 다른 딸보다 더 나이가 많다. 부모가 더 나이가 많은 딸을 위해 데릴사위를 들였고, 그 데릴사위는 12년 동안 그 땅에서 일하여 아내와 자식뿐만 아니라 장인 장모와 어린 처제도 부양했다. 법을 엄격하게 자구(字句)대로 해석한다면 부모가 죽었을 때 만약 유언을 남기지 않았다면, 모든 재산은 결혼하지 않은 어린 딸에게 돌아가고 데릴사위가 된 남편과 결혼한 나이가 많은 딸과 그들의 자식에게는 아무것도 돌아가는 것이 없다. 어떤 비슷한 경우를 생각해 보자. 이 경우에 한 명의 딸은 출가했고 다른 한 명의 딸은 데릴사위로 남편을 맞아들여 결혼했다. 데릴사위로 들어온 남편이 아무리 긴 세월 동안 일을 했어도, 두 딸은 전 재산의 6분의 1인 똑같은 몫을 차지하게 된다. 만약 단 한 명의 딸이 있어 데릴사위를 맞이 했는데, 그 딸이 부모보다 먼저 죽었다. 그러나 그 남편은 집안에 남아서 그들 사이에 태어난 자식을 키우고 그 여자의 부모를 부양했다면 이런 경우는 어떻게 되는가? 그 여자의 부모가 죽고 가계가 끊어졌을 때, 데릴사위와 그의 자녀들은 아무것도 주장할 권리가 없다. 만약 어떤 부모가 딸을 위해 데릴사위로 남편을 맞아들여 그 남편이 자기네들의 땅을 경작하고, 부양해서 여러 해가 지난 후에 부모가 나이 어린 조카를 상속인으로 들였을 경우를 생각해 보자. 양자로 들어온 사람이 모든 것을 얻게 된다. 왜냐하면 그 가족은 이제는 대가 끊어진 가정이 아니기 때문이다.

송대는 이러한 변칙적인 현상을 줄이기 위해 대가 끊어진 가계에 대한 규정을 고치기 위한 여러 가지 노력이 행해졌다. 이러한 시정 방향은 데릴사위들이 그 가정의 재산에 대해서 좀 더 많은 권리를 주장할 수 있게끔 하자는 것이다. 특별히 두드러진 가장은 딸이 죽은 후, 사위에게 재산을 남겨 줄 수 있다는 규정과 심지어 양자가 후에 정해졌다 할지라도 만약 유언장에 데릴사위에게 재산을 물려준다고 되어 있으면, 그 사위는 재산의 절반을 차지할 수 있다[3만 관전(貫錢)까지]. 대가 끊어진 경우에 데릴사위가 만약 재산을 늘렸다면, 재산의 3분의 1을 얻을 수 있다.[17]

『청명집(淸明集)』에 나타난 사례에 의하면, 일반 백성이거나 재판관이거나 간에 데릴사위를 맞아들이는 결혼에 있어서 가족의 재산이 어떻게 계승되는지에 대한 정확한 법규에 관해서 그다지 염려하지 않았다. 아들이 없는 가정에서는 사위가 집안 재산의 한몫을 가질 것이라든가 또는 그 가족의 제사를 계속 지내 줄 것을 바란다든가 하는 점을 명확하게 이야기하지 않았다. 왜냐하면 그들은 여전히 아들이 출생할지도 모른다는 희망이나, 또는 사위가 무능한 사람이 될지도 모르며, 별로 탐탁지 않을 수도 있기 때문이었다. 그래서 그러한 가정에서는 사위를 내보낼 수 있는 가능성을 항상 열어 두고 있다. 또한 데릴사위로 들어오는 젊은 남자는 법이야 어떻든지 간에, 여자네 가정에서는 흔히 그들의 재산을 딸이나 데릴사위가 된 남자에게 줄 수 있다는 것을 알았다. 재산을 둘러싸고 일어난 어떤 법적인 문제에서 딸이나 딸의 남편에게 재산을 물려주는 것이 주된 문제였다. 즉 "홍관생(洪觀生)은 아들이 없어서 모든 가산을 딸과 사위에게 넘겨주었다."[18] 이렇게 하고 나서 여러 해가 지났다. 재판관은 딸과 딸의 남편이 지금 이 재산의 소유자라는 것을 문제 삼지 않았다.

데릴사위가 된 남편과 아내의 남자형제 간에 재산을 두고 불화가 생겼을 때, 재판관은 데릴사위로 그 집안에 들어오게 되었을 때 기대했던 것이 무엇이었는지에 관해서는 거의 관심을 기울이지 않았다. 예를 들면 유극장(劉

克莊, 1187~1269)은 주가(周家)에 관한 사건에 대해서 판결문을 작성했다
(<도표 8>을 보라). 주병(周丙)은 이응룡(李應龍)을 데릴사위로 들였다. 그
때에 주병은 아들이 없었으나 주(周)가 죽은 후에 유복자가 태어났다. 그 사
위는 재산의 상당 부분은 자기가 지참금으로 받았다고 하여 재산권을 확보
하려고 노력했다. 그러나 유극장은 반대했다.

> 법에 의하면 양쪽 부모가 죽었을 때 아들과 딸은 재산을 분할하여 딸은 아들이 차지
> 하는 재산의 절반을 얻는다. 유복자로 태어난 아들도 또한 아들이다. 만약 주병(周丙)
> 이 죽은 후에, 재산이 삼등분되어 그 유복자인 아들이 2등분을 얻고, [그의 딸] 세을
> 랑(細乙娘)이 1등분을 얻게 되었다면 법에 따라 이루어진 것이다. 이응룡(李應龍)이
> 사위가 되어 아내의 가족에게 고아가 된 아들이 있다는 것을 알았을 때, 법규에 관심
> 을 기울이지도 않았고 그 아이를 돌보지도 않았다. 게다가 그는 아내의 아버지 소유
> 였던 들판 중에서 가장 좋은 곳을 자신의 친척들에게 주었다. 그는 그 들판이 아내의
> 아버지와 어머니가 자기에게 [지참금으로] 준 것이라고 허위 주장을 했다. 세상에 데
> 릴사위가 어떻게 아내의 가산 중에 한몫을 가지겠다는 생각을 했는지 모르겠다. 현위
> (縣尉)는 장괴애(張乖崖)[장영(張詠, 946~1015)]의 예를 인용해서 사위에게 30%
> 를 주었다.[19] 그것은 딸은 아들이 받는 재산의 절반을 얻는다는 조항의 규정과 일치
> 하는 것이다.[20]

유극장은 주병의 동산이나 부동산의 모든 재산을 면밀히 조사할 것을 명
하여 공정하게 삼등분으로 나누도록 했다.

〈도표 8〉

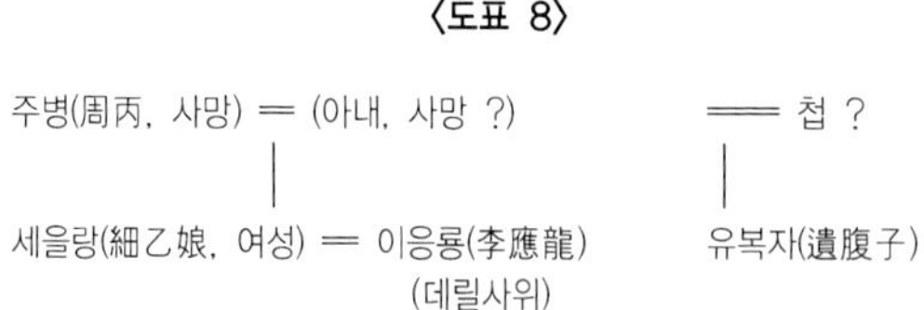

비록 유극장이 엄격한 법 해석을 적용하여, 사위에게 심하게 판결을 내린
것처럼 기록했지만 유극장은 여전히 사위인 이응룡과 그의 아내를 완전히
배제시킨 것이 아니다. 이(李)는 주병(周丙)이 죽기 전에 분명히 주씨 집안
으로 결혼해 들어왔다. 법적으로 따지자면 남자형제가 있는 결혼한 딸은 집

안의 재산에 대해서 어떠한 권리도 주장할 수 없다. 유극장은 그 여자와 그녀의 남편에게 아무것도 남겨 주지 않는 것은 온당치 않다고 생각했음에 틀림없다. 왜냐하면 부모가 딸을 출가시켜 내보냈더라면 그들은 지참금으로 재산을 받았을 것이기 때문이다. 그래서 유극장은 그 여자를 '집안에 있는 딸'로서 고려했다. 유극장은 또한 이(李)가 그 집안으로 결혼해서 들어올 때 아들이 태어나지 않는다면 재산권을 가질 수 있다는 사실에 대해서 어느 정도 동정심을 가지고 있었음에 틀림없다.

〈도표 9〉

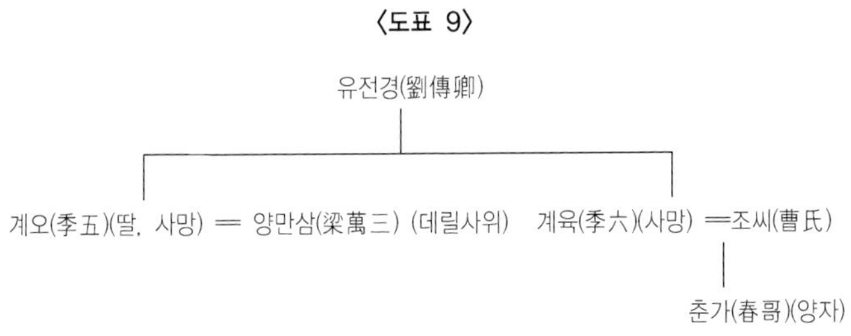

재판관 오혁(吳革)은 꽤 비슷한 사건에서 데릴사위가 된 남편에 대해서 상당히 가혹한 입장을 취했다(<도표 9>를 보라). 유전경(劉傳卿)은 아들 한 명과 딸이 한 명 있었는데, 딸이 아들보다 나이가 더 많았다. 데릴사위를 데려왔고 상당한 세월이 지난 후에 아들이 결혼했다. 이 사건이 법정에 오게 되었을 때 아버지, 아들, 딸이 모두 죽은 상태였고, 유일한 생존자는 아들의 과부와 딸의 홀아비가 된 데릴사위로 들어왔던 남편이었다. 데릴사위 남편은 계속 재산을 관리하려고 했고 심지어 재산을 팔려고까지 했다. 화가 난 재판관은 모든 재산을 찾아내어 아들의 과부와 양자의 몫으로 돌아가야 한다고 주장했다. 홀아비가 된 데릴사위인 남편은 아무것도 받을 자격이 없다고 판결을 내렸다.[21]

〈도표 10〉

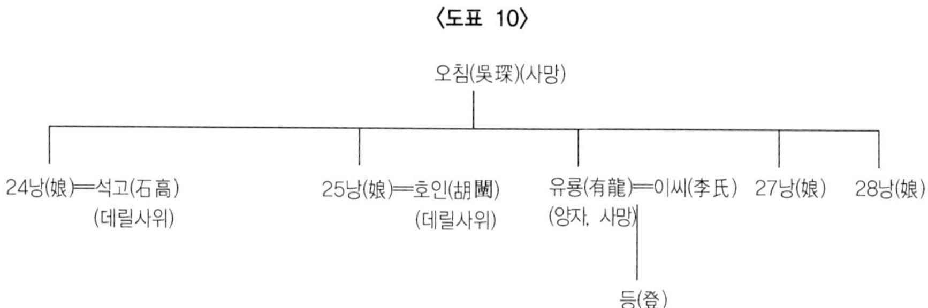

아들이 없고 단지 4명의 딸이 있는 오가의 예는 하나의 가능성을 나타내준다. 즉 재실녀는 법률상 데릴사위로 들어온 딸에 비해 더 많은 권한이 있었다(<도표 10>). 아버지는 첫 두 명의 딸(24세와 25세)을 위해 데릴사위 남편을 들였다. 그리고 이성(異姓)의 소년을 양자로 채택했다. 이러한 상황을 파악하고서 재판관은 의견을 제시했다. 즉 "석고(石高)와 호인(胡闉)은 데릴사위로 들어온 사위들이다. 원칙적으로 의리상 반은 자식과 같다. 그러나 만약 오침(吳琛)이 두 명의 사위가 믿을 만하다고 생각했다면, 살아 있을 때 여구(闔丘)라는 소년을 양자로 들여 유룡(有龍)이라고 이름을 지어 주어 가계를 잇게 하고 또한 이씨를 그 소년의 아내로 맞아들이게 했겠는가?"22) 이 양아들은 아버지가 죽었을 때 장례를 치렀고, 본인이 죽기 전에 아들을 두었다. 그 시점에서 두 명의 사위는 가산의 분할을 강요했다. 이에 대해 재판관은 다음과 같이 말했다.

> 호인(胡闉)은 "오가(吳家)의 재산이 두 명의 데릴사위들에 의해 관리되어 왔으며 그들의 아내들의 가산(家産)을 이용하여 재산을 늘렸다. 그래서 사위들은 그 재산을 네 명의 딸들 간에 분할하기를 원한다."고 주장했다. 그러나 법은 이와 같지 않다. 법에 의하면 아내의 가산을 경영하고 증식해 온 데릴사위는 만약 대가 끊어졌다면 그 재산의 30%를 받게 된다. 그러나 지금 오침(吳琛)은 후손이 있으므로 대가 끊어진 것이 아니다. 어떻게 대가 끊어진 자손에게 적용되는 규정에 따라 재산을 갑자기 분할할 수 있겠는가?23)

사위들은 유언을 증거로 내세웠다. 그러나 그 유언은 법정에 제시되지 않았다. 재판관은 만약 사위들이 구두로 한 유언에 근거를 둔다면, 아무 쓸모가 없다고 이야기했다. 또한 양자가 세워졌을 때 그 양자의 나이에 관해서 상반되는 증거들이 있었다. 왜 두 명의 나이 어린 딸들이 결혼하지 않았는지에 대한 의문도 있다. 재판관은 결혼하지 않은 두 딸의 존재가 가산의 분할에 있어서 중요하게 작용할 것이라는 것을 알았다.

결혼한 딸들이 받아야 할 재산의 몫에 대해서는 명확하게 규정된 조항이 없지만, 결혼하지 않은 딸들이 같은 몫의 재산을 얻는다는 것에 대해서 제정된 법이 있다는 것을 두 명의 여자형제들은 모르고 있었겠는가? 재산이 분배될 때 결혼하지 않은 아들은 약혼선물로서 자기의 몫을 가지며 결혼하지 않은 고모나 혹은 여자형제들 또는 집으로 돌아온 여자형제들은 지참금을 받는다. 결혼하지 않은 여자는 별도의 몫을 얻게 되는데, 지참금의 양을 초과해서는 안 된다. 또한 법에 의하면 대가 끊어진 경우에 법적으로는 모든 재산이 결혼하지 않은 딸에게 돌아가거나 재산의 절반은 집으로 다시 돌아온 딸에게 돌아간다.[24]

셋째 딸에 관해서는 두 가지 견해가 있다. 어떤 사람은 셋째 딸이 이미 결혼했다고 말한다. 그러나 넷째 딸은 셋째 딸이 수양딸[의녀(義女)]로 팔려 갔다고 주장했다[* 혹자는 27낭(娘)이 이미 허씨(許氏)에게 시집갔다고 하고, 혹자는 팔려져서 의녀(義女)가 되었다고 한다]. 만약에 나중 이야기가 사실이라면 두 여자형제들이나 또는 그들의 남편들이 파렴치하게 행동한 것이 사실인 것 같다. 또한 넷째 딸의 결혼이 늦어진 것에 대해서도 의심스러운 점이 있다. 이러한 분명하지 않은 문제점 때문에 모든 재판관들이 이 경우에 할 수 있었던 것은 대가 끊어졌을 때 적용하는 원칙하에 딸들에게 몫을 주는 하급 법정의 결정에 반대하고, 양자로 들어온 사람의 과부에게 넷째 딸을 위해 남편을 찾아 주도록 열심히 노력할 것을 독촉하는 것이었다. 사위들에게 문제를 법정으로 가져오는 것을 중지하라고 말했다. 재판관이 양자의 과부에게 시누이들(전 가장의 딸들)이나 혹은 그 가족에 있는 유일한 성인 남자들인 시누이의 남편들보다도 높은 입지를 부여했다는 것은 주목할 만하다.[25]

방계친척들이 데릴사위를 맞아들이는 결혼과 관련해 간섭할 수 있었던 여러 가지 방법들은 채가(蔡家)의 예에서 알 수 있다. 채가는 세 명의 데릴사위를 들였다(<도표 11>을 보라). 이 가정에서 여전히 살고 있는 사람은 여종인 3범씨(范氏)인데, 그녀는 주인의 자식 채여가(蔡汝加)를 낳았다. 여종 범씨에게는 두 명의 손녀와 손녀딸의 데릴사위로 들어온 남편이 있었는데, 양(楊)과 이(李)였다. 또한 채여가의 남자형제인 여려(汝勵)의 손녀딸과 데릴사위로 들어온 남편은 조(趙)가 있었다. 그들은 모두 함께 살고, 재산은 분할되지 않았다. 이 채(蔡) 가정은 후손이 네 개의 지파로 구성되어 있던 그 지역의 큰 가문의 세 번째 지파에 속했다. 다른 지파 출신의 채씨(蔡氏)들은 데릴사위로 들어온 남편을 상대로 싸움을 시작했다. 다른 채 사람들은 죽은 재(梓)와 기(杞)를 위한 사후 상속인을 세우기를 원했다. 재와 기는 데릴사위로 들어온 남편을 택한 채 집안의 죽은 아버지였다. 바꾸어 말하면, 그들은 성이 다른 남자가 아닌 채씨에 의해 재산이 관리되기를 원했다. 데릴사위들은 자기네들을 보호하기 위해서 법정으로 갔는데, 그것이 실수였다. 할머니(범씨)는 아들을 위해 상속인을 정하기를 원하지 않았고, 두 명의 손녀딸과 손녀딸의 남편(데릴사위)에게 의존하는 것에 만족했다. 그러나 할머니 범씨가 여종 출신이었다는 것이 남계친(男系親)과의 싸움에서 그 여자의 역할을 약화시켰다. 재판관 오혁(吳革)은 채씨 쪽 편을 들어 주었고, 법적 문제가 더 악화되는 것을 막기 위해서 상속인을 세우라고 판결을 내렸다. 여러 명의 후보자들 중에서 양자를 뽑은 후에, 그는 먼저 재산이 양분[여가(汝加)의 자손을 위해 절반 그리고 여려(汝勵)의 자손을 위해서 절반]되어야 한다고 판정했다. 각각의 절반은 사후에 채택한 양자와 데릴사위로 들어온 남편들 간에 분할되게 했다. 오혁(吳革)이 데릴사위로 들어온 남편들에게 재산의 절반을 준 것은 "딸은 아버지의 친자식이고, 데릴사위들도 오랫동안 거기에서 살았다."26)는 점에서 정당화되었다. 재산의 절반을 준 것은 관대한 처분이라고 생각될 수 있다. 왜냐하면 법에 의하면 단지 재산의 3분의 1이 결혼한 딸에게 가도록 규정되어 있기 때문이다. 그러나 물론 데릴사위로 들어온 남편들이 법정에 가지 않았더라면, 아마도 그들이 얻게 될 재산의 절반을 얻었을 것이다.

〈도표 11〉

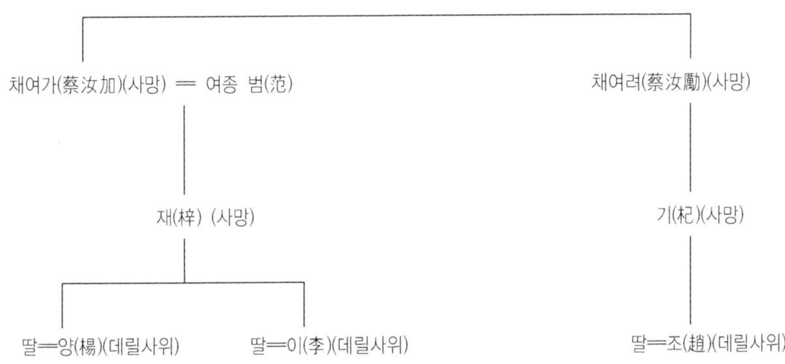

이 사례는 딸을 집안에 머물게 했던 가족과 그들의 친척들 사이에서 생길 수 있는 불화를 예시해 준다. 특히 강남(江南)이나 복건(福建)과 같은 많은 현(縣)에서는 후손들은 점차로 12세기부터 지역사회의 일에 적극적으로 활동하게 되었다. 이 후손 그룹들은 수십 혹은 수백 개의 가문들로 구성되었는데, 그 지역으로 이주해 온 첫 번째 조상을 공통의 시조로 삼고 있다. 자기네의 이러한 조상에 대해서는 다양한 그룹들이 협력하여 함께 조상의 무덤에 제사를 지내고, 자기네들을 이어 주고 있는 친척으로서의 유대감을 고양시켰다.27) 이러한 후손들은 데릴사위에게 재산을 상속시키는 친척들에게 반대를 표명했다. 특히 과부(즉 자기네 후손 집단들 중의 한 명이 아닌)가 그러한 선택을 했을 때 반대했는데, 이것은 놀라운 사실이 아니다.

이러한 법적인 사례에서 볼 수 있듯이, 재판관은 데릴사위를 맞아들이는 결혼제도를 여성들, 평범한 사람들, 지역적인 특색, 상호간에 타협해야 하는 것들과 연결시켜 생각했을 뿐이지 남자들, 교육받은 사람들, 전국적이거나 절대적인 규범과 연결시켜 생각하지 않았다. 그렇게 문화적으로 불리한 여건에 놓여 있던 제도가 특히 신유학이 세력을 얻었던 시기에 어떻게 중국 사회에서 효과를 거둘 수 있었을까? 어떻게 해서 이러한 결혼형태가 이전보다 더 많은 법적 보호를 받게 되었을까? 내가 할 수 있는 가장 적절한 설명은 좀 더 이상적인 가족형태에 대한 관료들의 책임은 중국의 영토 확장과 유교의 가르침을 더욱 보급하려는 강한 욕망과 충돌을 일으키게 되었다는 것이다. 이렇게 타협할 수밖에 없었던 본질적인 이유는 중국의 중심이 남부 지역으로 옮겨 갔기 때문이다. 이로 인해서 관리들은 북중국에서는 흔하지 않던 관습들을 수용해야 했다. 북송대에 이미 많은 유력한 인물들과 부유한 사람은 중앙 지역 출신들이 차지했다. 남송대는 말할 것도 없이 중앙 지역이 가장 중요한 핵심 지역이었다. 미리 사전에 계획한 것은 아니었지만, 지방관이거나 중앙의 관리들은 어떤 특별한 사례를 취급할 때나 법규의 개정을 제안할 때, '중국'의 가족제도로서 그들이 정의해 오던 것을 수정했으며, 송 초의 어떤 관리들이 간단히 금지하도록 제안했던 것들에 대해서 좀 더 많이 허용해 주게 되었다.

비남계친(非男系)친척의 양자채택

딸을 결혼시켜 내보냈던 부모들은 아들을 통해서 가계를 계승할 수 있다고 생각했다. 그런데 만약 아들이 죽는다면 갑자기 뒤를 이을 사람이 없게 된다. 그들은 딸의 아들 중 한 사람을 양자로 들임으로써 가계를 이을 수 있다. 여자형제나 딸의 자식들은 성(姓)이 다른 친척들보다 더 가깝게 생각된다. 그들은 동체[同體, 기(氣)]를 나눠 가졌다고 생각한다. 그러나 어떤 사람들은 훨씬 더 먼 친척의 아이를 양자로 들일 수 있었다. 이를테면 어머니나 할머니의 가정이나 심지어 아내의 가정의 아이를 양자로 들였는데, 부계와 생물학적으로는 관련이 없다.28)

송대의 법률에서는 남계친(男系親)이 아닌 친척에서 양자를 채택하는 것을 전혀 혈연관계가 없는 사람을 양자로 들이는 것과 구별하지 않았다. 법에 의하면 3세 또는 더 나이가 어릴 경우는 양자로 들어오는 아이가 양자를 들이는 부모와 같은 성(姓)이 아니더라도 가능하다고 분명히 밝히고 있다. 『청명집(淸明集)』에 의하면, 이성(異姓)의 아이를 양자로 들이는 것을 권장하지도 않았고 사후에 양자를 들이는 것도 강요하지 않았다. 그러나 아버지나 어머니가 살아 있는 동안 이성의 아이를 양자로 들이는 것이 인정되었

다. 더군다나 재판관은 양자를 들이는 것이 명확히 부모의 선택이며, 실제로
논쟁이 일어나기 오래전부터 양자가 되어 있었다면 3세라는 규정에 대해서
는 별로 신경 쓰지 않았다.[29]

　이러한 종류의 양자채택은 평범한 사람들뿐만 아니라 관료와 교육받은 사
람들 간에도 행해졌다. 예를 들면 위료옹(魏了翁, 1178~1237)의 삼촌 중의
한 사람은 어머니의 남자형제에게 양자로 갔다. 거의 같은 시기에, 지방관의
아내였던 황씨(黃氏)는 남자형제의 아이를 양자로 들였다. 주희의 가장 가까
운 제자 중의 한 사람인 채항(蔡沆, 1135~1198)은 둘째 아들이 아버지의
여자형제인 우(虞)를 통해서 사촌에 의해 양자로 채택되는 것을 허락했다.
그 후에 채항이 죽자 그의 과부는 자기의 아들이 다시 자기 가계로 돌아올
것을 ['귀종(歸宗)'] 요구하였다. 그러나 그(처음에 양자로 갔던 사람)는 자
기 아들 중의 한 사람으로 하여금 우의 가계를 잇도록 남겨 두고 왔다. 12
세기와 13세기에도, 귀계(貴溪)의 예(倪)는 근처에 사는 금소(金溸)의 부(傅)
와 결혼했다. 그래서 예 가문의 사람이 자손이 없을 때, 그들은 부 가문의
사람을 양자로 들였다.[30]

　사람들은 한편으로는 친척들에게 호의를 베풀어 줄 것을 요청하기가 쉬웠
기 때문에 친척들에게 의존했다. 정씨(程氏)가 70세가 되었을 때, 정씨는 어
린 아들 중의 한 사람이 후손이 없다는 사실 때문에 괴로웠다. 1274년에 정
씨(程氏)의 결혼한 딸이 아들 정원헌(鄭元憲)을 데리고 방문하러 왔을 때, 그
녀의 어머니는 비록 네가 정가(鄭家)로 시집갔지만 정씨 가문을 잊어서는 안
된다고 말하면서, 자기의 나이 어린 아들을 위해서 그녀의 아들을 양자로 줄
것을 부탁했다. 그 딸은 양자로 주는 것을 그 자리에서 동의하지 않았다. 그
리고 다음 해에 그녀가 죽었고 또한 그 남자형제의 아내도 죽었다. 딸의 아
버지와 어머니는 사돈댁에 가서 그 소년을 양자로 들이게 해 달라고 하소연
하였다. 정씨(鄭氏) 가문사람들은 동의했고, 어린 원헌은 정(程) 가문으로 돌
아와서 최근에 죽은 양어머니를 위해서 곡(哭)을 했다. 정 가문에 머물렀고,
그들의 성(姓)을 따랐다. 여러 해가 지난 후에 원헌은 자기의 생모와 양어머
니 두 사람을 위해서 합동 추모제를 지냈다.[31] 이 경우에서와 마찬가지로 딸

이 낳은 자식을 양자로 들여서 가계를 이을 때 나타나는 문제점은 데릴사위를 맞아들이는 결혼에서 나타났던 문제점과 흡사하다.

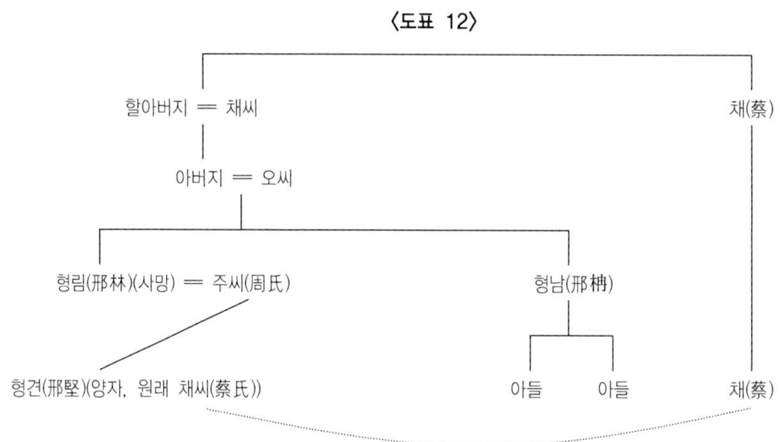

〈도표 12〉

3세 남짓한 친척의 아이를[*동종소목(同宗昭穆)] 양자로 삼는 것에 관한 법적인 근거는 없다. 그러나 같은 나이의 아무런 관련이 없는 외부의 아이를 양자로 들이는 것보다 좀 더 괜찮다는 인정을 받았다. 오혁(吳革)은 형가(邢家)(<도표 12>를 보라)에 관한 사례에 대해 다음과 같은 판결을 내렸다.

> 형림(邢林)과 형남(邢柟)은 친형제인데 형림은 아들이 없었다. 형남이 비록 두 명의
> 아들이 있었으나 림(林)의 후계자로 주기를 원하지 않았다. 형남이 죽고 나서, 어머니
> 오씨(吳氏), 형수 주씨(周氏)의 명을 받들어 조모(祖母) 채씨(蔡氏)의 조카를 림(林)의
> 후사로 세웠는데, 오늘날 형견(邢堅)이라는 이가 이 사람이다. 무릇 채의 아들을 형의
> 후손으로 삼은 것은 진실로 법의(法意)는 아니나, 단지 당시 견(堅)의 조모인 오씨와
> 그 어머니 주씨의 본심에서 나온 것이다. 형남도 또한 친히 이렇게 법을 어기고 양자
> 를 세웠으나, 견(堅)의 죄는 아니다. 형남의 종족 가운데 의리를 아는 사람은 불법이
> 라고 생각하여 형남이 바야흐로 양자를 삼으려고 할 때 투쟁하는 것은 옳으나, 지금
> 이미 세운 지가 8년이나 지난 후에 바꾸고자 하는 것은 옳지 못하다.32)

재판관은 이와 같은 양자 채택을 칭송하지는 않았다. 이와 반대로 재판관들은 항상 양자를 맞아들일 때 부계의 계승을 위반하고 있다는 다소 비난하는

말을 했다. 즉 거씨(莒氏) 가문이 증씨(鄫氏) 가문의 가계를 통해서 전해지는 상속인으로 인해 절멸되었다는 고전에 나오는 사례를 인용했다.33) 그렇지만 재판관들은 그러한 양자를 들이는 것을 부정하는 관례를 제정하지는 않았다.

친척 중에서 3세가 안된 어린아이[*동종(同宗)의 소목(昭穆)]를 양자로 들이는 것이 만약 재산권을 주장할 만한 사람이 있다면, 데릴사위를 맞아들이는 결혼에 대한 여러 가지 문제를 제기할 수 있다. 한 가지 사례에 의하면 23세 된 과부가 자식이 없는데도 남편의 가정에 계속 머물기 위해 양자를 들였다. 죽은 남편은 세 명의 남자형제가 있었으나 한 사람은 아직 결혼하지 않았고, 한 사람은 아들이 없었다. 제일 큰 형은 죽은 남편과 사이가 좋지 않았고 게다가 큰형의 아들은 그 과부와 나이가 비슷했다. 그래서 과부는 아버지 쪽 여자형제 집안의 어린 소년을 양자로 들였다. 18년이 지난 후에 죽은 남편의 큰형이 과부를 법정에 고소했고, 비남계친을 양자로 들인 것을 파기시키려고 했다. 그러나 재판관은 그 과부와 과부가 들인 양자의 편을 들어 주었으며, 부계친척을 양자로 들이는 원칙을 지키려고 하는 것이 얼마나 힘든지 지적했다.34)

■　　■　　■

이 장은 남성 상속인이 없을 때 가정에서 어떻게 대처했는지, 그중에서도 가장 보편적인 두 가지 방법에 대해서 다루었다. 이러한 두 가지 방법은 여성이 가문을 지속시키는 데 전적으로 쓸모없지는 않다는 것을 보여준다. 즉 딸을 집에 두어 살게 하거나 여성 쪽 친척의 아이를 양자로 삼는 것이지만, 그들이 아들만큼 좋지는 않았다. 여자들이 가계를 잇는 데 있어서 송대에 얼마만큼 남자들보다 열등했는지 계층이나, 젠더, 지역적인 면에 있어서 상당한 차이가 있었다. 여자들은 명백히 남자들과 다른 관점을 가지려는 경향이 있다. 14세기에 오해(吳海)는 "의례나 법을 무시하고 상속인으로서 사위나 여자형제의 아들이나 딸의 아들을 세우는 데는 어떠한 제한도 없다."35)고 기록했다. 그렇게 하는 사람들은 여자들이 갖고 있는 편견을 극복할 수 없기 때문에 스스로를 망치게 된다. 오혁은 앞에서 이야기한 법적인 판결에서, 세 명의 사위가 자기를 부양하는 데 만족했던 과부가 된 첩에게 부당한 판결을 내렸다. 그리고 "여자들이 원칙이나 법에 대해서 무엇을 알겠는가?"라고 말했다.36) 여기에서 남자들이 딸들을 가까운 친척으로서 생각하기보다는 여자들이 더 그렇게 생각했다는 것을 알 수 있다. 그래서 앞에서 말한 결정을 여자(첩이 된 과부)에게 내린 것 같다.

여기에서 계층 간의 차이도 또한 한 몫을 했다. 재산상속에 대한 법을 제정하는 사람이나 지방관으로서 그러한 법을 집행하는 사람들은 늘 교육받은 계층의 사람들이다. 그러한 계층에 속한 지식인들은 데릴사위를 맞아들이는 혼인이나 비남계친을 양자로 들이는 것을 평범한 농사꾼들이 생각했던 것보다는 좀 더 나쁘게 여겼다는 것은 거의 의심할 여지가 없다. 왜냐하면 사회의 엘리트들 중에는 가족의 성이나 조상에 대한 제사가 개인적인 정체성을 나타내는데 보통의 평범한 농사꾼들보다 좀 더 중요한 문제였기 때문이다. 재판관들이 데릴사위로 들어온 남편을 사악한 침입자로서 낙인찍는 이유는 자기네 상류층의 표준을 일반사람들에게 적용하기 때문이다. 그런데 평범한 사람들은 조상에 대한 제사를 계속 지내는 것보다 자기네들이 늙었을 때, 부양받는 것이 더 중요하다고 생각했다.37) 정이(程頤)와 주희(朱熹)의 가르침을 고수해 온 사람들에게는 데릴사위를 맞아들이는 혼인이나 비남계친의 양자 채택을 인정하는 것이 정말로 다른 어떤 것보다도 어려웠을 것이다. 또한 교육받은 사람으로서 유교에 전념했지만 유교의 어떠한 특정한 학파에 속하지 않았던 사람들도 역시 여자 쪽을 통해서 가계를 이어 간다는 것에 대부분의 일반 농민보다 덜 동조했을지도 모른다.

여성들은 때때로 여성을 통해 가문을 계승시키는 결정에 능동적으로 참여했다. 그러나 여성이 이러한 방법을 통해서 가문을 이어 나가는 것으로 인해 더욱 행복했다거나 더욱 자기네들이 편하게 되었다는 증거는 없다. 여성들은 스스로가 좀 더 열등한 차선의 선택밖에 할 수 없다는 것을 알고 있었을 뿐만 아니라, 또한 이러한 데릴사위를 맞아들이는 결혼의 법적인 취약성으로 인해 남자들과 마찬가지로 괴로움을 겪었다. 딸을 집에 두고 사위를 데려오는 어머니나 자기네 친정 쪽에서 양자를 들이는 과부들은 모두 자기네들이 내린 결정을 어떠한 다른 친척들이 도전할 수 없도록 좀 더 확실하게 보장받기를 원했다. 확실히 여성들은 능동적인 행위의 주체자들이었다. 또한 여자들이 오랫동안에 걸쳐 행한 행위의 효과는 변칙적인 가족형태를 사회에서 좀 더 쉽게 받아들이게 하는데 공헌했다. 그렇지만 여자들이 내린 결정이 법적으로 도전을 받았던 여성들에게 꼭 위안이 되었던 것은 아니었다.

제14장

간통 · 근친상간 · 이혼

결혼생활이 항상 바랐던 것처럼 순조로웠던 것은 아니다. 극단적인 경우에는 부부가 헤어지게 되거나 남편이 아내를 내쫓거나 어느 한쪽이 단순히 떠나 버릴 수도 있다. 심지어 결혼생활이 특별히 나쁘지 않았을 때에도, 그때의 어떤 상황으로 인해서 성범죄를 저질러 결국 파경에 이를 수 있다. 중국에는 원죄(原罪)에 비유되는 개념은 없다. 즉 그들은 성적인 유혹이나 죄를 모든 인간이 가지는 죄악의 원형으로 이해하고 있지 않다. 그러나 그들은 어떠한 형태의 혼외정사에 관해서는 혐오감, 부끄러움, 노여움을 느꼈다. 근친상간이나 간통은 형사소추나 또는 당장 이혼하게 되는 상황으로까지 몰고 갈 수 있다. 어떠한 이유든지 간에, 특히 여자에게 있어서 이혼은 부끄럽고 당혹스런 일이다.

간통(姦通)

결혼한 여자와 남편이 아닌 다른 남자 간의 성관계는 심각한 위법이고, 두 사람 다 도(徒) 2년의 처벌을 받는다.[1] 법을 어긴 간통으로 분류함에 있어서 남자의 결혼 유무와는 무관했다. 결국 어떤 결혼한 남자가 자기 부인 외에 다른 여자와 성관계를 갖는다 하더라도 그 여자가 좋은 가문의 처녀거나 혹은 다른 사람의 아내가 아닐 때에는 불법적인 것은 아무것도 없다. 환언하면 기생이나 노래하는 소녀, 매춘부 또는 자기의 여종이나 첩과의 성관계는 완전히 용인되었다 한다.

엄격한 법이 있다고 해도 반드시 간통을 범하지 못하게 한 것은 아니다. 장계유(莊季裕, 약 1090~약 1150)의 기록에 의하면 가난한 가정[*소민지가(小民之

家)]에서는 생계를 유지하기 위해서 '남편' 이외의 (돈을 대 주는) 외간 남자[*첩부(貼夫)]를 받아들였는데, 승려들은 절 근처에 살던 가난한 가정에 빈번히 간통하러 갔다.[2] 홍매(洪邁)의 이야기를 읽는 독자들은 간통이 여러 가지 상황에서 일어날 수 있다는 것을 받아들였던 것 같다. 손님들은 주인의 아내나 첩들을 유혹할 수 있다. 특히 가정에서 후한 대접을 받았던 스님들은 종종 그 집안의 아내를 유혹했다는 혐의를 받았다. 50대의 어떤 남자는 자기 나이의 절반도 안 되는 아름다운 첩이 있었다. 그 첩은 남편의 건장한 젊은 하인과 정을 통했다. 그리고 60대 남편 나이의 절반밖에 안 된 어떤 여자는 남편에게 강압적으로 17세나 18세 난 고아를 수양아들로 들어오게끔 해서 함께 동침하기 시작했으며, 그 일을 숨기려고도 하지 않았다. 그 여자의 남편은 이웃 사람들의 조롱을 피하기 위해서 목매달아 죽었다.[3] 이런 이야기에 의하면, 여자들도 남자들과 마찬가지로 간통사건을 일으킬 수 있는 것으로 묘사된다. 특히 이것은 여자들이 자기들보다도 훨씬 더 나이가 많은 남자와 살 때 일어나는 현상이다.

현존하는 법적 사례를 볼 때, 지방관들은 간통사건을 취급하는 것을 좋아하지 않는 인상을 받게 된다. 황점(黃漸)은 도잠(陶岑) 집의 가정교사였는데, 그 집에서 아내 주씨(朱氏)와 아들이 함께 살았다. 또한 승려 묘성(妙成)이 절에 살고 있었다. 어떤 사람이 주씨와 묘성이 간통했다고 고소해서, 법정에서는 3명의 남자들 모두(스님, 남편 그리고 그 집 주인 * 황점, 도잠, 묘성)에게 각각 장(杖) 60을 명했다. 아내 주씨에 대한 형벌은 죄수들로 이루어진 군대로 보내져 군인들이 제비뽑기를 해서 주씨를 차지하도록 했다. 남편인 황점이 판결에 불복해서 상급 법원에 항소했을 때, 재판관은 아내 주씨에 대한 재심판결을 기각시켰다. 그 재판관은 아내에게 주는 그러한 형벌은 책에 기록되어 있기는 하지만, 신분이 낮은 집안의 여성이거나 남편이 없는 여성 또는 아내를 되돌려 받기 원하지 않았던 남편을 둔 여성에게 해당하는 것이고, 아내를 돌려받기를 원하는 남편이 있을 경우에는 해당되지 않는다고 했다. 정말로 재판관은 남편들이 사건을 제소했을 때 한해서만 간통사건이 다루어져야 한다고 주장했으며, 무고하게 고소할 가능성도 있다고 지적했다. 결국 재판관은 그들이 그 지역을 떠난다는 조건으로 아내를 남편에게 돌려주었다.[4]

아마 여느 지역과 마찬가지로, 중국에서도 대부분의 남편들은 아내들이 간통을 저질렀던 증거를 덮어 버리기를 원했다. 아내와 간통한 남자를 처벌하기 위해 법정으로 데려가기보다는, 그 남자가 혼자서 상황을 처리하려고 노력했다. 최종적으로 법정에 가게 된 한 사건에 의하면 어떤 남자는 아내가 서리(胥吏)와 함께 정을 통하는 것을 발견하고, 그 지역의 경관에게 찾아갔다. 그러나 그 사이에 서리는 도망갔다. 그래서 남편은 고소하지 않기로 결심했다. 그렇지만 며느리가 시어머니의 일을 목격했을까 두려워 아들이 그의 아내와 이혼하게 했다. 훗날에 그 남자도 자기 아내와 이혼할 것을 결심했다. 몇 달이 지난 후에 그 남자와 그의 아들은 그들이 취한 행동을 확실히 후회하고 법정으로 가서 자기네들의 아내를 되찾으려고 노력했다. 그러나 재판관은 그 서리에게 간통죄로 장(杖) 100을 때리도록 했지만, 그 남자나 혹은 아들의 결혼을 다시 원상태로 회복시켜 주지는 않았다. 며느리는 이미 다른 사람과 결혼했고, 그의 아내는 남편이 시중을 받을 여종이 있기 때문에 쫓겨났다고 주장했다.[5]

근친상간(近親相姦)

간통에 대한 형벌보다 더 무거운 형벌은 친척 간의 불법적인 성관계의 경우에 가해지는데, 그것은 친척의 친소 정도에 따라 등급을 매겼다. 아버지의 첩이나 할아버지의 첩, 아버지의 남자형제의 아내, 자기의 여자형제나 아버지의 여자형제, 며느리 또는 손자며느리, 남자형제의 딸과의 간통은 사형으로 규정했다(*伯叔母, 姑, 姉妹, 子孫의 며느리, 兄弟의 딸). 그 여자가 남자의 어머니의 여자형제, 그의 남자형제의 아내 또는 그의 남자형제의 며느리일 때는 형벌이 한 등급 더 낮았다[2천 리(千里) 밖으로 유배 가는 것이다. * 從祖, 祖母姑, 從祖伯叔母姑, 從父姉妹, 從母 및 弟妻, 兄弟子妻]. 간통한 여자가 전남편의 딸이거나 이복 여자형제[전남편과의 사이에서 낳은 아내의 딸 또는 다른 아버

지와의 사이에서 낳은 어머니의 딸]일 때는 더 낮았다(徒 3年).6) 근친상간의
경우 만약 힘(폭력)이 개입되었다면 남자에게 가해지는 형벌은 한 등급 더 높
았고, 여자는 처벌되지 않았다. 어떤 남자와 그의 어머니 또는 친여자형제나
자기 딸과의 성관계는 생각조차 할 수 없는 일이기 때문에, 법에 수록되어 있
지도 않다. 그러나 만약 발견되면 그들은 10악(惡) 중의 하나로 처벌된다.7)

모든 가능성이 있는 근친상간 중에서 단지 두 개의 경우만이 송대의 자료
에 자주 나타난다. 아마도 사람들은 그 두 가지 사례를 가장 의심스럽게 생
각했기 때문일 것이다. 그것은 어떤 남자와 그의 아버지의 첩 또는 그의 아
들의 아내와의 간통이다. 법적으로는 두 가지 경우가 쉽게 일어날 수 있는
심각한 위법행위였고, 만약 강제적으로 일어나지 않는다면 두 당사자 모두
에게 사형을 내릴 수 있다. 남자가 여자에게 무력을 사용했을 경우, 남자에
게 사형을 내렸다. 중국의 가족들이 사는 형태를 생각해 볼 때, 사람들이 이
러한 것을 의심하는 것은 놀라운 사실이 아니다. 왜냐하면 남자들은 종종
자기 아들보다 더 어린 첩을 데려왔고, 곁에서 보는 사람들도 첩이 아버지
보다 아들을 더 좋아할 것이라는 것을 쉽게 상상할 수 있다. 40대나 50대의
남자들이 흔히 10대나 20대 초반의 소녀들에게 매력을 느꼈기 때문에 이웃
사람들은 시아버지가 아들의 젊은 신부를 어떠한 눈길로 보았는지 상상할
수 있다. 아버지의 첩과 아들의 근친상간은 시아버지와 며느리의 근친상간
과 마찬가지로 법적으로 심각한 문제였다. 그러나 아버지의 첩과 근친상간
은 감정적으로 그렇게 강한 혐오감을 일으키지는 않는다. 소철(蘇轍, 103
9~1112)은 관료들이 그러한 간통사건에 대한 조사를 피해야 한다고 주장
했다. 왜냐하면 그러한 간통사건은 너무 흔한 일이기 때문에 어떤 사람은
들켜 벌을 받고 어떤 사람들은 들키지 않는다는 것은 사실상 불공평하다.8)

시아버지/며느리의 근친상간은 더 골칫거리였다. 비록 며느리는 시아버지
와의 불필요한 접촉은 피하도록 되어 있으나, 시아버지가 아플 때 음식을
갖다 바치고, 간병해야 하므로 두 사람 간의 접촉을 완전히 배제할 수는 없
다. 이로 인해서 불미스러운 관계가 생길 가능성은 늘 있다. 이러한 근친상
간에 대해서 항상 언급되는 것으로 '신대(新臺)의 일'이나 또는 '하상(河上)

의 요구'이다. 두 가지 경우 다 『시경(詩經)』에 수록된 시(詩)에 근거를 두고 있는데, 이 두 시는 위(衛) 선공(宣公)이 하상에 신대를 짓고 아들의 새 신부를 그곳으로 데리고 가서 겁탈한 것에 대한 비난으로서 오랫동안 알려져 왔다.9)

『청명집』에 나타난 여러 가지 사례를 보면, 며느리는 시아버지가 보내는 탐탁지 않았던 행동에 대해서 어떠한 조처를 취하는 것이 얼마나 힘들었는지 보여준다. 재판관 호영(胡潁, 1232년 과거급제)은 그런 경우에 고발했던 사람들에게 상당히 비동정적이었다.

> 아버지가 자애롭지 않아도, 자식은 불효해서는 안 된다. 황십(黃十)은 황을(黃乙)의 아들인데, 설령 실제 신대(新臺)의 일이 있다 할지라도 아버지의 잘못을 감추는 것은 황십(黃十)에게 달려 있다. 황십이 아내를 내쫓아 버리는 것(말하자면 이혼해 버리는 것)으로 족할 것이다. 어떻게 바깥사람들에게 떠벌려서 일을 애매하게 하는가! 황십은 아내의 말을 믿고서 아버지를 상대로 하여 소송사건을 야기하였다. 두려운 것은 그가 아버지를 이기지 못할 뿐만 아니라, 세상에서 큰 죄악 중의 하나로 아버지를 고소했으므로, 그러한 행위는 궁극적으로는 천리의 인륜을 어그러뜨리는 것이다.10)

호영은 아들에게는 장(杖) 100, 그의 아내에게는 장(杖) 60을 때리게 했다. 다른 경우에 고발을 한 사람은 며느리 그 자신이었는데 여기에서도 재판관 호영은 비슷한 원칙을 적용했다.

> 며느리와 시부모 관계는 아들이 부모를 섬기는 것과 같다. 효자는 부모의 좋은 점을 드러내지만, 아들은 부모의 죄에 대해서는 이야기하지 않는 것이다. 가령 장팔(蔣八)이 하상(河上)의 요구가 있었다 할지라도, 장씨(張氏)가 거절하는 것은 옳지만 다른 사람들에게 이야기하고 다니는 것은 연장자를 존경해야 하는 임무를 저버린 것이다. 더구나 장팔은 [나이 든 사람이고] 무덤에 사용할 나무가 이미 심어져 있고, 혈기가 이미 쇠하였다. 어찌 불초한 생각이 있었겠는가?11)

이 경우에 아들은 아내를 데리고 아버지로부터 멀리 떠나갔다. 호영의 견해에 의하면 아들의 행위는 아버지가 행했던 것보다 좀 더 나쁜 위법이다. 호영은 아들에게 장(杖) 60을 치라고 명했고, 돌아가서 아버지를 부양하도록 명했다. 호영은 또한 그 아들의 아내는 죄수들로 이루어진 군대로 보내서 그 군인들 중에서 운이 좋은 사람이 차지하게 될 것이라고 말했다.

세 번째 경우에서 호영은 고소한 내용에 대해서 의심하지 않았지만 그 남자를 처벌하고 싶지는 않았다. 호영은 거기에 관련된 당사자들을 심문한 후에 이기종(李起宗)이 죄가 있을 것이라고 생각했다. 호영은 주된 용의자들을 고문해서 자백을 받지 않기로 마음먹었다. 왜냐하면 여자는 남자만큼 오랫동안 버틸 수 없다는 것을 알았기 때문이다. 그러나 호영은 그러한 중대한 고소사건이 널리 유포되는 것이 합당치 않다고 생각했다. 아들은 부모가 좋아하지 않는 아내와 이혼해야 했기 때문에 아내와 '함께 늙어 가고 싶은' 희망을 버리고, 아내를 멀리 내보내야 했다. 재판관은 여자의 아버지에게 딸을 다른 사람과 다시 결혼시키라는 판결을 내렸다.[12]

성추행당한 며느리가 법정에서 정당성을 인정받는 것이 얼마나 힘든지를 알고 있었기 때문에 추행당한 여자의 친척들은 자기네들 스스로가 그 여자를 남편의 집에서 떠나가게 하였다. 결과적으로 볼 때, 아마도 그러한 것은 자기네들이 호영과 같은 재판관에게서 기대할 수 있던 최선의 방법이었다. 이러한 한 가지 사례에 의하면 성추행당한 여성의 아버지는 딸을 다른 지역에 사는 어떤 사람과 몰래 결혼시키고 나서 행방불명되었다. 시아버지가 며느리를 돌려달라고 요청했을 때, 재판관은(이때의 재판관은 호영이 아니다.) 이 요청을 거절하고 다음과 같이 말했다.

> 호천삼(胡千三)은 아들의 아내를 농락했다. 그의 행동이 간통사건에까지 이르지는 않았지만, 아주 이치에 어그러진다. 오씨(吳氏)는 진실로 이것을 참기가 몹시 힘들어 두 번 친정으로 돌아갔다. 그러나 오씨 자신의 증언에 따르면 자기의 고충을 관아에 신고하지 않았다. 그런데 오씨의 친정아버지 오경을(吳慶乙)은 그의 형님 오대삼(吳大三)의 지시에 따라 오씨를 숨겼고, 다른 주(州)에 사는 어떤 사람에게 시집보냈다. 그 다음, 그들은 관가에 가서 딸이 행방불명이 되었다고 거짓으로 소송했다. 만약 진실이 밝혀지지 않았던들, [시아버지] 호천삼에게 더욱 심한 화를 초래하지는 않았을 것이다(* 가령 근원을 궁구하여 다 밝혀내지 못하더라도 어찌 호천삼에게 거듭 화가 되지 않겠는가). 법에 따라 생각해 본다면 그 사건은 뒤집혀질 것이고, [그 여자의 아버지] 오경을은 장(杖)을 100을 맞고, 이웃 주에 등록되어 살아야 될 것이다. 만약 허위 소송

이 오대삼의 지시에 따른 것이라면 오대삼이 곤장을 맞아야 하고 다른 주로 옮겨 가
서 등록하고 살아야 하나, 오경을은 면죄를 받게 될 것이다. 나는 현(縣)에서 오대삼
을 심문해야 하고, 그 사건은 그곳에서 취급되어야 한다고 판결했다. 오씨가 호천삼의
집으로 돌아온다면, 반드시 물에 빠져 죽거나 목매달아 죽거나 혹은 집에서 달아나야
될 것이다. 그러니 오씨가 어떻게 집으로 돌아올 수 있겠는가? 사람들이 자기네 신분
에 적합하지 않게 행동했을 때, 그들의 말은 신뢰를 얻을 수 없다(* 이름이 바르지 않
으면 말이 순하지 않다). 본 현(本縣)의 [관리들이] 관아의 중개인에게 책임지고 오씨를
다시 결혼시키도록 했는데, 그들이 내린 결정이 합당하다. [그들의 결정은] 그대로 내
버려 둘 수밖에 없다. 호천삼은 심문을 받지 않았으므로, 죄를 가하기가 어렵다. 만약
시아버지 호천삼이 또 다른 소송사건을 제기한다면, 본 현의 관리들은 그를 감옥에
보내서 이치에 어그러진 죄를 조사해야만 하고 시아버지 호천삼을 심하게 문책하여
패륜을 범하는 시아버지들에게 경계를 삼고자 한다.13)

어떤 여성이 자기가 추행당했다는 것을 입증하기가 어려운 것과 마찬가지
로 어떤 남자가 본인이 죄가 없다고 밝히는 것도 어렵다. 1045년에 저명한
학자이자 관료였던 구양수(歐陽修, 1007~1072)의 여자형제의 의붓딸이 구
양수를 근친상간으로 고소해서 수감되었다. 두 번이나 재판을 했는데, 단지
중요한 증거가 될 만한 것은 그 여자가 구양수에 대해서 한 증언뿐이다. 구
양수는 재판에서 무죄라는 판정을 받았지만, 모든 사람들의 의혹이 불식된
것은 아니다. 20년이 지난 1067년에 구양수가 61세가 되었을 때, 큰아들의
아내와 간통했다고 고소당했다가 다시 한 번 무죄 판정을 받았다. 그러나
그는 자기에게 덮어씌워진 죄목이 비열한 것이고, 또한 자기를 고소한 사람
은 좀 더 확실한 증거를 제시해야 된다고 공공연히 천명하고 난 후에야 비
로소 무죄 판정을 받았다.14)

홍매는 사회적 지위가 훨씬 낮았던 사람이 모함과 해를 받았던 이야기를
기록하였다.

건창(建昌, 복건)의 남쪽 지역의 남원(南原)에 사는 영육(寧六)은 본래 농사일에만 전
념하는 단순한 사람이었다. 그의 남동생의 아내 유씨(遊氏)는 그녀 또래의 여자들보
다 좀 더 맵시가 있었다. 그러나 그녀는 인정머리가 없었고 음탕해서 그곳에 살고 있
는 젊은 남자와 간통을 했다. 영(寧)이 유씨를 의심하는 눈으로 볼 때마다, 유씨는 그
를 냉소적으로 바라보았다. 그래서 영육도 어떻게 할 수 없었다. 한번은 유씨가 닭을

가져와서 요리를 하고자 했다. 영이 유씨의 의도를 알아차리고, 그녀의 방안으로 들어
가서 닭을 주라고 하여 가지고 떠났다. 유씨는 재빨리 칼로 자기의 팔에 상처를 내고
이웃 사람들에게 가서, "나의 남편이 집에 없기 때문에, 남편의 남자형제가 나에게
닭을 주고 자기와 성관계를 갖도록 강요했다. 그래서 나는 저항했고, 내가 들고 있던
칼로 자살을 하겠다고 위협해서 도망쳐 나올 수 있었다."고 소리를 지르며 말했다.
영은 그때에 아내가 없었으므로 이웃 사람들은 그녀가 말한 것이 사실일지도 모른다
고 생각했다. 마을사람들은 유씨와 영육을 마을의 수장에게 데려가서 현의 감옥에 가
두었다. 옥리(獄吏)가 증거를 살펴보고 그것을 바로잡기 위해 십천 전(十千錢)을 요
구했다. 영은 가난하고 인색했으며, 게다가 자기 자신이 결백하다고 생각하여 강경하
게 거절했다. 서리들은 사건 기록을 군수(軍守) 대의(戴顗)에게 보냈는데, 그는 그 사
건을 조사할 수가 없었다. 그러나 대의는 그 사건이 스스로의 덕과 몸을 방어해서 추
행당하지 않으려고 했던 한 평범한 시골 아낙네에 관한 것이라는 데 주목했다. 녹사
참군(錄事參軍)인 조사경(趙師景)은 의(顗)의 의견에 동의해서, 그 사건을 [고등 관청
으로] 송치했다. 즉 [영이] 유죄인 것처럼 보이게 되었다. 결국 영은 사형을 받았고
유씨는 십만 전을 받았으며, 장리(長吏)가 정규적으로 방문했다. 기(旗)를 내려 주어
절개를 기렸으며, 이때부터 그녀는 절부(節婦)라는 평판을 얻게 되었다. 마을 사람들
은 모두 영이 원통하게 되었으며, 유씨가 지나치게 한 것에 대해서 분개했다.
마침내 유씨는 근처의 임전사(林田寺)에 있는 스님과 정을 통했다고 고발당해서, 곤
장을 맞은 후 곧 병이 들었다. 유씨는 복수심이 가득 찬 악마의 모습으로 나타난 영
을 보았고, 그 여자는 마침내 죽었다.15)

홍매는 그 사건에 관련되었던 두 명의 관리들이 재판에서 실수를 범하여
천벌을 받았다고 기록하고 있다.

이혼(離婚)

송대에 이혼은 오늘날과 좀 다른 뜻이 있다. 이혼에서 가장 두드러진 이
미지는 한 쌍의 부부가 서로 틈이 생기거나 심하게 다투거나 또는 부부 중
의 어느 한 사람이 다른 사람을 사랑하게 되는 것이 아니었다. 오히려 이혼
에 나타나는 비극은 한 쌍의 부부가 서로 사랑하지만, 남편의 부모가 아내
를 못마땅하게 생각하기 때문에 강제로 헤어져야만 된다는 것이다. 한대(漢

代)에 이러한 주제에 관해 쓴 유명한 시(詩)가 있다. 북송 중엽부터 비슷한 사례가 널리 알려졌다. 시인 육유(陸遊, 1125~1210)는 어머니의 남자형제의 딸인 당씨(唐氏)와 결혼했다. 그러나 그의 어머니는 며느리로 삼은 조카를 마음에 들어 하지 않았다. 그래서 어머니는 그 조카를 돌려보냈는데, 이것은 육유의 뜻과는 아주 상반되는 것이었고, 당씨는 그 후에 종실(宗室) 남자와 결혼했다. 몇 년이 지난 후에 그 여자와 육유는 우연히 정원에서 만났다. 그녀는 남편의 허락을 받아서, 육(陸)에게 약간의 음식과 술을 보냈다. 옛날의 아픈 기억이 되살아나자, 육유는 그 여자에 대한 감정을 상상하면서 정원의 벽에 글을 썼다. 그 시의 내용은 "동풍은 불길하고, 감정은 메말랐다. 내가 가진 것은 슬픔뿐이고, 이 모든 세월을 헤어져서 지냈구나. 잘못되었구나, 잘못되었구나, 잘못되었구나!"라는 시구였다. 몇 년 뒤에 육유는 또 다른 시를 썼는데 그 시에서도 아내와 강제로 이혼한 것에 대한 자기의 느낌을 나타냈다.[16)]

이혼이라는 것은 헤어지는 것이나[리(離)], 쫓아내는 것[출(出)]으로 표현된다. 통상적으로 남자는 이혼을 허락받기 위해 재판관이나 또는 어떤 다른 관료에게 갈 필요는 없다. 그러나 남자가 아내와 이혼했다는 것을 분명히 나타내기 위해서 이혼문서를 작성해서 자기의 의도를 밝히는 것이 가장 좋은 방법이다.[17)] 977년(開寶 10년)이라고 적혀 있는 송 초기의 이혼문서가 우연히 발견되었는데 둔황의 동굴에서 밀봉된 여러 가지 문서들 사이에 보존되어 있었다. 그 문서의 시작 부분은 없어졌지만, 여자 쪽 부모의 결백함에 관한 내용이었던 것 같다.

모른다. 두 개의 악기가 서로 조화를 이루어 음악을 연주하듯이 그와 더불어 인생을 향유할 것이다. 아마 남편과 아내는 천년 또는 만년 동안 행복을 누릴 것이며 음식과 옷이 3년간 제공될 것이다.[18]

이 서류는 서명되었으며 날짜가 적혀 있다.

이혼서류[離婚狀]가 반드시 필요한 것은 아니다. 단지 여성을 보내 버리는 것도 또한 법적으로나 사회적으로 이혼으로서 인정되었다. 그러나 남편이 아내와 이혼하고 나서 곧 자기의 아내였던 여자를 다른 사람과 결혼시키도록 주선하는 것은 어느 정도 금지되었다. 왜냐하면 그러한 행위는 아내를 판다는 속셈이 있기 때문이다. 그래서 이것은 법에서 금하고 있지만, 실생활에서 들어 보지 못한 일은 아니다.[19]

법 이론에 의하면 남편은 아내가 동의했거나 또는 충분한 이유가 있을 때 한해서만 이혼할 수 있다. 전통적으로 정해진 이혼사유는 모호하고 반증하기가 힘든 것들이다(예를 들면 말이 많거나 혹은 질투도 포함된다). 더욱이 남자는 만약 아내가 부모의 장례를 치렀거나 또는 갈 곳이 없다면, 이혼할 수 없다.[20] 그러나 이혼사유나 혹은 이혼에 대한 한계가 송대 사람들의 사고방식에서 두드러지게 나타나지 않는다.[21] 서론에서 번역하여 소개한 이야기에서 볼 수 있듯이 왕(王)의 아내는 갈 곳이 없다고 이야기했음에도 불구하고 왕은 아내와 이혼할 수 있었다. 위에서 우리가 보았듯이 재판관은 아내의 유일한 잘못이 시아버지의 온당치 못한 성추행을 알렸다는 불효뿐이었을 때조차도 이혼을 명할 수 있었다. 또한 아내는 이혼당하는 것을 저항할 수 있고 흔히 저항하기도 했다. 한 법적인 예에 의하면, 아내가 이혼에 동의하지 않자 남편은 아내가 간통했다고 허위로 고소했다. 호영(胡潁)은 그 남자가 허위로 고소한 데 대해서 장(杖) 80을 치라고 명령했다. 그러나 이혼하는 것은 허락했다. 그는 그 여자가 그토록 중상모략을 받고서도 남편에게 돌아가겠다는 것을 놀라워했다.[22]

이혼은 확실히 여성에게는 수치스러운 일이다. 그러나 남자에게는 반드시 부끄러운 것이 아니다. 사마광은 남편이 부모나 가족에게 행할 의무가 있기 때문에 가정의 화목을 해치는 아내와 이혼하는 것이 불가피하다고 수차례 이야기했다. 사마광은 남편들이 아내와 이혼해야 할 필요성을 받아들여야 된다고 단순히 권장했던 것은 아니다. 사마광은 또한 아내의 부모들은 자기네 딸이 허물이 있는 당사자이므로 고치도록 애쓸 것을 권장했다. 한 가지 예로서 사마광은 고대(古代)에 어떤 여자가 자기의 딸을 세 번이나 결혼시켰는데, 세 번 다 딸이 돌아온 사례를 인용했다. 세 번째 되돌아왔을 때, 어머니가 무슨 일이 일어났는지 물어보자 딸은 남편에 대해 경멸하는 투로 이야기했다. 그러자 어머니는 아내라는 사람은 복종해야 하며 오만해서는 안 된다는 점에서 딸을 매질하고, 3년 동안 자기 집에 머물게 했다. 네 번째로 시집보냈을 때, 딸은 훌륭한 아내가 되었다고 한다. 이와는 대조적으로 사마광은 자기가 살던 때에는 부모가 딸을 비난하기보다는 사위 가족들을 더 쉽게 고소했던 것 같다[23]고 말했다.

정이(程頤)도 비슷한 견해를 가지고 있었다. 한때 그가 제자와 함께 이혼관(離婚觀)을 토의한 적이 있었다.

어떤 사람이 "아내를 내쫓는 것이 가능합니까?"라고 물었다.

[정이]는 "아내가 현명하지 않으면, 내쫓은들 무슨 해가 있겠는가? 예를 들면 자사(子思)도 일찍이 아내를 내쫓았다. 지금 세속에서 아내를 내쫓는 것을 추행(醜行)이라고 여겨 감히 하지 않으나 옛날 사람들은 이와 같지 않았다. 아내가 착하지 않은 점이 있으면 곧 마땅히 내쫓아야 한다. 단지 지금 사람들은 이것을 하나의 큰일로 여겨 숨겨서 차마 입 밖에 꺼내지 않는다. 어떤 사람이 숨길 만한 잘못이 있더라도 몰래 간직하여 방자한 지경에 이르러 선하지 않는 것을 양성하니 어찌 일을 해치는 것이 아니겠는가? 사람은 수신(修身)과 형가(刑家)가 가장 급선무이다. 수신하면 바로 형가에 이르는 것이 상책이다."고 대답했다.

또한 [제자]가 "옛날 사람이 아내를 내쫓는데, 시어머니 앞에서 개를 꾸짖거나 배가 익지 않은 것으로서 (트집을 잡았다고) 하니, 또한 아주 잘못됨이 없는데도 내쫓는 것은 무엇 때문입니까?"[24]고 물었다.

[정이]는 "이것은 옛날 사람들의 충후(忠厚)의 도(道)이다. 옛날 사람들은 절교함에 있어서 나쁜 소리를 내지 않았고, 군자는 큰 잘못으로써 아내를 내쫓지 않고 작은 죄로써 내쫓았으니, 충후의 지극함을 볼 수 있다. 또 만약 부모 앞에서 개를 꾸짖는 것과 같은 것은 아주 큰 연고가 있어 여기에 처한 것이 아니고 단지 평상시에 있을 수 있는 일이다. 이 한 가지 일로 인하여 내쫓을 따름이다."고 대답했다.

어떤 사람이 "이러한 시시콜콜한 이유로써 내쫓김을 당하면 어찌 말이 없을 수 있겠습니까? 아울러 다른 사람도 옳고 그른 것을 알지 못한즉 이와 같이 하는 것은 왜 그렇습니까?"고 말했다.

[정이]가 "그 사람은 반드시 스스로 자기의 잘못을 알 것이다. 다만 스스로 이해하면 곧 그것뿐이다. 어찌 반드시 다시 다른 사람이 알 것을 구하겠는가? 그러나 유식자는 마땅히 스스로 이것을 알 것이다. 만약 반드시 아내의 좋지 않은 면을 드러내기를 기다려 다른 사람으로 하여금 알게 한다면, 이것은 또한 천장부(淺丈夫)일 따름이다. 군자는 이와 같지 않다. 대체로 보통 사람은 저 사람은 그르고 자기는 곧다고 생각하고자 한다(*남은 잘못되었다고 하고 자기는 옳다고 주장한다). 만약 군자라면 스스로 간직하고 있는[함용(含容)] 뜻이 있다."고 대답했다.

어떤 사람이 "옛말에도 아내를 내쫓는 것은 그 여자가 다시 시집가게 함이고, 친구를 절교하는 것은 그 친구가 다른 사람과 사귀게 하는 것이라고 하였습니다. 그렇다면 이 뜻이 아닙니까?"고 말했다.

[정이는] "옳다."고 하였다.[25)](

이혼은 아마 하류층에 속한 사람들 간에 더 흔했던 것 같다. 하류층에서는 첩을 들이는 것이 아이가 없거나 또는 부부 사이에 뜻이 맞지 않는 데 대한 실제적인 해결 방법이 되지 못했다. 서로 조화롭게 어울려 살지 못했던 아내는 친정으로 되돌려 보냈다. 홍매는 "돗자리를 짜는 사람의 딸이 어부와 결혼했는데, 그 여자는 바느질을 할 줄 몰랐기 때문에 이혼당했다. 친정 부모가 이미 죽었고, 갈 곳이 없었던 여자는 거지가 되었다."[26)] 홍매는 또한 아마도 간질병인 것 같은 병 때문에 이혼당한 여자 상속인에 관한 이야기도 했다.[27)]

확실히 모든 사회계층의 사람들은 이혼이 불쾌하다는 것을 안다. 사마광은 이혼해야만 할 경우에도 사람들은 이혼하는 것이 남자들에게조차도 당혹스러운 것이기 때문에 남자들이 아내와 이혼하지 않는다고 불만스러워했다.[28)] 친구들과 친척들은 아내와 이혼하는 것을 말렸다. 홍매는 지방관 곽운(郭雲)에 대해서 이야기했다. 곽운은 아내와 결혼생활이 짧을 것이라고 미리 알려 주는 꿈을 꾼 후에 두려움을 느꼈다. 그래서 아내 양씨(楊氏)에게 이혼장을 써 주었다. 그는 양씨와 10년 이상이나 사이좋게 지냈고 양씨는 서너 명의 아이를 낳았으나 곽운은 다른 건물[외사(外舍)]로 옮겨서 살았다. 그러자 친구들과 친척들은 몇 달 동안에 걸쳐 그를 설득해서 돌아오게 하려고 노력했다. 양씨의 큰오빠가 임지로 가다가 그 집을 방문해서 이혼 서류를 불태웠다. 그런데도 곽(郭)은 아내와 방을 따로 사용했다.[29]

이혼한 여자들이 항상 살기가 고달팠던 것은 아니다. 사실상, 재혼하는 것도 아주 흔한 일이었다. 현(縣)의 사무관으로부터 이혼당한 한 여성이 후에 어떤 현의 지방관과 결혼했다.[30] 위에서 소개된 이야기에 의하면, 육유(陸遊)의 첫 번째 아내는 종실 남자와 결혼했다. 비록 이혼한 여성들은 대부분 아이를 두고 떠났지만, 예외도 있었다. 예를 들면 저명한 관료인 여몽정(呂蒙正, 946~1011)은 아버지가 첩에게 홀딱 빠져서 자기와 자기의 어머니를 쫓아낸 후 어렵게 성장했다. 그러나 여몽정의 어머니는 재혼하는 것을 거절했다. 육(陸)이 관료가 되었을 때, 그는 아버지를 자기 집에 모셔 와서 가족을 재결합하게 했지만, 어머니와 아버지는 방을 따로 사용했다.[31]

법적으로 여성이 먼저 이혼을 제기할 수 없었다. 유극장(劉克莊, 1187~1269)은 아내는 남편과 이혼할 수 있는 아무런 이유가 없다고 단호히 주장했다. 법에서는 아내가 남편의 허가 없이 남편을 떠나 버렸을 때, 도(徒) 2년의 처벌을 규정해 놓고 있다. 그런데 아내가 남편을 설득해서 이혼할 수 있었는데, 이런 일은 가끔 있었다. 장원필(章元弼, 11세기)은 아주 아름다운 사촌인 진씨(陳氏)와 결혼했다. 그는 추남이었고 밤새 책만 읽자 그의 아내는 남편에게 떠나고 싶다고 말했고, 그는 그녀와 이혼했다.[32]

현실에서 어떤 아내는 도망갔고, 어떤 가정에서는 딸의 남편이 딸을 잘 대우해 주지 않았기 때문에 집으로 데리고 왔다. 맹씨(孟氏, 1078~1152)는 어려서 어떤 남자와 결혼했는데, 그 남자는 믿음직스럽지 못했다. 그래서 친정어머니는 그녀를 데리고 왔고, 딸에게 잘사는 가정에서 유모로 일할 수 있게끔 일자리를 마련해 주었다. 홍매는 먼저 이혼하자고 이야기했던 어떤 여성에 대해서 말했는데, 그 사연은 남편이 자기를 때렸고 아들을 쫓아냈다는 것이다. 홍매의 다른 이야기에 의하면, "어떤 남자는 사위의 무례함과 술주정을 참을 수 없었다. 그래서 딸의 의사와는 무관하게 딸을 데려왔고, 후에 다른 사람과 결혼시켰다."[33] 이청조(李淸照)는 자기의 두 번째 남편과 짧은 결혼생활을 한 후에, 이혼할 것을 법정에 청원했다. 왜냐하면 두 번째 남편이 공무상 부정을 저질렀기 때문이다.[34] 어떤 관료는 손녀딸이 남편의 정신병 때문에 그녀의 남편과 이혼할 것을 법정에 청원했다. 그는 또 손녀딸의 지참금도 돌려받을 것을 요청했다. 재판관은 남편의 병이 이혼사유가 되지 못한다고 지적했으나 황제는 특별한 은총을 베풀어 이혼을 허락했다. 보통사람과 관련된 안건에서 재판관 호영은 아내가 남편에게 좀 더 극진하지 못하다고 호되게 꾸짖었다. 또한 재판관은 그 여자가 주장했던 것처럼 남편이 바보였다 할지라도 남편은 아직 살아 있고, 볼 수 있고, 들을 수도 있고, 움직일 수도 있다고 말했다. 아내는 또한 시아버지가 자기에게 불미스러운 유혹을 했다고 주장했으나, 재판관은 이것을 중상모략이라고 간주했다. 그래서 재판관은 그 여자에게 매질을 하라고 명령했다. 그러나 그녀가 원했던 대로 이혼은 허락했다. 다른 사례에서는 딸의 남편이 딸을 여종이라고 계약서에 약정해 놓았기 때문에 친정어머니가 고소했다. 재판관은 만약 남편이 아내를 부양할 수 없다면, 어머니는 딸을 다시 데려가서 다른 사람과 결혼시킬 수 있다고 판결했다.[35]

물론 흔히 재판관은 그러한 요청을 승낙하지 않았다. 어떤 남자가 19년을 같이 산 딸의 남편이 죄를 지어 유배 갔기 때문에, 딸의 이혼을 원했을 때 재판관은 그 아버지에게 딸을 친정집으로 데려가는 것만 허락했다. 이렇게 한 것은 시아버지와의 관계에 관한 혐의를 피하기 위해서였다. 그러나 그 딸이 다른 사람과 다시 결혼하는 것은 허락하지 않았다. 이것은 딸 스스로가 이혼하는 것을 원하지 않았기 때문이다. 어떤 재판관은 남편을 떠나 버린 여자에게 도(徒) 2년과 관기(官妓)로 등록하라는 형벌을 내렸다.[36]

드문 예이긴 하지만, 부부 양쪽 다 이혼을 원하지 않아도 정부에서는 이혼을 규정해 놓았다. 어떤 여자는 그들이 모두 이혼을 원하지 않았는데도 두 번째 남편과 이혼해야 했다. 왜냐하면 재판관은 두 번째 남편이 전남편의 육촌이었는데, 이것은 법에서 결혼을 금지하는 친척이기 때문이다. 재판관은 결혼생활이 이미 20년간이나, 혹은 그 이상 지속되지 않는 한 불법적으로 결합된 배우자들은 이혼해야 된다는 법규를 인용했다.[37]

대부분의 다른 사회에서와 마찬가지로 중국에서도 국가는 국민들의 성생활, 특히 유부녀(有夫女)의 성생활에 관여했다. 성행위에 관련된 법이 가부장제도를 만들어 냈고 (이것을) 강화시켰다.[38] 이러한 법은 또한 복잡하게 사람들의 정서와 연관되어 있다. 어떤 형태의 성행위는 비난받아야 된다고 아주 강하게 믿었고, 국민들의 정서가 법에 의해 형성되고 강화되었다. 하지만 열정, 색정, 잔폭성 그리고 다른 어떤 형태의 감정과 환경으로 인해 사람들은 사회의 규범을 위반하게 된다. 성적인 비행은 다른 종류의 비행과는 아주 다른 점이 있는데, 그것은 불륜이 일어났다고 확신하는 사람은 조용해지기를 원하고 소문을 들었거나 또는 고소당한 사람은 어디까지 믿어야 될지 알기 어렵다.

이 장에서 나타나는 많은 현상들은 다른 사회에서도 공통적으로 발견된다. 그러나 몇 가지 사항은 중국 가족구조의 특성과 관련이 있다고 생각된다. 내가 생각하기에 시아버지/며느리의 근친상간은 분명히 중국적인 현상이다. 물론 그러한 불륜에 대한 가능성은 결혼한 아들이 부모와 같은 집에서 살 때 발생하게 되는데, 흔히 작은 집에서 같이 살 때 좀 더 가능성이 높다. 즉, 어려서 막 결혼한 17세 된 아들이 대략 40대의 아버지를 두었을 때 더욱 그러하다. 그런데 10대의 새색시는 시아버지가 접근해 올 때, 막아내거나 혹은 어떻게 대처해야 할지 어리둥절하게 된다. 그것은 특이한 중국적인 사고방식에 따른 것으로, 새색시는 친정아버지에게 대하는 것과 같은 존경과 복종으로 시아버지를 대해야 하기 때문이다.

이 장에서 열거한 사료는 제2장에서 대략적으로 이야기했던 결혼의 법적인 모델을 살피는 데 통찰력을 제공해 준다. 재판관들이 간통이나 근친상간 또는 아내들이 남편을 버리는 그러한 사건을 재판할 경우, 그들은 법조문을 그대로 적용하지 않았다. 흔히 두 사람을 이혼시키기만 할 따름의 가벼운 처벌을 내리거나, 또는 거의 처벌하지 않는 경우도 있었다. 그리고 적지 않은 경우에 있어서 그들은 법규를 번복했다. 이를테면 아내가 남편을 떠나도록 허락하거나 이혼당한 여자에게 아이를 기를 양육권을 주는 것 등이다.
법 제도는 여성들이 그들의 생활에 적응할 경우에 사회적인 관계에서 중요
한 요소가 된다. 그러나 가장 중요한 것은 문서화되어 있는 법보다 통용되
는 법이다.

간통, 근친상간, 이혼의 발생은 항상 사람들이 생각하고 행동했던 것만큼 가
정이 조화로운 결합이 아니라는 것을 다시 한 번 강조한다. 사람들이 그것 자
체의 목적이나, 필요 또는 관심을 가지고 하나의 단위로서 가정을 언급할 때,
의식적으로나 무의식적으로 가정을 남자, 특히 나이 든 남자와 동일시한다. 그
래서 가장이 며느리를 부당하게 대우했다는 것을 드러내기보다는 며느리를 내
쫓는 것을 선호했던 재판관들의 비상식적인 행동이 있었음이 확실하다.

제15장

여성 · 결혼 · 변화에 대한 몇 가지 의견

내가 이 책에서 송대 여성의 삶을 연구하는 데 접근했던 방법은 세 가지 목적에 맞춘 것이다. 나는 송대 여성들이 생활을 영위해 온 그 시대의 주위 환경과 분위기의 총체적인 배경이 지니고 있는 복잡한 양상을 표출시키고자 노력했다. 그래서 나는 여러 가지 이미지, 생각, 관점, 관습을 포괄하는 하나의 문화적인 틀로서 결혼을 생각해 보았다. 또한 나는 여성을 남자들에 의한 행위의 대상으로서 뿐만 아니라, 자기네들이 살았던 여건을 개척하고, 판단하고 또한 그 여건에 융통성 있게 맞서 대응해 왔던 능동적인 주체자로서 드러내 보이려고 노력했다. 나는 송대라는 특정한 시기에 일어났던 총체적인 역사 속에 여성의 역사를 자리매김하고 싶었다. 그래서 송대의 여성에게 일어났던 모든 것들을 당대(當代)의 다른 변화들과 관련지어 생각해 보았다. 나는 이러한 점에서 알아낼 수 있었던 몇 가지 사실들을 결론적으로 종합해 보려고 시도할 것이며, 남아 있는 문제점을 지적하고자 한다.

이미지와 감정, 행위와 만족

송대에 있어서 결혼과 가정생활은 부분적으로 모순되고 흔히 애매모호한 상징이나 이미지, 개념으로 이루어지는 다양한 형태에 근거를 두고 있다. 여성은 안이고 음인 반면, 남자는 밖이고 양이라는 것과 같은 유학자들의 저술에서 볼 수 있는 사상이 모든 것을 다 포괄적으로 수용하지는 못지만 확실히 영향력이 있었다. 유학자들의 사상과 더불어 영향력을 행사했던 생각은 지배와 복종의 관계에서 나타나는 에로틱한 이미지였다. 즉 이러한 이미지는 공손한 여성이 '수건과 빗을 들고서 남자에게 시중드는' 것이다. 그러나 수절하는 과부의 모습에는 사랑스런 여종이 갖는 이미지와 부분적으로 부합되지 않는 여자의 성적인 면과 여자가 성취한다는 두 가지 면이 다 포함되어 있다. 또한 어머니의 모습에 관한 설명도 마찬가지이다. 즉 갓난아이를 위해 온 정성을 다 쏟는 어머니의 모습이 있고, 자기 가족들에게 정신적으로 도움을 주기 위해 헌신하는 가정의 성녀라는 모습도 있다. 질투하는 아내와 외도하는 남편을 나란히 비교해 볼 때, 공통된 이미지는 감정상의 문제가 부부간의 유대의 중심이라는 생각을 나타내 준다. 즉 부부간의 불화는 남자들이 여성에게 갖는 유혹과 여성들이 질투심을 억제하지 못하는 데서 오는 산물이다. 이러한 감정이 부부생활의 중심이라는 생각은 결혼을 의무로 생각하는 윤리적인 유형과는 서로 상반된다. 결혼을 운명적이라고 보는 관점은 이에 못지않게 중요한 각 개인이나 혹은 가정의 장래가 배우자를 택하는 데 달려 있기 때문에 배우자의 선택을 아주 신중하게 고려해야 된다는 생각을 약화시킨다. 만약 남자들이 없는 상태에서 여성들이 나누는 대화를 좀 더 알 수 있다면, 우리는 확실히 좀 더 많은 경우의 모순, 팽팽한 긴장 혹은 모호한 것들을 지적해 낼 수 있을 것이다. 그러한 문화적인 분위기에서 여성들은 자신들만의 이익과 사고방식, 행동양식을 창출해 내기 위해서 당시 사회의 전반적·일상적인 문화의 일부분을 문화 영역으로 따로 생각할 수 있는 여지가 있었다. 여성들이 창출해 낸 사고방식과 행동양식은 자기네들의 목적과 스스로가 갖는 가치에 대해서 현실감을 주었다.

여성들이 얼마나 자주 그렇게 할 수 있었을까? 확실히 우리는 재주 있고 유능한 여성들이 있었다는 것을 안다. 그러나 불행하게도 그 시대의 통상적인 격언의 의미나 혹은 여성들에게 부여된 가능한 선택의 의미에 관해서 실제로 깊이 생각했던 여성들에 관해 여성들 스스로가 쓴 이야기는 없다. 본서에서는 여성의 목소리는 거의 들리지 않는다. 지식인 남자들은 여성들의 견해가 남자들의 견해와 얼마나 다른지 자기들의 생각을 전달해 준다. 지식인 남자들은 어머니이나 딸에 대해 관심을 갖는다는 점에서 여성을 묘사했지, 남편이나 아들의 부계에 대해서 관심이 있었던 것으로 묘사하지는 않았다. 지식인 남자들은 여자들이 친척들과의 결혼을 선호했으며, 딸을 위해서 사윗감을 불러들이도록 제안했던 첫 번째 인물이라고 생각했다. 또한 지식인들은 여성들이 남자들보다 더 쉽게 불교에 몰두했으며 감정에 따라 행동한다고 묘사했다. 송대의 저술가들이 지적했던 것처럼 남성과 여성이 가족 구조 안에서 차지하는 위치가 달랐다는 것을 생각해 볼 때, 그들이 지적해 놓은 남성과 여성이 갖는 대부분의 관점의 차이는 타당성이 있다. 우리는 남성들이 지적해 놓은 차이점을 아무 근거도 없는 남성 위주의 고정관념이라고 단정할 필요는 없다.

저술가들에 의해 젠더의 차이가 지적되지 않은 경우에 남자와 여자가 이해하는 관점이 같았다. 나는 여성들이 음양의 우주철학이나 혹은 부계의 선조들이 중요하다는 생각에 미심쩍어할 이유가 없다는 것을 발견했다. 남자들과 마찬가지로 여자들도 유교의 교훈서에서 이미 정의되었던 남성과 여성의 역할이라는 관점에서 상대방을 이해했다. 나는 앞에서 이야기한 유교의 지침서에서 나타난 견해와 다른 어떠한 견해를 여성들이 가지고 있다는 흔적을 발견할 수 없었다. 예를 들면, 여종과 시어머니 간에 공통으로 갖는 여성으로서의 정체성이 가정 내에서 각자의 역할에 따라 신분 차이가 있다는 견해보다 더 중요하다고 생각되었다. 남자나 여자 할 것 없이 모두 아주 긍정적인 관점에서 어머니의 역할을 이해했다.

그러나 남녀가 모든 면에서 동일한 의견을 가졌던 것은 아니다. 성문제는 남편과 아내의 감정과 견해가 아주 달랐던 가장 중요한 영역 중의 하나였다. 잡담풍의 일화로부터 묘지명에 이르는 서사에서 나타난 이미지를 생각해 볼 때, 우리는 남녀 간의 관계에서 몇 가지 감정상의 문제를 밝혀낼 수 있다. 즉 남자들은 첫 번째 아내가 죽은 후, 새로운 젊은 아내를 맞아들이는 것을 공공연하게 축하할 수 있었던 반면, 재혼했던 여자들은 두 번째 남자와 성관계를 맺는 자기 자신을 좋지 않게 생각했다. 이와 마찬가지로, 대부분의 남자들이 인생의 즐거움의 하나로서 첩을 들인다고 생각했던 반면, 아내들은 그러한 점을 고통스럽게 생각했다. 남자들은 여성의 심한 질투심을 병이나 혹은 미친 짓으로 간주했다. 그러나 여성들은 남편이 첩의 속임수에 눈이 멀었다는 데 좀 더 비중을 두는 것 같았다. 남편들과 아내들이 각기 성욕에 관해서 갖고 있는 느낌의 차이는 (그들 자신과 그들의 배우자가 갖는 느낌) 남자와 여자가 각각 자신을 보는 관점과 자신들이 각기 상대편과 맺고 있는 관계와 깊은 관련이 있다.

그러나 그러한 차이점으로 인해 송대 여성들은 가족들이 생활을 영위해 나가도록 열심히 일하는 데 방해가 되지 않았다. 왜 여성들이 그다지도 헌신적이었을까? 사료를 통해서 볼 때, 나는 여성들의 헌신적인 노력과 그들의 만족감은 긴밀한 관련이 있다는 것을 알았다. 왜냐하면, 여성들은 자기들의 행복과 좀 더 편안함과 나은 위치를 확보하기 위해 할 수 있는 뭔가가 항상 있기 때문에 가족이라는 제도 안에서 열심히 일할 동기가 있었다. 이로 인해 참을성 있고, 인내하는 여자들은 그때의 제도가 가져다주는 이점을 점차적으로 좀 더 많이 확보해 나갔다. 여성들에게 불리한 여건이 있었지만, 여성들은 자기네들의 삶을 좀 더 즐겁게 하거나 편안하게 하는 것이 완전히 불가능했던 상황에 있었던 것은 아니다. 여성들은 남자들이 소유했던 것을 가지지는 못했지만, 지난해보다 더 나은 다음 해를 만들기 위해 열심히 일할 수 있다. 나이 어린 소녀들은 친척들의 사랑과 귀여움을 얻기 위해서 노력했다. 아내들은 실을 잣거나 옷감을 짜는 것과 같은 도움이 되는 일이나 또는 집안의 재산이나 아랫사람들을 현명하게 관리하는 데 전심전력을 기울임으로써 가족뿐만 아니라 그들 자신에게도 도움이 될 수 있었다. 대부분의 아내들은 아마도 남편에게 좀 더 매력적으로 보이도록 노력하는 것이 가치가 있다고 생각한 것 같다. 확실히 거의 모든 여성들은 자녀, 특히 아들을 양육하는 데 노력을 기울임으로써 많은 효과를 거두었다. 만약 여자들이 아주 효성스럽고 헌신적인 아들을 양육해 낼 수 있다면, 그녀는 사랑과 존경을 받고 안정감을 느낄 것이다.

자신들의 위치를 향상시킬 기회는 좋은 가문으로 시집가서 정식아내가 되는 행운을 누렸던 여성들에게만 한정되었던 것은 아니다. 여종도 젊음을 이용하여 주인남자의 사랑을 받아 첩으로 신분이 상승될 수 있었다. 첩들은 주인남자의 사랑을 얻고, 그 사랑을 유지하는 데 관심을 집중시켰다. 그래서 주인남자는 첩에게 선물과 특별한 호의를 베풀게 된다. 첩은 가정에서 좀 더 나은 위치를 차지하기 위해서 주인남자의 어머니, 아내 또는 여종들과 가깝게 지내려고 노력했다. 첩은 좋은 어머니가 되고자 헌신적으로 노력했고, 이로 인해 자녀들이 자기를 잘 돌봐 주기를 바랬다.

무엇보다도 자식을 양육함으로 인해서 얻어지는 만족감은 절대로 과소평가 되어서는 안 된다. 자식의 양육은 많은 노력이 필요하다. 자식이 죽지 않고 살아남게 하는 것 자체도 중요한 성과였다. 자식들을 교육시키고, 결혼시키는 것은 많은 시간과 정성을 쏟아야 하는 일이다. 이러한 일에 어머니들은 많은 재능과 재주를 이용했다. 어머니들은 자신들이 받은 교육을 이용하여 자식들이 읽을 수 있도록 가르쳤다. 어머니들은 자식들에게 자신들이 알고 있는 인간의 본성과 사회에서 인간관계에 필요한 지식을 바탕으로 기본적인 도덕적 원칙과 다른 사람을 즐겁게 해 주는 데 필요한 기법을 가르쳤다. 여성들이 이러한 역할을 잘 수행했을 때, 자식들은 고마워할 것이고 그 여성을 알고 있는 모든 사람들의 존경을 기대할 수 있었다.

결혼과 계층간의 불평등에서 오는 역학관계

어떤 여성이 삼나무를 꼬아 이으면서 일생을 보낼지 혹은 자녀들이 읽을 수 있도록 교육시키는 데 일생을 보낼지는 대체로 그 여자가 시집간 가정의 사회적·경제적인 여건에 달려 있다. 그런데 여자가 이 두 가지 중에서 어떤 일을 하게 될 것인지 예측할 수 있는 가장 좋은 방법은 그 여자가 어떠한 집안에서 태어났는가에 달려 있다. 그렇지만 여성들의 삶, 결혼, 제도적인 계층구조 간의 관련성은 이러한 간단하고 명백한 결과보다 좀 더 복잡하다. 결혼은 사실상 계층 간의 불평등을 만들어내고 유지하는 데 있어서 주된 메커니즘 중의 하나였다.

총체적으로 볼 때, 계층구조는 여성들이 경제적 가치를 지니고 있다는 사실에 부분적으로 근거하고 있다. 여자들이 갖는 경제적의 가치는 농가에서 세금을 내거나, 빚을 갚을 처지에 있을 때 융통성을 주게 된다. 지배계층은 만약 가난한 사람들이 외부로부터 압력을 받았을 때, 돈을 마련할 능력을 가지고 있지 못한다면 농가로부터 많은 것들을 착취할 수 없었을 것이다. 현금을 벌기 위해서 좀 더 바람직한 방법은 여성들이 시장에 내다 팔기 위해 실을 잣거나 옷감을 짜는 데 종사하는 것이다. 그러나 지불만기에 직면했던 농부들은 부유한 남자에게 딸을 여종이나 첩으로 팔 수 있었다. 이러한 방식으로 하류층의 딸들을 차지하는 것은 계층 우위의 한 형태로 간주될 수 있다. 동시에 이로 인해서 엘리트 계층은 평범한 사람들의 관습이나 가치관으로부터 완전히 두절될 수 없다. 왜냐하면 빈곤한 가정의 여자들이 부유한 계층에 아들을 낳아 주고 양육하게 되기 때문이다. 축첩제도로 인해 딸을 둔 상류 계층 가정은 심한 압력을 받게 된다. 상류층 가정의 딸들에게 지참금을 갖게 하고, 적절한 교육을 받게 하여 절대로 첩으로 팔려 나가지 않도록 해야 하기 때문이다.

모든 사회적인 면에서 계층에 대한 의식은 한 가정이 자녀를 위해 배우자를 선택할 때, 항상 새롭게 인식되어 왔다. '손해 보게 되는 투자(밑지는 장사)'라고 비유한 근대 중국의 속담과는 반대로 딸들이 가족들에게 손실만을 안겨다 준 것은 아니다. 왜냐하면 딸들의 결혼을 주선함으로써 확실하게 새로운 사돈관계를 맺을 수 있는 기회가 생기기 때문이다. 부모들이 자식의 배우자를 선택했으며, 이때 내린 결정은 가족의 위신과 경제적인 형편에 어떠한 상황을 초래할 것인가를 염두에 둔 것이다. 결혼식은 가족들에게 새로운 결연관계를 축하하기 위해서 친구나 친척을 한곳에 불러 모음으로써 자기네들의 지위와 인간관계를 확인할 기회를 마련해 주었다. 또한 결혼은 가정의 부에 영향을 미치게 된다. 결혼을 통해서 재산은 지참금의 형태로 한 가정에서 다른 가정으로 전해지게 된다. 일반적으로, 이러한 방법은 이미 재산을 많이 가지고 있거나 지위가 높거나 또는 평판이 좋은 가정의 사람들에게 유리했다.

또한 사회의 계층과 결혼 간에 어떠한 관련성이 있는지도 연구해 볼 만하다. 여성의 덕목이 무엇인가에 관한 담론은 학자나 관료 가정의 아내들에게 필요했던 자질을 설정해 주었다. 이를테면 규모가 크고, 복잡한 가정이 순조롭게 기능을 발휘해 나가도록 관리하는 능력과 대인관계에 필요한 능력과 같은 것이다. 대가정에서 덕행으로 지켜져 온 여러 가지 관습들은 부유한 계층에서 실행하기가 더 쉬웠다. 이러한 덕목으로 간주되는 관습에는 재혼을 금하고, 딸이 집안의 대를 잇는 것보다 부계의 친척을 양자로 채택하는 것에 동의하는 것 등이다. 남성과 여성을 신체적으로 분리시키는 것도 또한 지식인 계층 간에 좀 더 철저하게 실행되었다. 공적인 장소로부터 아내들과 딸들을 멀리 떨어져 있게 하는 것은 지식인 계층의 사람들이 자기들의 도덕적인 우월성을 주장하는 하나의 방법이었다.

남성과 여성의 정체성에 대한 개념과 결혼관습은 명예나 지위와 매우 밀접한 관련이 있다. 그러므로 여성들은 아버지와 남자형제들, 남편, 아들의 명성을 유지하는 데 주된 역할을 담당했다. 어떤 이유에서든지, 이러한 점에서 가족에게 아무런 도움이 되지 않는 여성들은(예를 들면 강간을 당했거나, 하녀나 첩으로 팔려졌거나, 또는 재혼한 여자들은) 마치 가족의 구성원이 아닌 것처럼 취급받았을지도 모른다. 그래서 여성의 품행과 계층의 위상 간에 존재하는 연결고리는 칼날이 양쪽으로 서 있는 것과 같다. 그러한 여자의 품행과 계층의 위상 간에 존재하는 연관성 때문에 어떤 여성이 가족과 그러한 연관성이 없었을 때보다는 더 큰 가치를 지니게 된다. 그 반면, 어떤 여성들은 가족에게 부담스러운 짐이 되기도 했다.

변화에 나타난 여성들의 역할

결혼관습과 계층구조는 송대에 중요한 변화를 겪었다. 만약 여자들이 능동적인 행위의 주체자였다면, 우리는 여성들이 변화를 이끄는 과정에 참여했다고 간주할 수 있을까? 이러한 과정에서 나타난 여성의 역할을 연구하기 위해서 여성이 처한 상황이 변화한 과정을 좀 더 자세히 살펴보겠다.

여성이 직면한 상황의 총체적인 변화

1. 직물의 상품화로서의 가치 증가

2. 여성 교육의 향상

3. 여종, 첩, 기생, 매춘부로 여성을 인신매매하는 시장의 성장

4. 남성다움과 여성다움에 대한 개념의 변화

5. 전족의 보급

신유학(新儒學)의 영향이 커지면서
가족(家族)·혼인(婚姻)·성별(性別)의 개념에 함축된 변화

1. 남성과 여성의 분리에 대한 관심의 증가

2. 가정 경영자로서 여성의 역할에 대한 높은 평가

3. 아들을 교육시키는 목적으로서 여성의 학식은 고무되었으나,
   여성이 시를 쓰는 것은 장려하지 않음

4. 부계원칙을 더욱 강조

5. 여성의 재가를 더 엄격하게 통제

당(唐)~북송(北宋)의 결혼풍습에 있어서의 변화

1. 사위를 선택함에 있어 선조에 대한 비중보다는 관료로서
   출세할 가능성을 더 강조

2. 지참금의 수량이 늘어남

3. 죽은 아내의 나이 어린 여동생과의 결혼의 증가

4. 남자가 여자 집에 들어가서 사는 데릴사위 혼인의 증가

북송(北宋)~남송(南宋)의 결혼풍습의 변화

1. 고위관료들 사이에 다른 지역 출신과 결혼의 감소

2. 딸의 지참금에 대한 법률적인 권한의 증가

3. 과부의 지참금에 대한 권리에 대해서 몇 가지 문제 제기

4. 데릴사위의 재산권에 대한 인정의 증가

위에 수록된 변화들 중에 어떤 항목은 다른 항목보다 확실히 좀 더 자세한 기록이 남아 있다. 그러나 나는 여기에서 이러한 내용을 논의하기 위해서 위에 주어진 대로 살펴보고자 한다.

만약 우리가 단순히 여자들이 변화를 이끌어 내는 과정에 참가했는지를 묻는다면, 나는 그렇다고 대답할 것이다. 여성들은 대체로 축첩제도와 종을 첩과 같이 다루는 데 찬성하지 않았을는지도 모른다. 그러나 여성들은 분명히 이러한 관습을 정착시키는 데 참여했다. 어머니들은 딸들이 이러한 제도에서 확고한 지위를 차지하도록 훈련시켰다. 즉 딸들에게 상류층 아내로서 요구되었던 정숙함과 기생에게서 찾아볼 수 있는 매력과 여종에게서 바랐던 복종심을 길러 주었다. 여성들 자신이 대부분의 경우에 여종들과 첩들을 사들였다. 첩이 있는 남편을 둔 아내는 남편에게 몹시 화가 나면 그 첩들에게 무슨 일을 저지를 수도 있다는 두려움을 줌으로써 남편의 행동을 어느 정도 제재하거나 바꾸어 놓을 수 있었다. 또한 첩들이나 여종이 되었던 여성들도 능동적인 행위의 주체자들이다. 어떤 여성들은 가난한 남자의 아내로서 힘든 생활을 하기보다는 첩으로서 경제적으로 안정된 위치를 선택했다. 또한 본의 아니게 팔렸던 대다수의 여성들도 선택권이 있었고, 그에 따라 행동을 취했을 것이다. 자기들이 처한 상황을 향상시킬 기회가 있는 여성들은 주인남자나 주인여자의 마음에 들기 위해 노력할 수 있다. 그래서 여성들은 자신들의 이익을 위해서 주어진 제도 내에서 열심히 일했다. 그 결과 그러한 제도를 인정하며 재생산해 내는 데 일조하게 되었다.

전족은 여성이 자발적으로 변화를 일으키는 데 참여했다고 확신할 수 있는 또 다른 사례이다. 전족이 보급된 이유는 여성의 매력을 돋보이게 하려는 것과 밀접한 관계가 있다. 여성들은 자신이나, 자신의 딸 또는 자신의 여주인에게 매력적으로 보이도록 하는 데 시간을 투자했다. 그러나 미적 관념은 남자들이 무엇을 선호하는가에 대한 생각에 적지 않은 근거를 두고 있다. 남자들은 노래를 불러 주었던 아름답게 잘 차려입은 기생에게 매력을 느꼈지만, 자기의 아내나 딸이 다른 남자들에게 매력적으로 보이는 것은 원치 않았다. 기생들에게 매력을 느끼는 남편을 둔 아내는 자기가 기생과 외모나 기예에서 경쟁을 벌여야 할지, 그렇지 않으면 아내로서의 확연히 다른 품행, 겸손하고 절제 있는 몸가짐을 갖추어야 할지 결정을 내려야 했다. 어머니도 딸을 교육시킬 때, 음악적인 소양에 비해서 겸손에 얼마나 더 비중을 두어 가르쳐야 될지 결정해야 했다. 어머니가 딸에게 전족을 해 주기로 마음먹었을 때, 기생이 남자들에게 매력적으로 보이기 위해 사용했던 기법을 모방해야 될 필요성이 있다는 사실을 받아들였다. 일단 전족이 확고한 관습으로 정착된 후에 어머니들은 딸들이 전족하지 않으면 아내로 맞아들이고자 하는 사람이 없을 것이기 때문에 전족을 시켰다고 간단히 말해 버릴 수도 있다. 그러나 전족하는 관습이 금방 확산된 것은 아니므로 어머니들은 전족을 해야 되는지에 관해서 자발적으로 결정을 내릴 수 있었다.

여성들은 자기들에게 이득이 된다고 간주했던 변화를 형성하는 데 많은 역할을 했을까? 물론 여성들은 결혼에 관한 제반 사항에 다 참여했다. 이를테면 딸을 결혼시켜 내보내기보다는 딸을 가정에 두고서 사위를 불러들이는 것과 같은 것이다. 여성들은 지참금의 양을 증가시키는 데 일익을 담당했다. 왜냐하면, 이것은 여성들이 흔히 남편의 나이 어린 여자형제나 자기 딸들의 지참금을 마련하는 사람으로 거론되기 때문이다. 남편과 마찬가지로 노년기에 딸에게 의존하기보다는 아들에게 의존하게 되는 여성들도 여러 가지 이유가 있겠지만, 가정의 재산이 딸의 몫으로 좀 더 많이 가도록 결정을 내리는 데 자발적으로 참여했다. 아마도 여성들은 딸의 지참금을 마련하는 것에 도움이 되는 동맹자를 확보하는 방법이라기보다는 오히려 한 젊은 여성이 힘든 과정을 겪게 될 때, 도움을 주기 위한 방법이라고 생각한 것 같다. 여성들은 자식을 위해 배우자를 선택하는 데 적극적이었기 때문에 아마도 여성들의 이러한 태도는 자녀들이 타 지역 출신과 결혼하는 것을 점차 감소시켰던 것 같다. 여성들은 남편들보다 시집간 딸들을 자주 만나기를 원하지 않았을까? 그래서 딸들을 며칠 동안만 여행하면 갈 수 있는 곳에 시집보내기를 더 원하지 않았을까? 고위관료 가족들이 먼 곳에 떨어져 있는 타 지역 출신과 결혼하는 것이 감소했다는 사실은 아내들이 많은 지참금을 가지고 옴으로써 가족의 재산이 증가했다는 맥락에서 볼 때, 여성들이 가정문제에 대한 결정을 내릴 때 점차 영향력을 얻어 갔다는 증거로서 볼 수 있지 않을까?

변화가 일어날 때 여성들이 담당했던 많은 역할을 말로 표현하거나 어떤 가치를 가졌는지 드러내 보이는 것은 정말로 힘든 일이다. 윤리적인 문제에 관한 기록을 남겼던 남자들은 자기네들의 사상이 유교 고전의 독서를 통한 이해와 그들이 가지고 있던 우주론의 이해에 근거를 두고 있다는 것을 인정해야 했다. 여자들이 며느리나 시어머니를 다른 기준으로 평가했는지, 또는 여자들의 생각이 남편이나 아들에게 영향을 끼치게 되었는지, 지금 현존하는 자료로서는 밝히기가 힘들다.

이러한 변화 속에 나타난 여성의 역할도 남자들의 경우와 마찬가지로 작은 행위들이 모여져 어떠한 결과를 나타내게 된다. 여성들의 참여로 인해 생긴 전반적인 영향은 과대평가해서 안 된다. 앞에서 설명해 온 어떠한 분야에서도 남자들이 원한다고 통상적으로 생각되는 이해관계 나는 남자들이 원하는 바를 의식적으로 거슬러서 어떠한 변화를 불러일으킨 것은 없지 않은가? 여성들은 마치 남자들이 존재하지 않은 것처럼 행동할 수 없었다. 이것은 남자들이 여성들이 존재하지 않는 것처럼 행동할 수 있었던 것보다 정도가 심했다. 많은 영역에 걸쳐 여성들의 행위는 주위에 있는 남자들을 염두에 두고 내린 판단에 의존하였다. 예를 들면 어떤 것은 용납이 되고 어떤 것은 용납되지 않고, 어떤 것은 성공하고, 어떤 것은 실패하고, 어떤 것은 기분 좋게 할 것이고, 어떤 것은 유쾌하지 않을 것이고, 어떤 것은 호감을 사게 될 것이고, 어떤 일은 혐오감을 일으키는 것이라고 고려하는 것이다.

가부장제도의 지속성

송대 결혼의 특성과 그 당시 여성들의 상황 변화를 열거해 보는 것은 중국에서 여성의 역사에 대한 근본적인 질문을 제기한다. 여성에게 이득이 되는 데 역행했다고 간주되는 변화는 꽤 쉽게 지속된다. 그 반면, 여성들의 위치를 향상시키는 데 도움이 되었던 변화들은 오랫동안 지속되지 못하거나 또는 기대만큼 효과가 없었을까? 나는 여성이 처한 형편이 나아질 것이라는 전조가 되는 변화 중에 딸에게 지참금으로 전해 주는 재산의 액수가 증가된 것, 사돈을 동맹자로서 더욱 강조한 것, 데릴사위를 맞아들이는 결혼제도가 널리 허용된 것, 직물 생산이 상업화됨으로써 여성이 돈을 벌 기회가 많아진 것, 많은 교육받은 남자들이 여성들도 읽고 쓰도록 교육받아야 한다는 인식을 갖게 된 것이다. 한편, 나는 여성에게 불이익을 가져다주는 변화로, 전족의 보급, 여성들을 사고파는 시장의 확대, 지적으로 중요한 역할을 하는 지도자들이 갖고 있던 여성의 덕목과 남성과 여성의 분리에 대한 더욱 경직된 태도를 들 수 있다.

중국의 가부장제도는 송대 이전이나 이후에 있었던 많은 역사상의 변화를 거쳐 지속적으로 존속되었다. 그러므로 왜 가부장제도가 존속되어 왔는가에 대한 해답을 부분적으로 송대에 있었던 특별한 상황에서 원인을 찾아보려고 해서는 안 된다. 중국의 가족제도는 상당히 융통성이 있었다. 그래서 변형된 새로운 생각이나 관습은 그 당시에 지배적이며 뿌리를 내렸던 윤리적·법적인 가족의 형태였던 부계(父系)중심, 부권(父權)중심, 시가(媤家)중심의 원칙을 방해하지 않으면서 당시의 가족제도에 적응될 수 있었다. 그래서 여성들이 자신이 생산한 실을 내다 팔았다 할지라도 가족단위로 이루어진 가내수공업의 생산형태에는 전혀 동요가 없었다. 가족이 재산을 공유한다는 관념은 아무리 많은 재산이 지참금의 형태로 이동된다 할지라도 조금도 변화되지 않았다. 이러한 사실 이외에도, 가족관계는 불변의 도덕윤리 관계에 기인한다는 뿌리 깊은 문화 관념이 있다. 간단히 말해서 사람들은 변화를 기대하지 않았다. 한대에도 지참금, 첩, 학식 있는 여성, 천을 짜서 돈을 버는 여성들이 있었다. 이러한 현상들이 선례가 없던 것은 아니기 때문에 저술가들은 정도나 범위에 있어서 나타나는 차이에 그다지 주목하지 않았다. 상황이 얼마나 변했는지 그 정도를 알지 못했던 사람들은 사회적인 규범을 다른 형태로 바꿀 기회를 찾지 못했다.

그러나 이러한 오랜 기간에 걸쳐 지속된 사회적·문화적인 특성은 사회적·경제적인 변화의 충격을 완화시키는 데 도움이 되었다 할지라도 왜 어떠한 변화는 다른 변화보다 확고하게 정착될 수 있었는지 설명하지 못한다. 이러한 결과를 설명하기 위해서, 우리는 여러 가지 변화들이 서로 어떻게 영향을 주고받는지를 생각해 보아야 한다. 내가 제기하는 가설은 상류층의 여성들은 많은 양의 지참금을 가지게 되고, 교육을 더 많이 받음으로 생겨난 어떠한 권위나 자율권이 있었고, 또한 하류층 여성들에게도 경제의 성장으로 인해서 생긴 어떠한 권위나 자율권이 있었을 것이다. 그러나 이러한 것들은 여자를 여종이나 첩, 기생이나 창녀로 사고파는 인신매매시장의 성장과 부계의 원칙을 좀 더 강화하는 당시의 일반적인 경향으로 좌절되거나 약화되었다.

왜 여성을 사고파는 대규모시장이 상류층 여성들의 삶에 그렇게 부정적인 영향을 끼치게 되었을까? 남편이 필요로 하는 것이나 욕망을 채워 줄 수 있는 아내의 능력에는 확실히 한계가 있다. 왜냐하면 만약 남편이 아내에게 싫증을 느꼈을 때 남편은 아내를 집안의 살림꾼이나 자식의 어머니로서 있게끔 하고, 삶의 동반자로서 첩을 데려올 수가 있기 때문이다. 이러한 것이 현실적으로 가능하면 할수록, 즉 다시 말해서 더 많은 친구들이나 친척들이 첩을 들이면 들일수록, 첩을 들였을 때 남자의 나이가 젊으면 젊을수록 아내에게 끼치는 영향은 더욱 크다. 이러한 사실이 많은 아내들이 첩들을 잘 다루어 문제를 극복해 나갔다는 것을 부정하는 것은 아니다. 어떤 아내는 많은 첩들이 자기에게 복종하는 데서 오는 특권을 누리기도 했다. 그러나 모든 관찰자들이 알고 있듯이, 이로 인해 나타나는 효과는 여성들을 서로 적으로 만들었고 여성들의 에너지를 질투심으로 인해 생기는 불화 속에 허비해 버리게 했다.

인신매매시장이 확대됨으로 인해 하위계층 여성에게 끼친 영향은 좀 달랐다. 농부의 아내는 남편이 첩을 들일지도 모른다는 불안감으로 괴로워하지 않았다. 비록 아내를 유괴하거나 파는 일이 흔히 일어났다고 해도, 이러한 것이 주된 걱정거리는 아니었다. 그러나 가난한 가정에서 태어난 결혼하지 않은 소녀들은 부모가 자기들을 위해 마련할 준비에 불확실성을 느꼈고, 이는 이후의 인생에 불안한 영향을 미치게 된다.

　여성을 사고파는 시장이 갖는 중요성은 남성과 여성의 차이점에 대한 그 당시 지식인들의 사고방식에 영향을 끼쳤다. 송대의 학자들이 여성과 결혼에 관해서 가졌던 견해는 당시 사람들의 관점을 나타내 준다고 볼 수 있다. 그런데 당시 사람들은 여성과 돈 사이에 존재하는 유대관계가 계층이나 친족 간의 관계를 모호하게 하고 친족 간의 유대관계를 불확실하고 취약하게 만들지도 모른다고 단지 막연하게 이해하고 있었다. 지식인 계층의 가족들의 세계와 인신매매가 이루어지는 시장 간에는 경계선이 있었으나, 그 경계선을 통해 상호 쉽사리 침투할 수 있었다. 가정에서는 여종들을 사들였고, 그 여종들은 순전히 경제적인 이유로 가정에 들어오게 된다. 남자들은 기생 노릇을 하던 여성들을 첩으로 데려와서 그 기생첩이 손님들에게 여흥을 마련해 주도록 했다. 관료들은 첩들을 통해 자식을 낳기도 했다. 그러나 그 관리가 다른 곳으로 부임해 갈 때는 첩을 남겨 두고 떠나갔다. 협상에 의해 결정하는 세태 속에서 좀 더 확고한 안정감을 확립하기 위해서 유학자들은 각 사람들에게 각자의 역할을 확실하게 해 놓기 원했다. 상류층의 남자들은 여자형제나 딸을 인신매매시장으로부터 보호하기 위해서 여자형제나 딸에게 겸손이라는 엄격한 생각을 가르치도록 했다. 또한 자기네 여자형제나 딸은 노리갯감이라는 생각이 들지 않도록 교육시켰다. 남자나 여자는 모두 서열이나 기능 또는 역할을 분명히 하기 위해서 도덕적인 노력을 기울여야 했다. 나는 여자와 결합되거나 혹은 여자를 통해서 맺어지는 유대관계의 취약성에서 오는 불안감은 중국의 친족관계에서 가부장제도의 원칙을 강화시키려는 경향과 일치된다고 생각한다. 즉 이러한 힘은 후손의 성장과 학자들이나 관료들이 자기네 계층의 필요에 맞도록 조상에 대한 의식을 적용시키기 위해서 기울였던 노력과 같은 것이다.

　송대에 신유학이 노골적으로 강한 여성혐오 현상이 있다는 비난은 타당성이 없다고 생각된다. 과부에 관해서 설명한 장에서 송대의 신유학자들이 이상적인 과부의 수절을 높이 평가하는 데 있어서 동료들이나 혹은 선행자들보다도 단지 조금 더 강조했을 뿐이다. 어떤 신유학자도 여영아 살해나 전족을 옹호하지 않았다는 것을 애써 말할 필요는 없다. 우리가 알고 있듯이, 영아살해는 분명히 행해졌는데 지식인 계층의 사람들이 이러한 사실을 기록해 놓았고 비난했을 뿐이다. 전족은 아름다움에 대한 추구와 관련이 있었지, 자아통제나 남녀유별과는 관련이 없었으며 또한 유학자들이 바랐던 덕행 있는 아내의 모습과는 상관이 없다. 소녀들이 겸손하고, 유순하며, 책을 많이 읽었는지, 자기네들의 발을 감는 것에 만족했는지는 말해주지 않는다. 어머니들이 딸을 전족해 주는 데 필요한 기술 때문에 칭송받은 사람은 아무도 없었다.

동시에 송대의 문화에 유행했던 모든 생각이나 이미지 중에서 신유학자들이 초점을 두었던 생각이나 이미지는 아내를 남편의 부계에 가능한 한 가깝게 묶어 두려 했다는 것은 부정할 수 없다. 사마광(司馬光), 정이(程頤), 주희(朱熹), 황간(黃幹)과 같은 송대에 유명한 학자들은 그 당시에 있었던 가부장제도나 가장이 중심이 된 유형과 잘 부합하지 않는다고 간주된 당시의 문화적인 요소를 분명히 배척했다. 그러한 문화적인 요소는 여성의 문학적인 창조력, 재산에 대한 여성들의 권리 주장, 가정 밖에서 일어나는 제반 사항에 여성들이 관련하는 것과 같은 것 등이다. 그때의 유명한 학자들은 일반적으로 부계의 원칙을 고양시키기를 원했으며, 여성을 통한 유대관계는 취약했다. 유학자들은 가정을 하나의 특정한 영역으로 확연히 구분 지었으며, 시장과 같은 곳에 있는 관계가 들어갈 틈이 없었다. 즉 가정이라는 곳에서의 관계는 영원불변하고 가부장 중심의 원칙에 근거를 두었던 것이다.

여성을 사고파는 인신매매시장의 성장과 혈통으로 이루어진 후손 체계, 유학자들의 문장에 나타난 수사적인 표현에 내포되어 있는 가부장 원칙의 부활이 여성들의 상황이 향상되는 것을 저해해 온 유일한 변화는 아니다. 이러한 것들을 좀 더 자세히 알기 위해서 원대나 명초에 와서 지참금이나 결혼전략, 학식, 이와 비슷한 것들에 대해서 어떠한 현상이 일어났는지 좀 더 많은 연구가 필요하다. 몽골의 침략은 중국의 법, 문화적인 정체성에 대한 개념, 지식인들이 갖고 있던 정통성과 안정성에 대한 관심사에 영향을 끼쳤으므로 이러한 문제에 대해서 좀 더 완전하게 이해할 필요성이 있다. 또한 여성의 상황이 향상되지 못한 것은 부분적으로는 의심할 것도 없이 송대에 시작된 변화들 간의 역동적인 상호 관계를 통해서 설명될 수 있다.

여성의 역사와 중국의 역사

여성의 역사를 깊이 잘 생각해 보면 과거에 살았던 여성에 관한 지식을 전달해 주는 것만이 아니다. 여성의 역사는 우리로 하여금 역사와 역사의 발전과정에 대한 이해를 다시 검토하도록 일깨워 준다. 만약 내가 이 책에서 시도했듯이 여성의 역사가 역사에 대한 이해를 다시 새롭게 할 수 있도록 되돌아보게 하는 데 성공했다면, 이 책의 독자들은 상업화, 신유학, 법규, 계층구조와 같은 중국사에서 우리가 흔히 접할 수 있던 주제들을 새로운 문제의식을 가지고 연구할 수 있다. 독자들은 중요한 사회적·경제적인 변화들이 여성에게 끼친 영향이 남자에게 끼친 영향과 같은지, 다른지에 관해서 깊이 생각해 보아야 한다. 즉 덕목, 아름다움, 우주철학 또는 형평성에 관한 연구서를 읽을 때, 그 속에 포함되어 전달되는 젠더에 관한 내용에 좀 더 민감해져야 할 것이다. 독자들은 남자들의 사고방식이나 삶을 생각해 볼 때, 남자들이 여성들이나 자녀들과 어떠한 관계를 가지고 있었는지 항상 염두에 두어야 한다. 또한 가치관의 양면성이나 애매모호함 또는 감정으로 인해 나타나는 징후에 좀 더 세심한 주의를 기울여야 한다. 독자들은 심지어 여성이나 젠더 외의 다른 주제에 대해서도 역사가에게 기대하기 시작할지도 모른다. 그런데 이러한 주제들은 자료가 풍부하지 못하거나 편중되어 있기 때문에 연구하기 어렵다.

전반적인 역사 속에서 여성을 관찰해 보려고 시도한 것은 내가 가지고 있던 중국 문화와 역사에 관한 기본적인 이해를 다시 생각해 보도록 만들었다. 예를 들면 나는 문화적인 기반이 여성, 성욕, 인척에 대한 개념으로써 구성되었다고 생각할 때, 이 개념들이 단지 하나로 융합되어 있지는 않지만 하나의 집합체로서 생각해 보아야 할 필요성을 느꼈다. 그런데 이러한 집합체는 교훈서, 일화, 복식 또는 집안의 내부구조와 같은 여러 가지 형태의 의사전달방법을 통해서 나타난다. 나는 이러한 개념(여성, 성욕, 친족관계)이 일관성이 없는 다양하고 단편적인 형태로 표현된다는 것을 알았다. 그런데 이러한 개념은 흔히 애매모호한 뜻을 가지고 있는 이미지를 통해서 나타난다. 대체적으로 그 이유는 당시 사람들이 경험했던 감정이나 개념이 당시의 중국 사회가 안고 있던 합리적이고 도덕적인 사고방식과는 잘 부합되지 않기 때문이다. 내가 볼 때 대부분의 경우, 부분적으로는 상반되는 개념들이 아무런 문제도 없이 서로 공존하고 있다. 그렇다고 해서 앞에서 말한 그 융합되지 못한 집합체가 모든 것에 우선하는 하나의 중심적이고 포괄적인 제도로서 종합되어 발전된 것은 아니다.

나는 내가 제시한 이 모델이 그 당시 유행했던 종교처럼 중국 문화의 다른 영역에서 타당성이 있지 않았을까? 라고 생각해 보았다. 여러 가지 형태의 신과 그에 못지않은 각양각색의 귀신이나 악령으로 이루어진 광범위한 판테온을 통하여 중국인들은 사회적으로 옳지 않게 간주되었던 성욕, 욕심, 증오, 분노와 같은 감정들을 억제할 수 있었다. 아마도 이렇게 상대적으로 체계화되지 못한 개념들의 집합체가 전해지고 재생산되는 데 어떠한 유사성이 공통적으로 있지 않을까? 중국 문화에 대한 이해와 그 문화와 사회의 행위간의 관계를 좀 더 잘 이해하기 위해서, 분명하고 도덕적이며 합리화된 형태로 표시되는 생각과 단편적이며 일관성이 없고, 애매모호한 방법으로 나타낼 수밖에 없던 생각을 모두 수용할 수 있는 하나의 큰 개념상의 틀이 필요하다.

이와 비슷한 방식으로, 나는 가부장제도의 지속성을 숙고해 봄으로써 중국의 역사에서 다른 어떠한 문제에 대한 지속성을 다시 생각해 보았다. 오늘날 모든 역사가들이 중국은 '변화가 없다'는 낡은 견해를 부인하고 있다. 그러나 우리가 중국이 과거에 변화하지 않았다는 오류를 범한 데 대해서 오히려 중국에 많은 변화가 있었다고 지나치게 보상하려고 해서도 안 될 것이다. 또한 다른 중요한 문명권과 중국을 비교해 볼 때 중국의 역사에는 꽤 주목할 만한 연속성이 있으며, 어떤 변화가 있은 후에 다시 원래의 상태로 되돌아가려는 강한 경향이 있다는 것을 부인해서도 안 된다. 예를 들면, 중국의 역사를 통해서 볼 때 어떠한 기본적인 우주철학에서 온 원칙은 광범위하게 당연한 것으로 받아들여졌다. 그것은 산 사람과 죽은 사람 간에 유대관계가 존재한다는 것과 같은 것이다. 장기간 지속된 황제지배체제 동안, 조정은 각 개별농가에 토지를 분배했고, 토지를 어떻게 운영해 나갈 것인가에 대해서 상당히 많은 재량권을 주었다. 조정은 이러한 토지 소유권의 형태를 정착시키기 위해서 지속적으로 노력해 나갔다. 황제통치기간에 황제와 관료로 이루어진 지배체제의 형태로 늘 복귀하게 되는 것이 특징이다. 왕조는 관료를 임명해서 이들로 하여금 지방을 통치하게 했다. 또한 이 관료들의 관직을 자주 옮기게 함으로써 중앙집권체제를 유지했다. 이렇게 특색 있게 지속적으로 계속된 것들에는 내부적으로 유사한 구조적인 면이 있지 않을까? 가부장제도가 지속된 것을 이해하기 위해 기울인 노력은 다른 지속성과 반복되어 생겨나는 어떠한 패턴을 이해하려는 데 도움을 줄 수 있지 않을까? 이러한 연속성은 서로 관련이 있지 않을까? 한 가지의 지속성이 다른 지속성을 도와주는 것은 아닐까?

다시 말하면, 중국의 역사와 문화는 여성들이 전부 어디에서 무엇을 하고 있었는지 생각해 보는 데 노력을 기울인 후에는 다르게 생각될 것이다.

미 주

서 론

1) Kracke, 『송대사회: 전통안의 변화』. 斯波義信, 『宋代商業史研究』, 東京, 1968. Elvin, 『중국역사의 발전형태』. Hartwell, 『750~1550년간 중국의 인구, 정치와 사회변천』. K Chao, 『중국역사상의 사람과 토지: 경제측면의 분석』. Hymes, 『송원시기 무주(撫州)의 혼인, 종족과 지방주의 책략』.

2) Gernet, 『몽원(蒙元)침입전야의 중국의 일상생활』. Kracke, 『송대의 개봉(開封): 실용의 대도시와 의례상의 수도』. Finegan, 『송대의 도시화, 중국도시 전현대 시기의 사회와 경제서론』. Clark, 『공동체, 무역과 네트워크, 3~13세계의 민남(閩南)』.

3) Twichett, 『중세기 중국의 인쇄와 출판』. Edgren, 『남송항주(杭州)의 인쇄업』.

4) Johnson, 『한 대성(大姓)의 말로: 당말송초의 조군(趙郡)이씨(李氏)』. Ebrey, 『조기중화제국의 귀족가정: 박릉최씨(博陵崔氏) 사례연구』. Chaffee, 『송대 중국을 배우는 험난한 문』. Hymes, 『송원시기의 무주의 혼인, 종족과 지방주의 책략』. Bossler, 『유력한 관계와 권력의 관계; 송대 중국의 가정과 사회』.

5) De Bary, 『이학(理學)을 다시 평가하다』. Kassoff, 『장재(張載)의 사상』.

De Barry and Chaffee, 『이학과 교육: 형성의 시기』. Ebrey, 『송대 가
(家)의 개념』, 『중화제국의 유학과 가정예절: 저작중의 사회사에 대한
다른 논의』. Bol, 『사문(斯文)』

6) Twitchett, 『가정관리의 문건 1: 범씨의장(范氏義莊)의 관리규칙』.
Ebrey, 『종족조직 발전의 조기단계』. Hansen, 『변천의 신』.

7) Klapisch-Zuber, 『이탈리아 문예부흥시기의 부녀, 가정과 예의』. Gold, 『여
성과 처녀: 프랑스 12세기의 이미지, 자태와 경험』. Rose, 『중세기와 문예부
흥시기의 부녀: 문학과 역사의 투시』. Ferguson, Quiligan and Vickers 등, 『문
예부흥을 다시 쓴다: 당대유럽 초기의 성별차이 이야기』. Erler and
Kowaleski, 『중세기의 부녀와 권력』.

8) Guisso, 『무측천과 당대 정치의 합법성』. P.C.Chung, 『북송의 궁정부녀』.
Holmgren, 『전통 탁발귀족안의 여성과 정치권리:「위서」후비전에 대한 초
보적 연구』;『북위정치중의 후궁』:『한부터 명까지 한인과 비한족국가간
의 황실혼인』. Chaffee, 『송대종실여성의 혼인』. Rawski, 『청대 황실혼인
과 통치문제』.

9) E.g.Swann, 『班昭(반소): 중국최초의 여학자』. O'Hara, 『「열녀전」에 나
타난 중국고대여성의 지위』. Ames, 『도가와 雌雄(자웅)동체이상』. Guisso,
『호수 위의 벼락: 五經(오경)과 중국고대부녀 인식』. Sangren, 『중국종교
상징중의 여성의 사회성별. 觀音(관음), 馬祖(마조)와 無生老母(무생노
모)』. Paul, 『불교중의 여인: 밀종전설속의 여성의 이미지』Martin-Liao, 『여
교서』. Black, 『중국음양오행사상중의 사회성별과 우주론』. Barnes, 『불교』.
Kellcher, 『유학』. Reed, 『도가』. Ahern, 『姻親(인친)과 가족예의』. Birge,
『朱熹(주희)와 여성교육』. Murray, 『여성을 훈계하는 책:「여효경」』.
Carlitz, 『晩明版(만명판)「열여전」속의 여자정결의 사회적 기능』. Rowe,
『청중기 사회사상속의 여성과 가정: 陳宏謀(진굉모)사례』.

10) Levering, 『용녀와 茅山(모산)비누니: 불교선종의 사회성별과 지위』.
S.Cahill, 『기생과 여도사: 당대여성보호신으로서의 西王母(서왕모)』.
Waltner, 『명조와 청초의 과부와 재혼』. Weidner, 『중국회화사속의 여

성: 1330-1912』.

11) Levy, 『漢宮(한궁)의 총애 독점』. Van Gulik, 『중국고대의 성생활』. Schafer, 『당대기생에 관한 고찰』.

12) Ropp, 『씨앗의 변화: 청나라 초기와 중기의 부녀생활을 투영해 본다』. Weidner, 『陰影(음영)중의 개방: 중일 회화사속의 여성』. Weidner, 『玉臺(옥대)에서 온 풍경: 1330~1912년의 중국여성예술가』. Widmer, 『17세기 중국여성 천재의 書信(서신)세계』. Robertson, 『여성의 소리: 중국중세기와 제국후기 서정시속의 여성소재』. Ko, 『재화와 미덕을 추구한다: 17, 18세기중국의 교육과 숙녀문화』. Mann, 『치장하고 시집가다: 청중기의 신부와 아내』. Zurndorfer, 『王照圓(왕조원)의 영원한 세계: 중국 18세기의 여성교육과 정통사상에 대한 초보적 연구』.

13) Hsieh and Spence, 『중국 전현대 사회의 자살과 가정』. Waltner, 『명나라와 청초의 과부와 재혼』. Holmgren, 『「魏書(위서)열여전」의 북조 과부의 수절』;『정절의 경제기초: 고대와 당대중국의 과부재가』,『蒙元(몽원)사회초기 혼인과 재산계승에 대한 관찰, 특히 수계혼에 대한 고찰』.Elvin, 『여성의 정결과 중국사회』. Mann, 『청대가족, 계급과 공동체 구조속의 여성』. 田居剛, 『男人的焦慮和女人的貞節: 明淸時期倫理價値觀的比較硏究』. 鮑家麟, 『晚淸節婦和資助她們的制度』.

14) Croll, 『중국의 여권주의와 사회주의』. Stacey, 『중국의 부권제와 사회주의 혁명』. K.Johnson, 『중국의 부녀, 가정과 농민혁명』. M.Wolf, 『대만 향촌의 부녀와 가정』. Honing and Hershatter, 『자아의 목소리: 80년대의 중국부녀』.

15) Levy, 『당대의 기녀, 부인과 첩』. 趙守儼, 「唐代婚姻禮俗考略」, 『文史』 1963.3 185-195. 張修蓉, 『唐代文學所表現之婚俗硏究』, 碩士論文, 國立政治大學, 1976. Wong, 『유가의 이상과 실천: 당대혼인제도의 변화』. 留增貴, 『唐代婚姻約論』, 王壽南이 편집한『中國史學論文選集』第4卷, 臺北, 1981. 牛志平, 「從離婚與再嫁看唐代婦女的貞節觀」, 『山西大學學報』1985.4, 108-113. 「唐代妒婦論述」, 『人文雜志』

1987.3, 92－97. 趙超, 「由墓志看唐代的婚姻狀況」. 『中華文史論叢』 1987・1, 193－208. 高世瑜, 『唐代婦女史』, 西安, 三秦出版社, 1988. Jay, 『唐代西安中國女人的軼事: 武則天, 楊貴妃, 魚玄機和李娃的個人主義』.

16) Lee, 『중국의 여성자살』. Gronewold, 『아름다운 상품: 중국에서 매음, 1860－1936』 주13) 田居剛, 『男人的焦慮和女人的貞節: 明淸時期倫理價値觀的比較硏究』.

17) 劉潤和, 「宋代婚姻的幾面觀」, 『中文學會年刊』 66~67: 95~120. 丹喬二, 「宋代小農民家族と女性: 時代と女性」, 『日本大學文學硏究所紀要』1978.20, 101~117. 李敖, 「宋代的離婚－夫妻同體主義下的宋代婚姻的無效撤消及其效力與手續」, 『李敖全集』第1卷, 臺北, 1980. 彭利芸, 『宋代婚俗硏究』, 臺北新文豐出版社, 1988. 張邦煒, 『婚姻與社會』(宋代), 成都, 四川人民出版社, 1989. Linck, 『비옥한 토지 위의 고독한 그림자: 송대상층계급여성관의 변화』. 柳立言, 「淺談宋代婦女的守節與再嫁」, 『新史學』1991.2.4, 37~76. Birge, 『송대의 부녀와 재산(960~1279); 福建建州的力學和社會變化』

18) 陳東原, 『中國婦女生活史』, 1939, 臺北, 商業出版社, 1928년본에 근저하여 1980년에 다시 출판.

19) 林語堂, 『吾國吾民』, 165, 1939. Yao, 『중국부녀: 과거와 현재』91. 李(Li Dun): 『中國人萬歲』, 364.

20) 仁井田升, 『支那身份法史』, 381~392, 東京, 1942. 滋賀秀三, 『中國家族法の原理』, 401~409, 東京, 1967. Ebrey, 『남송 상층계급 가족체계중의 부녀』, 『6~13세기 혼인중의 재산이동』. 袁俐, 「宋代女性財産權述論」, 『宋史硏究集刊』, 第2卷, 杭州大學歷史系宋史硏究室編, 杭州, 1988. 柳田節子, 『南宋時期家産分割中の女承分』은 衣川强이 편집한 『劉子健博士頌壽幾年宋史硏究論集』(東京, 1989)에 실려 있다.

21) Ebrey, 『중국역사상적의 부녀, 혼인과 가정』

22) Tilly, 『부녀사와 가정사: 성과가 풍부한 합작인가, 아니만 잘못된 집합인가？』.

23) 당대 중국부녀를 연구한 가장 훌륭한 성과는 Wolf의 『대만향촌의 부

녀와 가정』, Cohen, 『合家(합가), 分家(분가): 대만의 중국가정』, Wolf and Huang, 『중국의 혼인과 수양』1845－1945, Watson, 『중국남방의 계급차별과 혼인관계』, Ocko, 『등급제와 화해: 청대 사례로 본 가정규분』를 참조.

24) Ebrey, 『송대의 가정과 재산: 원채의 사회생활에 대한 인식』, 『중국고대의 유학과 가정예의: 禮儀(예의) 저작중의 사회사』49~50, 59~61. 『여성, 돈과 계급: 사마광과 이학가의 여성관』을 참고하라.

25) Ebrey, 『송대'家(가)'의 개념』, 『중국고대의 유학과 가정예의: 禮儀(예의) 저작중의 사회사』52-53, 58-59, 80-85, 102-144를 보라.

26) 洪邁, 『夷堅志』丙14, 484,北京, 中華書局, 1981.

27) 이 과정은 張福瑞, 『「夷堅志」與宋代社會』. Christian, 『「이견지」중의 여성: 소설을 사료기초로 하는 사회사연구』를 참고하기 바람.

28) 이미 영문으로 번역된 것으로는 Djang and Djang, 『송인일사휘편』를 참조하라.

29) 周密, 『癸辛雜識』2, 209-210, 北京, 中華書局, 1988.

30) 脫脫, 『宋史』252, 8849, 北京, 中華書局, 1977.

31) 반 이상의 사례는 모두 일문으로 번역되어졌다(梅原郁, 『宋代官僚制度研究』, 京都, 1985). 『名公書判清明集』에 대한 연구는 1986년 中華書局에서 출판한 陳智超의 논술을 참조하기 바람. 645－686쪽 Birge, 『송대의 여성과 재산(960-1279): 福建建州(복건건주)의 이학과 사회변화』, 98-104.

32) Bossler, 『유력한 관계와 권력의 관계: 송대중국의 가정과 사회』22－43을 참고하라.

33) Walton, 『송대의 가족, 혼인과 지위: 寧波樓氏(영파누씨)의 사례연구』. Hymes, 『정치가와 신사, 북송과 남송시기 江西撫州(강서무주)의 사회엘리트』, Bossler, 『유력한 관계와 권력의 관계: 송대중국의 가정과 사회』.

34) Ebrey, 『송대엘리트간의 혼인』를 보라.

35) 韓元吉, 『南澗甲乙稿』22, 458-460, 叢書集成.

36) Judd, 『"남자가 더 똑똑하다": 중국농촌부녀의 사회성별과 참여의식』.

제1장 남녀의 차이

1) 다른 측면에서 본 이 방면의 이야기로는 Rorex and Fong, 『胡笳十八拍 (호가십팔박): 文姬(문희)의 고사』가 있다.

2) 司馬光, 『司馬氏書儀』4, 43, 叢書集成.

3) 司馬光, 『家範』1: 468.6: 519, 中國哲學名著集成.

4) 위의 주3) 1: 464.

5) 袁采, 『袁氏世範』3: 49, 叢書集成. 또한 이브리, 『袁氏世範』영어 번역본(이하 생략)을 참고.

6) 陳夢雷編, 『古今圖書集成・則』395, 9.

7) 朱熹, 『朱子成書・家禮』28.

8) 朱熹, 張伯行, 『小學集解』2, 35, 叢書集成.

9) 위의 주8) 5: 118.

10) 朱熹, 『四書五經・詩經集傳』7: 150, 北京, 中國書店, 1985.

11) 徐松, 『宋會要緝稿』選擧12: 38.

12) 陸佃, 『陶山集』16: 186: 叢書集成. 劉攽, 『彭城集』39: 512, 叢書集成. 胡寅, 『斐然集』20: 8, 四庫全書.

13) 다른 예로는 臺北故宮博物院: 『故宮名畫選萃』1973: 19. J.Cahill, 1953, 馮文: 『宋元繪畫』, 1973~77을 참조.

14) Black, 『중국 음양오행 사상중의 성별과 우주론』. 鮑家麟, 「陰陽學說與婦女地位」, 『漢學硏究』5.2, 501-12. Anagnost, 『근대중국의 젠더 변화』를 참조.

15) 陳自明, 『婦人大全良方』卷4, 1: 1-3, 四庫全書.

16) 주6) 『古今圖書集成・則』395: 11.

17) 주3) 『家範』8: 659.

18) 주8) 『小學集解』2: 33.

19) 程顥, 程頤, 『二程集』周易程氏傳3: 884, 北京, 中華書局, 1981.

20) 주19) 『二程集』周易程氏傳3: 977, 854, 864, 972, 982.

21) 袁采, 『袁氏世範』1: 5, 20, 3: 5, 叢書集成.

22) Birge, 『주희와 여성교육』. Mann, 『치장하고 시집가다: 청중기의 신부와 아내』. Ebrey, 『여성, 돈과 계급: 사마광과 이학가의 여성관』을 참조.

23) Fong, 『宋元繪畫』77. Barnhart, 『하늘가를 따라서: 王冠成(왕관성) 가

정 소장품 중의 송원회화를 참조. 그 밖에 송대 여성이 남성을 시중
드는 그림으로는 臺北故宮博物院, 『故宮名畫選萃』1970: 14,1978: 36.
J.Cahill, 『中國畫』 60. Speiser, Goepper and Fribourg, 『中國藝術』19.

24) Hightower, 『송대작가 柳永(유영): 첫 부분』

25) 黃洪全, 『宋代辭詩』141, 解放軍出版社, 1988.

26) 朱熹, 『朱子成書・家禮』1341.

27) Ebrey, 『朱熹「家禮」』영어 번역본 36-45를 참조.

28) 주13)의 그림을 참조.

29) Yu Chung-fang, 「中國民間文學中觀音的形象」, 『漢學硏究』1990, 8.1:
221−285.

30) 『李淸照集』11, 北京, 中華書局, 1962.

31) Barme, 『새 귀신, 옛꿈, 중국인의 반항의 목소리』119-130.

32) Dworkin, 『여성의 원망』95-116. Brownmiller, 『여성주의』33−34.

33) 南珂通世, 「支那婦人纏足の起源」, 『史學雜誌』,1898, 9, 6: 496-520. 賈
申, 『中華婦女纏足考』, 北京, 1925. 李榮楣, 『中華婦女纏足史譚』는 姚
雷犀가 편집한 『采菲錄續編』(天津, 時代公司 1936)에 실렸음. Levg, 『중
국의 전족: 기이한 에로틱 풍속사』, 朱瑞熙『宋代社會硏究』141-145,
臺北: 宏文, 1986.

34) 周密, 『浩然齋雅談』2: 10, 四庫全書.

35) 徐積, 『節孝集』14: 7, 四庫全書.

36) 張邦基, 『墨莊漫錄』8: 89, 叢書集成.

37) 이를테면 洪邁, 『夷堅志』乙 3: 206, 支景 2: 892, 三壬 5: 1505, 北
京, 中華書局, 1981. 脫脫, 『宋史』65: 1403, 北京,中華書局, 1977.
Ch'en Li-li, 『董西廂儲宮調, 一首中國曲』25가 있음.

38) 朱瑞熙, 『宋代社會硏究』144, 臺北・宏文, 1986.

39) 衢州市文管會, 「浙江衢州市南宋墓出土器物」, 『考古』983.11: 1004−
1011,1018.

40) 福建省博物館, 『撫州南宋黃升墓』8, 19, 83, 84, 北京: 文物出版社,
1982.

41) 江西省文物考古硏究所, 德安縣博物館, 「江西德安南宋周氏墓淸理
簡報」, 『文物』1990, 9, 1713. 특히 주목할 만한 점은 시체가 잘 보존

되어 있다는 것이다. 사진을 통해서 보면 엄지발가락 부분이 위로 구부러져 있는데 이것은 다른 무덤에서 발견된 신발의 모양과 일치된다. 또한 전족한 발이 초승달처럼 위쪽을 향해 구부러져 있다고 한 문학적인 표현과 일치된다. 그래서 송대에 전족한 발을 '활' 같다고 이야기 한 것은 큰 발톱이 위쪽을 향해 구부러져 있다는 것을 의미한다. 이것은 후대에 와서 아래쪽으로 구부러져 있다는 것과는 다르다. 그러나 신발의 폭은 후대와 마찬가지로 작은 발가락이 아래쪽으로 구부러졌음을 알수 있다.

42) 毛晉, 『宋六十名家詞』1: 14, 國學基本叢書. 周密, 『浩然齋雅談』2: 10, 四庫全書. 劉過, 『龍洲詞』7-8, 四庫全書. 姚勉, 『雪坡集』44:14, 四庫全書.

43) 太平老人, 『袖中錦』3, 百部叢書集成. 陳亮, 『陳亮集』20: 273, 北京: 中華書局, 1974.

44) 車若水, 『脚氣集』1: 22, 百部叢書集成.

45) 白珽, 『湛淵靜語』1: 1, 叢書集成.

46) 陶宗儀, 『輟耕錄』10: 158, 叢書集成. Levg, 『중국의 전족: 기이한 에로틱 풍습사』, 38-40.

47) Workman, 『세 명의 중세기 시인의 규중을 소개로 한 宋辭(송사): 溫庭筠(온정균), 韋莊(위장)과 李漁(이어)』. Frankel, 『만개한 매화와 궁녀: 중국시 해석』. Fusek, 『꽃밭에서: 「花間集(화간집)」』. Birrell, 『먼지투성의 거울: 南朝(남조) 애정시 중의 궁녀이미지』를 참조

48) Ortner and Whitehead, 『성의식: 성별과 성의 문화건설』를 참조.

49) Sanday and Goodenough등, 『제2의 성을 넘어서: 성별인류학의 새로운 방향』. 康得, 『자아를 가다듬다: 일본 작업장의 권력, 성별과 아이텐티티의 토론』을 참조.

50) Mandelbaum, 『여성의 은둔과 남성의 영광: 북인도, 방글라데시, 파키스탄의 섹스역할』.

제2장 결혼의 의미

1) 『十三經注疏・爾雅』4: 19, 臺北: 藝文印書館.

2) 『十三經注疏・爾雅』4: 19, 臺北: 藝文印書館. 혼인관련 용어는 彭利芸, 『宋代婚俗研究』1－4, 26-36, 臺北, 1988. 陳鵬, 『中國婚姻史稿』1-5, 北京, 中華書局, 1990을 참조.

3) 許愼・段玉裁, 『說文解字注』12B: 10, 國學基本叢書.

4) 許愼・段玉裁, 『說文解字注』12B: 9, 國學基本叢書. 『十三經注疏・禮記』26, 19, 臺北, 藝文印書館.

5) 中國의 婚姻法은 呂誠之, 『中國婚姻制度小史』上海, 龍虎書店, 1935. 陶希聖, 『婚姻與家族』, 臺北: 人人文庫, [1935] 1966. 陳顧遠, 『中國婚姻史』, 臺北: 商業出版社, [1936] 1978. 仁井田升, 『支那身份法史』537-554,東京, 1942. 滋賀秀三, 『中國家族法原理』415－437, 東京, 1967. Ch'u Tong-tzu, 『古代中國的法律和社會』91-127. McCreery, 『중국과 남아시아여성의 재산권과 지참금』. 杜敬珂, 『漢代的結婚和離婚, 前儒家社會一瞥』.Tai Yen-hui, 『中國古代法律中的離婚』. 李敖, 『宋代的離婚－－夫妻同體主義下的宋代婚姻的無效撤消解消及其效力與手續』, 『李敖全集』第1卷, 臺北, 1980.Meijer, 『牌樓(패루)의 대금』. Ng Vivien, 『의식형태와 성욕: 청대강폭법』. 袁俐, 「宋代女性財産權述論」, 『宋史研究集刊』第2卷, 杭州大學歷史系宋史研究室編, 1988. Linck, 『비옥한 토지위의 고독한 그림자: 송대 상층계급 여성관의 변화』. 陳鵬, 『中國婚姻史稿』, 北京, 中華書局, 1990. Ocko, 『등급제와 화해: 청대사례에서 본 가정분규』, 『중화인민공화국의 여성, 재산과 법률』. Birge, 『송대의 여성과 재산(960-1279): 복건건주의 이학과 사회변화』.

6) 竇儀, 『宋刑統』13: 14,臺北, 文海, [1918] 1964.

7) 『宋刑統』13: 15.

8) 『宋刑統』13: 16.

9) 『宋刑統』13: 13.

10) 『名公書判淸明集』9: 349, 北京, 中華書局, 1987.

11) 『宋刑統』14: 1, 26: 19.

12) 『宋刑統』14: 2, 3. 주1)『十三經注疏・禮記』51, 25.

13) 『宋刑統』14: 1.

14) 『名公書判淸明集』4: 107.

15) 『宋刑統』14: 11, 14: 6.

16) 『宋刑統』14: 6-8.

17) 『宋刑統』22: 11, 23, 8.

18) 『宋刑統』26: 18, 21.

19) 許道臨(Hsu,Dau-Lin), 『儒家"五倫"的神話』. 劉廣京(Liu, Kwan-ching), 『正統的社會倫理, 一種角度』. 張伯行, 朱熹, 『小學集解』2: 33, 35, 4: 81-82, 5: 115-120, 6, 161-164.

20) 張伯行, 朱熹, 『小學集解』2: 33, 35, 4: 81－82, 5: 115－120, 6: 161－164, 叢書集成. Kelleher, 『근본으로 돌아가다: 주희의 「소학」』.

21) 司馬光, 『家範』8: 675, 中國哲學名著集成, 『隋書』80: 1806.

22) Ebrey, 『중국고대의 유학과 가정예의: 예의저작중의 사회사』. Linck, 『비옥한 토지위의 고독한 그림자: 송대 상류층계급 여성관의 변화』를 참조.

23) 朱熹, 『朱子成書・家禮』, 이브리의 영역본 28－31.

24) 張載, 『張載集』300, 北京: 中華書局, 1978.

25) 주23) 『朱子成書・家禮』4-5, 50-54.

26) 아래에 열거한 참고서에서 확인할 수 있다. 즉, 陳元靚, 『(新編纂圖增類群書類要)事林廣記』, 출판하지 않은 슬라이드 필름. 劉應李, 『新編事文類聚翰墨全書』1307년에 편찬되었다. 『新編事文類要啓箚靑錢』(元)東京, 古典硏究會에서 1324년본을 바탕으로 1963년에 다시 출판하였다. 熊晦仲(宋), 『新編通用啓箚江綱』宋版, 靜嘉堂. 王罌(元), 『群書類編故事』臺北, 商業出版社에서 다시 출판.

27) 『新編婚禮備用月老新書』는 宋本에 근저하여 영인하였다.

28) 『十三經注疏・詩經』1B:15. 臺北: 藝文印書館에서 1821년본에 근저하여 1981년에 다시 출판하였음. 『十三經注疏・孟子』3B: 3, 臺北: 藝文印書館에서 1821년본에 근저하여 1981년에 다시 출판하였음.

29) 『十三經注疏・左傳』6:21, 9:23, 臺北: 藝文印書館에서 1821년본에 의해 1981년에 다시 출판하였음. 『十三經注疏・詩經』16:3, 臺北: 藝

文印書館에서 1821년본에 근저하여 1981년에 다시 출판.

30) 『十三經注疏‧詩經』1:2-3, 臺北: 藝文印書館에서 1821년본을 1981 년에 重印.

31) Fankel, 『만개한 매화와 궁녀: 중국시의 해석』. Neill, 『학자의 내성: 예 일에서의 중국예술』. Bickford, 『옥골(玉骨), 빙혼(冰魂): 중국예술에 만 개한 매화』를 참조.

32) 劉應李, 『新編事文類聚翰墨全書』11: 11, 1307년에 편찬하였다.

33) 李延壽, 『南史』56: 1397, 北京: 中華書局, 1975.

34) 『十三經注疏‧周禮』14: 16, 臺北: 藝文印書館에서 1821년 본에 근 저하여 1981년에 다시 출판하였다.

35) 『十三經注疏‧禮記』61: 4, 臺北: 藝文印書館에서 1821년 본에 근저 하여 1981년에 다시 출판하였다.

36) 『十三經注疏‧儀禮』4: 1, 臺北: 藝文印書館에서 1821년본에 근저하 여 1981년에 다시 출판하였다.

37) 『十三經注疏‧左傳』9: 23-24, 臺北: 藝文印書館에서 1821년본에 근 저하여 1981년에 다시 출판하였다.

38) 李昉, 『太平廣記』292: 2325, 北京, 中華書局, 1961. 다른 예는 幹寶, 『搜神記』11: 137, 北京: 中華書局, 1979에 보인다.

39) 『錦繡萬花穀』前18: 6,臺北: 新興書局, 1969. 謝維新(宋), 『(古今合璧) 事類備要』前61: 2, 臺北: 新興重印,1969. 劉應李, 『新編事文類聚翰 墨全書』乙 4: 9, 1307년에 편찬하였다. 胡繼宗(宋), 『書言故事』1: 28, 1589년에 편찬하였다.

40) 洪適, 『盤州文集』64: 16,四庫全書.

41) 『十三經注疏‧詩經』18.4: 8, 臺北, 藝文印書館에서 1821년본에 근저 하여 1981년에 다시 출판하였다. 胡繼宗(宋), 『書言故事』1: 33, 1589 년에 출판하였다.

42) 『十三經注疏‧儀禮』6: 12, 臺北: 藝文印書館에서 1821년본에 근저 하여 1981년에 다시 출판하였다.

43) 簫統, 『文選』56: 1225, 香港: 商業出版社, 1965.

44) 司馬遷, 『史記』5: 185－196.39: 1660－1662, 北京, 中華書局, 1969. 『十

三經注疏・詩經』6.4: 10臺北, 藝文印書館에서 1821년본에 근저하여 1981
년에 다시 출판한 것에 보인다. 胡繼宗(宋),『書言故事』2: 2,1589年에
편찬하였다.

45) 李昉,『太平廣記』159: 1142, 北京: 中華書局 1961. 약간 다른 번역
이 高(Kao):『超自然的和迷人的中國古代流言: 選自3－10世紀』
271-274에 보인다.

46)『錦綉萬花穀』前18: 5-6, 臺北: 新興書局, 1969.『新編婚禮備用月老
新書』前7: 1, 中央圖書館에서 송본에 근거하여 영인하였다. 王罋
(元),『群書類編故事』8: 2, 臺北: 商業出版社에서 다시 출판하였다.
謝維新(宋),『(古今合璧)事類備要』61: 2, 臺北新興에서 1969년에 다
시 출판하였다. 劉應李,『新編事文類聚翰墨全書』乙4: 2,1307년에 편찬
하였다.『新編事文類要啓箚靑錢』別2: 3(元), 東京: 古典硏究會에서
1963년에 다시 출판하였다. 胡繼宗(宋),『書言故事』31, 1589년에 출
판하였다.

47) 趙與時,『賓退錄』9: 114, 上海: 上海古籍出版社, 宋元筆記叢書, 1983.

48) 房玄齡,『晉書』31: 962, 北京: 中華書局, 1974.

49) 蕭統,『文選』29: 638, 香港: 商業出版社, 1965. 余冠英:『曹操曹丕
曹植詩選』36,香港: 大光出版社, 1972. 杜甫,『杜少陵集詳注』4・7,
仇兆鰲編, 香港, 太平, 1966.

50) 洪邁,『夷堅志』補18: 1720, 北京: 中華書局, 1981.

51) 洪邁,『夷堅志』丙13: 477, 北京: 中華書局, 1981. 또한 陳鵬,『中國
婚姻史稿』16-20, 北京: 中華書局, 1990에도 보인다.

52) Ebrey,『중국고대의 유학과 가정예의: 예의저작 중의 사회사』45-144.
Chu,Ron-Guey,『주희와 공공교육』.

제3장 결혼의 성립

1) 程顥, 程頤,『二程集』文集12: 653, 北京: 中華書局, 1981.

2) 蘇頌,『蘇魏公文集』62: 953, 北京: 中華書局, 1988.

3) 주2)『蘇魏公文集』62: 951.

4) 주1)『二程集』文集11: 640-641.

5) 袁采, 『袁氏世範』1: 19, 叢書集成.

6) 曾鞏, 『曾鞏集』46: 636, 北京: 中華書局, 1984.

7) Chaffee, 『송대종실여성의 혼인』.

8) 주1) 『二程集』遺書1: 7.

9) 漢愈가 王適의 婚姻에 대해 議論한 근거는 董浩, 『全唐文』564: 11, 臺灣, 臺南에 보인다. 1814년 본에 근거하여 다시 1965년에 출판한 것이다.

10) 龔明之, 『中吳紀聞』5: 118, 上海, 上海古籍出版社, 1986.

11) 司馬光, 『司馬氏書儀』3: 29, 叢書集成, 주5) 『袁氏世範』1: 18.

12) 畢仲遊, 『西台集』14: 223, 叢書集成. 元明善: 『淸河集』5: 42. 廖荃孫이 편찬한 『藕香零拾』에도 보인다. 陶宗儀, 『說郛・撣靑雜說』22-23, 上海: 商業出版社, 1927.

13) 韓元吉, 『南澗甲乙集』22: 458, 叢書集成.

14) 劉邠, 『彭城集』39: 512, 叢書集成.

15) 吳處厚, 『靑箱雜記』23-24.

16) 주13) 『南澗甲乙稿』22: 457.

17) 周必大, 『文忠集』31: 3, 四庫全書.

18) 劉克莊, 『後村先生大全集』140: 10, 四部叢刊. Ebrey, 『劉克莊(유극장)집안의 여성들』.

19) 伊原弘, 「宋代明州における 官戶家의 婚姻關係」 『中央大學大學院研究年報』1971, 1: 157-168. Hartwell, 『750-1550년간 중국의 인구, 정치와 사회변천』. Hymes, 『정치가와 신사: 북송과 남송시기 강서무주의 사회엘리트』, Bossler, 『유력한 관계와 권력의 관계: 송대 중국의 가정과 사회』.

20) 남편이 1100년 이전에 출생한 혼인은 북송혼인으로 다루었다.

21) 劉摯, 『忠肅集』14: 205, 叢書集成.

22) 汪藻, 『浮溪集』28: 365, 叢書集成. 葛勝仲, 『丹陽集』14: 21, 四庫全書.

23) 楊萬里, 『誠齋集』129: 17, 四部叢刊.

24) 張邦煒, 『婚姻與社會(宋代)』46-50, 成都, 四川人民出版社, 1989년을 참조.

25) 陳鵬, 『中國婚姻史稿』69-124, 北京, 中華書局, 1990을 참조.

26) 蘇舜欽, 『蘇舜欽集』14: 173−176, 15: 190-191, 上海: 上海古籍出版

社,1981. 劉邠, 『彭城集』39: 512-513, 叢書集成. 歐陽修, 『歐陽修全集』
22: 159, 臺北: 世界書局, 1961. 張方平, 『樂全集』36: 9, 四庫全書.靑
山定雄, 「宋代における 華北官僚の 婚姻關係」. 『中央大學八十年歸寧論
文集』362-388, 1965. Bossler, 『유력한 관계와 권력의 관계: 송대중국
의 가정과 사회』183.

27) 李綱, 『梁溪先生文集』168: 2-5, 169: 2-6, 170: 4-6, 臺北: 漢華重印,
1970. 汪藻 『浮溪集』24: 282, 叢書集成. 楊時: 『龜山集』32: 1-11,
四庫全書.

28) 周必大, 『文忠集』36: 7, 주필대의 큰아버지가 자기의 딸을 배우자로
제안할 수 없다. 왜냐하면 누나의 딸에게는 복상시 4등급으로 해야
했기 때문이다.

29) 葛勝仲, 『丹陽集』14: 21, 四庫全書. 羅燁, 『醉翁談錄』2: 6-7, 上海:
古典文學出版社, 1957.

30) 範俊, 『范香溪先生文集』22: 4, 四部叢刊. 楊萬里: 『誠齋集』130: 20,
四部叢刊. 晁說之: 『崇山文集』 20: 9, 四部叢刊.

31) 韓琦, 『安陽集』48: 8, 四庫全書. 劉摯, 『忠肅集』14: 199, 205, 叢書
集成. 樓鑰, 『攻媿集』109: 1541-1544, 叢書集成. 呂祖謙, 『東萊集』10:
10, 四庫全書, 姚勉, 『雪坡舍人集』50: 7-11 (胡思敬編, 『豫章叢書』, 南
昌, 1915-1918) 아내의 동생을 부인으로 맞이한 예는 范純仁, 『范忠宣集』
17: 26, 四庫全書. 汪藻, 『浮溪集』25: 292, 301, 叢書集成. 王安石, 『王
臨川集』91: 579, 臺北, 世界書局, 1966. 孫覿, 『鴻慶居士文集』40: 11.
盛宣懷編, 『常州先哲遺書』, 臺北: 1971重印) 또한 Bossler, 『유력한 관
계와 권력의 관계: 송대중국의 가정과 사회』184에도 보인다.

32) 熊晦仲(宋), 『新編通用啓箚江綱』丙3: 4-5, 宋版, 靜嘉堂.

33) 白居易, 『白香山集』3: 11, 國學基本叢書.

34) 袁采, 『袁氏世範』1: 19, 叢書集成.

35) 曾棗莊, 「三蘇姻親考」, 『中華文史論叢』1986, 2: 237.

36) 『新編婚禮備用月老新書』前7, 8. 中央圖書館에서 송본에 근거하여
영인. 張邦煒, 『婚姻與社會(宋代)』145-164, 成都: 四川人民出版社,

1989를 참조.

37) 洪邁, 『夷堅志』支戊2: 1064, 北京: 中華書局, 1981. 주36) 『新編婚禮備用月老新書』前7: 12. 葉夢得, 『石林燕語』9: 139, 北京: 中華書局, 唐宋史料筆記叢刊, 1984. 脫脫, 『宋史』298: 9917, 北京; 中華書局, 1977. 孫升, 『孫公談圃』3: 8, 百部叢書集成.

38) 胡寅, 『斐然集』20: 7, 26, 14, 四庫全書.

39) 朱彧, 『萍州可談』1: 16, 叢書集成. 洪邁, 『夷堅志』三壬4: 1497, 支甲7: 767, 北京: 中華書局, 1981.

40) Chaffee, 『송대 중국을 배우는 험난한 문』101-105. 梅原郁, 『宋代官僚制度研究』, 京都, 1985. 張邦煒, 「宋代避親避籍制度述評」, 『四川師大學報』1986,1: 16-23. Ebrey, 『송대 엘리트 지배의 다이나믹』, 『6-13세기 혼인중의 재산이동』.

41) 樓鑰, 『攻媿集』104: 1468, 叢書集成.

42) 『十三經注疏·禮記』51: 24, 臺北: 藝文印書館에서 1821년 판본에 근저하여 1981년에 다시 인쇄하였음.

43) 孟元老, 『東京夢華錄』(『東京夢華錄外四種』上海: 中華書局, 1962.)

44) 袁采: 『袁氏世範』1: 19, 叢書集成.

45) 『京本通俗小說』13: 43－46, 上海: 中國古典文學出版杜, 1954, 1981년재판, 17-19.

46) Hajnal, 『유럽결혼 패턴의 조망』. Wolf and Hanley, 『동아시아의 가정과 인구서 "서론"』. 方建新, 「宋代婚姻禮俗考述」, 『文史』1985,24: 157－178.

47) Wolf and Huang, 『중국의 혼인과 수양, 1845－1945』. Coale, 『다산의 중국농촌: Barclag 평가에 대한 재평가』.

48) 徐泓, 「明代的婚姻制度」, 『大陸雜誌』, 78, 1: 26－37, 78, 2: 68－82. 劉翠溶, 『浙江蕭山兩個中國家族的人口統計, 1650-1850). Sa, 『1945년이전대북시 대만인간의 결혼』. Gamble, 『정현(定縣): 중국북방의 농촌공동체』. Telford, 『남자 초혼연령의 공변성: 중국世系(세계)의 역사적 인구통계』.

49) 주42) 『十三經注疏·禮記』, 28: 20. 仁井田升, 『唐宋法律文書研の

究』, 548－551, 東京, 1937년본에 의거하여 1967년에 영인.

50) 司馬光, 『司馬氏書儀』3: 29, 叢書集成. 주42) 『禮記』, 17. 朱熹, 『朱文公文集』33: 27, 四部叢刊.

51) 龔明之, 『中吳紀聞』5: 118, 上海: 上海古籍出版社. 孫覿, 『鴻慶居士文集』40: 9, 盛宣懷編, 『常州先哲遺書』, 臺北: 1971重印. 劉克莊, 『後村先生大全集』140: 10, 四部叢刊. 劉宰, 『漫塘集』26: 15, 四庫全書.

52) 白居易, 『白香山集』2: 23, 19, 國學基本叢書.

53) 洪邁, 『夷堅志』補3: 1568, 北京: 中華書局, 1981. 주44) 『袁氏世範』3: 55.

54) 劉應李, 『新編事文類聚翰墨全書』4: 8, 1307년에 편찬되었다. 張邦煒, 『婚姻與社會(宋代)』170-176, 成都: 四川人民出版社, 1989. 『夷堅志』支戊 1: 1052.

55) 唐順之, 『荊川稗編』21: 13-16, 四庫全書. 邵伯溫, 『邵氏聞見錄』 18: 200, 北京: 中華書局, 唐宋史料筆記叢刊, 1983.

56) 李燾, 『續資治通鑑長編』138: 3325, 北京: 中華書局, 1985. 주36) 『新編婚禮備用月老新書』前8: 1.

57) 邵伯溫, 『邵氏聞見錄』18: 193, 북경: 中華書局, 唐宋史料筆記叢刊, 1983.

58) Chaffee, 『송대 중국을 배우는 가시같은 문』11－12. 張邦煒, 『婚姻與社會(宋代)』171－172, 成都: 四川人民出版社, 1989를 참조.

59) 周必大, 『文忠集』30: 10-21, 四庫全書. 王庭珪, 『廬溪文集』42: 8－10, 四庫全書. 胡寅, 『斐然集』26: 1－7, 四庫全書. 許景衡, 『橫塘集』20: 8－10, 四庫全書. 朱熹, 『朱文公文集』90: 15, 93: 13－20, 四部叢刊. 呂南公, 『灌園集』18: 8-10, 四庫全書.

60) 陳亮, 『陳亮集』23: 362, 30: 434, 北京, 中華書局, 1974.

61) de Pee, 『이견지(夷堅志)중의 여성: 소설을 사료의 기초로 한 사회사연구』37－38을 참조.

62) Dudbfidge, 『妙善(묘선)전설』.

63) 葉適, 『葉適集』16: 313, 北京: 中華書局, 1961.

64) 『夷堅志』丁4: 564.

65) 廉宣, 『淸尊錄』1615－1617. 筆記小說大觀.

66) 陳麗麗, 『董西廂鍺宮調: 一首中國曲』.

67) 彭乘, 『墨客揮犀』4: 2, 百部叢書集成.

68) 『夷堅志』補16: 1698.

69) 『名公書判淸明集』7: 230-232, 北京: 中華書局, 1987.

70) 『名公書判淸明集』12: 441.

제4장 의식과 축하연

1) 孟元老, 『東京夢華錄外四種・東京夢華錄』5: 30-32,上海: 中華書局, 1962. 吳自牧, 『東京夢華錄外四種・夢梁錄』20: 304－307, 上海: 中華書局, 1962. 다른 주석서를 제외하고 이 장에서 활용한 사료는 대체로 이 두 책이다. 송대 혼례에 관해서는 馬之驌, 『中國的婚俗』臺北, 1981. 方建新, 「宋代婚姻禮俗考述」, 『文史』1985, 24: 157. 朱瑞熙, 「宋代的婚姻禮儀」, 『文史知識』1988, 12: 16. 吳寶琪, 「試析宋代育婚喪俗的成因」, 『北京師範大學學報』1985, 5: 92를 참조.

2) 『新編事文類要啓割靑錢』(元)別2: 5, 東京: 古典硏究會에서 1324년본에 근거하여 1963년에 다시 인쇄. 陳元靚, 『(新編纂圖增頹群書類要)事林廣記』前記10: 5, 출판하지 않은 슬라이드 필름.

3) 吳自牧, 『東京夢華錄外四種・夢梁錄』20: 304, 上海: 中華書局, 1962.

4) 朱熹, 『朱予成書・家禮』18, 1341년에 출판되었다.

5) 주3) 『東京夢華錄外四種・夢梁錄』20: 305.

6) 朱熹, 『朱文公文集』18: 24, 四部叢刊.

7) 『十三經注疏・周易』7: 18, 臺北: 藝文印書館에서 1821년본에 의거하여 1981년에 다시 출판하였다.

8) 『十三經注疏・禮記』2: 13, 臺北: 藝文印書館에서 1821년본에 의거하여 1981년에 다시 출판하였다.

9) 袁采, 『袁氏世範』1: 20, 叢書集成.

10) 『新編婚禮備用月老新書』後1: 16, 中央圖書館에서 송본에 근저하여 영인.

11) 司馬光, 『司馬氏書儀』3: 33, 叢書集成.

12) Mauss, 『예물: 고풍의 사회교환의 형식과 기능』. 楊聯陞, 『作爲中國社
會關係基礎的"袍"的槪念』.

13) 竇儀, 『宋刑統』13: 13, 대북: 文海, 1918년본에 근거하여 1964년에
다시 출판하였다.

14) 司馬光, 『司馬氏書儀』3: 29, 叢書集成.

15) 洪瑩, 『宋名臣言行錄』外9: 13, 1842년에 편찬되었다.

16) Chang, 『중국문학: 유행소설과 희극』32-47.

17) 주10) 『新編婚禮備用月老新書』後12. 劉克莊, 『後村先生大全集』
140: 10, 四部叢刊.

18) 鄭居中, 『政和五禮新儀』179: 3, 四庫全書.

19) 주4) 『朱子成書・家禮』19.주14) 『司馬氏書儀』3: 34.

20) 주4) 『朱子成書・家禮』20.

21) 주8) 『十三經注疏・禮記』18, 16, 26, 20.

22) 周輝, 『淸波雜誌』1: 5叢書集成.

23) 주6) 『朱文公文集』18: 24b－25a.

24) 돈황문헌 기록의 당대 혼례 노래에 대해서는 Waley, 『돈황의 민가와
고사: 文選(문선)』를 보라.

25) 주7) 『淸波雜誌』8: 72.

26) 李燾, 『續資治通鑑長編』10: 230, 北京: 中華書局,1985.

27) 陳元靚, 『(編纂圖增類群書類要)事林廣記』前記10: 6,간행되지 않은
슬라이드필름.

28) 蘇鶚, 『蘇氏演義』1: 8, 叢書集成. 段成式, 『酉陽雜俎』續4: 421, 臺
北, 1983.

29) 高承, 『事物紀原』9: 355, 叢書集成.

30) Ebrey, 1989년, 284.

31) 주27) 『(新編纂圖增類群書類要)事林廣記』前記10, 6.

32) 熊晦仲(宋), 『新編通用啓剳江綱』丙1: 5, 宋版, 靜嘉堂.

33) 韓元吉, 『南潤甲乙稿』18: 361, 叢書集成.

34) 주14) 『司馬氏書儀』3: 36.주4) 『朱子成書・家禮』22. 朱熹, 『朱子語
類』89: 2273, 北京: 中華書局, 1986.

35) 주27) 『(新編纂圖增類群書類要)事林廣記』前記10: 8.

36) 주14) 『司馬氏書儀』3, 36. 程顥, 程頤, 『二程集』文集10: 622,北京,

中華書局, 1981.

37) 方建新,「宋代婚姻禮俗考述」,『文史』1985, 167를 참조.

38) 洪邁,『容齋隨筆』三筆 3: 447, 上海: 上海古籍出版社, 1978. 胡繼宗,『書言故事』2: 17, 1589年 편찬.

39) 洪邁,『容齋隨筆』三筆 3: 447, 上海: 上海古籍出版社, 1978. 胡繼宗,『書言故事』2: 17, 1589年 편찬.

40) 주27)『(新編纂圖增類群書類要)事林廣記』前記10: 8.

41) 王得臣,『麈史』3: 3. 筆記小說大觀.

42) 예를 들면 程顥, 程頤,『二程集』遺書10: 113, 北京: 中華書局, 1981이 있음.

43) 주27)『(新編纂圖增類群書類要)事林廣記』前記10, 7.

44)『公書判淸明集』5: 14, 北京: 中華書局, 1987.

45) 주4)『朱子成書·家禮』21.

46) 司馬光,『涑水記聞』3: 52, 北京: 中華書局, 唐宋史料筆記叢刊, 1989. 廖剛,『高峰文集』5: 10, 四庫全書. 莊綽,『雞肋編』3: 91, 1: 7, 叢書集成.

47) Yang,『중국의 마을: 山東台頭(산동태두)지역. Freedman,『중국동남부의 세계조직』255－272. Ahern,『인친과 가족예의』. Cohen,『합가, 분가, 대만의 중국가정』149-191. Watson,『중국남방의 계급차별과 인친관계』. Weller,『사회모순과 상징정신』.

48) 주14)『司馬氏書儀』3: 34, 35, 37.

49) Chang,『중국문학: 유행소설과 희극』42, 44.

제5장 지참금

1) Ebrey,『혼인과 중국사회의 불평등·서론』을 참조.

2) 葉盛,『水東日記』8: 4, 百部叢書集成.

3)『名公書判淸明集』5: 141, 13: 502, 6: 184, 5: 140, 8: 248, 北京: 中華書局, 1987.

4) 洪邁,『夷堅志』三補1806, 北京: 中華書局, 1984.

5) 徐夢莘,『三朝北盟會編』142: 9, 上海: 上海古籍出版社에서 1908년본

으로 다시 출판하였다. 『夷堅志』支景 5, 918. 羅大經, 『鶴林玉露』乙編 4: 192, 北京: 中華書局, 1983. 魏了翁: 『鶴山集』80, 24, 四庫全書. 周密: 『癸辛雜識』續2: 166, 北京: 中華書局, 1988.

6) 福建省博物館: 『福州南宋黃升墓』81－82. 北京, 文物出版社, 1982. 勝玉雲, 『紡織品的使用, 技術和宋代鄕村紡織生産的變化』109-112.

7) 『夷堅志』補 10: 1642.

8) 劉克莊: 『後村先生大全集』153: 1, 四部叢刊.

9) 주8) 『後村先生大全集』157: 3.

10) 『夷堅志』補3: 1574.

11) Thatcher, 『춘추시기 정치 엘리트의 혼인』. 楊樹達, 『漢代婚喪禮俗考』17－19, 臺北, 1933년본에 근거하여 1976년에 다시 출판. Dull, 『한대의 결혼과 이혼: 전유교 사회에 대해 엿보기』45－48. 王溥, 『唐會要』83: 1528, 臺北: 世界書局, 1968.

12) Ebrey, 『6-13세기 혼인중의 재산이동』를 보라.

13) Twitchett, 『가족관리의 문건1: 範氏義莊(범씨의장)의 관리규칙』9. 蘇舜欽, 『蘇舜欽集』14: 175, 上海: 上海古籍出版社, 1981. 陳鵬: 『中國婚姻史稿』141, 北京: 中華書局, 1990.

14) 呂祖謙, 『宋文鑒』108: 1439, 國學基本叢書.

15) 司馬光, 『司馬氏書儀』: 33, 叢書集成.

16) 주15) 『司馬氏書儀』3: 29.

17) 袁采, 『袁氏世範』2: 39, 叢書集成.

18) 주17) 『袁氏世範』1: 19.

19) 袁燮, 『絜齋集』21: 357, 叢書集成.

20) 莊綽, 『雞肋集』2: 52, 叢書集成.

21) 『名公書判淸明集』5: 140, 6: 197.

22) 徐松, 『宋會要輯稿』刑法2: 154, 北京: 中華書局,1957. 李心傳, 『建炎以來系年要錄』117: 1889, 叢書集成.

23) 程顥·程頤, 『二程集』文集4: 504, 北京: 中華書局, 1981. 脫脫, 『宋史』344: 10927, 北京: 中華書局, 1977.

24) 이를테면 Hughes, 『유럽 지중해지역의 정혼값에서 지참금까지』. Harrell, 『복잡한 사회의 지참금제도』이 있다.

25) 주17)『袁氏世範』l: 20.

26) 仁井田升,『中國法制史研究』第3卷『奴隷農奴法, 家族村落法』381-392, 東京, 1962. 滋賀秀三,『中國家族法の原理』401－409, 447－449, 東京, 1967. 袁俐,「宋代女性財産權述論」杭州大學 사학과 宋史研究室編『宋史研究集刊』第2卷으로 1988에 출판되었다. 柳田節子,「南宋時期家産分割中の女承分」은 衣川强編『劉子健博士頌壽紀念宋史研究論集』에 수록되었다. 東京, 1989. Birge의 의견은 다른데『송대의 부녀와 재산(960－1279), 복건건주의 이학과 사회변화』를 참조.

27) 주15)『司馬氏書儀』4: 42.

28) 司馬光,『家範』2: 488, 中國哲學名著集成.

29) 劉斧,『青瑣高議』3: 35－38, 上海: 上海古籍出版社, 宋元筆記叢書, 1983. 그밖에 양가집의 딸이 첩으로 전락하는 예는 張方平,『樂全集』36, 41, 四庫全書.『宋史』415: 12452, 298: 9906을 보라.

30) 袁俐,「宋代女性財産權述論」은 杭州大學 사학과 宋史研究室이 편찬한『宋史研究集刊』第2卷287-296, 1988에 실려 있다. Birge,『송대의 부녀와 재산(960－1279), 복건건주의 이학과 사회변화』105. 부모가 살아 있을 때 시집간 딸은 재산의 절반을 얻을 수 있다.

31) 竇儀,『宋刑統』12: 12, 臺北: 文海출판사에서 1918년본으로 1964년에 다시 출판하였다.

32)『名公書判淸明集』8: 290, 北京: 中華書局, 1987. 주8)『後村先生大全集』, 1 93: 7, 14. Burns,『중국 고대의 사법(송대)』259-281.

33)『名公書判淸明集』8: 277. 이 사례에서 딸은 이미 결혼하였다.

34)『名公書判淸明集』7: 215.

35)『名公書判淸明集』8: 280-282.

36)『名公書判淸明集』8: 251-257. 주8)『後村先生大全集』193: 10-17.

37) 주17)『袁氏世範』1: 20.

38)『名公書判淸明集』7: 237.

39) Klapisch-Zuber,『이탈리아 문예부흥시기의 부녀, 가정과 의례』118-121, Macfarlane,『영국의 혼인과 애정: 재생산의 방식, 1300-1840』. Sharma『인도 서북부의 부녀, 일과 재산』. Friedl,『여성의 위치: 외모와 현실』.

Goody, 『동방, 고대와 원시』.

40) 『名公書判淸明集』4: 115. 馬端臨, 『文獻通考』13: 138, 上海, 商業出版社, 1936. 『名公書判淸明集』8: 248, 9: 319, 10: 365, 13: 501-503.

41) Ebrey, 『송대의 가정과 재산: 원채의 사회생활에 대한 교훈』.『名公書判淸明集』710: 365, 5: 140.

42) 『名公書判淸明集』5: 140, 9: 135.

43) 脫脫, 『宋史』460: 13485. 北京: 中華書局, 1977.

44) 滋賀秀三, 『中國古代の家庭財産と繼承法』120을 참조.

45) 『名公書判淸明集』10: 380.

46) 劉敞, 『公是集』53: 646, 叢書集成.

47) 韓元吉, 『南澗甲乙稿』22: 459, 叢書集成. 주19)『絜齋集』21: 354. 葉適, 『葉適集』14: 263. 北京: 中華書局,1961. Birge, 『송대의 여성과 재산(960-1279): 복건건주의 이학과 사회변화』205-235.

48) 劉宰, 『漫塘集』34: 25, 四庫全書.

49) 李昭玘, 『樂靜集』28: 14, 四庫全書. 『夷堅志』支景5: 918.

50) 『宋史』299: 9928.

51) 『名公書判淸明集』8, 288, 7: 215.

52) 『名公書判淸明集』6: 184.

53) 『名公書判淸明集』9: 349-351, 353-356.

54) 『名公書判淸明集』7: 230-232.

55) 歐陽修, 『歐陽修全集』31: 217-219, 臺北: 世界書局, 1961. 張方平, 『樂全集』39: 54-57, 四庫全書.

56) 司馬光, 『涑水記聞』10: 184, 北京: 中華書局, 唐宋史料筆記叢刊, 1989. 邵伯溫, 『邵氏聞見錄』: 84, 北京: 中華書局, 唐宋史料筆記叢刊, 1983. 葉夢得, 『石林燕語』10: 150, 北京: 中華書局, 唐宋史料筆記叢刊, 1984.

57) Comaroff, 『결혼비용의 의의 · 서언』. Watson, 『중국여성의 재산권: 권력과 실제』.

58) Goody, 『동방, 고대와 원시』, 『아프리카와 유라시아 대륙에서 신부의 재산과 지참금』, 『가정과 재산계승: 서유럽 농촌사회 · 서론』,『생산과 재생산: 가내의 도메스틱 연구』.

59) Ebrey, 『중국고대의 유학과 가정예의, 예의저작중의 사회사』.

60) 朱熹・張伯行, 『小學集解』5: 117, 叢書集成.

61) 『名公書判淸明集』附錄2: 603. 『名公書判淸明集』33: 31. Birge, 『송대의 여성과 재산(960-1279): 복건건주의 이학과 사회변화』239-251.

62) 『名公書判淸明集』附錄2: 606－608. 『名公書判淸明集』33: 34-37. Birge, 『송대의 여성과 재산(960-1279): 복건건주의 이학과 사회변화』 251-257.

63) Holmgren, 『몽원초기 혼인과 재산계승 관행에 대한 관찰, 특히 수계혼에 대한 고찰』. Birge, 『송대의 여성과 재산(960-1279): 복건건주의 이학과 사회변화』205-255를 참고하라.

제6장 상류계층 아내의 내조

1) Bossler, 『유력한 관계와 권력의 관계: 송대 중국의 가정과 사회, 960-1279』22-40.

2) Ebrey, 『송대 엘리트간의 혼인』.

3) Barnhart, 『하늘가를 따라서: 王寬誠(왕관성) 가정 소장품중의 송원회화』53-57을 참조.

4) 范仲淹, 『範文正公集』12: 11, 四部叢刊. 餘靖, 『武溪集』19: 26, 四庫全書. 張載, 『張載集』14: 205, 北京: 中華書局, 1978. 朱熹, 『朱文公文集』22: 14, 四部叢刊. 林希逸, 『竹溪鬳齋十一藁續集』22: 14, 四庫全書.

5) 楊萬里, 『誠齋集』129: 12,130: 19, 四部叢刊. 孫應時, 『燭湖集』12: 17, 四庫全書.程俱, 『北山集』17, 四庫全書.

6) 程俱, 『北山集』31: 17, 四庫全書.

7) 孫覿, 『鴻慶居士文集』40: 10, 盛宣懷이 편집한 『常州先哲遺書』, 臺北, 1895년 판본으로 1971년에 다시 출판하였다. 曾鞏, 『曾鞏集』46: 633, 北京: 中華書局, 1984.

8) 袁燮, 『絜齋集』21: 354, 358, 叢書集成. 葉適, 『葉適集』14: 263, 25: 509, 北京: 中華書局, 1961.

9) 陳亮, 『陳亮集』30: 436, 440, 北京: 中華書局, 1961. 洪邁, 『夷堅志』補16: 1701, 北京: 中華書局, 1981. 韓元吉, 『南澗甲乙稿』22: 461, 叢

書集成. 周紹明, 『中國的管家』.

10) 陸增祥, 『八瓊室金石補正本淸源』03: 23, 石窟史料新編, 臺北: 新文豐, 1977.

11) 劉邠, 『彭城集』39: 512, 叢書集成. 주7) 『鴻慶居士文集』40: 7. 許月卿, 『先天集』10: 3, 四部叢刊.

12) 韓琦, 『安陽集』48: 四庫全書. 주7) 『鴻慶居士文集』39: 55. 範浚, 『范香溪先生文集』22: 5, 四部叢刊. 주8) 『絜齋集』21: 357.

13) 주5) 『燭湖集』12: 15.

14) 李綱, 『梁溪先生文集』170: 9, 臺北, 1970年重印.

15) 주14) 『梁溪先生文集』170: 12.

16) 朱熹, 『朱文公文集』91: 14, 四部叢刊. 주8) 『葉適集』14: 249. 許漢, 『襄陵文集』12: 13, 四庫全書. 주5) 『誠齋集』130: 20. 袁甫, 『蒙齋集』18: 259, 叢書集成. 范祖禹, 『范太史集』47: 10, 四庫全書. 劉克莊, 『後村先生大全集』151: 8, 四部叢刊.

17) 주9) 『南澗甲乙稿』22: 457, 叢書集成.

18) 주7) 『曾鞏集』45: 610. 王安石, 『王臨川集』100: 633. 臺北: 世界書局. 1966. 주14) 『梁溪先生文集』170: 9, 13, 인용문은 13쪽에 있음. 주8) 『絜齋集』21: 353. 주16) 『後村先生大全集』156: l.

19) 劉摯, 『忠肅集』14: 205, 叢書集成. 주16) 『朱文公文集』91: 14. 주7) 『曾鞏集』45: 610.

20) 方夕: 『泊宅論』4: 26.

21) Weidner 등의 『옥대(玉臺)에서 온 풍경: 1330-1912년의 중국여예술가』. 胡文楷, 『歷代婦女著作考』40-69, 上海: 商業出版社, 1985를 참조.

22) 주21) 『歷代婦女著作考』41.

23) 胡(Hu), 『李淸照』. 憧(Chung), 『李淸照: 精神和人格的形成』.

24) 褚斌杰, 『李淸照資料彙編』1-25, 北京: 中華書局, 1984.

25) 주7) 『曾鞏集』45: 613. 주18) 『王臨川集』100: 635. 陸遊, 『陸放翁全集』渭南文集35: 216, 香港: 廣濟書局.

26) 주21) 『歷代婦女著作考』42. 주씨의 시는 黃洪全, 『宋代辭詩』275, 解放軍出版社, 1988에 보인다.

27) 司馬光, 『家範』6: 594, 中國哲學名著集成.司馬光, 『司馬氏書儀』4:

45,叢書集成. 朱熹,『朱子語類』7: 127, 北京: 中華書局, 1986. 詹(Chan):『朱熹: 新研究』.

28) 程顥·程頤,『二程集·文集』12: 655, 北京: 中華書局, 1981.

29) 姚勉,『雪坡舍人集』50: 10, 胡思敬이 편찬한『豫章叢書』, 南昌, 1915-1918에 보인다. 뒷 시대의 여작가와 여예술가를 논술한 것으로는 Weidner 등의『옥대(玉臺)』에서 온 풍경: 1330-1912년의 중국여예술가』. Rossabi,『관도승(管道升): 원대의 여예술가』. Widmer,『17세기 중국 여천재의 서신세계』.『불속에서 구해낸 시: 문학계승과 제국후기 궁녀작가의 지위』. Robertson,『여성의 목소리: 중국중세기와 제국 제국후기 서정시속의 여성소재』. 高彦頤(Ko),『재능추구와 미덕: 17·18세기 중국여성교육과 숙녀문화』가 있다.

30) 樓鑰,『攻媿集』103: 1450, 叢書集成. 餘靖,『武溪集』19: 26, 四庫全書.

31)『夷堅志』支丁 8: 1034, 補9: 1627.

32)『東京夢華錄外四種·都城紀勝』98, 上海: 中華書局, 1962. Ebrey,『중국문명과 사회: 한 부의 자료서』104.

33) 晁補之,『雞肋集』64: 19, 四部叢刊.

34) 宋祁,『景文集』60: 813, 叢書集成. 陸增祥,『八瓊室金石補正』103: 23, 石窟史料新編,臺北: 新文風, 1977.

35) 陸佃,『陶山集』16: 186, 叢書集成. 張守,『毘陵集』14: 205, 叢書集成. 衢州市文管會, 「浙江衢州市南宋墓出土器物」, 『考古』1983, 11, 1004- 1011.

36) 葛勝仲,『丹陽集』14: 22, 四庫全書.

37) 주12)『范香溪先生文集』22: 6.

38) 주8)『葉適集』13: 233. 大慧(대혜)와 여신도의 관계는 Levering,『대혜종고(大慧宗杲)와 범속여신도; 전종의 사망관』에 보인다.

39) 沈遘,『沈氏三先生文集·西溪文集』3: 54, 四部叢刊. 韋驤,『武林往哲遺著·錢塘集』16: 32. 臺北: 1971.

40) 주19)『忠肅集』14: 200, 202. 劉跂『學易集』8; 105, 叢書集成.주30)『武溪集』19: 28.

41) 劉宰,『漫塘集』32: 18, 四庫全書. 주8)『葉適集』14: 263.

42) 范祖禹, 『范太史集』39: 4, 四庫全書. 汪藻, 『浮溪集』24: 287, 叢書集成. 주14) 『梁溪先生文集』170: 12.
43) 주16) 『朱文公文集』92: 14. 주8) 『絜齋集』21: 353.
44) 袁采, 『袁氏世範』3: 58, 叢書集成.
45) 주12) 『安陽集』46: 11.
46) Birge, 『주희와 여성교육』을 참조하라.
47) 주44) 『袁氏世範』1: 12.
48) 『名公書判淸明集』13: 506, 北京: 中華書局, 1987.

제7장 천을 짜는 여성의 노동

1) 舒嶽祥, 『閬風集』3: 7, 四庫全書.
2) 陸遊, 『陸放翁全集』渭南文集43: 66, 香港, 廣濟書局. 陳藻, 『樂軒集』 1: 17, 四庫全書. 丹喬二, 「宋代小農民家族と女性, 時代と女性」, 『日本大學文學研究所紀要』1978, 20: 101-119.
3) 다른 지역에서 자주 나타나지 않는 것은 아니다. Weiner, Schneider, 『천과 인류의 경험』를 참조하라.
4) 司馬光, 『司馬文正公傳家集』48: 615, 國學基本叢書.
5) 朱熹, 『朱文公文集』99: 8, 四部叢刊.
6) 『名公書判淸明集』9: 317, 北京, 中華書局, 1987.
7) 王禎, 『農書』16: 369-431, 王毓瑚이 편집하여 北京, 農業出版社에서 1981에 출판하였다.
8) Sheng·Angela Yu-yun, 『방직품의 사용기술과 송대향촌 방직생산의 변화』.
9) Gates, 『중국여성의 상품화』.
10) Kuhn, 『중국과학기술사』第5卷『화학과 화학기술』第9部分 "방직업의 기술: 紡(방)과 紡車(방차)" 30-38. 周藤吉之, 『宋代經濟史硏究』328, 東京, 1962.
11) 주10) 周藤吉之『宋代經濟史硏究』341를 보라.
12) 范成大, 『吳船錄』1: 12, 百部叢書集成.
13) 주10) Kuhn "방직업의 기술: 방과 방차" 60-236를 보라.
14) 주7) 王禎『農書』"圖譜"20: 431. 주10) Kuhn "방직업의 기술: 방과 방

차"76-77을 보라.

15) 주10) Kuhn"방직업의 기술: 방과 방차"301-302를 보라.

16) 주7) 王禎『農書』"圖譜"24: 424-425를 보라.

17) 주10) Kuhn"방직업의 기술: 방과 방차"39-57를 보라.

18) 趙岡, 『中國棉紡織生産的發展』4-13. 夏鼐: 『宋代經濟史』2卷, 139-145上海, 上海人民出版社, 1987. 劉成, 陳渭坤, 「中國植棉史考略」, 『中國農史』1987, 1: 35.

19) 주10) Kuhn"방직업의 기술: 방과 방차"188-196를 보라.

20) 주7) 王禎『農書』"圖譜"19: 414를 보라.

21) 田居剛, 『男人的焦慮和女人的慈善: 明清時期倫理價値觀比較硏究』3: 1.

22) 『大元聖政國朝典章』(1307).

23) 주7) 王禎『農書』"圖譜"19: 415를 보라.

24) 陶宗儀, 『輟耕錄』24: 354, 叢書集成를 보라.

25) 주7) 王禎『農書』"圖譜"19: 417을 보라.

26) 주10) Kuhn"방직업의 기술: 방과 방차"385-387을 보라.

27) 陳旉, 『農書』3, 百部叢書集成. 『農桑輯要』3: 31-4: 72, (元代無名氏)叢書集成. 주7) 王禎『農書』"圖譜"16: 369-19: 414를 보라. 주8) 勝玉雲『紡織品的使用技術和宋代鄕村紡織生産的變化』8-10을 보라.

28) 戴復古, 『石屏詩集』1: 2, 四部叢刊續編.

29) 주7) 王禎『農書』"圖譜"17: 395-396를 보라.

30) 陳旉, 『農書』3: 7-8, 百部叢書集成.

31) 주10) Kuhn"방직업의 기술: 방과 방차"336-345를 보라.

32) 秦觀, 『蠶書』2-3, 百部叢書集成. 주10) Kuhn "방직업의 기술: 방과 방차" 354-364를 보라.

33) 주32) 秦觀, 『蠶書』3을 보라. 주7) 王禎『農書』"圖譜"16: 369-374을 보라. 주10) kuhn "방직업의 기술: 방과 방차"247-272을 보라.

34) 洪邁, 『夷堅志』支丁7: 1023, 北京, 中華書局, 1981.

35) 『夷堅志』支景7: 935.

36) 周去非, 『嶺外代答』6: 64, 叢書集成.

37) 주10) Kuhn "방직업의 기술: 방과 방차"1을 보라.

38) 文同, 『丹淵集』3: 12, 四部叢刊.

39) 盧憲, 『嘉定鎭江志』12: 13, 宋元地方誌叢書, 臺北, 國泰文華實業重印.

40) 이러한 규정은 주8)勝玉雲『紡織品的使用技術和宋代鄕村紡織生産的
    變化』119-121을 보라.

41) 王庭珪, 『廬溪文集』7: 2, 四庫全書.

42) 주7)王禎『農書』"圖譜"20: 427-428. 주36)『嶺外代答』6: 64.

43) 『農桑輯要』6: 111-112, (元代無名氏), 叢書集成.

44) 朱熹, 『朱文公文集』18: 24, 四部叢刊. 孟元老, 『東京夢華錄外四種・
    東京夢華錄』3: 19, 上海, 中華書局, 1962. 吳自牧, 『東京夢華錄外四
    種・夢梁錄』18: 282. 吳淑生, 田自秉, 『中國染織史』198-200, 上海, 上
    海人民出版社, 1986. 李仁溥, 『中國古代紡織史藕』132-133, 長沙, 嶽
    麓書社, 1983를 참고하라.

45) 全漢升, 「宋代女子職業與生計」, 『食貨』, 1935, 1, 9: 5-10에 보인다.

46) 柳田節子, 「宋代の養蠶農家的經營－江南 を中心として」, 『和田博
    士古希紀念東洋史論叢』, 東京, 古典社, 1960을 참고하라.

47) 주8) 勝玉雲『紡織品的使用技術和宋代鄕村紡織生産的變化』71-113
    을 참고하라.

48) 주10) 周藤吉之『宋代經濟史硏究』331-332에 보인다.

49) 斯波義信, 『宋代商業史硏究』274-276, 東京, 1968.

50) 주10) 周藤吉之『宋代經濟史硏究』345-347에 보인다.

51) 『夷堅志』支癸5: 1254.

52) 徐松, 『宋會要輯稿』"食貨"64: 25, 北京, 中華書局, 1957. 주8) 勝玉
    雲『紡織品的使用技術和宋代鄕村紡織生産的變化』142-145에 보인다.

53) 張學舒, 『兩宋民間絲織業的發展』, 『中國史硏究』, 1983, 1, 110-125.
    주44) 李仁溥『中國古代紡織史稿』129-132. 주49) 斯波義信, 『宋代
    商業史硏究』278-285.

54) 談鑰, 『吳興志』20: 5, 宋元地方誌叢書, 臺北, 國泰文華實業, 1980年
    重印. 劉敞: 『公是集』51: 621, 叢書集成. 『夷堅志』乙17: 325.

55) 주 30) 陳尃『農書』3: 4. 주8) 勝玉雲『紡織品的使用技術和宋代鄕村
    紡織生産的變化』150에 보인다.

56) 范成大, 『石湖居士詩集』3: 34, 國學基本叢書. 劉, 羅, 『해바라기 만개:
    중국詩辭(시사)3천년』387-388.

57) 주53) 『兩宋民間絲織業的發展』. 『宋會要輯稿』“食貨”64: 23, 64: 25. 주44) 李仁溥『中國古代紡織史稿』123-124에 보인다.

58) 주53) 『兩宋民間絲織業的發展』에 보인다.

59) 林桂英, 「我國最早記錄蠶織生産技術和以勞動婦女爲主角的畫卷」, 『農業考古』1986, 1: 341-344, 395. 林桂英, 劉鋒彤, 「宋「蠶織圖」卷初探」, 『文物』1984, : 31-39.趙豐, 「「蠶織圖」的版本及所見南宋蠶織技術」, 『農業考古』1986, 1: 345-359. 약간 나중에 나온 프리어(Freer)판에는 원본의 사본이 있는데, 여기에 좀 더 명확하게 재생되어 있다. 일본학자 鈴木, 『중국회화를 이해하기 쉬운 삽화카타로그』1: 228-229, 東京,東京大學出版社, 1982에서 볼 수 있다. 송대 이후의 그림에는 어린 아이가 없다. 이 폭의 그림은 李約瑟과 王鈴의 『中國科學技術史』第2卷 『物理和物理技術』第2부분의 “機械工程”, 166-169에 보인다. 何維凱 (Ho et aL)等, 『8개 왕조의 중국회화』78-80. Lawton, 『중국인물화』 54-57.

60) 『夷堅志』丁7: 590.

61) 『夷堅志』補4: 1580.

62) 『宋會要輯稿』“食貨”64: 17.

63) 脫脫, 『宋史』437: 12951, 北京, 中華書局, 1977.

64) 『宋史』460: 13485. 呂祖謙, 『東萊集』11: 2, 四庫全書. 蘇頌, 『蘇魏公文集』62: 955, 北京, 中華書局, 1988.

65) 『宋史』460: 13479. 李元綱, 『厚德錄』2: 6, 筆記小說大觀.

66) 주8) Sheng, Angela Yu-yun『방직품의 사용기술과 송대향촌 방직생산의 변화』을 보라.

67) 주38) 文同『丹淵集』3: 12를 보라.

68) 徐積, 『節孝集』25: 9, 四庫全書.

69) 文珦, 『潛山集』5: 8, 四庫全書.

70) 陳允平, 『西麓詩藁』19-20, 四庫全書.

제8장 부부간의 관계

1)1) 陳夢雷이 편집한『古今圖書集成』則395: 11.

2) J.Murrag, 『여성을 훈계하는 책: 「여효경」』125를 보라.

3) 劉翠溶(Liu), 『浙江蕭山兩個中國家族的人口統計, 1650--1850』26. Cartier, 『명대 중국의 인구통계』1345. 薩(sa), 『1945년이전 대북시 대만인간의 혼인』298.

4) 孫覿, 『鴻慶居士文集』148: 16, 盛宣懷이 『常州先哲遮書』, 1895년본에 근거하여 1971년에 다시 출판되었다.

5) 李覯, 『李覯集』31: 360, 臺北, 1983.

6) 劉克莊, 『後村先生大全集』148: 16, 四部叢刊.

7) 袁燮, 『絜齋集』21: 357, 叢書集成.

8) 司馬光, 『司馬文正公傳家集』78: 968, 國學基本叢書.

9) 洪適, 『盤州文集』77: 11, 四庫全書.

10) 歐陽修, 『歐陽修全集』36: 251, 臺北: 世界書局, 1961.

11) Owen, 『기념물: 중국 고전문학속의 과거의 존재』80-98.

12) 李清照, 『李清照集』71-75, 北京: 中華書局, 1962. 胡(Hu), 『李清照』. 靑(Ching): 『李清照』, 懂(Chung), 『李清照: 정신과 인격의 형성』.

13) 주12) 『李淸照集』11.

14) Rexroth등, 『季淸照: 詩辭(시사)영역』

15) 洪邁, 『夷堅志』丙14: 482, 北京: 中華書局, 1981.

16) 徐夢莘, 『三朝北盟會編』142: 9, 上海: 上海古籍出版社에서 1908년본에 근저하여 1987년에 다시 출판하였다.

17) 『夷堅志』支丁5: 1008, 丁9: 610.

18) 李昭玘, 『樂靜集』28: 10, 四庫全書.

19) Hightower, 『송대작가 유영(柳永): 제1부분』, 『송대작가 유영(柳永): 제2부분』에 유영의 시가를 기록하였다.

20) Chen Li-li, 『동서상저궁사(董西廂儲宮調): 한 수의 중국곡조』.

21) Van Gulic, 『중국고대의 성생활』. Beurdeley, 『중국의 색정예술』7-38. Needlham and Lu, 『발견과 발명: 생리상의 연단술』. Harper, 『기원전2세기 출토된 문헌에서 묘사한 중국고대의 성생활』. Wile, 『방중술: 중국의 성요가경전, 여성의 솔로 명상 텍스트를 포함하여』.

22) Paul, 『전통중의 여성: 밀종(密宗)전통안의 여성이미지』3-10. Bodde, 『중국의 사상, 사회와 과학: 전현대 과학기술의 지식과 사회배경』

270-284.

23) Honig and Hershatter, 『자아의 목소리: 80년대의 중국부녀』181-186. Kristof, 『열쇠구멍으로 본 새로운 중국』

24) 陳自明, 『婦人大全良方』9: 1-2, 4-5, 四庫全書.

25) 주24) 『婦人大全良方』10: 1.

26) 주24) 『婦人大全良方』10: 11. 후세에 관련된 개념과 사상은 Waltner, 『상속인 채택: 중화제국후기의 수양과 가족구성』28-47.

27) 주24) 『婦人大全良方』9: 14-15.

28) 尤玘, 『萬柳溪邊舊話』3-4, 12, 筆記小說大觀.

29) 黃裳, 『演山集』33: 12, 四庫全書. 劉宰, 『漫塘集』34: 9, 四庫全書. 『夷堅志』甲 ll: 92.

30) 蘇轍, 『龍川略志龍川別志』龍川別志 l: 74, 北京: 中華書局, 唐宋史料筆記叢刊, 1982.

31) 司馬光, 『家範』9: 679, 中國哲學名著集成.

32) 『夷堅志』補14: 1675.

33) 洪邁, 『容齋隨筆』三筆3: 447, 上海, 上海古籍出版社, 1978.

34) 『夷堅志』補6: 1608.

35) 『夷堅志』甲17: 148, 補22: 1753. 郭象, 『睽車志』4: 4, 百部叢書集成.

36) 『夷堅志』支丁8: 1029, 6: 1012. 袁采, 『袁氏世範』3: 49. 叢書集成.

37) 丁傳靖, 『宋人軼事彙編』17: 831, 臺北: 商業出版社, 1935. Djang and Djang, 『宋人軼事彙編』229, 634.

38) 王銍, 『默記』1: 14, 北京: 中華書局, 唐宋史料筆記叢刊, 1981. 주 16) 『三朝北盟會編』143: 5. 주 37) 『宋人軼事彙編』5: 197, 16: 771. Djang and Djang, 『宋人軼事彙編』229, 634.

39) 周密, 『癸辛雜識』續2: 209, 北京: 中華書局, 1988. 주 37) 『宋人軼事彙編』18: 919. Djang and Djang, 『宋人軼事彙編』721.

40) 『宋史』252: 8849.

41) 『名公書判清明集』10: 381, 北京: 中華書局, 1987.

42) Wolf, 『대만 향촌부녀와 가정』41.

제9장 어머니의 역할

1) 舒嶽祥,『閬風集』12: 11. 四庫全書.

2) Furth,『피, 인체와 사회성별: 중국여성의 의학이미지』,『청대 임신, 여아출산과 영아살해의 개념』,『자웅동체의 남성과 지체불완전한 여성: 중국16, 17세기의 생물과 사회성별의 한계』.

3) 鄭樵,『通志』69: 813, 國學基本叢書, 台北: 新興書局重印, 1962. 朱端章,『衛生家宝産科備要』, 叢書集成. 陳自明,『婦人大全良方』. 四庫全書.

4) 蘇舜欽,『蘇舜欽集』14: 178, 上海: 上海古籍出版社, 1981.

5) 주3)『婦人大全良方』16: 3, 17: 2.

6) 주3)『婦人大全良方』16: 4. 洪邁,『夷堅志』三辛4. 1416, 北京, 中華書局, 1981.

7) 주3)『婦人大全良方』17: 3－9.

8)『夷堅志』甲10: 83.

9)『夷堅志』丁19: 696, 乙15: 311.

10)『夷堅志』補18: 1715.

11) 澤田瑞穗,『地獄變: 中國の冥界說』, 京都, i986. 근대 대만의 출산이 더럽다는 사상은 Ahem,『중국부녀의 권리와 불경』. 西曼(Seaman),『인과응보의 정치』를 보라.

12) 주3)『婦人大全良方』18: 1, 26-35, 19: 1-8.

13) 陳著,『本堂集』90: 8-10, 四庫全書. 姚勉,『雪坡舍人集』50: 7-10, 胡思敬이 편찬한『豫章叢書』, 南昌, 1915-1918. 元明善,『淸河集』5: 42, 繆荃孫이 편찬한『藕香零拾』, 臺北; 廣文書局重印, 1968이 있다.

14) 邵伯溫,『邵氏聞見彔』18: 193, 北京. 中華書局. 唐宋史料筆記叢刊, 1983

15) 脫脫,『宋史』248: 8771－8790, 北京: 中華書局, 1977.

16)『夷堅志』補10: 1640.

17) 주3)『衛生家寶産科備要』8: 112.

18)『夷堅志』三辛4: 1417.

19) 주3)『婦人大全良方』24: 9.

20) 주3)『婦人大全良方』16: 2.

21) 蘇軾,『蘇軾文集』15: 473, 北京: 中華書局, 1986. 李昌齡,『樂善錄』

4: 44, 臺北: 四部善本叢刊重印宋版, 1971. 袁采, 『袁氏世範』3: 54, 叢書集成.

22) 袁燮, 『絜齋集』21: 356, 叢書集成.

23) 徐積, 『節孝集』11: 8, 四庫全書.

24) 周密, 『癸辛雜識』續B: 190, 北京: 中華書局, 1988. 『宋史』46: 891에는 같은 기록이 없다.

25) 주14) 『邵氏聞錄』18: 192. 주 24) 『樂善錄』9: 7.

26) 『夷堅志』三壬2: 1479. 丁5: 573.

27) 『道山淸話』14, 叢書集成. 王明淸, 『揮塵錄』餘話1: 945, 叢書集成. 周密, 『齊東野語』6: 103, 北京: 中華書局, 唐宋史料筆記叢刊, 1983.

28) Eichorn, 『송대 인구를 억제하는 몇가지 기록』을 참고하라.

29) 王得臣, 『麈史』1: 21, 筆記小說大觀.

30) 朱松, 『韋齋集』10: 11－13, 四庫全書.

31) 『夷堅志』支庚10: 1214, 支甲6: 757.

32) 주21) 『袁氏世范』1: 15.

33) 周應合, 『建康志』23: 38-41, 44, 宋元地方志叢書, 臺北: 國泰文化實業重印, 1980. 談鑰, 『吳興志』8: 7, 宋元地方志叢書, 臺北: 國泰文化實業重印, 1980. 李心傳, 『建炎以來繫年要錄』117: 1889, 叢書集成. 朱熹, 『朱文公文集』27: 1, 四部叢刊. 또한 今堀誠二, 「宋代における　嬰兒保護事業について」, 『廣島大學文學部紀要』 1955, 8, 127-151에도 보인다.

34) Lee, 『아동생활의 발견: 송대중국의 아동교육』.

35) 程顥·程頤, 『二程集』文集12: 653-655, 北京: 中華書局, 1981.

36) 주21) 『袁氏世範』1: 5.

37) 주22) 『絜齋集』21: 353. 許翰, 『襄陵文集』12: 13. 四庫全書. 李綱, 『梁溪先生文集』170: 13, 臺北, 1970년 다시 출판. 주33) 『朱文公文集』92: 13.

38) 『南陽集』30: 1, 四庫全書.

제10장 과부살이

1) 孫覿, 『鴻慶居士文集』35: 13, 盛宣懷編, 『常州先哲遺書』, 臺北, 1985
   년본에 의해 다시 출판하였다.
2) 주1) 『鴻慶唐士文集』40: 9.
3) 韓元吉, 『南澗甲乙稿』18, 370, 叢書集成.
4) Holmgren『정절의 경제기초: 고대와 당대의 과부재가』. 柳立言, 「淺談
   宋代婦女的守節與再嫁」, 『新史學』, 1991. 2. 4: 37.
5) 王令, 『王令集』부록 405-407, 沈文倬編, 上海: 上海古籍出版社, 1980.
   蘇頌, 『蘇魏公文集』62: 951, 北京: 中華書局 · 1988. 朱熹, 『朱文公
   文集』92: 13, 四部叢刊. 陳亮, 『陳亮集』, 北京: 中華書局, 1974.
6) 鄒浩, 『道鄕集』37: 12, 宋名家集彙刊, 臺北, 1833년 본에 근거하여
   다시 출판. 1970. 劉克莊, 『後村先生大全集』149: 12, 四部叢刊. 주 5)『朱
   文公文集』90: 13. 陳亮, 『陳亮集』30: 436, 北京: 中華書局, 1974.
7) 袁俐, 「宋代女性財産權述論」, 杭州大學歷史系宋史研究室編: 『宋史
   研究集刊』第2卷, 296－307, 杭州: 浙江省社聯探索雜志.
8) 徐松, 『宋會要輯稿』刑法4: 70, 北京: 中華書局, 1957.
9) 魏泰, 『東軒筆錄』11: 83, 叢書集成.
10) 晁補之, 『鷄肋集』68: 7, 四部叢刊.
11) 袁采, 『袁氏世範』1: 18, 叢書集成. 『名公書判淸明集』6: 191, 北京:
    中華書局, 1987.
12) 『名公書判淸明集』13: 504.
13) 『名公書判淸明集』8: 269.
14) 『名公書判淸明集』7: 214.
15) 『名公書判淸明集』7: 217-223.
16) 『名公書判淸明集』8: 246, 7, 211.
17) 『名公書判淸明集』8: 250.
18) 『名公書判淸明集』7: 229.
19) 『名公書判淸明集』8: 258.
20) 『名公書判淸明集』8: 291.
21) 주4) 柳立言, 『淺談宋代婦女的守節與再嫁』을 참조하라.
22) 『十三經注疏 · 禮記』26: 19, 臺北: 藝文印書館에서 1821년본에 근거

하여 다시 1981년에 출판하였다.

23) 張其昀, 『中文大辭典』5: 1390, 臺北: 中華學術院, 1973.

24) 『十三經注疏·詩經』3: 173, 臺北; 藝文印書館에서 1821년본에 근거
하여 다시 1981년에 출판하였다.

25) 劉向, 『列女傳』4: 8, 9, 5: 5, 四部備要. O'Hara, 『「列女傳」에 나타난
중국고대여성의 지위』122, 123, 139. 陳夢雷, 『古今圖書集成』則395: 9.
Swarm, 『班昭(반소), 중국최초의 여학자』87. Holmgren, 『「魏書·列
女傳」중의 북조 과부의 수절』, 『전통 탁발귀족중의 부녀와 정치권력,
「위서」후비전에 대한 초보적 연구』.

26) 주25)의 『古今圖書集成』則395: 11.

27) 주25)의 『古今圖書集成』則395: 10.

28) 이를테면 『名公書判淸明集』7: 217이 있다.

29) 주8)의 『宋會要輯稿』禮61: 4.

30) 脫脫, 『宋史』437 : 12951, 北京: 中華書局, 1977.

31) 주8) 『宋會要輯稿』禮61: 1－15. Elvin, 『여성의 정절과 중국사회』.

32) 王安石, 『王臨川集』99: 631, 臺北: 世界書局, 1966.

33) 樓鑰, 『攻槐集』105: 1486-1489, 叢書集成.

34) 洪邁, 『夷堅志』補1: 554, 北京: 中華書局, 1981.

35) Elvin, 『여성의 정절과 중국사회』118-120. 유가의 기적을 논술한 것을
참조하라.

36) 歐陽守道, 『巽齋文集』27: 4-7. 다른 사례는 『宋史』460. 13485를 참
조하라. Davis, 『중국송대의 궁정과 가족, 明州史氏(명주사씨)의 정치
성취와 가족운명』37, 40.

37) 司馬光, 『家範』8: 622, 中國哲學名著集成.

38) 이를 테면 주7) 『家範』8: 665-668에서 다른 친척의 예도 언급하고 있
다. 司馬光, 『司馬文正公傳家集』79: 980. 國學基本叢書에도 보인다.

39) 주 37) 『家範』8: 665, 671, 674, 676.

40) 주 37) 『家範』8: 676.

41) 程顥·程頤, 『二程集』遺書22B: 301, 北京: 中華書局. 1981.

42) 주5) 『朱文公文集』26: 28.

43) Ropp, 『씨앗의 변화: 청나라초기와 중기의 부녀상황을 투영해 본다』.

Hsieh and Spence, 『중국 전현대사회의 자살과 가정』. Waltner, 『명과 청초의 과부와 재혼』. Elvin, 『여성의 정절과 중국사회』. Holmgren, 『정절의 경제기초: 고대와 당대중국의 과부재가』. Mann, 『송에서 청대까지 여성전기의 역사변화: 청초강남(강소성, 안휘성)사례』. Tien, 『남자의 불안과 여성의 정절: 명청시기 윤리가치관 비교연구』. Pao Chia-lin, 『청나라 후기 節婦(절부)와 그녀들을 지지한 제도』.

44) 주11) 『袁氏世範』1, 18. 『名公書判淸明集』9: 301, 10, 364. 또한 『名公書判淸明集』8: 284에도 보인다.

45) 『夷堅志』丁9: 613.

46) 주6) 『後村先生大全集』153: 1.

47) 주6) 『後村先生大全集』160: 2-4.

48) 주6) 『後村先生大全集』158: 11, 160, 2-3, 1.

49) 주6) 『後村先生大全集』153: 1.

50) 주6) 『後村先生大全集』5. 16 − 17, 153: 2. 劉克莊, 『後村詞箋注』 64-65, 錢仲聯注, 上海; 上海古籍出版社, 1980.

51) 주6) 『後村先生大全集』76: 3-5, 153: 3, 6. 157: 3. 張荃, 「後村先生年譜」, 『之江學報』, 1934 − 1935, 1, 3: 1 − 26. Ebrey, 『劉克莊(유극장) 가의 여성들』.

52) Sangren, 『중국종교 부호중 여성의 사회적 역할: 觀音(관음)·馬祖(마조)와 無生老母(무생노모)』.

제11장 재혼

1) 『名公書判淸明集』9: 344, 北京: 中華書局, 1987.

2) 蘇軾, 『蘇軾文集』35: 1009. 北京: 中華書局, 1986. 李燾, 『續資治通鑑長編』484: 19, 臺北: 世界書局, 1961.

3) 張邦煒, 『婚姻與社會(宋代)』68-72, 成都: 四川人民出版社, 1989. 혼인이 끝난 후의 일이나 재혼은 언급하지 않았다. de Poe, 『「夷堅志(이견지)」 중의 여성: 소설사료를 기초로 본 사회사연구』74에 모두 33가지 사례의 재혼이 있다.

4) 熊晦仲(宋), 『新編通用啓箚截江綱』丙3: 22, 宋版, 靜嘉堂.

5) 예를들면 『新編婚禮備用月老新書』後10: 4-6이 있다. 중앙도서관에서
    송본에 근거하여 영인하였다.
6) 司馬光, 『涑水記聞』10: 184. 北京: 中華書局, 唐宋史料筆記叢刊, 1989.
    『宋史』314: 10267. 456: 13397. 349: 11051. 劉克莊, 『後村先生大全
    集』154: 10, 四部叢刊.
7) 鄒浩, 『道鄕集』37: 10. 宋名家集彙刊. 臺北, 1833重印. 李心傳, 『建炎
    以來繫年要錄』120: 1938, 叢書集成. 張九成, 『橫浦先生文集』20: 18,
    明本을 重印, 1925. 柳立言, 「淺談宋代婦女的守節与再嫁」. 『新史學』
    1991, 2, 4: 46.
8) 脫脫, 『宋史』282, 9555. 北京, 中華書局. 1977. 程顥·程頤, 『二程集』
    外書11: 413, 北京, 中華書局, 1981. 주7) 『建炎以來繫年要錄』140:
    2254. 주6) 『後村先生大全集』149: 11.
9) 孫覿, 『鴻慶居士文集』40: 9. 盛宣怀編, 『常州先哲遺書』, 臺北, 1895년
    본에 근거하여 다시 출판하였다. 葉適, 『葉適集』15, 291. 北京: 中華
    書局, 1961. 『江蘇金石志』14: 36, 石窟史料新編, 臺北: 新文豊,
    1977. 주6) 『後村先生大全集』156: 16. 周密, 『癸辛雜識』別A: 244, 北
    京: 中華書局, 1988. 劉宰, 『漫塘集』別集三 33: 27, 四庫全書. 唐代
    劍, 「宋代的婦女再嫁」. 『南充師院學報』1986, 3: 80-84.
10) 『名公書判淸明集』9: 349-351. 353-356. 10: 377-379, 12: 443, 附錄
    602.
11) 郭彖: 『睽車志』4:4 百部叢書集成. 洪邁: 『夷堅志』乙15: 311, 丙14:
    482, 丁7: 591, 丁18: 689, 支甲5: 744. 北京: 中華書局, 1981.
12) 靑(Ching), 『李淸照』.
13) 韓元吉, 『南澗甲乙稿』22: 462. 叢書集成.
14) 李燾, 『續資治通鑒長編』56: 1225, 北京: 中華書局, 1985. 『宋史』243.
    8630.
15) 蘇頌, 『蘇魏公文集』62: 951. 北京: 中華書局. 1988. 주13) 『南澗甲
    乙稿』22: 460. 鄭剛中, 『北山文集』15: 188, 叢書集成. 汪藻, 『浮溪
    集』281 363, 叢書集成.

16) 衢州市文管會, 「浙江衢州市南宋墓出土器物」1009-1011, 『考古』1983, 11: 1004-1011, 1018.

17) 주2)『續資治通鑑長編』190: 20.

18) 주14)『續資治通鑑長編』158: 3836.

19) 주7)『橫浦先生文集』20: 18.

20) 秦觀, 『淮海集』36: 247, 四部叢刊.

21) 韓琦, 『安陽集』49: 2, 四庫全書.

22) 文瑩, 『玉壺淸話』2: 21, 北京: 中華書局, 唐宋史料筆記叢刊. 1984.

23) 許景衡, 『橫塘集』34, 四庫全書.

24) 丁傳靖, 『宋人軼事彙編』14: 676, 臺北; 商業出版社, 1935. Diang and Diang, 『宋人軼事彙編』.

25) 『夷堅志』甲2: 15.

26) 『夷堅志』三辛9: 1454.

27) 『夷堅志』支甲4: 744.

28) 주8)『二程集』外書11: 413.

29) 邵伯溫, 『邵氏聞見錄』16: 177, 北京: 中華書局, 唐宋史料筆記叢刊, 1983.

30) 『名公書判淸明集』4: 124－126, 7: 242, 8: 274, 10: 275. 袁采, 『袁氏世範』1: 17, 叢書集成.

31) 만약 그녀가 전 남편의 집에 머문다면 온전한 소유권을 가질 수 없고 단지 사용권만 가질 수 있다. 왜냐하면 법관은 "諸寡婦無子孫, 擅典賣田宅者仗一百"했기 때문이다. (竇儀, 『宋刑統』12: 12. 臺北, 1918년 본에 근거하여 1964년에 다시 출판하였다. 『名公書判淸明集』9: 304.)환언하면, 자녀가 없는 과부는 집안에 들어오는 수입으로 살아야 하며 토지는 호절법(戶絶法)에 따라 집 재산을 계승할 사람을 위해 보존되어져야 한다.

32) 주30)『袁氏世範』1: 9.『夷堅志』甲2: 15.『宋史』282: 9555.『名公書判淸明集』10: 365. 柳田節子, 「南宋期家産分割中の女性継承」, 衣川強이 편집한, 『劉子健博頌壽紀念宋史硏究論集』東京·1989에 수록. Bird, 『송대의 부녀와 재산(960-1279): 복건건주의 이학과 사회변화』

참조.

33) 『名公書判淸明集』5: 141. 제5장 끝부분의 황간의 판결에도 보인다.

34) 『夷堅志』三辛 2: 1399.

35) 『名公書判淸明集』6: 177.

36) 『名公書判淸明集』8: 273.

37) 張齊賢, 『洛陽搢紳舊聞記』5: 8. 百部叢書集成. 『名公書判淸明集』8: 294. 주2) 『續資治通鑑長編』291: 12, 471: l0.

38) 『夷堅志』支甲8: 772.

39) Chaves, 『梅堯臣(매효신)과 宋初詩辭(송초시사)의 발전』154-158.

40) 梅堯臣, 『宛陵先生集』10: 16, 四部叢刊 Chaves, 『매효신과 송초시사의 발전』147.

41) 주40) 『宛陵先生集』24: 12. Chaves, 『매효신과 송초시사의 발전』150.

42) Chaves, 『매효신과 송초시사의 발전』158.

43) 주30) 『袁氏世範』1: 17.

44) 張載, 『張載集』298, 北京: 中華書局, 1978. 程顥, 程頤, 『二程集』遺書22B: 303, 北京: 中華書局, 1981.

45) 『夷堅志』甲16: 143.

46) 司馬光, 『家範』3: 505, 中國哲學名著集成.

47) 『夷堅志』甲2: 11.

48) 李昌齡, 『樂善錄』6: 12, 臺北, 四部善本叢刊重印宋版. 1971.

49) 『名公書判淸明集』5: 141.

50) 『名公書判淸明集』10: 365.

51) 주30) 『袁氏世範』1: 17.

제12장 첩살이

1) 陳鵬, 『中國婚姻史稿』667－736. 北京: 中華書局. 1990.

2) Wagner, 『蓮花船(연화선): 당대유행문화중 "辭(사)"의 기원』80-91.

3) Sheieh, 『14－17세기 중국사회속의 첩』134－166.

4) 竇儀, 『宋刑統』21: 2, 22: 4, 7, 臺北: 文海에서 1981년본에 근저하여 다시 출판, 1964.

5) 『宋刑統』13: 15.

6) 『宋刑統』26: 18.

7) 『宋刑統』26: 21.

8) 曾慥, 『高齋漫錄』1, 百部叢書集成. 蘇轍, 『龍川略志龍川別志』74, 北京: 中華書局, 唐宋史料筆記叢刊, 1982. 黃升, 『花庵絶妙詞選』3: 1, 毛晋編, 『汲古閣詞苑英華』에도 보인다.

9) 周密, 『齊東野語』16: 294, 北京: 中華書局, 唐宋史料筆記叢刊. 1983. 羅(Lo), 『辛棄疾』『慶元黨禁』23, 叢書集成.

10) 『名公書判淸明集』14: 525-527, 北京: 中華書局, 1987. 官妓에 대해서는 陳東原, 『中國婦女生活史』96-102, 台北: 商業出版社重印, [1928], 1980을 참조.

11) 周密, 『癸辛雜識』別1: 244, 北京: 中華書局, 1988. 주9) 『齊東野語』 20: 374-376.

12) 한 세기 이후의 이러한 시장에 대해서는 Gronewold, 『아름다운 상품: 중국에서의 매음』: 1860-1936). Hershatter, 『20세기초 상해의 번영발전과 여성시장』. Watson, 『妻(처)·妾(첩)과 婢(비): 홍콩지역의 奴役(노역)과 가족』. Sheieh, 『14-17세기 중국사회속의 첩』82-98에 보인다.

13) 吳自牧, 『東京夢華錄外四種·夢粱錄』19: 301, 上海: 中華書局. 1962.

14) 廖瑩中, 『江行雜錄』5, 叢書集成.

15) 洪巽(宋), 『暘古漫錄』1, 陶宗儀가 편찬한 『說郛』(上海; 商業出版社. 1927)에 실렸음.

16) 羅大經, 『鶴林玉露』4: 192, 北京: 中華書局, 1983. 脫脫, 『宋史』415: 12452, 北京: 中華書局, 1977. 廉宣(宋), 『淸尊錄』1, 筆記小說大觀. 陳郁, 『藏一話腴』1, 陶宗儀編『說郛』, (上海: 商業出版社, 1927)에 실렸음.

17) 陶宗儀, 『輟耕錄』7: 110, 叢書集成.

18) 洪邁, 『夷堅志』補8: 1620, 北京: 中華書局, 1981.

19) 丁靖傳, 『宋人軼事彙編』11: 510, 臺北: 商業出版社, 1935. 劉克莊, 『後村先生大全集』158: 14, 四部叢刊.

20) 葉适, 『葉适集』22: 432, 北京: 中華書局, 1961. 魏泰, 『東軒筆錄』12: 90, 叢書集成. 陸佃, 『陶山集』16: 177, 叢書集成.

21) 당대의 예로는 Jaschok, 『첩과 노복, 사회사』가 있다.

22) 李昌齡, 『樂善錄』4: 8, 臺北: 四部善本叢刊을 宋版에 근저하여 1971

에 影印.

23) 『夷堅志』甲13: 115.

24) 袁采, 『袁氏世範』3: 55, 叢書集成.

25) 『夷堅志』丙15: 491. 丁11: 632, 補3: 1566, 補22: 1754.

26) 洪邁, 『容齋隨筆』四筆 7: 699, 上海: 上海古籍出版社, 1978.

27) 『名公書判淸明集』7: 232.

28) 주11) 『癸辛雜識』別B. 272-274. 아마도 그녀의 월급은 인플레이션으로 홍매가 추산한 가격보다 더 높았던 것 같다. 全漢升의 「宋末的通貨膨脹及其對于物价的影響」에도 보임. 『宋史硏究集』, 第2卷(臺北, 中華叢書編審委員會, 1964)에 게재되었다.

29) 주16) 『藏一話腴』13.

30) 주14) 『江行雜泉』5.

31) 주14) 『夷堅志』補3: 1566.

32) 趙岡(K, Chao), 『中國歷史上的人和土地: 經濟角度的分析』.

33) 梁庚堯의 『南宋的農村經濟』145-147, 239-246(臺北, 1984) 1호에서 20무를 경작하면 租金의 액수, 稻穀의 댓가를 치를 수 있다고 한다.

34) 『宋史』415: 12452.

35) 『夷堅志』支乙10: 869.

36) 『夷堅志』支戊10: 1131.

37) 주19) 『宋人軼事彙編』18: 919. Djang and Djang, 『宋人軼事彙編』721.

38) 『夷堅志』甲13: 115.

39) 『夷堅志』補22: 1753.

40) 梁克家, 『三山志』39: 7(8075쪽), 宋元地方志叢書. 臺北: 國泰文化實業重印, 1980.

41) 『夷堅志』補8; 1624, 丁11: 631. 주22)『樂善錄』6: 6.

42) 謝道蘊(4세기) 班昭(약48-약120).

43) 徐積, 『節孝集』11: 7, 四庫全書.

44) 蘇軾, 『蘇軾文集』15: 473, 北京: 中華書局, 1986.

45) 『名公書判淸明集』12: 442-444. 『夷堅志』補10: 1641. 胡寅, 『斐然集』20: 11, 四庫全書.

46) 彭乘, 『墨客塵犀』8: 2, 百部叢書集成.

47) 趙令時, 『侯鯖錄』7-67, 叢書集成.

48) 주8) 『龍川略志』4: 20. 『宋史』247: 8749. 『夷堅志』補8: 1621－1623.

49) 『名公書判淸明集』8: 251.

50) 『夷堅志』甲17: 148. 乙19; 347, 支丁2: 978, 三己6: 1346, 補22: 1753.

51) 陶宗儀, 『畵史會要』6: 59, 四庫全書.

52) 주19) 『宋人軼事彙編』5: 186-189. 주24) 『袁氏世範』3; 50. 주20) 『東軒筆錄』7: 48.

53) 王明淸, 『揮塵錄』後錄7: 551, 叢書集成

54) 주49) 『後村先生大全集』161: 10.

55) Ebrey, 『송대 중국의 첩』.

56) 주11) 『癸辛雜識』別B: 272-274.

57) 謝深甫(12世紀), 『慶元條法事略』77: 4－15, 臺北: 新文豊. 靜嘉堂宋版에 근저하여 1976년에 重印.

58) 주55) Ebrey, 『송대중국의 첩』.

59) 車垓(1276에 죽음), 『內外服制通釋』3: 4, 沈家本(1840－1913)編, 『沈碧樓叢書』, 1913에 보인다.

60) 주19) 『後村先生大全集』193: 11.

61) 舒岳祥, 『閬風集』12: 12, 四庫全書.

62) 韓琦, 『安陽集』46: 11, 四庫全書.

63) 『夷堅志』補10: 1641.

64) 司馬光, 『家範』7: 643, 中國哲學名著集成.

65) 주62) 『安陽集』46: 12.

66) 陳亮, 『陳亮集』28, 414, 北京: 中華書局, 1974. 劉宰, 『漫塘集』26: 20-23, 四庫全書.

67) 李燾, 『續資治通鑑長編』211: 5121, 213: 5173, 217: 5272, 北京: 中華書局·1985. 陸游, 『老學庵筆記』1: 4. 叢書集成. 王偁, 『東都事略』98, 4, 臺北: 文海·宋史資料彙編, 1967.

68) 주67) 『續資治通鑑長編』212: 5143.

69) 『宋史』456: 13405. 또한 王安石, 『王臨川集』31: 174, 臺北: 世界書局,1965에도 보인다. 蘇頌, 『蘇魏公文集』3: 31, 北京: 中華書局,

1988. 蘇軾, 『蘇軾文集』22: 643-644, 北京: 中華書局, 1986.

70) 주67) 『續資治通鑑長編』212: 5143.

71) 『宋刑統』14: 3. 『夷堅志』丙15: 491.

72) 『夷堅志』三己6: 1346.

73) 『宋史』412: 12381.

74) 주20) 『葉適集』22: 432.

75) 『名公書判淸明集』7: 230-232.

76) 『名公書判淸明集』7: 211.

77) 『名公書判淸明集』7: 238.

78) 『名公書判淸明集』7: 232, 8: 268.

79) 方回, 『桐江集』8: 22, 上海: 商業出版社, 1935. 주11) 『癸辛雜識』別A: 249-252.

제13장 여성을 통해 가계를 계승하기

1) 『十三經注琉・公羊傳』19: 10, 臺北: 藝文印書館에서 1821년본에 근거하여 1981년에 다시 출판.

2) 吳自牧, 『東京夢華錄外四種・夢梁錄』20: 304, 7. 上海: 中華書局, 1962. 『新編婚禮備用月老新書』後8: 8-11, 中央圖書館에서 송본에 근거하여 영인. 陳著, 『本堂集』82: 4. 11, 14, 83: 3, 四庫全書.

3) 洪邁, 『夷堅志』丙13: 474, 丙16: 504, 三壬4: 1496, 三壬6: 1513, 三壬10: 1544, 補5: 1588, 補16: 1702. 北京: 中華書局, 1981.

4) 『夷堅志』三壬4: 1496.

5) 『夷堅志』三壬10: 1544.

6) 脫脫, 『宋史』293: 9802, 北京: 中華書局, 1977.

7) 邵伯溫, 『邵氏聞見錄』9: 94, 北京: 中華書局, 唐宋史料筆記叢刊, 1983. 韓元吉, 『南澗甲乙稿』21: 442, 叢書集成.

8) 李燾, 『續資治通鑑長編』31: 705, 北京: 中華書局, 1985. 徐松, 『宋會要輯稿』刑法2: 4, 北京: 中華書局, 1957. 範致明, 『岳陽風土記』17, 陶宗儀編, 『說郛一百二十卷』上海: 中華書局, 1988년에 다시 출판. 『宋史』437: 12954.

9) van Glahn, 『溪流(계류)와 洞窟(동굴)지대: 송대 四川(사천)신개척지의

확장, 정거(定居)와 문화』162.

10) 楊譓(元),『昆山郡志』4: 11-13, 宋元地方志叢書. 臺北: 國泰文化實業, 1980年重印.

11) 宋濂,『宋學士文集』10: 183, 國學基本叢書.

12)『大元聖政國朝典章』5: 73-77. 16: 243, 원판본에 근저하여 영인.

13) 주11)『宋學士文集』46: 812.

14) 袁采,『袁氏世範』l: 20, 叢書集成. 朱熹,『朱文公文集』30: 17, 四部叢刊. 詹(Chan),『陳淳(1159-1223)「北溪字義」영역』150-152.

15)『名公書判淸明集』9: 316, 北京: 中華書局, 1987. 蘇洵,『嘉祐集』14: 148, 國學基本叢書.

16) 竇儀,『宋刑統』12: 13, 臺北, 1918년본에 근저하여 영인, 1964.

17) Ebrey,『재산법과 송대의 데릴사위혼인』.

18)『名公書判淸明集』6: 177.

19)『宋史』293: 9802.

20)『名公書判淸明集』8: 277.

21)『名公書判淸明集』7: 236.

22)『名公書判淸明集』7: 215.

23)『名公書判淸明集』7: 216.

24)『名公書判淸明集』7: 217.

25)『名公書判淸明集』7: 215-217.

26)『名公書判淸明集』7: 205.

27) Ebrey,『종족조직 발전의 초기단계』.

28) Wahner,『상속인 채택=중화제국 후기의 수양과 가족구성』, 명대의 예를 제공한다.

29)『宋刑統』12: 8.『名公書判淸明集』: 245, 246-47.

30) 魏了翁,『鶴山集』72, 17, 四庫全書.『名公書判淸明集』7: 225. 李淸馥(창작활약기1749):『閩中理學淵源考』25: 3. 四庫全書. 吳海(14世紀),『(吳朝宗先生)聞過齋集』1: 13, 叢書集成.

31) 戴表元,『剡源集』5: 80, 叢書集成.

32)『名公書判淸明集』7: 201.『名公書判淸明集』8: 269, 30년이후에 부계 친척들이 자기의 아들을 영자로 삼으려고 할 때, 재판관은 아내가 친정

에서 수양한 남자아이가 양자로 채택되도록 변호해 주었다.

33) 『名公書判淸明集』7: 225.

34) 『名公書判淸明集』7: 217 − 222.

35) 주30): 12. 『(吳朝宗先生)聞過齋集』1: 12.

36) 『名公書判淸明集』7: 205.

37) Ebrey, 『송대 '家(가)'의 개념』을 참고하라.

제14장 간통 · 근친상간 · 이혼

1) 竇儀, 『宋刑統』26: 18, 21, 臺北, 1918년본에 근거하여 다시 출판.

2) 莊綽, 『鷄肋編』2: 58, 叢書集成.

3) 洪邁 『夷堅志』支丁9: 1037, 丁19: 694, 補5: 1590, 支癸4: 1252, 北
   京: 中華書局, 1981.

4) 『名公書判淸明集』12: 448, 北京: 中華書局, 1987.

5) 『名公書判淸明集』12: 446.

6) 『宋刑統』26: 19.

7) 『宋刑統』1: 6.

8) 蘇轍, 『龍川略志』4: 20, 北京: 中華書局, 唐宋史料筆記叢刊, 1982.

9) 『十三經注疏. 詩經』2C; 14 − 16. 臺北: 藝文印書館, 1821년본에 근거
   하여 1981년에 다시 출판.

10) 『名公書判淸明集』10: 388.

11) 『名公書判淸明集』10: 387.

12) 『名公書判淸明集』10: 388.

13) 『名公書判淸明集』9: 343.

14) 劉子健(James T. C Liu); 『歐陽修: 11世紀的一位理學家』65 − 67, 80
    −81. 李燾, 『續資治通鑒長編』209: 5078, 北京: 中華書局, 1985.

15) 주3) 『夷堅志』支甲5: 746.

16) 陸游, 『陸放翁全集』渭南文集49: 305, 香港: 廣濟書局影印. B.Watson,
    『자기가 즐거운 일을 하는 노인: 陸游詩選(육유시선)』26 − 27.

17) 『名公書判淸明集』9: 345, 353, 13: 499.

18) 仁井田升, 『支那身份法史』696, 東京, 1942. 또한 仁井田升, 『奴隷
    農奴法, 家族村落法』586 − 597, 東京: 1962에도 보인다.

19) 『名公書判淸明集』9: 352. 陳鵬, 『中國婚姻史稿』539, 北京: 中華書局, 1990.

20) 戴延輝(Tai), 『中國古代法律中的離婚』.

21) 주3) 『夷堅志』丙14: 484.

22) 『名公書判淸明集』10: 380.

23) 司馬光, 『家範』5: 575, 7: 656, 3: 525, 中國哲學名著集成.

24) 范曄, 『後漢書』29: 101, 北京, 中華書局, 1971.

25) 程顥・程頤, 『二程集』遺書18: 243, 北京: 中華書局, 1981.

26) 『夷堅志』支丁9: 1036.

27) 『夷堅志』三補1806. 다른 예는 de Pee, 『「夷堅志」중의 여성: 소설을 사료기초로 하는 사회사 연구』69－73.

28) 주23) 『家範』657.

29) 『夷堅志』支丁1: 974.

30) 『夷堅志』三壬2: 1482.

31) 주14) 『續資治通鑑長編』31: 705.

32) 『名公書判淸明集』9: 345. 『宋刑統』14: 7. 李廌, 『師友談記』10, 叢書集成.

33) 周必大, 『文忠集』36: 19, 四庫全書. 『夷堅志』丁9: 610, 三壬7: 1519.

34) Rexroth, 『李淸照, 시사(詩辭)영역』, 92-93.

35) 李燾, 『續資治通鑑長編』294: 9, 臺北: 世界書局, 1961. 『名公書判淸明集』10: 379, 382. 여자쪽에서 이혼을 제기하는 예는 張邦煒, 『婚姻與社會(宋代)』78-79, 成都: 四川人民出版社, 1989에 보인다.

36) 『名公書判淸明集』10: 379, 12: 449.

37) 『名公書判淸明集』4: 107.

38) Lerner, 『父系(부계)등급제의 창조』100-122를 참조.

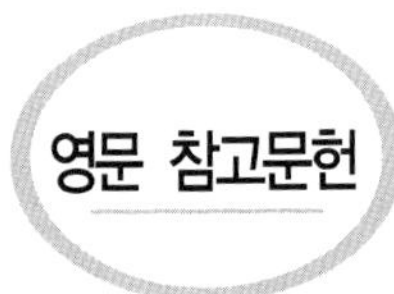

Ahern, Emily M. 1974. "Affines and the Rituals of Kinship." In *Religion and Ritual in Chinese Society*, ed. Arthur P. Wolf. Standford, Standford University Press.

______________, 1975. " The Power and Pollution of Chinese Women." In *Women in Chinese Society*, ed. Margery Wolf and Roxane Witke, Standford, Standford University Press.

Ames, Roger T. 1981. "Taoism and the Androgynous Ideal." In *Women in China*, ed. Richard W. Guisso and Stanley Johannesen. Youngstown, N. Y. , Philo Press.

Anagnost, Ann. 1989. "Transformations of Gender in Modern China." In *Gender and Anthropology, Critical Riviews ofr Research and Teaching,* ed. Sandra Morgen. Washington, D.C. , American Anthropological Association.

Barme, Geremie, and Linda Jaivin, 1992. *New Ghosts, Old Dreams, Chinese Rebel Voices*, New York, Times Books.

Barnes, Nancy Schuster. 1987. "Buddhism." In Women in World Religious, ed. Arvind Sharma. Albany, State University of New York Press.

Barnhart, Richard M. 1983. *Along the Border of Heaven, Sung and Yuan Patintings from the C.C Wang Family Collection.* New York, Metropolitan Museum of Art.

Beurdeley, Michel, Kristofer Schipper, Chang Fu-jui, and Jacques pimpaneau,[1969] 1989. *Chinese Erotic Art.Secaucus, N. J. , Chartwell Books, Originally published as The Clouds and the Rain*, The art of Love in China, Fribourg, Switz, Office du Livre.

ckford, Maggie, 1985. *Bones of Jade, Soul of Ice, The Flowering Plum in Chinese Art*. New Heaven, Yale University Art Gallery.

Birge, Bettine, 1989. "Chu Hsi and Women's Education." *In Neo-Confucian Education, The Formative Stage*, ed. Wm. Theodore de Bary and Confucian Education, The Formative Stage, ed. Wm. Theodore de Bary and John W. Chaffee. Berkeley and Los Angeles, University of California Press.

__________, 1992. "Women and Property in Sung Dynasty China(960-1279), Neo-Confucianism and Social Change in Chien-chou, Fukien." ph. D. diss, Columbia University.

Birrell, Anne M. 1985. "The Dusty Mirror, Courtly Portraits of Woman in Southern Dynasties Love Poerty." In *Expressions of Self in Chinese Literature*, ed. Rovert E. Hegel and Richard C. Hessney New York, Columia University Prss.

Black, Allison H. 1986. "Gender and Cosmology in Chinese Correlative Thinking." In *Gender and Religion, On the Complexity of Symbols*, ed. Caroline Walker Bynum, Stevan Harrell, dan Paula Richman. Boston, Beacon Press.

Bodde, Derk, 1991. Chinese Thought, Society, and Science, *The Intellectual and Social Background of Science and Technology in Pre-modern China*, Honolulu, University of Hawaii Press.

Bol, Peter, K. 1992. *This Culture of Ours, Intellectual Transitions in T'ang and Sung China*, Stanford, Stanford University Press.

Bossler, Beverly Jo. 1991. "Power Relations and Relations of Power, Family and Society in Sung China, 960-1279." ph.d.diss., University of California, Berkeley.

Brownmiller, Susan. 1984. *Femininity*. New York, Ballantine.

Burns, Ian Robert. 1973. "Private Law in Traditional China(Sung Dynasty)." Ph.D. diss., Oxford Universty.

Cahill, James. 1960. *Chinese Painting*. Geneva, Skira.

__________, 1980. *An Index of Early Chinese Painters and Paintings, T'ang, Sung, and Yuan*, Berkeley and Los Angeles, University of California Press.

__________, 1988. *The Alternative Histories of Chinese Painting*. The Franklin D. Murphy Lectures IX. Lawrence, Spencer Art Museum, University of Kansas.

Cahill, Suzanne. 1986. "Performers and Female Taoist Adepts, Hsi Wang Mu as Patron Deity of Women in T'ang China." *Journal of the American Oriental Society* 106, 155-68.

___________, 1990. "Practice Makes Perfect, Perfect, Paths to Transcendence for Women in Medieval China." *Taoist Resources* 2.2,23-42.

Carlitz, Katherine, 1991. "The Social Uses of Female Virtus in Late Ming Editions of Lienu Zhuan." *Late Imperial China* 12(2), 117-48.

Cartier, Michel, 1973. "Nouvelles donn'ese sur la d'emographie chinoise a l'poque des Ming(1368-1644)." *Annales, economies societes civilizations* 28.6, 1341-59.

Chaffee, John W. 1985. *The Thorny Gates of Learning in Sung China, A Social History of Examinations.* Cambridge, Cambridge University Press.

___________. 1991. "The Marrige of Clanswomen in the Sung Imperial Clan." *In Marriage and Inequality in Chinese Society*, ed. Rubis S. Watson and Patricia Buckley Ebrey. Berkeley and Los Angeles, University of California Press.

Chan, Wing-tsit, trans, 1986. *Neo-Confucian Terms Explained(the Pei-his tzu-I) by Ch'en Ch'un, 1159-1223.* New York, Columbia University Press.

___________. 1989. *Chu His, New Studies.* Honolulu, University of Hawaii Press.

Chang Fu-jui, 1964, "Les themes dans le Yi-Kien Tche." *Cina* 8, 51-55.

___________.1968. "Le Yi kien tche et la societe des Song." *Journal asiatique* 256,55-91

Chang, H. C. 1973. *Chinese Literature, Popular Fiction and Drama.* Edinburgh, Edinburgh University Press.

Chang, Kang-I Sun, 1991. *The Late- Ming Poet Chen Tzu-lung, Crises of Love and Loyalism*, New Haven, Yale University Press.

Chao, Kang, 1977. *The Development of Cotton Textile Production in China, Cambridge*, Harvard University, East Asian Research Center.

___________, 1986. *Man and Land in Chinese Histroy, An Economic Analysis*, Stanford, Stanford University Press.

Chaves, Jonathan, 1976. *Mei yao-chen and the Development of Early Sung Poetry.* New York, Columbia University Press.

Chen, Li-li, 1976. *Master Tung's Western Chamber Romance, A Chinese Chantefable.("Tung His-hsiang chu-kung-tiao"), A Chinese Chantefable.* Cambridge, Cambridge University Press.

Ching, Julia, 1976. "Li Ch'ing-chao." In *Sung Biographies*,ed. Herbert Franke. Wiesbaden, Franz Steiner Verlag.

Chu, Ron-Guey. 1989. "Chu Hsi and Pubic Instruction." In *Neo-Confucian Education,*

The Formative Stage, ed wm. Theodore de Bary and John W.Chaffee. Berkeley and Los Angeles, University of California Press.

Ch'u, T'ung-tsu, 1965. *Law and Society in Traditions China*. Paris, Mouton.

Chung, Ling. 1985. "Li Qingzhao, The Moulding of Her Spirit dan Personality." In *Women and Literature in China*, ed. Anna Gerstlacher, Ruth Keen, Wolfgang Kubin, Margit Miosga, and Jenny Schon. Bochum, Studienverlag Brockmeyer.

Chung, Priscilla Ching, 1981. *Palace Women in the Northern Sung, 960-1126*. Monographies du T'oung Pao, 12. Leiden, E.J. Brill.

Clark, Hugh R. 1991. *Community, Trade, and Networks, Southern Fujian Province from the Third to the Thirteenth Century*. Cambridge, Cambridge University Press.

Coale, Ansley J. 1985. "Fertility in Rural China, A Reconfirmation of the Barclay Assessment." In *Family and Population in East Asian History*, ed. Susan B. Hanley and Arthur P. Wolf. Standford, Stanford University Press.

Cohen, Myron L. 1976. *House United, House Divided, The Chinese Family in Taiwan*. New York, Columbia University Press.

Comaroff, J. L. 1980. "Introduction." In *The Meaning of Marriage Payments*, ed J. L. Comaroff. New York, Academic Press.

Croll,Elisabeth John. 1978. *Feminism and Socialism in China*, Boston, Routledge & Kegan Paul.

Davis, Richard L. 1986. *Court and Family in Sung China, 960-1279, Bureaucratic Success and Kingship Fortunes for Shih of Ming-chou*. Durham, N.C., Duke University Press.

de. Bary, Wm. Theodore. 1953. "A Reappraisal of Neo-Confucianism." In *Studies in Chinese Thought*, ed. Arthur. F.Wright. Chicago, University of Chicago Press.

de. Bery, Wm. Theodore, and John W. Chaffee, eds, 1989 *Neo-Confucian Education, The Formative Stage*. Berkeley and Los Angeles, University of California Press.

de Pee, Christian.1991. "Women in the Yi jian zhi, A Socio-historical Study Based on Fiction." M.A thesis, University of Leiden.

Djang, Djang, and Jane C. Djang. 1989. *A Compilation of Ancdotes of Sung Personalities*. New York, St. John's University Press.

Doolittle, Justus, 1865. *Social Life of the Chinese, with Some Account of Their Religious, Govermental, Educational, and Business Customs and Opinions, with Special but Not Exclusive Reference to Fuchau*, New Yokk, Harper & Brothers.

Dudbridge, Glen, 1978. *The Legend of Miao-shan*. London, Ithaca Press.

Dull, Jack, 1978. "Marriage and Divorce in Han China, A Glimpse at 'Pre-Confucian' Society." In *Chinese Family Law and Social Change in Historial and Comparative Perspective*, ed. David C. Buxbaum. Seattle, University of Washington Press.

Dworkin, Andrea. 1974. *Woman-Hating*. New york, E.P.Dutton.

Ebren, Patrica Buckley. 1978. *The Aristocratic Family of Early Imperial China, A Case Study of the Po-ling Ts'ui Family*. Cambridge University Press.

__________________, ed. 1981a. *Chinese Cilization and Society*, A Sourcebook. New York, Free Press.

__________________, 1981b. "Women in the Kinship System of the Southern Song Upper Class." *Historical Reflections* 8, 113-28.

__________________, 1984a. "Conceptions of the Family in the Sung Dynasty." *Journal of Asian Studies* 43.2, 219-45.

__________________, 1984b. *Family and Property in Sung China , Yuan Ts'ai's Precepts for Social Life*. Princeton, Princeton University Press.

__________________, 1984c. "The Women in Liu Kezhuang's Family." *Modern China* 10. 4, 415-40.

__________________, 1986a. "Concubines in Sung China." *Journal of Family History* 11, 1-24.

__________________, 1986b. The Early Stages in the Development of Descent Group Organization." In *Kinship Organization in Late Imperial China*, 1000-1940, ed. patricia Buckley Ebrey and James L. Watson. Berkeley and Los Angeles, University of California Press.

__________________, 1988. "The Dynamics of Elite Domination in Sung China." *Harvard Journal of Asiatic Studies* 48, 493-591.

__________________, 1990. "Women, Marriage, and the Family in Chinese History." In *The Heritage of China*, ed. Paul Ropp. Berkeley and Los Angeles, University of California Press.

__________________, 1991b. *Confucianism and Family Rituals in Inequality in Chinese Society*, ed. Rubie S. Watson and Patricia Buckley Ebrey. Berkeley and Los Angeles, University of California Press.

__________________, 1991d. "Shifts *in Marriage Finance from the Sixth to the Thirteenth Centuries*." In *Marriage and Inequality in Chinese Society*, ed.Robie S. Watson and Patricia Buckley Ebrey. Berkeley and Los Angeles, University of California Press.

__________________, 1992b. "Women, Money, and Class, Ssu-ma Kuang and Neo-Confucian Views on Women." In *Papers on Society and Culture of Early Modern China*, Taipei, Institute of History and Philology, Academia Sinica.

__________________, Forthcoming. "Marriage Among the Song Elite." In *Chinese Historicao Microdemography*, ed. Stevan Harrell, Berkeley and Los Angeles, University of California Press.

Edgren, Soren, 1989. *Southern Song Printing at Hangzhou*, Stockholm, Museum of Far Eastern Antiquities.

Eichhorn, Werner, 1976. "Some Notes on Population Contral During the Sung Dynasty." In *Etudes d'histoire et de literature chinoises of ferts au professur Jaroslav Prusek*, Paris, Bibliotheque de I'Institut des Hautes Etudes Chinoises.

Elvin, Mark. 1973. *The Pattern of the Chinese Past*. Stanford, Stanford University Press.

__________, 1984. "Fermale Virtue and the State in China." *Past and Present* 104, 111-52.

Erler, Mary, and Maryanne Kowaleski, 1988. *Women and Power in the Middle Age*. Ahtens, University of Georgia Press.

Ferguson, Margaret W., Maureen Wuilligan, and Nancy J. Vickers,eds. 1986. *Rewriting the Renaissance, The Discourse of Sexual Difference in Early Modern Europe*. Chicago, University of Chcago Press.

Finegan, Michael Harold. 1976. "Urbanism in Sung China, Selected Topics in the Society and Economy of Chinese Cities in a Premodern Period." ph. D diss., University of Chicago.

Fong, Wen. 1973. *Sung and Yuan Paintings*, New York, Metropolitan Museum of Art.

Frankel, Hans H. 1976. *The Flowering plum and the Palace Lady, Interpretation of Chinese Poetry*, New Haven, Yale University Press.

Freedman, Maurice, 1958. *Lineage Organization in Southeastern China*. London, Athlone Press.

__________________, 1979. *The Study of Chinese Society*, Essays, Stanford, Stanford University Press.

Friedl, Ernestine, 1967. "The Position of Women, Appearance and Reality." *Anthropological Quarterly* 40, 97-108.

Furth, Chalotte, 1986. "Blood, Body, and Gender, Medical Images of the Female

Condition in China." *Chinese Science* 7, 53-65.

___________, 1987. " Concepts of Pregnancy, Childbirth, and Infancy in Ch'ing Dynasty China." *Journal of Asian Studies* 46, 7-35.

___________. 1988. "Androgynous Male and Deficient Females, Biology and Gender Boundaries in 16th- and 17th-Century China." *Late Imperial China* 9, 1-31.

Fusek, Lois, 1982. Among the Flowers, *The "Hua-chien chi."* New York, Columbia University Press.

Gamble, Sidney D. 1954. *Ting Hsien, A North China Rural Community.* New York, International Secretariat, Institute of Pacific Relations.

Gates, Hill. 1989. "The Commoditization of Chinese Women." *Signs* 14. 4, 799-832.

Gernet, Jacques, *Daily Life in China on the Eve of the Mongol Invasion, 1250-1276.* Trans. H. M. Wright. Stanford, Stanford University Press, 1970.

Giles, Herbert A. 1963. *San Tzu Ching.* 2d ed. Rev. New York, Ungar.

Giles, Penny Schine, 1985. *The Lady and the Virgin, Image, Attitude, and Experience in Twelfth-Century France.* Chicago, University of Chicago Press.

Goody, Jack. 1973. *"Bridewealth and Dowry in Africa and Eurasia."* In Jack Goody and S. J. Tambiah, Bridewealth and Dowry. Cambridge, Cambridge University Press.

___________. 1976a. "Introduction." In *Family and Inheritance*, Rural Society in Western Europe, 1200-1800,ed Fack Goody, Joan Thirsk, and E. P.Thrmpson. Cambridge, Cambridge University Press.

___________. 1976b. *"Production and Reproduction, A Comparative Study of the Domestic Domain."* Cambridge, Cambridge University Press.

___________. 1990. *The Oriental, the Ancient, and the Primitive.* Cambridge, Cambridge University Press.

Gronewold, Sue. 1982. *Beautiful Merchandise, Prostitution in China, 1860-1936.* New York, Institute for Research in History and the Hasworth Press.

Guisso, R,W.L. 1978. *Wu TseOtien and the Politics of Legitimation in T'ang China.* Bellingham, Western Washington University, Program in East Asian Studies Occasional Papers.

___________. 1981. "Thunder over the Lake, The Five Classics and the Perception of Woman in Early China." In *Women in China*, ed. Richard W. Guisso and Stanley Johannesen. Youngstown, N, Y., Philo Press.

Hajnal, J. 1965. "European Marriage Pattern in Perspective." In *Population in History*, ed. D.V. Glass and D. E. C. Eversley. Chicago, Aldine.

Handlin, Joanna F. 1975. " Lu K'un's New Audience, Th Influence of Women's Literacy on Sixteenth-Century Thought." In *Women in Chinese Society*, ed. Margery Wolf and Roxan Witke. Stanford, Stanford University Press.

Hansen, Valerie. 1990. *Changing Gods in Medival China, 1127-1276.* Princetion, Princeton University Press.

Harper, Donald. 1987. "The Sexual Arts of Ancient China as Described in a Manuscript of the Second Century B.C." *Harvard Journal of Asiatic Studies* 47, 539-93.

Harrell, Stevan, and Sara A. Dickey. 1985. "Dowry Systems in Complex Societies." *Ethnology* 24. 2, 105-20.

Hartwell, Robert M. 1982. "Demographic, Political, and Social Transformation of China, 750-1550." *Harvard Journal of Asiatic Studies* 42, 365-442.

Hershatter, Gail. 1991. "Prostitution and the Market in Women in Early Twentieth-Century Shanghai." In *Marriage and Inequality in Chinese Society*, ed. Rubie S. Watson and Patricia Buckley Ebrey. Burkeley and Los Angeles, University of California Press.

Hightower, James R. 1981. "The Songwriter Liu Yung, Part 1." *Harward Journal of Asiatic Studies* 41.2, 323-76.

______________. 1982. "The Songwriter Liu Yung, Part 2." *Harward Journal of Asiatic Studies* 42.1, 1-66.

Ho, Wai-kam, Sherman E, lee, Laurence Sickman, and Marc F. Wilson. 1980. *Eight Dynasties of Chinese Painting, The Collections of Nelson Gallery*

___________, *Atkins Museum, Kansas City, and The Cleveland Museum of Art.* Bloomington, Indiana University Press.

Holmgren, Jennifer. 1981. "Widow Chastity in the Northern Dynasties, The Lieh nu Biographies in the Wei-shu." *Papers on Far Eastern History* 23, 165-86.

Elite, A Preliminary study of the Biographies of Empresses in the Wei-shu." *Monumenta Serica* 35, 33-74.

______. 1983. "The Harem in Northern Wei Politics, 398-498 A.D." *Journal of the Economic and Social History of the Orient* 26, 71-90.

______. 1985. "The Economic Foundations of Virtue, Widow Remarriage in Early and Modern China." *Australian Journal of Chinese Affairs* 13,1-27.

______. 1986. "Observations on Marriage and Inheritance Pratices in Early

Mongol and Yuan Society, with Particular Reference to the Levirate."
Journal of Asian History 20, 127-92.

________. 1991. " Imperial Marriage in the Native Chinese and Non-Han State,
Han to Ming." In *Marriage and Inequality in Chinese Society*,ed. Rubie S.
Watson and Patricia Buckley Ebrey. Berkeley and Los Angeles,University of
California Press.

Honig, Emily, and Gail Hershatter. 1988. *Personal Voices, Chinese Women in the
1980's*. Stanford, Stanford University Press.

Hsieh, Andrew C. K., and Jonathan S. Spence. 1980. "Suicide and the Family in
Pre-Modern Chinese Society." In *Normal and Abnormal Behavior in Chinese
Culture*, ed. A. Kelinman and T.-Y. Lin. Dorduecht, Holland, Reidel.

Hu P'ing-ch'ing. 1966. *Li Ch'ing-chao*. New York, Twayne.

Huc, M. 1855. *The Chinese Empire*. 2 vols. London, Longmam, Brown, Green &
Longmans.

Hughes, Diane Owen. 1978. "From Brideprice to Dowry in Mediteraneam Europe."
Journal of Family History 3. 3, 262-96.

Hymes, Robert P.1986a. " Marriage, Descent Groups, and the Localist Strategy in
Sung and Yuan Fupchou." In *Kinship Organization in Late Imperial China,
1000-1940*, ed. Patricia Buckley Ebrey and James L. Watson. Berkeley and
Los Angeles, University of California Press.

________________. 1986b. *Statesmen and Gentlemen, The Elite of Fu-chou, Chiang-his,
in Northern and Southern Sung*.Cambridge, Cambridge University Press.

Jaschok, Maria. 1988. *Concubines and Bondservants, A Sicial History* , London, Zed
Books.

Jay, Jennifer. 1990. "Vignettes of Chinese Women in T'ang Xi'an(618-906),
Individualism in Wu Zetian, Yang Guifei, Yu Xuanji, and Li Wa." *Chinese
Culture* 31. 1, 77-89.

Johnson, David G. 1977. "The Last Years of a Great Clan, The Li Family of Chao
Chun Late T'ang and Early Sung." *Harvard Journal of Asiatic Studies* 37, 5-
102.

Johnson, Kay Ann. 1983. *Women, the Family , and Peasant Revoultion in China*.
Chicago, University of Chicago Press.

Judd, Ellen R. 1990. "Men are More Able", Rural Chinese Women's Conceptions
of Gender and Agency." *Pacific Affairs* 63.1, 40-61.

Kao, Karl S. Y., ed. 1985. *Classical Chinese Tales of the Supernatural and the*

Fantastic, Selections from the Third to the Tenth Century. Bloomingdon, Indiana University Press.

Kassoff, Ira E. 1984. *The Thought of Chang Tsai, 1020-1077.* Cambridge, Cambridge University Press.

Kelleher, M. Theresa. 1987. *"Confucianism."* In *Women in World Religions*, ed. Arvind Sharma. Albany, State University of New York Press.

__________________. 1989. "Back to Basics, Chu His's Elementary Learning (Hsiao-hsueh)." In *Neo-Confucian Education, The Formative Stage*, ed. Wm. Theodore de Bary and John W. Chaffee. Berkeley and Los Angeles, University of California Press.

Klapisch-Zuber, Christiane. 1985. *Women, Family, and Ritual in Renaissance Italy.* Trans. Lydia G. Cochrane. Chicago, University of Chicago Press.

Ko, Dorothy. 1992."Pursuing Talent and Virtue, Education and Gentry Women's Culture in Seventeenth-and Eighteenth-Century China." *Late Imperial China* 13. 1, 9-39.

Kondo, Dorinne K. 1990. *Crafting Selves, Power, Gender, and Discourses of Identity in a Japanese Workplace.* Chicago, University of Chicago Press.

Kracke, E. A. 1954-55."Sung Society, Change Within Tradition." *Far Eastern Quarterly* 14.4, 479-88.

_____________. 1975. *"Sung K'ai-feng, Pragmatic Metropolis and Formalistic Capital."* In *Crisis and Prosperity in Sung China*, ed. John Winthrop Haeger. Tucson, University of Arizona Press, 1975.

Kristof, Nicholas, Nicholas D. 1991. *"A peek Through the Keyhole at a New China."* New York Times, July 19, 1991,1.

Kuhn, Dieter. 1988. *Textile Technology, Spinning and Reeling. Pt.9 of Science and Civilization in China*, vol. 5, Chemistry and Chemical Technology. Cambridge, Cambridge University Press.

Lawton, Thomas. 1973. *Chinese Figure Painting.* Washington, D. C., Freer Gallery of Art.

Lee, Bernice J. 1981. *"Female Infanticide in China."* In *Women in China*, ed. Richard W. Guisso and Stanley Johannesen. Youngstown, N. T. , Philo Press.

Lee, Thomas H. C. 1984. *"The Discovery of Childhood, Children's Education in Sung China(960-1279)."* In "Kultur", Begriff und Wort in Chinese und Japan, ed. Sigrid Paul. Berlin, Dietrich Rimer Verlag.

Lerner, Gerda. 1986. *The Creation of Patriarchy.* New York, Oxford University

Press.

Levering, Miriam L. 1982. "The Dragon Girl and the Abbess of Mo-shan, Gender and Status in the Ch'an Buddhist Tradition." *Journal of the International Association of Buddhist Studies* 5. 1, 19-35.

__________________. 1987. " *Ta-hui and Lay Buddhists, Ch'an Sermons on Death.*" In *Buddhist and Taoist Practice in Medieval Chinese Society, Buddhist and Taoist Studies* Ⅱ, ed. David W. Chappell. Honolulu, University of Hawaii Press.

Levy, Howard Seymour. 1958. *Harem Favorites of an Illustrious Celestial.* Tai Chung, Ching-tai.

__________________. 1962. "T'ang Courtesans, Ladies, and Concubines." *Orient/West* 8, 49-64.

__________________. 1966. *Chinese Footbinding, The History of a Curious Custom.* New York, Bell.

Li, Dun J. 1971. *The Ageless Chinese, A History.* New York, Charles Scribner's Sons.

Lin Yutang. 1939. *My Country and My People.* London, Heinemann.

Linck, Gudula. 1989. " Aus der fruchtbaren Erde wie einsame Schatten, zum Wandel der Wahrnehmung von Weiblichkeit bei der chinesischen Oberschicht der Sung-Zeit." In *Lebenswelt und Weltanschauung der Chinesischen Oberschicht imfrihneuzeitlichen China,* ed. Helwig Schmidt-Glinzer. Stuttgart, Franz Steiner Verlag.

Liu, James T.C. 1967. *Ou-yang Hsiu, An eleventh-Century Neo-Confucianist.* Stanford, Stanford University Press.

Liu, Kwang-Ching. 1990."Socioethics as Orthodoxy, A Perspective." In *Orthodoxy in Late Imperial China,* ed. Kwang-Ching Liu. Berkeley and Los Angeles, University of California Press.

Liu, Ts'ui-jung. 1985. "The Demography of Two Chinese Clans in Hsiao-shan, Chekiang, 1650-1850." In *Family and Population in East Asian history,* ed. Susan B. Hanley and Arthur P. Wolf. Stanford, Stanford University Press.

Liu,Wu-chi, and Irving Yucheng Lo, eds. 1975. *Sunflower Splendor, Three Thousand Years of Chinese Poetry.* Garden City, N. Y. , Anchor Books.

Lo, Lrving Yucheng. 1971. Hsin Ch'I-chi. New York, Twayne.

McCreery,John L. 1976. "Women's Property Rights and Dowry in China and South Asia." *Ethnology* 15, 163-74.

McDermott, Joseph P. 1990. "The Chinese Domestic Bursar." *Ajia bunka kenkyu2,* 284-67(15-32)

Macfarlane, Alan, 1986. *Marriage and Love in England , Modes of Reproduction, 1300-1840*. Oxford, Basil Blackwell.

Mandelbaum, David G. 1988. *Women's Seclusion and Men's Honor, Sex Roles in North India, Bangladesh, and Pakistan*. Tucson, University of Arizona Press.

Mann, Susan. 1985. " Historical Change in Female Biography from Song to Qing Times, The Case of Early Qing Jiangnan(Jiangsu and Anhui Provinces)." *Transactions of the International Conference of Orientalists in Japan* 30, 65-77.

__________. 1987. "Women in the Kinship, Class, and Community Structures of Qing Dynasty China." *Journal of Asian Studies* 46, 37-56.

__________. 1991. "Grooming a Daughter for Marriage, Brides and Wives in the Mid-Ch'ing perid." In *Marriage and Inequality in Chinese Society*, ed. Robie S. Watson and Patricia Buckley Ebrey. Berkeley and Los Angeles, University of California Press.

__________. 1992. "'Fuxue'(Women's Learning) by Zhang Xuecheng(1738-1801), China's First History of Women's Culture." *Late Imperial China* 13. 1, 40-62.

Martin-Liao, Tianchi, 1985. "Traditional Handbooks of Women's Education." In *Women and Literature in China*, ed. Anna Gerstlacher, Ruth Keen, Wolfgang Kubin, Margit Miosge, and Jenny Schon. Bochum, Studienverlag Brockmeyer.

Mauss, Marcel. 1967. *The Gift, Forms and Functions of Exchange in Archaic Societie*s. Trans, Ian Connison. New York, W. W. Norton.

Meijer, M. J. 1981. "The Price of a P'ai-lou." *T'oung Pao* 67. 3-5,288-304.

Murray, Julia K. 1990. "Didactic Art for Women, *The Ladies'Classic of Filial Piety*." *In Flowering in the Shadow, Women in the History of Chinese and Japanese Painting*, ed. Marsha Weidner. Honolulu, University of Hawaii Press.

Needham, Joseph, and Lu Gwei-djen. 1983. *Spagyrical Discovery and Invention, Physiologicul Alchemy. Pt. 5 of Science and Civilization in China*, vol. 5, Chemistry and Chemical Technology. Cambridge, Cambridge University Press.

Needham, Joseph, and Wang Ling. 1965. Mechanical Engineering. Pt. 2of Science and Cvilization in China, vol.4, *Physical and Physical Technology*. Cambridge, Cambridge University Press.

Neill, Mary Gardner. 1982. *The Communion of Scholars, Chinese Art at Yale,* New York, China Institute in America.

Ng, Vivien W. 1987. "Ideology and Sexuality, Rape Laws in Qing China." *Journal of Asian Studies* 46.1, 57-70.

Ocko, Jonathan K. 1990. "Hierachy and Harmony, Family Conflict as Seen in Ch'ing Legal Cases." In *Orthodoxy in Late Imperial China*, ed. Kwang-Ching Liu. Berkeley and Los Angeles, University of California Press.

__________. 1991. "Women, Property, and Law in the PRC." In *Marriage and Inequality in Chinese Society*, ed. Rubie S. Watson and Patricia Buckley Ebrey. Berkeley and Los Angeles, University of California Press.

O'Hara, Albert Richard. 1945. *The Position of Women in Early China According to the "Lieh nu chuan," "The Biographies of Eminent Chinese Women. "* Washington, D.C. , Catholic University.(Reprinted Taipei, Mei-ya shu-chu, 1971.)

Ortner, Sherry B., and Harriet Whitehead, eds. 1981. *Sexual Meaning, The Cultural Construction of Gender and Sexuality.* Cambridge, Cambridge University Press.

Owen, Stephen. 1986. Remembrance, *The Experience of the Past in Classial Chinese Literature*, Cambridge, Mass. , Harvard University Press.

Paar, Francis W., ed. 1963. *Ch'ien Tzu Wen , The Thousand Character Classic*, New York, Ungar.

Pasternak, Burton. 1985. " On the Causes and Demographic Consequences of Uxorilocal Marriage in China." In *Family and Population in East asian History*, ed. Susan B. Hanley and Arthur P. Wolf. Stanford, Stanford University Press.

Paul, Diana Y. 1985. *Women in Buddhism, Images of the Feminine in the Mahayana Tradition.* 2d ed. Berkeley and Los Angeles, University of California Press.

Rawski, Evelyn. 1991. " Ch'ing Imperial Marriage and Problems of Rulership." In *Marriage and Inequality in Chinese Society*, ed. Rubie S. Watson and Patricia Buckley Ebrey. Berkeley and Los Angeles, University of California Press.

Reed, Barbara E. 1987. "Taoism." In *Women in World Religions*, ed. Arvind Sharma. Albany, State University of New York Press.

Rexroth, Kenneth, and Ling Chung, trans and eds. 1979. *LiCh'ing-chao, Complete Poems.* New Directions.

Rovertson, Maureen. 1992. "Voicing the Feminine, Construction of the Female Suject in the Lyric Poetry of Medieval and Imperial China." *Late Imperial China* 13. 1, 63-110.

Ropp, Paul S. 1976. "Seeds of Change, Reflections on the Condition of Women in Early and Mid Ch'ing." *Signs* 2. 1,5-23.

Rorex, Robert A, and Wen Fong. 1974. *Eighteen Songs of a Nomad Flute, The Story of Lady Wen-chi, a Fourteenth Century Handscroll in the Metropolitan Museum of Art*. New York, Metropolitan Museum of Art.

Rose, Mary Beth, ed. 1986. *Women in the Middle Ages and the Renaissance, Literary and Historical Perspective*. Syracuse, Syracuse University Press.

Rossabi, Morris. 1989. "Kuan Tao-sheng, Woman Artist In Yuan China." *Bulletin of Sung-Yuan Studies* 21, 67-84.

Rowe, William T. 1992. "Women and the Family in Mid-Ch'ing Social Thought, The Case of Ch'en Hung-mou." In *Family Process and Politicao in Modern Chinese History*. Taipei, Institute of Modern History, Academia Sinica.

Sa, Sophie. 1985. "Marriage Among the Taiwanese of Pre-1945 Taipei." In *Family Process and Politicao in Modern Chinese History*. ed. Susan B. Hanley and Arthur P. Wolf. Stanford, Stanford University Press.

Sanday, Peggy Reeves, and Ruth Gallagher Goodenough, eds. 1990. *Beyond the Second Sex, New Directions in the Anthropology of Gender*. Philadelphia, University of Pennsylvania Press.

Sangren, P. Steven. 1983. "Female Gender in Chinese Religious Symbols, Kuan Yin, Ma Tsu, and the "Eternal Mother."' *Signs* 9.1, 4-25.

Schafer, Edward H.1984. "Notes on T'ang Geisha." In *Schafer Sinological Papers* 2, 4, 6, and 7.

Scott, Joan W. 1986. "Gender, A Useful Category of Historical Analysis." *American Historical Review* 91, 1053-75.

Seaman, Gary. 1981. "The Politics of Karmic Retribution." In *The Anthropology of Taiwanese Society*, ed. Emily Martin Ahern and Hill Gates. Stanford, Stanford University Press.

Sharma, Ursula. 1980. Women, Work, and Property in *North-West Indi*a. London, Tavistock.

Sheieh, Bau-hwa. 1992. "Concubines in Chinese Society from the Fourteenth to the Seventeenth Centries." Ph. D. diss., University of Illinois, Urbana-Champaign.

Sheng, Angela Yu-yun. 1990. "Textile Use, Technology, and Change in Rural Textile Production in Song China(960-1297). " Ph. D. diss., University of Pennsylvania.

Shiga, Shuzo 1978. "Family Property and the Law of Inheritance in Tranditional China." In *Chinese Family Law and Society Chang in Historical and Comparative*

Perspective, ed. David Buxbaum. Seattle, University of Washing Press.

Smith, Arthur H. [1899]. 1970. *Village Life in China*. Reprint. New York, Little, Brown.

Speiser, Werner, Roger Goepper, and Jean Friboug, 1964. *Arts de la Chine*. Fribourg, Switz. , Office du Livre.

Stacey, Judith. 1983. *Patriarchy and Socialist Revolution in China*. Berkeley and Los Angeles, University of California Press.

Sung, Marina H. 1981. "The Chinese Lieh-nu Tradition." In *Women in China*, ed. Richard W. Guisso and Stanley Johannesen. Youngstown, N. Y., Philo Press.

Suzuki, Eei. 1982. *Comprehensive Illustrated Catalog of Chinese Paintings*. Tokyo, University of Toyka Press.

Swann, Nancy Lee. 1932. *Pan Chao, Foremost Woman Scholar of Chin*a. New York, Century.

Tai, Yen-hui. 1978. "Divorce in Traditional Chinese Law." In *Chinese Family Law and Society Chang in Historical and Comparative Perspective,* ed. David Buxbaum. Seattle, University of Washing Press.

Tao, Chia-lin Pao.(See also Pao, Chia0lin) 1991. "Chaste Widows and Institution to Support Them in Late-Ch'ing China." *Asia Major*, 3d ser., 4.1, 101-19

Tao, jing-shen. 1976. *The Jurchen in Twelfth-Century China, A Study of Sinicization*. Seattle, University of Washington Press.

Telford, Ted A. 1992. "Covariates of Men's Age at First Marriage, The Histroical Demography of Chinese Lineages." *Population Studies* 46, 19-35.

Thatcher, Melvin. 1991. "Marriage of the Ruling Elite in the Spring and Autumn Period." In *Marriage and Inequality in Chinese Society*, ed. Robie S. and Patricia Buckley Ebrey. Berkeley and Los Angeles, University of California Press.

T'ien Ju-k'ang. 1988. Male Anxiety and Famale Chastity, A Comparative Study of Chinese Ethical Values in *Ming-Ch'ing Times*. Leiden, E. L.Brill.

Tilly, Louise A. 1987. "Women's History and Family History, Fruitful Collavoration or Missed Connetion?" In *Family History at the Crossroads*, ed. Tamara Hareven and Andrejs Plakans. Princeton, Princeton University Press.

Twitchett, Denis. 1960. "Documents on Clan Administration, 1, The Rules of Administration of the Charitable Estate of the Fan Clan." *Asia Major*, n. s, 8,1-35.

__________. 1983. Printing and Publishing in Medieval China. New York, Beil.

Van Gulik, R. H. 1961. *Sexual Life in Ancient China*. Leiden, E. J. Brill.

von Glahn, Richard. 1987. *The Country of Streams and Grottoes, Expansion, Settlement, and the Civilizing of the Sichuan Frontier in Song Times*. Cambridge, Mass, Council on East Asian Studies, Harvard University.

Wagner, Marsha L. 1984. *The Lotus Boat, The Origins of Chinese Tz'u Poety in T'ang Popular Culture*. New York, Columbia University Press.

Walsey, Arthur. 1960. *Ballads and Stories from Tun-huang, An Anthology*. New York, Macmillan.

waltner, Ann. 1981. "Widows and Remarriage in *Ming and Early Qing China*." In Women in China, ed. Richard W. *Guisso and Stanley Johannesen*. Youngstown, N, Y. , Philo Press.

__________. 1987. "Visionary and Bureaucrat in Late Ming, T'an-yang'-tzu and Wang Shih-chen." *Late Imperial China* 8, 105-27.

__________. 1990. Getting on Heir, *Adoption and the Constuction of Kinship in Late Imperial China*. Honolulu, University of Hawaii Press.

Walton, Linda. 1984. "Kinship, Marriage, and Status in Song China, A Study of the Lou Lineage of Ningbo, c. 1050-1250." *Journal of Asian History* 18.1, 35-77.

Watson, Burton. 1973. *The Old Man Who Does as He Pleases, Selections from the Poetry of Lu Yu*. New York, Columbia University Press.

Watson, Rubie S. 1981. "Class Differences and Affinal Relations in South China." *Man* 16, 593-615.

__________. 1984. "Women's Property in Republican China, Rights and Practice." *Republician China* 10. 1a, 1-12.

__________. 1991a. "*Afterword, Marriage and Gender Inequality*." In Marriage and Inequality in Chinese Society, ed. Robie S. and Patricia Buckley Ebrey. Berkeley and Los Angeles, University of California Press.

__________. 1991b. "Wives, Concubines, and Maids, Servitude and Kinship in the Hong Kong Region, 1900-1914." In *Marriage and Inequality in Chinese Society*, ed. Robie S. and Patricia Buckley Ebrey. Berkeley and Los Angeles, University of California Press.

Weidner, Marsha. 1988. "Women in the Hisory of Chinese Painting." In *Views from Jade Terrace, Chinese Women Artists*, 1330-1912,ed. Marsha Weidner, Ellen Johnston Laing, Irving Yucheng Lo, Christina Chu, and James

Robinson. Indianapolis, Indianapolis Museum of Art.

___________, ed. 1989. *Flowering in the Shadows, Women in the History of Chinese and Japanes Pating.* Honolulu, Universty of Hawaii Press.

Weidner, Marsha, Ellen Johnston Laing, Irvin Yucheng Lo, Christina Chu, and James Robinson. 1988. Views from Jade Terrace, *Chinese Women Artists, 1330-1912,* ed. Marsha Weidner, Ellen Johnston Laing, Irving Yucheng Lo, Christina Chu, and James Robinson. Indianapolis, Indianapolis Museum of Art.

Weiner, Annette B., and Jane Schneider. 1989. *Cloth and Human Exprience.* Washington, D. C. , Smithsonian Institution Press.

Weller, Robert P. 1984. "Social Contradiction and Symbolic Resolution, Practical and Idealized Affines in Taiwan." *Ethnology* 23, 249-60.

Widmer, Ellen. 1989. "The Epistolary World of Famale Talent in Seventeenth-Century China." *Late Imperial China* 10.2,1-43.

___________. 1992. "Poems Saved from Burning, Xiaoqing's Literary Legacy and the Place of the Women Writer in Late China." *Late Imperial China* 13.1,111-55.

Wile, Douglas. 1992. *"Art of the Bedchamber, The Chinese Sexual Yoga Classics, Including Women's Solo Meditation Texts.* Albany, State University of New York Press.

Wolf, Arthur. 1985. "Fertility in Prerevolutionary China." In *Family and Population in East Asian History*, ed. Susan B. Hanley and Arthur P. Wolf. Stanford, Stanford University Press.

Wolf, Arthur, and Chieh-shan Hang. 1980. *Marriage and Adoption in China, 1845-1945.* Standford, Stanford University Press.

Wolf, Arthur, and Susan Hanley. 1985. "Introduction." In *Family and Populaition in East Asian History*, ed. Susan B. Hanley and Arthur P. Wolf.Stanford, Stanford University Press.

Wolf, Margery. 1972. *Women and the Family in Rural Taiwan.* Stanford, Stanfod University Press.

___________. 1985. *Revolution Postponed, Women in Contemporary China.* Stanford, Stanfod University Press.

Wong, Sung-ming. 1979. "Confucian Ideal and Reality, Transformation of the Institution of Marriage in T'ang China(A.D. 618-907)." Ph. D. diss., University of Washington.

Workman, Michael E. 1976. "The Bedchamber Topos in the T'zu Songs of Three Medieval Chinese Poets, Wen T'ing-yun, Wei Chuang, and Le Yu." In *Critical Essays on Chinese Literature*, ed William H. Nienhauser, Jr. Hong Kong, Chinese University Press.

Yang, Lien-sheng. 1957. "The Concept of 'Pao'as a Basis for Social Relations in China." In *Chinese Thought and Institutions*, ed. John. K. Fairbank. Chicago, University of Chicago Press.

Yang, Martin C. 1945. *A Chinese Village, Taitou, Shantung Province*. New York, Columbia University Press.

Yao, Esther S. Lee. 1983. *Chinese Women, Past and Present*. Mesquite. Tex. , Ide House.

Yu, Chun-fang. 1990. "Images of Kuan-yin in Chinese Folk Literature." *Han-hsueh yen-chiu* 8.1,221-85.

Zurndorfer, Harriet T. 1992. "The'Constant World' of Wang Chao-Yuan, Women, Education, and Orthodoxy in 18 th-Century China-A Preliminary Investigation." In *Family Process and Political Process in Modern Chinese History*, Taipei, Institute of Modern History, Academia Sinica.

색인

(ㄱ)

가례(家禮)　175
가범(家範)　74, 195, 253, 309
가부장제도　317, 413
가사도(賈似道)　262, 352
가언(嘉言)　309
간통　253, 261, 283, 328, 332
갈승중(葛勝仲)　100, 104
감관(監官)　234
감씨(甘氏)　331
감찰어사(監察御史)　324
강남(江南)　389
강서(江西)　54, 100, 283
강씨(强氏)　293, 296
강포(江襃)　185
개봉(開封)　31, 97, 296, 347
거가잡의(居家雜儀)　33, 195
거씨(璩氏)　156
거씨(莒氏)　393
건창(建昌)　405
계림(桂林)　223
고문호(高文虎)　350, 355, 357
고씨(高氏)　283
고씨정화(顧氏靜華)　193
고오일(高五一)　366
곤산(崑山)　377
공강(共姜)　304
공씨(龔氏)　272, 287
공양주소(公羊注疏)　374
공자　115, 374
공작주(孔雀咒)　272
과부(寡婦)　311

곽경(郭京)　250
곽운(郭雲)　410
곽재(郭載)　376
관기(官妓)　119, 346, 412
관음보살(觀音菩薩)　51, 52, 198
관음자기상(觀音磁器像)　198
관호(官戶)　130
구씨(仇氏)　364
구양수(歐陽修)　141, 172, 244, 246, 346, 405
구주(衢州)　86
구준(寇準)　356
군수(軍守)　406
굴노낭(屈老娘)　271
귀계(貴溪)　391
귀국(歸國)　50
규문(閨門)　202
극강(克剛)　313
극손(克遜)　313
극영(克永)　313
극장(克莊)　312
근친상간　402
금릉(金陵)　36
금소(金溸)　391
금화(金華)　86, 227, 377
금화현(金華縣)　229
기(杞)　388
기(覬)　75
기문(旌門)　306
기첩(妓妾)　355
김군경(金君卿)　87

(ㄴ)

나원(羅願) 115
낙양(洛陽) 227
낙태 281
난계(蘭溪) 105
남강(南康) 211
남계친(男系親) 390
남녀지별(男女之別) 33
남성(南城) 328
남양(南陽) 36, 250
남원(南原) 405
남창현(南昌縣) 222
남풍(南豊) 328
내조(內助) 182
내조자 169, 188, 203, 244, 294
내직(內職) 85
내칙(內則) 195
녹사참군(錄事參軍) 406
논어(論語) 247, 264, 287, 306
농상집요(農桑輯要) 219
농서(農書) 215, 219
누약(樓鑰) 306, 378
누약(樓鑰) 111

(ㄷ)

단(單) 97
담경(詹慶) 375
당대(唐代) 158, 305
당순(唐詢) 324
당씨(党氏) 365
당씨(唐氏) 407
대복고(戴復古) 219
대신(大伸) 104
대씨(戴氏) 185, 193, 202, 287
대의(戴顒) 406
대종정(大宗正) 324
대표원(戴表元) 377
데릴사위 168, 331, 332, 373, 374, 375,
       376, 377, 380, 381, 382, 383, 384,
       385, 386, 387, 388, 389, 392, 393,
       394, 428
도(屠) 273
도사인(道舍人) 143

도씨(度氏) 306
도잠(陶岑) 400
도종의(陶宗儀) 56, 218
동(董) 250
동경몽화록(東京夢華錄) 112, 127
동구중(童久中) 328
동리(東籬) 249
동성(桐城) 271
동심결(同心結) 142
동씨상유(童氏尙柔) 274
동주(同州) 364
두보(杜甫) 85
두씨(杜氏) 186
두연(杜衍) 172, 188, 322
등증(鄧增) 328

(ㅁ)

마씨(馬氏) 325
마저리 울프 266
매요신(梅堯臣) 333
맹씨(孟氏) 411
맹자(孟子) 79, 254, 264, 287
명공서판청명집(名公書判淸明集) 322
명주(明州) 358
모리인(牟里仁) 377
목련(目連) 273
몽구(蒙求) 191
몽량록(夢梁錄) 128, 347, 374
몽량록(夢梁錄) 131
몽주(蒙住) 277
묘선(妙善) 118
묘성(妙成) 400
묘지명 274
묘청(妙淸) 378
무주(婺州) 378
무주(撫州) 228
무희(舞姬) 53
문공(文公) 83
문동(文同) 224, 234
문선(文選) 82
문향(文珦) 235
문형(文瑩) 326
물레 212, 216, 221, 233

민며느리 123

(ㅂ)
반량귀(潘良貴) 346
반소(班昭) 191, 195, 304
반씨(潘氏) 82
반악(潘岳) 82
반야경(般若經) 198
반희(班姬) 354
방개(方凱) 301
방구(方龜) 301
방도견(方道堅) 185
방삼(方森) 301
방씨(方氏) 313
방씨(龐氏) 200
방안상(龐安常) 272, 273
백거이(白居易) 114
백년해로(百年偕老) 327
백주(伯舟) 304
백화주(百花洲) 36
번가(藩家) 377
범두남(范斗南) 261
범령손(范令孫) 101
범보원(范普元) 186
범성대(范成大) 210, 215
범성대(范成大) 229
범순인(范純仁) 97
범신(范紳) 102
범씨(范氏) 36, 98, 169, 187, 362, 387
범중엄(范仲淹) 97, 158, 322
범치명(范致明) 376
법조연(法曹掾) 277
베틀(반자동베틀) 224
변씨(邊氏) 159, 188, 198, 245, 278
보살상 197
보전(莆田) 137
복건(福建) 116, 282, 389
복낭(福娘) 362
복주(福州) 54, 137, 158, 353
봉화군(奉化郡) 377
부(傅) 391
부부(夫婦) 333
부씨(傅氏) 187, 243, 297

부인과의학(婦人科醫學) 270
부처(夫妻) 18
부필(富弼) 109, 115, 375
북조(北朝) 141
불가(佛家) 190
불경(佛經) 52
불임 255, 270
붉은 노끈 84, 85
붕점(鳳占) 79
비구니 118, 256, 301, 302
비한족(非漢族) 141, 377
빈주(蠙珠) 144
빙채(聘采) 131

(ㅅ)
사기(私妓) 351
사마광 172, 410
사마광(司馬光) 33, 96, 114, 134, 158, 162, 245, 348
사방득(謝枋得) 217
사법(司法) 258
사산(死産) 270
사승조(史繩祖) 324
사신(師信) 111
사씨(史氏) 97, 188
사씨(謝氏) 246, 354
사천(四川) 214
사체경(史棣卿) 274
산동(山東) 247
산파 271
산파를 271
상관씨(上官氏) 169
상대(商代) 223
상대신(尚大伸) 104
상례(喪禮) 76
상리씨(相里氏) 172, 188
상씨(尚氏) 103
상씨(常氏) 272
상창(上蒼) 327
서륜(西㑍) 80
서리(胥吏) 401
서상기(西廂記) 252
서씨(徐氏) 118

서악상(舒岳祥) 209, 361
서적(徐積) 53, 234, 279, 354
서호(西湖) 36
석가상 197
석고(石高) 386
석씨(石氏) 156
선공(宣公) 403
선승(禪僧) 200
선종(禪宗) 200
설거정(薛居正) 322
섭적(葉適) 186
성도(成都) 230, 348, 362
성시(省試) 109
성씨(盛氏) 349
세륭(世隆) 75
세을랑(細乙娘) 384
세첩자(細帖子) 128, 374
세혼(世婚) 101
소금산(小金山) 36
소기(蘇耆) 101
소릉(紹陵) 280
소무(邵武) 85
소백온(邵伯溫) 281, 329
소송(蘇頌) 93, 323, 365
소순(蘇洵) 108
소순빈(蘇舜賓) 102
소순흠(蘇舜欽) 270
소식(蘇軾) 145, 158, 246, 278, 355, 365
소식(蘇軾) 55
소씨(蘇氏) 295
소씨(邵氏) 198, 295
소옹(邵雍) 275
소주(蘇州) 215, 348, 351, 362
소진(蕭軫) 326
소철(蘇轍) 346, 402
소팔낭(蘇八娘) 108
소학(小学) 253, 309
소학(小學) 35, 74, 175
소현(蘇峴) 376
소흥(紹興) 99, 100
손각(孫覺) 160
손복(孫復) 116
손씨(孫氏) 194
손여정(孫汝靜) 184
손유(孫愈) 119
손적(孫覿) 293
손직(孫稷) 322
송강(松江) 218
송기(宋祺) 346
송렴(宋濂) 378
송사(宋史) 168, 366
송성(宋城) 82, 83, 84
송씨(宋氏) 295
송초(宋初) 158
수낭(秀娘) 171
수사(帥司) 176
수절(守節) 305
수창(遂昌) 189
숙씨(叔氏) 321
숭강(崇江) 244
숭덕군(崇德郡) 210
시경(詩經) 79, 82, 304, 306
시씨(施氏) 324
시화(施華) 375
신기질(辛棄疾) 346, 356
신유학(新儒學) 195
신종(神宗) 365
실인(室人) 69
심덕유(沈德柔) 245
심양(番陽) 87

(ㅇ)
악주(鄂州) 376
안수(晏殊) 109
안양(安陽) 103
안지추(顔之推) 35
앙지(昻之) 103
애주(崖州) 218
야선(野仙) 379
야연(夜宴) 50
양(楊) 388
양(陽) 139
양거정(梁居正) 350
양계필(梁季珌) 256
양등(襄鄧) 250
양생(養生) 256

양씨(楊氏) 82, 198, 410
양씨(梁氏) 201
양양(襄陽) 250
양옹(陽雍) 81
양윤음(楊允蔭) 324
양자채택 391
양잠업 230
양주(揚州) 250
양중무(楊仲武) 82
양회(楊繪) 356
어린이 유괴 353
엄씨(嚴氏) 295
업보 283
여(呂) 273
여계(女誡) 191, 285
여계친(女系親) 376
여공필(呂公弼) 101
여구(閭丘) 386
여논어(女論語) 305
여려(汝勵) 388
여릉(廬陵) 100
여몽정(呂蒙正) 411
여승(女僧) 202
여씨(呂氏) 106
여씨(閭氏) 331
여영(汝寧) 375
여음(汝陰) 36
여이간(呂夷間) 109
여조겸(呂祖謙) 106, 244
여주(廬州) 148
여주(廬州) 143
여효경(女孝經) 40, 191, 239, 264, 305
연고 111
열녀전(烈女傳) 189, 264, 304, 325
열전(列傳) 17
염선(廉宣) 119
엽천(葉薦) 258
영아살해 280, 281
영육(寧六) 405
예(倪) 391
예관(禮官) 145
예기(禮記) 33, 35, 67, 75, 81, 163, 195,
    303

예비단자 128
예장(豫章) 222
오가(吳家) 386
오경을(吳慶乙) 404
오단(吳坦) 298
오당(吳鐺) 298
오대삼(吳大三) 404
오르가즘 254
오산(吳山) 354
오씨(吳氏) 192, 272, 295, 307, 325, 331,
    392
오육(吳育) 324
오지단(吳志端) 35
오진(吳辰) 302
오진(吳鎭) 298
오침(吳琛) 386
오해(吳海) 393
오혁(吳革) 380, 385, 388, 392
오흥(吳興) 229
오희(吳姬) 354
옥리(獄吏) 406
옹침(翁忱) 322
옹포(翁甫) 330
왕경노(王瓊奴) 163
왕단(王旦) 101, 346
왕득신(王得臣) 145, 282
왕불(王弗) 246
왕씨(王氏) 97, 184, 185, 192, 197, 247,
    250, 262, 288, 306, 332, 361, 378
왕악(王渥) 362
왕안(王晏) 263
왕안석(王安石) 192, 306, 364
왕야(王埜) 378
왕옹(王雍) 101
왕정(王禎) 215, 219
왕조(王藻) 324
왕조운(王朝雲) 355
왕증(王曾) 346
왕환(王喚) 262
왕흠약(王欽若) 262
왕흥(王興) 263
외경 273
요강(寥剛) 148

요만영(廖萬英)　171
요면(姚勉)　106
요비침(姚棐忱)　322
요영중(廖瑩中)　351
요주(饒州)　100
용길공(龍咭公)　190
우(虞)　391
우기(尤玘)　256
우도영(虞道永)　201, 295
우량(尤梁)　256
우문사열(宇文師說)　106
우북평(右北平)　81
우신(尤申)　256
우씨(于氏)　75
우씨도영(虞氏道永)　288
운남(雲南)　216
원명선(元明善)　274
원사도(袁似道)　97
원섭(袁燮)　186, 245, 278, 287
원소(袁韶)　347
원앙새　145, 243
원주(袁州)　99
원진(元稹)　252
원채(袁采)　34, 95, 97, 108, 112, 133,
　　159, 202, 283, 297, 312, 356, 380
원채　42, 115, 161, 166, 287, 339
위(尉)　112
위(衛)　403
위고(韋固)　83
위료옹(魏了翁)　322, 324, 391
위씨(魏氏)　200, 306
위양(渭陽)　82, 107
위태(魏泰)　193, 356
유개(柳開)　119
유경(柳璟)　302
유고(柳姑)　301
유극장(劉克莊)　99, 137, 165, 244, 312,
　　357, 360, 383, 411
유량(俞梁)　380
유룡(有龍)　386
유미정(劉彌正)　312
유민재(劉敏才)　116
유백육랑(俞百六娘)　380

유부(劉釜)　163
유빈(劉斌)　322
유삭재(劉朔齋)　346
유산(流産)　270
유씨(孺氏)　196
유씨(遊氏)　184, 405
유씨(劉氏)　86, 101, 157, 165, 198, 258,
　　323
유씨(柳氏)　323
유엽(劉燁)　98
유영(劉永)　46
유위(俞偉)　282
유장부(劉將夫)　276
유재(劉宰)　169, 201, 364
유전경(劉傳卿)　385
유청지(劉淸之)　376
육(陸)　327
육씨(陸氏)　301
육유(陸遊)　194, 210, 407, 411
육전(陸田)　322
윤씨(尹氏)　201
은음(恩蔭)　173
음(陰)　139
음보　111
음양이론　79
의녀(義女)　387
의례(儀禮)　75, 141
의장(義莊)　158
이강(灘江)　244
이강(李綱)　102, 189
이개옹(李介翁)　171
이견(利見)　104
이견지(夷堅志)　253
이관(李貫)　260
이광(李光)　100
이구(李覯)　244
이기(李夔)　102
이기도(李幾道)　271
이기종(李起宗)　404
이서기(李恕己)　196
이성(異姓)　386
이숙영(李淑英)　188
이씨(李氏)　184, 197, 280, 281, 297, 323,

329

이우직(李友直) 188
이위(李緯) 100
이응룡(李應龍) 384
이정(李定) 364
이창령(李昌齡) 281, 337
이청조(李淸照) 52, 193, 247, 323, 411
이혼(離婚) 406
이혼관(離婚觀) 409
이혼문서 407
이혼서류(離婚狀) 408
인과응보 256
인신매매 349
인신매매업자 369
일부일처제(一夫一妻制) 70
임경략(林經畧) 322
임씨(林氏) 312
임씨(林氏) 244, 357
임전사(林田寺) 406
임지(琳之) 103
임채련(任採連) 278
임해(臨海) 112
임형(任逈) 120

(ㅈ)

자사(子思) 409
자살 253, 309, 406
자합(子閤) 143
잠서(蠶書) 221
잡혼 376
장가(張嵒) 110
장계란(張季蘭) 36, 247
장괴애(張乖崖) 384
장구성(張九成) 325
장단례(張端禮) 103
장돈(章惇) 281
장면(張沔) 200
장반(張磐) 100
장방평(張方平) 172
장순(章惇) 56
장식(張植) 100
장씨(張氏) 156, 169, 188, 199, 245, 302,
    362

장씨(章氏) 308
장씨(蔣氏) 156, 307
장씨법선(張氏法善) 97
장영(張詠) 384
장원필(章元弼) 411
장유(張維) 116
장유소(張幼昭) 186, 201
장이옹(張頤翁) 298
장일(張逸) 230
장자능(張子能) 336
장재(張載) 334, 360
장주(漳州) 148
장준(張俊) 322
장즙(章楫) 86
장택단(張擇端) 31
장호(張濩) 100
장효상(張孝祥) 98, 191
재(梓) 388
재주(梓州) 230
저주(滁州) 277
전단의(錢端義) 323
전명일(錢明逸) 365
전시(殿試) 286
전씨(田氏) 165, 250
전씨(錢氏) 93
전전(田田) 356
전전(錢錢) 356
전족 52, 53, 54, 55, 56, 57, 58, 59, 60,
    289, 425, 426, 428, 430
절강(浙江) 54, 116, 209, 229
절부(節婦) 406
정(鄭) 327
정가(鄭家) 391
정강중(鄭剛中) 323
정거중(鄭居中) 262
정경식(鄭景寔) 109
정송(程松) 346
정씨(丁氏) 193
정씨(程氏) 94, 391
정씨(鄭氏) 270, 336, 350
정씨경일(鄭氏慶一) 155
정연수(程延壽) 286
정원헌(鄭元憲) 391

정이(程頤)　56, 94, 136, 196, 284, 309, 329, 394, 409
정정보(程正輔)　108
정준(鄭畯)　335
정창(丁昌)　331
정형(程衡)　86
정형(程迴)　306
정호(程顥)　94
제씨(齊氏)　194
제주(祭主)　77
조대가(曹大家)　285
조명성(趙明誠)　247
조봉랑(朝奉郎)　143
조사경(趙師景)　406
조사직(趙司直)　137
조식(曹植)　85
조씨(趙氏)　169, 170, 186
조예(曹汭)　262
조오진(趙悟眞)　169
조윤양(趙允讓)　324
조지재(趙之才)　377
조필선(趙必善)　348
조황(趙晃)　98
종고(宗杲)　200
종숙(宗淑)　250
종실(宗室)　347, 407
종자마(種子馬)　255
종지(宗之)　103
좌전(左傳)　81
주가(周家)　117, 384
주거비(周去非)　223
주경선(朱景先)　362
주고(周高)　355
주공(朱公)　271
주단장(朱端章)　270
주대(周代)　157
주례(周禮)　81
주림(周琳)　103
주밀(周密)　53, 56, 280, 347
주병(周丙)　384
주송(朱松)　282
주수창(朱壽昌)　364
주숙진(朱淑眞)　194

주신중(朱新仲)　271
주씨(周氏)　54, 157, 194, 232, 392
주씨(朱氏)　400
주역(周易)　39, 132
주영백(周英伯)　117
주욱(朱彧)　110
주진촌(朱陳村)　107
주필대(周必大)　99, 103, 247, 261
주행기(周行己)　136
주휘(朱暉)　336
주희(朱熹)　35, 74, 114, 137, 196, 309, 360, 394
중간상(中間商)　158
중문(中門)　234
중성(中性)　51, 52
중영담(仲靈湛)　200
중혼(重婚)　101
증(鄫)나라　374
증계의(曾季儀)　185
증공(曾鞏)　95, 186, 192, 194, 244
증공(鄫公)　374
증씨(曾氏)　192, 298, 327
증씨(鄫氏)　393
지방지(地方志)　229
지신(地神)　273
지주(池州)　308
직부(織婦)　234
진감(陳鑑)　297
진관(秦觀)　221
진당전(陳堂前)　232
진대(晉代)　82
진량(陳亮)　56, 117, 364
진부(陳鈇)　297
진부량(陳傅良)　186, 201
진사(進士)　111
진사과(進士科)　116
진씨(陳氏)　156, 175, 184, 201, 232, 244, 256, 295, 298, 357, 411
진욱(陳郁)　351
진윤평(陳允平)　235
진자명(陳自明)　254, 270
진저(陳著)　274
진조(陳慥)　258

진조(陳藻) 210
진종(眞宗) 323, 346
진준경(陳俊卿) 109
진진(珍珍) 165
진태유(陳太孺) 322
진회(秦檜) 156, 262
진효상(陳孝嘗) 200
진효표(陳孝標) 106
진희고(陳希古) 100
질투 86, 240, 257, 258, 261, 262, 263,
　　266, 339, 349, 354, 359, 361, 363,
　　408, 418

(ㅊ)
차견(差遣) 277
차약수(車若水) 56
참지정사(參知政事) 324
채가(蔡家) 387
채군(蔡君) 99
채문희(蔡文姬) 31, 37, 50
채씨(蔡氏) 156, 197, 325, 388, 392
채양(蔡襄) 158
채여가(蔡汝加) 387
채항(蔡沆) 391
처사(處士) 286
천씨(泉氏) 143
철종(哲宗) 139
청명집(淸明集) 296, 346
최씨(崔氏) 187, 198
추국(秋菊) 165
추규(鄒圭) 362
추묘(鄒妙) 274
추묘선(芻妙善) 106
추묘선(鄒妙善) 274
추묘장(鄒妙莊) 196
춘추(春秋) 374
친가(親家) 130
친영(親迎) 137

(ㅋ)
쾌각이취련기(快嘴李翠蓮記) 151

(ㅌ)
탁지낭중(度支郎中) 87
태부화(泰不華) 379
태주(台州) 112, 258
태학(太學) 109, 188
태학생(太學生) 248
통판(通判) 143

(ㅍ)
평안(平安) 195
표(滮) 143
풍(馮) 347
풍경(馮京) 156

(ㅎ)
하동(河東)의 암사자 145
하북(河北) 100
하상(河上)의 요구 403
하씨(何氏) 350, 355
하씨(夏氏) 186
하주(賀鑄) 46
하체(何逮) 186
한강(漢江) 250
한계구(韓繼球) 323
한국화(韓國華) 363
한기(韓倚) 188
한기(韓琦) 326, 361
한기(韓覬) 75
한단(韓亶) 326
한대(漢代) 31
한대(漢代) 157
한억(韓億) 101, 296
한원길(韓元吉) 98, 106, 143, 187, 294,
　　323
한유(韓維) 102, 288
한탁주(韓侂胄) 262, 346
한희재(韓熙載) 45, 50
할고 306
합주(合住) 277
항주(杭州) 197, 312, 347
해삼사(解三師) 375
해순(解洵) 257
향평(向平) 97

허경형(許景衡)　116
허구주(許口酒)　129
허문진(許文進)　332
허씨(許氏)　201, 387
헌사(憲司)　176
현위(縣尉)　384
혈분경(血盆經)　273
형가(邢家)　392
형견(邢堅)　392
형남(荊南)　87
형남(邢枏)　392
형림(邢林)　392
호구(虎口)　272
호남(湖南)　214, 376
호등천(胡藤川)　322
호씨(胡氏)　188, 199, 200, 202, 324, 363
호안국(胡安國)　282
호영(胡穎)　205, 211, 403, 408
호이(胡二)　222
호인(胡寅)　110, 247, 282
호인(胡闉)　386
호전(胡銓)　100, 116
호주(湖州)　231
호천삼(胡千三)　404
혼인(婚姻)　68
홍괄(洪适)　82, 245
홍매(洪邁)　110, 156, 249, 271, 307, 322,
　　348, 375
홍손(洪巽)　347
화관(花冠)　146
화성현(化成縣)　160
화중(和中)　250
환(渙)　99
환생　273
황가(皇家)　276
황간(黃幹)　175
황공(黃公)　200
황대규(黃大圭)　117
황도파(黃道婆)　218
황리(黃履)　102
황백사(黃伯思)　102
황승(黃升)　54
황승(黃昇)　156

황씨(黃氏)　189, 192, 197, 201, 287, 301,
　　328, 391
황정견(黃庭堅)　258
황정길(黃廷吉)　299
황좌지(黃左之)　110
황진(黃臻)　299
황포계(黃包髻)　112
회양(瞻陽)　276
효경(孝經)　264, 306
후가(侯可)　160
후당(後唐)　53
후씨(侯氏)　284
후한대(後漢代)　336
휘주(徽州)　358
흡(洽)　301

저자 이브리 Patricia Buckley Ebrey

▌약 력

1985-1997년 일리노이대학(University of Illinois) 교수
1997-현재, 워싱턴대학(University of Washington) 교수
중국 여성사 전반에 관심을 가지고 여성·가족·사회를 연구하고 있다.

▌주요 저서 및 공저

Patricia Buckley Ebrey and Maggie Bickford, *Emperor Huizong and late Northern Song China : the politics of culture and the culture of politics*, (Cambridge, Harvard University Asia Center, 2006)
Women and the family in Chinese history, (Routledge, 2003)
『(사진과 그림으로 보는) 케임브리지 중국사』(시공사, 2001) 등이 있다.

▌대표적인 논문

Women in the Kinship System of the Southern Song Upper Class, Concubines in Sung China, The Dynamics of Elite Domination in Sung China 등 다수가 있다.

역자 배숙희

▌약 력

성신여대 사학과를 졸업하고 동대학원에서 석박사 학위를 취득하였다. 2001년 8월 중국으로 유학하여 절강대학 사학과에서 포닥을 하였으며, 중국 소흥 월수외국어대학과 운남대학에서 강의하고 복단대학에서 연수하였다. 현재 경상대학교 인문학연구소 연구교수로 재직 중이다.

▌주요 연구범위

중국의 송원시대와 한중교류사이다.

▌저서 및 역서

「宋代 科擧制度와 官僚社會」(삼지원, 2001년)가 있고,
역서로는 袁采의 「袁氏世範」을 번역한 「중국 사대부의 생활문화와 처세술」(지식산업사, 2001년)이 있다.

▌논 문

「元代科擧制와 高麗進士의 應擧 및 授官」(東洋史學研究 제104집, 2008년), 「蒙元의 征服戰爭과 高麗女性」(中國史研究 제48집, 2007년), 「試論南宋政府對歸正人的政策-以應擧授官爲中心-」(中國史研究 2003年第4期(總第100期) 등 다수가 있다.

초판인쇄 | 2009년 11월 20일
초판발행 | 2009년 11월 20일

지은이 | P. B. 이브리
옮긴이 | 배숙희
펴낸이 | 채종준
펴낸곳 | 한국학술정보㈜
주 소 | 경기도 파주시 교하읍 문발리 파주출판문화정보산업단지 513-5
전 화 | 031) 908-3181(대표)
팩 스 | 031) 908-3189
홈페이지 | http//www.kstudy.com
E-mail | 출판사업부 publish@kstudy.com
등 록 | 제일산-115호(2000. 6. 19)

ISBN   978-89-268-0531-2 93910 (Paper Book)
        978-89-268-0532-9 98910 (e-Book)

내일을여는지식 은 시대와 시대의 지식을 이어 갑니다.